文渊 管理学系列

第3版

项目管理

project management

孙新波 主编

张浩 朱珠 王海舰 刘亚臣 副主编

李曼宁 黄训江 赵爽 贾建锋 马亮 张大鹏 何建笃 李俊悦 韩雅鸣 参编

机械工业出版社
CHINA MACHINE PRESS

本书以美国项目管理协会 PMBOK 第 7 版与英国商务部 PRINCE2 体系的结构框架为基础，阐述了项目管理各阶段的基本理论和知识。本书的特色在于将具体的企业案例分别融入各章的内容，使每章的基本理论与项目中所遇到的现实问题有机地融合在一起，并针对项目中的现实问题给出相应的对策，这对教学企业咨询和培训来说都非常有借鉴意义，能够增强读者的身临其境之感。此外，本书各章均配有丰富的复习思考题，书后给出了参考答案，使读者通过习题掌握并巩固各章所学的知识。

本书可作为高等学校经济管理类本科生及管理科学与工程、企业管理、项目管理、技术经济等学术或专业学位研究生的教材，也可作为项目经理的培训教材和政府、机关等各类工程技术管理人员的参考用书。

图书在版编目（CIP）数据

项目管理 / 孙新波主编 . -- 3 版 . -- 北京 : 机械工业出版社 , 2025. 3（2026. 1 重印）. --（文渊 · 管理学系列）.

ISBN 978-7-111-77929-2

Ⅰ. F224.5

中国国家版本馆 CIP 数据核字第 2025HY2421 号

机械工业出版社（北京市百万庄大街 22 号 邮政编码 100037）

策划编辑：张有利　　责任编辑：张有利

责任校对：任婷婷　马荣华　景　飞　　责任印制：郜　敏

河北虎彩印刷有限公司印刷

2026 年 1 月第 3 版第 2 次印刷

185mm × 260mm · 27.25 印张 · 2 插页 · 609 千字

标准书号：ISBN 978-7-111-77929-2

定价：59.00 元

电话服务　　网络服务

客服电话：010-88361066　　机　工　官　网：www.cmpbook.com

010-88379833　　机　工　官　博：weibo.com/cmp1952

010-68326294　　金　　书　　网：www.golden-book.com

封底无防伪标均为盗版　　机工教育服务网：www.cmpedu.com

文渊 管理学系列

师道文宗
笔墨渊海

文渊阁 位于故宫东华门内文华殿后，是故宫中贮藏图书的地方，中国古代最大的文化工程《四库全书》曾经藏在这里，阁内悬有乾隆御书“汇流澄鉴”四字匾。

文渊 管理学系列

作者简介

孙新波 管理学博士，东北大学长聘教授，博导。国家自然科学基金重点项目负责人；国家社科基金重大项目首席专家。辽宁省委、省政府第七届决策咨询委员会委员（2024年—）。研究领域：组织与战略数字化转型；数智生态价值共创；AI与企业管理模式变革；管理哲学与中国管理等。中国管理现代化研究会常务理事、组织与战略管理专业委员会副主任委员。中国企业管理研究会智能制造与数智生态专业委员会主任委员、管理哲学专业委员会副会长。辽宁省“兴辽英才计划”教学名师，辽宁省第十二届教学名师，辽宁省教育科研先进个人，沈阳市高层次领军人才，宝钢优秀教师，辽宁省首届优秀研究生导师。英国剑桥大学访问学者，丹麦哥本哈根商学院、澳大利亚墨尔本大学访问教授。东北大学工商管理学科负责人，“工商管理+大数据”国家一流专业建设点负责人，东北大学第九届校学术委员会委员，东北大学工商管理学院党委委员，东北振兴研究中心副主任，海尔集团－清华大学链群合约研究中心特聘研究员，曾作为封面人物被《人力资源》杂志报道。在《管理世界》《南开管理评论》《科技日报》、*Information & Management*、*JKM*、*JBR*等发表论文200余篇，在科学出版社、高等教育出版社、机械工业出版社等出版著作/教材20余部，主持/参加国家基金重点/面上/重大项目9项，主持国家级精品视频公开课1门，省部级一流课程2门。获得AAOM最佳论文提名奖（2024年），多次获得省市社会科学优秀学术成果奖（政府奖），获得省部级教学成果奖15次，获得全国百优案例奖3次，近年以来，围绕中国企业管理实践发表案例研究成果70余篇。代表作为《管理哲学》《数据治理》《易学与中国管理艺术》《项目管理》等。

PREFACE 前言

数字经济到来后，新兴技术、方法和市场变化推动了项目管理专业领域的发展。我国自 20 世纪 90 年代末期开始引进现代项目管理的原理、思想和方法，PMI（美国项目管理协会）和 IPMA（国际项目管理协会）先后在我国推出 PMP 和 IPMP（项目管理专业资格考试），推动了现代项目管理在我国的应用和发展。本书正是在这种形势下推出的一本系统介绍项目管理原理和方法的教科书，第 3 版特别强调基于整体系统思维的项目创新、敏捷管理、价值开发。

本书于 2010 年 9 月出版了第 1 版，第 1 版先后印刷 6 次。2015 年 9 月出版了第 2 版，第 2 版先后印刷 11 次。第 3 版在参考 PMBOK 第 7 版（2021）新的结构框架的同时保留了第 2 版的核心内容，阐述了项目与项目管理、价值交付系统与项目管理原则、项目管理过程、项目范围管理、项目时间管理、项目成本管理、项目质量管理、项目团队管理、项目组织管理、项目沟通管理、项目采购管理、项目风险管理、项目融资管理、项目干系人与项目治理管理、项目评估常用方法共 15 章内容。本书以主编带领的科研团队主持的真实的企业项目“LNYM 经营管理理论萃取与实践提升项目”为素材，将项目中的不同现实问题分拆到对应的章节中，使本书的基本理论与项目中所遇到的现实问题有机地融合在一起，并针对项目中的现实问题在章末给出相应的对策，这对教学、咨询、培训和教育科研来说都是非常有益的探索和借鉴，可以增强读者的身临其境之感。本书还在相关学者研究的基础上介绍了近年来项目管理的最新进展。此外，第 3 版每章仍然配有丰富的复习思考题和学习链接，还提供了对应的习题参考答案和讲义课件。与第 1 版和第 2 版相比，第 3 版增加了价值交付系统与项目管理原则、项目融资管理、项目评估常用方法等新的章节，原来的项目干系人管理修改为项目干系人与项目治理管理，突出强调了中国式现代化背景下的项目治理管理，原来的项目整合管理调整为项目管理过程并将章节前移。本书在总体逻辑上仍然坚持过程管理，特别强调基于马克思主义实践观的项目管理过程，在这一点上并没有机械地采用 PMBOK 第 7 版的基于原则的标准。第 3 版每章的开始部分保留了本章知识领域的管理概述图，从而方便读者查阅，每章的内容在第 1 版和第 2 版的基础上有微调和变动。

读完本书后，读者可对如何运用书中的理论知识系统解决一系列问题有一个全面的认识。本书可作为高等学校经济管理类本科生以及管理科学与工程、企业管理、项目管理、技术经济等学术或专业学位研究生的教材，也可作为项目经理的培训教材和政府、机关等各类工程技术管理人员的参考用书。

第 3 版的出版要感谢对前两版提出建议的兄弟院校的老师们。第 3 版由东北大学工商管理学院孙新波担任主编，河南师范大学商学院张浩、辽宁大学信息学院朱珠、桂林电子科技大学商学院王海舰、沈阳建筑大学管理学院刘亚臣担任副主编。第 1、2、3、14、15 章由孙新波、张浩、何建笃编写和修订；第 4、5、6、7 章由朱珠、李俊悦、赵爽编写和修订；第 8、9、10 章由黄训江、贾建锋编写和修订；第 11、12、13 章由王海舰、刘亚臣、张浩、赵爽编写和修订；案例部分由孙新波、何建笃、张浩编写；全书由孙新波统稿。

本书的第 1 版和第 2 版得到了东北大学教材建设立项资助，也得到了东北大学工商管理学院的支持与帮助，同时参考了大量的相关资料与文献以及公开发表的教材、著作和学术期刊等。此外，感谢南开大学戚安邦教授的支持和机械工业出版社的帮助，在此一并表示谢忱。本书于 2014 年获批辽宁省和国家级“十二五”普通高等教育本科规划教材，于 2020 年获得首届辽宁省优秀教材建设奖并被推荐参评国家级优秀教材。

项目管理涉及内容广且发展快，由于编者水平有限，书中难免有不妥之处，希望读者和同行批评指正。

孙新波

2024 年 12 月于东北大学

SUGGESTION 教学建议

教学目的

项目管理是现代企业管理理论的重要组成部分，具有很强的实践性和应用性。本课程教学的目的在于让学生掌握现代项目管理的基本知识、基本原理和基本方法，具备从事现代项目管理的基本能力。具体来说，要培养学生具备现代项目管理的意识，强化学生应用现代项目管理的理念，引导学生使用现代项目管理的方法，学习项目原则、过程、范围、时间、成本、质量、团队、组织、沟通、采购、风险、融资、干系人、评估方法等方面的技能，引导学生用现代项目管理思维和行为准则开展工作，强化学生创造性地分析和解决问题的能力。

前期需要掌握的知识

管理学原理、人力资源管理、成本管理、质量管理、沟通管理、风险管理、组织行为、融资管理等课程相关知识。

课时分布建议

教学内容	学习目标	课时安排		案例使用建议
		MBA、研究生及工程硕士	本科	
第 1 章 项目与项目管理	（1）掌握项目与项目管理的定义及特点 （2）掌握项目、项目集和项目组合之间的关系 （3）了解我国项目管理的发展历程 （4）了解现代项目管理的最新发展及其原因、意义和作用 （5）掌握项目管理 PMBOK 及 PRINCE2 体系的基本知识 （6）了解项目管理 PMBOK 及 PRINCE2 体系的区别	2～4	2～4	LNYM 公司项目概况

（续）

教学内容	学习目标	课时安排		案例使用建议
		MBA、研究生及工程硕士	本科	
第2章 价值交付系统与项目管理原则	（1）理解并掌握创造价值在项目管理中的意义 （2）了解好的交付物对项目交付的作用 （3）掌握价值交付系统模块间的相互作用 （4）理解项目运行环境对价值交付系统的影响 （5）熟悉项目管理的九条原则	4	2～4	LNYM的价值交付系统与项目管理原则
第3章 项目管理过程	（1）了解过程与过程观的定义 （2）了解PMBOK与PRINCE2体系过程的比较 （3）掌握项目管理基本过程及其具体内容 （4）掌握项目规划过程组的定义及作用 （5）掌握项目执行过程组的定义及主要任务 （6）掌握项目监控过程组的定义及主要内容	2	2	如何有效地管理不同阶段的项目过程
第4章 项目范围管理	（1）理解并掌握项目范围管理的概念、内容及作用 （2）掌握项目范围规划的内容 （3）掌握项目需求收集的工具与技术 （4）掌握项目范围界定的概念和内容 （5）理解并掌握应用WBS进行工作分解 （6）理解项目范围变更的控制方法	4	2	如何成功地界定项目范围
第5章 项目时间管理	（1）理解并掌握项目时间管理的相关概念 （2）掌握使用箭线图法和前导图法绘制活动网络图 （3）掌握使用关键链项目管理法并能够自主确认和识别 （4）掌握用甘特图等工具进行进度计划的编制 （5）了解项目进度计划的控制过程	4	4	如何有效地编制项目进度计划
第6章 项目成本管理	（1）理解并掌握项目成本管理的概念 （2）掌握项目成本管理的四个过程 （3）理解并应用资源计划的编制，了解成本估算类型 （4）掌握成本估算、成本预算和成本控制的方法 （5）理解项目预算、成本基准、应急储备和管理储备的关系 （6）理解并掌握挣值分析法的应用	4	4	LNYM管理提升项目成本管理
第7章 项目质量管理	（1）理解质量和项目质量的定义以及质量与等级的区别 （2）了解质量管理的发展历程 （3）了解全面质量管理和六西格玛管理 （4）理解并掌握项目质量管理的概念及其与其他质量管理的区别 （5）掌握项目质量管理的主要内容 （6）理解并掌握项目质量规划、项目质量保证和项目质量控制的输入、工具与技术、输出 （7）理解项目质量改进的方法 （8）了解项目质量成本及项目质量的经济性	2～4	2～4	LNYM员工为什么会敷衍了事
第8章 项目团队管理	（1）掌握项目团队的概念和特征 （2）掌握项目团队计划的制订 （3）了解项目团队组建和建设的输入、工具与技术、输出 （4）掌握项目团队建设的结果 （5）了解项目团队文化	4	2	LNYM在项目团队上的困境
第9章 项目组织管理	（1）理解并掌握项目组织的概念及特点 （2）理解并掌握项目组织设计的过程 （3）理解并掌握项目组织结构的类型及优缺点，熟悉项目组织结构选择应考虑的关键因素 （4）了解项目经理的角色、职能、应具备的素质和能力 （5）了解项目管理办公室的内涵及职责	4	2	LNYM在组织结构上的困境

（续）

教学内容	学习目标	课时安排		案例使用建议
		MBA、研究生及工程硕士	本科	
第 10 章 项目沟通管理	（1）了解沟通的基本模型和方式方法 （2）理解项目沟通的障碍 （3）掌握有效项目沟通的方法 （4）了解项目沟通管理过程 （5）掌握项目会议类型及内容 （6）掌握项目冲突的影响因素 （7）掌握不同生命周期项目冲突的类型 （8）了解项目冲突管理的手段 （9）掌握解决项目冲突的模式	4	2～4	LNYM 项目中的沟通难题
第 11 章 项目采购管理	（1）理解并掌握项目采购管理的概念 （2）了解项目采购管理的重要性 （3）掌握项目采购管理的过程 （4）掌握自制 / 外购分析方法 （5）了解项目合同的类型 （6）掌握项目合同的签约与履行	2	2	LNYM 管理提升项目在项目采购管理上的困境
第 12 章 项目风险管理	（1）了解风险与项目风险的有关定义、特点及分类 （2）理解并掌握项目风险管理的定义及过程 （3）掌握项目风险识别的工具与技术 （4）掌握定性和定量项目风险分析的工具与技术 （5）理解并掌握项目风险应对、风险监控的依据、过程及成果	4	2	LNYM 管理提升项目在风险管理上的困境
第 13 章 项目融资管理	（1）掌握项目融资的概念 （2）掌握狭义项目融资的内涵与特征 （3）掌握资金结构的类型和资金结构设计 （4）掌握财务分析的主要内容 （5）了解资产证券化的概念和结构 （6）掌握广义项目融资和融资模式的比较	4	2～4	LNYM 的项目融资管理
第 14 章 项目干系人与项目治理管理	（1）理解并掌握项目干系人的概念及特征 （2）掌握项目干系人管理的概念 （3）掌握项目干系人管理的过程内容 （4）理解对项目干系人参与的管理与调控方法 （5）了解项目治理的作用及重要性	4	2	项目经理如何识别项目干系人
第 15 章 项目评估常用方法	（1）了解项目评估常用方法的种类 （2）掌握数据无量纲处理方法与步骤 （3）理解项目评估常用方法概念 （4）掌握项目评估常用方法步骤与应用	4	2	LNYM 如何进行项目评估
课时总计		52～56	34～44	

说明：

（1）在课时安排上，对于 MBA（EMBA）、企业管理、项目管理、技术经济等专业研究生或者项目管理及其他专业工程硕士建议安排 52～56 个学时；经济管理专业本科生建议安排 34 个学时，标注课时的内容、掌握的内容和理解的内容建议讲，其他内容酌情讲；非经济管理专业的本科生建议安排 44 个学时，以便补充相关的专业知识。

（2）课堂讨论、课后习题和案例分析等时间已经包含在各个章节的教学时间中。

目 录 CONTENTS

第1章　项目与项目管理

【学习目标】

☑ 掌握项目与项目管理的定义及特点
☑ 掌握项目、项目集和项目组合之间的关系
☑ 了解我国项目管理的发展历程
☑ 了解现代项目管理的最新发展及其原因、意义和作用
☑ 掌握项目管理 PMBOK 及 PRINCE2 体系的基本知识
☑ 了解项目管理 PMBOK 及 PRINCE2 体系的区别

图 1-1 为项目与项目管理概述图。

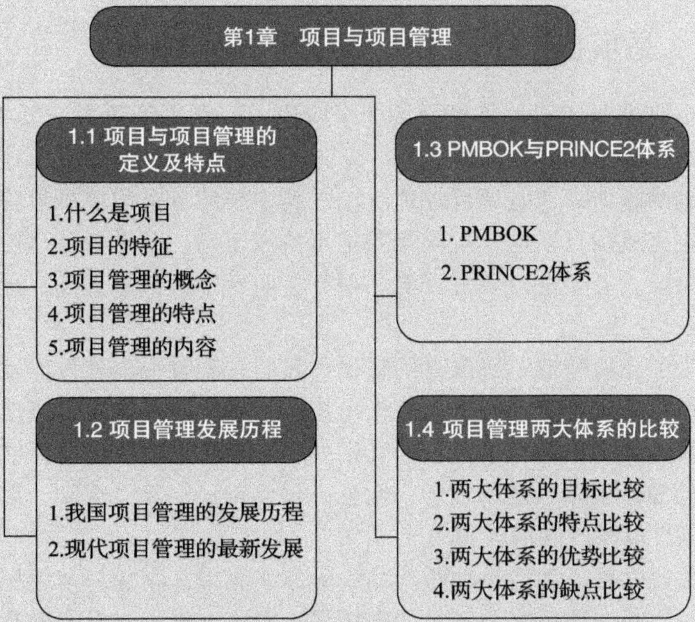

图 1-1　项目与项目管理概述图

开篇案例　　LNYM 公司项目概况

LNYM 公司（以下简称“LNYM”）成立于 1994 年，属于医药物流行业，2013 年改制为国有控股有限责任公司，2015 年 SHYY 战略增资 1.5 亿元，持有公司 20% 股权，经过为期 4 年的谈判，2018 年重组完成，SHYY 正式成为 LNYM 的第一大股东。2020 年，LNYM 开始建设多板块轮动的多元化服务体系，致力于打造以患者为中心的综合服务解决方案品牌。2022 年，公司实现销售额 85 亿元人民币，6 年纳税总额近 7.36 亿元人民币，业务规模在辽宁省内处于领先地位。

在大多数情况下，领导层与员工都是凭借经验来应对突发性事件的，缺乏有效的应对程序，并且没有进行后续的经验总结与理论萃取，从而难以提升下一阶段的管理实践。LNYM 无法提炼卓越管理实践并萃取理论的原因包括以下几点。

（1）公司缺乏合理的理论萃取程序。

（2）公司高层管理者不够重视。

（3）公司针对此没有良好的激励措施。

（4）公司没有对此进行有效的培训。

（5）公司没有形成相应的组织文化。

（6）公司组织架构中没有负责此事的部门。

面对存在的问题，核心高层下决心解决此问题，2022 年 11 月，公司高层经过慎重选择后决定与某双一流高校商学院合作，进行“LNYM 经营管理理论萃取与实践提升项目”的咨询开发。

1.1　项目与项目管理的定义及特点

1.1.1　什么是项目

企业投资活动大体可分为 3 个阶段：一是决策阶段，其主要任务是进行调查、研究、融资及土地获取等工作，即人们常说的可行性研究，这一阶段是试图选择一件正确的事情；二是项目管理阶段，其主要任务是按照决策阶段的要求又快又好又省地去完成项目，这一阶段是要把事情做正确；三是项目运行阶段，即投资资本的回收阶段，需要进行人力资源、财务、质量、营销等工作，这一阶段要保证短期的投入少、产出高。

为了更清楚地了解项目的特征，我们首先看一个项目的范例：一家软件开发企业应邀对一种现有的数据系统做出修正，以便用户能够直接使用恢复数据来准备报告，从而无须把它转录到一种文字处理系统中。这个项目可能要求对该数据库和该文字处理系统有一定的理解，会见并观察用户，建立规则，编写并测试编码，安装新版软件以及提供培训和文档。

除此之外，创造一种新产品、服务或成果，改变一个组织的结构、人员配备和风格，执行一项研究并记录研究结果，实施、改进或提升现有的业务流程和程序等都是项目。

项目是为了创造独特的产品、服务或成果而进行的临时性工作。其“临时性”是指项目有明确的起点和终点，而项目所创造的产品、服务或成果一般不具有临时性。一个项目成功与否，可以根据预算和进度内目标被满足的程度来度量。一旦一个项目完成，整个过程就停止了，因而绩效也是项目工作的一大特点。由于项目具有独特性，所以它创造的产品、服务或成果可能存在不确定性或差异性。项目可以在组织的任何层面展开，一个项目可能只涉及一个人，也可能涉及很多人；可能只涉及一个组织单元，也可能涉及多个组织的多个单元。因此，有了项目组合和项目集的概念，项目、项目集和项目组合的关系如图 1-2 所示。

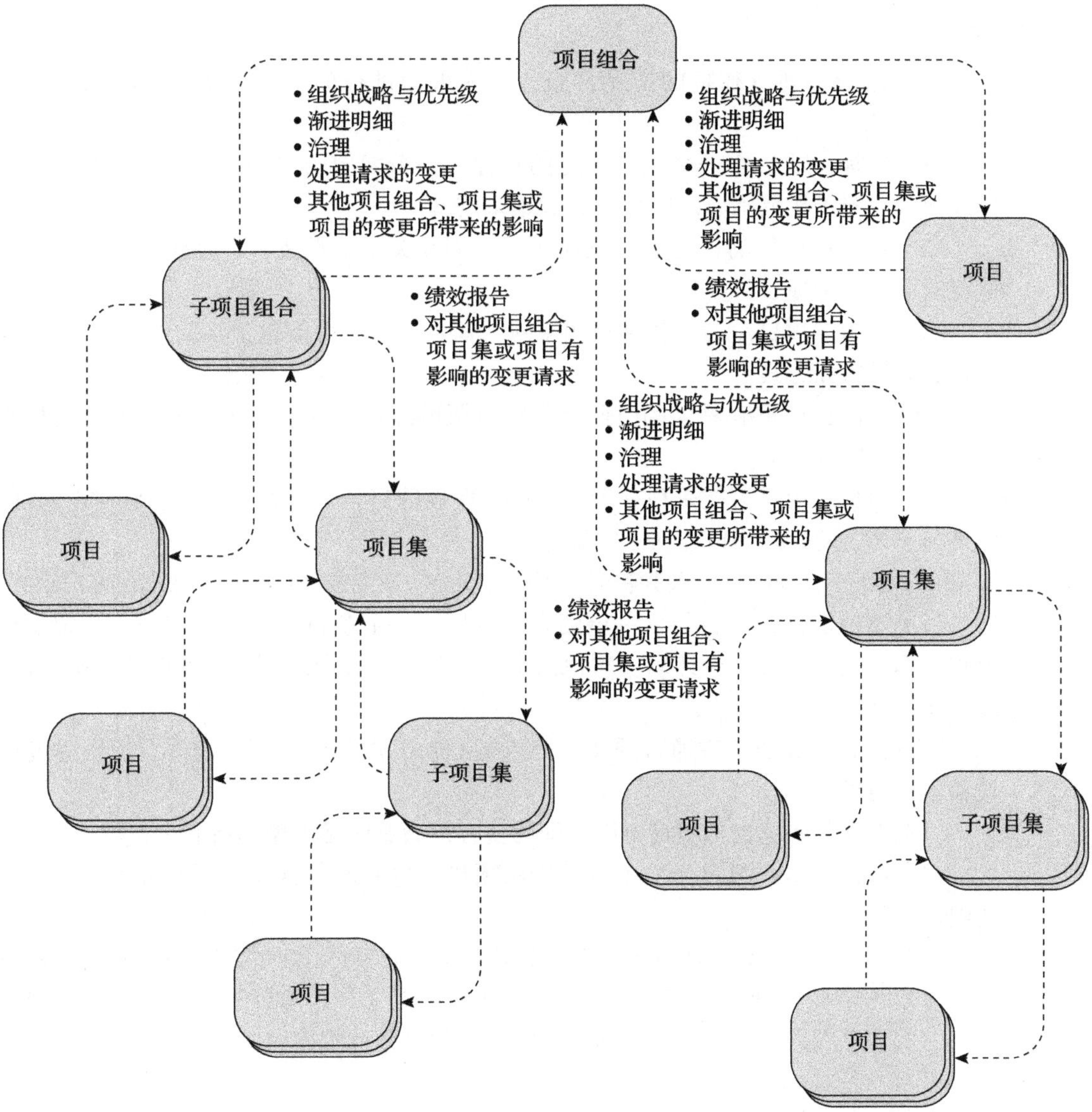

图 1-2　项目、项目集和项目组合的关系

项目、项目集与项目组合之间的关系可以这样表述：项目组合是为了实现战略目标而组合在一起管理的项目、项目集、子项目组合和运营工作的集合。项目集包含在项目组合中，它自身又包含需协调管理的子项目集、项目或其他工作，从而支持项目组合。单个项目无论属于或不属于项目集，都是项目组合的组成部分。虽然项目组合中的项目或项目集不一定彼此依赖或直接相关，但是都通过项目组合与组织战略联系在一起。

如图 1-2 所示，组织战略与优先级相关联，项目组合与项目集之间以及项目集与单个项目之间都存在联系。组织战略规划通过对项目的优先级排序来影响项目，而项目的优先级排序则取决于风险、资金和与组织战略规划相关的其他考虑。

1.1.2 项目的特征

项目是为了创造独特的产品、服务或成果而进行的临时性工作。项目的特征如下。

（1）目标：项目有一个明确界定的目标，一个期望的结果或产品。一个项目的目标通常依照工作范围、进度计划和成本来定义。

（2）任务：项目的执行需要完成一系列相互关联的任务，许多不重复的任务以一定的顺序达到项目目标。

（3）资源：项目需运用各种资源来执行任务。资源可能包括不同的人力、组织、设备、原材料和工具。

（4）时间：项目有具体的时间计划或有限的寿命，它有一个开始时间和目标必须实现的到期日。

（5）独特：项目可能是独一无二的，一次性的努力。例如，设计和修建空间站，就是独一无二的，因为以前从未实施过。

（6）客户：管理项目的人员和项目团队必须成功地完成项目目标，从而使客户满意。

（7）不确定性：项目包含一定的不确定性。一个项目开始前，应当在一定的假定和预算基础上准备一份计划。这种假定和预算的组合产生了一定程度的不确定性，影响项目目标的成功实现。

项目目标的成功实现通常受 4 个因素制约：工作范围、项目成本、项目进度计划和客户满意度。

（1）工作范围：也称项目范围，即为使客户满意而必须做的所有工作。

（2）项目成本：客户为一个可接受的项目交付物所付款额，项目成本以预算为基础。

（3）项目进度计划：使每项活动开始及结束时间具体化的进度计划。项目目标通常依据客户与执行工作的个人或组织商定的具体日期来规定项目范围必须完成的时间。

（4）客户满意度：在一定时间及预算内完成工作范围以使客户满意。

1.1.3 项目管理的概念

项目管理是指通过项目经理和项目组织的努力，将知识、技能、工具与技术应用于项目活动，对项目及其资源进行管理，旨在实现项目目的的管理模式。

（1）项目管理是一种管理方法体系。项目管理是在长期实践和研究的基础上总结成的理论方法。

（2）项目管理的对象、目的。项目管理的对象是项目，即一系列的临时任务。其目的是通过运用科学的项目管理技术，更好地实现项目目标。企业管理的目的是多方面的，而项目管理的目的是实现项目的预定目标。

（3）项目管理的任务、职能。项目管理的任务是对项目及其资源的管理。项目管理的职能与其他管理的职能是完全一致的，即对组织的资源进行计划、协调、指挥、控制，资源包括人员、资金、技术、设备等。在项目管理中，时间是一种特殊的资源。

（4）项目管理运用系统理论与思想。项目在实施过程中，实现项目目标的责任和权力往往被集中到项目管理办公室、项目经理或项目小组身上，由于项目任务是由不同的人员分别执行的，所以项目管理要求把这些任务和人员集中到一起，把它们当作一个整体对待，最终实现整体目标。

（5）项目管理职能主要由项目经理执行。在一般规模的项目中，项目管理由项目经理带领少量项目管理人员完成。如果项目规模很小，那么项目组织内可以只有一个专职管理人员，即项目经理。对于大规模的项目，项目管理的基本权力和责任仍属于项目经理，项目组织内专职管理队伍会更大，甚至组成一个与完成项目任务人员相对分离的项目管理办公室。

1.1.4　项目管理的特点

1. 项目管理的基本特点

项目管理具有以下基本特点。

（1）复杂性。项目管理是一项复杂的工作，工作内容跨越多个组织，需要运用多种学科的知识、技术和技能来解决问题，项目工作通常没有或很少有以往的经验可以借鉴，执行中有许多未知因素，每个因素又常常带有不确定性，还需要将具有不同经历、来自不同组织的人员有机地组织在一个临时性的组织内，在技术性能、成本、进度等较为严格的约束条件下实现项目目标等。

（2）创造性。由于项目具有一次性的特点，因而既要承担风险又必须发挥创造性，这也是项目管理与一般重复性管理的主要区别。项目的创造性依赖于科学技术的发展和支持，即要解决复杂的问题，必须依靠和综合多种学科的成果，将多种技术结合起来，才能实现科学技术的飞跃与更快的发展。

（3）需要集权领导和建立专门的项目组织。项目进行过程中出现的各种问题多半是贯穿于组织中各个部门的，这就要求不同的部门做出迅速反应，因此需要建立围绕专一任务进行决策的机制和相应的专门组织，这样的组织不受现存组织约束，由各种不同专业、不同部门的人员构成。

（4）项目负责人责任巨大。项目管理的主要特点之一是把时间有限和预算有限的事业委托给项目经理，项目经理有权独立进行计划、资源分配、协调和控制。项目经理要了解、利用和管理项目的技术与逻辑方面的复杂性，综合不同专业观点来考虑问题。

2. 项目管理的综合性特点

项目管理最大的特点是注重综合性管理，并且项目管理工作有严格的时间限制，项目管理必须通过不完全确定的过程，在确定的期限内生产出不完全的产品，日程安排和进度控制会对项目管理产生很大的压力，具体表现在以下几个方面。

（1）项目管理的对象是项目。项目管理是针对项目的特点而形成的一种管理方式，因而其适用对象是项目，特别是大型的、比较复杂的项目；鉴于项目管理的科学性和高效性，有时人们会将重复性“动作”中的某些过程分离出来，将这些“动作”加上起点和终点当作项目来处理，以便于在其中应用管理的方法。

（2）项目管理的全过程都贯穿着系统工程的思想。项目管理把项目看成一个完整的系统，依据系统论“整体－分解－综合”的原理，可将系统分解为许多责任单元，由责任者分别按要求完成目标，然后汇总、综合成最终的成果。此外，项目管理把项目看成一个有完整生命周期的过程，强调部分对整体的重要性。

（3）项目管理的组织具有特殊性。项目本身作为一个组织单元，围绕项目来组织资源。项目管理的组织是临时性的，项目终结，其组织的使命也就完成了。项目管理的组织是柔性的，项目的组织要根据项目生命周期各个阶段的具体需要适当地调整组织的配置。

（4）项目管理的体制是一种基于团队管理的个人负责制。由于项目系统管理的要求，需要集中权力以控制工作正常进行，因而项目经理是一个关键角色。

（5）项目管理的方式是目标管理。项目管理是一种多层次的目标管理方式，项目涉及的专业领域十分宽广，项目主管或项目经理不可能是每一个专业领域的专家。项目经理只能以综合协调者的身份，向被授权的专家协商确定目标以及时间、经费、工作标准的限定条件，此外的具体工作则由被授权者独立处理。

（6）项目管理的要点是创造和保持一种使项目顺利进行的环境。有人认为，“管理就是创造和保持一种环境，使置身于其中的人们能集中一项工作以完成预定的使命和目标”。这一特点说明了项目管理是一个管理过程，而不是技术过程。处理各种冲突和意外事件是项目管理的主要工作。

1.1.5 项目管理的内容

项目管理的内容是相当广泛的。就其过程来讲，可分成如下几个方面的内容。

（1）项目定义。对于项目经理，项目定义往往是项目管理过程最初的，也是十分重要的一个阶段。任何好的项目定义都需回答好以下 5 个重要问题。

1）被提出的问题或机会是什么？

2）项目的目的是什么？

3）为实现这一目的，有哪些目标是必要的？

4）如果项目已成功，将如何确认？

5）是否存在可能影响成功的假设、风险和障碍？

定义阶段还须确立项目的范围，由于种种原因，项目的范围会发生变更——有时会达到项目经理无法接受的地步，这些变更被称作“范围默变”，这也正是当今组织的一种生存方式。它是项目经理的“天敌”，但如果希望项目成功，则必须有效地对待它。项目经理必须针对项目因变更而产生的其他方案和结果对范围变化做出反应，好的项目经理会有一套正式的变更管理程序。

（2）项目计划。项目计划不仅是指引如何做工作的路标，还是一种制定决策的工具，一个完整的计划会清楚地说明将要做什么，如何去做，由谁来做，在何时做，将在什么地方做，将需要什么资源。项目计划将指出，宣布项目完成和成功必须满足哪些标准。

当我们定义了要做的工作和完成工作所需要的资源后，我们就可以根据资源安排进度计划，也可以平行安排工作进度而不一定顺序安排，这样就可以最大限度地利用资源，也能比其他方式花更少的时间完成项目工作。制订计划也会使我们更好地理解项目的目的和目标。

（3）项目执行。项目执行除了包括组织人员，还包括确定完成计划规定工作所需的资源，根据进度计划安排工作人员完成他们各自的任务，安排活动的开始与结束时间。

（4）项目控制。无论项目班子计划如何投入，项目工作都不会完全按照计划进行，有时进度计划会落空，这就是项目管理的现实。项目经理必须用一套系统来不间断地监督项目的进展或发现其不足，而且对项目未来加以预测并重新调整计划，对可能的问题做出预警。

（5）项目结束。结束阶段需要对所做的工作进行评估，并为今后的项目提供历史信息。由于这一阶段的工作被认为会多出一笔间接费用，因而易被跳过。

1.2　项目管理发展历程

1.2.1　我国项目管理的发展历程

我国很早就有了自己基于“工料定额”的“项目时间”和“项目成本”等方面的管理方法。大禹治水实际上就是最早的水利工程开发项目，都江堰和长城建设项目不论从工程设计还是项目施工都使用了某些系统管理的思想并建成了举世公认的伟大工程项目。但自宋朝之后，我国在科技方面开始走下坡路，未能跟上世界工业革命带来的科技的变革与发展。

1999 年，我国引进 PMI 的现代项目管理知识体系（project management body of knowledge，PMBOK），同时引进其项目管理职业认证（project management professional，PMP）。此后，我国在现代项目管理教育、研究和实践等各个方面都有很大的发展。但是也必须认识到，我国的现代项目管理理论和实践水平与国际先进水平相比还有一定差距。

1.2.2 现代项目管理的最新发展

现代项目管理知识的发展和进步是由社会的发展和变化推动的，整个现代项目管理知识体系的创立和发展是由近年来的经济和社会发展造成的。

1. 社会、管理和项目管理范式的转换

随着人类社会向知识和数字经济时代的转换和发展，人们的创新活动逐渐成了社会创造财富的主导手段。同时，随着人类社会主导活动逐渐从日常运营活动向各种创新活动的转换，人类社会、管理和项目管理的主导模式都发生了新的变化。

（1）社会主导模式的变化。在当今不断发展的经济和社会中，人类管理的主导模式逐步转向了以现代项目管理为主的模式，这种社会、管理和组织主导模式的转换是不以人们的主观意志为转移的，它受人们为了努力过上美好生活的原动力驱使而自行发展、转变并成熟。其社会主导模式、管理与组织主导模式的变化如图 1-3 所示。

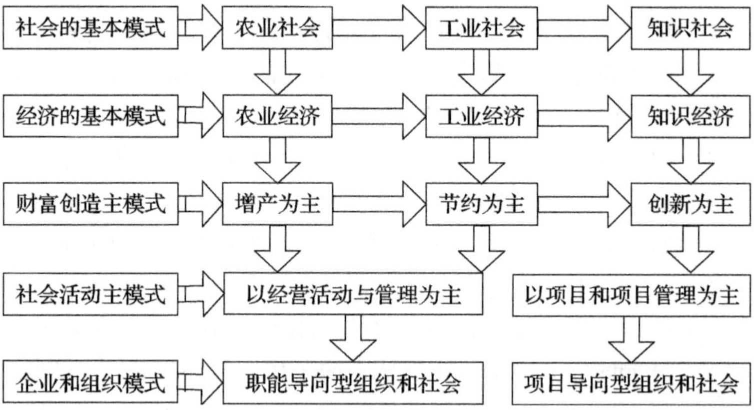

图 1-3　不同社会的社会主导模式、管理与组织主导模式的示意图

（2）管理范式的转换。任何人类的创新活动都具有独特性和一次性等特性，它们都属于项目的范畴，从而都需要使用现代项目管理。如上所述，由于在知识和数字经济时代下创新活动是主导活动，现代项目管理逐渐演变成人类社会的主导管理模式。这种模式的转换如图 1-4 所示。

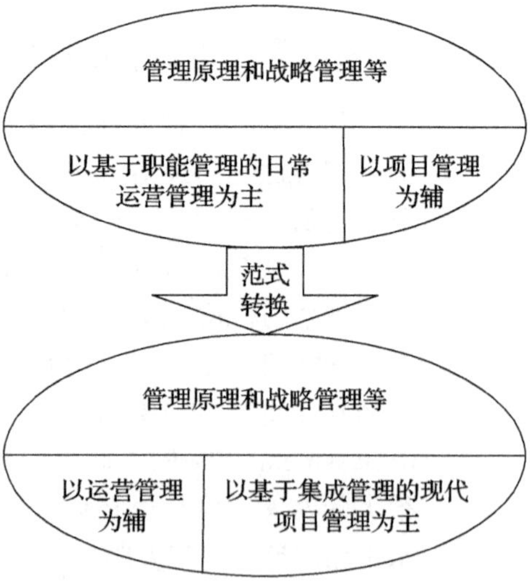

图 1-4　人类社会管理知识主导模式的转换示意图

（3）项目管理范式的转换。项目管理经历了从传统项目管理主导模式向现代项目管理主导模式的转换，最终才形成了现代项目管理作为主导模式的范式转换。这种项目管理主导模式转换的最大变化表现在两个方面。一方面是二者的项目管理知识体系内容发生了很大的变化，二者的差别如图 1-5 所示。

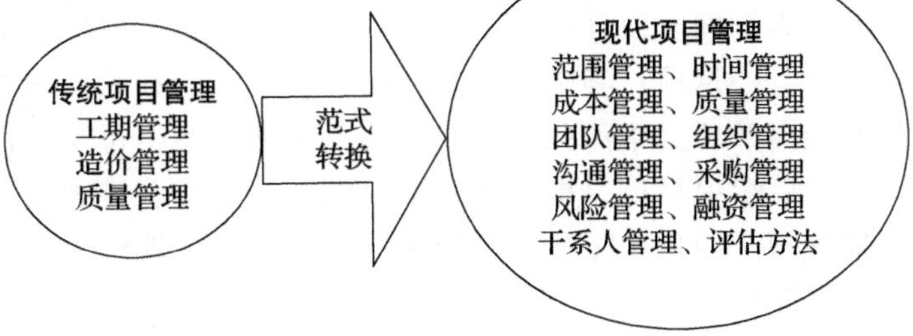

图 1-5　传统项目管理和现代项目管理知识体系内容的对比示意图

另一方面体现在项目管理知识的应用范围获得了很大的拓展和扩张。在原有的传统项目管理阶段，项目管理理论和方法的应用范围主要局限在工程项目管理领域。在现代项目管理阶段，其理论和方法已经广泛地应用到了社会生产和生活中的各个领域，具体可见图 1-6。

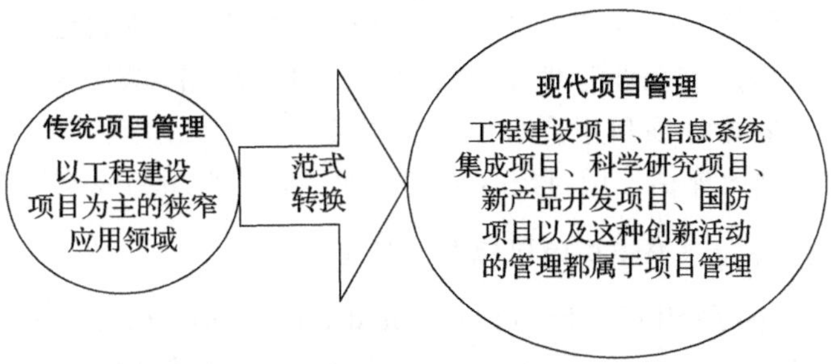

图 1-6　传统项目管理和现代项目管理知识应用范围的对比示意图

2. 基于项目的管理和企业级项目管理

不管是项目导向型社会还是项目导向型组织，它们都是以基于项目的管理（management by projects，MBP）作为主导管理模式的。所以现代项目管理的重要发展之一是这种 MBP 方式和企业级项目管理（enterprise project management，EPM）的出现、应用和推广。二者实际上是有很强关联的，二者的具体内涵和作用如下。

（1）基于项目的管理。基于项目的管理要求人们在一个组织中使用基于项目管理的主导管理模式去管理组织的各项“例外”事务。使用这种管理模式时，人们首先根据组织的使命去分解得到组织的战略目标，根据战略目标去拟定实现这些战略目标的项目、项目集和项目组合，然后通过使用项目管理的方法使这些项目获得成功。

（2）企业级项目管理。企业级项目管理也是现代项目管理的一个重要发展，它要求人们从企业的高度去看待和实行现代项目管理的理论和方法。按照 EPM 的要求，实施这套方法的企业要积极做好项目管理职业化，他们要有自己的项目管理程序、标准和体系，他们要建立自己的项目管理办公室或战略项目管理办公室，要使企业或组织的高层更加了解、参与和影响项目的管理，要建立和使用自己组织的项目管理信息系统，要有基于网络的组织内部项目团队和虚拟项目团队的项目报告系统。

3. 项目集管理和项目组合管理

（1）项目集管理。项目集就是一种多项目的集合，项目集中的多项目之间有两大基本特性。其一是项目集中每个项目间存在着直接和紧密的相互关联，每个单独的项目都不能离开项目集而独立存在。其二是项目集中每个项目相互之间有一定的相似性，因此后续项目可以根据前续项目的经验进行改进和提高。这两大特性使得这种项目集管理从原理和方法上有很多地方不同于一般性的项目管理，所以才有了单独的项目集管理的原理和方法。

（2）项目组合管理。所谓项目组合管理是指对由项目和项目集有机组合的整体所开展的管理。项目组合实际上又可以分成组织内部的项目组合和虚拟组织的项目组合，前者是一个组织自己在一定时期内各种项目和项目集的组合，后者是多个组织在一定时期内的各种项目和项目集的组合。根据项目组合管理的理论，任何一个组织的战略方案实际上就是一种项目组合，因为任何组织的战略目标都是通过一个个项目实现的。因此，项目组合管理要求企业或组织成立专门的战略项目管理办公室，并且将项目、项目集和项目组合管理作为组织实现自己目标的战略措施和方法。项目组合管理要求企业管理始于使命、愿景和战略计划，然后分解得到战略目标和项目组合，安排好项目组合中项目和项目集的优先序列，最终在项目实施中做好项目组合实施绩效评估、项目组合关系管理，以及组织的战略管理。

4. 项目导向型组织与项目导向型社会

项目导向型组织（project oriented organizations，POO）和项目导向型社会（project oriented society，POS）最早是由国际项目管理协会（IPMA）组织人员进行研究以后提出的。IPMA 还进一步委托项目导向型社会研究课题的课题组开展了有关项目导向型国际社会（POI）的研究课题，这也将成为未来现代项目管理的一个重要新领域。

（1）项目导向型组织。项目导向型组织是为了更好地开展组织和社会的各种项目管理服务的。项目导向型组织是一种既不同于专门从事项目工作的项目型组织，也不同于专门从事日常运营的直线职能型组织，甚至也不同于兼顾项目和日常运营的矩阵型组织，这是一种面向创新活动的新型组织。有关项目导向型组织的基本模型如图 1-7 所示。

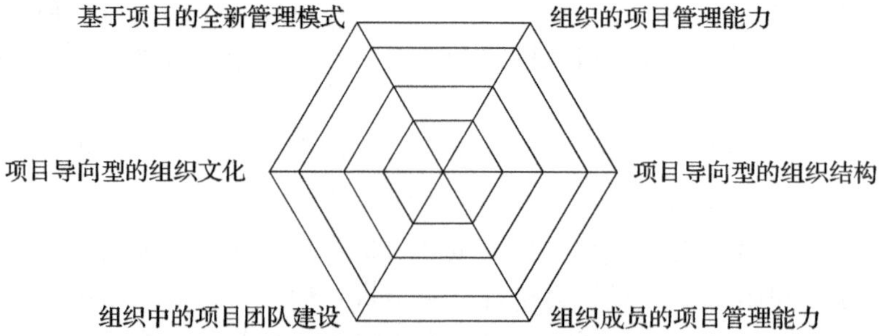

图 1-7　现有项目导向型组织的基本构成要素模型示意图

（2）项目导向型社会。随着人类社会逐步向创新型社会和知识经济转换，整个社会正在变得越来越项目导向化。项目导向型社会以项目导向型组织为社会的主要单元，以项目导向型的创新活动和项目管理作为社会的核心任务，以现代项目管理及其相关服务为社会实践的主要特征。

由图 1-8 可见，项目导向型社会有 2 个主要特征：其一是项目导向型组织及其管理能力是这种社会的基础；其二是全社会项目管理方面的服务是这种社会的关键。有关项目管理社会化服务主要包括如下内容。

1）项目管理研究服务。包括项目管理科学的研究项目、出版物和研究活动等，这些主要由社会化的研究机构来提供和实施，国家要有专门的基金用于资助项目管理方面的研究。

2）项目管理营销服务。包括由社会化的项目管理营销服务机构为社会提供项目经理认证、项目管理销售、项目管理标准制定等服务。

3）项目管理教育服务。包括各种社会化的项目管理学位和学历教育以及各种项目管理的培训和实习等。

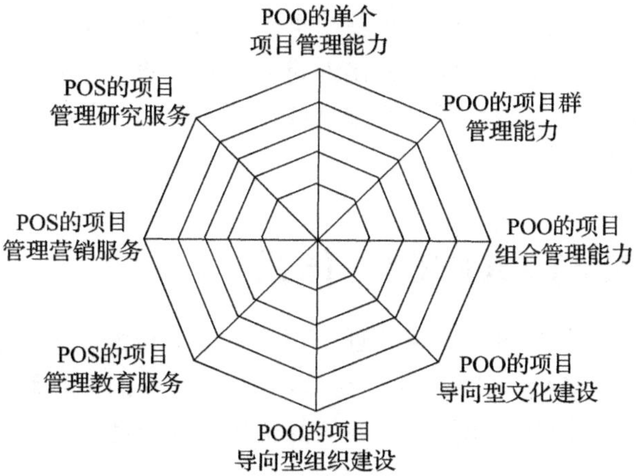

图 1-8　现有项目导向型社会的基本构成要素模型示意图

5. 组织项目管理成熟度模型及其他发展

在现代项目管理知识体系的发展过程中，项目挣值管理理论和方法与组织项目管理成熟度模型（organizational project management maturity model，OPM3）和方法是现代项目管理理论与方法中的新发展。

OPM3 包括 3 个方面的主要内容：其一是组织项目管理成熟度方面的知识，其二是项目管理成熟度的评估知识和方法，其三是如何改进和提升一个组织的项目管理成熟度的知识和方法。3 个方面综合给出了组织在项目管理能力的识别、度量、分析、改进和提升的原理、方法和程序。

在 OPM3 中提供的知识和方法可以使一个组织准确地认识自己已达到和尚未达到的项目管理能力，而根据项目导向型组织的原理，一个组织的项目管理成熟度（或能力大小）实际上就是一个组织本身的成熟程度和能力。OPM3 的原理和方法主要是通过开发和提升一个组织的项目管理、项目集管理、项目组合管理能力，从而帮助该组织提升自己的战略发展能力。OPM3 将一个组织的项目管理成熟度的过程和提升的顺序分成了 5 个层次，具体可见图 1-9。

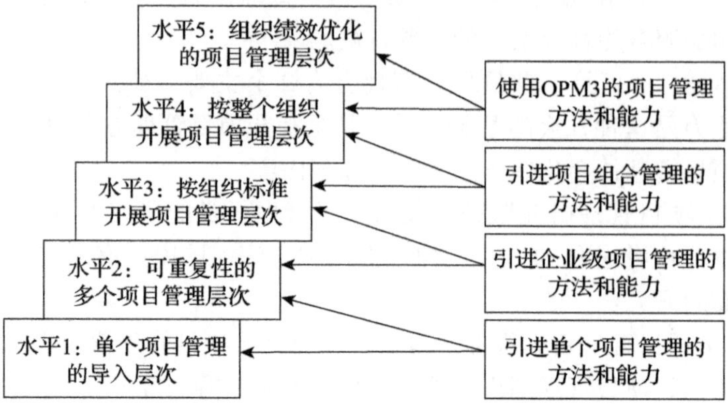

图 1-9 项目管理成熟度模型示意图

由图 1-9 可以看出，实际上 OPM3 所提供的原理和方法就是一种项目导向型组织的建设方法，这种方法先评估目前的项目管理成熟度，然后根据具体组织在项目管理成熟度方面存在的问题提出改进和提升的办法、途径以及这些措施的优先序列和计划编制指南，最终通过实施这些改进计划全面提升组织的项目管理成熟度，从而建成真正的项目导向型组织。

1.3 PMBOK 与 PRINCE2 体系

目前国际上的两大项目管理知识体系是：以欧洲国家为主的体系——国际项目管理协会（IPMA），和以美国为主的体系——美国项目管理协会（PMI）。在过去的 30 多年中，它们都做出了卓有成效的工作，为推动现代项目管理发挥了积极作用。

1.3.1 PMBOK

最新发布的 PMBOK7 中把项目管理划分为 12 个知识领域，即范围管理、时间管理、成本管理、质量管理、团队管理、组织管理、沟通管理、采购管理、风险管理、融资管理、干系人与项目治理管理、评估方法。以下是 PMBOK7 的 12 个领域的简要内容。

1. 项目范围管理

项目范围管理是确保项目完成全部规定要做的工作，最终成功地达到项目的目标。基本内容是定义和控制列入或未列入项目的事项。项目范围管理的主要子过程包括以下几种。

（1）起始决策，即在遇到问题或发现机遇的时候，做出启动一个项目的决策。

（2）范围规划，即在项目启动结束后，项目团队根据收集的项目发起人对项目产出物的要求，编制项目初步范围说明书及项目范围管理计划的过程。

（3）需求收集，即为实现项目目标而确定、记录并管理干系人的需求和需要的过程。

（4）范围界定，即把项目的主要可交付成果进一步分解为更小、更容易管理的单元。

（5）分解结构，即对项目范围内所要开展的工作进行分解，并得出项目工作范围的描述文件。

（6）范围核实，即项目直接干系人如项目的发起人（业主）等最终认可和接受项目范围的过程。

（7）范围变更控制，即在项目条件和环境变化导致项目范围发生变更时，进行必要的控制。

2. 项目时间管理

项目时间管理是指为了确保项目按时完工必需的一系列管理过程和活动，其主要子过程有以下几种。

（1）规划进度管理，即规定如何报告、评估和更新项目管理计划。

（2）活动定义，即识别为实现项目目标所必须开展的项目活动。

（3）活动排序，即根据项目清单的各项活动，确定各活动之间的相互关联及依赖关系，科学合理地确定项目活动的先后顺序，并形成相应文档的过程。

（4）资源需求估算，即在进行项目活动时间估计和项目进度计划编制之前进行的项目活动资源估算。

（5）工期估算，即确定了活动的排序关系后，估算完成各项活动的时间。

（6）进度计划编制，即计划和安排项目活动的起始和结束日期的工作。

（7）进度计划控制，即对项目进度计划的实施及变更所进行的管理控制工作。

3. 项目成本管理

项目成本管理是为保障项目实际发生的成本不超过项目预算而开展的项目成本估算、项目成本预算和项目成本控制等方面的管理活动，其主要子过程有以下几种。

（1）资源计划，即在分析、识别项目的资源需求，确定项目所需投入的资源种类、数量和时间的基础上，制订科学、合理、可行的项目资源供应计划。

（2）成本估算，即为实现项目目标，根据项目资源需求计划以及各种资源的价格信息，对完成项目所需成本进行的估计。

（3）成本预算，即将估算的成本按照时间段分配到项目各个活动中去，并建立一个衡量绩效的基准计划的项目成本管理活动。

（4）成本控制，即按照项目成本预算过程所确定的成本预算基准，在项目实施过程中，通过运用一定的管理方法，对项目所消耗费用的使用情况进行合理有效的控制。

4. 项目质量管理

项目质量管理是为了保证项目能够满足原来设定的各种要求，其主要子过程有以下几种。

（1）质量规划，即设定质量目标并规定必要的运行过程和相关资源以实现其质量目标。

（2）质量保证，即定期评价项目的全部性能，提供项目满足质量标准的证明，从而确定该项目能满足相关的质量标准。

（3）质量控制，即通过认真规划，不断进行观测检查，并采取必要的纠正措施，来鉴定或维持预期的项目质量或工序质量水平的一种系统。

5. 项目团队管理

项目团队是由一组个体成员为实现一个具体项目的目标而组建的协同工作队伍，项目团队管理包括以下主要子过程。

（1）团队计划制订，即识别和记录项目角色、职责、所需技能以及报告关系，并编制人员配备管理计划的过程。

（2）团队组建，即确认可用人力资源并组建项目所需团队的过程。

（3）团队文化，即项目成员为了团队的整体利益和目标而相互协作、共同努力的意愿与作风。

6. 项目组织管理

项目组织管理是指充分发挥项目管理的功能，提高项目管理的整体效率，从而达到项目管理的目标，其主要子过程如下。

（1）组织设计，即把实现项目组织目标所需完成的工作范围、工作任务划分为性质不同的业务工作，按照工作性质组建不同的部门，确定各部门的职责与权限。

（2）组织结构，即为保证项目过程高效运营而设计的组织结构。

（3）项目经理，即项目的领导者、组织者、管理者和项目管理决策的制定者。

（4）管理办公室，即为创造和监管整个企业或组织的全部项目的管理体系。

7. 项目沟通管理

项目沟通管理包括为了确保项目信息能够及时适当的产生、收集、发布、存储、调用和最终配置所需的过程，其主要子过程如下。

（1）沟通方式，即实现信息传递和交流的方式。

（2）沟通过程，即编制项目沟通计划、信息分发、执行情况报告和管理收尾的过程。

（3）冲突管理，即管理一种特定表现形态的组织冲突，是管理由于项目内外部某些关系难以协调而导致的矛盾激化和行为对抗的过程。

8. 项目采购管理

对项目采购制订采购计划，按计划安排好项目采购工作以实现项目的目标，其主要子过程有以下几种。

（1）采购计划编制，即确定从项目组织外部采购哪些产品和服务能够最好地满足项目需求的过程。

（2）采购计划实施，即询价计划编制与供方选择的过程。

（3）项目合同管理，即管理同卖方之间的关系，是项目采购管理的实现阶段。

9. 项目风险管理

项目风险管理是识别和分析风险，建立、选择和管理解决风险的可选方案的组织方法。其目标是控制和处理项目风险，防止和减少损失，保证项目的顺利进行，其主要子过程有以下几种。

（1）风险管理规划，即确定一套系统全面、有机配合、协调一致的策略和方法并将它形成文件的过程。

（2）风险识别，即判断哪些风险会影响项目并记录其特征的过程。

（3）风险分析，即确定每个风险对项目的影响大小，对已识别出来的项目风险进行评估和量化的过程。

（4）风险应对，即针对项目目标，制订提高机会、降低威胁的方案和措施的过程。

（5）风险监控，即持续监督项目工作，以便发现新风险、风险变化以及过时的风险。

10. 项目融资管理

项目融资管理包括项目的财务分析、融资的渠道、融资的模式等内容，其主要子过程包括以下几种。

（1）财务分析，即融资的前奏，只有经过财务分析后被确认为有价值的项目才可能得到融资。

（2）资金结构，即综合考虑资金成本、税务、金融市场等多种客观因素的条件后，做出的资金结构设计。

（3）融资模式，即贷款人向特定的工程项目提供贷款协议融资，对于该项目所产生的现金流量享有偿债请求权，并以该项目资产作为附属担保的融资类型。

（4）资产证券化，即通过创立一种以该基础资产现金流为支持的金融工具，在资本市场上出售变现的一种结构性融资手段。

11. 项目干系人与项目治理管理

项目干系人与项目治理管理用于开展下列工作：识别能影响项目或受项目影响的全部人员、群体和组织；分析干系人对项目的期望和影响；制定适合的管理策略来有效调动干系人参与项目决策和执行。干系人管理还关注与干系人保持持续沟通，以便了解干系人的需要和期望，管理利益冲突，解决实际发生的问题。把干系人满意度作为一个关键的项目目标进行管理，其主要子过程包括以下几种。

（1）识别干系人，即识别能影响项目或受项目影响的全部人员、群体和组织，以及项目决策、活动或结果影响的人、群体或组织，并分析记录他们相关信息的过程。

（2）规划干系人管理，即基于对干系人需要、利益及对项目成功的潜在影响的分析，制定合适的管理策略，从而有效调动干系人参与整个项目生命周期的过程。

（3）调控干系人参与，即在整个项目周期中，与干系人进行沟通和协作，从而满足其需要与期望，解决实际出现的问题，并促进干系人合理参与项目活动的过程。

（4）控制干系人参与，即全面监督项目干系人之间的关系，调整策略和计划，从而调动干系人参与的过程。

12. 项目评估方法

项目评估方法是指采用量化的方法核实项目目标是否实现，评估项目目标的合理性和可行性。常用的项目评估方法包括以下几种。

（1）TOPSIS 法，即根据有限评价对象与理想化目标的接近程度进行排序的方法。

（2）主成分分析法，即把多个变量划分为少数几个综合指标的一种统计分析方法。

（3）熵值分析法，即将熵值作为权重计算因素的多指标决策分析方法。

（4）模糊综合评价法，即将模糊概念和数学方法相结合，将模糊的主观判断转化为数学上的计算，从而得出较为客观的评价结果的方法。

（5）灰色关联分析法，即对数据序列几何关系和曲线几何形状的相似程度进行比较分析，以曲线间相似程度的大小作为关联程度的衡量尺度。

综合起来，PMBOK 可用图 1-10 表示。

图 1-10 PMBOK

PMBOK 非常注意项目计划的完备性，为实现完备性提出了一系列的工具和方法。计划一旦完成，就要尽量少去修改，若实在需要修改，也必须通过一套变更流程并获得授权。站在 PMBOK 的角度，项目生命周期的主体是瀑布型的，可以用甘特图进行规划，如图 1-11 所示。在瀑布模型中，强调从整体到细节严格区分各个阶段的工作。按照 Obeng 的项目分类法，PMBOK 非常适合按部就班型的项目。

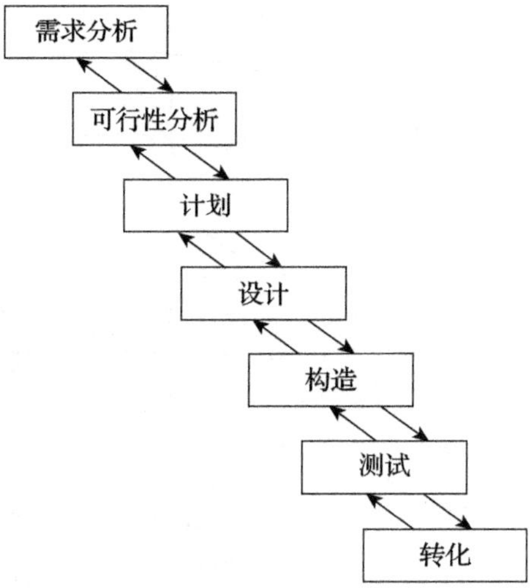

图 1-11　瀑布模型

1.3.2　PRINCE2 体系

在项目开发过程中会不断发现新问题，处理这些新问题需要额外的时间和新增的资源，这使得人力、物力、时间的实际使用情况相距甚远。情况总是在变，人们的计划似乎总是不对！原有的瀑布模型和与之对应的 PMBOK 对此无能为力。直到 20 世纪 80 年代出现了面向对象的技术和分阶段式的开发模式之后，危机才得以逐渐解决。在面向对象的技术中，强调从重要到次要，而非从整体到细节。一般来说，重要的部分会被分离出来，并优先开发。

螺旋模型展示了分阶段的计划和分阶段的实施，在每一阶段结束时要总结和评价阶段成果，根据最新的评估和当前的环境来重新进行计划，如图 1-12 所示。螺旋模式有众多好处：首先，各个阶段的成果可以被利用，而不像有些工程要么全部做完，要么形成烂尾工程被全面放弃；其次，在项目开发过程中可以根据最新情况的变化进行项目调整，情况变化可能来自开发本身遇到的困难，也可能来自外部政策或经费的变化。在受控环境下的项目管理（project in controlled environment，PRINCE2）体系中，计划总是跟着变化走。按照 PRINCE2 体系的思想，不需要像 PMBOK 那样对整个项目都做出详细的计划，当前阶段的任务可以做出详细的计划，但后续阶段的任务只做出粗略的规划。在多数情况下，项目计划前细后粗，越是后续阶段越少做规划。

图 1-13 描述了欧洲的 PRINCE2 体系。在该体系中过程分为 7 个部分，分别是筹备、启动、阶段内控制、阶段边界管理、交付物管理、收尾和指导。该体系还包

括 7 个要素来支撑过程的执行，分别是项目论证、组织、品质、计划、风险、变更、过程监控。PRINCE2 体系中的计划不是 PMBOK 那样作为一个独立的过程，而是作为一个要素贯穿于整个项目过程链中。

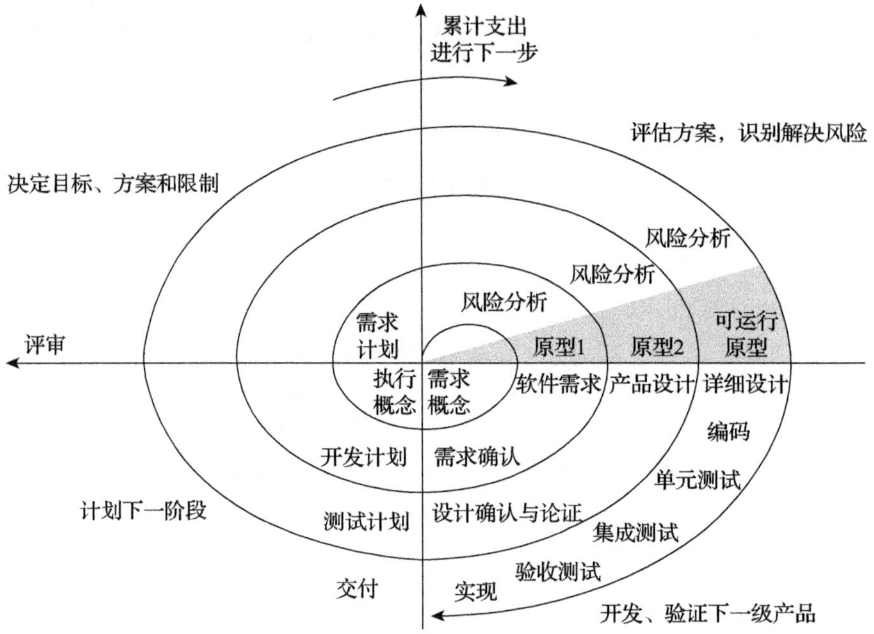

图 1-12　螺旋模型

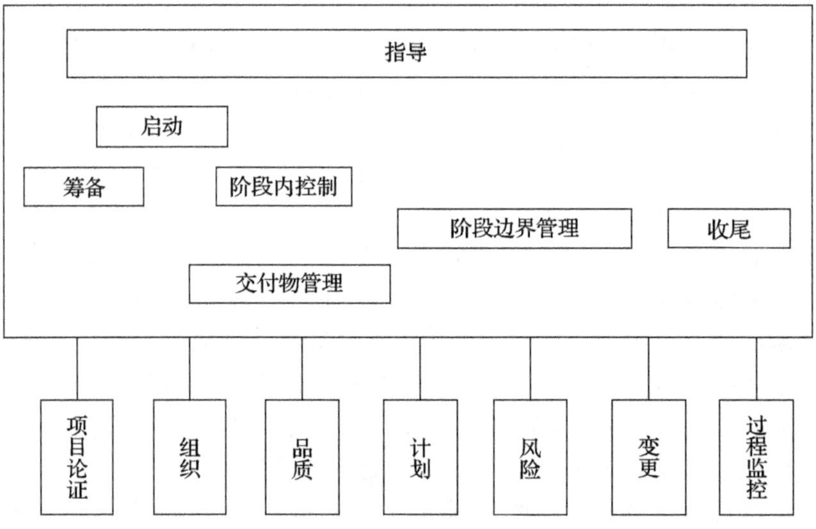

图 1-13　PRINCE2 体系

1.4　项目管理两大体系的比较

PRINCE2 体系和 PMBOK 既有区别，又有共同之处。如同数码照相机中的照相和摄像功能，PMBOK 从静态的角度看项目，能够很好地把握细节；而 PRINCE2 体系则从动态的角度看项目，能够很好地掌控全局。PRINCE2 体系强调了项目立项及建设的原因，以及项目各个阶段可能需要完成的任务，对于与项目环境不符的内容，项目管理团队可将它拿掉。

PRINCE2 体系很少回答如何做的问题，而 PMBOK 给出了一些“如何做”的答案。PRINCE2 体系并不直接去定义工作或做事，而是强调角色或做人。不同的角色会从不同的角度和层次来看问题、做事情，并对项目实施不同的影响。PMBOK 提供了很好的具体工具和技术，但 PRINCE2 体系则站在宏观的角度来提供管理方法。PRINCE2 体系中的阶段不同于 PMBOK 中的阶段，它是一种灵活、可裁修、动态的过程。通过可裁修的阶段划分，PRINCE2 体系能够适用于绝大多数项目种类。PRINCE2 体系的阶段还可分为技术阶段和管理阶段。不像 PMBOK 为所有的项目设置同样的开发模式，PRINCE2 体系的项目裁修可以对项目管理的模式进行调整，无论是小项目还是项目集，无论是商业项目还是非商业项目，都可适用。为了实现阶段式的管理，PRINCE2 体系把管理分成了多个层次，项目经理不再像在 PMBOK 中拥有那么多的责任和权力。PMBOK 是以项目经理为核心的一元化管理，而 PRINCE2 体系则是以项目总裁和项目经理为主体的二元化管理。与管理分层一样，控制也被分为多个层次：容忍范围内控制、应急范围内控制和变更控制。面向交付物做计划是 PRINCE2 体系的一个重要特点，而在 PMBOK 中，做计划被当成一种通用的管理能力。PRINCE2 体系认为交付物的生命周期包括概念认识、可行性研究、实现、运营和终结，但它更关注于交付物的实现，并且不包括 PMBOK 中的采购管理。PRINCE2 体系非常重视项目文档，把文档看成阶段过程的重要结果。对于人的管理和沟通，PMBOK 主要通过个人行为和技巧来完成，而 PRINCE2 体系则更多强调通过组织结构的方式来完成。

由于两大体系的取向不同，它们采用的应对方法也就不同，针对的项目类型也不同。对于技术成熟、资源完全可掌握的项目，使用 PMBOK 带来的效率最高。对于技术成熟、资源没有完全掌握的项目，可使用 PRINCE2 体系的组织架构来招揽聚合资源。对于技术不成熟、资源完全可掌握的项目，可使用 PRINCE2 体系的过程管理来分阶段逐步实施。对于技术不成熟、资源没有完全掌握的项目，可使用 PRINCE2 体系的模式裁修来逐步探索。图 1-14 描述了两大体系的适用场合。

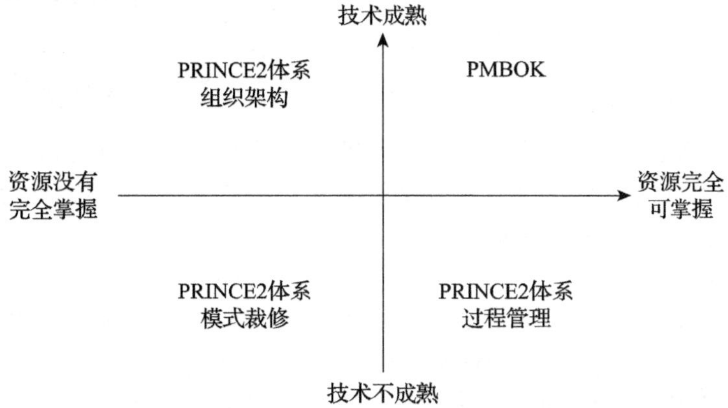

图 1-14　PMBOK 和 PRINCE2 体系的适用场合

表 1-1 是 PMBOK 与 PRINCE2 体系的比较，两大体系更多的关系，将在后面的章节中详细介绍。本书将以 PMBOK 为框架，系统地讲解 PMBOK 的全部内容，但同时也包括 PRINCE2 体系的内容。两大体系将作为对立统一的模式，贯穿于本书的各个部分。总之，PRINCE2 体系像一把粗壮的大刀，能够从宏观上拿下复杂度大的问题，但使用代价高；而 PMBOK 则像一把精致的外科手术刀，能够从微观上精细地解决具体问题。对简单项目可采用 PMBOK 模式，对复杂项目可采用 PRINCE2 体系模式，两者可混合交替使用。

表 1-1　PMBOK 与 PRINCE2 体系的大致比较

	PMBOK	PRINCE2 体系
目标	满足决策者的需求，贯彻决策者的意志	满足对方的需求，反映多方的意志
特点	强调对资源的完全把控	可通过对利益的分享程度来调控对资源的掌控
	全局调整优化	全局和局部配合调整优化
	为保障计划实施，屏蔽外部一切干扰，内部思想高度统一	为保障目标的实现，动态协调内外部，多角度思考问题
	微观管理	宏观管理
优势	谋效率（解决好不好的问题），好比油门	谋功能（解决有没有的问题），好比方向盘
缺点	缺乏灵活性	管理难度大

复习思考题

1. 项目、项目集与项目组合之间的关系是什么？
2. PRINCE2 体系中的过程主要包括哪些部分以及要素？
3. PRINCE2 体系和 PMBOK 的主要区别有哪些？
4. 项目管理的基本特点与综合性特点分别是什么？
5. 如何看待项目管理、项目集管理、项目组合管理之间的异同。

扫一扫查看更多题目

学习链接

1. 曲刚、郭春燕、许琦，等，《运筹帷幄还是横插一杠？ D 软件公司新设项目管理办公室引发的冲突》，中国管理案例共享中心，2023 年。
2. 刘俊艳、聂金玉、刘畅，等，《项目管理技术助推 OEM 传统制造业企业组织变革》，中国管理案例共享中心，2023 年。
3. 张明超，孙新波，王永霞 . 数据赋能驱动精益生产创新内在机理的案例研究 [J]. 南开管理评论，2021，24(3)：102-116.
4. 孙新波，钱雨，张明超，等 . 大数据驱动企业供应链敏捷性的实现机理研究 [J]. 管理世界，2019，35(9)：133-151+200.
5. 何志伟，孙新波，张明超，等 . 数字全球价值链：概念、理论框架与未来展望 [J]. 研究与发展管理，2023，35(3)：1-14.

6. 孙新波，何志伟，张庆强，等．数字激励：概念、过程与反思 [J]. 外国经济与管理，2022，44(12)：136-151.
7. 孙新波．管理哲学 [M]. 北京：机械工业出版社，2018.
8. Project Management Institute. A guide to the project management body of knowledge [M]. 7th ed. Project Management Institute, 2021.
9. 米勒，佩奇．复杂适应系统：社会生活计算模型导论 [M]. 隆云滔，译．上海：上海人民出版社，2012.

第 2 章　价值交付系统与项目管理原则

【学习目标】

☑ 理解并掌握创造价值在项目管理中的意义
☑ 了解好的交付物对项目交付的作用
☑ 掌握价值交付系统模块间的相互作用
☑ 理解项目运行环境对价值交付系统的影响
☑ 熟悉项目管理的九条原则

图 2-1 为价值交付系统与项目管理原则概述图。

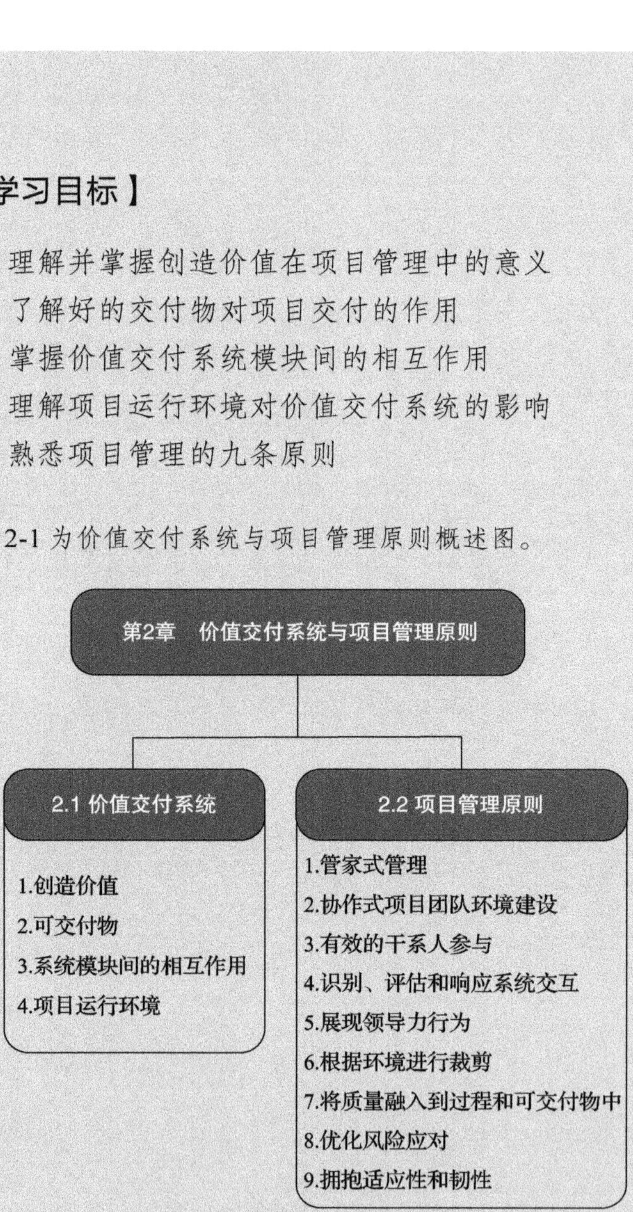

图 2-1　价值交付系统与项目管理原则概述图

开篇案例　LNYM 的价值交付系统与项目管理原则

随着市场竞争的加剧，企业需要不断探索如何提供更优质的产品和服务来满足消费者的需求。这就需要企业实现价值交付，即将企业的核心价值提供给消费者，满足他们的需求和期望。

LNYM 作为医药物流业的典型代表，在加快推进现代化智慧物流建设的过程中，仍存在如下价值交付系统领域的问题：第一，在创造价值方面，物流管理、药品智能存储、药品闭环管理等价值链环节的数字化水平有待提升，没有完善、自建的数字平台来维护与发展智慧物流网络；第二，在可交付物方面，目前仅为等级医院、零售药房、基层医疗机构提供快捷的药品配送和售后服务，尚无具备自身特色的核心产品或服务，这导致企业可交付物的被替代性较强；第三，在不同运营单元或部门的相互作用方面，存在"信息孤岛"，企业的协同运作效率有待进一步提升；第四，在运行环境方面，医药物流行业受到国家政策调整、行业变革、颠覆者进入等多重因素的影响，复杂性较高，企业面临动态变化的外部环境，亟须进一步提升复杂适应水平。

在项目管理原则方面，LNYM 仍然采用科层制组织结构，各级员工按照领导指示完成工作任务，本质上是以服从为导向的管理方式；项目团队之间缺乏良好的协作运行环境，责权利不清晰，这使得多数项目团队或职能部门只关心自身利益，造成组织有限资源能力的过度分散。庞杂的组织结构进一步导致员工的创新意识、质量意识和风险意识淡薄，组织抵御外部复杂性和风险性冲击的韧性能力有待激活。

本章聚焦价值交付系统和项目管理原则的内容分析，明晰 LNYM 在价值交付和项目管理方面的问题成因，给出针对性的问题解决方案。

2.1　价值交付系统

2.1.1　创造价值

在 PMBOK7 指南中，价值（包括从客户的角度看的成果）是项目的最终成功指标和驱动因素，创造价值的方式主要包括以下几种。

（1）创造满足客户需要的新产品、服务或结果。

（2）做出积极的社会或环境贡献。

（3）提高效率、生产力、效果或响应能力。

（4）推动必要的变革，从而促进组织向期望的未来状态过渡。

（5）维持以前的项目集、项目或业务运营所带来的收益。

1. 价值交付组件

价值交付组件是指单独或共同使用多种组件（比如项目组合、项目集、项目、产品和运营）创造价值。这些组件共同组成了一个符合组织战略的价值交付系统。图 2-2 展示了价值交付系统的一个例子，该价值交付系统包括 2 个项目组合，多个项目集和项目。此外，该价值交付系统展示了一个包含多个项目的独立项目集以及与项目组合或项目集无关的多个独立项目。

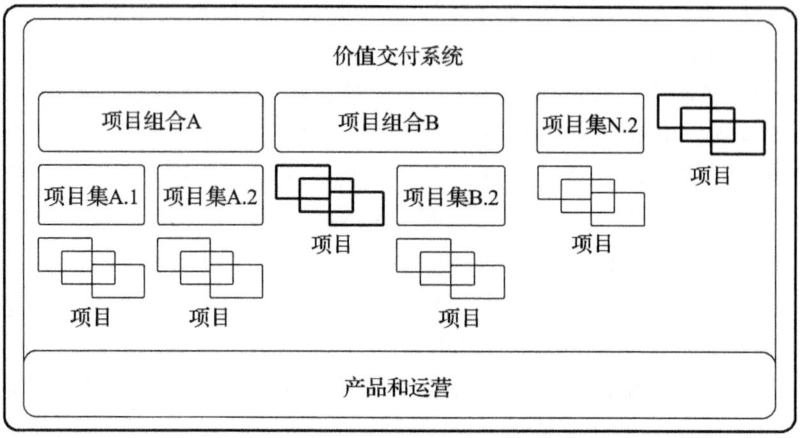

图 2-2　价值交付系统示例

（1）价值交付组件与价值创造。项目组合是由多个项目组成的集合，旨在实现组织战略目标。项目集则是由多个相互关联的项目组成的集合，旨在实现更大的战略目标。独立项目是指单独存在的项目，而产品和运营则是组织提供的产品或服务以及相关的运营活动。这些组件之间相互关联，共同构成了整个价值交付系统。

价值交付系统的实现需要项目管理人员制订适合项目的管理计划和实施方案，不断反思和总结，不断改进项目管理的方法和过程。项目管理人员需要根据具体项目的特点和需求，合理地选择和应用不同的组件，从而为项目目标和干系人提供价值。

价值交付组件是为项目目标和干系人提供价值的核心组件，对于项目的成功至关重要。项目管理人员需要根据具体项目的特点和需求，制订相应的项目管理计划和实施方案，改进项目管理的方法和过程，确保项目的顺利进行。

（2）价值交付组件与价值交付系统。价值交付系统是组织内部环境的一部分，该环境受政策、程序、方法论、框架、治理结构等制约。内部环境存在于更大的外部环境中，包括经济、竞争环境、法律限制等（见图 2-3）。2.1.4 节将对内部和外部环境进行更加详细的阐述。

在价值交付系统中，组件的作用在于创建用于产出成果的可交付物。这些成果可以是实际的产品、服务、文档或其他可测量的结果，它们是项目管理的最终目标。因此，聚焦成果、选择和决策强调了项目的长期绩效。

成果是为了实现组织战略目标而进行的投资的最终结果。通过关注成果，项目管理人员可以确保项目的目标得到实现，并为干系人提供价值。此外，成果还可以带来收益，这些收益是组织实现的利益。收益可以是直接的经济收益，比如增加销售收入或降低成本，也可以是间接的收益，比如提高客户满意度或品牌价值。

收益继而可以创造价值，价值是具有作用、重要性或实用性的事物。价值可以是经济价值，比如盈利、市场份额或投资回报率，也可以是非经济价值，比如社会价值、环境价值或员工满意度。聚焦成果、选择和决策强调了项目的长期绩效，通过关注成果，项目管理人员可以确保项目的目标得到实现，并为干系人提供价值。通过收益和价值的创造，组织可以提高其竞争力和可持续性，从而实现长期的成功。因此，成果、收益和价值是项目管理中的核心概念，对于项目的成功至关重要。

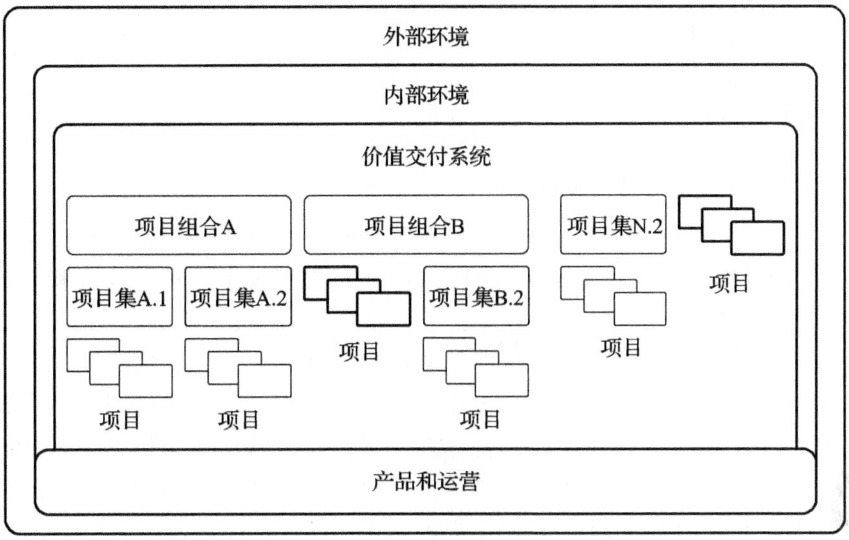

图 2-3　价值交付系统（示例）的组件

2. 信息流

信息和反馈在所有组件间以一致的方式共享。信息流可以帮助企业高效地协调各个部门之间的工作（见图 2-4），从而实现更好的业务结果。

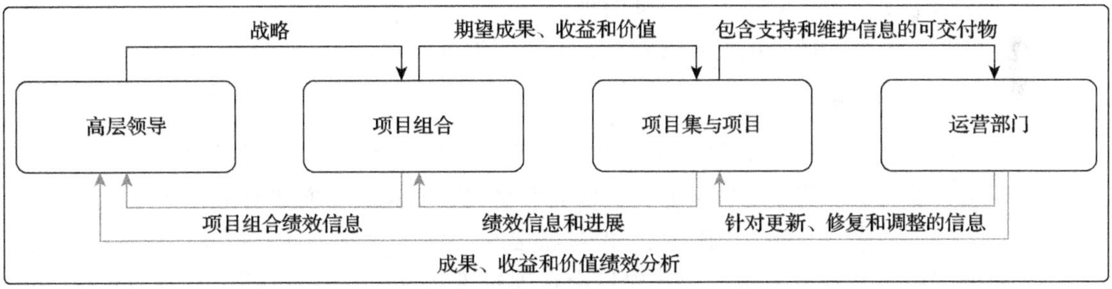

图 2-4　信息流示例

如图 2-4 所示，深色箭头代表从高层领导到项目组合，从项目组合到项目集与项目，然后到运营部门的信息。高层领导会与项目组合分享战略信息，这可以帮助项目组合更好地了解企业的战略目标，并制订相应的业务计划。项目组合、项目集与项目分享预期成果、收益和价值，这可以帮助项目集与项目更好地了解他们需要实现的目标和任务。项目集与项目的可交付物及其支持和维护的信息一起传递给运营部门，这可以帮助运营部门更好地了解他们需要维护和支持的业务系统和流程。

浅色箭头表示信息的反向流动。从运营部门到项目集与项目的信息表明对可交付物的更新、修复和调整。项目集与项目给项目组合提供实现预期成果、收益和价值方面的绩效信息和进展，这可以帮助项目组合更好地了解他们的业务计划是否在正确的方向上实现。项目组合会提供与高层领导一起对项目组合进行的绩效评估，这可以帮助高层领导更好地了解企业的业务计划是否实现了预期的结果。此外，运营部门还提供有关组织战略推进情况的信息，这可以帮助高层领导更好地了解企业整体战略的推进情况。

2.1.2　可交付物

1. 项目交付与可交付物

项目交付是指项目团队按照预定的时间、成本和质量要求，交付可交付物的过程。在项目交付过程中，项目团队需要聚焦于满足需求、范围和质量，以产生预期的可交付物。

需求是指项目交付的目标和期望，包括业务需求、用户需求和技术需求等。范围是指项目需要完成的所有工作、可交付物和成果，项目团队需要确保项目范围得到完全实现，从而确保项目目标的实现。质量是项目交付的重要方面之一，它涵盖了项目交付的可交付物的质量标准和要求，在项目交付中，项目团队需要确保所有的可交付物符合质量标准，达到业务期望。

通过聚焦于满足需求、范围和质量可以产生预期的可交付物，推动想要的项目成果。根据 PMBOK7 指南，有效的项目交付将产生以下预期成果。

（1）有助于实现业务目标和推进战略。

（2）实现启动它们要交付的成果。

（3）在规划的时间框架内实现项目收益。

（4）项目团队对需求有清晰的理解。

（5）干系人接受项目可交付物，并对它感到满意。

2. 可交付物的要求

可交付物是项目的临时或最终的产品、服务或结果。可交付物的要求主要来自干系人的需求、范围与质量方面，好的可交付物能够顺利推动项目的交付。

（1）需求。具有范围明确且相对稳定的项目通常与项目干系人合作，在预先规划期间启发并记录需求。一些项目会在项目工作进行期间发现需求，主要包括启发需求、不断演变和发现的需求以及管理需求。

1）启发需求。启发需求不仅仅是进行访谈或开展焦点小组会议，还包括更多方式。例如，通过分析数据、观察过程、审查缺陷日志或其他方式来发掘需求。作为启发需求工作的一部分，要记录相关需求并征得干系人同意。明确记录的需求符合以下标准。

①清晰，只有一种解释需求的方式。

②简洁，要用尽可能少的文字表述需求。

③可核实，有一种方法可以核实需求是否已得到满足。

④一致性，没有相互矛盾的需求。

⑤完整，整组需求代表了当前项目或产品需要的全部需求。

⑥可跟踪，每个需求都可以由一个唯一的标识码来识别。

2）不断演变和发现的需求。对于没有预先明确定义需求的项目，可以使用原型、演示、故事板和模型来演变需求，干系人也可以采取“眼见为实”的方法来制定需求。需求演变常见于使用迭代型、增量型或适应型开发方法的项目。

3）管理需求。无论需求是已预先记录的，不断演变的，还是后来发现的，都需要对它进行管理。无效的需求管理可能导致返工、范围蔓延、客户不满意、预算超支、进度延迟和总体项目失败。需求管理人员可以使用专用软件、待办事项列表、索引卡、跟踪矩阵或其他方法来确保需求在灵活性与稳定性之间处于适当的水平，并且使新的和不断变化的需求得到所有相关干系人的同意。

（2）范围。范围是项目所提供的产品、服务和结果的总和。随着范围被定义，还需要识别更多的需求。范围可以预先被定义好，也可以随时间的推移而演变，或可以被发现，主要包括范围分解和完成可交付物。

1）范围分解。可以使用范围说明书来阐明范围，从而识别与项目关联的主要可交付物以及每个可交付物的验收标准。还可以通过使用工作分解结构（work breakdown structure，WBS）将范围分解为较低层级的细节，从而详细说明范围。

详细说明范围的另一种方法是通过敏捷章程、路线图或产品层级结构的一部分来确定项目的各个主题。这些代表着大量用户价值的主题可表示为用户故事，而用户故事与诸如功能、数据源，或安全级别等常见因素相关。为了完成这些主题，项目团队会开发史诗故事，史诗故事是一种逻辑容器，用于容纳因太大而无法在一个迭代中完成的较大的用户故事。项目团队会在负责的最后责任时刻定义故事细节，从而避免在范围发生变更时造成规划浪费。

2）完成可交付物。根据使用的方法，有不同的方式来描述组件或项目的完成情况。一是验收或完成的标准。在客户验收可交付物之前，或在项目被视为完成之前，需要满足的标准通常会被记录在范围说明书中。二是技术绩效测量指标。产品的技术规范可能被记录在单独的规范文件中，也可能被记录为 WBS 的扩展。这一扩展称为 WBS 字典，它详细说明了 WBS 中每项可交付物（工作包）的信息。三是完成的定义。可将完成的定义与适应型方法一起使用，特别是在软件开发项目中。它是为了考虑可交付物能供客户使用，而须达到的所有标准的检查清单。

（3）质量。质量聚焦于需要达到的绩效水平，质量需求可能会反映在完成标准、完成定义、工作说明书或需求文件中。与质量相关的很多成本都是由发起组织承担的，并反映在政策、程序和工作过程中，主要包括质量成本与变更成本。

1）质量成本。质量成本用于在质量预防和评估之间找到恰当的投资平衡点，从而避免缺陷或产品失败。该模型确定了与质量相关的 4 类成本：预防、评估、内部失败和外部失败。其中，预防成本和评估成本与质量需求一致性成本有关，内部和外部失败成本与非一致性成本相关。

2）变更成本。在项目开发和管理过程中，发现和纠正缺陷是非常重要的环节。如果缺陷在设计和开发阶段被发现并及时纠正，将能够极大地降低后期的成本和风险。相反，如果缺陷在项目的后期阶段才被发现，纠正缺陷的成本将会大大增加。

这是因为设计和开发工作已经基于有缺陷的组件进行了，随着项目生命周期的进展，活动的调整成本也会随之增加。变更成本曲线可以描述这种现象，如图 2-5 所示。

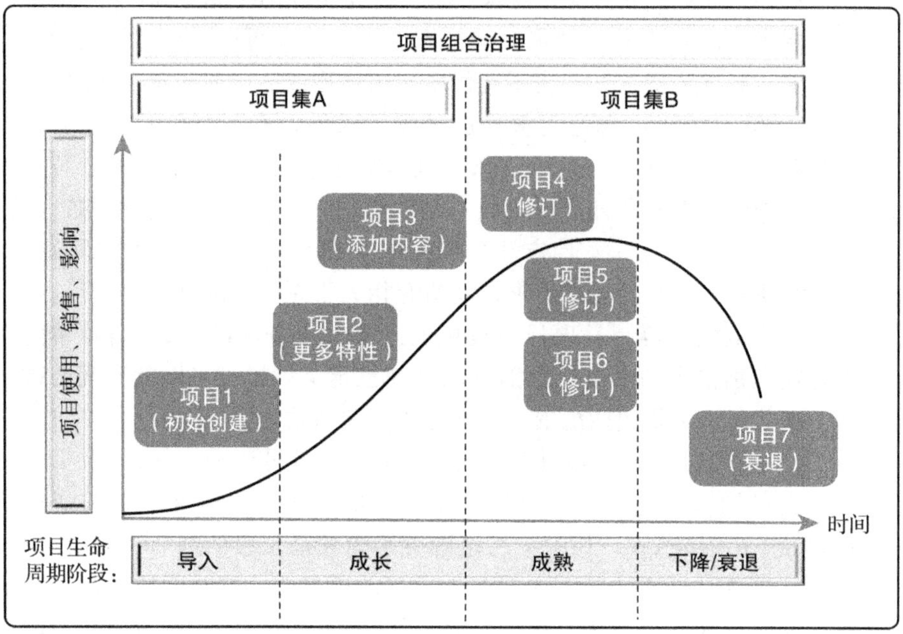

图 2-5　变更成本曲线

图 2-5 显示了在项目生命周期的不同阶段，缺陷发现和纠正的成本变化情况。曲线的左侧表示项目早期，曲线的右侧表示项目后期。在曲线的左侧，缺陷的数量较少，发现和纠正成本较低。在曲线的顶端，缺陷的数量达到最高峰，缺陷的纠正成本也达到最高点。在曲线的右侧，缺陷的数量开始减少，但是纠正成本仍然很高。

为了降低缺陷发现和纠正成本，项目团队应该在项目早期就进行充分的测试和质量控制，确保它们符合质量标准。项目团队还应该建立完善的质量管理体系，对项目的整个生命周期进行质量控制，从而确保项目的质量和可靠性。此外，项目团队还应该采用敏捷开发和持续集成等方法来加快开发周期，减少缺陷的数量和复杂度。敏捷开发和持续集成等方法可以使项目团队更加灵活和高效地开发和测试项目，从而提高项目的质量和可靠性。

2.1.3　系统模块间的相互作用

价值交付系统模块（也称项目工作模块）通过建立各种过程、管理实物资源、管理采购等促使交付工作。在项目管理中，项目工作模块是指项目团队执行交付工作的过程和方法。这些过程和方法包括需求分析、设计、编码、测试等，通过这些过程和方法，项目团队可以按照计划完成交付工作。

创建交付的工作性质会影响项目团队驾驭不确定性的方式，该不确定性会对项目产生影响。项目团队需要采用适当的方法来驾驭不确定性，从而确保项目的顺利进行。例如，项目团队可以采用风险管理、变更管理等方法来处理不确定性，同时需要建立良好的沟通机制，及时向干系人报告项目的进展情况，以便及时调整项目计划。

价值交付系统能够帮助项目团队实现项目目标，提高项目的效率和质量。交付节奏是根据开发方法和生命周期模块中工作的结构方式来确定的，项目工作模块通过建立各种过程、管理实物资源、管理采购等来促进交付工作。

2.1.4　项目运行环境

项目在内部和外部环境中存在和运作，这些环境对价值交付有不同程度的影响。这些影响可能会对项目特征、干系人或项目团队产生有利、不利或中性的影响。

1. 内部环境

项目运行的内部环境可能来自组织自身、项目组合、项目集、其他项目或这些来源的组合，主要包括以下几类。

（1）过程资产，包括方法论、方法、工具、模板、框架、模式或 PMO（project management office，项目管理办公室）资源。

（2）数据资产，包括以前项目的数据库、文件库、度量指标、数据和工件。

（3）知识资产，包括项目团队成员、主题专家和其他员工的隐性知识。

（4）安全措施，包括针对设施访问、数据保护、保密级别和专有秘密的程序和实践。

（5）资源的地理分布，包括工作地点、虚拟项目团队和共享系统。

（6）基础设施，包括现有设施、设备、组织和电信通道、信息技术硬件、可用性和功能。

（7）信息技术软件，包括进度计划软件、配置管理系统、在线自动化系统的网络接口、协作工具和工作授权系统。

（8）资源可用性，包括签订合同和采购制约因素、获得批准的供应商和分包商以及合作协议，与人员和材料相关的可用性包括签订合同和采购制约因素、获得批准的供应商和分包商，以及时间线。

（9）员工能力，包括通用和特定的专业知识、技能、能力、技术和知识。

2. 外部环境

组织的外部环境对项目的影响是不可控的，项目管理者可以制订风险管理计划，对可能出现的风险进行预测和应对；可以制订变更管理计划，对外部因素的变化进行及时调整和处理；还可以与干系人进行沟通和协调，了解他们的需求和期望，以便在项目执行过程中做出相应的调整和改进。外部环境主要包括以下几类。

（1）市场条件，包括竞争对手、市场份额、品牌认知度、技术趋势和商标。

（2）社会和文化影响，包括政治环境、地域风俗和传统、公共假日和事件、行为规范、道德和观念。

（3）监管环境，包括与安全性、数据保护、商业行为、雇用、许可和采购相关的全国性和地区性法律和法规。

（4）行业标准，包括产品、生产、环境、质量和工艺的相关标准。

（5）财务因素，包括汇率、利率、通货膨胀、税收和关税。

（6）物理环境，包括工作条件和天气。

组织的外部环境可能会对项目的成果产生影响，增强或限制项目的成功。项目管理者需要了解和分析这些外部环境因素，制订相应的计划和策略来应对，并与干系人进行沟通和协调，从而确保项目的成功。

2.2 项目管理原则

2.2.1 管家式管理

管家式管理是一种以服务为导向的管理方式，强调管理者要像管家一样为组织内部的员工和外部的客户提供优质的服务。管家式管理的核心是管理者要以员工和客户为中心，注重建立良好的关系，关注员工和客户的需求和利益，从而提高组织的绩效和客户满意度。

1. 管家式管理的内涵

在传统的项目管理中，管家式管理的含义主要涉及被委托看管某项事物，比如项目经理被委托看管项目的利益和进度，需要以负责任的方式规划、使用和管理项目的资源，从而实现项目的目标和交付成果。

在敏捷项目管理中，管家式管理的含义更多地侧重于以负责任的方式规划、使用和管理资源，比如团队成员被委托管理自己的工作任务和进度，需要以敏捷的方式快速响应客户需求，从而实现项目的目标和交付成果。

在跨部门项目管理中，管家式管理的含义则更多地侧重于维护价值观和道德，比如项目经理被委托协调不同部门的资源和需求，需要以负责任的方式协调和管理跨部门的资源，从而实现项目的目标和交付成果。

无论是传统的项目管理、敏捷项目管理还是跨部门项目管理，都需要项目经理具备一定的领导力和人际交往能力，能够理解团队成员和干系人的需求和期望，建立良好的信任和沟通机制，以便更好地服务他们。

2. 管家式管理的职责

管家式管理包括在组织内部和外部的职责。在组织内部，管家式管理职责包括以下内容。

（1）运营时要做到与组织及其目标、战略、愿景、使命保持一致并维持其长期价值。

（2）承诺并尊重项目团队成员的参与，包括薪酬、机会获得和公平对待。

（3）勤于监督项目中使用的组织资金、材料和其他资源。

（4）了解职权、担责和职责的运用是否适当（特别是身居领导岗位时）。

组织外部的管家式管理包括以下领域的职责。

（1）环境可持续性以及组织对材料和自然资源的使用。

（2）组织与外部干系人（比如其合作伙伴和渠道）的关系。

（3）组织或项目对市场、社会和经营所在地区的影响。

（4）提升专业化行业的实践水平。

管家式管理反映了对信任的理解和接受度以及产生和维持信任的行动和决定。管家既要遵守明确的职责，也要遵守隐含的职责，这些职责包括以下方面。

（1）诚信。管家应秉持最高标准，并反映组织员工所应坚守的价值观、原则和行为。在项目管理中，这一职责通常要求管家建议团队成员、同职级人员和其他干系人考虑他们的言行、展现同理心、进行自我反思并乐于接受反馈。

（2）关心。管家是他负责的组织事务的受托人，他们会认真监督这些事务。具有高绩效项目的专业人士在严格规定的责任范围外也总是会这样做。例如，“关心”涉及与组织内部业务相关的事务，组织政策和原则应反映对环境和自然资源可持续利用的关心以及对全球公众状况的关切；“关心”包括营造透明的工作环境、开放的沟通渠道以及让干系人有机会在不受惩罚或不害怕遭到报复的情况下提出顾虑。

（3）可信。管家须在组织内外准确地说明自己的身份、角色、所在项目团队及其职权，这种行为使人们能够了解个人在多大程度上可以投入资源、做出决策或批准某件事。可信还要求个人主动识别个人利益与其组织或客户利益之间的冲突，此类冲突可能会削弱信任和信心，导致不道德或非法行为，造成混乱或带来次优的成果。

（4）合规。管家须遵守组织内外得到适当授权的法律、规则、法规和要求。高绩效项目会寻求通过各种方法将合规性更充分地融入项目文化，从而与可能相互冲突的各种准则更好地保持一致性。管家须努力遵守旨在保护他们及其组织、干系人和广大公众的准则。

2.2.2 协作式项目团队环境建设

协作式项目团队环境建设是指建立一个良好的协作式工作环境，促进团队成员之间的合作和沟通，提高团队的工作效率和绩效。在协作式项目团队环境建设中，需要关注团队成员的需求和利益，注重建立良好的关系，从而提高团队的凝聚力和工作积极性。

1. 协作式项目团队环境建设的影响因素

协作式项目团队环境建设涉及多个促成因素，包括团队共识、组织结构和过程。

（1）团队共识。团队共识是一套行为限制和工作规范，由项目团队制定，并通过个人和项目团队的承诺予以维护。团队共识应在项目开始时形成，随着项目团队继续合作，确定继续成功合作所需遵守的规范和所需实施的行为，团队共识会不断演变。

（2）组织结构。组织结构是指项目工作要素和组织过程之间的任何安排或关系，这些结构可以基于角色、职能或职权，被定义为项目的外部结构，是为了适应项目环境而经过裁剪，或者为了满足独特的项目需要而新设计的。可以提升协作水平的组织结构包括但不限于以下几类。

1）确定角色和职责。

2）将员工和供应商分配到项目团队。

3）有特定目标任务的正式委员会。

4）定期评审特定主题的站会。

（3）过程。项目团队会定义分配工作的过程。例如，项目团队可能会使用工作分解结构、待办事项列表或任务板对某一分解过程表示同意。

2. 与任务相关的职权、担责与职责

澄清角色和职责可以改善团队文化。在项目团队中，特定任务可以被委派给个人，也可以由项目团队成员自行选择。这包括与任务相关的职权、担责和职责。

（1）职权，是指在特定背景下有权做出相关决策、制定或改进程序、应用项目资源、支出资金或给予批准的情形。职权是由一个实体授予（无论是明示授予，还是默示授予）另一个实体的。

（2）担责，是指对成果负责的情形，担责不能由他人分担。

（3）职责，是指有义务开展或完成某件事的情形，职责可与他人共同履行。

无论谁应为特定项目工作承担责任，而且无论谁负有开展特定项目工作的职责，协作的项目团队都会对项目成果共同负责。项目团队可以由组织内部员工、签约贡献者、志愿者或外部第三方组成，此外还有一些团队成员是短期加入项目为具体的可交付物开展工作的，而其他成员则是更长期地参与项目。将这些人与项目团队整合起来对所有相关人员都是一种挑战。团队成员相互尊重的团队文化允许团队内部存在差异，并力图找到有效利用差异的方法，这种文化鼓励团队成员通过有效的方式管理冲突。

协作的项目团队环境可促进信息和个人知识的自由交流，它在交付成果的同时促进共同学习和个人发展，每个人都能尽最大努力为组织交付期望的成果。而组织将从尊重和增强其基本价值观、原则和文化的可交付物和成果中受益。

2.2.3 有效的干系人参与

干系人参与是指在项目或组织的决策和实施过程中，与项目或组织有关的各种干系人参与其中，包括内部和外部干系人。有效的干系人参与可以帮助项目或组织更好地理解干系人的需求和期望，从而更好地满足他们的需求和期望，提高项目或组织的绩效和客户满意度。

1. 干系人产生的影响

干系人对项目的影响主要包括以下几个方面。

（1）范围 / 需求。通过表明需要增加、调整或删除范围和 / 或项目需求的要素。

（2）进度。通过提出加快交付的想法，放慢或停止交付关键项目活动。

（3）成本。通过帮助减少或取消计划支出，增加会提高成本或需要额外资源的步骤、需求或限制。

（4）项目团队。通过限制或允许接触具备交付预期成果所需技能、知识和经验并可推动学习型文化的人员。

（5）计划。通过为计划提供信息，或倡导对商定的活动和工作做出变更。

（6）成果。通过开展或阻止实现为期望成果所需的工作。

（7）文化。通过建立或影响，甚至定义项目团队和更广泛组织参与的程度和特点。

（8）收益实现。通过制定和确定长期目标，从而使项目交付预期的确定价值。

（9）风险。通过界定项目的风险临界值，并参与后续的风险管理活动。

（10）质量。通过识别和要求提供质量需求。

（11）成功。通过定义成功因素并参与对成功的评估。

在项目的整个生命周期内，干系人可能会参与进来，也可能会退出。此外，随着时间的推移，干系人的利益、影响或作用可能也会有所变化。干系人（特别是那些影响力高且对项目持不赞同或中立观点的干系人）需要有效地参与进来，以便项目团队了解他们的利益、顾虑和权利。然后，项目团队可以通过有效参与和支持来应对这些顾虑，这样就可能会成功地实现项目成果。

2. 有效的干系人参与的作用

项目团队是一组干系人，这些干系人会与其他干系人互动，从而理解、思考、沟通并回应他们的利益、需要和意见。

有效果且有效率的参与和沟通包括确定干系人想要或应该进行参与的方式、时间、频率和情形。在整个项目进行期间，项目团队会积极让其他干系人参与，以最小化潜在消极影响并最大化积极影响。除了提高干系人满意度外，让干系人参与还使项目团队有机会取得更出色的项目绩效和成果，有效的干系人参与具有以下作用。

（1）提高干系人满意度：可以帮助项目或组织更好地理解干系人的需求和期望，以便更好地满足他们的需求和期望，提高干系人的满意度。

（2）增强项目或组织的可持续性：可以帮助项目或组织更好地理解干系人的利益和关注点，以便更好地管理和协调他们的参与，增强项目或组织的可持续性。

（3）提高项目或组织绩效：可以帮助项目或组织更好地了解市场和客户需求，以便更好地制定和实施决策，提高项目或组织的绩效。

（4）增强干系人的参与意识：可以帮助干系人更好地了解项目或组织的情况和决策，增强他们的参与意识和责任感。

（5）减少风险和冲突：可以帮助项目或组织更好地了解干系人的需求和期望，以便更好地管理和协调他们的参与，减少风险和冲突。

2.2.4　识别、评估和响应系统交互

系统交互是指项目与其周围环境之间的相互作用和影响，这些环境包括组织、人员、技术、政治、文化、法律和经济等方面。系统交互对项目的成功或失败都有着重要的影响，因此在项目管理中，需要识别、评估和响应系统交互。

1. 将项目视为一个系统

从整体角度看，项目是一个多层面的实体，存在于动态环境中，由相互依赖的

组件组成。项目团队应该承认这种项目的整体观，将项目视为一个具有工作组件的系统。

项目可能还包含有效整合所需的子系统，从而交付预期成果。例如，当单个项目团队开发某一可交付物的单独组件时，所有组件都应被有效地整合起来。这就要求项目团队定期互动并使子系统的工作保持一致。

系统还需要考虑时序要素，也就是随着时间的推移项目将会交付或实现什么。例如，如果项目可交付物以增量方式发布，则每个增量都会扩展以前版本的累积成果或能力。项目团队应考虑从项目结束到项目可交付物达到运营状态的全过程，以便实现预期成果。

在项目生命周期内可能影响项目的许多变更都是实时出现的，借助系统思考，包括对内部和外部条件的持续关注，项目团队可以驾驭广泛的变更和影响，从而使项目与有关干系人保持一致。

2. 项目系统观需要的技能

系统思考也适用于项目团队如何看待自身及其在项目系统内的互动。项目系统通常将一个多样性的项目团队聚集在一起，为共同目标而努力。这种多样性给项目团队带来了价值，但他们需要考虑如何有效利用这些差异，以便项目团队能够紧密协作。

由于各个系统之间的这种交互性，项目团队在开展工作时应意识到并警惕不断变化的系统动态。以下技能支持项目的系统观。

（1）对商业领域具有同理心。

（2）关注大局的批判性思维。

（3）挑战假设与思维模式。

（4）寻求外部审查和建议。

（5）使用整合的方法、工件和实践，以便对项目工作、可交付物和成果达成共识。

（6）使用建模和情景来设想系统动力如何互动和反应。

（7）主动管理整合，从而帮助实现商业成果。

识别、评估和响应系统交互可带来以下积极成果。

（1）及早考虑项目中的不确定性和风险，探索替代方案并考虑意外后果。

（2）在整个项目生命周期内，调整假设和计划的能力。

（3）持续提供信息和观点，从而说明规划和交付情况。

（4）向有关干系人清晰沟通计划、进展和预测。

（5）使项目目的、目标与客户组织的目的、目标和愿景保持一致。

（6）对项目可交付物的最终用户、发起人或客户，能够适应他们不断变化的需要。

（7）能够看到协调一致的项目或举措之间的协同作用和带来的节约。

（8）能够利用未获取的机会，看到其他项目或举措面临或构成的威胁。

（9）对最佳项目绩效测量及其对项目参与人员行为的影响做出澄清。

（10）做出使整个组织受益的决策。

（11）更全面、更明智地识别风险。

在项目管理中，通过对系统交互的识别、评估和响应，可以更好地了解项目的环境和风险，制订更加有效的计划和决策，提高项目的成功率和价值创造。

2.2.5 展现领导力行为

展现领导力行为包括领导者清晰地传达项目的愿景和目标、建立信任和合作关系、鼓励团队成员进行创新和学习、提供反馈和指导、建立积极的工作环境、建立和维护良好的关系以及与项目干系人和其他团队建立合作关系等。

1. 对有效领导力的需要

有别于通用业务运营（角色和职责通常已经确定并保持一致），项目通常涉及多个组织、部门、职能或供应商，他们会不定期互动，项目的利害关系和期望可能高于常规的运营职能。更广泛的经理、高管、资深贡献者和其他干系人会试图影响项目，这往往造成更大程度的困惑和冲突。因此，与大多数项目相比，高绩效项目会有更多的人，更频繁地表现出有效的领导力行为。

优先考虑愿景、创造力、激励、热情、鼓励和同理心的项目环境可以支持更好的成果，这些特质往往与领导力有关。领导力并非任何特定角色所独有，高绩效项目可能会有多名成员表现出有效的领导力技能，比如项目经理、发起人、干系人、高级管理层甚至项目团队成员。

必须指出的是，当太多的参与者试图在多个、不一致的方向上施加项目影响时，可能会出现更多的冲突和困惑。但是，高绩效项目会表现出一种由更多影响者组成的看似矛盾的联合体，每位影响者以互补的方式贡献更多的领导力技能。

有效的领导力会借鉴或结合各种领导力风格的要素。领导力风格多种多样，包括专制型、民主型、放任型、指令型、参与型、自信型、支持型和共识型等。在所有这些领导力风格中，没有一种领导力风格已被证明是公认最好或得到普遍推荐的方法。相反，有效的领导力只有在最适合的特定情况时才会表现出来。例如，在混乱无序的时刻，指令型的行动比协作型解决问题更清晰、更有推动力；在拥有高度胜任且敬业的员工时，授权比集中式协调更有效。

2. 加深领导力智慧的方式

有效的领导力技能是可以培养的，也是可以学习和发展的，从而成为个人的专业技能，为项目及其干系人带来收益。项目团队成员通过运用以下技能或技术的组合加深领导力智慧。

（1）让项目团队聚焦于商定的目标。

（2）阐明项目成果的激励性愿景。

（3）为项目寻求资源和支持。

（4）就最好的前进方式达成共识。

（5）克服项目进展的障碍。

（6）协商并解决项目团队内部以及项目团队与其他干系人之间的冲突。

（7）调整沟通风格和消息传递方式，使之与受众相关。

（8）教导和辅导项目团队成员。

（9）欣赏并奖励积极行为和贡献。

（10）为技能增长和发展提供机会。

（11）引导协同决策。

（12）运用有效对话和积极倾听。

（13）向项目团队成员赋能并向他们授予职责。

（14）建设勇于担责、有凝聚力的项目团队。

（15）对项目团队和干系人的观点表现出同理心。

（16）对自己的偏见和行为有自我意识。

（17）在项目生命周期内管理和适应变革。

（18）通过承认错误，促进快速失败或快速学习的思维方式。

（19）就期望的行为进行角色示范。

有效的领导者寻求成为在诚实、正直和合乎道德行为方面的角色楷模。他们专注于保持透明，行为无私，并能够寻求帮助。他们明白，项目团队成员会仔细审视并仿效领导者所展现的价值观、道德和行为。因此，领导者有额外的职责，即通过自身的行动展示期望的行为。

2.2.6 根据环境进行裁剪

根据环境进行裁剪是根据项目所处的环境和特定的需求，对项目管理过程中的工具、技术和方法进行选择和裁剪，从而确保最佳的项目管理实践被应用到项目中，主要包括：确定项目环境、选择适当的方法和工具、裁剪管理流程，以及定义和管理变更。

1. 裁剪的含义及影响因素

（1）裁剪的含义。裁剪是对有关项目管理方法、治理和过程做出深思熟虑的调整，使之更适合特定环境和当前任务。项目团队对适当的框架进行裁剪，使框架保持灵活性，在项目生命周期的环境内持续产生积极的成果。

（2）裁剪的影响因素。商业环境、团队规模、不确定性程度和项目复杂性都是裁剪项目系统时需要考虑的因素。项目系统可以从整体角度进行裁剪，应考虑相互关联的复杂性。裁剪旨在最大化价值、管理制约因素并提高绩效。

项目通常是独特的，即使项目可交付物看起来并不独特。这是因为项目环境的不同之处在于组织及其客户、渠道和环境都是动态要素，项目团队应审视每个项目的各种独特条件，以便他们能够确定产生期望成果的最适当方法。

现有的方法论或常见的工作方式可以使我们了解如何对项目进行裁剪。方法论是由专门学科的从业者采用的实践、技术、程序和规则所组成的体系。项目团队可以采取上级组织提供的方法论，为如何开展项目提供指导，这使组织内的项目保持了一定程度的一致性；但该方法论本身可能仍需要根据每个项目的情况进行裁剪，组织政策和程序规定了项目团队授权的可以裁剪的边界。

对项目方法以及适当的过程、范围和工件进行裁剪，可以帮助项目团队就与过程相关的成本和与项目成果相关的价值贡献做出决策。除了决定如何对方法进行裁剪外，项目团队还需要同与该方法有关的干系人沟通裁剪决策，每个团队成员都应了解与这些干系人及其角色相关的方法和过程。

2. 裁剪的作用

经过裁剪的项目方法可以为组织产生直接和间接的收益，主要包括以下几方面。

（1）项目团队成员会做出更深入的承诺，因为他们参与了方法的定义。

（2）行动或资源方面的浪费会有所减少。

（3）以客户为本（因为客户和其他干系人的需要是项目裁剪的重要影响因素）。

（4）项目资源得到更有效的利用，因为项目团队意识到各个项目过程的权重。

裁剪项目可以带来的积极成果包括以下几点。

（1）提高创新、效率和生产力。

（2）吸取经验教训，以便分享特定交付方法的改进之处，并将它们应用于下一轮工作或未来的项目。

（3）采用新的实践、方法和工件，组织的方法论得到进一步改进。

（4）通过实验发现改进的成果、过程或方法。

（5）在具有多个专业背景的项目团队内，用于交付项目结果的方法和实践得到有效整合。

（6）从长远来看，组织的适应性有所增强。

在项目生命周期中裁剪是一个持续的过程，项目团队需要收集所有干系人的反馈，了解在项目进展过程中各种方法和经裁剪的过程对他们有何效果，评估这些方法和过程的有效性，并给组织增加价值。

2.2.7　将质量融入到过程和可交付物中

将质量融入到过程和可交付物中意味着在项目的每个阶段中，都要考虑和实施质量管理措施，从而确保项目交付的可交付物符合质量标准和客户需求，主要包括制订质量计划、实施质量控制、实施质量保证与进行质量审计。

1. 质量的维度

质量是产品、服务或结果的一系列内在特征满足需求的程度。质量包括满足客户陈述或隐含需求的能力。对项目的产品、服务或结果（此处称为“可交付物”）进行测量，从而确定是否符合验收标准并适合使用的质量。

质量主要包括以下几个不同的维度。

（1）绩效，可交付物的功能是否符合项目团队和其他干系人的预期？

（2）一致性，可交付物是否适合使用，是否符合规格？

（3）可靠性，可交付物在每次执行或生成时是否会产生一致的度量指标？

（4）韧性，可交付物是否能够应对意外故障并快速恢复？

（5）满意度，可交付物是否会获得最终用户的积极反馈？这包括可用性和用户体验。

（6）统一性，和相同方式生成的其他可交付物相比，该可交付物是否具有相似性？

（7）效率，可交付物是否能以最少的输入和人力投入产生最大的输出？

（8）可持续性，可交付物是否会对经济、社会和环境参数产生积极影响？

项目团队根据需求使用度量指标和验收标准来测量质量。这些标准应随着实验的开展和优先级的确定而更新，并应作为验收过程的一部分进行确认。质量也与用于生成项目可交付物的项目方法和活动有关。虽然项目团队会通过检查和测试评估可交付物的质量，但对项目活动和过程则是通过审查和审计进行评估的。在这两种情况下，质量活动都可能侧重于发现、预防错误和缺陷。

2. 将质量融入到过程和可交付物中的作用

质量活动的目标是帮助确保交付结果以最直截了当的方式达到客户和其他相关干系人的目标，从而使资源浪费最小化，并最大化地提高实现期望成果的可能性，它会产生如下结果。

（1）快速将可交付物移至交付点。

（2）预防可交付物的缺陷或及早识别它们，从而避免或减少返工和报废。

无论是处理一系列预先明确定义的需求，还是一系列逐步详细制定、以增量方式交付的需求，质量活动的目标都是相同的。密切关注项目过程和可交付物的质量会产生积极成果，主要包括以下几点。

（1）项目可交付物符合验收标准所定义的目的。

（2）项目可交付物达到干系人期望和商业目标。

（3）项目可交付物缺陷最少或无缺陷。

（4）交付及时或有所加快。

（5）强化成本控制。

（6）提高产品交付质量。

（7）减少返工和报废。

（8）减少客户投诉。

（9）供应链整合良好。

（10）提高生产力。

（11）提高项目团队的士气和满意度。

（12）强健的服务交付。

（13）改进决策。

（14）持续改进过程。

质量管理过程和实践对于项目成功至关重要。通过实施质量管理措施，可以提高可交付物和成果的质量，提高项目的效率，管理项目风险，促进团队学习和成长。这些积极成果将有助于实现项目目标，提高客户满意度，并增强组织声誉。

2.2.8 优化风险应对

优化风险应对是提高项目成功的关键因素之一，主要包括识别和评估风险、制定风险应对策略、实施风险控制措施与持续改进等。

1. 风险的破坏性

风险是指一旦发生即可能对一个或多个目标产生积极或消极影响的不确定事件或条件。在整个生命周期内，项目团队应努力识别和评估项目内部和外部的已知和新出现的风险。风险的破坏性体现在以下几个方面。

（1）影响项目进度。风险可能会影响项目的进度，导致项目延误或无法按时完成。例如，某个关键资源无法按时到位，导致整个项目的进度受阻。

（2）增加项目成本。风险可能导致项目成本增加。例如，某个关键资源突然离开，需要花费更多的时间和金钱来寻找替代资源。

（3）影响项目质量。风险可能会影响项目的质量，导致项目交付的成果无法满足客户的需求和期望。例如，某个重要的测试环节出现问题，导致项目交付的产品质量不佳。

（4）损害项目声誉。风险可能会损害项目的声誉和信誉，导致客户失去信心或对项目管理团队的能力产生怀疑。例如，项目管理团队在项目执行中出现失误，导致客户对项目管理团队的信任度降低。

（5）导致项目失败。风险可能会导致项目失败，无法达到项目目标和交付成果。例如，某个关键资源无法到位，导致整个项目无法顺利进行，最终导致项目失败。

项目团队应力求最大化地减少消极风险（威胁）敞口，增加积极风险（机会）。威胁可能会导致诸多问题，比如进度延迟、成本超支、技术故障、绩效下降或声誉受损等。机会可以带来诸多收益，比如时间缩短、成本下降、绩效改进、市场份额增加或声誉提升等。

项目团队还应监督项目整体风险。整体风险源自所有不确定性来源，包括众多单个风险，它表示干系人面临的项目成果变化的影响（包括正面影响和负面影响）的风险敞口。项目整体风险管理旨在将项目风险敞口保持在可接受的范围内，减少威胁的驱动因素，促进机会的驱动因素，以及最大化地提高实现总体项目目标的可能性。

风险偏好是指为了预期的回报，组织或个人愿意承担不确定性的程度。风险临界值是指目标可接受的偏差范围的测量指标，它反映了组织和干系人的风险偏好。例如，与 ±10% 的风险临界值相比，围绕成本目标 ±5% 的风险临界值反映的风险偏好更低。风险偏好和风险临界值可让项目团队了解如何驾驭项目中的风险。

2. 有效应对措施的特征

有效且适当的风险应对可以减少单个和整体项目威胁，并增加单个和整体项目机会。项目团队应始终如一地确定潜在的风险应对措施，同时应谨记，这些应对措施应具有以下特征。

（1）适当性和及时性与风险的重要性匹配。

（2）具有成本效益。

（3）在项目环境中切合实际。

（4）相关干系人达成共识。

（5）由一名责任人承担。

风险可能存在于企业、项目组合、项目集、项目和产品中。项目可能是某一项目集的一个组件，在该项目集中，风险可能会增加或减少收益，从而影响价值。项目可能是某一包含相关或不相关工作的项目组合的一个组件，在该项目组合中，风险可能会增加或减少项目组合的总体价值及商业目标的实现机会。采用一致的风险评估、规划并积极主动地管理风险的组织和项目团队通常会发现，以上投入会比在风险发生时对问题做出反应的成本要低。

2.2.9 拥抱适应性和韧性

项目管理团队需要面对各种不确定性和挑战，比如需求变更、资源短缺、技术难题、进度延误、质量问题、风险事件等。拥抱适应性和韧性可以帮助项目管理团队应对这些变化和挑战，提高项目成功的可能性。

1. 适应性和韧性的作用

如果项目团队开展项目的方法同时具备适应性和韧性，则有助于项目适应各种影响并蓬勃发展。适应性是指项目管理团队能够在变化和不确定性的环境中快速适应，并采取相应的措施来应对。在项目执行过程中，可能会出现各种变化和不确定性，比如需求变更、资源短缺、技术难题等，如果项目管理团队缺乏适应性，就很难应对这些挑战，导致项目失败。

韧性是指项目管理团队能够在面对挑战和困难时坚韧不拔、保持冷静和理智并采取相应的措施来应对的能力。在项目执行过程中，可能会出现各种困难和挑战，比如进度延误、质量问题、风险事件等，如果项目管理团队缺乏韧性，就很难坚持下去，导致项目失败。

2. 支持适应性和韧性形成的能力

项目会受到内部和外部因素（新需求、问题、干系人等因素）的影响，这些因素存在于一个有各种相互作用的系统中。项目中的某些要素可能会失败或达不到预期，这需要项目团队重新组合、重新思考和重新规划。

有一种观点认为，项目应严格遵守早期阶段的计划和承诺，即使在出现新的或不可预见的因素之后亦是如此，这种观点对包括客户和最终用户在内的干系人是没有益处的，因为这束缚了产生价值的可能性。因此，应该从整体的角度做到适应性，比如应采用适当的变更控制过程，从而避免诸如范围蔓延等问题。在项目环境中，支持适应性和韧性形成的能力包括以下几类。

（1）较短的反馈循环，以便快速适应。

（2）持续学习和改进。

（3）拥有宽泛技能组合的项目团队，同时有在每个所需技能领域都具有广博知识的成员。

（4）定期检查和调整项目工作，从而识别改进机会。

（5）多样化的项目团队，从而获得广泛的经验。

（6）开放和透明的规划，让内部和外部干系人参与。

（7）小规模的原型法和实验，从而测试想法和尝试新方法。

（8）充分运用新的思考方式和工作方式。

（9）平衡工作速度和需求稳定性的过程设计。

（10）组织的开放式对话。

（11）具有宽泛的技能组合、文化和经验的多样性项目团队，同时还有各个所需技能领域的主题专家。

（12）对过去相同或类似工作中所获学习成果的理解力。

（13）预测多种潜在情景，并为多种可能的情况做好准备的能力和意愿。

（14）将决策推迟到最后责任时刻。

（15）管理层支持。

（16）平衡速度和稳定性的开放式设计。

预期的成果而非可交付物能够促成解决方案，进而可利用比原始计划更好的结果。例如，项目团队可找到替代解决方案，提供比原始定义的可交付物更优的成果。项目期间可能会出现适应项目的机会，届时项目团队应向项目发起人、产品负责人或客户说明为何要抓住这一机会。在项目发起人、产品负责人或客户的支持下，项目团队应准备好调整其计划和活动，以利用这一机会。

项目系统中的意外变更的情况也可能会带来机会。为了优化价值交付，项目团队应该针对变更和计划外事件运用问题解决和整体思维方法。发生计划外事件时，项目团队应寻找可能获得的潜在积极成果。例如，将项目时间线后期发生的变更包含进来，这样就可以成为市场上第一个提供该功能的产品，从而增加竞争优势。

开篇案例解决方案

结合价值交付系统和项目管理原则的内容分析，LNYM 需要从以下几个方面着手，只有塑造具有竞争力的价值交付系统，树立可持续的项目管理原则，才能在动态变化的市场环境中始终保持领先竞争优势。

第一，采用信息化、数字化、智能化先进手段变革价值创造流程模式，打造互联网赋能的智慧医疗体系，创新“互联网 + 医疗健康”的产品和服务平台。

第二，任命服务式领导管理项目任务，牵头培育合作互动的团队环境。

第三，明确责权利的制度规范，提升有效干系人参与的积极性。

第四，建立数据驱动的风险防控体系，激活组织的适应性与韧性水平。

复习思考题

1. 什么是价值交付组件？
2. 价值交付系统模块包括哪些？
3. 项目运行环境如何划分，包括哪些影响项目管理的因素？

4. 有效的干系人参与具有哪些作用？
5. 裁剪主要包括哪些方面？

扫一扫查看更多题目

学习链接

1. 曲刚、郭春燕、许琦，等，《项目 CEO：华为项目管理的常胜将军》，中国管理案例共享中心，2023 年。
2. 楚岩枫、朱天聪，《智能楼宇破冰行：无锡卓信信息科技股份有限公司项目管理侧记》，中国管理案例共享中心，2019 年。
3. 董峰．打造管家式财富管理新模式 [J]. 创新世界周刊，2022(10): 46-47.
4. 孙浩博，孙新波．智能互联环境下场景化服务对价值共创的影响 [J]. 东北大学学报（自然科学版），2023, 44(11): 1663-1672.
5. 孙新波，马慧敏，何建笃，等．平台型企业价值创造机理及演化案例研究 [J]. 管理学报，2022, 19(6): 801-810.
6. 孙新波，马慧敏，何建笃，等．平台战略适应性：概念、整合模型及研究展望 [J]. 管理现代化，2021, 41(3): 63-67.
7. 何建笃，孙新波，张纯宁．国际创业韧性形成与成长机理案例研究 [J]. 科研管理，2023, 44(1): 136-145.
8. 孙新波．管理哲学 [M]. 北京：机械工业出版社，2018.
9. Project Management Institute. A guide to the project management body of knowledge [M]. 7th ed. Project Management Institute, 2021.
10. 米勒，佩奇．复杂适应系统：社会生活计算模型导论 [M]. 隆云滔，译．上海：上海人民出版社，2012.

第3章　项目管理过程

【学习目标】

☑ 了解过程与过程观的定义
☑ 了解 PMBOK 与 PRINCE2 体系过程的比较
☑ 掌握项目管理基本过程及其具体内容
☑ 掌握项目规划过程组的定义及作用
☑ 掌握项目执行过程组的定义及主要任务
☑ 掌握项目监控过程组的定义及主要内容

图 3-1 为项目管理过程概述图。

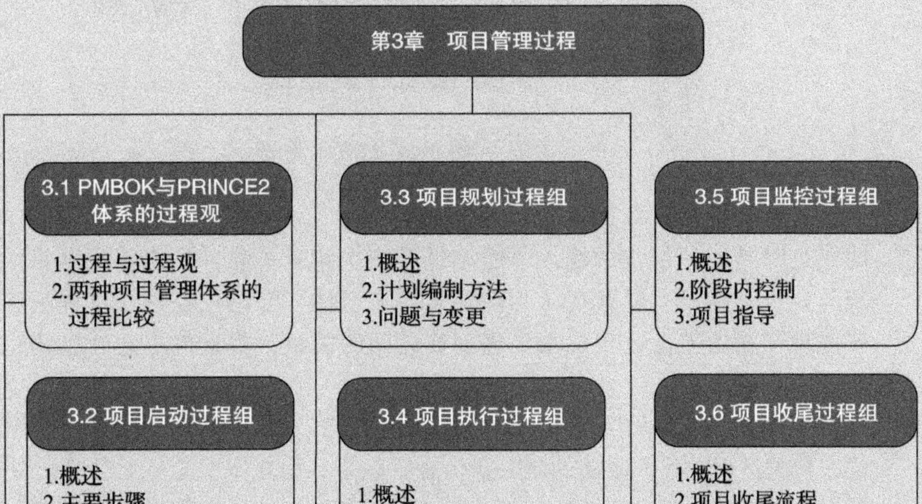

图 3-1　项目管理过程概述图

开篇案例 如何有效地管理不同阶段的项目过程

2020年，LNYM供应链危机爆发，造成LNYM部分合作企业产能不足、运输能力下降，导致供应短缺。

2022年10月，LNYM的战略合作伙伴H公司有一批即将过期的特效药等待出售。一方面，H公司的特效药价格高昂且适用范围窄，对于个体消费者的价值十分有限，导致该产品缺乏市场需求；另一方面，此药品在国内并不知名，加之病毒变异速度快，其疗效并未得到国内消费者的认可。在此背景下，公司各级领导就是否接手H公司的特效药、接手后如何处理等问题展开激烈讨论。如果你是项目经理，你会如何处理？

3.1 PMBOK与PRINCE2体系的过程观

3.1.1 过程与过程观

过程是指一系列有结构的活动，通过执行这些活动，可以提供特定的服务或产品以满足客户要求。过程可以看成对输入进行处理并得到输出的活动，如图3-2所示。所谓结构是指活动之间的关系，比如依赖或制约关系，在活动的实现上可表现出先后顺序、上级与下属等。项目管理有相对固定的过程，一般项目工作的步骤可分为识别机会或发现框定问题、识别和确定最佳项目解决方案、识别任务和所需资源、准备控制日程安排表和资源分配计划、估算项目开支、准备一份项目预算、分析风险和建立与干系人的关系、根据需要保持控制和沟通、有秩序的项目收尾管理。对上述步骤，PMBOK和PRINCE2体系分别有不同的划分方式。

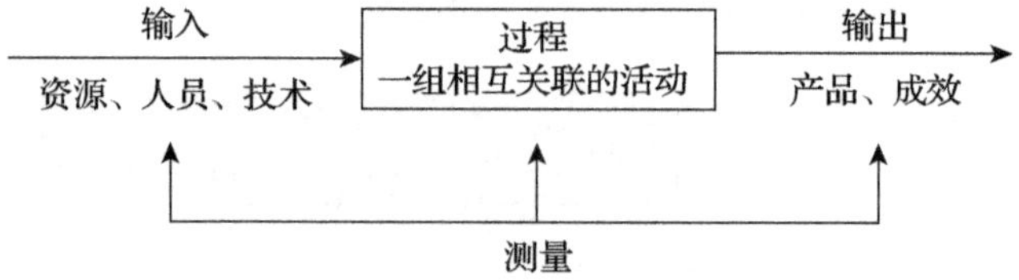

图3-2 过程示意图

过程观是对过程的看法。在项目管理中，过程观包括输入与输出的因果关系，前一过程是后一过程的输入，所有过程依次相互关联，最终实现项目的目标。过程观与要素观相对。要素观认为由要素构成整体，强调完整性。过程观和要素观的差异体现在视角上，过程视角是理解彼此间的关系，要素视角是通过认识各个部分来认识一个整体。

一种观点认为，“当我们深思熟虑地考察自然界、人类历史或我们的精神活动的时候，首先呈现在我们眼前的是一幅由种种联系和相互作用无穷无尽地交织起来的画面，其中没有任何东西是不动的和不变的，一切都在运动、变化、产生和消失。”这对于项目管理的过程具有重要意义，项目管理的两大体系PMBOK和PRINCE2体系都体现了这种相互联系的观点。本章将介绍和比较PMBOK与PRINCE2体系的过程。

3.1.2　两种项目管理体系的过程比较

1. 项目生命周期与 PMBOK 过程组

一个项目往往具有明确的开始及结束日期。为了管理上的方便，一般习惯于把项目从开始到结束划分为若干阶段，这些不同的阶段构成项目的生命周期。

项目生命周期是一个项目从概念到完成所经过的所有阶段。所有项目都可分成若干阶段，且所有项目无论大小，都有一个类似的生命周期结构。随着项目生命周期的进展，资源的投入先变大再变小。项目各阶段的划分原则是以该阶段的某种交付结果的完成为标志的，不同项目的阶段划分不尽相同。尽管划分的具体方法不一样，但它最简单的形式主要由概念阶段、设计阶段、实施阶段和终止阶段 4 个主要阶段构成，这一般被称为通用型项目生命周期阶段。

（1）概念阶段。项目的发起是为了满足某种需求或解决某种难题，概念阶段是对这些需求和难题的识别、发现与确认，提出解决方案的过程。该阶段的主要工作包括：需求识别、项目论证、可行性分析与研究、准备解决方案建议书及组建项目团队。

（2）设计阶段。该阶段需要提出满足需求、解决问题的方案。项目组基于可行性研究对客户的需求提出具体解决方案，并详细评估所需的资源种类、数量及所需花费的时间和成本。该阶段的主要工作包括：目标确定、范围界定、工作分解、工作排序、成本估计、人员分工、资源计划、质量保证以及风险识别。

（3）实施阶段。该阶段是具体实施解决方案的过程。主要包括制订详细计划、执行计划实现项目目标。该阶段的主要工作包括：制订详细的计划，执行计划招标采购、跟踪进展、控制变更、解决问题以及履行合同。

（4）终止阶段。该阶段是移交项目结果和评估项目绩效的过程。在移交之前，要检查、测试项目的结果是否满足客户要求，进行绩效评估和经验总结，为今后执行相似项目积累经验。该阶段的主要工作包括：范围确认、质量验收、费用决算与审计、资料整理与归档及移交与评价。

通用型项目生命周期各阶段的主要工作内容如图 3-3 所示。

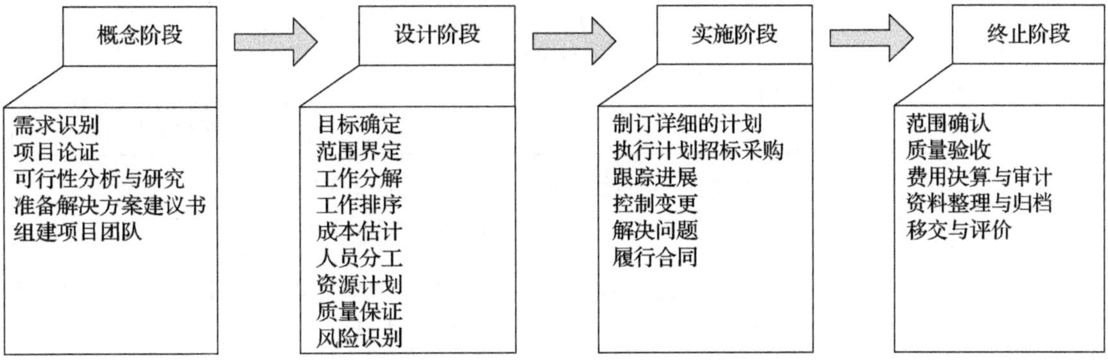

图 3-3　通用型项目生命周期各阶段的主要工作内容

在通用型项目生命周期中，PMBOK 将每个阶段分成 5 个过程组：启动过程组、规划过程组、执行过程组、监控过程组和收尾过程组。它们之间的相互作用关系如图 3-4 所示。

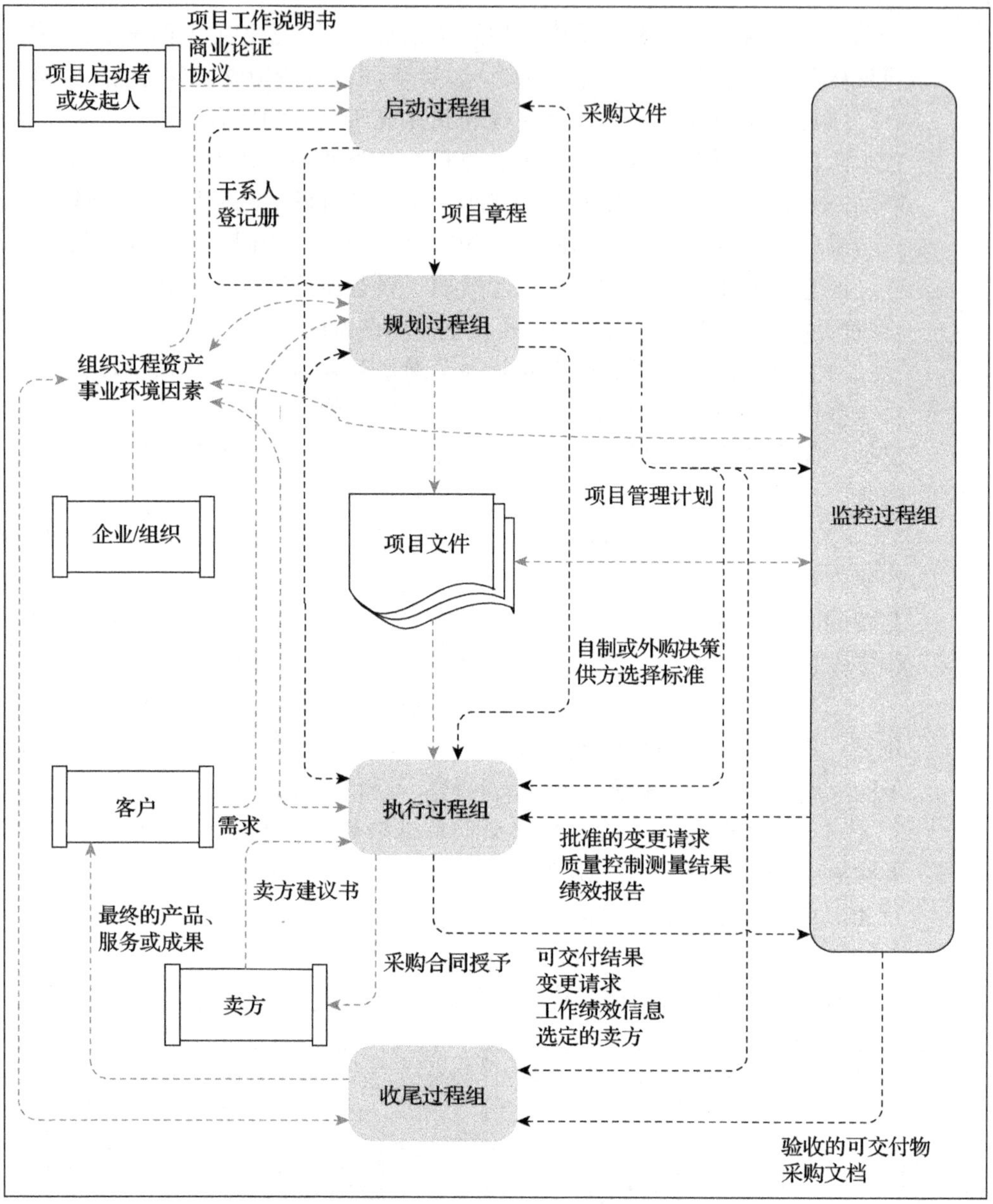

图 3-4 项目管理过程组之间的相互作用关系

注：深色虚线表示过程组之间的关系，浅色虚线表示过程组与外部因素的关系。

（1）启动过程组。主要是识别需求、确定需求和描述需求。主要的可交付物和需要参与工作的人员被确定下来，可行性和正当性被提出来并进行分析论证。

（2）规划过程组。项目的解决方案应尽可能包括所有细节，梳理工作要按照从所需做的工作任务到执行它们的顺序逐步展开。过程产物（临时性的可交付物）伴随着制造它们的策略一起被识别出来，需要完成对每项工作所需的时间和资源的估算，再次分析可行性和正当性的问题。在项目继续进行之前，一般需要有正式的项目批准文件。

（3）执行过程组。在项目经理的监督和掌控下执行计划中的工作，过程须被持续监督，当工作在原计划基础上发生变更时，需要适当地调整和记录。在整个项目建设期，项目团队应始终保持聚焦项目产品。

（4）监控过程组。检查项目的执行情况与原计划的差异，如果差异太大则需要采取措施：加强项目的执行，或修改原计划。监控既是不断记录的过程，也是不断决策的过程。

（5）收尾过程组。重点是验证项目是否让人满意，或满足原定的需求。在理想状态下，项目的结束伴随着从交付物制造到交付物使用的顺利过渡，项目资源（包括团队成员）逐渐被重新调配，项目最终关闭。

2. PRINCE2 体系项目管理过程

图 3-5 展示了 PRINCE2 体系下的项目管理过程。PRINCE2 体系把项目实施分为 3 个过程，即阶段内控制、交付物管理和阶段边界管理。阶段内控制和交付物管理是项目中最基础的环节，大部分工作都在这里完成，大部分成果也在这里体现。交付物管理在阶段内控制之下完成，这两个过程是项目计划的具体实施过程，二者密不可分。PRINCE2 体系中的项目指导、阶段内控制和阶段边界管理同 PMBOK 中的监控有一定的关系；PRINCE2 体系中的交付物管理同 PMBOK 中的执行有一定的关系，但不能完全对应。此外，PRINCE2 体系中的计划不同于 PMBOK，计划在各个层次、各个阶段持续进行。

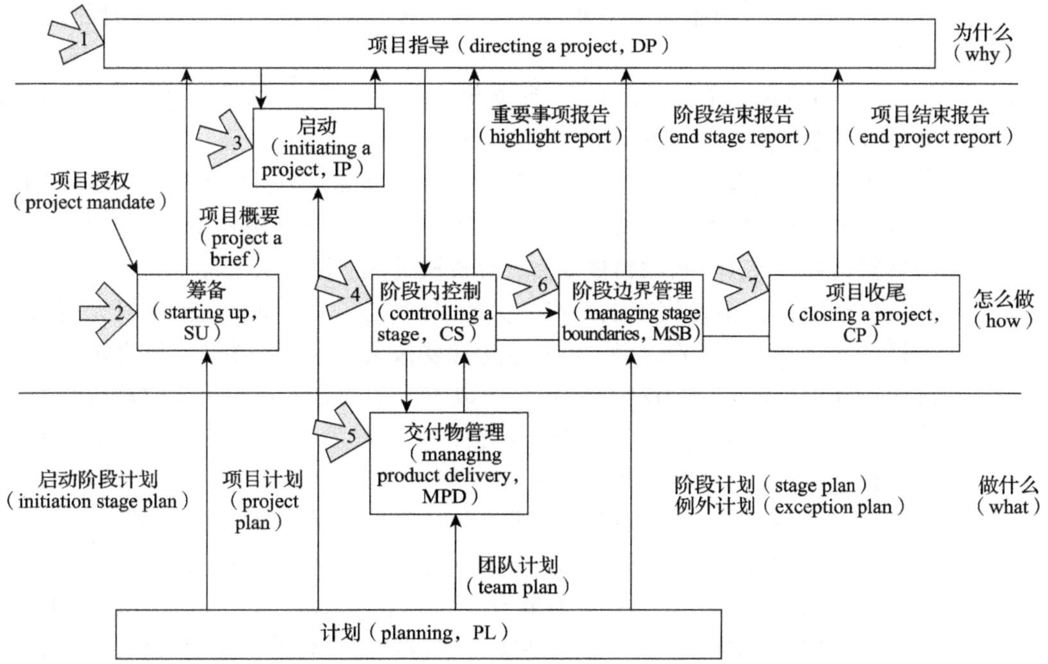

图 3-5　PRINCE2 体系下的项目管理过程

在PRINCE2体系中，一个过程可以包括很多活动，一个活动又可以包括很多个行动。活动与行动、过程都有输入和输出，可以安排并行执行，如图3-5所示。

筹备中的关键活动包括任命项目总裁和项目经理、设计项目管理团队、任命项目管理团队、准备项目概述文件、定义项目方法、启动阶段计划。

启动中的关键活动包括制订品质计划、制定项目整体规划和项目首阶段计划、改进项目论证和风险识别、建立项目控制、建立项目文件、整理项目启动文件。

项目指导中的关键活动包括启动授权、项目授权、阶段或例外计划授权、临时指派任务、确认项目收尾。

阶段内控制中的关键活动包括工作包授权、进展评估、捕获和检查问题、阶段状况评估、重点事项报告、采取纠正性行动、问题逐级汇报、已完成的工作包验收。

交付物管理中的关键活动包括验收工作包、执行工作包、交付工作包。

阶段边界管理中的关键活动包括制订阶段计划、更新项目计划、更新项目论证、更新风险登记、报告阶段结束、制订例外计划。

项目收尾中的关键活动包括解散项目、确定后续活动、项目评价评审。

计划同指导一样贯穿于整个项目的进程中，其中的关键活动包括计划设计、产品定义和分析、活动及其依赖关系确定、各种估算、进度计划制订、风险分析、计划编制等。

在PRINCE2体系中，筹备、启动、项目收尾和项目指导的过程都只有一个，分别通过产生多个活动完成。除项目收尾阶段外，每个阶段结束时都需要完成阶段边界管理的相关工作。PRINCE2体系中的阶段内控制和交付物管理过程可能分别只有一个，但也可能有很多个。对于大型复杂项目，一般可划分出多个项目阶段。

与PMBOK类似，PRINCE2体系按时间顺序对过程进行分类，主要包括4个时期：预备期、启动期、交付期、最后交付期。

预备期来自某人的想法或需求。主要任务是确认项目的正当性（是否值得做）和可行性（是否有能力做）。筹备过程的工作可以产生项目概要和项目启动阶段计划书。项目委员会审查并认可项目概要后，可授权进入启动期。

启动期的作用是完成进一步的分析和计划。为使项目达到项目投资人的期望，项目的控制方法要确定，必要的资金资源要落实。这不仅涉及项目启动文件（project initiation document，PID）——收益－成本分析报告，还会触发阶段边界管理过程，为下一阶段做出详细计划。项目委员会认可PID后，正式授权项目的全面实施。实施过程中，PID持续被审查、变更。

交付期的主要工作由项目经理主持。项目委员会将日常工作分阶段授权给项目经理。项目经理分派任务，确保项目进度与批准的计划之间的差异在容忍度之内，通过重要事项报告向项目委员会进行汇报、请示。这一切活动构成了阶段内控制过程。项目经理向团队经理下达工作包，产品交付管理的过程就是团队经理完成工作包并接受检查的过程。当每个阶段结束时，项目经理需要提交本阶段的完成情况、更新后的项目论证、下一阶段的具体计划。项目委员会审查并认可项目的可行性和正当性之后，授权下一阶段的执行。新旧阶段的交接工作由阶段边界管理过程完成。

最后交付期是项目行将结束的阶段。可交付成果是指为完成项目而必须提交的、可测量的、可验证的项目成果，可以是有形或无形的。若项目委员会确认产品满意并能够用于运营，就可以进行项目收尾工作。项目的所有文件记录必须归档，所用资源要归还。此外，还可以做一次项目收益的后评价。

在图 3-6 中可以看到过程与项目开展的时间关系和 PRINCE2 体系管理的 3 个层次。项目委员会对项目进行指导、项目经理对项目进行管理、团队经理则负责完成具体的产品并交付。PRINCE2 体系的 3 层次管理与在 PMBOK 中项目经理的单一领导形成了鲜明的对比。

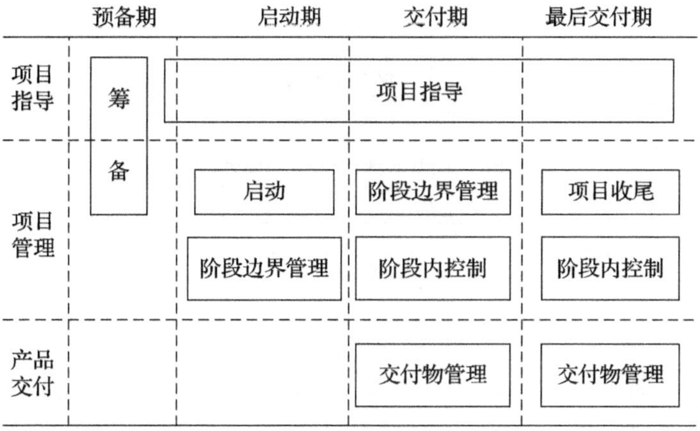

图 3-6　PRINCE2 体系的项目分段网络

大系统同小系统相比，其复杂程度往往不是线性关系。为构建大系统，软件工程师主张模块化，即先构建若干复杂的小系统，而后将其联结成大系统，联结方式和操作不能太复杂。底层模块实现具体功能，高层模块管理底层模块间的关系。同时，系统中各模块的开发顺序根据项目具体情况判断。不确定性、重要性、成本、时间、性价比等都是要考虑的因素。一般来说，不确定性大、较为基础、开发时间短的模块可先开发。

3.2　项目启动过程组

3.2.1　概述

项目启动过程组可被定义为一个新项目或现有项目的一个新阶段，授权开始该项目或阶段的一组过程。该阶段的主要目的是保证干系人的期望与项目目标一致，主要任务为定义初步范围，落实初步的财务资源，识别将影响项目总体结果的内外部干系人，以及慎重选择项目经理。这些信息都要记录在项目章程和干系人登记册中。此外，一个项目得到正式授权的标志是项目章程获得批准。

3.2.2 主要步骤

启动项目的过程由项目经理主导，主要步骤如图 3-7 所示，包括以下内容。

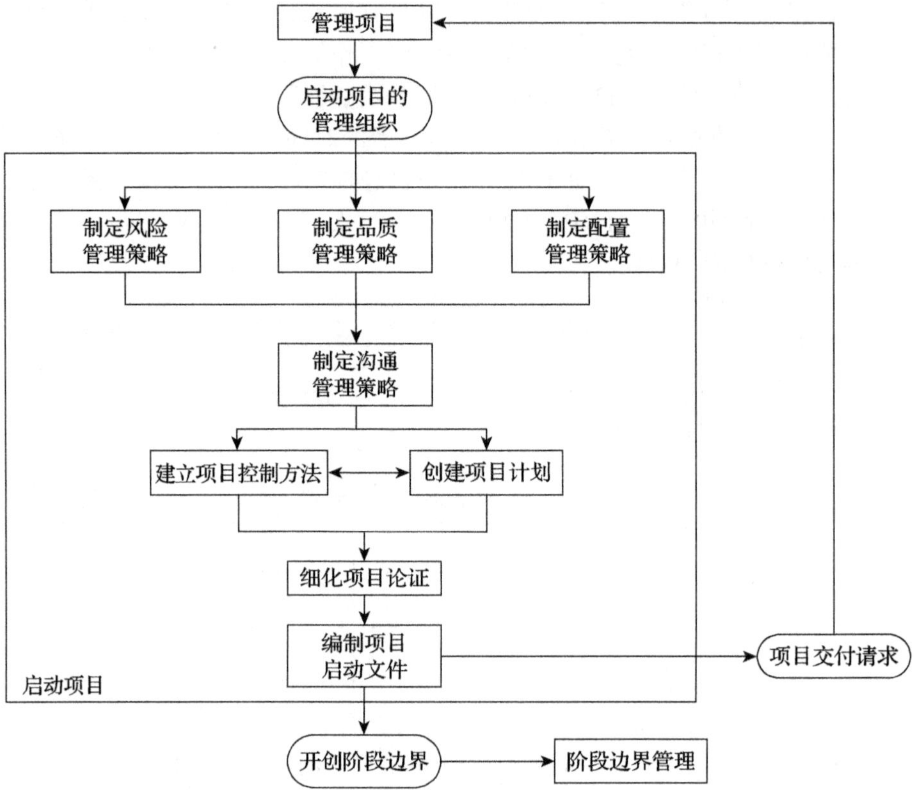

图 3-7 项目启动概览

（1）制定风险管理策略。

（2）制定品质管理策略。

（3）制定配置管理策略。

（4）制定沟通管理策略。

（5）建立项目控制方法。

（6）创建项目计划。

（7）细化项目论证。

（8）编制项目启动文件。

建立项目控制方法、创建项目计划后，需要细化项目论证。项目产物开发所需预期时间和费用、项目管理费用等应更加清晰。项目启动流程的最后一步则是编制项目启动文件。

项目启动文件是启动阶段的重要产物，主要包括以下内容。

（1）项目概要：项目定义、项目路径。

（2）详细的项目论证。

（3）项目团队结构。

（4）角色描述。

（5）风险管理策略。

（6）品质管理策略。

（7）配置管理策略。

（8）项目初步计划。

（9）项目控制方案。

（10）沟通管理策略。

（11）项目裁修方案。

在项目启动阶段，文件的详细程度只能反映当时阶段对项目的认知水平，大多数情况只能确定程序的主要部分和一些重要的里程碑事件。在项目论证完成后，应审视以下问题。

（1）组织当前的开发能力和长远的战略考虑。

（2）项目外包好，还是自己建设好？从成本、品质、时间等多方面进行考虑。

（3）如果外包，是否存在安全问题？是否需要直接控制？是否有损公司的竞争力？

（4）如果自己建设，是否有足够的员工来做这项工作？

（5）这些员工是否愿意做这项工作？是否在日程安排上有冲突？

3.2.3 项目的正式启动

对项目启动文件的审核，可以决定是否正式展开项目。当项目启动文件通过后，需要获得某种形式的正式授权或经费批准。有些公司在正式下达项目前，项目委员会要向公司递交一份同项目启动文件非常相似的文件——项目建议书。此外，在项目正式实施前，需要获得管理层的正式授权。这种授权来自项目章程文件，其形式多样，主要包括以下内容。

（1）项目和项目目标。

（2）项目前提与约束。

（3）项目预算。

（4）团队组织结构。

（5）对项目管理给予的授权程度。

（6）预期的项目产出。

（7）用户和主要干系人。

（8）初步计划。

（9）正式的管理层签字。

当项目目标，特别是时间和费用超出了管理层的期望时，项目负责人有可能陷入困境。在这种状况下，可以采取如下措施：①以数据资料为基础进行分析，提出项目目标是不现实的；②以自己原始的费用和方案目标做一个备份文件，并适时呈送此文件。

3.3 项目规划过程组

3.3.1 概述

项目规划过程组是指明确项目范围、优化目标，为实现目标制订行动方案的一组过程，主要任务是编制项目管理计划和项目文件，主要作用是确定战略、战术、行动方案或路线。其中，项目规划和文件编制是反复进行的持续性活动，由经批准的变更导致的各种更新，可能从多方面对项目管理计划和项目文件产生显著影响。

项目管理计划书和项目文件可以使用文字和图表等多种形式。一般要对项目范围管理、时间管理、成本管理、质量管理、团队管理、组织管理、沟通管理、采购管理、风险管理、融资管理、干系人管理及评估方法等所有方面做出规定。项目管理计划书一般要有如下内容：项目许可证和项目章程、拟采用的管理方法、项目范围说明、项目工作分解结构、资源计划、计划开始和结束的日期、责任的分派、测量和控制、时间进度和费用开支的基准、项目进展的主要里程碑、项目费用估算、业绩考核和评价制度，以及项目的关键问题和主要风险。项目文件应当包括：项目各具体计划未考虑的事项、项目规划期间新增的文件或资料，以及技术文件。

在规划项目、制订项目管理计划和项目文件时，项目团队应征求所有干系人的意见，鼓励所有干系人的参与。此外，组织应考虑项目性质、既定的项目边界、所需的监控活动及项目所处的环境等，制定程序规定初始规划何时结束。反复规划的结果，应作为对项目管理计划和各种文件的更新被记录下来。

3.3.2 计划编制方法

1. 编制计划的基本原则

PRINCE2 体系编制计划的基本原则是先对项目产物进行分解，而后落实制造所需资源、活动及活动间的相互关系，这是以产品为基础的计划编制，被用于编制项目计划、阶段计划和团队计划。编制计划的每一步都需要回顾最新完成的工作，如图 3-8 所示。

规范化的评估是管理中的必需步骤。常用的估算方法主要包括以下几类。

（1）自顶向下：定出最终总数，按层次分解到各个细节。适用于事先对技术和资源完全把控的情况。

（2）自底向上：先统计各个细节，再加总形成计划的总盘子。适用于事先对资源完全把控的情况。

（3）差别估算：在过去老项目的基础上加上或减去一个固定的部分。适用于两个项目有固定差异的情况。

（4）专家估算：请有相关经验的专业人士估算。

（5）类推估算：在老项目基础上乘缩放系数。适用于两项目呈线性关系的情况。

（6）算法估算：使用某些数学模型估算。

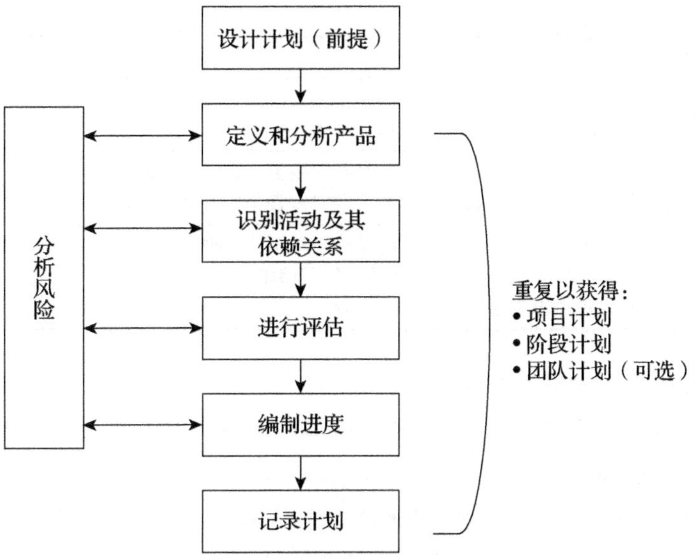

图 3-8　PRINCE2 体系的计划编制

2. 计划的设计

当项目属于项目集的一部分时，上级可能为编制项目计划设定一套通用方法。这套方法可能包括标准、计划的层级和编制计划的工具，这是所有计划编制的起点。

项目的特殊特征需要被重点标示出来，并取得规划层的认同。公司可能有编制计划的标准及管理助手，客户可能规定采用某套特定的工具。编制计划的工具选择依赖项目的复杂程度，计划中所用到的估算方法同样会影响计划的设计。此外，在项目组织中，不同角色承担不同职责，如表 3-1 所示。

表 3-1　计划工作中不同角色承担的相关职责

角色	职责
组织高层	设置项目的允许偏差，并列入项目批准文件中 预见项目的进程会超出原设定（项目级允许偏差）范围时，审批例外计划 提供公司或项目集管理层的计划编制标准
项目总裁	审批项目计划 确定每个阶段的允许偏差，审批阶段计划 预见阶段进程会超出原设定（阶段级允许偏差）范围时，审批例外计划 为阶段计划提供资源保证
客户代表	从客户的角度，确保阶段计划与项目计划保持一致 为阶段计划提供客户资源
供应商代表	从供应商的角度，确保阶段计划与项目计划保持一致 为阶段计划提供供方资源
项目经理	完成计划的方案设计 编制项目计划和阶段计划
	设计阶段计划 当进程超出原设定（工作包的允许偏差）范围时，采取纠正措施 编制例外计划，响应公司高层或项目委员会的决定

（续）

角色	职责
团队经理	编制团队计划 准备每个工作包的日程安排表
项目监理	监督项目计划的变更，判断它是否会影响商务需求或项目的商务论证 根据已获批的允许偏差范围，监督阶段及项目的进展
项目助理	协助编制项目计划、阶段计划和团队计划 贡献其专业技能（比如使用计划编制工具） 安排相关计划的保存和分发

3. 项目产物的界定及分析

PRINCE2 体系采用的技术被称为以项目产品为基础的计划编制技术，以识别、界定和分析项目产物，如图 3-9 所示。以项目产品为基础的计划编制，有些步骤需要反复进行。最初版的项目产品描述可能只有一个标题和目的说明，后续应详细地对产品进行阐释。项目产品分解结构的格式、报告、产品流程图可根据个人喜好确定。

（1）撰写项目产品总体描述。以产品为基础的计划编制，首要任务是撰写尽量完整的项目产品总体描述。项目产品总体描述在项目总裁和客户代表的指导和建议下由项目经理完成。

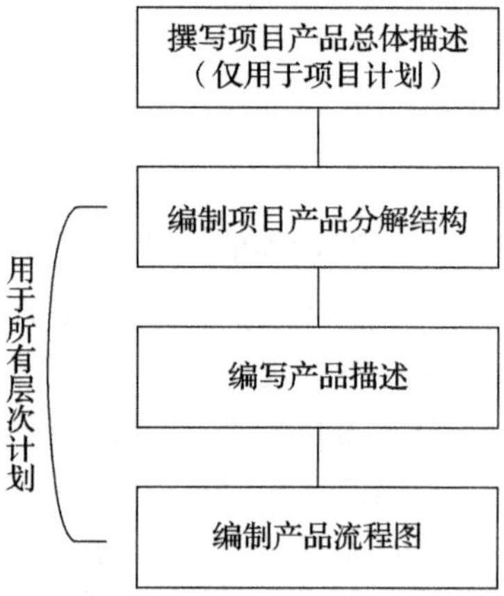

图 3-9　以项目产品为基础的计划编制技术

（2）编制项目产品分解结构。

1）参与项目产品分解结构编制的人员应代表不同利益方，拥有项目建设所需的不同技能。

2）可采用头脑风暴的方式识别产品，防止某个产品被遗漏。

3）必须就项目产品的分解方式（以及随后的计划）达成一致。

4）需要识别完成项目所需要的项目外产品并进行风险登记，明确未能获得、未能按时获得该产品，或该产品的性能不能完全满足要求时可能给项目计划造成的威胁。

5）考虑特定产品的不同状态。每种状态都需要产品描述、品质标准和品质管理方法。

6）提交项目产品分解结构时，考虑对不同类型的产品采用不同的形状、格式或颜色。

7）如果项目被分为多个阶段，那么每个阶段所需要输出的产品都需要从项目产品分解结构中被摘录下来，形成该阶段的产品分解结构。对于同一产品构件，阶段计划流程图中的名称必须与项目计划中的名称保持一致。编制阶段计划流程图时，可能需要多次修订和改进。

8）在某些情况下，组织可能对一些产品建有其产品描述概要的档案；对于项目，可能有编好的项目产品分解结构和产品流程图。但此时也不应当跳过 PRINCE2 体系中以产品为基础的计划编制技术，需要采用这套技术验证现有资料的完整性。

以项目产品为基础的计划编制有许多优势，具体如下。

1）加强对各产品间的相互关系的透彻理解。

2）消除预期中模棱两可的内容。

3）请客户参与产品需求分析，避免在项目审批时产生争议。

4）项目产品的结构分解和产品流程图有利于沟通交流。

5）有利于厘清项目的范围边界。

6）能够识别出在项目外却对项目不可缺少的产品，可将它们分配给其他项目或组织。

7）方便为供应商准备工作包。

8）项目产品的制造、评审和批准等职责能够获得清晰划分及一致认可。

（3）编写产品描述。通过对项目产品的结构分解所获得的所有产品都应编写产品描述，主要考虑以下内容。

1）确定对产品的需求后应立即着手编写产品描述。最初，它可能只是一个骨架，进行计划编制时可对产品描述再进行补充。

2）当为该产品所制订的计划是一个基准时，其产品描述也是一个基准。如果该产品随后发生变更，其产品描述也应按变更管理程序办理。

3）尽管编写产品描述通常是项目经理或团队经理的职责，但最好让产品专家和产品客户代表共同参与。为这些产品确定品质标准时，需要征求他们的意见。

4）好的产品描述可能会被高层或组织内的其他项目再利用，此时需要为一系列的产品描述建档，确定建档的机制和流程。

5）如果已经有了一份详细的产品需求说明书，其中包含产品描述的内容，且符合产品描述所期待的品质标准，则可用这份产品需求说明书替代产品描述。同样，编写产品描述时也可引用产品需求说明书中的内容。

6）对于小项目，仅需要编写项目产品总体描述，不需要编写产品描述。

7）品质标准用来区分产品不可接受或可接受，应当深思熟虑。

（4）编制产品流程图。产品流程图需要表达出项目内各产品与项目外产品的关系，需要考虑项目建设所需要的活动，为其他计划提供信息，比如为编制预算和日程安排表提供信息。

1）编制产品流程图最好让该产品的提供者或开发者参与其中。

2）产品流程图的编制可以在完成项目产品分解结构后进行，也可同时进行。

3）产品流程图中需要采用一些符号。

4）产品流程图上应只有一个起始点、一个结束点。这与产品结构分解相区别。

4. 计划的编制

完成项目产品结构分解后，需要厘清制造每个产品所需要的活动，以及各个活动间的相互关系，需要对每项活动、每个步骤所需时间、资源及人力进行估算，在此基础上制定日程安排表。需要完成的工作包括：确定各项任务的完成顺序，评估资源能否获取，合理分配资源，避免资金和用工数量的大起大落；若多项任务需要同一种关键设备，还需考虑时间上的衔接，确定里程碑事件和关键控制点，计算总体资源需求和费用需求，分析风险以及完成项目的日程安排表。

3.3.3 问题与变更

“问题”在PRINCE2体系中是指计划外发生的、需要管理的事件，可能在任何时候出现，可能由项目或项目产物的干系人引发。

在复杂项目的管理中，一般以几个关键因素为出发点，并结合当前的环境来确定项目的走向。PRINCE2体系下的复杂项目管理要解决的是根本问题。而PMBOK的原则是就事论事，要把事情做得与计划一模一样。

在迭代式的开发和生产中，问题不断解决的同时新问题不断产生，但系统总体上是在进步的。一般来讲，大部分问题都会在被发现后尽快被解决掉，而少量问题会留在下一阶段的开发任务清单中。PRINCE2体系相比PMBOK的重大不同在于其分阶段计划和实施。变更是对已知路线的修改，在PMBOK中是不常见的现象，PRINCE2体系中的变更则是常态化的，发生大变更的时间为阶段结束时或极为重大的问题发生时，一般口语中的变更是指小变更。

无论是PRINCE2体系还是PMBOK，都要求将项目产物或工作包分解到可理解的程度。对于计划编制人员，可能对项目的某一实施过程是未知的；但对于某个项目成员或项目小组，该过程的实施是完全清晰的。计划完全公开透明，人、财、物及进度估算与实际一致，可大幅降低变更的发生概率。因此，邀请项目建设的一线成员参与项目计划的编制，可大幅提升计划的准确程度。但相关成员可能会因为自身利益不愿提供真实数据，计划编制人员需要收集行业数据，甚至到类似项目的现场收集数据，从而使相关时间、材料、人手的计划更加真实。部分项目的立项仅是为了获得资金预算，在获得资金后，经常出现投资变更的情况，这在上市公司中时有发生。这种变更有利的一面是，当环境变化，项目不再具备合理性时，及时变更可避免扩大损失；不利的一面是，投资者对企业的管理层失去信任，企业融资渠道受阻。

问题与变更管理保证所有可能影响项目已确认的基准的问题与变更能够得到处理，包括被识别、评估、批准、拒绝或延后处理。项目变更所需要的花费将随着生命周期的推进而增加。在项目启动过程中就需要建立对问题、变更和配置管理的控制措施；在阶段结束前，通过阶段边界管理过程评估或更新它们。对问题、变更和配置管理的措施包括配置管理策略，配置记录文件，记录产品状态，保存日志，登记问题，报告问题等。

只有在配置管理系统为产品间的相互影响和产品基准提供了充分支持的条件下，有效的问题解决和变更管理才成为可能。首先要识别需要采用哪些公司高层的制度及流程，其次把它们整合进项目自身的配置管理策略中。配置管理应当给出问题的管理办法。在项目启动过程中，项目经理和项目委员会需要对以下事项达成一致。

（1）问题的优先次序分级（比如可以分为必须、应当、可以、当前不宜4个等级）。

（2）问题的严重程度分级。

（3）哪个级别的问题由哪个级别的管理层处理。

在确定哪个级别的问题应由哪个级别的管理层处理后，项目委员会应考虑将某个级别的问题的决策权交给某位授权负责人，由此人决定某项变更请求应当被拒绝还是被接受，某种规格性能在某种程度的偏离是否允许，是否为这些变更提供预算，这个人就是变更专员。变更需要经费，客户和供应商最好预先为变更清单列一笔预算，避免因大量的细小变更导致频繁的变更请求。纳入变更预算后的计划可为项目整体的费用、时间提供更加现实的预期。如果变更预算由变更专员掌握，项目委员会可能需要对它进行限制，比如单次变更的最大额度、在阶段内不需要报告项目委员会的前提下变更的总费用开支等，变更预算应列入计划。

配置管理流程可能多种多样，但它们一般都包括以下 5 个核心步骤。

（1）编制计划：确定项目需要进行哪个层级的配置管理，编制在这个层级进行管理的计划。项目所需的控制层级因项目的不同而不同。最高控制层级由项目产品的分解决定，项目产物需要逐级分解，直到分解成可独立安装、替换和改善的零件。此外，控制层级还受项目的重要性、项目产品间相互关联的复杂程度等影响。

（2）识别：分析及识别项目产品的所有零件所需要的管理层级，需要建立一套编码系统，为每个构件分配一个特定编码，确定与项目产品的从属关系。

（3）控制：批准产品、为产品设立基准、变更产品，必须先获得授权。一旦某个产品被批准，则“未获授权，既不能移动，也不能改动”。基准是一个产品或一批产品在某一个时点为某个特定目的进行的冻结（或释放）。基准版需要尽力达到不能随意废弃。如果某个已经设立了基准的产品被变更，必须给它的版本升级，而基准版则维持不变。配置管理还包括项目管理的所有相关信息的储备和检索，确保各个构件的安全使用，对所有构件的复制版的分配，在项目的生命周期内对所有文件存档。

（4）状态记录：项目产品状态记录包含了每件产品的现状报告和历史资料。在某阶段结束时、项目结束时、检验问题及风险时，项目经理都需要项目产品状态记录。

（5）验证和审核：需要比较所有产品的实际状态和项目产品在配置管理记录中的授权状态，寻找两者之间的差异。根据配置管理策略检查管理流程的实施情况。这种评审通常在某阶段结束时或项目收尾时进行。

3.4　项目执行过程组

3.4.1　概述

执行过程组是指完成项目管理计划中确定的工作，从而满足项目规范要求的一组过程。本过程组需要按照项目管理计划来协调人员和资源，管理干系人期望，整合并实施项目活动，其主要工作包括以下两类。

（1）项目计划执行子进程。项目计划执行的保证性子进程间的联系如图 3-10 所示。

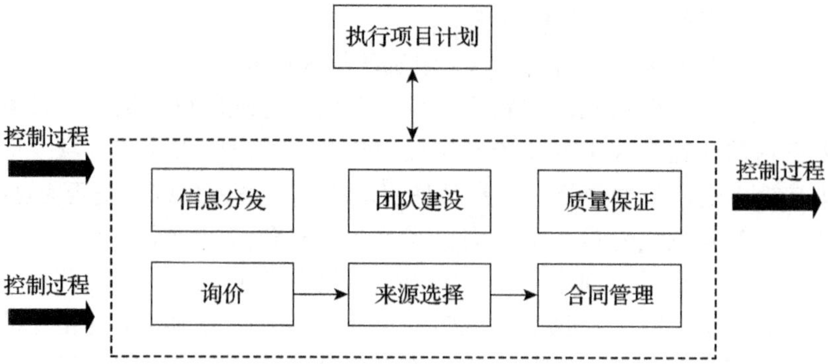

图 3-10 项目计划执行各子进程及其相互之间的联系

（2）项目计划执行中项目班子的管理工作。在项目计划执行过程中，项目班子必须对项目各种技术和组织界面进行管理，协调各个子过程以及项目内外的各种关系。

在项目计划执行过程中，项目经理和班子全体成员必须充分发挥全部技术和管理技能。凡事要通过工作核准系统。必要时，要召开状态回顾审查会。遇到无法解决的问题时，应当设法利用本组织或其他参与本项目组织的经验和方法加以解决。

3.4.2 主要步骤

1. 指导与管理项目工作

指导与管理项目工作是指为实现项目目标而领导和执行项目管理计划中所确定的工作，实施已批准变更的过程。它的主要作用是对项目工作和可交付成果开展综合管理，从而提高项目成功可能性。本过程需要在整个项目期间开展。图 3-11 描述了本过程的输入和输出。

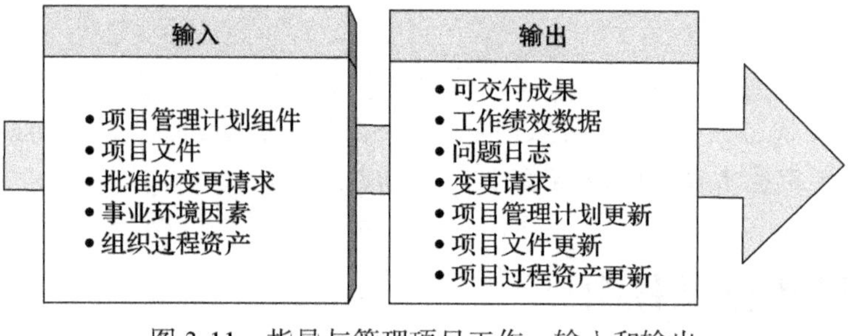

图 3-11 指导与管理项目工作：输入和输出

（1）项目管理计划组件。项目管理计划的任何组件都可用作本过程的输入。

（2）项目文件。包括（但不限于）变更日志、经验教训登记册、里程碑清单、项目沟通记录、项目进度计划、需求跟踪矩阵、风险登记册和风险报告等。

（3）项目管理计划更新。项目管理计划的任何组件都可在本过程更新。

（4）项目文件更新。可在本过程更新的项目文件包括（但不限于）活动清单、假设日志、经验教训登记册、需求文件、风险登记册和干系人登记册等。

2. 管理项目知识

管理项目知识是指使用现有知识并生成新知识以实现项目目标，帮助组织学习的过程，其主要作用是利用已有的组织知识创造或改进项目成果，并且使当前项目创造的知识可用于支持组织运营和未来的项目或阶段。本过程需要在整个项目期间开展。图 3-12 描述了本过程的输入和输出。需要哪些项目管理计划组件和项目文件，取决于具体项目的需求。

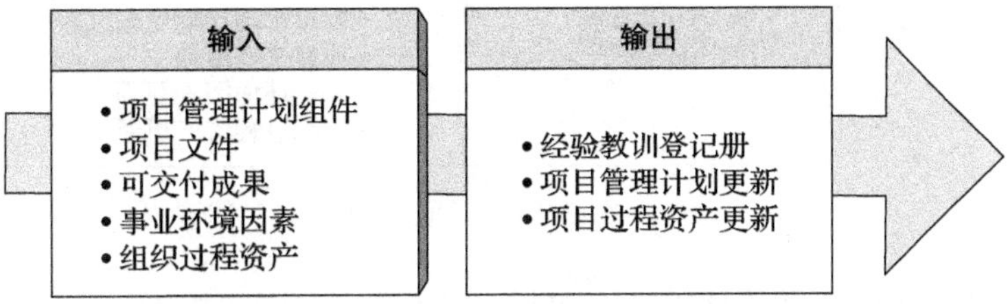

图 3-12　管理项目知识：输入和输出

（1）项目管理计划组件。项目管理计划的所有组件都可用作本过程的输入。

（2）项目文件。包括（但不限于）经验教训登记册、项目团队派工单、资源分解结构、供方选择标准和干系人登记册。

（3）项目管理计划更新。项目管理计划的任何组件都可在本过程更新。

3. 管理质量

管理质量是指把组织的质量政策用于项目，并将质量管理计划转化为可执行的质量活动的过程，其主要作用是提高实现质量目标的可能性，识别无效过程和导致质量低劣的原因。本过程需要在整个项目期间开展。图 3-13 描述了本过程的输入和输出。

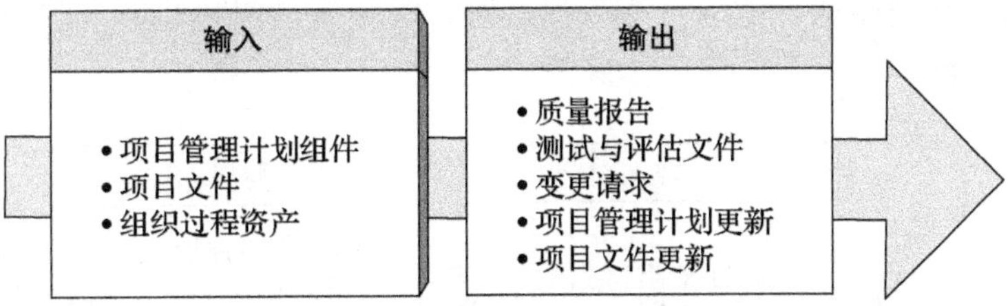

图 3-13　管理质量：输入和输出

（1）项目管理计划组件。包括（但不限于）质量管理计划等组件。

（2）项目文件。包括（但不限于）经验教训登记册、质量控制测量结果、质量测量指标和风险报告等。

（3）项目管理计划更新。包括（但不限于）质量管理计划、范围基准、进度基准和成本基准等组件。

（4）项目文件更新。包括（但不限于）问题日志、经验教训登记册和风险登记册等。

4. 获取资源

获取资源是指获取项目所需的团队成员、设施、设备、材料、用品和其他资源的过程，其主要作用是概述和指导资源的选择并将它分配给相应的活动。本过程应根据需要在整个项目期间定期开展。图 3-14 描述了本过程的输入和输出。

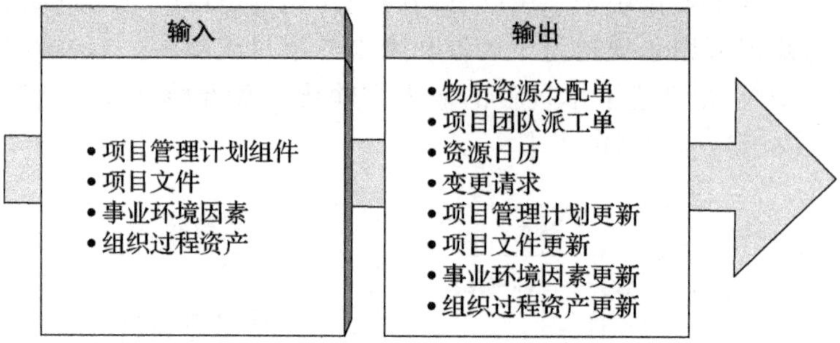

图 3-14 获取资源：输入和输出

（1）项目管理计划组件。包括（但不限于）资源管理计划、采购管理计划和成本基准等组件。

（2）项目文件。包括（但不限于）项目进度计划、资源日历、资源需求和干系人登记册等。

（3）项目管理计划更新。包括（但不限于）资源管理计划和成本基准等组件。

（4）项目文件更新。包括（但不限于）经验教训登记册、项目进度计划、资源分解结构、资源日历、资源需求、风险登记册和干系人登记册等。

5. 建设团队

建设团队是指提高工作能力，促进团队成员互动，改善团队整体氛围，提高项目绩效的过程，其主要作用是改进团队协作、增强人际技能、激励员工、减少摩擦以及提升整体项目绩效。本过程需要在整个项目期间开展。图 3-15 描述了本过程的输入和输出。

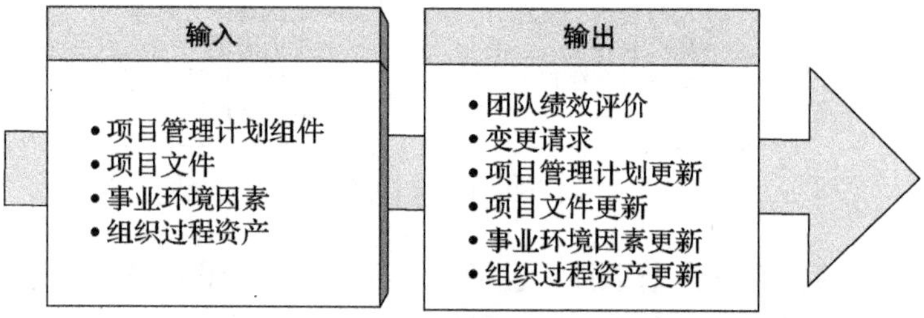

图 3-15 建设团队：输入和输出

（1）项目管理计划组件。包括（但不限于）资源管理计划等组件。

（2）项目文件。包括（但不限于）经验教训登记册、项目进度计划、项目团队派工单、资源日历和团队章程等。

（3）项目管理计划更新。包括（但不限于）资源管理计划等组件。

（4）项目文件更新。包括（但不限于）经验教训登记册、项目进度计划、项目团队派工单、资源日历和团队章程等。

6. 管理团队

管理团队是指跟踪团队成员工作表现，提供反馈，解决问题并管理团队变更，从而优化项目绩效的过程。本过程的主要作用是影响团队行为、管理冲突以及解决问题。本过程需要在整个项目期间开展。图 3-16 描述了本过程的输入和输出。

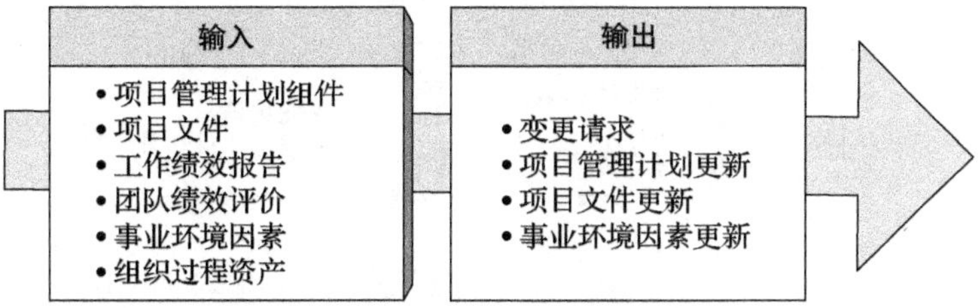

图 3-16　管理团队：输入和输出

（1）项目管理计划组件。包括（但不限于）资源管理计划等组件。

（2）项目文件。包括（但不限于）问题日志、经验教训登记册、项目团队派工单和团队章程等。

（3）项目管理计划更新。包括（但不限于）资源管理计划、进度基准和成本基准等组件。

（4）项目文件更新。包括（但不限于）问题日志、经验教训登记册、项目团队派工单等。

7. 管理沟通

管理沟通是指确保项目信息及时且恰当地收集、生成、发布、存储、检索、管理、监督和最终处置的过程，其主要作用是促成项目团队与干系人之间的有效信息流动。本过程需要在整个项目期间开展。图 3-17 描述了本过程的输入和输出。

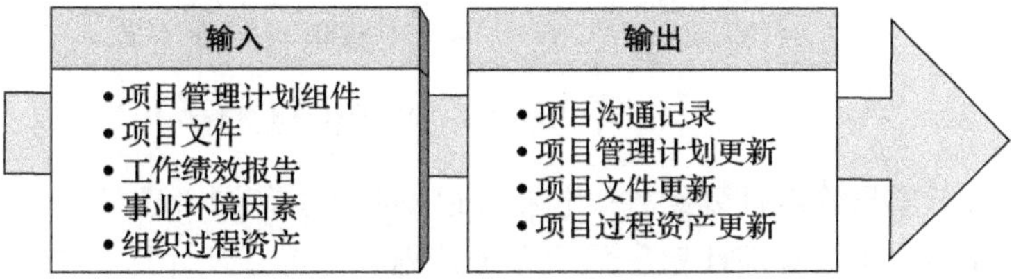

图 3-17　管理沟通：输入和输出

（1）项目管理计划组件。包括（但不限于）资源管理计划、沟通管理计划和干系人参与计划等组件。

（2）项目文件。包括（但不限于）变更日志、问题日志、经验教训登记册、质量报告、风险报告和干系人登记册等。

（3）项目管理计划更新。包括（但不限于）沟通管理计划和干系人参与计划等组件。

（4）项目文件更新。包括（但不限于）问题日志、经验教训登记册、项目进度计划、风险登记册和干系人登记册等。

8. 实施风险应对

实施风险应对是指执行商定的风险应对计划的过程，其主要作用是确保按计划执行商定的风险应对措施来管理整体项目风险敞口，以及最小化单个项目威胁和机会。本过程需要在整个项目期间开展。图 3-18 描述了本过程的输入和输出。

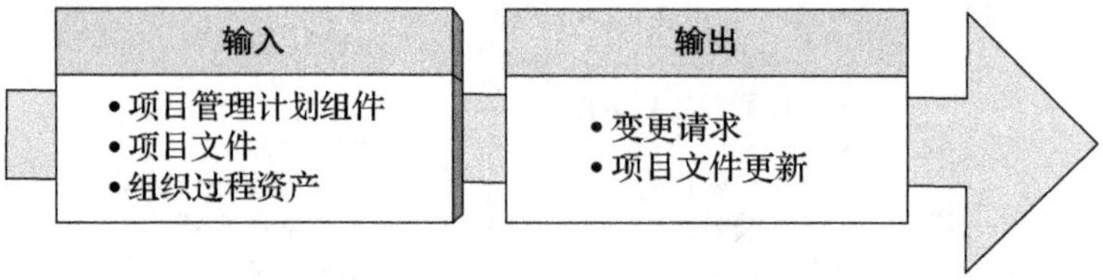

图 3-18　实施风险应对：输入和输出

（1）项目管理计划组件。包括（但不限于）风险管理计划等组件。

（2）项目文件。包括（但不限于）经验教训登记册、风险登记册和风险报告等。

（3）项目文件更新。包括（但不限于）问题日志、经验教训登记册、项目团队派工单、风险登记册和风险报告等。

9. 实施采购

实施采购是指获取卖方应答、选择卖方并授予合同的过程，其主要作用是选定合格卖方并签署关于货物或服务交付的法律协议。本过程应根据需要在整个项目期间定期开展。图 3-19 描述了本过程的输入和输出。

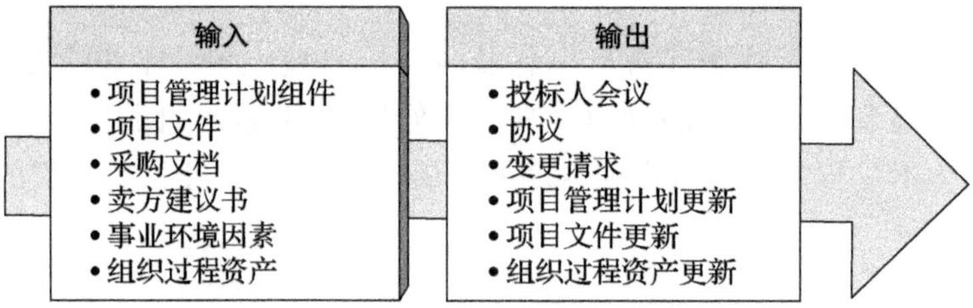

图 3-19　实施采购：输入和输出

（1）项目管理计划组件。包括（但不限于）范围管理计划、需求管理计划、沟通管理计划、风险管理计划、采购管理计划、配置管理计划和成本基准等组件。

（2）项目文件。包括（但不限于）经验教训登记册、项目进度计划、需求文件、风险登记册和干系人登记册等。

（3）项目管理计划更新。包括（但不限于）需求管理计划、质量管理计划、沟通管理计划、风险管理计划、采购管理计划、范围基准、进度基准和成本基准等组件。

（4）项目文件更新。包括（但不限于）经验教训登记册、需求文件、需求跟踪矩阵、资源日历、风险登记册和干系人登记册等。

10. 管理干系人参与

管理干系人参与是指与干系人进行沟通和协作以满足其需求与期望，并促进干系人合理参与项目活动的过程，其主要作用是让项目经理提升干系人的支持力度，降低干系人的抵制力度。本过程需要在整个项目期间开展。图 3-20 描述了本过程的输入和输出。

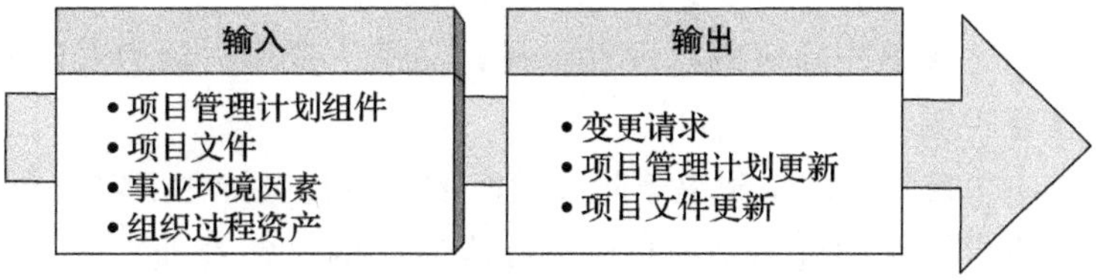

图 3-20　管理干系人参与：输入和输出

（1）项目管理计划组件。包括（但不限于）沟通管理计划、风险管理计划、干系人参与计划和变更管理计划等组件。

（2）项目文件。包括（但不限于）变更日志、问题日志、经验教训登记册和干系人登记册等。

（3）项目管理计划更新。包括（但不限于）沟通管理计划和干系人参与计划等组件。

（4）项目文件更新。包括（但不限于）变更日志、问题日志、经验教训登记册和干系人登记册等。

3.5　项目监控过程组

3.5.1　概述

项目监控过程组包含跟踪、审查和调整项目进展与绩效，是指识别必要的计划变更并启动相应变更的一组过程，主要作用是监视和测量项目实际进展。PMBOK7 指南中指出，监控过程组涉及以下内容。

（1）控制变更，推荐纠正措施，或者对可能出现的问题推荐预防措施。

（2）对照项目管理计划和项目绩效测量基准，监督正在进行中的项目活动。

（3）对导致规避整体变更控制或配置管理的因素施加影响，确保只有经批准的变更才能付诸执行。

项目的一次性使项目监控有别于其他管理控制。由于没有可参照的先例，事先制定的控制标准往往由于各种内外因素的变化需要调整，项目应根据所投入的费用、人力及其他资源数量来评价实际实施结果，通过与基准计划的比较、判断和协商，采取相应的措施。同时，要根据具体情况使用适当方法对项目进度持续检测，注重采取预防性控制手段。

3.5.2　阶段内控制

阶段内控制的目的是协调和监督具体工作的完成，处理相关问题，向项目委员会报告项目进程，采取措施确保处于计划偏差范围内，其目标是确保以下内容实现。

（1）聚集于阶段性的产品交付。

（2）风险和问题保持在受控状态。

（3）项目论证持续接受评审，与最新信息同步。

（4）达成事先确定的阶段性目标，品质、费用、精力及时间符合预期，支持最终的收益实现。

（5）项目管理团队聚集于阶段性产物，使其保持在给定的允许偏差范围内。

阶段内控制的过程是项目经理在本阶段的日常管理工作，此过程同每个交付物管理阶段相联系，如图 3-21 所示。通常阶段内控制过程在项目委员会对项目授权时开始，但有些大型、复杂项目启动时间很长，阶段内控制可能延后。阶段内控制过程最重要的工作是完成一个个工作包。工作包被用于定义和控制工作的完成，对团队管理设置偏离的允许范围。当项目经理同时担任团队经理时，工作包被用于明确及控制每个团队成员的工作。此时本过程中指定给团队经理的工作，可被视为指定给各团队成员的工作。项目的最终成功源于对每日工作的控制，整个阶段将形成以下循环，直到最后阶段启用项目收尾过程。

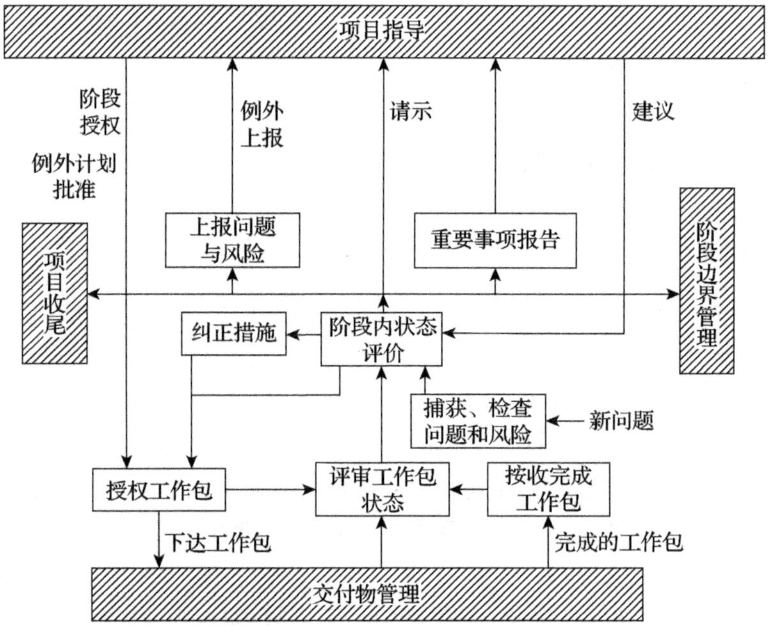

图 3-21 阶段内控制

（1）完成已授权工作。

（2）监督过程信息，包括对已完成工作包的签字确认。

（3）进度评审（包括输出物品质），启动新的工作包。

（4）重点事项汇报。

（5）发现、评估和处理问题及风险。

（6）采取必要的纠正措施。

对阶段内各步骤的控制是项目经理的职责，项目经理的任务包括以下 3 个方面。

1. 工作包的处理

工作包的处理包括授权工作包、评估工作包的进展状况、接收已经完成的工作包并进行评审，可能还会生成新的工作包。其中，涉及要修改的文档可能有阶段计划、配置表、配置登记、风险登记、问题登记。

2. 阶段内监控和报告

阶段内监控和报告包括评估本阶段的进展状况、对重大事项进行报告。其中涉及要修改的文档可能有阶段计划、风险登记、问题登记、教训记录、重大事项报告。

3. 问题的处理

问题的处理包括捕捉和检查问题及风险、上报问题及风险、对问题采取必要的纠正措施。其中，涉及要修改的文档可能有阶段计划、风险登记、问题登记、日志文件、配置登记、例外报告、问题报告。

3.5.3　项目指导

PRINCE2 体系中项目指导的目的在于使项目委员会能够对项目的成功担负起责任，比如关键问题决策、项目经理授权和全方位的监控。项目指导同 PMBOK 中的监控存在重大区别。PMBOK 的监控是要使项目的走向与计划完全一致，而 PRINCE2 体系中的项目指导是要使项目的走向与总体利益一致。项目指导的目标有以下几个。

（1）授权启动项目。

（2）授权交付产品。

（3）在项目生命期间进行控制。

（4）同公司高层保持联系。

（5）授权项目收尾。

（6）管理和审议项目完成之后的效益实现计划。

在项目筹备之后，项目启动之时开始项目指导过程。项目指导不是指项目经理的日常活动，而是指项目委员会的活动。项目委员会审议各种报告，通过各个决策点进行控制，它遵循例外管理的原则，如图 3-22 所示。

项目经理请示项目委员会处理异常情况，有关授权和决策过程要事先明文规定。项目委员会和公司高层的交流模式在沟通管理策略中应事先明文规定。项目委员会的主要目的是确保项目持续具有合理性。项目指导过程则提供了一个机制，使得项目委员会的活动不会干扰项目本身的建设活动。项目委员会对项目经理进行指导，当项目委员会内部成员意见不一致时，项目经理遵从项目总裁意见。项目指导由项目委员会主导，其主要活动包括以下内容。

1. 授权启动项目

一般由项目委员会的会议批准启动过程，包括批准项目概要和阶段计划。此时项目委员会还可能安排项目监理审查启动阶段计划。在供应商 – 客户商业环境中，此时可暂时不委任供应商代表，供应商代表的建议可暂时不考虑。

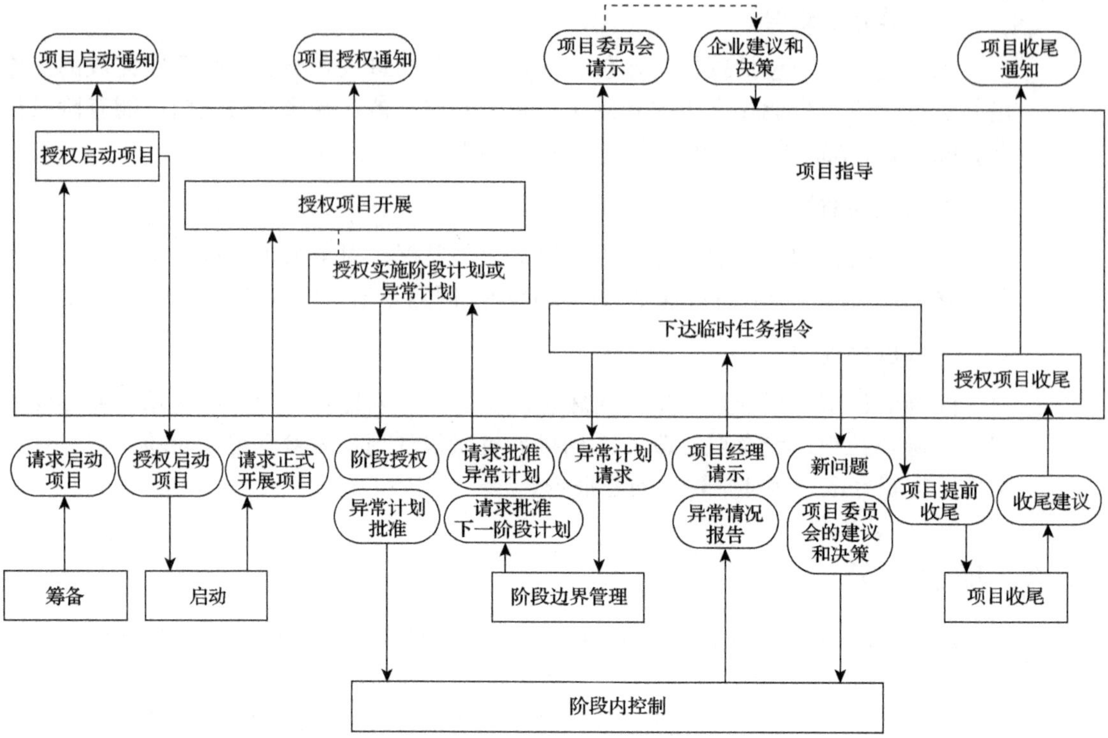

图 3-22 项目指导

2. 授权项目开展

应项目经理的请示，确定是否继续开展项目，包括批准项目启动文件、批准收益评估计划。项目如果没有得到批准，则会提前结束。此时也可以安排项目监理审查沟通计划从而确保考虑到所有干系人。

3. 授权实施阶段计划或异常计划

对下一阶段计划的批准往往在现阶段快结束时，为此项目委员会要审议项目现阶段的情况和下一阶段的计划。如果项目可能偏离原定计划，则项目必须得到审议，但只有项目级偏离和阶段级偏离才需要项目委员会甚至公司高层的审批。对于工作包级的偏离由项目经理批准，属于阶段内控制过程，不属于项目指导。项目委员会可能安排项目监理审查阶段计划。期间，项目委员会的工作可能包括批准以下文件：更新后的 PID、阶段结束报告（包括教训报告、今后建议）、下一阶段计划、更新后的收益评估计划。

4. 下达临时任务指令

项目委员会、公司高层可能会下派一些临时任务。这些任务可能干扰项目的正常进度，项目经理可能需要调整计划。

5. 授权项目收尾

有控制的收尾和有控制的开始同样重要。项目委员会此时可能安排项目监理审查项目结束报告。这期间可能批准的文件有项目结束报告（包括教训报告、今后建议）、更新的项目论证、更新的收益评估计划。

3.6 项目收尾过程组

3.6.1 概述

项目收尾过程组包含完结所有项目管理过程组的所有活动，即正式结束项目、或阶段责任、或合同责任的一组过程。本过程组的完成表明为完成某一项目或项目阶段所需的所有过程组的所有过程均已完成，标志项目或项目阶段正式结束。

收尾的各子过程包括项目验收、合同收尾和行政收尾，关系如图 3-23 所示。

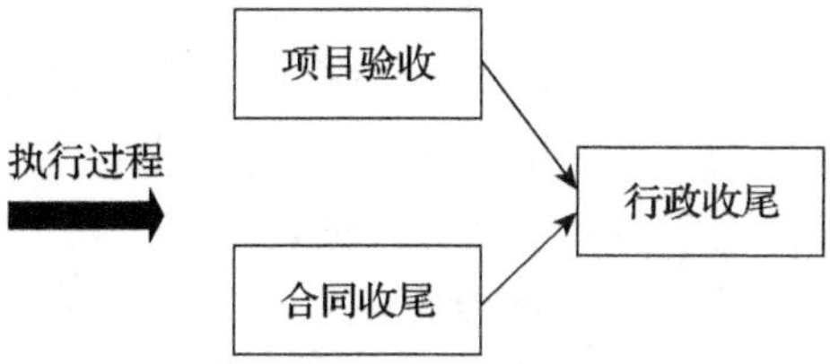

图 3-23 项目收尾各子过程及相互之间的联系

项目验收是指项目在正式移交可交付成果之前，接收方要对已经完成的工作成果或项目活动结果重新审查，核查项目计划规定范围内的各项工作或活动是否已完成，可交付成果是否令人满意。如果项目没有全部完成而提前结束，则应查明有哪些工作已经完成，完成到什么程度；哪些工作没有完成并将审查结果记录在案，形成文件。参加范围核实的项目班子和接收方的人员应在有关文件上签字，表示对项目已完成范围的认可和验收。

合同收尾是指终止合同并结清账目，包括解决所有尚未了结的事项。合同没有全部履行而提前终止是一种特殊的合同收尾。

项目在交付最终成果或因故中止时必须做好行政收尾工作。行政收尾工作正式宣布项目或项目阶段的结束。

在个别情况下，项目可能因违约或其他意外原因而中止。此时，同样需要做好各种收尾工作，甚至涉及某些合同收尾的法律问题。中止收尾是项目收尾的一种特例。在特定情况下，如果合同无法正式关闭（因索赔、终止条款等原因），或需要向其他部门转移某些活动，则可能需要落实具体的交接手续。

PMBOK7 指南指出，项目或阶段收尾时，可能需要进行以下工作。

（1）获得客户或发起人的验收，从而正式结束项目或阶段。

（2）进行项目后评价或阶段结束评价。

（3）记录裁剪任何过程的影响。

（4）记录经验教训。

（5）对组织过程资产进行适当更新。

（6）将所有相关项目文件在项目管理信息系统中归档，以便作为历史数据使用。

（7）结束所有采购活动，确保所有相关协议的完结。

（8）对团队成员进行评估，释放项目资源。

3.6.2 项目收尾流程

执行项目收尾的目的主要有以下几方面。

（1）使项目产物达到客户接收的标准。

（2）确保项目结束后，客户能正常使用和维护项目产品。

（3）按原定基准，评审项目建设各方面的表现。

（4）评估已经实现的收益，刷新未来收益预测，并编制收益评审计划。

（5）确保所有开放性问题和风险都得到了落实，并提出后续行动建议。

项目的收尾活动应被列入计划，作为项目最后管理阶段的阶段计划的一部分。关闭项目时，需要项目委员会提供指示，以便获得关闭项目的授权。随后项目负责人应通知公司项目已经关闭。在某些状况下（比如项目论证不再成立），项目委员会有可能希望项目提前结束。如果项目提前结束，仍然需要执行收尾流程，但需要根据实际的项目环境对流程进行裁修。在项目结束后，可能针对项目产品还需要采取一些活动，应当把这些后续行动写入正式文件，列出计划和提案。

项目收尾时，项目目标可能正常收尾，也可能没有完成而提前收尾。一般情况下，不应当为取消一个已经实施的项目而惭愧。至少从减少时间、金钱和资源浪费的角度，一个坏的项目越早结束越好。这就是在项目周期内，为什么要不断地参考项目论证。

图 3-24 列出了项目收尾过程中的主要活动，包括准备正常收尾、准备提前收尾、提交产品、评价项目、提请项目收尾等。

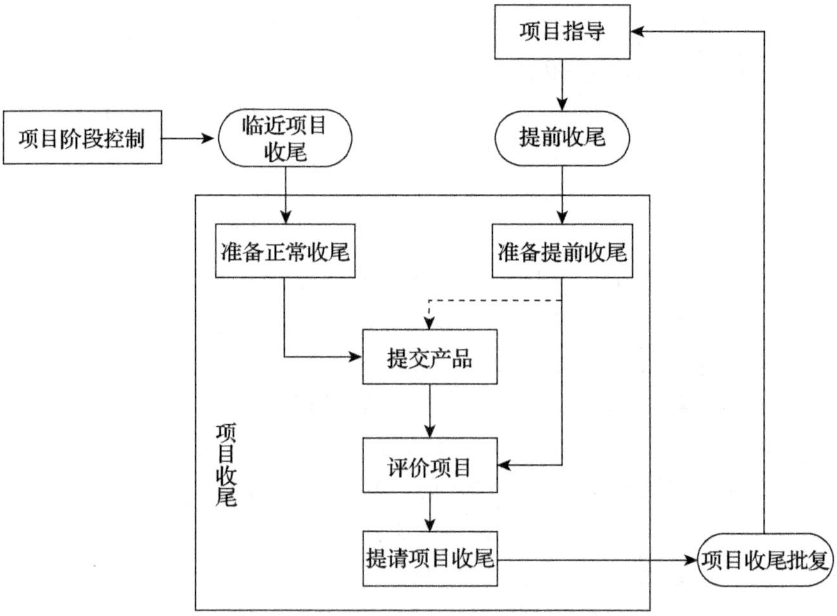

图 3-24　项目收尾过程

1. 准备正常收尾

（1）将项目计划更新至最后阶段。

（2）审查产品状态，确认产品达到了产品描述的质量。

（3）告知上级资源即将使用完毕。

2. 准备提前收尾

（1）更新问题登记。

（2）将项目计划更新至最后阶段。

（3）审查产品状态，确认项目需要结束。

（4）可能需要增加额外的工作来确保项目产品能够为其他项目所用。

（5）告知上级资源即将使用完毕。

3. 提交产品

（1）提请项目完成之后产品工作的建议。

（2）对照收益检验计划做比较。

（3）确保产品交给了正确的用户，并能够进行正确的操作。

（4）确保产品能够被用户接收。

（5）提请正式的接收记录。

（6）移交产品给用户并更新产品记录。

4. 评价项目

（1）对照启动阶段的项目启动文件的目标做比较。

（2）审阅可能的项目变更。

（3）准备项目收尾报告。

（4）准备项目经验教训报告。

5. 提请项目收尾

（1）查看沟通管理中需要知道的干系人。

（2）关闭项目问题登记、风险登记、品质登记、日常记录、经验教训记录。

（3）相关记录全部存档。

（4）为项目委员会准备一个收尾提醒文件，标志项目结束。

3.6.3　经验教训的学习

支持组织持续改进项目管理方法的路径之一是采取经验教训的学习研究方式。经验教训学习研究的目的是通过对项目的回顾做系统的评审以获取信息。在研究中，应当包括关键干系人，通常由项目团队担当主角组织和实施这项研究。经验教训交流会的设计可以有多种形式，但通常可在团队会议的背景下完成。对于提出的每个问题，可做如下讨论。

（1）问题是什么，影响有哪些？对问题及其对项目的特定影响都进行描述。

（2）找出问题的根源。如果不知道其根源，需要权衡获取这方面知识所需要的费用与解决它的潜在利益相比，哪个更大。

（3）为什么问题没被事先察觉？监督、控制或报告方式等可能存在瑕疵。

（4）这个问题今后能被消除吗？这是在寻求采取特定步骤的建议，防止今后再发生。

（5）如果它不能被消除，有办法让它被事先察觉吗？寻求建议，团队如何改变监督、控制或报告方式，从而更早或更可靠地察觉到问题。

在经验教训学习中，注意不要把对经验教训的学习仅与项目的特定背景相联系。一般来说，要确保所表达的经验教训学习总体上有益于组织和其他项目。经验教训学习应该包括在项目生命周期的前期活动中，在过程中循环学习有助于团队在实际工作中运用经验教训。

开篇案例解决方案

学习完本章，让我们重新讨论本章的开篇案例。该案例是关于如何有效地管理不同阶段的项目过程。NEU商学院项目顾问组编制进度计划初始，对整个项目进行活动分解，将它分为项目启动、项目规划、项目执行、项目监控和项目收尾这些模块，并对每一模块进行详细分解。而后，选定项目干系人，明确项目范围和目标，建立客户、干系人及其他参与方对成功标准的共同理解，提升可交付成果的可接受性，提高满意度。2022年10月，财务部在衡量LNYM自身资金储备情况后，LNYM公司Y总作为项目经理，拍板确定接手H公司特效药。此后，各干系人对产品成本、目标客户、销售渠道、备选方案等进一步讨论，制订了多种方案，在维系两方合作关系的基础上，将对自身的影响降到最低。

复习思考题

1. 简述什么是过程？什么是过程观？
2. 描述通用型项目生命周期的各个阶段，以及每阶段的任务和要求。
3. 在通用型项目生命周期中，PMBOK将每个阶段分成了哪些不同的过程组？
4. 按时间顺序对PRINCE2体系过程进行分类，可分为哪些时期？
5. PRINCE2体系编制计划的基本原则是什么？
6. 以项目产物为基础的计划编制的优势都有哪些？

扫一扫查看更多题目

学习链接

1. 刘俊艳、聂金玉、刘畅，等，《项目管理技术助推OEM传统制造业企业组织变革》，中国管理案例共享中心，2023年。
2. 汪方军、舒伟、王袁玺，等，《不畏浮云遮望眼，“铁担重任”：全生命周期视角下X集团公司投资项目管理体系创新》，中国管理案例共享中心，2022年。
3. 陈小新．面向客户的项目管理过程[J]. 中国管理科学，2002(3): 98-101.
4. 马辉，杜亚灵，王雪青．公共项目管理绩效过程评价指标体系的构建 [J]. 管理科学，2008(7): 49-53.
5. 黄辉，梁工谦，肖茂．企业项目管理成熟度模型的构建与应用研究 [J]. 管理工程学报，2005(B10): 67-72.
6. 王博，张莉，韩兆刚．过程管理与项目管理间动态循环优化技术研究 [J]. 计算机科学，2009, 36(10): 176-178.
7. 方龙，方杰，焦桂丽．运用项目管理理念提高工作效率 [J]. 求实，2014(S1): 146-147.
8. 刘金博．模块化总控管理体系在工程项目管理中的应用：以大型交通基础设施项目为例 [J]. 建筑经济，2023, 44(6): 34-42.
9. Project Management Institute. A guide to the project management body of knowledge [M]. 7th ed. Project Management Institute, 2021.

第 4 章　项目范围管理

【学习目标】

☑ 理解并掌握项目范围管理的概念、内容及作用
☑ 掌握项目范围规划的内容
☑ 掌握项目需求收集的工具与技术
☑ 掌握项目范围界定的概念和内容
☑ 理解并掌握应用 WBS 进行工作分解
☑ 理解项目范围变更的控制方法

图 4-1 为项目范围管理概述图。

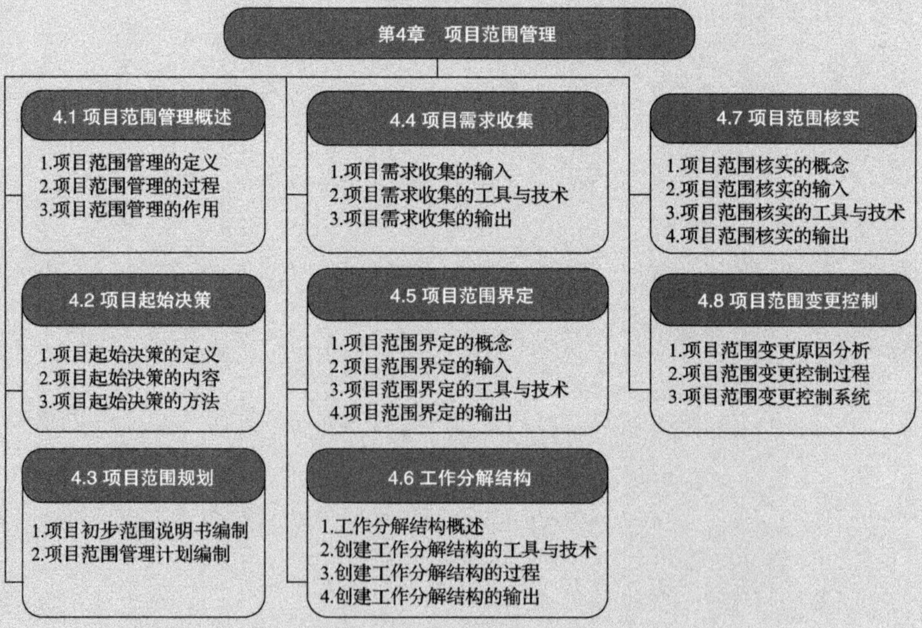

图 4-1　项目范围管理概述图

开篇案例　　如何成功地界定项目范围

2022 年，国内外环境变化导致 LNYM 产量下降、亏损扩张，出现了严重的管理危机，公司领导经过分析后做出请 NEU 商学院项目顾问组提供管理提升咨询方案的决策。在项目启动会上，确定了项目经理人。随后，项目经理人正式组建项目团队，并派遣顾问组对 LNYM 的总体概况进行调研，通过公司管理层及职工的现状陈述和需求反馈，制定诊断报告及项目建议书。针对公司存在的问题，项目经理人将项目顾问组工作范围划分为战略规划模块、组织架构模块、人力资源模块及企业文化模块四大部分，并利用工作分解结构进一步将工作细分，同时落实每个项目组成员的职责，正式实施该咨询项目。在实施过程中，LNYM 对项目的各阶段成果进行核查。在本案例中，LNYM 在项目实施后期提出变更申请以满足融资上市的需求，此时项目顾问组成功地对范围变更进行变更控制。

结合本案例，如何建立合理的工作分解结构？在面临范围变更的情况下，该项目团队又采取何种方式成功进行变更控制管理？本章将会做详细介绍。

4.1 项目范围管理概述

4.1.1 项目范围管理的定义

1. 项目范围的定义

项目范围是指项目团队为确保项目目标的完成而必须生成的项目产品范围和为生成项目产品而必须开展的项目工作范围。在项目范围管理领域，项目范围包括两个方面的含义。

（1）项目产品范围。它是指项目所要生成的产品或服务的特征和功能，包括单一的产品或多种产品。

（2）项目工作范围。它是指为实现项目目标而必须且仅须完成的工作。它有以下两方面的含义。

1）必须完成的工作，即实现项目目标所进行的全部工作，任何必须完成的工作都不能遗漏。

2）仅需完成的工作，即实现项目目标所规定的“必要的、最少的”工作，不做额外的工作。

项目工作范围最终以项目产品范围为基础而确定，项目产品范围的深度和广度决定了项目工作范围的深度和广度。项目产品范围的完成情况是参照业主的要求来衡量的，而项目工作范围的完成情况是参照计划来衡量的。

2. 项目范围管理的定义

项目范围管理是指为确保项目目标的实现而开展的对于项目产品范围和项目工作范围的全面计划、确认和控制等方面的项目管理工作。项目范围管理的另一个重要内容是对项目工作范围和项目产出物范围的集成管理。

4.1.2 项目范围管理的过程

项目范围管理的过程主要包括以下 7 方面内容，如图 4-2 所示。

4.1.3 项目范围管理的作用

从宏观角度分析，项目范围管理是项目管理十二大知识领域中最重要的一个管理领域，体现在以下几方面。

（1）从项目的管理结构上看，项目范围是所有项目管理工作的平台和基础。

（2）从项目的时间结构上看，项目范围是连接项目工作和项目前提设计过程的枢纽，所有的计划管理工作都是在项目范围的基础上制定的。

（3）从项目的空间结构上看，项目范围是联系项目及外部环境的桥梁，所有项目外部环境的变化与项目自身变化的相互影响都应该在项目范围中体现出来。

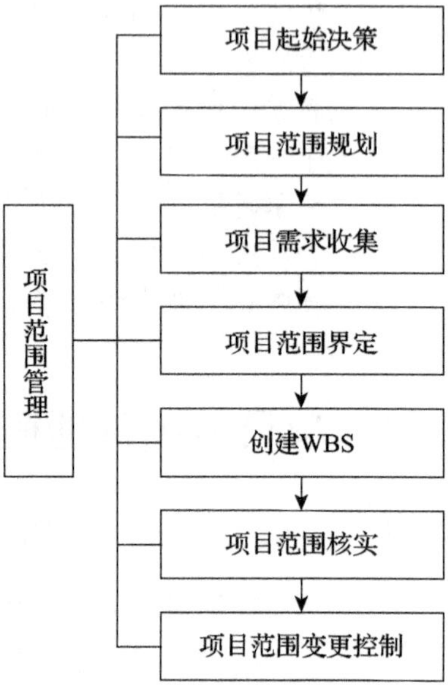

图 4-2 项目范围管理的过程

从微观角度分析，确定了项目范围也就明确了项目的工作边界、目标和可交付成果。因此，项目范围管理对项目管理又可以产生以下作用。

（1）提高费用、时间和资源估算的准确性。

（2）确定进度测量和基准。

（3）有助于清楚地分派任务。

在现代项目管理理论中，明确项目范围管理包括对项目范围的界定和对项目范围的变更控制。强调项目范围管理应根据项目发起人（或业主）需求的变化及项目的客观变化及时对项目范围进行变更，为接下来的项目控制管理工作奠定基础。

4.2 项目起始决策

4.2.1 项目起始决策的定义

项目起始决策是指人们在遇到问题或发现机遇时所做出的开始一个项目的决策，其内容包括识别和确定一个项目是否应该开展、选择按哪个备选方案去开展等决策工作。

一般情况下，项目发起人（或业主）做出起始决策主要是由于企业或组织外部或内部的需求变化引起的，比如市场需求、商业需求、消费需求（客户需求）、技术进步需求、法律要求和组织变革需求等。

4.2.2 项目起始决策的内容

项目起始决策主体是项目发起人（或业主），主要包括以下几个方面工作。

（1）研究和收集项目资料。

（2）确定项目目标。项目起始决策最重要的任务是确定项目在一定时期内要达到预定目标或相关指标，并根据既定的项目目标开始决策工作。项目目标的确定需要从组织发展战略出发，遵循项目目标的具体性、可考核性、可达到性、相关性和时间性等原则。

（3）确定项目产出物。项目产出物是指广义的产品，它包括实物性和非实物性（如各种服务等）的项目产品。在确定项目产出物时必须遵循充分必要的基本原则，充分性是指所有为实现项目目标服务的项目产出物必须全部生成，必要性是指任何不是为实现项目目标服务的项目产出物一项也不能要。

（4）拟定项目备选方案。项目备选方案的拟定需要从项目目标、项目产出物的特征和要求出发，只有能够满足相关条件的方案才是可行的项目备选方案。此外，还要考虑项目备选方案的数量和可比性，从而确保项目备选方案的进一步论证、评估和选优。

（5）项目备选方案的可行性分析。项目备选方案的可行性分析是指对项目各备选方案的收益和成本、资源和条件、风险和机会等方面的问题进行相关的分析、预测和评估，最终为项目方案的选择提供依据。

（6）选择项目方案并做出项目决策。在项目备选方案的可行性分析和评估后，人们可以通过对可行项目备选方案的选优而做出项目起始决策。在项目最终的决策工作中，必须坚持满意原则，即应该选择一个能够使项目各干系人都满意的项目备选方案。

4.2.3　项目起始决策的方法

项目起始决策的过程中一般使用以下几种方法。

（1）组织战略分解法。一种通过对组织的生产和发展战略进行分解并找出组织所需最优项目方案的方法，这种方法的程序和内涵如图 4-3 所示。

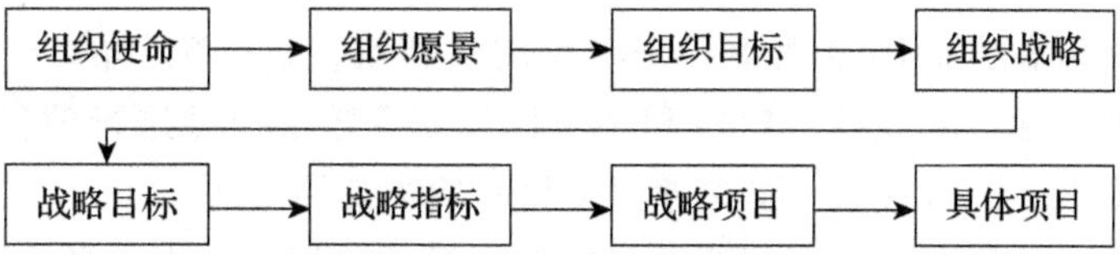

图 4-3　组织战略分解法生成项目的过程模型图

如图 4-3，项目起始决策的过程是：根据组织生产和发展的战略需要去确定是否应该为解决问题或抓住机遇而开展一个项目，然后进一步确定项目的目标并选择项目方案。这种按照项目战略分解的方法进行项目起始决策的过程还可以使用层次性和结构化模型说明。

如图 4-4，一个组织首先要根据组织的使命、愿景和目标制定出组织的战略，然后据此制定组织的战略目标，再分解得到战略指标，进而生成战略项目（或叫项目组合），最终分解生成一系列具体项目。

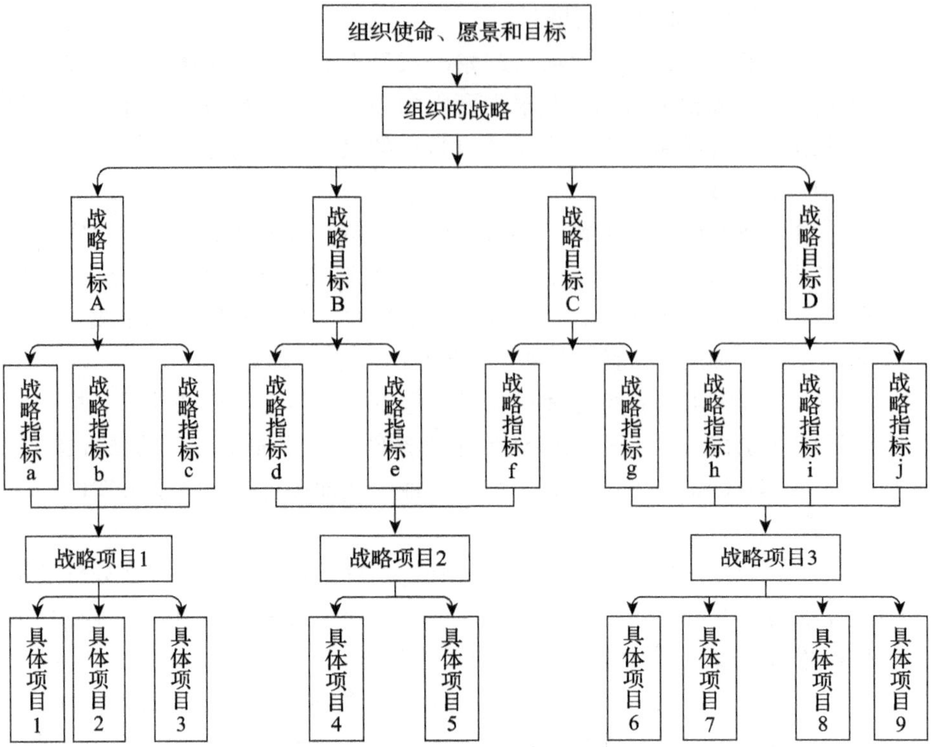

图 4-4 组织战略分解法的层次模型图

（2）项目评价与选择的方法。在制定项目起始决策时人们通常需要先给出项目目标和要求，然后据此寻找各种项目备选方案，并通过评价找到满意的项目方案。在项目起始决策中，人们需要通过使用项目评价与选择的方法对多个备选方案进行优化选择并做出项目的起始决策。

因此，人们在根据组织的发展战略分解和确定要开展的某个项目之后，还需要进一步使用项目评价与选择的方法去选定满意的项目方案。项目评价与选择的方法大体上可以分为如下几类：一是项目成本和效益分析法；二是项目比较评分法，即根据项目各方面因素而不只是项目成本和效益选择项目的方法；三是数学模型法，即根据线性、非线性、整数和多目标规划等数学模型进行项目选择的方法；四是专家经验法，根据专家经验去做出项目起始决策的方法。

（3）其他方法。在制定项目起始决策的过程中，人们还会用到其他的相关方法，包括各种管理决策分析的方法（不确定性分析和风险分析法）和项目管理信息系统的使用等方法。

4.3 项目范围规划

项目范围规划是指在项目启动结束后，项目团队根据收集的项目发起人对项目产出物的要求编制项目初步范围说明书及项目范围管理计划的过程，其主要内容如图 4-5 所示。

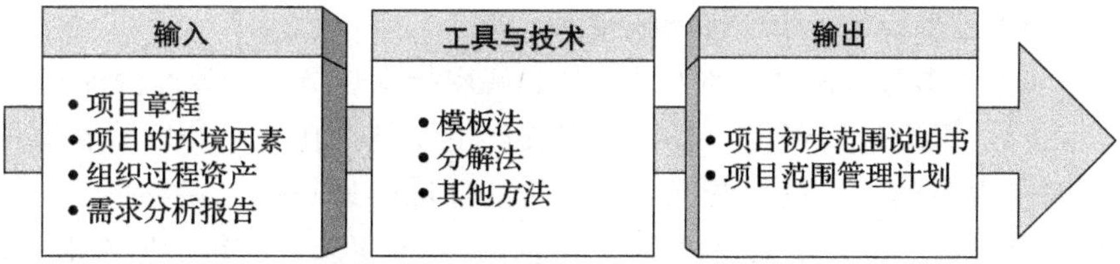

图 4-5　项目范围规划的主要内容

4.3.1　项目初步范围说明书编制

1. 项目初步范围说明书的概念和内容

项目初步范围说明书是指根据项目章程和项目干系人的需求和期望，初步描述项目、项目产品和项目工作的特征、边界、验收标准与控制方法等内容，在项目后续过程中，项目管理团队将对其细化，生成详细的项目范围说明书。项目初步范围说明书的内容和繁简会因项目所属领域和项目复杂程度不同而不同，多数情况下项目初步范围说明书主要包括以下内容。

（1）项目产品范围的初步规定。项目产品范围的初步规定主要是通过对项目发起人产品需求的收集、整理得出的，主要包括对项目产出物的要求与特性的说明、项目产出物的验收标准等。

（2）项目工作范围的初步规定。项目工作范围是指为生成项目产出物所必须且仅须开展的全部工作。

（3）项目目标。项目目标是确定项目成功完成所必须满足的定量标准，项目目标至少包括成本、时间和质量的度量标准。

（4）项目条件和项目假设条件。项目条件是指既定的项目制约因素，项目假设条件是指具有不确定性的项目制约因素的人为假定。人们根据项目假设条件制定初步项目范围说明书时还可能需要对那些“未假定”项目的可能情况制定“应急措施”，以便“假定”有误时能够应对突发情况。

2. 项目初步范围说明书编制的输入

项目初步范围说明书根据项目发起人需求编制，其主要输入包括以下内容。

（1）项目章程。项目章程是人们编制项目初步范围说明书的根本依据、基础和出发点。

（2）项目的环境因素。项目的环境因素主要是指在人们编制项目初步范围说明书时项目的外部环境和组织环境因素，这些因素需要不断更新，包括但不限于以下几类。

1）政府和行业标准。

2）纵向市场（如建筑）或专门领域（如环境、安全、风险或敏捷软件开发）的项目管理知识体系。

3）项目管理信息系统（如自动化工具，包括进度计划软件等）。

4）组织的结构、文化、管理实践和可持续发展。

5）基础设施（如现有设施和固定资产）。

6）人事管理制度（如人员招聘和解雇指南、员工绩效评价等）。

（3）组织过程资产。组织过程资产主要是指在人们开始编制项目初步范围说明书时所拥有的组织过程资产，同项目的环境因素一样，它与制定项目章程时的组织过程资产相比也发生了变化，所以也必须不断更新，它包括但不限于以下几类。

1）标准化的指南、工作指示、建议书评价准则和绩效测量准则。

2）项目管理计划模板，包括：根据项目的具体需要裁剪组织标准流程的指南与准则、项目收尾指南或要求（如产品确认及验收标准）。

3）变更控制程序，包括修改组织标准、政策、计划和程序（或任何项目文件）所须遵循的步骤，以及如何批准和确认变更。

4）以往项目的项目档案。

5）历史信息与经验教训知识库。

6）配置管理知识库，包括组织标准、政策、程序和项目文件的各种版本与基准。

（4）需求分析报告。需求分析报告是项目初步范围说明书编制的主要输入，它真实反映了项目发起人对项目产出物和项目目标的需求。项目团队可以通过采用以下方法进行需求的收集：访谈、焦点小组会议、头脑风暴法、问卷调查、观察法、原型法。

3. 项目初步范围说明书编制方法

编制项目初步范围说明书的方法主要有以下几种。

（1）模板法。这是指使用历史项目或借鉴他人的项目初步范围说明书作为模板，去编制既定项目的项目初步范围说明书的一种方法。

（2）分解法。这是指在没有任何可借鉴模板的情况下，不得不使用由上而下的分解技术给出项目初步范围说明书的一种方法。这种方法要求按照“充分必要”的原则进行“分解”，即所有项目产出物都必须是为实现项目目标服务的，而所有的项目工作都必须是为生成项目产出物服务的。

（3）其他方法。项目管理的方法可以作为制定项目初步范围说明书的手段；建设和使用项目管理信息系统的方法可以提供更多信息；专家经验法则可以在没有“模板”和无法“分解”时依靠专家经验和知识编制项目初步范围说明书，越是独特的项目越需要使用专家经验法。

在编制过程中，项目团队可以根据实际情况配合以上方法使用。

4.3.2 项目范围管理计划编制

项目范围管理计划是项目范围管理的核心工作，是项目团队根据项目章程、项目初步范围说明书和其他项目管理计划等内容所做的项目范围管理的计划和安排。

1. 项目范围管理计划的概念和内容

项目范围管理计划是指说明项目范围管理方式以及项目范围变更管理方式的计

划书，项目范围管理计划的主要任务是描述项目团队如何界定项目范围、如何创建工作分解结构、如何核实项目范围及控制项目的范围等。

项目范围管理计划的编制工作是一个渐进明细的过程，需要参考大量的项目背景信息。在编制过程中，主要以项目章程和项目初步范围说明书为依据，还要考虑项目发起人（公司或组织）的文化、市场条件等主客观因素的影响。一个标准的项目范围管理计划应包括以下内容。

（1）采用什么方法界定项目范围，并制定详细项目说明书。

（2）采用什么方法和标准来创建工作分解结构（WBS）。

（3）确定项目可交付结果的核实标准。

（4）如何定义项目的范围变更，采取何种流程和方式来控制变更。

基于项目的需要，项目范围管理计划可能是正式或非正式的，详细或简要概述的，它是项目范围规划的重要成果。

2. 项目范围管理计划的编制方法

一般情况下，项目范围管理计划的编制可以采用模板法和专家经验法。

（1）模板法。模板法是一种使用类似的历史项目范围管理计划作为模板去制订新项目范围管理计划的方法。当没有模板时则可使用专家经验法。

（2）专家经验法。在制订项目范围管理计划的时候，有关项目的信息缺口比较大，需要使用专家的经验和判断去弥补信息的缺口。

4.4 项目需求收集

项目需求收集是指为实现项目目标而确定、记录并管理干系人的需求和需要的过程。项目需求收集的主要作用是为定义和管理项目范围奠定基础。

让干系人积极参与需要发掘和分解工作（分解成需求），并仔细确定、记录和管理对产品、服务或成果的需求，能直接促进项目成功。

需求是指根据特定协议或其他强制性规范，项目必须满足的条件或能力，或者产品、服务或成果必须具备的条件或能力。需求包括发起人、客户和其他干系人的已量化且书面记录的需要和期望。应该足够详细地探明、分析和记录这些需求，将它们包含在范围基准中，并在项目执行开始后对它们进行测量。需求将成为工作分解结构、成本、进度、质量规划以及采购工作的基础。收集需求从项目章程、干系人登记册及干系人管理计划等中的信息开始，如图 4-6 所示。

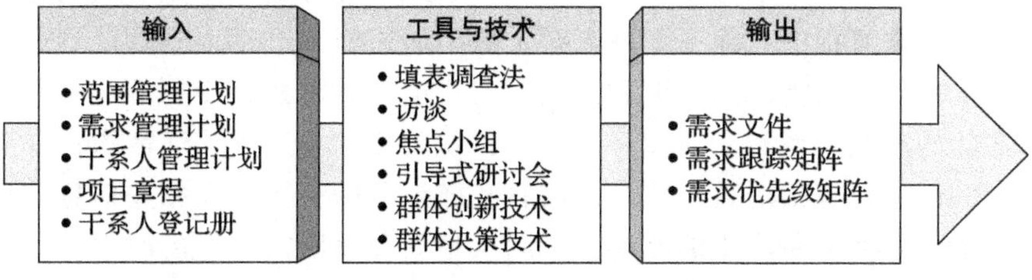

图 4-6　项目需求收集的主要内容

许多组织把项目需求分为以下几种不同的种类。

（1）业务需求。

（2）干系人需求。

（3）解决方案需求。

（4）过渡需求。

（5）项目需求。

（6）质量需求。

（7）与需求相关的假设条件、依赖关系和制约因素。

4.4.1 项目需求收集的输入

1. 范围管理计划

范围管理计划是项目或项目集管理计划的组成部分，描述将如何定义、制定、监督、控制和确认项目范围。范围管理计划是制定项目管理计划过程和其他范围管理过程的主要输入。范围管理计划对将用于下列工作的管理过程做出规定：①制定详细项目范围说明书；②根据详细项目范围说明书创建 WBS；③维护和批准 WBS；④正式验收已完成的项目可交付成果；⑤处理对详细项目说明书的变更。该工作与实施整体变更控制过程直接相联。根据项目需求，范围管理计划可以是正式或非正式的、非常详细或高度概括的。范围管理计划使项目团队知道应该如何确定所需收集的需求类型。

2. 需求管理计划

需求管理计划是项目管理计划的组成部分，描述将如何分析、记录和管理需求。阶段与阶段间的关系对如何管理需求有很大的影响。项目经理为项目选择最有效的阶段间的关系，并将它记录在需求管理计划中。需求管理计划的许多内容都是以阶段关系为基础的。需求管理计划的主要内容包括：①如何规划、跟踪和报告各种需求活动；②配置管理活动，比如如何启动产品变更，如何分析其影响；③需求优先级排序过程；④产品预测指标及使用这些指标的理由；⑤用来反映哪些需求属性将被列入跟踪矩阵的跟踪结构。需求管理计划规定了用于整个需求收集过程的工作流程，以便定义和记录干系人的需要。

3. 干系人管理计划

干系人管理计划是项目管理计划的组成部分，为有效调动干系人参与而规定所需的管理策略。根据项目的需要，干系人管理计划可以是正式或非正式的、非常详细或高度概括的。除了干系人登记册中的资料，干系人管理计划通常还包括：①关键干系人的所需参与程度和当前参与程度；②干系人变更的范围和影响；③干系人之间的相互关系和潜在交叉；④项目现阶段的干系人沟通需求；⑤需要分发给干系人的信息，包括语言、格式、内容和详细程度；⑥分发相关信息的理由，以及可能对干系人参与所产生的影响；⑦向干系人分发所需信息的时限和频率；⑧随着项目的发展，更新和优化干系人管理计划方法。

项目经理应该意识到干系人管理计划的敏感性，并采用恰当的预防措施。更新干系人管理计划时，应审查所依据的假设条件的有效性，确保该计划的准确性和相关性。从干系人管理计划中了解干系人的沟通需求和参与程度，评估并适应干系人对需求活动的参与程度。

4. 项目章程

项目章程是指证明项目存在的正式书面说明和证明文件，它是由项目发起人或项目组织的上级部门之外的人员发布的。在项目章程中记录业务需要、假设条件、制约因素、对客户需要和高层级需求的理解，以及需要交付的新产品、服务或成果。例如，①项目目的或批准项目的原因；②可测量的项目目标和相关的成功标准；③高层级需求；④假设条件和制约因素；⑤高层级项目描述和边界定义；⑥高层级风险；⑦总体里程碑进度计划；⑧总体预算；⑨干系人清单；⑩项目审批要求（如用什么标准评价项目成功，由谁对项目成功下结论，由谁来签署项目结束）；⑪ 委派的项目经理及其权责；⑫ 发起人或其他批准项目章程的人员姓名和职权。

5. 干系人登记册

干系人登记册是识别干系人过程的主要输出，用于记录与识别干系人的所有详细信息，包括基本信息、评估信息和干系人分类等。

干系人登记册须被定期查看并更新，因为在整个项目生命周期中干系人可能发生变化，也可能识别出新的干系人，并从中了解干系人对项目的主要需求和期望。

4.4.2　项目需求收集的工具与技术

在项目管理中，需求是定义范围、进行工作分解结构的基础，同时范围审核、范围控制也要在需求的基础上进行。项目一旦开始，就需要详细地收集、分析和记录项目干系人的需求。需求收集使用以下工具和技术。

1. 填表调查法

填表调查法作为一种正式的交流方法，可以得到一些面对面不容易获得的信息，且如果格式恰当，收集到的信息会具有很好的数据结构，便于统计分析。但要使填表人认真如实地填表是一个挑战。

2. 访谈

访谈是通过与干系人直接交谈来获取信息的正式或非正式的方法。访谈的典型做法是向被访者提出预设和即兴的问题，并记录他们的回答。访谈经常是一个访谈者和一个被访者之间的“一对一”谈话，但也可以包括多个访谈者和（或）多个被访者。访谈有经验的项目参与者有助于获取机密信息。

3. 焦点小组

焦点小组是召集预定的干系人和主题专家，由一位受过训练的主持人引导大家进行互动式讨论，最终汇总出对于产品、服务或成果的期望与要求。焦点小组往往比“一对一”的访谈更热烈。

4. 引导式研讨会

引导式研讨会把主要干系人召集在一起，通过集中讨论来定义产品需求。由于群体互动的特点，被有效引导的研讨会有助于参与者之间建立信任、改进关系、改善沟通，从而有利于干系人达成一致意见。此外，研讨会能够比单项会议更早发现问题，更快解决问题。

5. 群体创新技术

可以组织一些群体活动来识别项目和产品需求。下面是一些常用的群体创新技术。

（1）头脑风暴法。它是指一种用来产生和收集对项目需求与产品需求的多种创意的技术。头脑风暴法本身不包含投票或排序，但常与包含该环节的其他群体创新技术一起使用。

（2）名义小组技术。它是指用于促进头脑风暴的一种技术，通过投票排列最有用的创意，以便进一步开展头脑风暴或优先排序。

（3）概念 / 思维导图。它是指把从头脑风暴中获得的创意整合成一张图的技术，从而反映创意之间的共性与差异，激发新创意。

（4）亲和图。它是指把大量意见按照它们之间的亲和性自然归类，用于收集大量思想、意见或问题的工具。

（5）多标准决策分析。多标准决策分析是一种决策方法，用于在面对多个评价标准和多个可选方案时，通过权衡不同因素，选择最佳方案或进行优先排序的过程。

6. 群体决策技术

群体决策技术是指为了达成某种期望结果，而对多个未来行动方案进行评估的过程。本技术用于生成产品需求，并对产品需求进行归类和优先级排序。

达成群体决策的方法有很多，比如：①一致同意；②大多数原则，获得群体中超过 50% 人员的支持，就能做出决策；③相对多数原则；④独裁。

在收集需求的过程中，上述群体决策技术都可以与群体创新技术联合使用。

4.4.3 项目需求收集的输出

1. 需求文件

需求文件描述各种单一需求将如何满足与项目相关的业务需求。一开始，可能只有高层级的需求，然后随着有关需求信息的增加而逐步细化。只有明确的（可测量和可测试的）、可跟踪的、完整的、相互协调的，且主要干系人愿意认可的需求，才能作为基准。

2. 需求跟踪矩阵

需求跟踪矩阵是指把产品需求与能满足需求的可交付成果联系在一起的一种表

格。使用需求跟踪矩阵，把每个需求与业务目标或项目目标联系起来，提供了在整个项目生命周期中跟踪需求的一种方法，有助于确保需求文件中被批准的每项需求在项目结束的时候都能交付，也为管理产品范围变更提供了框架。需求跟踪矩阵包括（但不限于）以下内容。

（1）业务需要、机会、目的和目标。

（2）项目目标。

（3）项目范围 / WBS 可交付成果。

（4）产品设计。

（5）产品开发。

（6）测试策略和测试场景。

（7）高层级需求到详细需求。

应在需求跟踪矩阵中记录每个需求的相关属性，包括唯一标识、需求的文字描述、收录该需求的理由、所有者、来源、优先级别、版本、当前状态（如进行中、已取消、已推迟、新增加、已批准、被分配和已完成）和状态日期。为确保干系人满意，可能需要增加一些补充属性，比如稳定性、复杂性和验收标准。

3. 需求优先级矩阵

需求优先级矩阵是一个横轴为人力投入、纵轴为价值的散点图，分为四个象限。按照投入的人力和产生的价值，将与项目相关的业务需求进行优先级归类，并制作需求内容的散点图。需求优先级矩阵为采用何种顺序满足项目需求提供了参考。

4.5 项目范围界定

4.5.1 项目范围界定的概念

项目范围界定是项目范围管理的核心，它以项目范围规划的成果为依据，把项目的主要可交付成果进一步分解为更小、更容易管理的单元（见图 4-7）。其目的有以下 3 点。

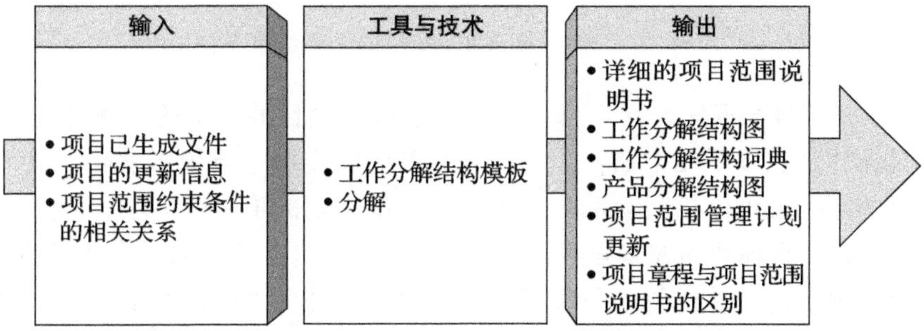

图 4-7　项目范围界定的主要内容

（1）提高成本、时间与资源估算的准确性。

（2）确定绩效度量与控制的基准。

（3）便于提出明确的职责分配。

在项目范围规划中，对项目的产品范围和工作范围只进行了简要的说明，而在项目范围界定过程中，为了达到项目目标，会对项目需要完成的工作任务进行详细分解，即建立工作分解结构。项目范围界定不但要力求准确、细致，而且要有利于项目资源的合理配置和成本估算。

4.5.2 项目范围界定的输入

1. 项目已生成文件

在项目范围界定过程中，须根据项目已完成的部分所形成的文件对它存在的问题或缺陷进行修订和更新，形成详细的项目范围说明书。这类文件主要包括项目章程、项目初步范围说明书以及项目范围管理计划。

2. 项目的更新信息

及时收集并更新项目的相关信息，通过不断地调整，进一步完善项目生成的相关文档。主要包括项目的环境因素、项目组织过程资产、项目范围变更信息等信息。

3. 项目范围约束条件的相关关系

任何一个项目都有 3 个约束条件，即质量、时间和成本，这 3 个条件的相互作用对项目范围的影响尤为显著，如图 4-8 所示。

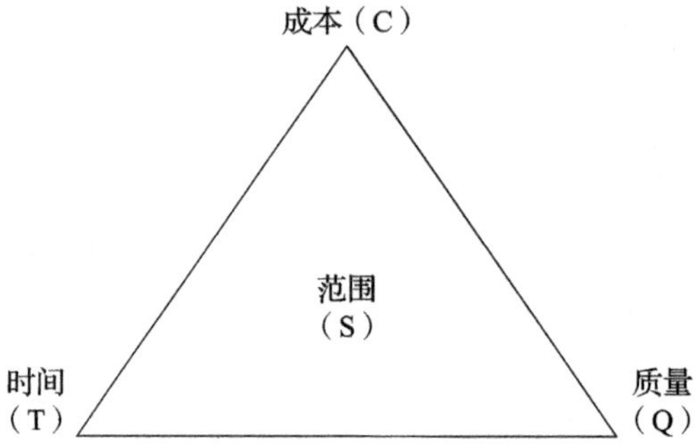

图 4-8　项目的 3 个约束条件

从图 4-8 可知，在项目范围界定阶段，项目的 3 个约束条件对项目范围的影响具体体现在以下几方面：①如果项目的时间充裕、质量要求高、成本预算充足，项目的范围就可以扩大，反之亦然；②如果确定的项目范围小，那么它需要完成的时间少，并且耗费的成本必然也小，反之亦然；③如果项目的范围能变更，那么变更 3 个约束条件中的任何一项都不一定以牺牲另外两个条件为前提。如果项目的范围不能变更，那么变更 3 个约束条件中的任何一个都必须以牺牲另外两个条件为前提。

因此，在项目范围界定过程中，要充分考虑项目范围与这 3 个约束条件的关系，通过协调约束条件，定义更加完善的项目范围。

4.5.3　项目范围界定的工具与技术

1. 工作分解结构模板

一个项目团队过去实施的类似项目的工作分解结构常常可以作为新项目的工作分解结构的模板去界定新项目的范围。例如，在应用软件开发项目中就存在标准的工作分解结构模板，如图 4-9 所示。

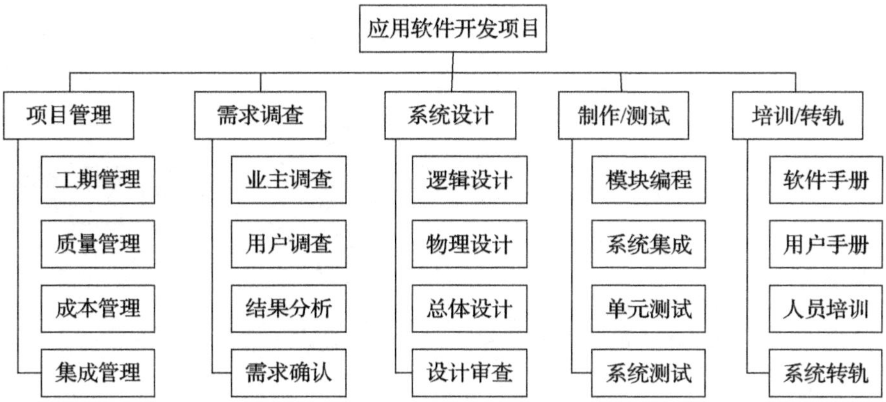

图 4-9　应用软件开发项目工作分解结构模板

2. 分解

分解是为了便于制订项目各具体人员的执行计划和项目总计划，而将项目主要的可交付成果分解为较小的、更易管理的组成部分。项目经理可以将项目生命周期的各个阶段作为分解的第一层次，将项目可交付成果作为分解的第二层次。分解的步骤如图 4-10 所示。

4.5.4　项目范围界定的输出

项目范围界定主要形成以下输出。

（1）详细的项目范围说明书。详细说明了项目范围、主要可交付物和工作的范围，进一步明确了项目目标、项目范围度量指标及项目的相关管理要求、变更控制基准等。

（2）工作分解结构图。

（3）工作分解结构词典。它是创建工作分解结构过程中生成的更为全面和详细的工作范围说明文件。

（4）产品分解结构图。产品分解结构图反映产品组件和可交付物的层级结构。

（5）项目范围管理计划更新。项目范围管理计划是项目管理计划的组成部分，它需要随着项目范围的变更不断更新，从而达到项目各方面协调管理的要求。

（6）项目章程与项目范围说明书的区别。项目章程包括高层级的信息，而项目范围说明书则是对项目范围的详细描述。项目范围需要在项目过程中渐进明细，如图 4-11 所示。

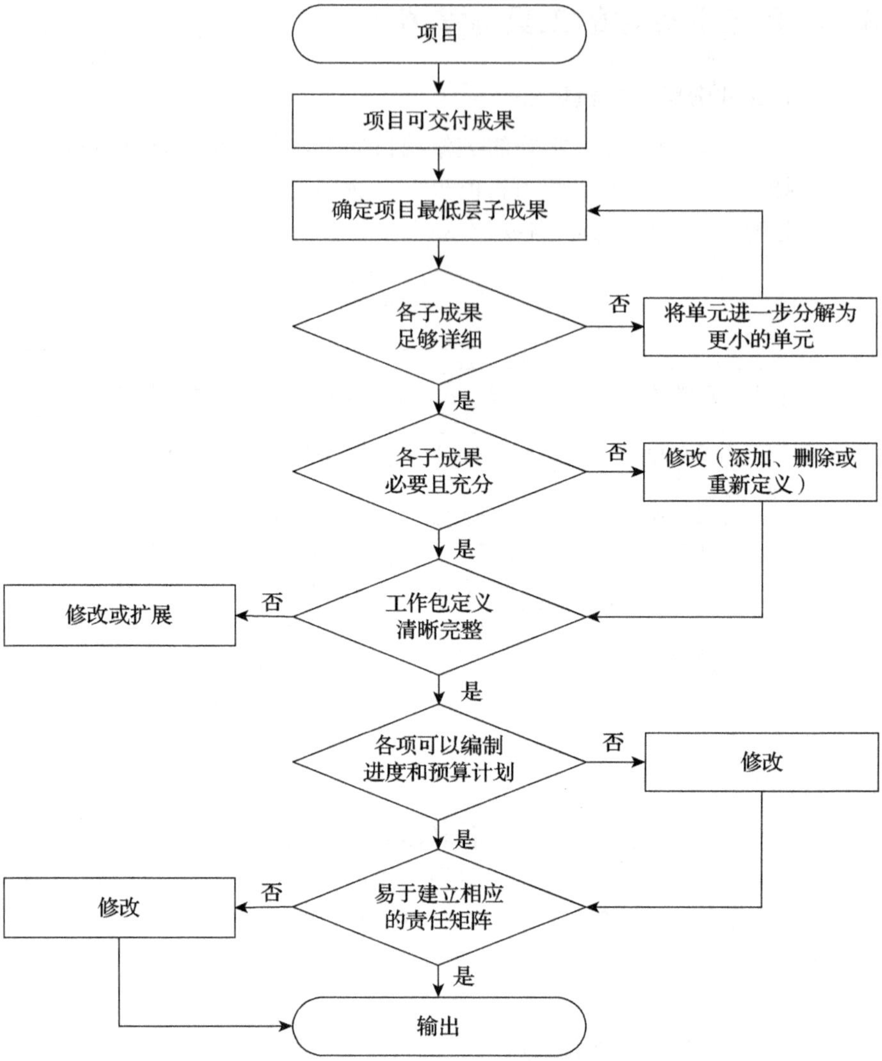

图 4-10　分解步骤图示

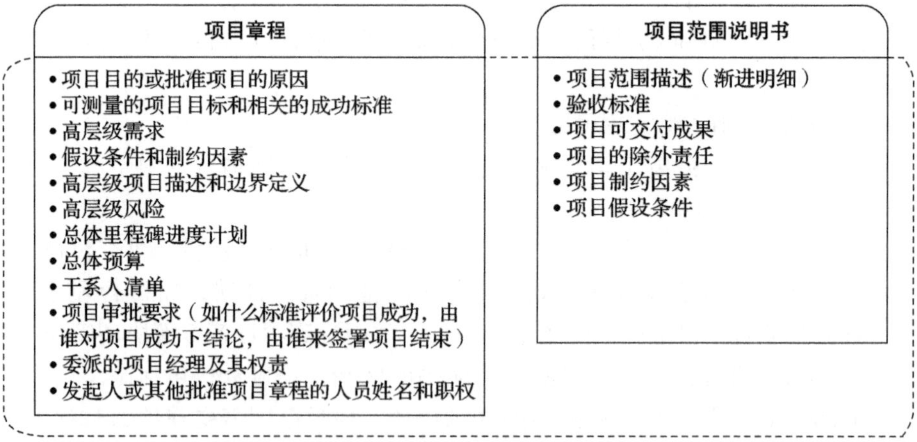

图 4-11　项目章程与项目范围说明书的区别

4.6　工作分解结构

工作分解结构（work breakdown structure，WBS），是进行项目范围界定时所使用的最重要的方法之一，也是主要的生成成果，是对项目范围内所要开展的工作进行分解，并得出项目工作范围的描述文件。

4.6.1　工作分解结构概述

1. 工作分解结构简介

根据美国项目管理协会（PMI）的定义，工作分解结构是指以项目的可交付结果为中心，为完成项目的目标和生成项目的可交付成果，由项目团队对项目工作进行的一种有层次的分解。图 4-12 是 PMI 推荐的一个标准的工作分解结构图示例。

对项目范围内的工作进行分解的过程看起来比较简单，就是把一个项目的全部工作分解成更为细小和具体的工作。运用工作分解结构进行分解的过程是一个科学性与艺术性并存的过程，需要根据项目规模的大小、复杂程度和行业特点等不同，按照可交付成果、工作过程等进行分解。用不同的分解方法会得到一个完全不同的项目管理结果，并直接影响到项目的所有计划管理和控制以及项目的最终可交付成果的产出。

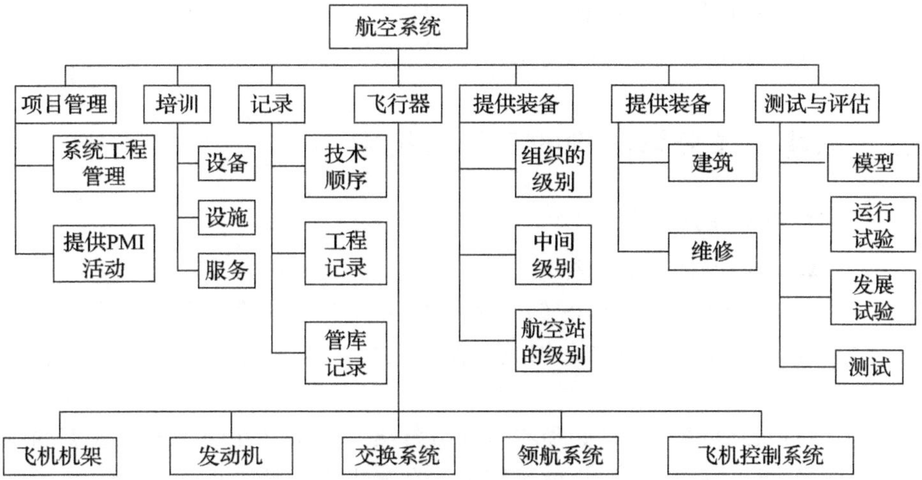

图 4-12　美国国防材料项目的工作分解结构

运用工作分解结构对项目的工作进行分解是项目管理过程中最重要的，也是最复杂的管理工作之一。项目的所有计划工作都必须基于一个良好的工作分解结构。

2. 工作分解结构的种类

工作分解结构主要分为 3 种：纲要性工作分解结构、项目纲要性工作分解结构和合同工作分解结构。

3. 工作分解结构的作用

项目的工作分解结构把项目分解成具体的活动，界定具体的工作范围，让项目干系人清楚了解整个项目的概况。WBS 几乎在随后的各个领域中都发挥着重要的作用，如表 4-1 所示。

表 4-1　WBS 在各个领域中的作用

知识领域	WBS 在知识领域的作用
时间管理	形成甘特图、利用 CPM 对进度进行管理，进行 PERT 分析
成本管理	进行成本预算、挣值分析（EVM）
质量管理	制定过程 / 产品标准、质量保证计划
团队管理	形成责任分配矩阵（RAM）
组织管理	项目阶段分解
沟通管理	沟通计划编制
采购管理	采购计划编制
风险管理	风险识别

项目的工作分解结构有以下 6 个主要作用。

（1）反映项目目标。

（2）项目的组织结构图。

（3）为项目中每个部分的成本、进度以及绩效情况建立标准。

（4）可以用来提供项目的状态信息。

（5）可以用来改善整个项目的信息交流。

（6）说明项目将会被如何控制。

4.6.2　创建工作分解结构的工具与技术

1. WBS 的设计要素

WBS 的设计基本要素有 3 个：结构、代码和报告。

（1）结构设计。WBS 的总体结构设计对于一个有效的工作系统来说很关键。结构应以等级状或树状来构成，使底层代表详细的信息，而且其范围很大，逐层向上。

结构设计的原则是必须有效和分等级，但不必在结构内建太多的层次，对一个大项目来说，4～6 个层次就足够了，在某些情况下，可以用两组。

在设计结构的每一层时，必须考虑信息从一个层次到另一个层次的转移应当以自然状态发生，还应考虑到使结构具有能够增加的灵活性，并从一开始就注意使结构被译成代码时对于用户来说是易于理解的。

（2）代码设计。在设计代码时，必须仔细考虑收集的信息以及收集方法，使信息能自然地通过 WBS 代码进入应用记录系统。

代码设计与结构设计是有对应关系的。结构的每一层次代表代码的某一位数，有一个分配给它的特定代码数字。在最高层次，项目不需要代码；在第二层次，要管理的关键用代码的第一位数来编。如果要管理的关键活动数目小于 9，假设只用数字编码，则代码是一个典型的一位数代码，如果用字母加数字，则此层可能有 35

个；下一个层次代表上述每一关键活动所包含的主要任务，这个层次将是一个典型的两位数代码，其灵活性范围为 99 以内，或者，如果再加上字母，则大于 99；以下依此类推。在一个既定的层次上，应尽量使同一代码适用于类似的信息，并使代码以用户易于理解的方式出现。

（3）报告设计。设计报告的基本要求是以项目活动为基础产生所需的实用管理信息，而不是为职能部门产生它所需的职能管理信息或组织的职能报告，即报告的目的是要反映项目到目前为止的进展情况。

2. WBS 的分解方法

在项目范围界定过程中，对 WBS 的分解主要有以下几种方法。

（1）类比法。以一个项目的 WBS 为基础，制定本项目的工作分解结构。

（2）自上而下法。这种方法需要项目团队具备比较全面的项目经验，项目经理要具备一定的系统思维能力并掌握相关的知识。

（3）自下而上法。自下而上法实际上是对项目工作分解的一个先发散后归纳的过程。项目团队成员从一开始就尽可能地确定与项目有关的各种项目任务，然后将各项集体任务进行分析和整合，再归纳总结到一个整体活动或 WBS 的上一层次内容中去。

自下而上法一般都需要很长的时间，团队成员可采用类似头脑风暴的方法，在项目的开始阶段尽可能地确定各项具体任务，然后将各项具体任务进行分析和整合，形成零散的思路，最后再由微观到宏观地归纳。自下而上法对于独特性和创新性比较强的项目的 WBS 创建来说，是一种很好的方法。

以上 3 种方法可以交替使用，一个项目团队可以在制定 WBS 时首先使用类比法借鉴相关项目的经验，然后使用自上而下法对项目的工作进行系统的分解，最后使用自下而上法再对 WBS 中有可能遗漏的工作进行补充。在实际的项目范围计划中，WBS 的自上而下法和自下而上法应该是交替使用的。对于项目的这两种工作的分解也是项目团队对项目工作分析的两种思维方式，只有将自上而下的演绎思维和自下而上的归纳思维结合在一起，思维才能有系统性和全局性。这一点也正是项目范围管理的核心所在。

3. 创建 WBS 的方法

运用 WBS 对项目工作进行分解有许多方法，比如按照项目的可交付成果、专业分工、子系统、子工程、生命周期等进行分解。一般情况下，创建项目的 WBS 需要组合以上几种方法，在 WBS 的不同层次使用不同的方法。

在如今的项目管理实践中，对 WBS 第一层次的分解主要有以下几种分解法。

（1）按项目的专业分工分解。项目团队在确定了项目的专业分工后就可以进行工作的分解。但是采用这种方法进行分解的最大缺点是很难对项目各专业的工作进行协调。

（2）按照项目生命周期的不同阶段分解。使用这种方法最大的好处就是项目的工作分解比较容易，但是按照项目生命周期的不同阶段分解项目工作对于时间要求比较紧，对要求并行大量工程的项目来说，该方法就变得不科学。

（3）按照项目的子系统、子工程分解。该方法容易界定出项目的范围，WBS 层次的划分取决于项目子系统和子工程的复杂程度。这种划分方法对于子系统之间联系比较简单的项目来说相对容易，但应用到系统界面或接口比较复杂的项目中便容易出现横向管理的工作和集成工作包的安排难以界定的问题。

（4）按照项目的可交付成果分解。项目团队把在项目范围说明书中界定的可交付成果作为分解结构的第一层，然后围绕项目的可交付成果进行分解。在大多数的情况下，项目团队会采用这种方法对项目工作进行分解，其优点主要包括以下几点。

1）项目的可交付成果代表着项目干系人的愿望，以项目的可交付成果为中心的 WBS 可以保证项目的所有工作是围绕客户的需求来开展的。

2）按照项目的可交付成果进行工作分解，可以确保项目的工作是紧紧围绕项目的可交付成果来开展的。

3）把项目的可交付成果列为工作分解结构的第一层，可以保证项目的成功完成。把可交付成果列为 WBS 的第一层然后进行工作的分解，那么只要完成了第二层的全部工作，就意味着项目阶段或项目的完成。

4）以可交付成果为中心的 WBS，可以加强项目中各干系人的沟通和管理。

5）项目可交付成果是在组织的战略指导下完成的，以可交付成果为中心的 WBS，可以保证各项目工作的开展有效地支持组织战略目标的完成。图 4-13 是战略和客户驱动下的 WBS。

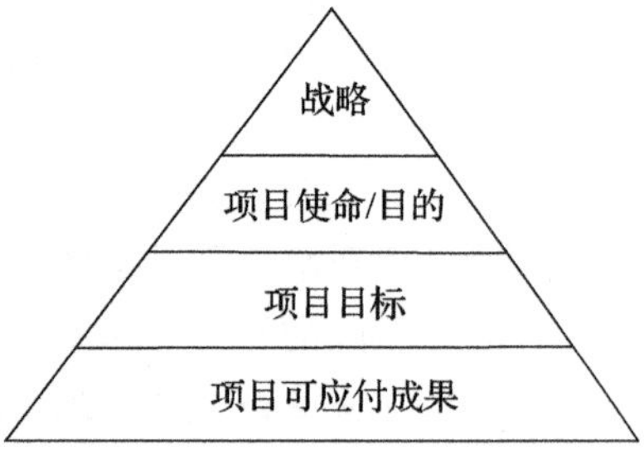

图 4-13　战略和客户驱动下的 WBS

4.6.3　创建工作分解结构的过程

1. 创建 WBS 的基本原则

在 WBS 的创建过程中，必须遵循如下基本原则。

（1）在 WBS 中，一个单位工作任务只能出现在一个地方。

（2）一个 WBS 项的工作内容是其下一层各项工作之和。

（3）WBS 中的每一项工作都只能由一个人负责。

（4）WBS 必须与工作任务的实际执行过程相一致，首先应当服务于项目团队，如果可行的话，再考虑其他目的。

（5）项目团队成员应尽可能参与 WBS 的制定，从而确保一致性和全员参与。

（6）每一个 WBS 项都必须归档，从而确保准确理解该项工作范围。

（7）在根据范围说明书对项目工作内容进行控制的同时，还必须让 WBS 具有一定的灵活性以适应无法避免的变更需要。

表 4-2 列示了创建 WBS 的注意事项。

表4-2　创建WBS的注意事项

①分解后的任务应该是可管理的、可定量检查的、可分配任务的和独立的
②复杂工作至少应分解成两项任务
③表示出任务间的联系
④使用动词
⑤不表示顺序关系
⑥与任务描述表一起进行
⑦包括管理活动
⑧包括次承包商的活动

2. 创建WBS的步骤

以自上而下的方法为例，WBS进行工作分解的步骤如下。

（1）了解项目环境，明确项目的目标。

（2）明确项目的主要可交付成果。

（3）根据项目的可交付成果选择构建WBS的方法。构建WBS常用的工具与技术是分解，而实际工作中常用的是树状结构，将项目的可交付成果不断地划分或分解成一些较小的工作单元。并非WBS中所有的分支都必须分解到同一水平，各分支的分解原则可能会不同。原则上对WBS中工作的分解应该是到可操作和可计量的程度。

进行工作分解总的原则是WBS能满足项目经理管理项目的需要，工作包界面清晰，项目团队能够对分解后的工作包进行有效和精确的控制。当项目团队不知道如何分解时，应该积极寻求外部专家的帮助。对于确定性很小，实在无法分解的工作，可以暂时不用分解，等项目进行到一定程度时，随着对项目工作的了解，再进行分解。

（4）核实工作分解的充分性。整个项目的范围计划过程实际上就是定义为完成项目所必须进行的工作，而且也只定义那些能够满足项目范围的工作，因此，应该将项目中的所有工作都分解到WBS中去。

在制定完初步的WBS后，要运用完全支持的原则来核实WBS的完整性。首先，核实WBS的第一层是不是包含了所有的项目可交付成果，以及第二层的工作是不是完全支持了项目的可交付成果。其次，运用WBS分解的百分之百原则进行核实，即下一层中所有工作的完成能不能实现上一层的任务；为完成上一层任务的工作是不是全部而且也仅仅是这些工作都包含在下一层的任务中。

需要强调的一点是，对项目管理过程活动的分解实际上是对项目团队在管理项目过程中的一种管理要求，从而实现项目管理流程的不断改进。

（5）核实工作分解的正确性。核实工作分解的正确性主要是指WBS是否符合以下要求。

1）各项工作是否得到了清晰的定义。

2）各子项间工作界面是否清晰。

3）成本是否便于进行预算、跟踪并得到有效控制。

4）进度能否得到有效的跟踪和控制。

5）质量能否得到有效的跟踪和控制。

6）是否能够准确地识别出项目的里程碑事件。

7）能否识别出项目风险源，对风险源能否进行有效的跟踪和控制。

8）能否支持项目的采购任务。

9）能否支持项目的分包任务。

10）各项工作是否得到了有效的管理控制。

11）能否支持项目团队人员明确工作职责。

（6）制定 WBS 词典，进行工作单元编码。工作分解结构中的每一项工作单元都要编上号码，用来识别 WBS 中的每一项任务。编码工作在开始制定 WBS 的时候就可以开始，在进行编码工作后就可以开始制定 WBS 词典，具体描述该工作任务所含的全部工作内容。WBS 词典中包含的内容主要有：识别编码，工作包的工作内容描述以及相关的计划编制信息，如进度计划、成本预算、人员安排、质量标准、技术要求和合同信息等，以便在需要时随时查阅。

在项目计划和以后的各个阶段，项目工作中各工作任务的查找、时间安排、费用预算、资源安排、质量控制和变更等各项工作都可以按照这个编码系统来按图索骥。项目管理人员在审核该工作包的时候，只要一看编码，就知道是哪里出了问题，这个问题该由谁负责。一个标准的 WBS 词典示例如下表 4-3 所示。

表 4-3 标准的 WBS 词典示例

识别编码	工作内容	进度计划	成本预算	人员安排	质量标准
CT12-OESC001-R03	完成子系统实验和验证	7月10日—8月5日	50万元	某员工为该工作包负责人	符合行业相关标准

（7）给相关的项目干系人审阅和评估 WBS。

（8）根据 WBS 开始项目的各项计划工作。WBS 不是在制定后就一成不变的，随着项目的开展，可能出现的范围变更、项目风险的发生或对可交付成果的进一步认识都有可能导致项目工作的增加或减少，从而造成对 WBS 的不断修改。此外，对于一些大型项目来说，由于规模大，头绪烦多无法一步分解到位，在这种情况下也可以逐步分解。但是在任何情况下都应该保证 WBS 的百分之百原则，即上一层的工作任务被下一层的工作完全支持。在对 WBS 不断完善的过程中应该运用 PDCA（计划 - 执行 - 检查 - 处理）循环实现 WBS 质量的不断提高。

有的项目团队在项目后期不太注意对 WBS 工作内容的完善，但是项目经理或项目团队应该在项目结束的时候提交一个完善的 WBS，这样一方面可以帮助以后的项目团队在开展类似项目的时候有系统的经验可以借鉴，另一方面也有助于项目所在组织项目管理成熟度的不断提高。

对 WBS 的管理也应该注意保密性。有些 WBS 可能包含了组织的商业机密和技术机密，对项目的工作分解充分体现了一个组织的管理模式和工作方式的经验和成熟度。

4.6.4 创建工作分解结构的输出

在 WBS 创建后，会形成 WBS 图和 WBS 词典，为工作任务和责任的进一步分配和落实提供依据，也是项目范围界定中形成的重要文件。

1. WBS 图

WBS 图是一个以产品或服务为中心的项目组成部分的“组织树”，规定了项目的全部范围。它是实施项目、创造最终产品或服务所必须进行的全部活动的清单，也是进度计划、人员分配、预算计划的基础。其表现形式通常有两种，分别是树状图和列表，具体介绍如下。

（1）树状图表现形式。以树状图形式表示的 WBS 的最顶层即第 0 层，代表整个项目；紧接着是第 1 层，用以表示主要的项目产出物或主要的项目阶段；第 2 层则包含了第 1 层所含的主要子项。图 4-14 展示的是一个企业内部网络项目的 WBS，图中底层是第 2 层，第 1 层中的“站点设计”下的第 2 层主要包括：站点导航、图形设计和程序设计。

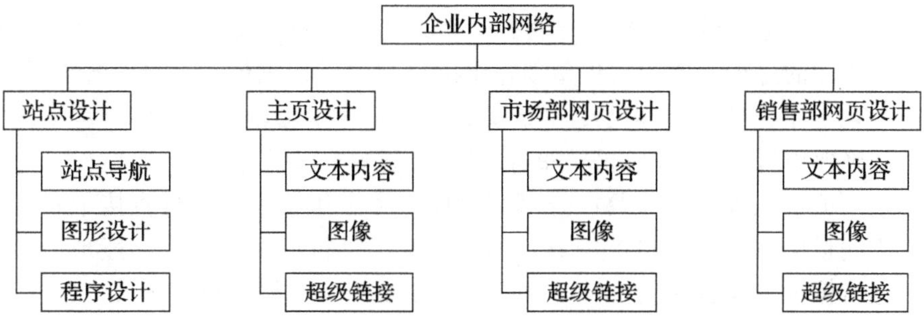

图 4-14　某企业内部网络项目 WBS 示例

（2）列表表现形式。表 4-4 是以列表形式表示的 WBS，与图 4-14 表示的是同一个项目，各项内容都没有变，但序号以及任务项的缩进表示了该 WBS 的结构。

表 4-4　列表形式表示的企业内部网络项目的 WBS

序号	WBS 编码	任务名称
1	1	站点设计
2	1.1	站点导航
3	1.2	图形设计
4	1.3	程序设计
5	2	主页设计
6	2.1	文本内容
7	2.2	图像
8	2.3	超级链接
9	3	市场部网页设计
10	3.1	文本内容
11	3.2	图像
12	3.3	超级链接
13	4	销售部网页设计
14	4.1	文本内容
15	4.2	图像
16	4.3	超级链接

2. WBS 词典

WBS 词典是对项目 WBS 中各个部分的详细文字说明，是一种将项目 WBS 中的各要素与各工作包逐个单列词条，并进行说明的文件，包括对于项目要素和项目工作包自身的描述以及各个项目工作包相互之间和项目工作包与项目产出物之间关系的描述等。此外，在项目 WBS 词典中还应该给出项目集成计划和专项范围控制的要求与方法等方面的信息。

4.7 项目范围核实

4.7.1 项目范围核实的概念

项目范围核实是指项目直接干系人如项目的发起人（业主）等最终认可和接受项目范围的过程。这个过程是项目范围确定之后，执行实施之前各干系人的承诺问题。一旦承诺，则表明你已经接受该事实，那么你就必须根据你的承诺去实现它。这也是确保项目范围能得到很好的管理和控制的有效措施。

项目范围核实需要审查可交付成果和工作结果，项目直接干系人可以依据检验或测量的方式对项目范围界定的工作结果进行审查确认。一般地，项目范围核实就是依据项目实施后的工作成果和有关的文件（比如项目计划），对已经完成的工作进行审查，确定项目计划规定范围内的各项工作或活动是否已经完成，应交付的成果是否令人满意，从而确保项目范围包含了所有的工作内容。图 4-15 展示了项目范围核实的内容。

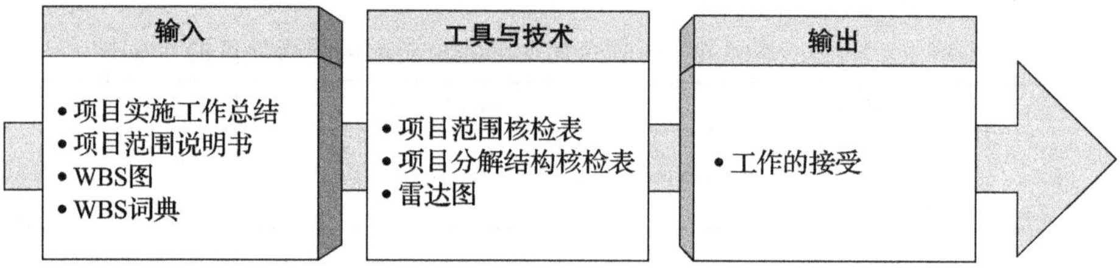

图 4-15　项目范围核实的内容

项目范围核实可以针对项目的整体范围进行，也可以针对项目的某个阶段范围进行。项目范围核实对项目的完成至关重要。为了保证项目的顺利完成，项目团队和业主等项目干系人应在项目具体实施前完成项目范围的核实工作。

4.7.2 项目范围核实的输入

项目范围核实的对象是项目范围界定所生成的主要文件和结果，既包括在项目选择和规划中给出的项目实施工作总结与项目范围说明书，也包括在项目范围界定中给出的项目 WBS 图和项目 WBS 词典等。

（1）项目实施工作总结。项目实施工作总结是指在项目各项计划的实施过程中所生成的项目实际工作或项目实际产出物的情况，它反映了项目是否按计划实施的动态情况。例如，它提供了哪些项目产出物已完全或部分完成、项目发生了多大的成本和项目成本变化等方面的信息。

（2）项目范围说明书。项目范围说明书提供了项目范围审核的相关标准的界定，包括技术指标等。

（3）WBS 图。经过确认的项目 WBS 内容，是核实项目工作范围的参考标准。

（4）WBS 词典。WBS 词典是对 WBS 的详细描述，在项目范围核实过程中，通常作为基本依据。

4.7.3　项目范围核实的工具与技术

项目范围核实就是对项目范围进行审查并接受和确认的工作。通过对项目范围的审查，最终确认项目范围是否包括了实现项目目标所需的全部工作，有没有不属于项目范围的工作也包括在了项目范围之中，以及项目范围所能生成的最终结果是否与项目的要求相符等。项目范围核实的对象包括整个项目范围定义结果和项目 WBS 等项目定义阶段给出的文件。主要是审查和确认它们的合理性和可行性，采用的方法主要是核检确认技术，包括项目范围核检表与项目分解结构核检表以及雷达图。

1. 项目范围核检表与项目分解结构核检表

项目范围核实可以通过两张表进行，即项目范围核检表和项目分解结构核检表。实践证明它们在项目范围管理中是十分有效并被广泛应用的。

（1）项目范围核检表的主要内容如下。

1）项目目标是否完整和准确，衡量标准是否科学、合理和有效。

2）项目的约束条件、限制条件是否真实并符合实际。

3）项目的假设前提是否合理，不确定性的程度是否较大。

4）项目的风险是否可以接受，成功的把握是否很大。

5）项目范围的界定是否能够保证上述目标的实现，是否需要进一步开展辅助性研究。

6）项目范围所能产生的收益是否大于成本。

（2）项目分解结构核检表的主要内容如下。

1）项目目标描述得是否清楚明确。

2）项目产出物所有成果的描述是否清楚明确，是否都是为实现项目目标服务的，是否以 WBS 为基础。

3）项目 WBS 中的工作包是否都是为形成项目某项成果服务的。

4）项目目标层次的描述是否清楚，层次划分是否与项目目标层次划分和描述相统一。

5）项目工作、项目成果与项目目标之间的关系是否一致和统一，逻辑关系是否正确合理。

6）项目目标的衡量标准是否有可度量的数值、质量或时间指标。

7）项目 WBS 中的工作是否有合理的数量、质量和时间度量指标。

8）项目目标的指标值与项目工作业绩的度量标准是否匹配。

9）项目 WBS 的层次分解、各个工作包的工作内容及相互关系、各项工作的考核指标、总体协调等是否合理。

10）项目 WBS 中各项工作所需的资源是否明确合理。

2. 雷达图

雷达图是另一有效的项目范围核实工具。它通过图标直观地反映工作成果与目标之间的差距，因为图形酷似雷达而被称为雷达图。雷达图还能对所涉及的各类数据进行相对量化的比较。

下面介绍在项目结果无法完全客观量化的情况下，应用雷达图评价项目结果的方法。这种方法强调用集体决策来达到评价结果的客观性并达成各方共识，具体步骤如下。

（1）建立评价小组。

（2）确定评价标准。

（3）绘制雷达图。在一张白纸上画一个大圆，有几个评价标准就画几个半径，在半径的外端写出评价标准的名称，再在每条半径上画出刻度，圆心标上 0，表示业绩为毫无表现，半径与圆周的交点标上 10，代表和目标要求完成一致，如图 4-16a 所示。

（4）确定每个得分标准的评价依据。例如，将得分分为 1 到 10 分共 10 等，再给定各等级必须达到的要求，这些要求可以是量化的。

（5）对各条评价标准打分。评价小组的各个成员都必须独立对评价项目打分，并把自己的打分标注在雷达图中相应评价项目的相应得分点上。最后，还要通过集体讨论得到一个统一的小组评分，或者是将各个评分项目个人打分的平均分作为该项目的小组评分，并在雷达图中标出，如图 4-16b 所示。

（6）将各项目评分中的个人最低分、个人最高分、小组评分用不同的符号区别成 3 组，再用不同标记的线条将各组的符号标示出来，如图 4-16c 所示。

通过以上步骤。项目评价小组就可以得到一个项目完成后期情况与项目要求之间的差距的直观描述了。

此外，还有其他的确认项目或各个阶段可交付成果的方法，比如观察法、测试法等。

为了使项目范围得以正式承认，项目组需要编辑经项目干系人确认并已接受的项目范围定义和项目阶段性成果的正式文件。项目干系人应该签署接收文件，接收文件一经签署，应及时发送给相关的项目干系人。

4.7.4 项目范围核实的输出

项目范围核实工作最终给出的结果就是全面审核、修订和批准项目范围定义所给出的结果。项目范围核实给出的结果可以确保项目的选择与定义正确，项目范围规划和界定内容的正确、合理与可行。在项目范围核实中，可能会出现已经定义的项目范围没有获得确认的情况，此时可能需要进一步修订项目范围的界定或者宣告整个项目的中止或终结。如果项目范围界定得比较合理，那么项目范围核实的结果就是对项目范围界定工作的正式接受和认可。这种接受和认可一般需要通过正式的书面文件予以确认。

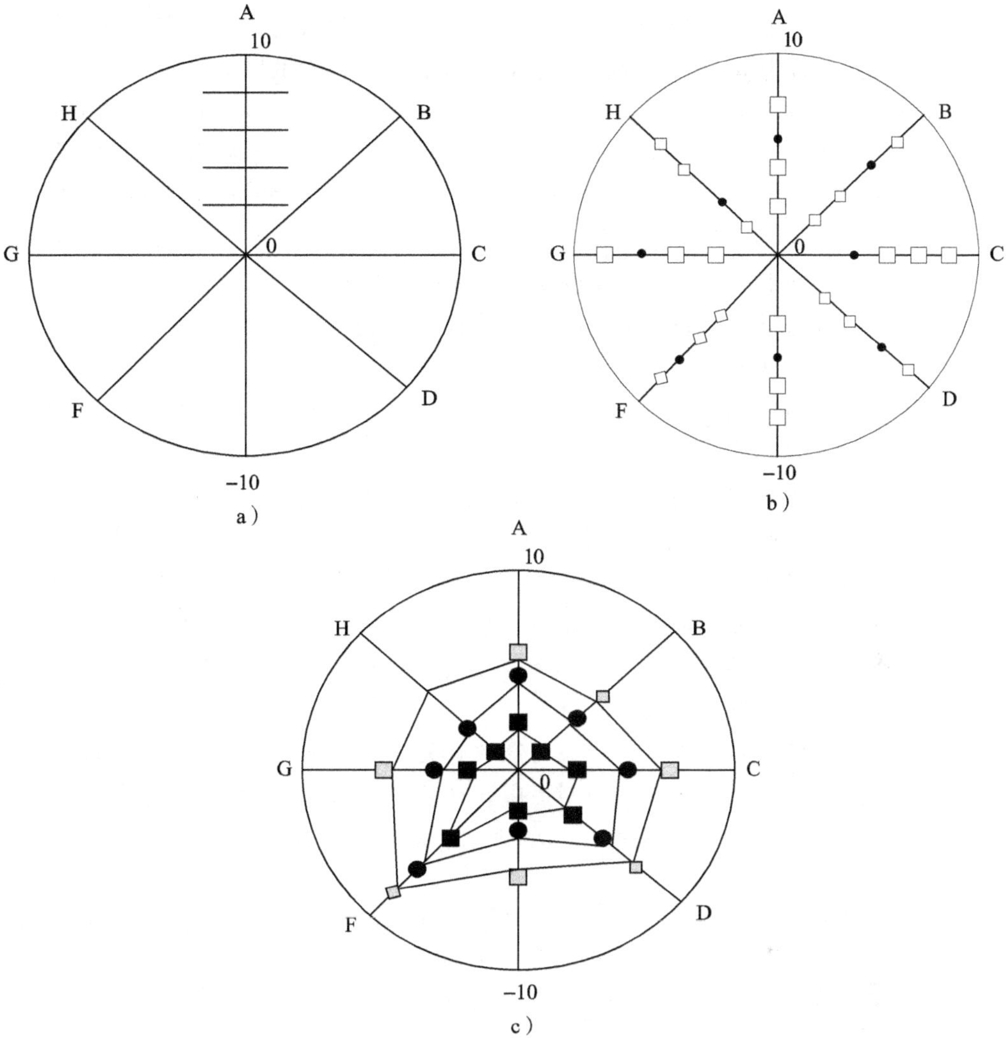

图 4-16　雷达图

在进行项目范围核实时，项目干系人应予以重视，需要做以下工作。

项目团队必须向客户方出示能够明确说明项目（或项目阶段）成果的文件，比如项目管理文件（计划、控制、沟通等）、技术文件、竣工图纸等。当然，提交的验收文件应该是客户已经认可的这个项目产品或某个阶段的文件。

而项目干系人对项目范围核实一般包括以下工作内容：审核项目范围界定的工作活动、对项目或者项目各个阶段所完成的可交付成果进行检查、审查根本原因分析结果。

4.8　项目范围变更控制

在项目实施过程中，项目自身和项目各种条件和环境都会发生变化，这种变化会导致项目范围发生变更而需要对它进行必要的控制。

4.8.1 项目范围变更原因分析

由于人们对项目的认识需要一个过程，对项目范围的界定也有一个逐步完善的过程。与此同时，项目还受到客观环境和其他因素的影响，项目团队要根据变更请求对项目进行修改，这些修改和变化就是变更。变更发生在项目的范围、时间、成本、质量、组织、团队、沟通、采购、风险、融资、干系人和评估等各个方面，并会对其他方面产生一定的影响。其中，范围变更的请求可能会有不同形式。项目范围变更的原因大致有以下几种。

（1）项目外部环境发生变化引起项目范围变更。

（2）在界定项目产品范围时产生的错误或遗漏。

（3）在界定项目工作范围时产生的错误和疏漏。

（4）项目团队内部由于技术进步在项目进展中提出了新的技术、工艺或方案等。

（5）项目实施组织本身发生了变化。

（6）客户对项目或项目产品提出的要求发生变化。

项目范围的变更不是孤立的，可能导致成本、时间、质量或其他项目目标的变更。因此必须对项目范围的变更进行严格的管理和控制，并与项目管理的其他控制工作相结合，根据项目面临的实际情况以及项目变更要求和项目范围管理计划，运用项目范围变更控制系统和各种项目变更的应急方法，按照项目集成管理的思想和要求去控制好项目范围的变更。

如果实施项目变更，应及时修改有关项目计划和技术文件，并通知项目干系人，对项目的变化采取一定的应对措施。在处理之后，应当将造成范围变更的各种因素、所采取的措施以及采取此措施的理由、从变更中吸取的教训和经验等都记录在案，并形成书面文件。

需要注意的是，有人提出变更，并不意味着必须实施变更。项目经理要先找出变更的理由，判断变更的理由是否合理，并计算变更成本。这里的变更成本不只是金钱成本，项目进度的推迟也是一种成本。如果项目的一项变更可能推迟项目的完成时间，即使这项推迟是允许的，也应该仔细考虑一下项目变更是否值得。

4.8.2 项目范围变更控制过程

1. 项目范围变更控制的概念

（1）项目范围变更控制。项目范围变更控制（见图 4-17）是指只用事先确定的项目整体变更控制的组织架构和规范程序来控制范围变更，其过程主要包括：提出项目范围变更申请、审核项目范围变更申请，批准项目范围变更申请以及项目范围变更后的工作。

（2）项目范围变更控制管理。

1）项目范围变更控制系统。范围变更控制系统是一套事先确定的修改项目范围应该遵循的程序，其中包括必要的表格或其他书面文件，责任跟踪和变更审批制度、人员和权限。变更申请表就是其中一种书面文件，如表 4-5 所示。

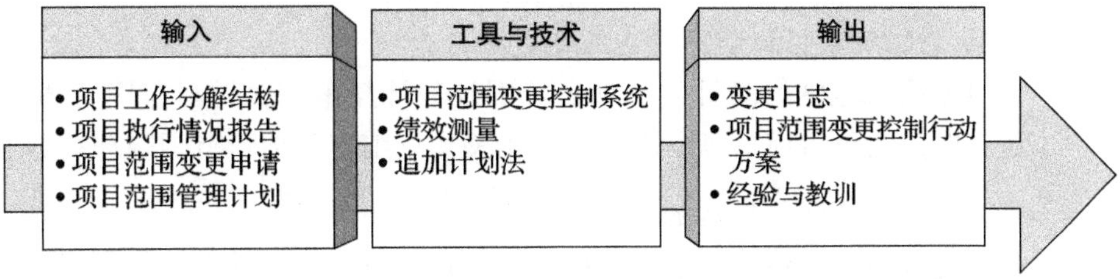

图 4-17　项目范围变更控制的内容

表 4-5　变更申请表

申请日期：		需求变更内容的关键词：	
申请人：		归属 WBS 编码：	
变更内容：			
变更理由：			
对其他工作的影响及所需资源：			
申请人评估：		负责人评估：	
若不变更，负责人批复意见：			
若变更，那么：			
优先级：	编号：	执行人：	结束时间：
负责人：	负责人签发日期：		

2）成立变更控制委员会（change-control board，CCB）。为有效控制范围变更，在必要时和可能的情况下应成立一个变更控制委员会来接受、讨论和决定变更。

2. 项目范围变更控制的输入

项目范围变更控制的输入主要包括下列文档和信息。

（1）项目工作分解结构。项目工作分解结构定义了项目范围的内容和基线，当项目实施工作超出或达不到项目工作分解结构规定的范围要求时，经常需要进行项目范围的变更。

（2）项目执行情况报告。项目执行情况报告是有关项目工作绩效的度量报告，它一般包括两类信息或资料：其一是项目的实际进度情况，包括项目工作的实际开始和完成时间以及实际发生的费用等情况；其二是有关项目范围、工期计划和成本预算变更情况的信息。项目实施情况报告还能够提醒项目组织注意那些会在未来引发问题和项目范围变更的因素和环节。一般而言，项目实施情况报告都有确定的报告期（报告周期），项目实施情况报告的频率视整个项目长短及项目复杂性而定，项目报告周期可以是一天、一周、一个月等。如果需要对项目实行更为严密的范围控制，那么可以采取缩短项目实施情况报告周期的做法。

（3）项目范围变更申请。项目范围变更申请是关于项目范围改动的申请，它可以多种形式出现。绝大多数项目范围变更要求是由于以下原因引起的。

1）某个外部事件造成的。

2）在定义项目范围时的某个错误或疏漏。

3）为增加项目价值而进行的变更。

（4）项目范围管理计划。项目范围管理计划是有关项目范围总体管理与控制的计划文件，它包括项目范围说明书、相关支持细节和项目范围管理计划。

3. 项目范围变更控制的工具与技术

项目范围变更控制的工具与技术主要包括以下几个方面。

（1）项目范围变更控制系统。项目范围变更控制系统是开展项目范围控制的主要方法。这一系统具体包括：项目的文档化管理工作系统、项目范围变更的跟踪监督系统、项目范围变更请求的审批授权系统等。在项目的实施过程中，项目经理或项目管理者利用所建立的项目实施跟踪系统，定期收集有关项目范围实施情况的报告，然后将实际情况与项目范围计划相比较，如果发现差异则需要决定是否采取纠偏措施。当决定采取纠偏措施后，就必须将纠偏措施及其原因写成相应的文件，作为项目范围变更管理文档的一部分。同时，要将变更情况及时通知项目所有干系人，在获得他们的认可之后才可以采取变更项目范围的具体行动。

项目范围变更控制系统是整个项目变更控制系统的一部分，当项目范围发生变更时，项目其他方面也必然会受到影响，因此，项目范围变更控制系统和其他方面的变更控制系统可以集成为整个项目的总体变更控制系统。如果项目是按照承发包的方式进行的，那么项目范围变更控制系统必须与相关的项目承发包合同条款规定保持一致，从而达到依据项目合同开展项目范围控制的目的。

（2）绩效测量。绩效测量也称项目实施情况的度量，是项目范围变更控制的一种有效的技术方法。这一方法有助于评估是否已经发生了项目范围的变更以及它们所造成影响的大小。项目范围变更控制中有一项重要内容就是识别已发生的项目变更原因，以及决定是否需要对这种变更或差异采取纠偏行动，而这些都需要依赖项目实施情况度量的技术方法。这种方法的关键是在发现项目范围控制出现问题后，立即缩短原有的项目实施情况的度量周期。

（3）追加计划法。几乎没有一个项目能够完全按照最初的项目范围计划实施和完成，项目范围的变更是不可避免的。这种项目范围的变更在多数时间会要求项目管理者对原有的项目工作分解结构进行修改和更新，甚至会要求重新分析和制订新的、可替代的项目实施方案。此时使用的计划方法多数是追加计划法，即将变更部分的计划追加到原来的项目范围计划中，只有在很特殊的情况下，才会使用项目全面更新的方法去重新编制新的项目范围计划。

4. 项目范围变更控制的输出

项目范围变更控制的成果有两个：一是全面保障和促进项目工作绩效的提高；二是形成一系列项目范围变更控制文件。

（1）变更日志。变更日志是项目过程中提交的变更及其当前状态的综合清单。项目范围的变更需要由客户与项目实施组织双方认可，并且有正式的文件予以记录。

（2）项目范围变更控制行动方案，它包括以下内容。

1）根据批准后的项目范围变更要求而采取的行动。

2）根据项目实际实施情况的变化所采取的纠偏措施和行动。

上述这两种行动都属于项目变更控制行动的范畴，因为它们的结果都是使实际的项目范围与项目范围说明书的规定能够保持一致。

（3）经验与教训。在项目范围变更控制中，人们可以发现问题并获得经验与教训，并据此形成文件，供项目团队今后开展其他项目时使用。这实际上相当于项目的跟踪评估工作。

5. 项目范围变更控制流程

在进行项目范围变更控制时，要以项目工作分解结构、项目执行情况报告、项目范围变更申请、项目范围管理计划为依据。变更请求可以是口头的或书面的，直接的或间接的，外部的或内部的，法律要求的或组织选择的。除紧急情况外，口头变更必须形成书面文件，受理之后才能开始启动范围变更程序。图 4-18 是在实际项目范围管理中常用的一种范围变更控制流程。

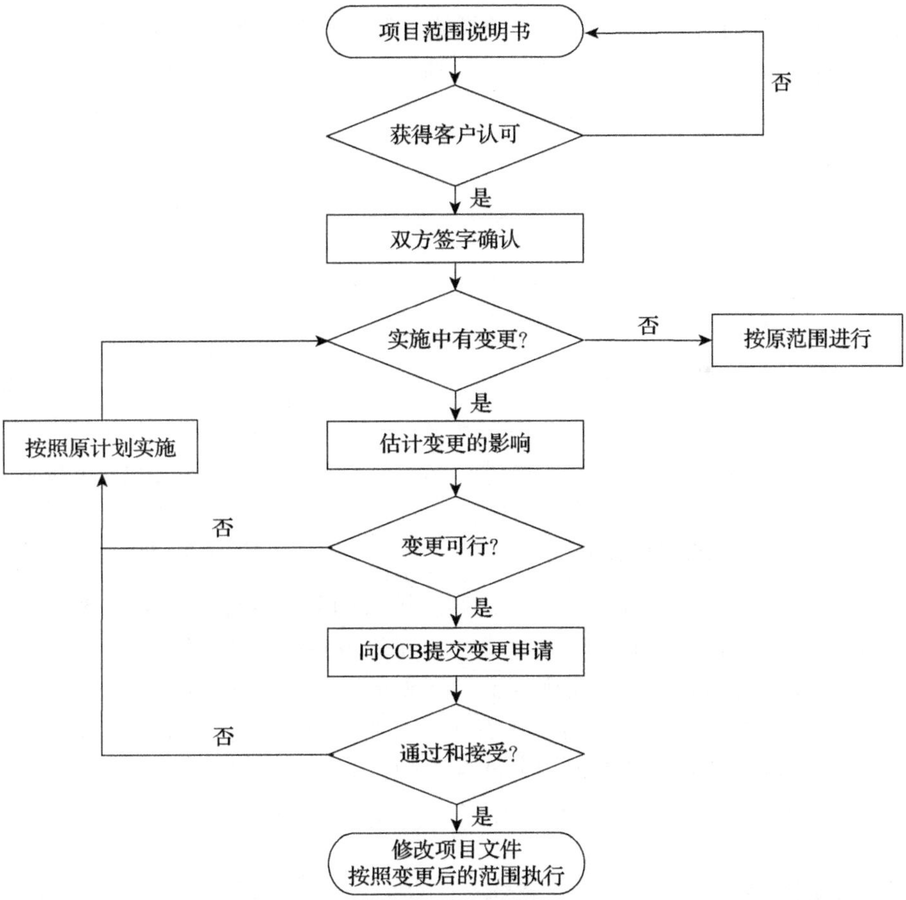

图 4-18　项目范围变更控制流程

4.8.3　项目范围变更控制系统

范围变更控制系统是对项目范围变更进行控制的主要方法。它是一套修改项目范围文件时应遵循的程序，其中包括文档工作、项目实施跟踪系统以及项目范围变更审批制度。

当项目在合同形式下进行时，范围变更控制系统必须符合有关的合同条款。

在项目实施过程中，项目组织要对项目实施情况随时随地地进行监控，并将监控结果同项目计划进行对比，分析偏差。如果偏差对项目实施不利，就应该及时采取纠偏措施。

在多数情况下，项目组织通常采用原有的控制系统，当现有系统不再满足系统的需求时，管理小组则应开发出新的系统。无论是旧的还是新的系统，都要包括措施、信息和反馈三大要素。这三大要素之间形成循环关系，保证了对项目变更的有效控制，如图 4-19 所示。

循环由措施开始，产生关于措施的实施效果的信息，这些信息经过处理又作为反馈信息呈送给决策者，便完成了一次循环。如果反馈的信息表明一切正常，项目经理就可以指导项目团队按原定的项目计划继续进行，如果反馈的信息预示着要发生问题，项目经理就要采取补救措施，调集资源或修改计划，使项目得以顺利进行。在补救过程中又会产生新的信息。通过三大要素之间的循环，也可以将实际的变更控制过程用图 4-20 表示出来。

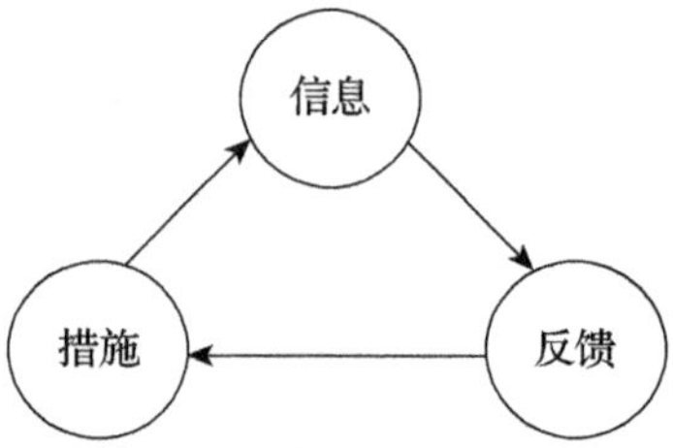

图 4-19　变更控制系统三大要素

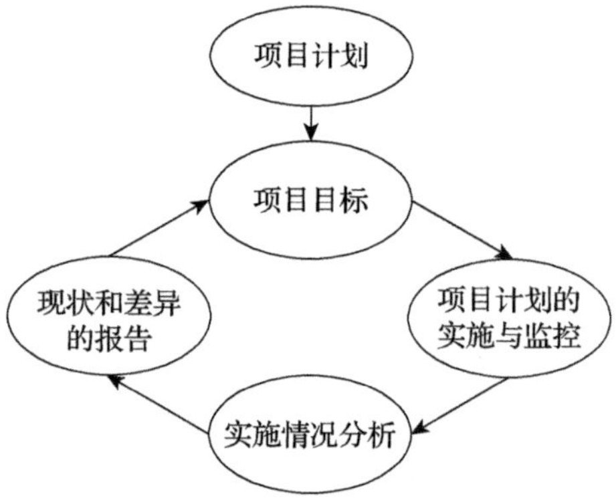

图 4-20　项目变更控制过程

因此，要实施有效的变更控制，项目团队必须建立一套完整的变更控制系统。许多变更控制系统还会成立 CCB 负责批准或拒绝变更申请。

变更控制系统应该明确变更控制委员会的责任和权限，并得到所有项目干系人的认可。对于大型复杂的项目而言，可能要设立多个 CCB，从而担负不同的责任。变更控制系统还应该有处理自动变更的机制。变更控制系统也应该包括在没有预先审议情况下通过的处理改变的程序，比如紧急情况下的处理结果。

开篇案例解决方案

结合本章学习要点，对案例导读中提出的问题进行分析和解答。LNYM 管理提升项目启动后，项目经理人便组建顾问组对 LNYM 进行了问题和需求的收集与分析，并得出问题诊断报告及需求分析报告，为项目目标的确定提供了依据。根据项目目标和相关需求，项目经理选择按照项目的可交付成果分解的创建方法建立了 WBS，如图 4-21 所示，即以项目为第 0 层；以项目的可交付成果为第 1 层，分别为战略规划模块、组织架构模块、人力资源模块以及企业文化模块四大部分；第 2 层为各模块下的子可交付成果。通过创建 WBS，项目经理将工作合理地分配给项目组各成员，正式开始执行该项目，同时项目经理会将项目各阶段的成果交由公司核查，并及时收集公司的变更请求进行项目范围控制管理。正如案例中描述的，在该项目进行后期，LNYM 申请重大范围变更以满足其融资上市的需要，项目经理立刻启动项目范围变更控制系统，对变更后项目继续执行的时间、成本等进行合理性分析，通过与公司管理层协调后决定依照变更后的项目目标重新签订项目合同并更新项目计划等文件，在新的范围基础上执行项目。

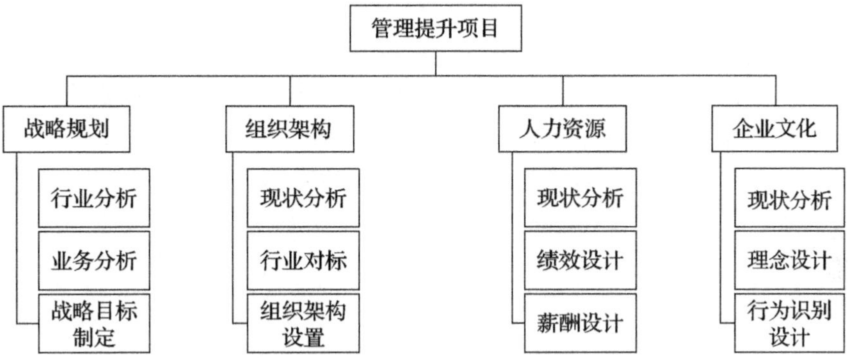

图 4-21　LNYM 管理提升项目工作分解结构

复习思考题

1. 项目范围的定义是什么？
2. 简述项目范围管理过程主要内容。
3. 简述项目范围管理的作用。
4. 如何利用自上而下的方法创建 WBS？
5. 项目范围变更控制输出的项目范围变更控制文件有哪些？

扫一扫查看更多题目

学习链接

1. 孙新波、李俊悦、刘剑桥，等，《“绿”争上游：绿色创新如何赋能首钢园高质量发展？》，中国管理案例共享中心，2023 年。
2. 李玥、李宏欣、杨彬锋，等，《从连霍高速项目方案的变更，看公路工程精细化管理的实现》，中国管理案例共享中心，2023 年。
3. 王洪生、张晓丽、王子晨，等，《甜玉米项目：金丰合作社致富履责的艰难选择》，中国管理案例共享中心，2023 年。
4. 朱方伟、孙秀霞，《大橡塑项目化变革的艰难决策》，中国管理案例共享中心，2015 年。
5. 喻寄 . 信息化对建设工程项目管理影响

的文献研究 [J]. 项目管理技术，2021, 19(8):84-88.

6. 茆杰，王立晓，陈鑫 . 面向系统信息需求的承包商合同管理台账设计：以南京地铁 7 号线为例 [J]. 项目管理技术，2023, 21(12): 23-29.
7. 张玉婷，杨镜宇 . 基于 WBS 的某决策支持系统开发项目进度管理研究 [J]. 项目管理技术，2023, 21(10): 142-148.
8. 杨伟，蒲肖，张洁音 . 资源基础对数字创新项目韧性的影响：基于模糊集的定性比较分析 [J]. 管理现代化，2023, 43(2): 129-138.
9. 戚聿东，郝越，侯娜，等 . 装备制造企业数智化转型的模式与路径探索：基于山河智能的案例研究 [J]. 经济管理，2022, 44(11): 25-45.
10. 党剑英，赵晓芳 . 基于进度、成本、质量三重约束的项目范围实施管控分析 [J]. 项目管理技术，2022, 20(3): 130-133.

第 5 章　项目时间管理

【学习目标】

☑ 理解并掌握项目时间管理的相关概念

☑ 掌握使用箭线图法和前导图法绘制活动网络图

☑ 掌握使用关键链项目管理法并能够自主确认和识别

☑ 掌握用甘特图等工具进行进度计划的编制

☑ 了解项目进度计划的控制过程

图 5-1 为项目时间管理概述图。

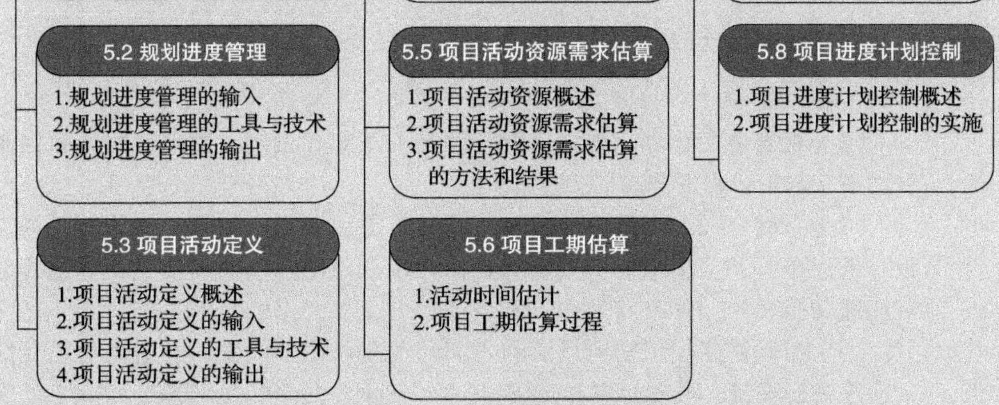

图 5-1　项目时间管理概述图

开篇案例　　如何有效地编制项目进度计划

经过NEU项目顾问组和LNYM项目推进组的多轮磋商和谈判，2022年11月10日，双方在LNYM总部签署了"LNYM管理提升咨询项目"合同。该项目工期为202天，项目内容涵盖：转变管理培训、公司战略规划、组织架构设计、绩效薪酬开发、企业文化整合、规章制度梳理等模块。NEU和LNYM各自成立项目顾问组和项目推进组，共同完成项目的开发工作。接着，项目组按照现代项目管理的要求成立了相关组织，制定了相关规范，开始推进项目。至此，LNYM管理提升项目全面上马。

项目团队由S教授牵头，由几位学识渊博、有多次此类项目经验的教师，以及品学兼优、扎实肯干的研究生组成。由于项目持续工期较长，项目组成员要兼顾学校工作和项目的进展，所以在项目开展过程中难免会发生冲突。

如果你是项目经理，当实际工作中发现项目进度计划并不能很好地满足最终目标的实现时，你该怎么办？当公司与项目组在进度控制上存在分歧的时候，你会怎么处理？

本章将讲述如何合理编制项目的进度计划以及如何有效地控制项目进度计划的执行。

5.1 项目时间管理概述

5.1.1 项目时间管理的概念

项目时间管理指的是为了确保项目按时完工必需的一系列管理过程和活动，是对项目各个阶段的进展情况和项目完成的期限进行管理，保证项目能在时间约束条件下实现总体目标。项目时间管理开展规划的目的是积极主动地制定一种方法来创建项目可交付物。项目可交付物会推动项目所要取得的成果。高层级规划可以在项目批准授权之前开始。项目团队会逐步制定初始项目文件，从而识别或定义实现预期成果的相互合作的方法。

5.1.2 项目时间管理的内容

PMBOK7认为项目时间管理由以下7项任务组成（见图5-2）。

（1）规划进度管理。规划进度管理是为规划、编制、管理、执行和控制项目进度而制定政策、程序和文档的过程。

（2）活动定义。根据项目章程、项目范围说明书、项目工作分解结构、项目假设、约束条件和历史信息，界定与确认必须完成的各项具体活动，并进行分析，形成相应文档。

（3）活动排序。识别项目活动之间的关联和依赖关系，并据此对项目活动的先后次序进行安排，形成相应文档。

（4）活动资源估计。确定各项活动都需要什么资源，通常是指人员、材料和设备，以及需要的时间。项目进度往往受制于资源短缺，时间需求比预期的多。

（5）活动时间估计。活动时间估计是指具体估算出所有项目活动要耗费的时间。这种估算独立于其他活动，每个项目活动需要的时间长短与本身技术能力有关。

（6）项目进度计划编制。项目进度计划编制是分析活动顺序、持续时间、资源需求和进度约束，编制项目进度计划的过程。

（7）项目进度计划控制。项目进度计划控制是监督项目状态以及更新项目进展、管理进度基准变更的过程。

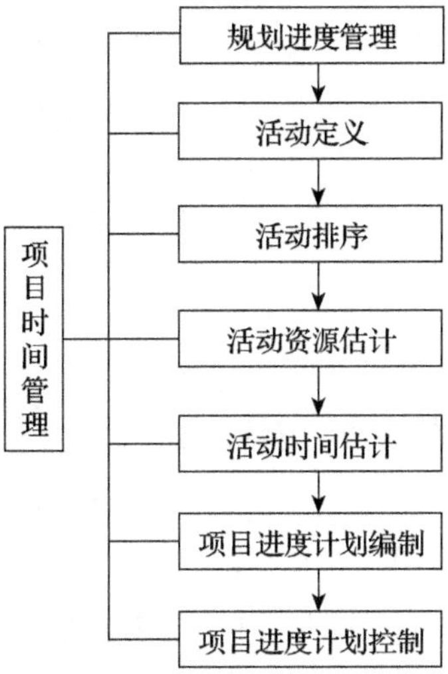

图 5-2　项目时间管理的过程

5.1.3　项目时间管理研究综述

1. 项目时间管理研究现状

当前，项目时间管理的研究主要聚焦在以下 3 个方面。

（1）时间 – 费用成本优化。在工程工期和成本之间寻求一种均衡，使得在工期最短的情况下费用最低，或者在费用最低的情况下工期最短，从而使两者之间达到最优的组合。

（2）在现实中有许多项目同时存在于一个企业，经常发生项目之间相互影响、争夺资源的现象。

（3）项目在实施过程中，经常会遇到各种突发事件，导致各个作业活动的作业时间不确定。因此，如何更真实地反映作业活动时间、消除不确定因素的影响成为最近研究的热点。随着各种方法的提出，计算结果精确度与方法复杂性同时增加，似乎成为一对不可调和的矛盾。

2. 项目时间管理研究展望

随着客户的现实需求日益严格、先进管理思想的涌现以及计算机技术的发展，项目时间管理的发展趋势和前景主要体现在两个方面：管理理念和管理方法的提升、先进应用方式的提升。

（1）在管理理念和管理方法的提升上，最近涌现了一些先进的管理思想，如制约因素理论、约束管理、知识管理、柔性管理等。

（2）随着计算机技术在项目时间管理应用领域向深度和广度发展，其研究趋势主要体现在项目时间管理的智能化、集成化、实时化和网络化。

5.2　规划进度管理

规划进度管理是项目管理计划的组成部分。进度管理计划会规定如何报告和评估进度紧急情况。可能需要更新进度管理计划，从而反映在管理进度过程中所发生的变更。进度管理计划是制订项目管理计划过程的主要依据（见图 5-3）。

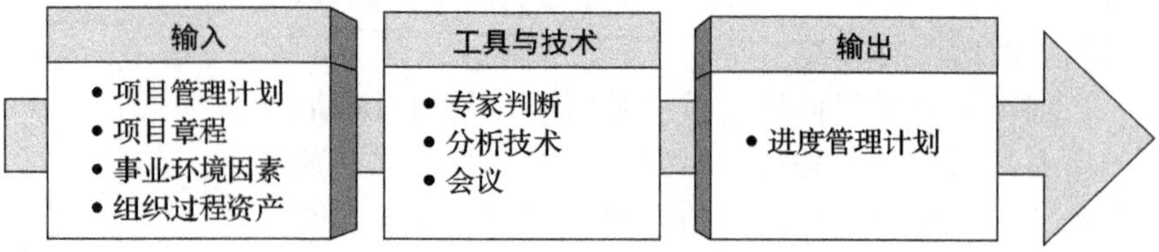

图 5-3　规划进度管理的过程定义

5.2.1　规划进度管理的输入

（1）项目管理计划。项目管理计划用于制订进度计划的信息包括（但不限于）以下内容。

1）范围基准。范围基准包括项目范围说明书和 WBS 细节，可用于定义活动、持续时间估算和进度管理。

2）其他信息。可依据项目管理计划中的其他信息制订进度计划，比如与规划进度相关的成本、风险和沟通决策。

（2）项目章程。项目章程是由项目启动者或发起人发布的，正式批准项目成立，并授权项目经理动用组织资源开展项目活动的文件，其中包括以下内容。

1）项目目的或批准项目的原因。

2）可测量的项目目标和相关的成功标准。

3）高层级需求。

4）假设条件和制约因素。

5）高层级项目描述和边界定义。

6）高层级风险。

7）总体里程碑进度计划。

8）总体预算。

9）干系人清单。

10）项目审批要求（如用什么标准评价项目成功，由谁对项目成功下结论，由谁来签署项目结束）。

11）委派的项目经理及其权责。

12）发起人或其他批准项目章程的人员的姓名和职权。

（3）事业环境因素。影响规划进度管理过程的事业环境因素包括（但不限于）：影响进度管理的组织文化和结构；可能影响进度规划的可用资源和技能；提供进度规划工具的项目管理软件，有利于设计管理进度的多种方案；发布的商业信息（如资源生产率）；组织中的工作授权系统。

（4）组织过程资产。影响规划进度管理过程的组织过程资产包括（但不限于）：可用的监督和报告工具；历史信息；进度控制工具；现有的、正式和非正式的与进度控制有关的政策、程序和指南；模板；项目收尾指南；变更控制程序；风险控制程序，包括风险类别、概率与影响定义，以及概率和影响矩阵。

5.2.2　规划进度管理的工具与技术

（1）专家判断。基于历史信息，专家判断可以对项目环境及以往类似项目的信息提供有价值的见解，还包括针对正在开展的活动，基于某应用知识领域、学科、行业等专业知识，做出的判断。

（2）分析技术。在规划进度管理过程中，可能需要选择项目进度估算和规划的战略方法，进度管理计划中还须详细描述对项目进度进行快速跟进或赶工的方法。如同其他会影响项目的进度决策，这些决策可能对项目风险产生影响。

（3）会议。会议是吸引项目团队和其他干系人参与的重要方式。是整个项目的主要沟通方式。项目团队可能举行规划会议来制订进度管理计划。参会人员可能包括项目经理、项目发起人、选定的项目团队成员、选定的干系人、进度规划或执行负责人及其他必要人员。

5.2.3　规划进度管理的输出

进度管理计划是项目管理计划的组成部分，为编制、监督和控制项目进度建立准则和明确活动。进度管理计划会规定以下内容。

（1）项目进度模型制定。需要规定用于制定项目进度模型的进度规划方法论和工具。

（2）准确度。需要规定活动持续时间估算的可接受区间，以及允许的应急储备数量。

（3）计量单位。需要规定每种资源的计量单位。

（4）组织程序连接。工作分解结构为进度管理计划提供了框架，保证了与估算及相应进度计划的协调性。

（5）项目进度模型维护。需要规定在项目执行期间，将如何在进度模型中更新项目状态，记录项目进展。

（6）控制临界值。可能需要规定偏差临界值，用于监督进度绩效。它是需要采取某种措施前，允许出现的最大偏差。通常用偏离基准计划中的参数的某个百分数来表示。

（7）绩效测量规则。需要规定用于绩效测量的挣值管理规则或其他测量规则。例如，进度管理计划可能规定以下内容。

1）确定完成百分比的规则。

2）用于考核进展和进度管理的控制账户。

3）拟用的挣值测量技术，如基准法、固定公式法、完成百分比法等。

4）进度绩效测量指标，如进度偏差和进度绩效指数，评价偏离原始进度基准的程度。

5）报告格式：需要规定各种进度报告的格式和编制频率。

6）过程描述：对每个进度管理过程进行书面描述。

5.3 项目活动定义

5.3.1 项目活动定义概述

项目活动定义是指识别为实现项目目标所必须开展的项目活动，定义那些为生成项目产出物及其各个组成部分而必须完成的任务或必须开展的活动的项目时间管理的特定工作。

定义活动也是一个过程，它涉及确认和描述一些特定的活动，而完成了这些活动就意味着完成了工作分解结构中的项目细目和子细目。这里的活动是由项目工作包的进一步分解细化而得到的，即把一项大的工作分解为若干富有可操作性的活动单位。

活动定义的过程可参考图 5-4。下面将对活动定义的过程进行具体讨论。

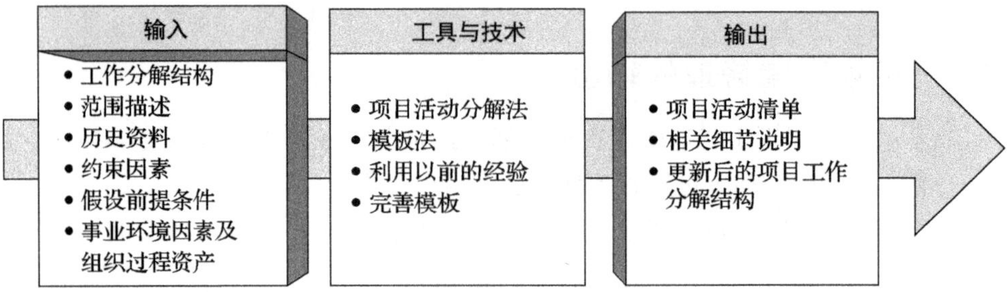

图 5-4 项目活动定义的过程

5.3.2 项目活动定义的输入

项目活动定义的第一步是活动定义输入，一个项目的活动必须依据下述信息和资料。

（1）工作分解结构。工作分解结构是项目活动定义所依据的最基本和最主要的信息。通过项目工作分解获得的工作分解结构给出了项目需要完成的全部工作的整体表述。图 5-5 是 LNYM 管理提升项目的工作分解结构示意图。

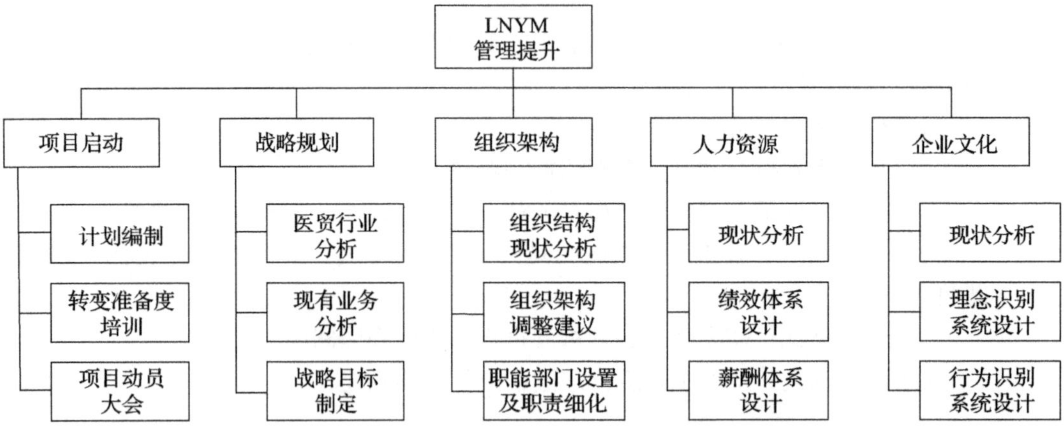

图 5-5 LNYM 管理提升项目工作分解结构图

在进行项目工作分解结构时，必须注意的是最低层次的工作任务即为项目实施中将要运行的最小工作任务。项目活动定义所依据的项目工作分解结构的详细程度和层级主要取决于下面这些因素。

1）项目组织中各项目小组或个人的工作责任划分和他们的能力水平，以及项目管理与项目预算控制的要求高低和具体项目团队的管理能力水平。

2）项目承担者的角色。不同的项目承担者对结构分解有不同的要求，需要根据自身需求确定项目细化水平。

（2）范围描述。要正确界定一个项目的工作与活动还必须依据项目目标和项目范围方面的信息和资料，这是项目活动界定所需的另一项基本的信息输入。

（3）历史资料。在界定项目活动过程中，需要使用各种项目历史信息。包括项目前期工作所收集和积累的各种信息，以及关于以前相关项目实施的实际情况的描述文件和资料。

（4）约束因素。约束因素是指项目面临的各种限制条件和因素。这些因素和条件作为项目的重要信息是项目活动定义中必须考虑的内容，是界定项目活动的关键因素之一。

（5）假设前提条件。项目的假设前提是指在开展项目活动界定的过程中，基于前提条件所给出的假设。假设不同于约束因素，存在一定的不确定性，会给项目带来一定的风险。

（6）事业环境因素及组织过程资产。影响定义活动过程的事业环境因素包括组织文化和结构、商业数据库中发布的商业信息和项目管理信息系统等。影响定义活动过程的组织过程资产包括经验教训知识库（其中包含以往类似项目的活动清单等历史信息），标准化的流程，来自以往项目的、包含标准活动清单或部分活动清单的模板，现有的、正式和非正式的、与活动规划相关的政策、程序和指南（如进度规划方法论）等。

5.3.3　项目活动定义的工具与技术

活动定义的主要内容就是要搞清楚项目究竟需要完成哪些工作，这些工作又包含哪些具体的项目活动。活动定义的输出就是给出一份包括所有项目活动的活动清单。

（1）项目活动分解法。项目活动分解法是指为了使项目便于管理而根据项目工作分解结构，通过进一步分解和细化项目工作中的各项任务，从而得到全部具体项目活动的一种结构化、层次化的项目活动分解与界定的方法。

（2）模板法。项目活动定义的模板法也叫原型法。通过在模板上增减项目活动，定义出新项目的各项活动。

（3）利用以前的经验。一个模板反映出在从事许多特定类型的项目中获取的经验积累。

（4）完善模板。当使用模板时，主要是根据以前做过的项目，而不是根据现有的一个看起来很完善的计划来制定和修改模板。通常制定模板是针对经常执行的任务，或整个项目。

1）模板只是活动分解的雏形，不是最终版本。每个项目和以前的项目相比，在某种程度上都有不同。在选择和使用中应当注意，充分考虑每个项目的独特性，从实际情况出发。

2）为反映从以往项目中获得的经验，须不断更新模板。对做过的项目进行认真回顾和总结是检验和丰富模板的绝好机会。

5.3.4　项目活动定义的输出

活动定义的表现方式即活动定义的输出。它是指一系列的信息和文件，包括项目活动清单、相关细节说明以及更新后的项目工作分解结构。

（1）项目活动清单。它是在对项目活动的进一步细化分解的基础上所生成的，是项目所要开展的各项具体活动的说明文件。表 5-1 给出了 LNYM 项目的活动清单。

（2）相关细节说明。它是用于支持和说明项目活动清单的各种具体文件与信息。包括已经给定的项目假设前提条件和对项目限制因素的说明与描述，以及项目活动清单的各种解释说明。

（3）更新后的项目工作分解结构。它是指对项目团队为实现项目目标、创建所需可交付物，而需要实施的全部工作范围的层级分解。

表 5-1　LNYM 项目的活动清单（部分）

	活动名称	负责人	资源合计	工期（天）	前置活动	预算费用	交付记录
A	1. 项目启动	…	…	14		…	
	1.1 计划编制	…	…	2	1	…	《详细项目计划书》
	1.2 项目动员大会	…	…	2	1	…	
	1.3 转变准备度培训	…	…	10	12	…	《转变准备度调查问卷及其分析报告》、转变管理培训
B	2. 战略规划	…	…	49	1	…	
	2.1 医贸行业分析	…	…	21	1	…	《行业分析报告》
	2.2 现有业务分析	…	…	21	13	…	业务流程分析与改进报告、流程重组培训、业务流程图及说明、行业对标报告、业务流程访谈问卷及分析报告
	2.3 战略目标制定	…	…	7	21、22	…	《战略规划及实施计划书》
C	3. 组织架构	…	…	33	2	…	
	3.1 组织结构现状分析	…	…	10	22	…	《组织架构评估报告》
	3.2 组织架构调整建议	…	…	8	3	…	《公司组织机构职能变革方案》、组织机构职能变革方案研讨会
	3.3 职能部门设置及职责细化	…	…	15	31	…	《职能部门及其职责设计报告》、《岗位说明书 / 工作权限方案》

（续）

	活动名称	负责人	资源合计	工期（天）	前置活动	预算费用	交付记录
D	4. 人力资源	…	…	39	2	…	
	4.1 现状分析	…	…	10	13	…	《现状分析及评估改进报告》
	4.2 绩效体系设计	…	…	14	41	…	《绩效考核体系设计方案》
	4.3 薪酬体系设计	…	…	15	41	…	《薪酬体系设计方案》
E	5. 企业文化	…	…	36	2	…	
	5.1 现状分析	…	…	10	2	…	《企业文化现状分析与评估报告》
	5.2 理念识别系统设计	…	…	13	51	…	《公司理念识别手册》
	5.3 行为识别系统设计	…	…	13	51	…	《企业管理手册（制度汇编）》

5.4　项目活动排序

5.4.1　项目活动排序的概念

项目活动排序是根据项目清单的各项活动，确定各活动之间的相互关联及依赖关系，科学、合理地确定项目活动的先后顺序，并形成相应文档的过程。要编制切实可行的项目进度计划，首先必须对前面定义的项目活动进行准确的排序。制订项目进度计划，就必须确定项目活动顺序，排列构成项目活动路径、项目活动网络。因此，项目活动排序需要获得以下信息。

（1）项目活动清单。它是项目活动定义阶段的工作成果，列出了项目须开展的全部活动以及内容。

（2）项目产出物描述。项目产出物（项目产品）是项目活动的结果。项目产出物的特性通常影响到项目活动排序。

（3）项目活动依赖关系。确定活动排序会涉及各活动之间相互关系的识别和说明。依赖关系用来表示两个活动（前导活动和后续活动）之间的逻辑关系。

（4）项目约束与假设条件。项目约束条件是项目面临的各种资源与条件限制因素对项目活动排序造成的影响。项目假设条件是对项目活动所涉及的不确定条件的假设认定。

5.4.2　确定项目活动之间的关系

项目活动顺序的确定应首先分析确定各活动之间存在的强制性依赖关系，其次再分析各活动之间的选择性依赖关系。下面介绍如何理解和确定项目活动之间的相互关系。

1. 活动依赖关系

（1）强制性依赖关系。模块活动间的强制性依赖关系是指项目活动之间客观的、不可缺少的关联关系，一般是由物质条件或客观规律限制造成的。项目活动之间的这种强制性关系被称为内在联系或逻辑关系，也被称为项目活动的“硬逻辑关系”，如图 5-6 所示。

（2）选择性依赖关系。项目活动间的选择性依赖关系是项目团队所确定的依赖关系。项目活动间的选择性依赖关系，也被称作“优先选用逻辑关系”“优选逻辑关系”或者“软逻辑关系”，如图 5-7 所示。

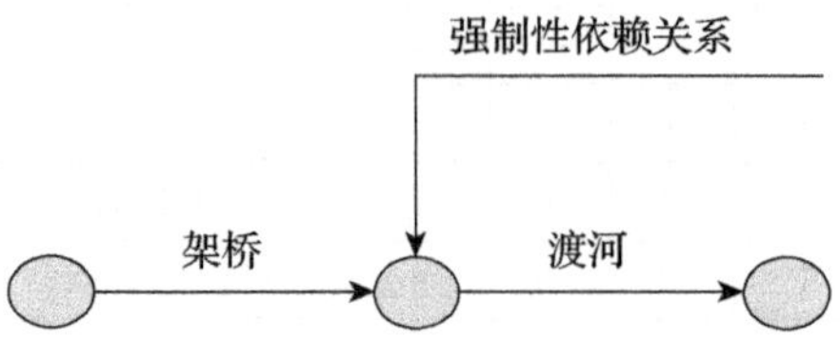

图 5-6　强制性依赖关系

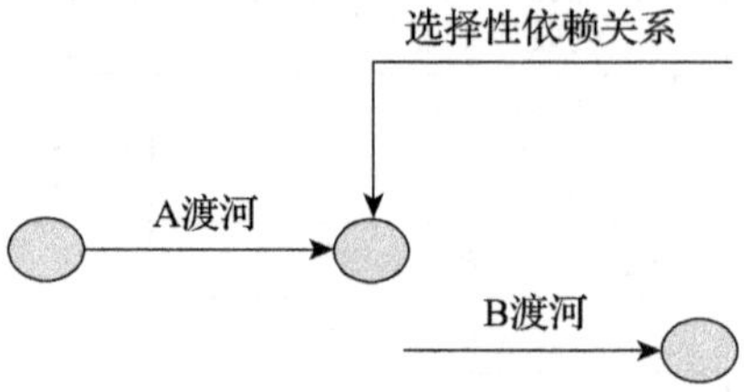

图 5-7　选择性依赖关系

（3）外部依赖关系。项目活动的外部依赖关系是项目活动与非项目活动的依赖关系。大多数依赖关系限于项目内两个活动之间，有些依赖关系涉及本项目以外的其他项目联系或者涉及一个或多个干系人其他非本项目活动的联系。

2. 时间相关关系

对于两个相关联的活动 A 和活动 B，在时间上存在着相关性关系，这是进行活动排序的基础。活动间的时间相关关系分为 4 种，如图 5-8 所示。

（1）完成 - 开始（finish-to-start，FS）。后一活动开始要等到前一活动完成。

（2）完成 - 完成（finish-to-finish，FF）。后一活动完成要等到前一活动完成。

（3）开始 - 开始（start-start，SS）。后一活动开始要等到前一活动开始。

（4）开始 - 完成（start-finish，SF）。后一活动完成要等到前一活动开始。

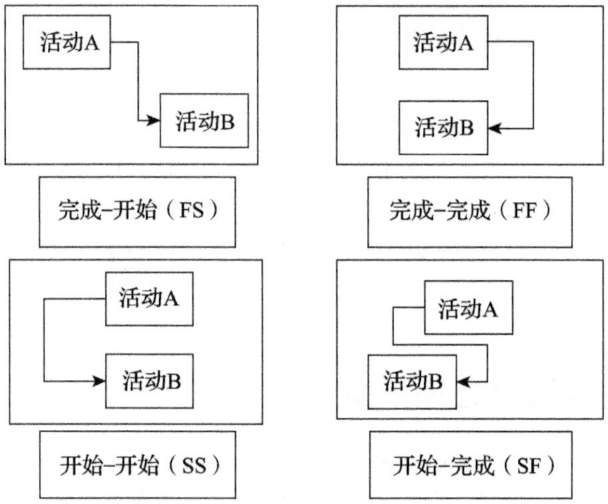

图 5-8　活动间的时间相关关系

5.4.3　项目活动排序的方法

项目活动排序一般要根据项目活动间的各种关系、项目活动清单和项目产出物描述以及项目的各种约束和假设条件，编排出项目活动顺序。项目活动顺序关系一般用网络图或文字描述的方式表示。

1. 前导图法

前导图法（precedence diagramming method，PDM）也叫节点图（AON）法、单代号网络图法、顺序图法，是一种通过项目节点网络图给出项目活动顺序安排的方法。前导图的画法：使用节点表示活动，使用节点之间的箭线表示项目活动之间的相互关系，箭头指向表明活动流程方向，如图 5-9 所示。

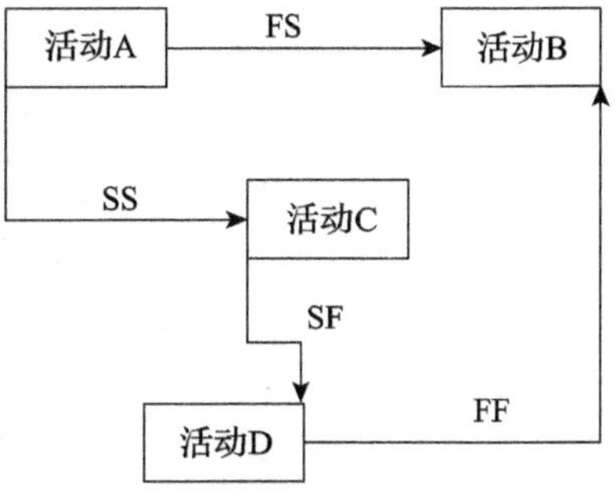

图 5-9　前导图示例图（1）

在使用前导图法的过程中，当有多个活动不存在前导活动时，通常就虚构一个活动，例如在图上增加一个“开始”节点，把这些活动表示成从这个虚构的“开始”节点引出来。类似地，当多个活动没有后续活动时，通常也虚构一个“终止”节点，把这些活动表示成汇聚于一个叫做“终止”的节点上。在估计这些虚构活动的时间时，取值都是“0”。如图 5-10 所示。

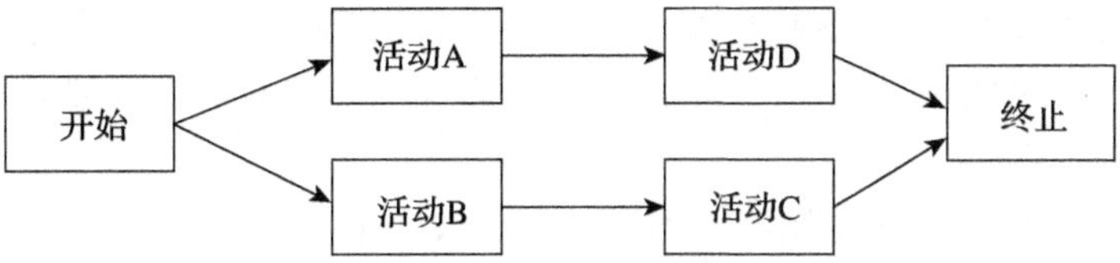

图 5-10　前导图示例图（2）

对于前导图中包含的活动，当几项活动相互衔接时，必然会建立 3 种基本活动关系：前置活动、后续活动及平行活动。这些活动关系的对应图示可在图 5-11 中找到。

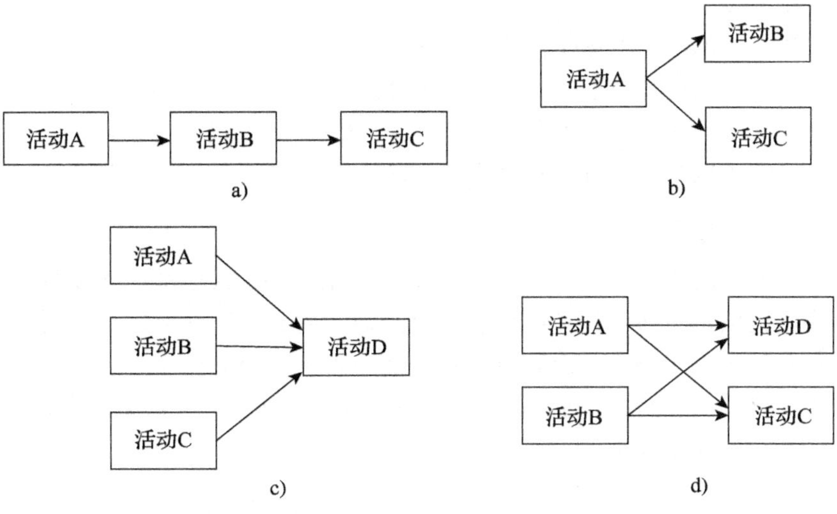

图 5-11　活动关系图示例

（1）前置活动，或者称为紧前活动，它是指在本活动之前必须正好完成的那些活动。在前导图中，逆箭头方向，与该活动紧密相连的活动称为前置活动，如图 5-11a 所示。

（2）后续活动，或者称为紧后活动，它是指那些活动必须正好跟随在本活动之后。在前导图中，顺箭头方向，与其紧密相连的活动称为本活动的后续活动，如图 5-11a 所示。

（3）平行活动，或者称为同时活动，可以在这一活动正在进行时进行的活动，如图 5-11b、图 5-11c、图 5-11d 所示。

在图 5-11b 中，活动 B 和 C 之前是活动 A，活动 B 和 C 只有在活动 A 完成之后才能开始。活动 B 和 C 被认为是平行活动，允许同时进行。活动 A 有时又被称为分支活动。

在图 5-11c 中，活动 A、B 和 C 在活动 D 开始之前都必须结束。活动 A、B 和 C 是平行活动。活动 D 又被称为汇合活动。活动 D 在很多情况下可被称为里程碑。

在图 5-11d 中，活动 C 和 D 之前均是活动 A 和 B，也就是说活动 A 和 B 是可以同时发生的平行活动，活动 C 和 D 也是平行活动。然而活动 C 和 D 只有在活动 A 和 B 都完成以后才能开始。

上面这些前导图基本关系显示了项目活动之间可能存在的几种逻辑关系。这些项目活动网络图基本关系允许项目经理和项目管理人员构造项目活动排序和相互逻辑关系的简单流程图。

在用前导图法绘制网络图时，需要遵守下列规则。

（1）网络图是有向图，因此图中不能出现无头箭线和双头箭线，只允许出现单头箭线。

（2）网络图中活动与方框一一对应，两个相邻方框间只需要一条箭线相连。

（3）箭线必须从一个方框开始，到另一个方框结束，不能从一条箭线中间引出其他箭线。

（4）网络图中不能有循环回路。

（5）网络图中不能出现无节点的箭线。

（6）网络图中只能有一个起始节点和一个终止节点。

（7）网络图的箭线要尽量避免交叉。

2. 箭线图法

箭线图法（ADM）又叫双代号网络图法（AOA），是一种安排和描述项目活动顺序的网络图方法，用箭线代表项目活动，用节点代表项目活动之间的相互关系。事件是满足一定条件的时间点，每个活动始于一个节点，终于另一个节点。在箭线图中，活动的开始（箭尾）事件叫做该活动的紧前事件，活动的结束（箭头）事件叫做该活动的紧随事件。如图 5-12 所示。

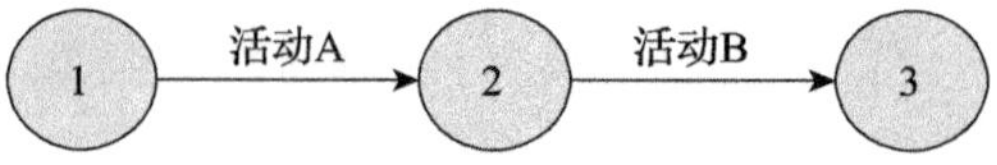

图 5-12　箭线图法

在箭线图中，要遵循下面两个基本原则。

（1）箭线图中每一事件必须有唯一的一个事件号，即箭线网络图中不能有相同的事件号。

（2）任意两项活动的紧前事件和紧随事件至少有一个不相同。又由于活动是通过节点联系起来的，因此箭线图一般只利用结束－开始（FS）这种逻辑关系，并且必要时用虚活动表示活动间逻辑关系。虚活动表示的是活动间的依赖关系，并非真实活动。

在复杂的网络图中，为避免多个起点或终点引起的混淆，也可以用虚活动来解决，即用虚活动与所有能立即开始（或结束）的节点连接，从而保证每个活动具有唯一的识别号码。在用箭线图法绘制网络图时，需要遵守以下规则。

（1）同节点网络图一样，箭线网络图也是有向图，图中不能出现回路。理论上，只要活动每次重复的成功概率已知或重复的次数有所规定，网络图中的回路就是可以处理的。

（2）活动与箭线一一对应，每个活动在网络图中只能用连接两个节点的一条有向箭线表示。

（3）两个相邻节点间只允许有一条箭线直接相连，其原因是为了能够明确地标识各项活动。当项目的正常进展需要几个活动同时发生时，就产生了平行活动。为此箭线图法可引入虚活动，从而引入额外的节点，使得相邻节点间只有一条箭线直接相连。

（4）箭线必须从一个节点开始，到另一个节点结束，引出其他箭线。

（5）每个网络图必须也只能有一个开始事件节点和一个结束事件节点。因此，应避免出现多个开始事件节点和结束事件节点。

3. 条件图法

条件图法典型的例子就是图形评审技术（GERT), GERT 可以有回路和条件分支。

4. 网络图模板法

网络图模板法是指项目经理和项目管理人员可以用一些标准的网络图或者过去完成的项目网络图作为新项目网络图的模板，根据新项目的实际情况来调整这些模板，从而可以准确、高效地绘制出新项目的网络图的方法。

5.4.4　项目活动排序的结果

在确定项目活动之间的逻辑关系以后，活动相互关系的最终结果是要画出一张描述项目各活动相互关系的项目网络图，以及提交一份活动更新后的活动详细关系和属性清单，具体包括以下内容。

（1）项目网络图。项目网络图就是项目活动之间的逻辑关系和依赖关系示意图。

（2）活动关系清单更新。在活动定义的过程中，项目经理和项目管理人员可能会发现原有的工作分解结构存在不妥之处，从而须更新工作分解结构。

（3）活动属性更新。确定了活动间的逻辑关系后，活动属性须加入有关时间提前和滞后量。

5.5 项目活动资源需求估算

5.5.1 项目活动资源概述

开展项目活动需要消耗资源，因此在进行项目活动时间估计和项目进度计划编制之前都需要进行项目活动资源估算。

1. 项目活动资源的概念

项目活动资源是指为了开展项目中的活动所需的资本或者某种人力、设备或者材料，包括自然资源和人造资源、内部资源和外部资源、有形资源和无形资源、时间资源等。

2. 项目活动资源的分类

项目活动资源可以根据不同的标准和应用领域进行分类。本书选取以下方法简要介绍。

（1）根据会计学原理进行分类。可以分为劳动力、材料和其他资源。其优点是通用性强，操作简便，易于为人们所接受，对于企业的项目预算和会计工作非常适用，其缺点主要有以下两方面。

1）没有明确地说明诸如信息、知识产权等无形资源的成本。

2）没有体现项目资源管理的主要方面。

（2）根据项目活动资源的可获得性进行分类。

1）可以重复使用的资源。它指的是那种只是暂时应用于某项活动，但在完成任务后还可以继续应用于另一项活动的资源。

2）不可再生资源。这类资源一旦投入使用，就永远不能再服务于另外一个活动，也不能再次进行补充。时间是最重要的不可再生资源，且是绝对不可再生资源。

3）可补充的资源。这类资源将随着项目活动的开展和时间的推移而不断被消耗，但是可以通过采购、租赁等方式来补充。

（3）根据项目活动资源的特点进行分类。

1）无限制性的资源。这类资源在项目实施过程中的成本和时间没有严格的限制。

2）有限制性的资源。这类资源的价格非常昂贵，或者对技术要求较高，或者数量稀少，在整个项目的工期内不可能完全或者随时随地得到。

3. 项目活动资源的特点

项目是特殊的一次性努力，可供项目活动使用的资源的特点大致可以概括为以下 4 点。

1）有限性。资源的有限性也称稀缺性，是资源最重要的特征。许多资源是有限的，而且可代替资源的品种也是有限的。

2）即时消耗性。项目是一次性工作，项目组织也是临时性机构，不可能建立庞大的库存系统和永久性地保留项目资源。资源必须只在需要的时候按照需要的数量提供给项目使用。

3）专有性。相比于日常的运行活动而言，项目是对时间进度要求非常强的一种活动，而且不可预见性也比较强，出现各种各样的变更是常有的事。

4）多用性。资源一般都有多种功能和用途，可满足多方面的需要，同一种资源可以作为不同活动的投入物；不同的项目活动对某一种资源也可能存在着共同的需求。

5.5.2 项目活动资源需求估算

项目活动资源需求估算就是确定在实施项目活动时需要使用的资源类型，每种资源使用数量以及资源用于项目活动的时间。活动资源估算过程和项目成本估算过程联系紧密。

1. 项目活动资源对项目时间管理的影响

（1）项目活动资源的数量对项目时间管理的影响。资源数量和项目活动的工期之间主要有 3 种关系：①资源投入增加，工期减少，非同比例变化；②资源投入增加，工期不变，边际效益递减；③资源投入增加，工期增加，存在倒 U 形负向影响关系。

（2）项目活动资源的质量对项目时间管理的影响。一般而言，资源质量越好，项目活动所需时间就越短，达限后，提高资源质量就不会再减少活动时间，会增加成本投入。

（3）项目活动资源需求节奏对项目时间管理的影响。项目活动资源需求节奏确定了项目活动资源的投入时机和数量，反映了在任何给定的一个时点上活动所需各种资源的水平。

（4）项目活动资源类型对项目时间管理的影响。完成项目活动所需的资源有多种类型，因此存在多种形式的资源组合。不同形式的组合都可以完成项目活动，改变资源类型配比与改变资源数量都可以带来项目所用时间上的变化。

2. 项目活动资源需求估算的考虑因素

（1）资源的适用性。在选择资源时，不但要考虑资源本身的质量和供给状况，还要考虑项目活动的需求、可以付出的成本，以及使用这种资源最想达到的目的，进行综合权衡。

（2）资源的可获得性。在确定项目活动资源的需求时，有关资源类型、资源获取时间、资源获取方式是必须加以考虑的。

（3）项目日历和资源日历。项目日历和资源日历确定了可用于工作的资源时间。资源有资源的可供应时间，项目有项目的运作时间，这两个时间表并不必然一致。

（4）资源质量。不同的活动对资源的质量水平要求是不同的，在确定资源需求的时候必须保证资源的质量水平满足项目活动实施的要求。

（5）资源使用的规模经济和规模不经济。资源投入与项目完成时间存在倒 U 形关系，即在最优解前，资源投入可降低项目完成时间，之后则会增加完成时间。

（6）关键活动的资源需求。在确定资源需求的时候，应当分析活动在整个项目中的重要性，应当保证关键环节资源的充足使用和及时可得性，同时准备备用方案，降低风险。

（7）活动的关键资源需求。在确定资源需求的时候，应当着重考虑关键资源的需求问题，采取增加该项资源的储备、加大采购提前期、准备多个供方等措施。

（8）项目活动的时间约束和资源成本约束的集成。确定项目活动资源需求时除了要考虑资源的使用性质以外，还应从集成管理的角度来考虑所使用资源的成本和时间。

（9）资源风险。在确定资源需求时，还应当分析资源风险。前面已经提到资源的可获得性和质量因素，这些风险因素都会对项目活动的资源需求产生重大影响。

（10）活动资源储备。在进行活动资源需求估计的时候，应当考虑活动资源的储备，特别是关键活动和活动的关键资源。通过增加活动资源储备可增强项目的风险承受能力和应对能力。

3. 项目活动资源需求估算的步骤

首先根据输入条件制订活动资源需求估算的计划，其次分析活动特性，根据分析结果采用恰当的活动资源需求估计的方法，最后估算出项目活动的资源需求类型、质量和数量。

项目活动资源需求确定的输入条件包括以下几项。

（1）企业环境因素。在项目活动资源估计过程中，需要使用企业环境因素中关于基础资源可得性的信息。

（2）组织过程资产。组织过程资产包括正式的和非正式的政策、程序、计划和指南，还包括完整的进度计划、风险数据等。

（3）历史项目信息。历史项目信息是指已完成的同类项目在项目所需资源、项目资源计划和项目实际消耗资源记录等方面的信息。

（4）各类资源的定额、标准和计算规则。它是指项目资源计划编制过程中需要参考的国家、地方、民间组织和企业有关各种资源消耗的定额、标准和计算规则等方面的规定。

（5）项目活动清单。项目活动清单是在项目活动工作分解结构的基础上进一步分解得到的。活动清单应当包括每项活动的描述，比项目工作分解给出的项目工作更详细，更具有可操作性。

（6）活动属性。活动属性是活动定义过程的交付物。

（7）资源可获得性。资源可获得性包括资源的获得地点和获得时间等方面的信息，可以通过资源可获得性信息来估计资源需求。

（8）项目工期和工期管理计划。项目工期管理计划是项目管理计划的一部分，工期要求信息可以用在活动资源需求估计中。

（9）项目活动资源需求估计的假设前提条件。这是对项目活动所涉及的一些不确定性条件的假定，是为了开展需求估计活动所必须做出的假设认定，会直接影响资源需求的估计。

5.5.3 项目活动资源需求估算的方法和结果

1. 项目活动资源需求估算的方法

（1）专家调查法。专家调查法是指运用一定的方法，将专家个人分散的经验和知识集成群体的经验和知识，进而对事物的未来做出主观预测的过程。

（2）资料统计法。资料统计法是指使用历史项目的统计数据资料，计算和确定项目活动资源需求的方法。

（3）统一定额法。统一定额是指由权威部门（国家或民间的）制定的为完成一定量项目工作所需消耗和占用的资源质量和数量的限额标准。

（4）三点技术。它可以给确定活动资源需求提供一个框架，这种方法要求对活动做三类估计：乐观的、悲观的和最可能的。乐观估计假设活动所涉及的所有事件均对完成该活动有利，悲观估计即假设事件均对完成活动不利，分别对应了最低、最高资源需求；最可能估计是通常情况下完成活动的资源需求。预计项目的活动资源 = (O + 4M + P)/6，如图 5-13 所示。

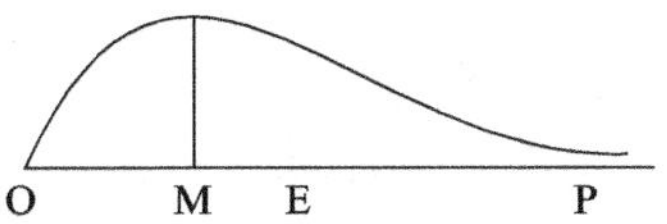

图 5-13　三类估计

（5）项目管理软件法。项目管理软件能够协助规划、组织与管理备用资源，并提出资源估算。它可用来确定资源日历，亦可确定资源分解结构、资源的有无、数量以及资源单价。

（6）自下而上估算。在估算活动把握不够时，将其范围内的工作进一步分解，估算其下层每一个更具体的工作资源需求，再按资源种类汇总。

2. 项目活动资源需求估算的结果

（1）活动资源需求。活动资源需求估算过程的成果应当包括项目活动清单、每项活动需要的资源类型和数量的描述和说明。

（2）更新的活动属性。与输入的活动属性相比较，输出的活动属性中包括了每个活动需要的资源类型和数量，还反映了来自活动资源估计过程中的变更。

（3）资源分解结构。资源分解结构是通过资源分类和资源类型来识别资源的层次结构，它是项目分解结构的一种，通过它可以在资源需求细节上制订进度计划。

（4）资源日历。项目资源日历记录了确定使用某种具体资源日期的工作日，或不使用某种具体资源的非工作日。包含可以使用的资源的时间、可供使用的期限以及可供使用的数量。

（5）必要的变更。活动资源估计过程可能导致必须做一些变更，增加或者减少活动清单中计划的活动内容。必要的变更可以通过集成变更控制过程来予以评审和变动。

5.6 项目工期估算

5.6.1 活动时间估计

1. 活动时间估计的概念

在确定了活动的排序关系后，须预计完成各项活动时间长短，它直接关系到各项活动时间的估算和完成整个项目任务所需要的总时间。活动时间过短或过长均会影响活动整体安排。

2. 活动时间估计的输入

（1）活动清单及其细节说明。活动清单可视为 WBS 的细化。这个活动清单应是完备的，它不包含任何不在项目范围里的活动。活动清单应包括活动的具体描述，从而确保准确性。

（2）项目所需资源需求。估算的活动资源需求会对活动持续时间产生影响，这是因为大多数活动的持续时间都会显著受分配给它们的资源及其可用性影响。

（3）资源日历。资源日历是在估算活动资源过程中编制的，其中包括了人力资源的种类、可用性与能力。此外，也应该考虑对进度活动持续时间有显著影响的设备和材料资源。

（4）项目范围说明书。在估算活动持续时间时，须考虑项目范围说明书中所列的假设条件与制约因素。假设条件包括现有条件，信息的可得性，报告期的长度，等等。制约因素包括可用的熟练资源、合同条款和要求等。

（5）事业环境因素。可能影响估算活动持续时间过程的事业环境因素包括持续时间估算数据库和其他参考数据，生产率测量指标，出版的商业信息，等等。

（6）组织过程资产。可能影响估算活动持续时间过程的组织过程资产包括有关持续时间的历史资料，项目日历，进度计划编制方法，经验教训，等等。

3. 活动时间估计的工具与技术

（1）专家判断。通过借鉴历史信息，专家判断能提供持续时间估算所需的信息，或根据以往类似项目的经验，给出活动持续时间的上限。

（2）类比估算。类比估算是指以过去类似项目的参数值为基础，来估算未来项目的同类参数或指标。类比估算综合利用历史信息和专家判断。

（3）参数估算。参数估算是指利用历史数据与其他变量之间的统计关系，来估算活动参数。把需要实施的工作量乘以完成单位工作量所需的工时，即可计算出活动持续时间。

（4）三点估算。通过考虑估算中的不确定性和风险，可提高活动持续时间估算的准确性。它起源于计划评审技术（PERT），使用 3 种估算值来界定活动持续时间的近似区间：

- 最可能时间（t_M）：基于最可能获得的资源、最可能取得的资源生产率、对资源可用时间的现实预计，并排除外界其他情境干扰，所得到的活动持续时间。
- 最乐观时间（t_O）：基于活动的最好情况，所得到的活动持续时间。
- 最悲观时间（t_P）：基于活动的最差情况，所得到的活动持续时间。

PERT 分析方法对以上 3 种估算进行加权平均，来计算预期活动持续时间（t_E）：

$$t_E = (t_O + 4t_M + t_P)/6$$

用以上公式计算出来的持续时间可能更加准确。这 3 种估算能表明持续时间估算的变化范围。

（5）储备分析。在进行持续时间估算时，须考虑应急储备（有时称为储备时间或缓冲时间），并将它纳入项目进度计划中，用来应对进度方面的不确定性。

（6）群体决策技术。基于团队的方法（如头脑风暴、德尔菲技术或名义小组技术）可以调动团队成员的参与，从而提高估算的准确度，并提高对估算结果的责任感。

4. 活动时间估计的输出

（1）活动持续时间估算。活动持续时间估算是对完成某项活动所需的工作时段数的量化估计。活动持续时间估算中不包括任何时间滞后量。在活动持续时间估算中，可指出变动区间。

（2）项目文件（更新）。可能需要更新的项目文件包括活动属性，为估算活动持续时间而制定的假设条件（如资源的技能水平和可用性），等等。

5.6.2 项目工期估算过程

1. 影响项目工期的因素

项目总处在一个不断变化的环境之中，从外部的天气、地理、经济、政治、技术等环境到公司内部的员工、各部门关系，都将影响项目工期，这就使得项目的时间具有不确定性。

（1）项目计划。项目的计划工作会对项目工期产生直接影响。计划总会随着项目环境的变化做一些必要的、局部的调整。调整后的计划，其时间可能与最初估计的时间是不尽相同的。

（2）意外事件。在项目进行中总会遇到一些意想不到的突发事件，项目的生命周期越长，出现突发事件的可能性和频率也越大。

（3）资金。资金是保证项目正常完工的重要基础。很多项目由于资金不能及时到位，使得资源供应不足，严重影响了项目的进度实施。

（4）物资供应。物资供应不足会直接影响项目的进行，而且某一活动的中断势必会对后续活动的进行产生影响。项目经理必须和公司财务部门、采购部门等内部其他协作部门紧密联系，以便及时得到全力支持。

（5）团队成员工作能力和效率。项目持续时间的估算经常是基于项目团队成员的平均工作能力的，但在实际工作中，团队成员的工作能力或效率是参差不齐的，同时由于主观或客观上的原因，很难保持稳定。

2. 项目工期估算方法

（1）关键路径法。在关键路径法中，假定活动持续时间是确定不变的。

1）正推法确定最早开始时间和最早结束时间。最早开始时间（ES）是指某项活动能够开始的最早时间。表达为：任何活动节点 j 的最早开始时间（ES）等于其紧前活动节点 i 的最早结束时间（EF）的最大值，即

$$\mathrm{ES}(j)=\max[\mathrm{EF}(i)]$$

例如，在 LNYM 管理提升项目中，在对 LNYM 进行战略规划的时候，需要分析医贸行业及企业内外部环境与经营业务，从而利用 SWOT 分析制定出公司的战略目标，如图 5-14 所示。

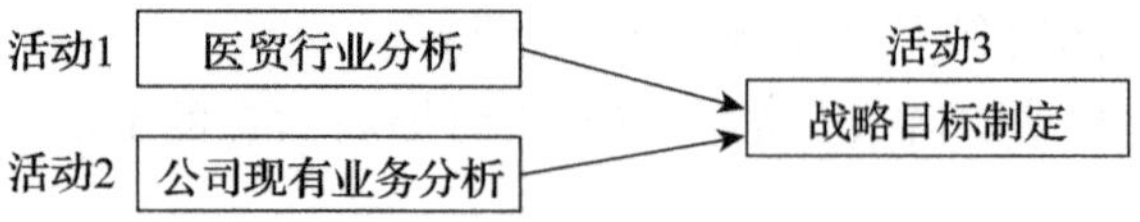

图 5-14 战略规划活动关系示例

最早结束时间（EF）是指某项活动能够完成的最早时间。我们同时约定，最早结束时间等于最早开始时间加上该活动的估算时间，即 EF = ES + 该活动的时间估计值。项目的最早结束时间等于项目网络中最后一个节点（假设为节点 n）的最早结束时间。因此，EF(项目) = EF(n)。

正推法是指按照网络逻辑关系从项目开始的那一刻正向（一般从左至右）对所有网络活动中未完成部分最早开始时间和最早结束时间的计算。

图 5-15 是一个简单网络图，每个圆圈中的英文字母代表活动名称，数字代表活动用时，每个圆圈上面的数字，左边的代表最早开始时间，右边的代表最早结束时间（以下均同此例）。如图 5-15 所示，A 活动是整个项目的开始活动，将其 ES 规定为 0，自然它的 EF 就是 0 + 2 = 2。活动 B 的紧前活动只有活动 A，所以它的 ES 就是 2（假定活动之间不必交接、等待，紧跟着就可以结束和开始），而 EF 就是 2 + 5 = 7。同理，活动 C 的 ES 是 2，EF 为 9。

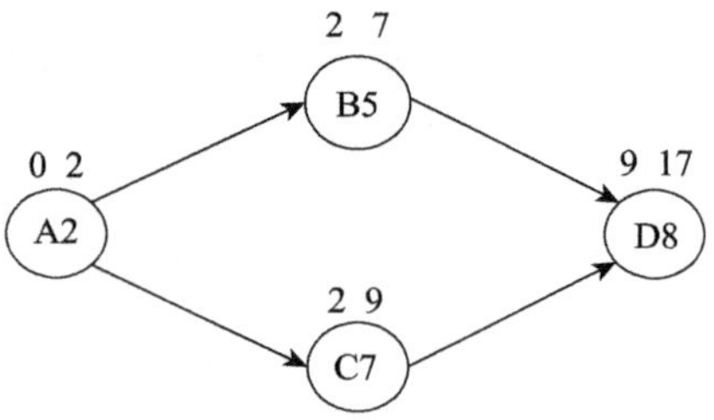

图 5-15 正推法战略规划活动关系示例

2）逆推法确定最迟开始时间和最迟结束时间。为了保证项目能够如期完成，常常需要知道每项活动最迟不得晚于某一时间必须结束，这也就是最迟时间。

最迟开始时间（LS）是指为了使项目在完工时间内完成，可以用该项目的最迟结束时间减去该活动的估算时间来得到，即 LS = LF − 活动的时间估计值。

最迟结束时间（LF）是指为了使项目在要求完工时间内完成，某项目活动最迟必须在某时结束。活动 i 的最迟结束时间（LF）是该活动紧后活动 j 的最迟开始时间（LS）的最小值，则：

$$\mathrm{LF}(i)= \min\ [\mathrm{LS}(i)]$$

其中，LS(i) = { 活动 i 的紧后活动 }。

在上面的 LNYM 战略规划的例子（见图 5-14）中，战略目标制定（活动 3）的最早开始时间要等到医贸行业分析（活动 1）和公司现有业务分析（活动 2）都完成；反之，活动 1 和活动 2 的最迟结束时间也不得晚于活动 3 的最迟开始时间。

逆推法是指按照网络逻辑关系从项目结束的那一刻反向（一般从右至左）计算网络中所有未完成活动的最迟开始时间和最迟结束时间。如果某项活动只有一个紧后活动，那该项活动的最迟结束时间为它的紧后活动的最迟开始时间。

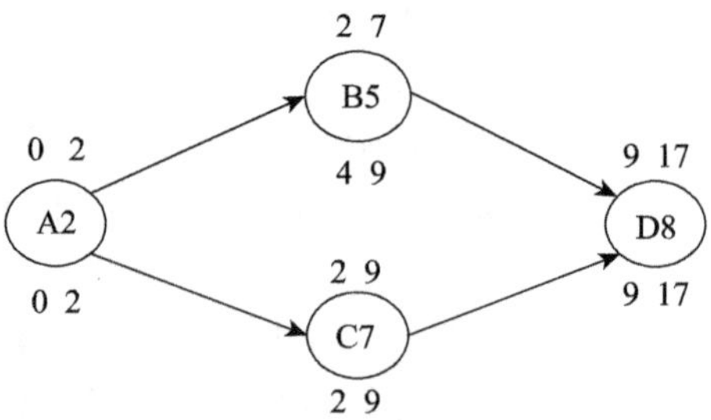

图 5-16 逆推法战略规划活动关系示例

如图 5-16 所示，活动 D 是整个项目的最后一项活动，没有紧后活动，为方便计算，将其 LF 规定为 17，它的 LS 就是 17 − 8 = 9。活动 D 的紧前活动分别是活动 B 和活动 C，所以它们的 LF 都是 9（假定活动之间不必交接、等待，紧跟着就可以结束和开始），而 LS 分别是 4 和 2。活动 A 的 ES、LS 均为 0，EF、LF 为 2。在计算 LS、LF 时，如果遇到有箭头发散出来的活动，必须加以小心。

经历正推法和逆推法计算后，每个活动都得到了 4 个数据，即 ES、EF、LS、LF。

3）确定关键活动。假设活动 j 有一个紧前活动 i，并且活动 j 被确定为关键活动，此时比较 EF_i 和 ES_j。如果 $EF_i = ES_j$，那么，就将活动 i 标为关键活动。如果网络中只有单一的起点或者单一的终点，那么，该节点一定在关键路线上，即该节点属于关键活动。

4）确定关键路径。关键路径是由一系列关键活动组成的路线。在项目网络图中，它是决定项目最早完成时间的路线。通常按照总时差小于或等于某个确定的值（通常是 0）的活动来确定关键路线。即所有 LS − ES 或者 LF − EF 等于 0 的活动，如果能从头串到尾，就是关键路径。故一个项目可以存在多条关键路径。

AON 网络图（节点表示活动，也叫节点图）除了用圆圈来表示节点外，还可以用方框来表示，如图 5-17 所示。其好处就是可以集中标出节点所代表的活动名称、最早开始时间、最早结束时间、最迟开始时间、最迟结束时间以及活动持续时间。信息既全面，又整齐美观。

<table>
<tr><td>最早开始时间</td><td>活动持续时间</td><td>最早结束时间</td></tr>
<tr><td colspan="3">活动名称</td></tr>
<tr><td>最迟开始时间</td><td></td><td>最迟结束时间</td></tr>
</table>

图 5-17　以方框表示节点示例

（2）PERT。PERT 可以被视为关键路径法的延伸，它将活动持续时间视作随机变量，并将这种考虑加入到项目的网络分析中。

1）计算每个活动持续时间的均值和方差。PERT 通过对每种活动使用 3 种时间估计来解决活动持续期中存在的潜在不确定性。3 种时间估计代表了活动持续期估计的范围。一项活动的不确定性越大，估计值的范围就越宽。

在 3 种时间估计的基础上，PERT 通过使用简单的公式来计算每项活动的期望持续时间和方差。这套公式建立在 β 分布的均值和方差基础上。同时，PERT 的近似公式基于这样一种认识，即一个分布的大多数观察值落在正负 3 倍方差之内。即将 PERT 公式的方差设定为等于持续范围估计值的 1/6，因此得到公式：

$$t = (a + 4m + b)/6$$

$$\sigma^2 = (b - a)^2/36$$

其中，a 为乐观的时间估计值；m 为最可能的时间估计值；b 为悲观的时间估计值（$a < m < b$）；t 为活动持续时间的期望值；σ^2 为活动持续时间的方差。

利用关键路径法和表 5-2 中的数据，可求出该项目的关键路径，该项目的 PERT 网络如图 5-18 所示。

表 5-2 附有活动持续时间期望值和方差的 PERT 项目数据

活动	紧前活动	a	m	b	t	σ^2
A		1	3	5	3.00	0.444 4
B		2	4	5	3.83	0.250 0
C	A	2	5	6	4.67	0.444 4
D	B	5	6	8	6.17	0.250 0
E	C	2	3	6	3.33	0.444 4
F	C、D	1	2	3	2.00	0.111 1
G	E、F	1	1	1	1.00	0.062 5

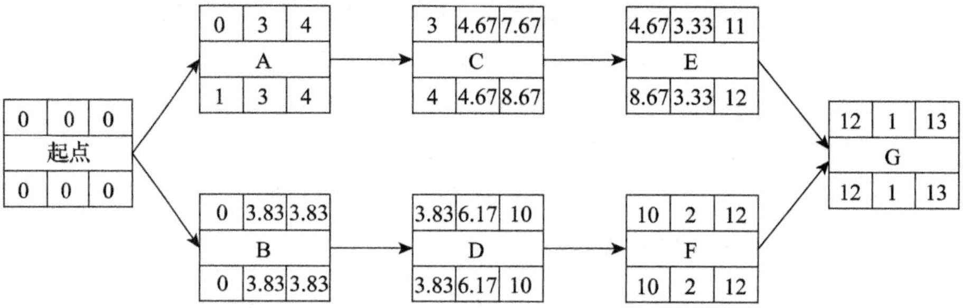

图 5-18 基于期望工期的 PERT 网络示例图

由图 5-18 可知，该项目的期望总工期 $T_E = 13$，关键路径上各关键工作的标准差为

$$\sigma = \sqrt{\sigma_1^2 + \sigma_2^2 + \cdots + \sigma_n^2} = 0.820\ 7$$

2）计算不同最后期限完工的概率。假设该项目在 T_D 内完工，据中心极限定理和正态分布，$P(X \leqslant x) = P(Z \leqslant x - \mu/\sigma) = P(Z \leqslant z)$，可以得出以下计算式：

$$\begin{aligned} P(T \leqslant T_D) &= P(T \leqslant 11) = P((z \leqslant 11 - T_E)/\sigma) \\ &= P(z \leqslant (11 - 13)/0.820\ 7) \\ &= P(z \leqslant -2.436\ 9) \\ &= 1 - P(z \leqslant 2.436\ 9) \\ &= 1 - 0.992\ 7 \\ &= 0.007\ 3 \end{aligned}$$

根据同样的方法，可以计算出不同的最后期限下的完工概率，如表 5-3 所示。

表 5-3 不同最后期限的完工概率计算表

序号	规定的最后期限 T_D	PERT 关键路径的期望工期	$T_D - T_E/\sigma$	完工概率
1	11	13	−2.436 9	0.007 3
2	12	13	−1.218 5	0.111 2
3	13	13	0	0.500 0
4	14	13	1.218 5	0.888 8

（3）关键链项目管理法。关键链项目管理法（CCPM）是 1997 年以色列物理学家艾利·高德拉特（Eliyahu M. Goldratt）在约束理论的基础上提出来的一种项目进度管理的方法，其科学性被认为超越了关键路径法和计划评审技术。CCPM 提出两个重要论点：①人的因素会对项目进度产生影响，所有的工作都是由人来完成的，人的心理因素和工作习惯对项目有着直接的影响；②项目进度只是受一部分而不是受所有资源的影响。高德拉特认为导致项目延误有三大行为模式，分别是学生综合征、帕金森定律和不良多任务安排。

1）学生综合征：每个人在给出其任务所需时间时，都不希望自己被看成不可靠的人，所以他们给的时间远超过工作所需，以防备不确定性。图 5-19 为完成某任务的时间概率密度函数，由图可知，在估计时间时没有必要总是把所有不稳定因素都考虑在内，没有必要总做最坏的打算。在实际工作中可以将 t_1 时刻视作期望完成时间，t_2 时刻为安全完成时间，二者差即为安全缓冲时间。因此，在实际工作中可适当压缩工时。

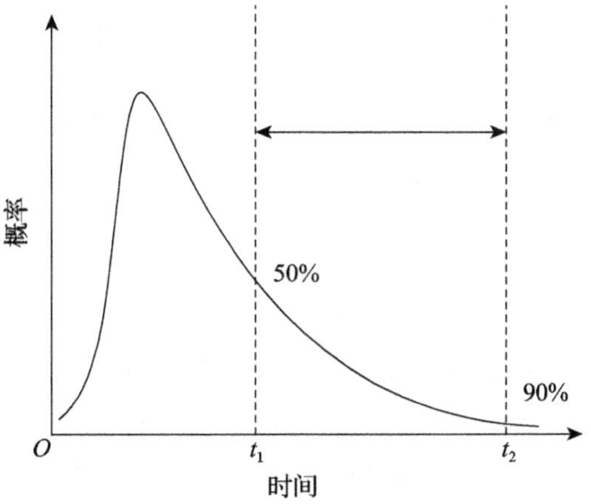

图 5-19　完成某任务的时间概率密度函数

2）帕金森定律：如果这次以较短时间完成工作，提早交出成果的话，下次就会被要求在本次记录的周期内完工。因此，即使成员能提早完成指派的工作，也宁可加上一些不需要的额外的检查，将工作拖延到最终期限。

3）不良多任务安排：团队成员同时接到多重任务，部门主管的局部最佳观念占了上风，可用来执行项目的资源却极为有限。成员忙于任务之间的转换，而消耗了大量的时间和精力。

学生综合征和帕金森定律使人们认识到项目的时间是可能提前的，不良多任务安排使人们认识到在某一段时间内任务的安排要尽可能简化，如果并行任务过多，可考虑将它们串行化。

按照 CCPM 理论，对每个任务活动的时间估算不考虑其“绝对安全”的时间，而只考虑其最可能的时间，如图 5-20 所示。在路径上把各个活动的最可能的预计时间加总，就构成整个路径的最可能完成的预计时间。缓冲时间大小表示了管理者对项目执行环境不确定性大小的估计。

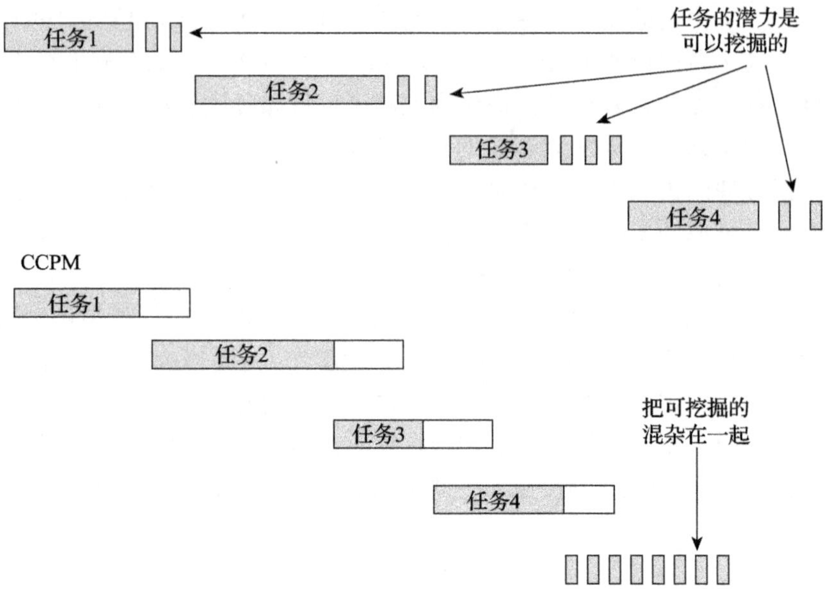

图 5-20 CCPM 中任务的最可能与安全时间

（1）找出对实现项目构成障碍的约束。关键链项目管理法认为制约项目进度的是关键链，而非关键路径。关键链被定义为考虑资源约束情况下，项目中最长的一条路径。

（2）挖掘约束的潜力，充分利用。由于学生综合征、帕金森定律的存在，过度估计的安全时间被浪费掉了，所以单个任务上独立安排安全时间对总体项目的完成没有意义，因此关键链项目管理法提出取消单个任务的安全时间，把大约 50% 的完工概率的时间作为单个任务的估计时间，而在项目的最后设置一个项目缓冲（PB），一般放在关键链后。当关键路径上发生资源切换时，如果资源没有及时到位，项目便会发生延误，针对这一点，关键链项目管理法引入了资源缓冲（RB），一般放在关键链前。

（3）其他各个因素服从、服务于约束，使得约束资源可最大程度地发挥作用。当非关键路径进入关键路径时，常常会因为汇入工作的延误而影响关键路径的进度。为了使汇入路径的延误不影响关键路径任务的执行，关键链项目管理法在汇入处设置了输入缓冲（FB），又叫接驳缓冲，一般放在非关键链后，用来吸收、缓冲馈入路径延时带来的影响，保证关键路径的顺利进行。图 5-21 描述了 LNYM 建设的项目进度网络图，图中 FB 为接驳缓冲，PB 为项目缓冲。FB 的目的是防止非关键链成为关键链，在 FB 的保障下，非关键链上的活动开展得越晚越好。

（4）提升约束资源的能力。在项目内，要消除多任务切换，使项目人员全力关注于手头的工作。关键链项目管理法的使用步骤如下。

1）利用传统进度制定方法做出项目网络计划图，找出项目的关键路径。

2）识别项目的瓶颈资源，找出资源冲突，对网络计划进行调整，确定项目的关键链。

3）对各工序估计时间进行削减，取消各工序的安全时间。

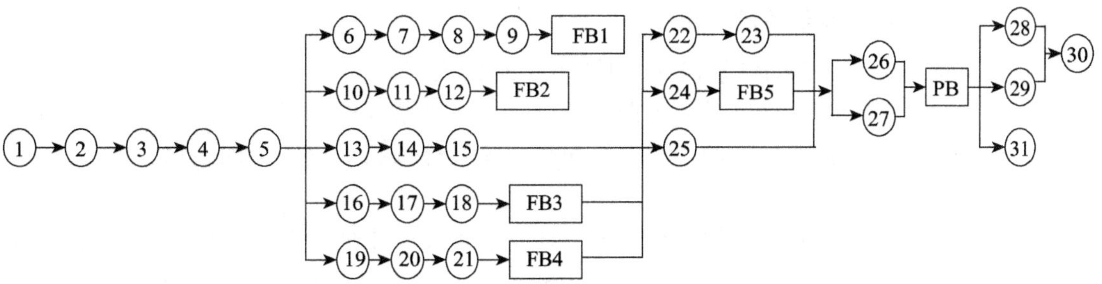

图 5-21　LNYM 建设的项目进度网络图

4）在关键链后设置项目缓冲区，将延误控制在预期的范围内。确定项目缓冲区时间常用的是 50% 法，即采用关键链上各工序安全时间的一半作为缓冲时间。其计算公式为

$$\Delta T=\frac{1}{2}\sum_{i=1}^{n}\Delta t_i\text{（剪贴法，即 C\&P）或 }\Delta T=\sqrt{\sum_{i=1}^{n}(\Delta t_i)^2}\text{（根方差法，即 RSE）}$$

其中，Δt_i 表示各工序的保护时间。

5）在工序链汇入处设置汇入缓冲区，防止非关键链工序给关键链工序带来延误。

6）设置资源缓冲，保证关键链上的资源及时到位。

7）监督缓冲区的变化，及时采取纠正措施，防止项目工期的延误。

在编制项目进度计划时，从进度网络分析中将会得到一种特殊版本的项目进度计划，该进度计划在项目团队认可和批准之后，成为进度基准。对于 PB 缓冲区的使用，高德拉特认为要密切关注，他把缓冲区分为红、黄、绿三个部分，如图 5-22 所示。

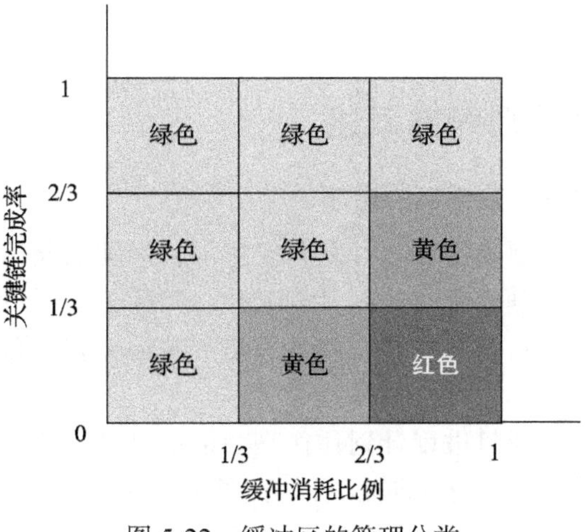

图 5-22　缓冲区的管理分类

当处于图中绿色区域时，说明项目进展顺利，无须介入；当处于图中黄色区域时，说明项目进展一般，可能会有潜在问题，应该加强监控，留意和分析其发展方向；当处于图中红色区域时，说明项目进展吃紧，应全面分析项目情况，动手采取预防和纠正措施。

3. 项目工期估算的输出

项目工期估算的结果包括以下几个方面的内容。

（1）估算出的项目活动工期。项目活动工期估算的结果主要是对于具体项目活动所需时间及其可能性的估算，既包括对于具体项目活动工期的估算，也包括工期可能变化范围的估计。

（2）项目工期估算的支持细节。这是有关项目工期估算的依据与支持细节的说明文件。其中，项目工期估算的依据包括项目工期估算中所使用的各种约束条件、假设条件和参照的各种项目历史信息，以及项目活动清单与项目资源需求数量和质量等方面的资料和文件。

（3）更新后的项目活动清单及其细节。在项目活动估算过程中，如果人们发现已有项目活动清单存在某些问题和遗漏，人们就必须对项目活动清单及其细节说明进行必要的修订和更新。

（4）更新后的其他项目文件。在项目活动估算中，人们也会发现已有的项目集成计划、项目范围管理计划、项目工作分解结构等存在问题和遗漏，此时人们也需要对这些项目文件以及组织过程资产等进行必要的修订和更新，这些都是项目工期估算工作的结果。

5.7 项目进度计划编制

项目进度计划编制是根据项目活动定义、项目活动排序、项目活动工期和所需要资源估计，对项目进行分析并编制项目时间计划的工作。其目的是控制项目活动时间，保证项目能够在满足其时间约束条件的前提下实现总体目标，它在项目管理中具有重要的作用。

5.7.1 项目进度计划编制概述

1. 项目进度计划编制的概念

项目进度计划编制就是计划和安排项目活动的起始和结束日期的工作，这是一件不断具体和精确的项目时间计划工作。实际上，项目进度计划的制订就是根据项目活动界定、项目活动排序、项目所需资源估算和项目活动工期估算等信息所开展的一系列工作。

编制可行的项目进度计划往往是一个反复进行的过程。这一过程旨在确定项目活动的计划开始日期与计划完成日期，并确定相应的里程碑。

2. 项目进度计划编制的输入

（1）项目活动及其估算的文件。这方面的依据主要包括 4 个方面：一是项目活动清单及其细节说明，这是项目活动定义工作给出的结果；二是项目网络图，这是在活动排序过程中所得到的项目活动以及它们之间关系的示意图，这是项目活动排序工作给出的工作结果；三是项目资源需求与供应情况，这是项目活动资源需求估算工作给出的结果，日历包括项目日历和资源日历，它标明了可能的工作时段；四是项目工期估算文件，这是项目活动工期估算工作给出的结果。

（2）其他方面的相关信息。最重要的是项目风险方面的信息和项目范围计划方面的信息，前者主要是项目已识别风险的清单及其细节说明，后者主要是项目范围和项目范围管理计划的信息，以及项目的各种约束条件和假设条件方面的信息。

限制条件是指在项目时间计划的编制中应主要考虑两类条件的限制：强制日期、关键事件或主要的里程碑。假设是指在时间计划编制过程中那些被认为是应当预先确定的因素。假设一般会包含一定程度的预测以及相应的风险，而且是风险识别的结果。

5.7.2　项目进度计划编制方法

项目进度计划涉及的影响因素很多，因此它的编制往往需要反复进行和综合平衡。同时，项目进度计划在项目的各个专项计划中重要性较强，它直接影响到项目的整合计划和其他专项计划。项目进度计划编制所使用的方法主要有以下几种。

（1）数学分析法。数学分析法包括计算所有项目活动理论上的最早和最迟的开始和结束时间，而不考虑任何资源约束。

（2）关键链法。关键链法是一种根据有限的资源来调整项目进度计划的进度网络分析技术。首先，根据持续时间估算、给定的依赖关系和制约因素，绘制项目进度网络图；其次，计算关键路径。在确定了关键路径之后，最后再考虑资源的可用性，制订出资源约束型进度计划。

（3）时间压缩法。时间压缩法是在不改变项目范围的情况下寻找方法来缩短项目时间，从而满足强制性日期的要求或其他时间计划目标。包括以下两种技术。

1）赶工。对成本和进度进行权衡，确定如何以最小的成本增加取得最大的持续时间压缩。在进度和费用之间往往存在一定的转换关系，这种技术的本质是通过增加一定的费用来换取进度的适度缩短，因此这种技术也被称为费用交换。赶工方法常常会导致总成本的增加。

2）快速跟进法。快速跟进法是考虑如何并行地进行那些通常会按顺序完成的活动。例如，在一个软件项目中，在设计工作完成之前就开始编写程序密码。快速跟进法由于在前导工作还没有完全结束之前就过早地开始某些任务，常常增加项目风险并有可能导致返工。

（4）资源水平法。使用关键路径法制订项目进度计划的前提是项目实施条件和资源十分充分，但是实际上多数项目的实施都存在资源约束和限制，因此人们有时需要使用资源水平法去编制项目的工期计划。这种方法的基本指导思想是将稀缺资源优先分配给关键路径的项目活动。

（5）项目管理软件。项目管理软件已被广泛应用于辅助项目时间计划的编制。这些软件自动生成数学分析计算和资源水平测量的结果，快速生成多个替代计划，方便打印和显示项目时间计划的结果。

（6）甘特图法。甘特图也被称为横道图或条形图，由甘特（Henry L. Gantt）于

20世纪初发明。甘特图可展示进度信息，纵向列出活动，横向标明日期，用横条表示活动自开始日期至结束日期的持续时间。本书主要以甘特图为例来说明。

甘特图简单明了，各项活动的起止日期、持续时间都一目了然，可使时间计划更为直观。但多数甘特图不能反映出各项活动是否为关键活动和时差，调整起来困难，如图5-23所示。

图5-23 LNYM管理提升项目甘特图（部分）

5.7.3 项目进度计划编制的输出

1. 项目进度计划书

项目进度计划书是进度模型的输出，为各个相互关联的活动标注了计划日期、持续时间、里程碑和资源等信息。通过制订项目进度计划而得到的项目进度计划书至少应包括每项活动的计划开始日期和预期完成日期。

如果项目资源需求相对比较确定的话，这种文件就是相对正式的项目进度计划。项目进度计划书可以用文字描述的形式给出，也可使用图表的形式给出，但更经常的是利用一种或多种格式的图表表示，如里程碑图、甘特图、时间坐标网络图和电子表格等。

（1）里程碑图。里程碑进度计划用于显示有计划日期的里程碑，是一种进度计划类型。是一种较为典型的路线图，可以有两种表现形式。一种里程碑图仅表示主要可交付物的计划开始、结束时间和关键的外部界面。另外一种里程碑图表示里程碑事件（重要事件）的完成期限，它的活动历时是0，常用黑三角或黑钻石图案来表示，如图5-24所示。

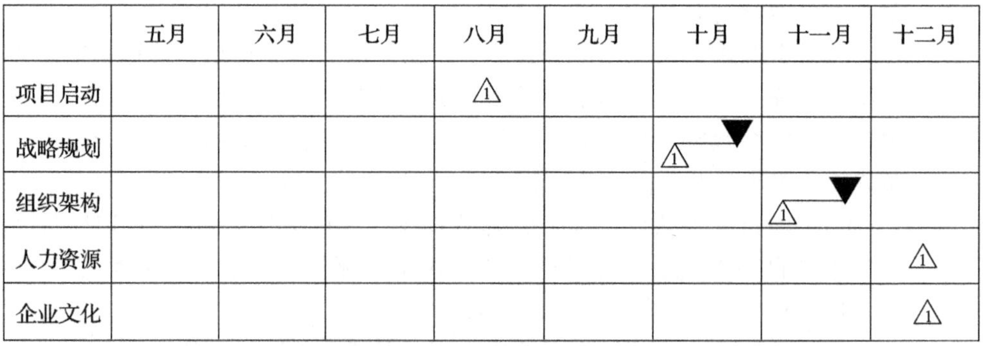

图5-24 里程碑图示例

（2）甘特图。如前所述，用甘特图可以显示项目活动的开始和完成时间，以及活动的时间估计、相互关系等多种简明信息。

（3）时间坐标网络图。这些图表通常情况下既显示了项目活动间的逻辑关系，也显示了项目关键路径上的活动，如图 5-25 所示。如果使用方框而不是圆圈来表示活动，在网络图上的每一个方框中，还可以提供与项目时间计划相关的信息。

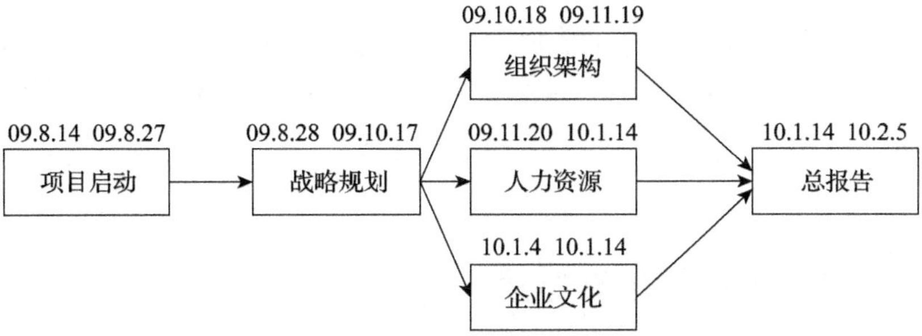

图 5-25　某企业的时间坐标网络图示例

（4）电子表格。电子表格就是在 Excel 上给出的带有部分或全部日期的工作任务分配表。项目时间计划的这种表示形式能够给出一个综合性的清单，但不够直观，如表 5-4 所示。

表 5-4　电子表格示例

活动名称	历时（天）	最早开始（天）	最早结束（天）	时差（天）
项目启动	14	0	14	0
战略规划	49	5	54	0
组织架构	35	10	45	0
人力资源	34	10	44	0
企业文化	35	5	40	10

2. 支持细节

项目进度计划书的支持细节是指有关项目进度计划书的支持细节说明文件，这种附加细节到底应该有多少取决于项目的特点和要求，包括所有已识别的假设条件和约束条件的说明、具体计划实施措施的说明等。通常还应该包括的内容有：项目的资源要求、项目进度计划的备选方案、项目进度计划的应急事件储备等。

3. 进度管理计划

进度管理计划。此计划是项目或项目集管理计划的组件，为制定、监督和控制项目进度建立准则并确定活动。进度管理计划主要说明何种进度变化应给予处理。它包括如何执行和控制项目工期计划，以及当时间计划发生变化时，怎样对其进行管理等内容。

4. 更新的项目资源需求

在时间计划编制过程中，资源平衡和活动列表的更新可能对资源需求的初步估算产生重大的影响，因此可能会出现对于项目活动资源需求的变更、调整和重新安排等情况，以便适应最新的工期要求，因此在工期计划制订过程中，应该同步对项目活动资源需求进行变更和整理，生成最新的项目资源需求文件，以供各专项管理领域使用。

5.8 项目进度计划控制

项目进度计划的控制实际上是项目集成计划控制的一个组成部分，特别是项目变更总体控制的一个组成部分。项目一旦开始实施就必须严格控制整个项目的发展变化，这包括为确保项目能够按项目进度计划进行和完成的项目进度计划的管理与控制。

5.8.1 项目进度计划控制概述

1. 项目进度计划控制的概念

项目进度计划控制就是指对项目进度计划的实施及其变更所进行的管理控制工作，项目进度计划控制的主要内容包括事前控制和事中控制。

事前控制：对项目进度计划影响因素的分析和识别、对可能影响项目进度计划实施的各种因素的控制。

事中控制：对项目进度计划完成情况的绩效度量，对项目实施工期中出现的偏差采取的纠偏措施，以及对于项目进度计划变更的管理控制等工作。在项目进度计划控制中人们必须定期地将项目实施情况与项目计划进度进行比较，并找出二者的差距，每当发现这种差距超过了项目进度控制标准时，就必须采取纠偏措施，从而保证项目进度计划得以实现。

2. 项目进度计划控制的输入

项目进度计划控制的输入依据包括项目进度计划、实施情况报告、变更请求、进度管理计划书 4 个方面。

（1）项目进度计划。批准后的项目进度计划称为进度基准计划，是整体项目计划的一个组成部分。它为度量和报告进度执行情况提供基准计划。

（2）实施情况报告。实施情况报告提供了有关进度执行情况的信息，这包括哪些项目活动按期完成，哪些未按期完成，以及项目进度计划总体完成情况等。

（3）变更请求。变更请求是对项目进度计划所提出的改动，它可由任何项目相关利益主体提出。变更请求可能以多种形式表达——口头的或者书面的、直接的或者间接的、从外部开始的或者从内部开始的、法律强制的或者可以选择的。

（4）进度管理计划书。项目进度管理计划书给出了如何应对项目进度计划变更的措施和管理办法，甚至包括项目资源配置方面的安排以及各种项目进度方面的应急措施安排等。

3. 项目进度计划控制的方法和工具

（1）绩效审查。绩效审查是指测量、对比和分析进度绩效，如实际开始和完成日期、已完成百分比以及当前工作的剩余持续时间。如果使用了挣值管理（EVM），就可以用进度偏差（SV）和进度绩效指数（SPI）来评估进度偏差的程度。

（2）偏差分析。偏差分析方法包括：项目进度的绝对偏差分析、项目进度的相对偏差分析以及项目进度偏差成因分析的技术方法。

（3）项目管理软件。运用项目管理软件也是很有用的技术手段之一，这种技术手段可以用来追踪和对比项目进度计划的实施情况及其差距，预测和分析项目进度计划的变动情况及其影响，然后自动分析、调整、更新或修订项目进度计划。

（4）追加计划法。这种方法可以根据出现的工期计划变动情况使用追加计划去修订原有的项目进度计划。追加计划法包括 4 个基本步骤：一是分析项目实施进度并找出存在的问题，二是确定应采取哪些具体的纠偏措施，三是制订追加计划，四是实施新的计划安排。

5.8.2 项目进度计划控制的实施

1. 项目进度计划控制过程

项目进度计划只是根据预测而对未来做出的安排，在计划执行过程中往往会发生一些偏差，这就要求项目经理及其他管理人员对计划做出调整，消除与计划不符的偏差，以使预定目标能够按计划实现。同时，必须不断掌握计划的实施情况，并将实际情况与基准进度计划进行对比分析，必要时应采取有效的对策，使项目按预定的进度目标进行，避免工期的拖延。这一过程被称为进度计划控制。该过程可以用图 5-26 来描述。

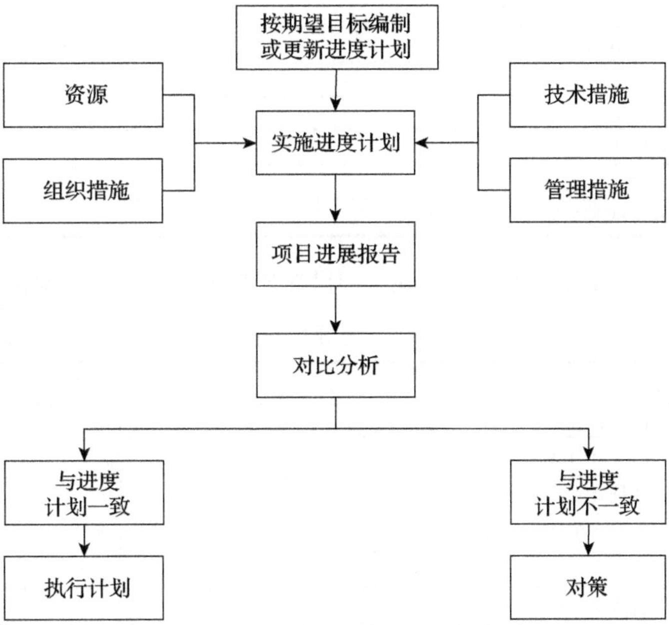

图 5-26　项目进度计划控制过程

2. 项目进展报告

项目进展报告是记录观测检查的结果、项目进展现状和发展趋势等有关内容的最简单的书面形式报告。常见的项目进展报告有以下几种。

（1）项目关键点检查报告。项目关键点是指对项目工期影响较大的时间点，如里程碑事件点就是项目关键点。对项目关键点的监测、检查是项目进度动态监测的重点之一。将关键点的检查结果加以分析、归纳所形成的报告就是项目关键点检查报告，如表 5-5 所示。

表 5-5 项目关键点检查报告

关键点名称	检查组名称
检查组负责人	报告人
报告日期	报告份数
对关键点的目标描述	报告份数
关键点结束时间与计划时间相比	
提交物是否能满足性能要求	
估计项目以后发展态势	
检查组负责人的审核意见　　签名　　日期	

（2）项目执行状态报告。反映一个项目或一项工作的执行状态，如表 5-6 所示。

表 5-6 项目执行状态报告

任务名称	任务编码
报告日期	状态报告份数
实际进度与计划进度相比	
投入工作时间加未完成工作的计划时间和计划总时间相比	
提交物是否能满足性能要求	
任务能否按时完成	
现在人员配备状况	
现在技术状况	
任务完成估测	
潜在的风险分析及建议	
任务负责人审核意见　　签名　　日期	

（3）工作完成报告。反映一项已完成任务或工作的基本情况，如表 5-7 所示。

表 5-7 工作完成报告

工作名称及编码	结束日期
交付物的性能特点	
实际工作时间和计划时间相比	
实际成本和估计费用相比	
实施过程中遇到的重大技术问题及解决办法	
评审意见	
紧后工作名称及编码	
紧后工作计划及措施	
项目负责人审核意见　　签名　　日期	

（4）重大突发性事件报告。就某一重大突发性事件的基本情况及其对项目的影响等有关问题所形成的特定分析报告就是重大突发性事件报告，报告的形式如表 5-8 所示。

表 5-8　重大突发性事件报告

事件发生的时间		
事件发生的部位		
突发性事件的描述		
对项目正常实施的影响程度		
事件发生的初步原因分析		
建议采取的补救措施		
项目负责人审核意见	签名	日期

（5）项目变更申请报告。反映某一项目变更的状况及其对项目的影响，如表 5-9 所示。

表 5-9　项目变更申请报告

项目名称	项目负责人	
项目变更的原因		
项目变更替代方案描述		
估计项目变更后对总项目进度的影响		
变更时所涉及的相关单位		
项目负责人的审查意见		
上级项目主管部门的审查意见	签名	日期

（6）项目进度报告。项目进度报告反映了报告期项目进度总体概况，如表 5-10 所示。

表 5-10　项目进度报告

项目名称		报告日期	
关键问题	工作范围变化情况		
	进度状况		
	费用状况		
	质量状况		
	技术状况		
对跟踪项目的解释			
未来设想	工作计划		
	问题和办法		
完成人　　日期	评审人　　日期		

（7）项目管理报告。该报告反映了报告期项目管理的总体状况，如表 5-11 所示。

3. 偏差分析

偏差是指实际成本、进度或质量指标对相应计划的偏离。由于控制的反馈性，组织中各管理层都经常利用偏差来验证计划和进行进度控制。

表 5-11 项目管理报告

项目名称		项目号	
报告日期		报告份数	
	已完工作时间占总工期的比例		
	已完工作量占总工作量的比例		
	已完工作实际时间、费用及质量情况		
	已完工作计划时间、费用及质量要求情况		
	提交物状况		
	目前状态对项目工期的影响程度预测		
	目前状态对项目费用的影响程度预测		
	目前状态对项目质量的影响程度预测		
人员配备情况			
技术状况			
项目完成情况评估			
其他需说明的事项			
审核意见	审核人	审核时间	
项目经理意见	项目经理	日期	

偏差的计算公式为

$$CV = BCWP - ACWP$$

$$SV = BCWP - BCWS$$

其中，CV 为成本偏差（负数 CV 表明出现超支，正数则表明节资）；SV 为进度偏差（负数 SV 表明落后计划，正数则表明超计划完成）；BCWS 为计划工作预算；BCWP 为已经完成的工作预算；ACWP 为已完成工作的实际成本。

在进行成本和进度偏离计划程度分析时，为了更好地说明问题，常常用计划偏差率反映实际与计划的偏离程度：

$$CVP = CV/BCWP$$

$$SVP = SV/BCWS$$

其中，CVP 为成本偏差率；SVP 为进度偏差率。

偏差值是控制分析中的一个关键参数，因而应该向各级组织汇报。对于不同的项目，或者同一项目的不同阶段，不同管理层次对偏差的控制程度不同，制定偏差允许值的方法也不同。它们主要取决于项目所处的生命周期阶段、所处的生命周期阶段的时间长短、总生命周期的长短、估算方式，以及估算精确度。

4. 输出结果

比较项目进展情况与基准项目进度计划，根据上面的偏差分析，会得出以下两种结果。

（1）与进度计划一致。根据上面的计算，如果 CVP 和 SVP 较小或者可以忽略不计，就说明项目的进展与进度计划是一致的，因此在这种情况下就不需要做较大的变动，继续按照原计划执行，严格控制进度的实施。

（2）与进度计划不一致。如果计算出来的 CVP 和 SVP 较大，就说明项目的进展和进度计划有所偏离，因此就需要对项目进度的实施做出调整，从而使它按照既定的基准进度计划来进行。

1）从中汲取教训。首先应该分析有关偏差的原因，并分析该偏差对后续工作及总工期的影响，从时间控制过程中总结原因并记录归档，使之成为本项目以及日后执行组织其他项目时可加以利用的历史数据库的组成部分。

2）纠正措施。为了将项目未来预期的执行情况控制在项目计划范围内而作的任何事情都被称作纠正措施。时间管理的纠正措施通常是加快进度。

3）进度计划的调整。项目进度计划的调整一般有以下几种方法。

①关键工作的调整。关键工作无机动时间，其中任一工作持续时间的缩短或延长都会对整个项目工期产生影响。可以通过缩短或延长后续关键工作的持续时间来缩短或延长工期。

②改变某些工作的逻辑关系。若实际进度产生的偏差影响了总工期，则在工作之间的逻辑关系允许改变的条件下，改变关键线路和超过计划工期的非关键线路上有关工作之间的逻辑关系，从而达到缩短工期的目的。

③重新编制计划。当采用其他方法仍不能奏效时，则应根据工期的要求，对进度计划进行修订，将剩余工作重新编制网络计划，使它满足工期要求。修订是一种特殊的进度计划更新。修订是指对已经批准的项目进度计划的开始和完成日期进行修改。这些日期通常只在反映项目范围的变化时才做相应修改。

④非关键工作的调整。当非关键线路上某些工作的持续时间延长，但不超过其时差范围时，则不会影响项目工期，进度计划不必调整。为了更充分地利用资源，降低成本，必要时可对非关键工作的时差做适当调整，但不得超过总时差。

⑤增减工作。由于编制计划时考虑不周，或因某些原因需要增加或取消某些工作，则需要重新调整网络计划，计算网络参数，增减工作不应影响原计划总的逻辑关系，以便使原计划得以实施。增减工作只能改变局部的逻辑关系。增减工作的前提是不能对原计划工期产生影响。

⑥资源调整。若资源供应发生异常，应进行资源调整。资源供应发生异常是指因供应满足不了需要，如资源强度降低或中断，而影响到计划工期的实现。资源调整的前提也是保证工期不变或使工期更加合理。

开篇案例解决方案

学习完本章，你可能已经对项目进度计划的编制及控制有了系统的认识，让我们回过头来看本章的开篇案例。案例涉及的主要是如何有效地进行进度计划的编制和控制的问题。在 NEU 商学院项目顾问组编制进度计划初始，按照管理提升项目合同要求的交付物等成果对整个项目进行了活动分解，将它分为了项目启动、战略规划、组织架构、人力资源和企业文化这几大模块，并对每一模块又进行了详细的分解，基本包括了所有的项目活动。接下来就是对项目活动进行排序，由于战略是根据企业所处的内外部环境进行分析后做出的抉择，是指导企业长期发展的方针、路线，是企业业务扩张和职能发展的出发点，故将战略规划放在项目启动之后。

之所以把组织架构放在人力资源之前，是因为职能部门设置和职责细分必须依照新的组织架构进行。而企业文化与组织架构和人力资源相关性不大，在人员充沛的情况下可以与人力资源同时进行。

此外，在进行工期估算时，应该尽量考虑到各种不确定的因素，像案例中项目组成员需要同时兼顾学校工作和项目的情况，会影响到项目的进度。在进行项目进度控制时，应对照基准进度计划，根据完成的情况，适当地调整项目进度。一旦制订好项目进度计划，在没有影响到项目总进度的情况下是不允许随便改动的。

总之，在进行项目进度计划的编制时，应充分考虑可能影响项目进度的因素以及一些不可预料的因素。通过活动定义制定包含项目中所有活动及描述的项目活动清单；然后根据活动之间的依赖关系及约束假设条件，确定项目活动进行的先后顺序；确定在实施项目活动时需要使用的资源类型，每种资源使用数量以及资源用于项目活动的时间，制定资源日历；依据资源日历等估算活动时间并确定关键路径，计算出整个项目工期。通过以上的过程就可以获得进度计划的基本信息了，在进度计划的实施过程中，应该定期地将项目实施情况与项目计划进度进行比较，找出二者差距，采取相关纠偏措施，从而保证进度计划能够得以实现。当然，当发现进度计划有偏差或错误时，可以对进度计划进行修改或重新编制。

复习思考题

1. 什么是项目时间管理？它包括哪些内容？
2. 简述活动定义的含义及输出结果。
3. 影响项目工期的因素有哪些？
4. 简述如何有效地进行项目进度计划的控制？

扫一扫查看更多题目

学习链接

1. 邹艳、王啸岩、刘畅，《少与多的权衡：SY 公司多项目管理难题》，中国管理案例共享中心，2021 年。
2. 朱方伟、孙谋轩，《大项目管理部如何成为企业项目化改革的一剂良方？》，中国管理案例共享中心，2019 年。
3. 刘骋越，李佳茹，胡小兵．一种用于求解项目时间管理问题的前 k 个最优解的新算法 [J]. 系统工程，2020, 38 (06): 118-128.
4. 杨青，黄建美．基于活动重叠的 DSM 项目时间计算及排序优化 [J]. 系统工程理论与实践，2011, 31 (03): 496-504.
5. 金小云．一种项目时间管理系统介绍 [J]. 管理工程学报，2005, (B10): 82-85.
6. 马鲁豫，陈晓阳，刘素香等．现代科研项目中的时间管理 [J]. 科技进步与对策，2003，20 (01): 126-127.
7. 何志伟，孙新波．组织支持感、感知环境不确定性对接包方持续参与意愿的影响研究 [J]. 管理学报，2023，20 (02): 181-190.
8. 孙新波，周明杰，张明超．数智赋能驱动场景价值创造实现机理：基于海尔智家和小米的案例分析 [J]. 技术经济，2022, 41 (12): 181-195.
9. 阴成林．项目时间管理 [M]. 北京：清华大学出版社，2014.

第 6 章　项目成本管理

【学习目标】

☑ 理解并掌握项目成本管理的概念
☑ 掌握项目成本管理的四个过程
☑ 理解并应用资源计划的编制，了解成本估算类型
☑ 掌握成本估算、成本预算和成本控制的方法
☑ 理解项目预算、成本基准、应急储备和管理储备的关系
☑ 理解并掌握挣值分析法的应用

图 6-1 为项目成本管理概述图。

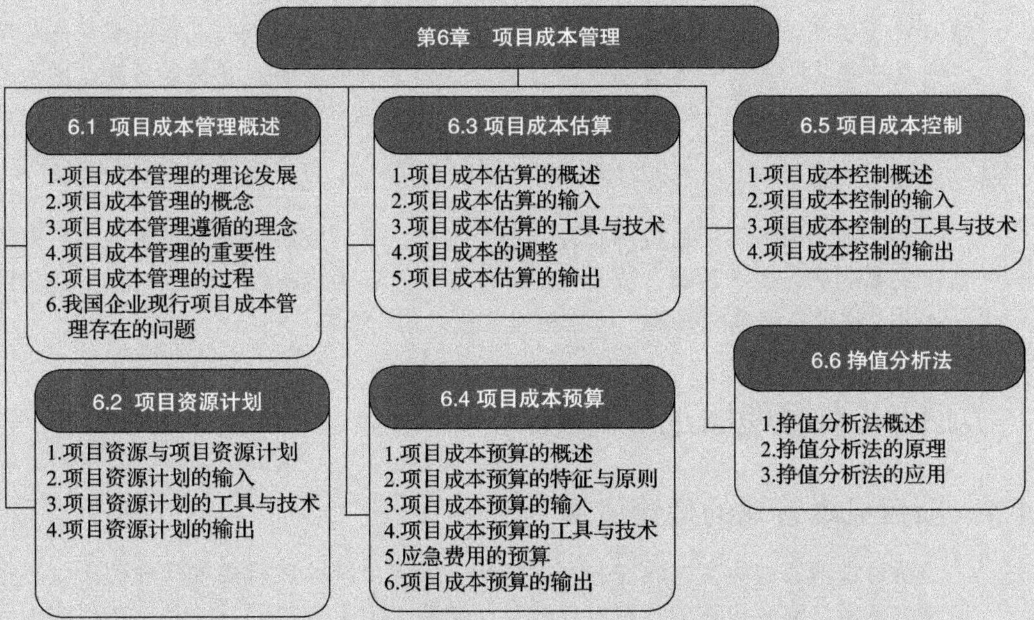

图 6-1　项目成本管理概述图

开篇案例 LNYM管理提升项目成本管理

LNYM与项目团队订立的合同约定自2022年11月初至2023年5月末完成该项目，即合同计划7个月完成，并在后期进入公司进行实施。NEU商学院项目组的项目经理与LNYM签订了详细的合同后，对该管理咨询项目的任务进行了提炼，项目经理将“LNYM经营管理理论萃取与实践提升项目”主要任务提炼为8项子任务，即前期调研、战略规划、业务流程设计、组织结构设计、绩效管理体系设计、薪酬体系设计、企业文化设计、项目总报告撰写与修订。项目经理认为该项目的成本主要是人员工资，另外还包括一些其他的费用，比如设备成本以及工具费、办公费、差旅费、业务招待费等。项目经理在与LNYM签订合同后，让项目组的成员小李和小赵对项目做了粗略的成本预算，但是由于项目经理过于忙碌，并没有把预算运用到项目成本管理中，项目经理只是将各个任务分配给项目组成员，偶尔查看一下项目进度，并没有管理项目各个任务的进度和成本。2023年1月末，LNYM催促项目经理，要求他尽快将业务流程设计的初稿交给公司，于是项目经理开始催促负责业务流程设计的几个项目组成员上交业务流程设计的初稿。但是项目经理此时发现，项目组成员在完成了前期调研和战略规划两项子任务后，就开始变得懒散，工作效率不高，同时项目组成员使用的各项费用也有所增加。2022年12月初开始的业务流程设计初稿本应在2023年1月末上交给公司，但是现在只完成了总工作量的65%。同时1月初才开始进行的组织结构设计子任务也只完成了总工作量的30%。此时项目经理开始后悔在项目开始时没有及时对项目的时间和成本进行有效的管理和控制。

对任何项目而言，成本都直接影响项目的经济效益。项目成本管理是对项目全过程中发生的资源消耗进行全员、全过程的科学管理。节约费用，降低成本，最终都是为了争取经济效益最优。有效的成本管理可以增加项目的盈利能力、减少资源浪费、提高项目的全面管理水平，增强整体实力。为了使“LNYM经营管理理论萃取与实践提升项目”实施过程降低成本，提高项目的经济效益，项目组应该采取措施对项目成本进行管理。但是，项目组该如何对“LNYM经营管理理论萃取与实践提升项目”进行成本管理使项目成本得到有效的控制？又该使用什么方法来对“LNYM经营管理理论萃取与实践提升项目”成本进行控制呢？本章结尾会给出解决方案。

本章将详细讲解项目成本管理的整个过程，项目成本管理的主要内容是资源计划、成本估算、成本预算、成本控制，前3个过程为成本控制做了铺垫。在实践中这4个过程没有明确的界限，可能相互重叠，相互影响。

6.1 项目成本管理概述

6.1.1 项目成本管理的理论发展

项目管理最初由美国政府和军方推行，因此传统的项目成本管理理论带有很强的政府色彩。财政拨款的项目，其效益与干系人没有直接利益关系，产出多少并不重要，重要的是控制投入。因此成本问题只被当作质量和工期计划的附属计划对待，项目团队的成本管理只局限在实施阶段控制超支，因为一旦预算超支则需要另向国会申请资金，那是很麻烦的事情。

随着项目管理向企业界渗透，市场观念和效益理念逐渐融入项目成本管理理论中。与政府财政项目不同，企业的项目是自负盈亏的，成本约束越来越多地成为项目的刚性约束，成本管理的地位越来越重要，甚至市场成为凌驾于其他计划之上的主导计划。相对于传统的成本管理理论，现代管理理论朝两个方向发展：①在空间面上横向伸展，发展成为全方位的成本管理理论；②在时间链上纵向延伸，发展成为整个生命周期的成本管理理论。

6.1.2 项目成本管理的概念

项目成本管理是指为保障项目实际发生的成本不超过项目预算而开展的项目成本估算、项目成本预算和项目成本控制等方面的管理活动。项目成本管理的效果将直接影响到项目的绩效，因此项目成本管理要坚持全生命周期成本最低原则、全面成本管理原则、成本责任制原则、成本管理科学化原则、成本管理有效化原则。

6.1.3 项目成本管理遵循的理念

为了遵循项目成本管理的客观规律，在项目成本管理中应遵循如下理念：一是全过程，项目全生命期成本管理的理念；二是全方位，项目全面成本管理的理念。

1. 项目全生命期成本管理的理念

项目全生命期成本管理的理念主要是由英美的一些学者于 20 世纪 70 年代末和 80 年代初提出的，项目全生命期成本管理是项目设计的一种指导思想和手段。项目全生命期成本管理要计算项目整个服务期的所有成本，包括直接的、间接的、社会的、环境的等。项目全生命期成本管理理念的根本点就是要求人们从项目全生命期出发去考虑项目成本和项目成本管理问题，其中最关键的问题是如何实现项目的整个生命期总成本最小化。

2. 项目全面成本管理的理念

项目全面成本管理的理念是国际全面成本管理促进会前主席 R. E. Westney 提出的。R. E. Westney 给全面成本管理下的定义是：“全面成本管理就是通过有效地使用专业知识和专门技术去计划和控制项目资源、成本、盈利和风险。”项目全面成本管理主要包括以下 10 个阶段的工作。

（1）启动阶段相关的项目成本管理工作。

（2）说明目的、使命、目标、指标、政策和极化阶段相关的项目成本管理工作。

（3）定义具体要求和确定管理技术阶段相关的项目成本管理工作。

（4）评估和选择项目方案阶段相关的项目成本管理工作。

（5）根据选定方案进行初步项目开发与设计阶段相关的项目成本管理工作。

（6）获得设备和资源阶段相关的项目成本管理工作。

（7）实施阶段相关的项目成本管理工作。

（8）完善和提高阶段相关的项目成本管理工作。

（9）推出服务和重新分配资源阶段相关的项目成本管理工作。

（10）补救和处置阶段相关的项目成本管理工作。

6.1.4 项目成本管理的重要性

（1）项目成本管理是项目成功的关键，贯穿于项目生命周期各阶段。对于任何项目，其最终目的都是通过一系列的管理工作取得良好的经济效益。

（2）成本的不确定性需要施加全面的管理和控制。项目成本存在很多的不确定性，导致项目成本不确定的主要原因有预测导致的不确定性、决策导致的不确定性、项目管理体制导致的不确定性。

（3）项目成本的管理可以增加项目盈利能力、减少资源浪费。项目成本管理是项目增加收益的主要途径。通过各种手段进行成本管理，不仅能提高盈利水平，还可以减少施工过程中资源的浪费，节约日渐稀缺的资源，提高整个社会的效益。

6.1.5 项目成本管理的过程

对项目进行成本管理就是保障项目实际成本不超过项目预算。制订合理的项目资源计划，估算项目的成本，然后以此为基础，结合项目的进度计划，进行项目的成本预算。在项目进行过程中，要检查实际成本是否与预算相一致，若出现偏差，便要及时查找原因，采取必要的措施。如有必要，则还要调整原预算计划，从而保证项目按预算完成。

项目成本管理主要解决 4 个问题：①预测需要什么资源？②项目将花费多少资金？③何时需要这些资金？④如何使用项目资金？

这 4 个问题对应项目成本管理的 4 个过程，即美国《项目管理知识体系指南》定义的资源计划、成本估算、成本预算和成本控制四个过程。项目成本管理的这 4 个过程确保了在规定的预算内完成项目目标，具体来说，项目成本管理的过程如图 6-2 所示。

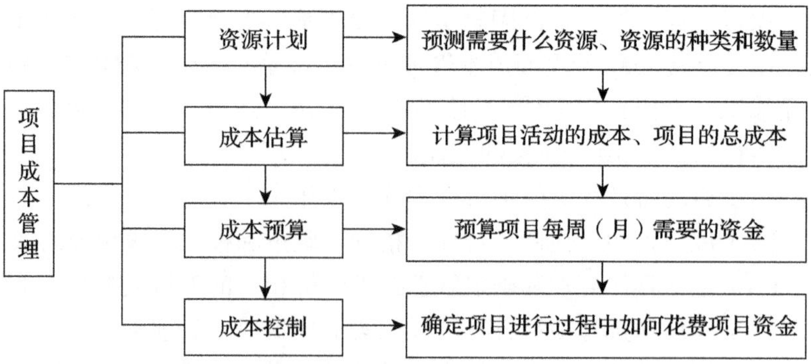

图 6-2 项目成本管理过程

6.1.6　我国企业现行项目成本管理存在的问题

随着企业外部环境不确定性的不断增强，传统计划经济管理体制使得企业的项目成本管理不能适应多变复杂的环境要求，经常造成项目成本失控而不能达到预期效果。具体问题有：①成本管理意识薄弱；②成本管理制度执行力不强；③成本动因分析不合理；④缺乏科学有效的成本管理方法；⑤项目经理的激励约束机制不完善。

6.2　项目资源计划

6.2.1　项目资源与项目资源计划

1. 项目资源计划概述

项目资源计划是在分析、识别项目的资源需求，确定项目所需投入的资源种类、数量和时间的基础上，制订科学、合理、可行的项目资源供应计划的项目成本管理活动。

根据项目资源计划的概念可知，项目所消耗的资源主要包括如下几类。

（1）人力资源：项目团队成员及其他可能涉及的相关人员。

（2）材料：原材料、辅助材料、消耗材料等。

（3）设备：项目的施工设备、检测设备等。

（4）无形资源：项目涉及的专利、技术、信息等。

2. 项目资源需求的特点

项目生命周期的不同阶段影响着项目对资源的需求，包括资源种类和资源数量。大多数项目生命周期有相同的人力和成本投入模式，即开始时投入较少，后来逐渐加大投入，到项目快结束时，又迅速减少。图 6-3 表示软件开发项目生命周期的各个阶段对劳动力和材料两种资源的需求情况。

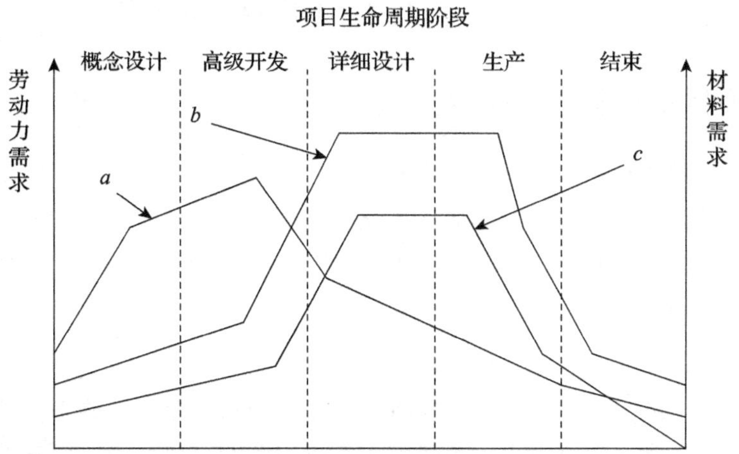

图 6-3　典型软件开发项目资源需求概况

在图 6-3 中，曲线 a 表示随着时间的变化，该项目对工程师的需求变化情况。从该曲线变化情况可以看出，项目对工程师的需求在项目的高级开发阶段达到最高点。曲线 b 表示随着项目进展，该项目对非专业人员需求的变化情况。在项目的详细设计和生产两个阶段，项目对非专业人员需求达到最高点。曲线 c 表示项目各阶段对材料的需求变化情况。同样是在详细设计和生产两个阶段，项目对材料的需求达到最高点。

3. 项目资源计划编制的过程

项目组织的性质和项目的特征是影响资源计划编制的主要因素，为了估计项目的成本，项目经理应首先分析这两个因素。

项目组织的性质包括 3 点：第一，组织是否有执行类似项目的经历；第二，为完成该项目是否需要外包；第三，组织是否有相应的人员、设备和材料，能够提供给该项目使用。这些构成了资源计划依据中的历史资料、资源库描述和组织策略。

项目的特征包括：第一，执行这一项目具体活动的难度；第二，在项目范围说明书中是否存在影响资源的特殊活动和事件。这些主要通过项目工作分解结构、项目范围说明书和项目进度计划等来判别和决定。项目资源计划编制的具体内容如图 6-4 所示。

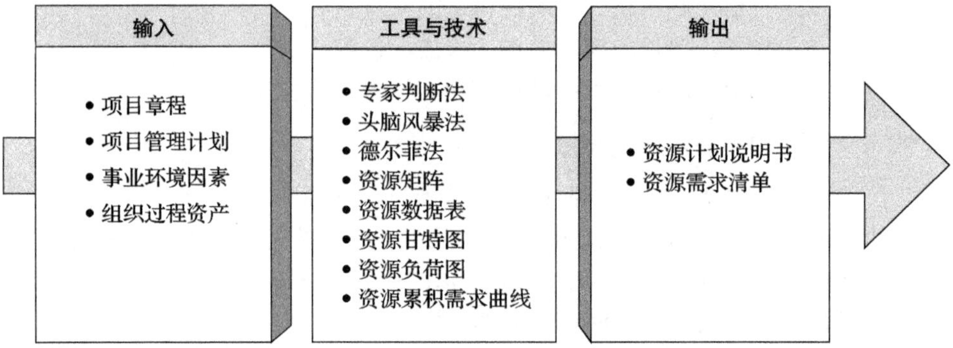

图 6-4 项目资源计划内容图

6.2.2 项目资源计划的输入

1. 项目章程

项目章程规定了预先批准的财务资源，可据此确定详细的项目成本。项目章程所规定的项目审批要求，也对项目成本管理有影响。

2. 项目管理计划

项目管理计划包括以下组件。

（1）范围说明书。范围说明书描述了项目的目标，确定了项目的范围，即哪些工作应包含在项目之内，哪些工作不应包含在项目之内，对它的分析可以进一步明确资源的需求范围和数量，因此在编制项目资源计划时应着重考虑。

（2）进度管理计划。进度管理计划确定了编制、监督和控制项目进度的准则和活动，同时也提供了影响成本估算和管理的过程及控制方法。项目进度计划是一个用时间度量的界限，把项目所需的资源在不同的时间段上予以分配，从而保证项目能够及时有效地运行。

（3）风险管理计划。风险管理计划提供了识别、分析和监督风险的方法，同时也提供了影响成本估算和管理的过程及控制方法。

3. 事业环境因素

影响规划成本管理过程的事业环境因素包括以下几种。

（1）影响成本管理的组织文化和组织结构。

（2）市场条件，决定着在当地及全球市场上可获取哪些产品、服务和成果。

（3）货币汇率，用于换算发生在多个国家的项目成本。

（4）发布的商业信息，经常可以从商业数据库中获取资源成本费率及相关信息，而这些数据库动态跟踪具有相应技能的人力资源的成本数据，也提供材料与设备的标准成本数据；还可以从卖方公布的价格清单中获取相关信息。

4. 组织过程资产

影响规划成本管理过程的组织过程资产包括以下几种。

（1）WBS：WBS 确认了项目的各项工作（完成这些工作需要的资源）。

（2）财务控制程序：如定期报告、必需的费用与支付审查、会计编码及标准合同条款等。

（3）历史资料：历史资料记录了在该项目之前的类似项目的资源需求情况，若能具备这些资料，无疑对现有项目资源需求的确定有很大参考作用。

（4）资源库描述：资源库就是项目团队拥有的可供使用的资源的信息资料集合。

（5）组织策略：项目实施组织的组织方针体现了项目高层在资源使用方面的策略，会影响到人员的选用、物资和设备的租赁或采购，对如何使用资源起到重要作用。

6.2.3 项目资源计划的工具与技术

1. 项目资源计划的方法

项目资源计划的方法有很多，这里只介绍常用的方法。

（1）专家判断法。专家可以从具有专业知识或经过特殊培训的组织和个人中选择。在一种行业内部，专家通常是被行业内人士公认的、对某项工作具有丰富经验的单位或者个人。

（2）头脑风暴法。又称智力激励法，该方法是将与该项目有关或无关的专家及管理人员组织在一起，通过小型会议的形式让所有参与者畅所欲言，围绕需要解决的问题发表自己的观点或见解，以此来激发参与者的创意和灵感，使各种设想在相互碰撞中激起脑海的创造性“风暴”。

（3）德尔菲法。又名专家意见法，依据系统的程序，采用匿名发表意见的方式，即专家之间不得互相讨论，不得发生横向联系，只能与调查人员发生关系，通过多轮次调查专家对问卷所提问题的看法，经过反复征询、归纳、修改，最后汇总成专家基本一致的看法，作为预测的结果。

2. 项目资源计划的工具

常用的项目资源计划的工具包括：资源矩阵、资源数据表、资源甘特图、资源负荷图、资源累积需求曲线等。

资源矩阵和资源数据表以表格的形式列出项目的任务、进度及其需要的资源的品种、数量以及各项资源的重要程度，其格式分别如表 6-1 和表 6-2 所示。

表 6-1 项目资源矩阵

工作	资源需要					相关说明
	资源 1	资源 2	…	资源 $n-1$	资源 n	
工作 1 工作 2 … 工作 $m-1$ 工作 m						

表 6-2 项目资源数据表

资源需求种类	资源需求总量	时间安排（不同时间资源需求量）						相关说明
		1	2	3	…	$T-1$	T	
资源 1 资源 2 … 资源 $n-1$ 资源 n								

资源甘特图就是利用甘特图技术对项目资源的需求进行表达，格式如图 6-5 所示。资源负荷图一般以条形图的方式反映项目进度及其资源需求情况，格式如图 6-6。资源累计需求曲线以线条的方式反映项目不同时间对资源的累计需求，其格式如图 6-7。

6.2.4 项目资源计划的输出

依据项目章程、项目管理计划、事业环境因素和组织过程资产，通过专家的判断或预测选择并确认资源计划的结果是编制资源需求计划，对各种需求及其计划加以描述，将资源的需求安排分解到具体的工作上。资源计划编制的结果为资源计划说明书和资源需求清单，其中资源需求清单说明了项目需要什么资源以及需要资源的数量，通常以各种形式的表格予以反映。

LNYM 管理提升项目的甘特图如图 6-8 所示，该项目工作时间和工作量如表 6-3 所示，项目工作时间及费用如表 6-4 所示。

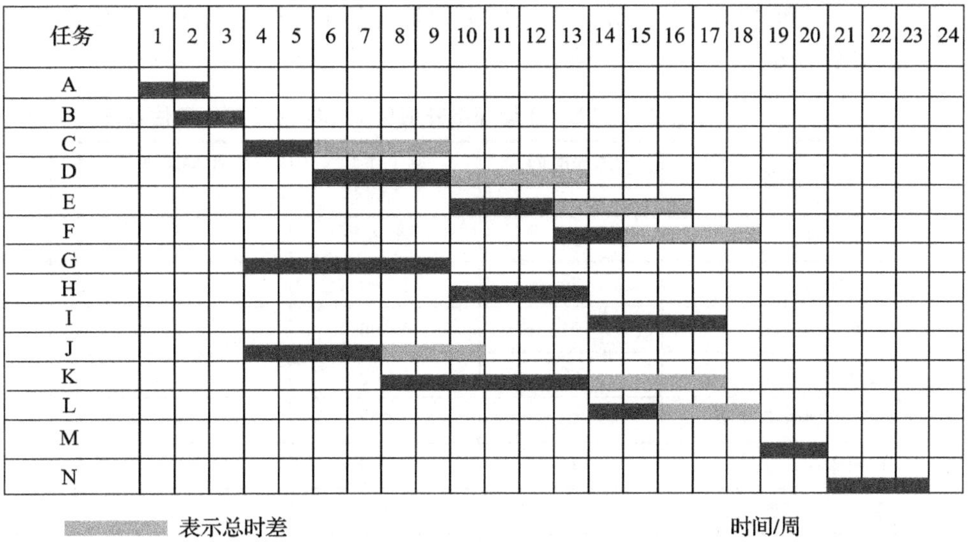

图 6-5　项目资源甘特图

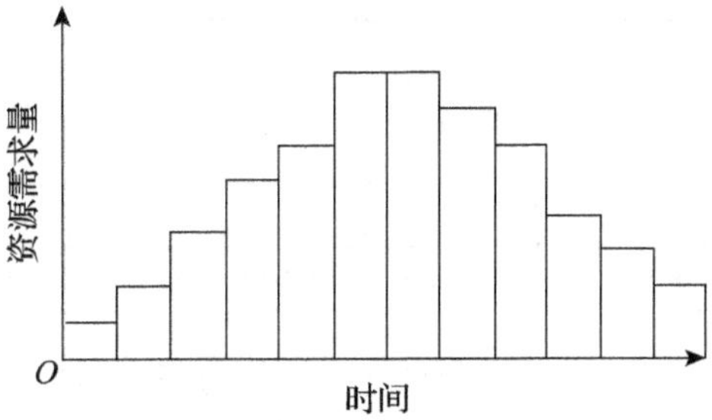

图 6-6　项目资源负荷图

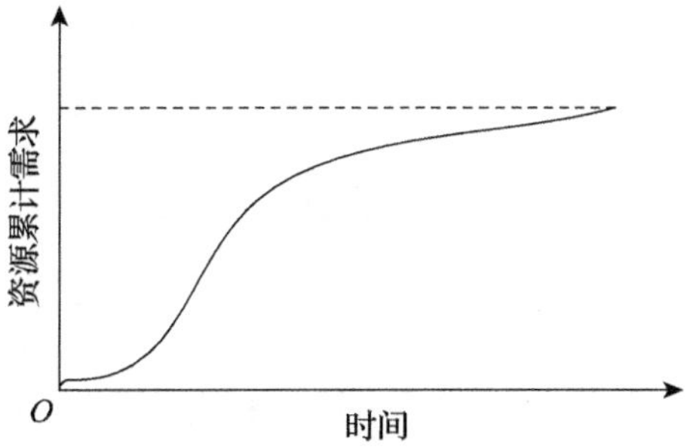

图 6-7　项目资源累计需求曲线

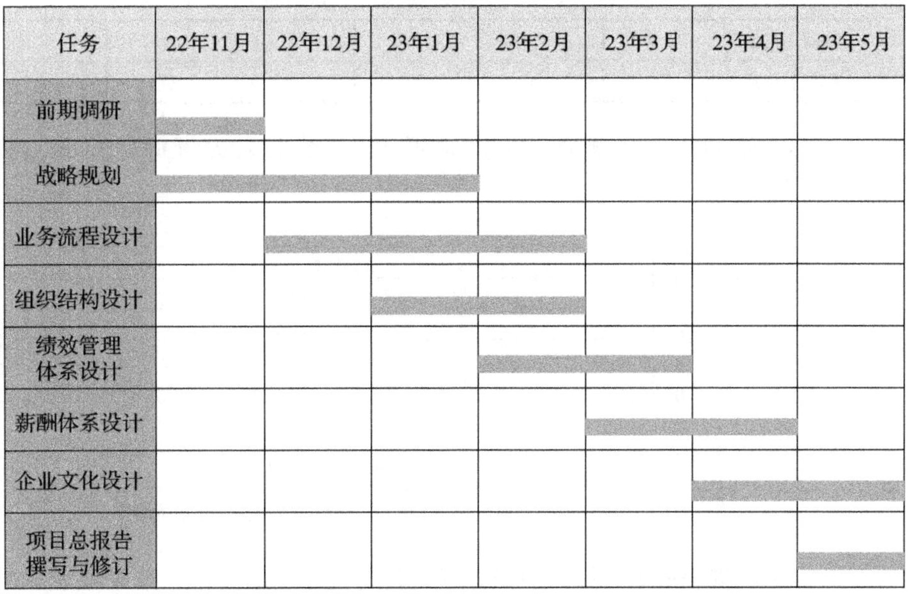

图 6-8　LNYM 管理提升项目甘特图

（1）根据表 6-3 计算各项工作平均每天的工作量及每天需要安排的人数，计算结果见表 6-3。

表 6-3 LNYM 管理提升项目工作时间及工作量估算表

任务	工作时间（天）	总工作量（工时）	平均工作量（工时 / 天）	每天需人数（人）
前期调研	20	600	30	3
战略规划	70	2 800	40	4
业务流程设计	90	5 400	60	6
组织结构设计	60	6 000	100	10
绩效管理体系设计	50	3 500	70	7
薪酬体系设计	40	1 600	40	4
企业文化设计	40	2 400	60	6
项目总报告撰写与修订	20	1 200	60	6

表 6-4 LNYM 管理提升项目工作时间及费用估计表

任务	前期调研	战略规划	业务流程设计	组织结构设计	绩效管理体系设计	薪酬体系设计	企业文化设计	项目总报告撰写与修订
工作时间（天）	20	70	90	60	50	40	40	20
费用（元）	31 000	82 000	82 000	62 000	70 000	66 000	44 000	13 000

（2）根据项目甘特图，计算项目在不同时间所需要的人力资源数量，结果如表 6-5 所示。

表 6-5 LNYM 管理提升项目所需人力资源数量

时间（月）	1	2	3	4	5	6	7
人数（人）	7	10	20	23	11	10	12

（3）绘制人力资源负荷图。根据表 6-5 绘制人力资源负荷图，结果如图 6-9 所示。

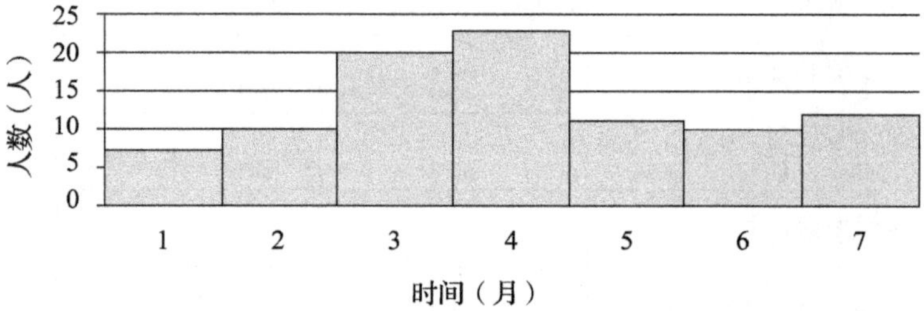

图 6-9 LNYM 管理提升项目人力资源负荷图

（4）根据表 6-4 计算该项目各项工作每月需要的费用，结果见表 6-6。

（5）根据甘特图计算项目在不同时间所需要的费用和累计费用，结果见表 6-6。

表 6-6　LNYM 管理提升项目费用需要量表

时间（月）	1	2	3	4	5	6	7
需要量（元）	57 000	60 000	83 000	102 000	60 000	55 000	33 000
累计需要量（元）	57 000	117 000	200 000	302 000	362 000	417 000	450 000

（6）根据表 6-6 绘制该项目的费用负荷图和累计费用负荷曲线，结果如图 6-10、图 6-11 所示。

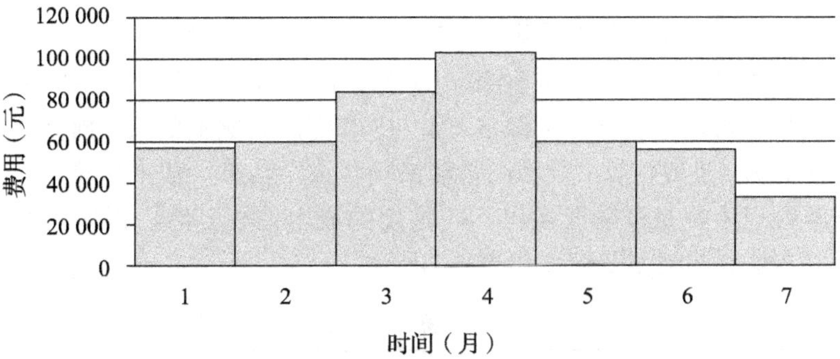

图 6-10　LNYM 管理提升项目费用负荷图

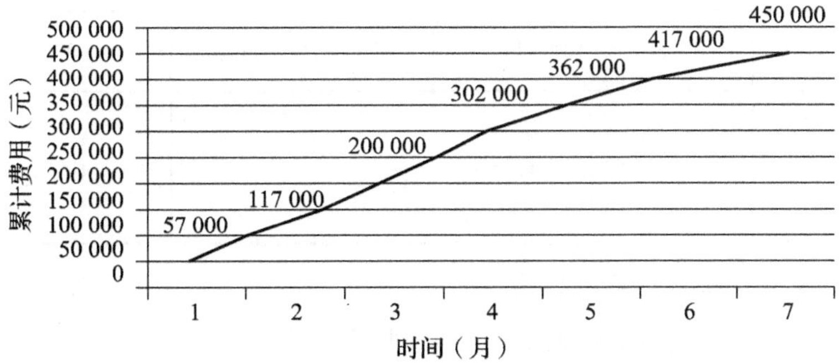

图 6-11　LNYM 管理提升项目累计费用负荷曲线

综上所述，将项目资源计划的步骤总结如下。

（1）确定资源种类和数量。

（2）确定各种资源的使用限制，包括资源总量限制、各阶段用量限制、资源供应条件及存储条件限制等。

（3）确定各种资源的单价，通过各资源询价确定各资源的单价，进而确定各资源的总成本消耗，并纳入成本计划。

（4）在进度计划的基础上，确定资源使用计划，即资源投入量与时间的关系图，包括费用负荷图和累计费用负荷曲线。

（5）确定项目的后勤保障体系。

（6）确定资源供应方案、供应过程和相应的计划。

6.3 项目成本估算

6.3.1 项目成本估算的概述

1. 项目成本估算的定义

项目成本估算是指为实现项目目标，根据项目资源需求计划以及各种资源的价格信息，对完成项目所需成本进行的估计。项目成本估算是项目成本管理的一项核心工作。

2. 项目成本估算的类型

项目成本估算可以根据其估算精度的不同而分为多种项目估算，一般情况下包括初步项目成本估算（量级估算）、技术设计后成本估算（预算估算）和详细设计后成本估算（最终估算）等不同精度的项目成本估算。成本估算工作在一些大型项目的成本管理中都是分阶段做出不同精度的成本估算，然后再逐步细化和提高精度。项目成本估算的类型及精度如表 6-7 所示。

表 6-7 成本估算类型

估算类型	发生的时间	用途	精度	其他表示方法
量级估算	通常发生在概念形成与启动阶段	用于可行性研究	−25%～75%	可行性估算 棒球场估算
预算估算	通常发生在计划阶段	用于项目获得批准	−10%～25%	类比估算 自上而下估算
最终估算	在计划阶段进行最准确	用于投标、评估和合同变更	−5%～10%	WBS 估算 控制估算 详细估算 确定性估算

3. 项目成本估算的过程

项目成本估算的过程如图 6-12 所示。

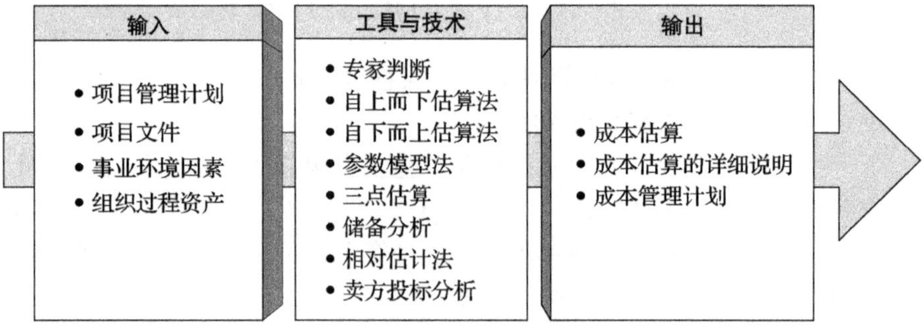

图 6-12 项目成本估算内容图

6.3.2 项目成本估算的输入

1. 项目管理计划

项目管理计划组件包括以下内容。

（1）成本管理计划。描述了可使用的估算方法及成本估算需要达到的准确度和精确度。

（2）质量管理计划。描述项目管理团队为实现一系列项目质量目标所需的活动和资源。

（3）范围基准。项目成本估算依据的范围基准包括 WBS 和项目范围说明书。

2. 项目文件

可作为本过程输入的项目文件包括以下内容。

（1）项目进度计划。进度计划包括项目可用的团队和实物资源的类型、数量和可用时间长短。

（2）资源需求。资源需求明确了每个工作包或活动所需的资源类型和数量，是项目成本估算的主要依据。

（3）资源单价。在对项目每个活动的成本估算时，资源单价是要素之一。

（4）活动时间估计。在对项目每个活动的成本估算时，活动时间估计也是要素之一。

3. 事业环境因素

影响成本估算过程的事业环境因素包括以下几种。

（1）市场条件。可以从市场上获得什么产品、服务和成果，可以从谁那里、以什么条件获得。地区或全球性的供求情况会显著影响资源成本。

（2）汇率和通货膨胀率。对于持续多年、涉及多种货币的大规模项目，需要了解汇率波动和通货膨胀，并将它们纳入成本估算过程。

4. 组织过程资产

影响成本估算过程的组织过程资产包括以下几种。

（1）成本估算政策。项目成本估算政策是指一个组织或公司制定的关于项目成本估算的规定、准则或标准。

（2）成本估算模板。项目成本估算模板是指一个已经建立好的、可以被重复使用的项目估算工具，它包含了一系列的估算方法、公式、数据和文档，可以帮助项目经理或财务部门快速而准确地估算项目成本。

（3）历史信息和经验教训登记册。项目早期与制定成本估算有关的经验教训可以运用到项目后期阶段，从而提高成本估算的准确度和精确度。

6.3.3　项目成本估算的工具与技术

（1）专家判断。影响成本估算的变量众多，如人工费率、材料成本、通货膨胀、风险因素和其他因素。通过借鉴历史信息，专家判断能对项目环境进行有价值的分析，并提供以往类似项目的相关信息。

（2）自上而下估算法。自上而下估算法，又称类比估算法，它是最简单的成本估算方法，通常在项目初期或信息不足时进行，此时只确定了初步的工作分解结构，分解层次少，很难将项目的基本单元详细列出来。自上而下估算法是专家判断的一种形式。

下面是用自上而下估算法对 LNYM 管理提升项目做的成本估算，成本分解过程如图 6-13 所示。

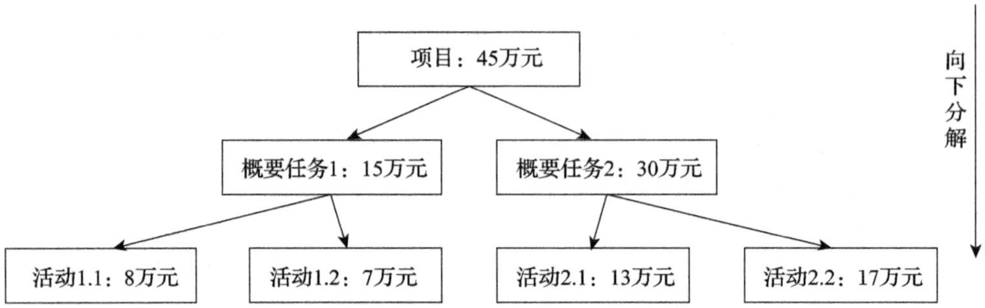

图 6-13　LNYM 管理提升项目自上而下估算法分解图

（3）自下而上估算法。自下而上估算法，又称工料清单法。它是从 WBS 的底层开始进行的自下而上的估算形式，先从底层工作人员估算个别活动或工作包的成本，然后层层累加，将个别估算汇总，从而算出项目成本总和。

（4）参数模型法。参数模型法是把项目的一些特征作为参数，通过建立一个数学模型预测项目成本。它是一种比较科学的、传统的估算方法。参数模型估算法在估算项目成本时，只考虑那些对成本影响较大的因素，而忽略不计那些对成本影响较小的因素，因而这种方法估算的成本精度不高。

（5）三点估算。通过考虑估算中的不确定性与风险，使用三种估算值来界定活动成本的近似区间，可以提高活动成本估算的准确性。

1）最可能成本。对进行的工作和相关费用进行比较现实的估算所得到的活动成本。

2）最乐观成本。基于活动的最好情况，所得到的活动成本。

3）最悲观成本。基于活动的最差情况，所得到的活动成本。

基于活动成本在三种估算值区间内的假定分布情况，使用公式来计算预期成本。基于三角分布和贝塔分布的两个常用公式分别为

$$三角分布：C_E = (C_O + C_M + C_P)/3$$

$$贝塔分布：C_E = (C_O + 4C_M + C_P)/6$$

基于三点的假定分布计算出期望成本，并说明期望成本的不确定区间。

（6）储备分析。为应对成本的不确定性，成本估算中可以包括应急储备（有时称为“应急费用”）。应急储备是包含在成本基准内的一部分预算，用来应对已经接受的已识别风险，以及已经制定应急或减轻措施的已识别风险。应急储备通常是预算的一部分，用来应对那些会影响项目的“已知 - 未知”风险。

（7）相对估计法。相对估计法是一种常见的敏捷开发中的估算方法，它可以用来估算项目的成本和时间。相对估计法的核心思想是将任务和功能分解成小的可估算的部分，并使用相对单位来估算每个部分的大小和复杂度。

（8）卖方投标分析。在成本估算过程中，可能需要根据合格卖方的投标情况，

分析项目成本。在用竞争性招标选择卖方的项目中，项目团队需要开展额外的成本估算工作，以便审查各项可交付成果的价格，并计算出组成项目最终总成本的各分项成本。

6.3.4 项目成本的调整

由于项目成本受到多种因素的影响，成本计划在使用之前必须适当加以处理和调整，下面重点介绍由于学习而做的调整和由于项目资源分配而做的调整。

1. 学习曲线

在重复工作中，一件产品不仅可以被更好而且在更短的时间里被再次生产出来，并且其生产水平和技巧会不断提高，耗费时间会不断缩短。这个解释尤其适用于劳动密集型项目。如果进行成本估算的项目是比较熟悉的业务，则成本估算相对而言比较简单，但如果项目涉及没有多少经验的不熟悉业务，成本估算更为困难，特别是直接劳动力成本。

假设 LNYM 管理提升项目中业务流程的子任务设计 30 个业务流程图，项目组对业务流程设计有经验，经验显示这种业务流程图从调查业务流程、分析流程、改进流程到设计流程，每一个平均需要大约 8h 的直接劳动，如果劳动力工资为 20 元/h，而奖金是工资的 30%，则估算这 30 个流程图的直接劳动力成本为

$$1.3\times 20\times 30\times 8 = 6\ 240\text{（元）}$$

实际上这可能是低估了实际劳动力成本，原因是在开始时的工作效率要低于逐步熟练后达成的工作效率。如果重复生产多件同一产品，即人们在重复一项工作时，工作效率会逐步提高。如果以产品的产量作为横坐标，以生产产品所需的工时数作为纵坐标，可以作一条曲线，称为学习曲线，如图 6-14 所示。

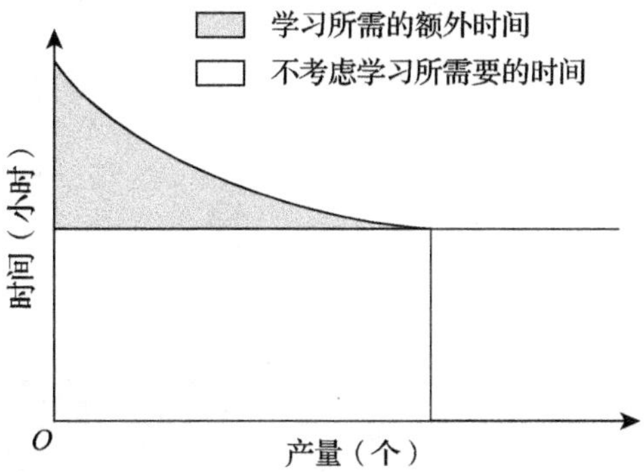

图 6-14 学习曲线（1）

一般而言，当产量以倍数增加时，工作效率以固定的比率提高。即产量增加 1 倍时，单位产量需要的工作时间会以固定的比例减少，这一比例被称为学习率。例如，工人生产一个零件第一次需要 10min，第二次需要 9min，则零件工人的学习率为 90%。当次数再增加原来的 1 倍，即重复第四次时，有望将工作时间降低到 8.1min。类似的次数增加到 8 次时，则需要 6.561min。单位产量所需要的时间可以表示为

$$T_n = T_1 \times n^r$$

其中，T_n 为生产第 n 个零件所需时间；T_1 为生产第 1 个零件所需时间；n 为所生产的数量；$r = \dfrac{\lg(\text{学习率})}{\lg 2}$。

因此，生产 n 个零件所需要的总时间为

$$总时间 = T_1\sum_{n=1}^{n} n^r$$

当然，也不能指望学习能够使得工作时间无限缩短下去，那是不现实的。现实是，通过学习能够使工作时间按照以上所述的过程不断缩短，然而缩短到一定程度以后就会稳定下来，不再继续变化。

假设 LNYM 管理提升项目中业务流程的子任务设计，所涉及的工作人员的学习率为 90%，以上所述的每一个平均需要大约 8h 的直接劳动是最终稳定下来的工作速度，假设这种速度在生产到第 10 个才能达到，即 $n = 10$，$T_n = 8$。为了获得总的劳动力成本，需要知道最初生产第一件时的工作速度，首先可以知道：

$$r = \frac{\lg(0.90)}{\lg 2} = -0.152$$

从而有：

$$8 = T_1(10)^r$$

得出，T_1 约为 11.35h，这样前 10 件所需的总时间为

$$前10件总时间 = 11.35\sum_{n=1}^{10} n^r = 90.76(\text{h})$$

而最后 20 个则以每件 8h 的速度完成，需 160h，所以直接劳动成本为

$$1.3 \times 20 \times (90.76 + 160) = 6\ 519.76（元）$$

由于学习所增加的额外成本：6 519.76 − 6 240 = 279.76（元）

显然由于需要学习，直接劳动力成本上升了 279.76 元，约为稳定后工作速度成本的 4.48%。该工作的学习曲线如图 6-15 所示。图 6-15 中长方形面积为不考虑学习所需要的时间，而曲线之下的斜纹阴影部分则是由于学习而带来的额外时间。

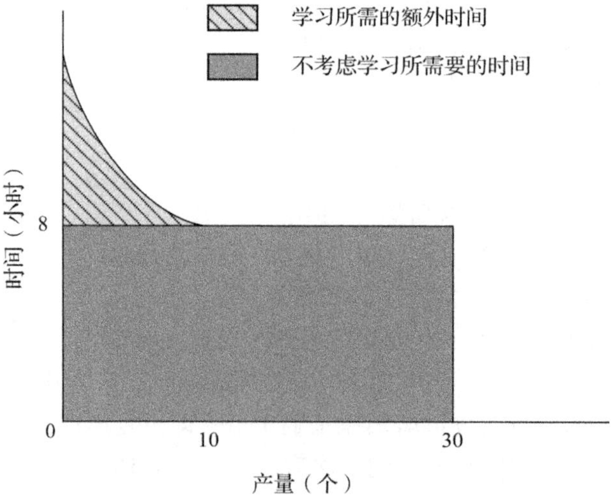

图 6-15　学习曲线（2）

从上面的例子可以看出，缺乏经验时需要花费一定的时间来学习，由此产生了新的成本。此外，由于缺乏经验，很可能在工作初期出现废品或者返工的情况，那样的话，学习不仅是一个耗时的问题，也涉及资源耗费的问题，对应的项目成本会增加。因此当所进行的项目涉及某种不熟悉的业务时，项目经理必须对学习问题有

所考虑，否则会陷入被动。

2. 项目资源计划的优化

资源是实施进度计划的物质基础，项目资源计划的优化就是通过调整网络计划，使资源得到最合理的利用，在保证项目进度的同时，使项目的费用最省。

进行项目资源计划优化的原因有两种，一是原来的网络计划安排不合理，造成资源在时间上的分配不均衡；二是资源供不应求的问题，对于一个项目，在一定时期内所能提供的资源（人力、物力、财力）总是有一定限制的，在一段时间内所能提供的最大数量，被称为资源限量。

（1）工期固定，资源均衡的优化方法。对于第一种原因，要采用“工期固定，资源均衡”的方法来解决。这种优化方法不改变总工期，只在总时差范围内调整。假设项目的初始网络计划的资源动态曲线如图 6-16 所示。

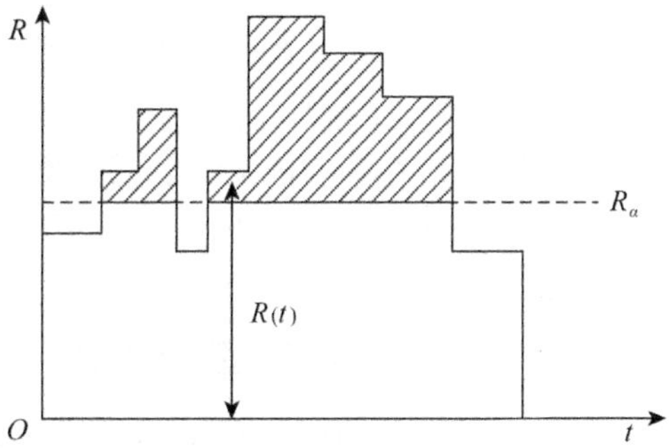

图 6-16 资源动态曲线

已知计划工期为 T 天，第 t 天的资源需要量为 $R(t)$，则在整个工期内资源需要量的平均值为

$$R_\alpha = \frac{1}{T}\int_0^T R(t)\mathrm{d}t$$

理论上讲，如果每天都有 $R(t) = R_\alpha$，则资源分配最均衡，但这实际上是办不到的。所谓均衡只能是相对的，通常用资源需要量的均方差 σ^2 来衡量。在时段 $[0, T]$ 内，σ^2 用下式计算：

$$\sigma^2 = \frac{1}{T}\int_0^T \left[R(t) - R_\alpha\right]^2 \mathrm{d}t$$

显然，资源需要量 $R(t)$ 越不均衡，σ^2 就越大。要使资源需要量趋于均衡就应使 σ^2 尽可能小。

可以通过以下步骤优化项目资源计划。

1）计算初始网络计划的时间参数，找出关键路线，画出对应于最早时间的带有时间坐标的网络图和资源需要量动态曲线。

2）找到资源需要量的高峰时段和低谷时段，将资源需要量高峰时段的非关键活动在其总时差范围内进行调整，若能够使得资源分配趋于均衡，则尽量移到低谷时段，否则，该活动不予后移。

3）对所有的非关键活动都进行一轮调整，直到所有的活动都不能再向后移动为止。

（2）资源有限，工期最短的优化方法。在实际资源比较少的时候，即使做了上述资源均衡的优化，现有资源仍然不能满足计划的要求。解决资源供不应求的矛盾可以运用“资源有限，工期最短”的优化方法。

显然，使工期延长值最短，就必须使 EF 最小的活动排在前面，而使 LS 最大的活动接在后面。这种优化方法可按以下步骤进行。

1）绘制带有时间坐标的网络图和资源需求量的动态曲线，检查资源动态曲线，找出发生资源冲突的时段。

2）在网络图上，按照从左到右的顺序在发生冲突的时段内，将 LS 最大的活动移到 EF 最小的活动后面，每次安排两项，直到该时段内资源冲突得到解决为止。

3）安排完一个时段后，需要调整网络计划的逻辑关系，重新设计时间参数，绘制资源动态曲线。

4）重复以上步骤，直到所有的冲突都解决为止。

3. 影响成本估算的其他因素

对项目成本估算结果产生影响的因素很多，不可能完全把握。对于这一问题的最为常见的解决方法是以一定比例增加所有成本估算，更为有效的一种方法是确定哪些投入在项目成本中占据重要比重，然后对这些投入及其价格变动的方向和速度进行估计。

6.3.5 项目成本估算的输出

项目成本估算的输出结果包括成本估算、成本估算的详细说明、成本管理计划三方面的内容。成本估算的结果主要是提供给决策者，从而成为他进行项目决策的重要依据。

（1）项目成本估算。所有项目计价资源的成本均应列入估算范围，其中包括人工、材料、物资以及通货膨胀津贴或成本储备等特殊范畴。

（2）成本估算结果一般用货币单位表示（人民币、美元等），以便于项目内部与项目之间的比较。在有些情况下，估算人员可采用计量单位估算成本（如工时或工作日及其成本估算），从而促进适当的管理控制。成本估算通常考虑适当的风险应对规划，例如应急计划。

（3）成本估算是一个不断优化的过程。随着项目的进展和相关详细资料的不断出现，应该对原有成本估算做相应的修正。在有些应用领域，已经提出了何时应修正成本估算以及使用何种精确度的指导准则。

（4）成本管理计划。成本管理计划是关于如何管理和控制项目成本以及项目成本变更的说明文件，它也是项目成本管理文件的一个重要组成部分。它的核心内容是计划和安排项目成本的控制工作和项目成本变更工作，以及计划、安排和规定有关项目不可预见费用的使用管理等。

6.4 项目成本预算

6.4.1 项目成本预算的概述

项目成本预算是指将估算的成本按照时间段分配到项目各个活动中去，并建立一个衡量绩效的基准计划的项目成本管理活动。

项目成本预算制定有两种不同的情况：一是当项目有业主组织自行实施时，根据项目成本估算等方面信息为项目各项具体活动确定的预算和整个项目的总预算；二是当项目有专门承包商组织实施时，项目承发商和项目业主各自项目的各项具体活动的预算和整个项目的总预算。

项目成本预算工作的具体内容包括根据项目成本估算信息以及项目承发包过程等为项目各项具体工作或活动确定预算，然后汇总确定出项目的总预算，同时制定项目成本控制标准（或基线），并确定项目不可预见费用等。项目成本预算是一种项目成本的计划安排，所以它必须留有一定的余地，要有相应比例的项目成本管理储备以备继续时使用。项目成本预算具体内容如图 6-17 所示。

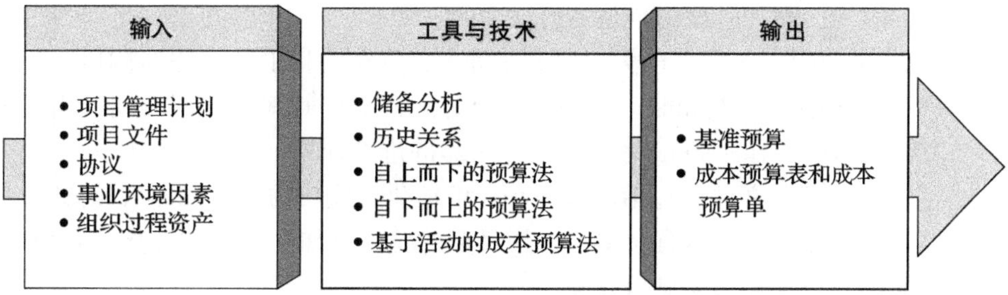

图 6-17　项目成本预算内容图

6.4.2　项目成本预算的特征与原则

项目成本预算具有计划性、约束性、控制性三大特征。

（1）计划性。在项目计划中，根据工作分解结构，项目被分解为多个工作包，形成一种系统结构，项目成本预算就是将成本估算总费用尽可能精确地分配到 WBS 的每一个组成部分，从而形成与 WBS 相同的系统结构。因此，预算是另一种形式的项目计划。

（2）约束性。项目高层管理人员在制定预算的时候均希望能够尽可能“正确”地为相关活动确定预算，既不过分慷慨，也不过于吝啬。因此，预算分配的结果可能并不能满足所涉及的人员的利益要求，而表现为一种约束，所涉及的人员只能在这种约束的范围内行动。

（3）控制性。项目预算的实质就是一种控制机制。管理者不但必须完成预定的目标，而且必须使得目标的完成具有效率，即尽可能地在完成目标的前提下节约资源，这才能获得最大的经济利益。因此，管理者必须小心谨慎地控制资源的使用，而预算可以作为管理者度量资源实际使用量和计划量之间差异的基线标准。

6.4.3　项目成本预算的输入

1. 项目管理计划

项目管理计划组件包括以下内容。

（1）成本管理计划：描述如何将项目成本纳入项目预算。

（2）资源管理计划：提供有关（人力和其他资源的）费率、差旅成本估算和其他可预见成本的信息，这些信息是估算整个项目预算时必须考虑的因素。

（3）风险管理计划：包括成本应急储备，所需数量根据估算的期望精确度加以确定。

（4）范围基准：包括项目范围说明书、WBS 的详细信息，可用于成本估算和管理。WBS 确认了项目的细目，而成本要分配到这些工作中去。

2. 项目文件

（1）成本估算：项目成本预算的各项工作与活动的预算定额主要是依据项目成本估算来确定的。

（2）项目进度：包括项目细目的计划开始日期和预期完成日期。为了将成本分配到时间区间，进度信息是不可缺少的。

（3）资源日历：记录每个项目团队成员在项目上的工作时间段。必须很好地了解每个人的可用性和时间限制（包括时区、工作时间、休假时间、当地节假日和在其他项目的工作时间），才能编制出可靠的进度计划。

（4）商业文件：包括商业论证（识别项目成功的关键因素）、财务成功因素和效益管理计划、效益管理计划（包括目标效益，例如净现值的计算、实现效益的时限，以及与效益有关的测量指标）。

3. 协议

采购合同中包括条款和条件，也可包括其他条目，如买方就卖方应实施的工作或应交付的产品所做的规定。在遵守组织的采购政策的同时，项目管理团队必须确保所有协议都符合项目的具体需要。协议文件的主要内容会有所不同。

4. 事业环境因素

影响估算成本过程的事业环境因素包括汇率等。对于持续多年、涉及多种货币的大规模项目，需要了解汇率波动并将它纳入预算制定过程。

5. 组织过程资产

影响预算制定过程的组织过程资产包括以下几类。

（1）现有的、正式和非正式的、与成本预算有关的政策、程序和指南。

（2）成本预算工具。

（3）报告方法。

6.4.4 项目成本预算的工具与技术

项目成本估算的方法均可以用于项目成本预算。但由于项目成本预算的目的不同于项目成本估算的目的，在具体运用时存在差异。下面介绍几种比较典型的方法，在实际中采用何种方法与项目组织的决策系统有很大关系。

（1）储备分析。通过预算储备分析，可以计算出项目的应急储备与管理储备。

（2）历史关系。有关变量之间可能存在一些可据以进行参数估算或类比估算的历史关系，可以基于这些历史关系，利用项目特征（参数）来建立数学模型，预测项目总成本。

（3）自上而下的预算法。自上而下的预算法主要是依据上层、中层项目管理人员的管理经验和判断。

（4）自下而上的预算法。自下而上的预算法是依据管理人员对所有工作的时间和需求进行仔细的考察。

（5）基于活动的成本预算法。首先把成本分配给项目中的各个活动，然后按照每个项目活动所使用的资源，把成本分配给各个具体活动。基于活动的成本预算法的核心理念是：项目消耗活动，活动消耗资源。

6.4.5　应急费用的预算

1. 应急费用预算的概述

应急费用是指为应付突发事件或未能预料到的变化而准备的费用，主要用于防备因失误和疏忽而造成的费用增加。应急费用预算就是分配额外资金以减少不确定情况带来的风险，并提高项目能在最初计划的时间内完成的概率。

2. 制定应急费用的原因

应急费用主要用于支付在项目管理中正常的预算工作没有预见到的、在实际中却发生的活动成本支出。一个项目潜在的不确定性活动的发生有很多因素，项目范围有变更的倾向、墨菲法则的存在、必须预见的关联成本、正常情况下很少出现但大多数项目中都会导致不确定性活动发生的原因。

3. 应急费用预算的作用

（1）承认未来的不确定性，承认可能出现的问题对项目预算有直接的影响。

（2）公司为项目成本增加准备了供应计划。

（3）为项目准备应急储备金，这其实是对可能的预算透支发出早期警报信号。

4. 应急费用的计算

应急费用计算要考虑两个方面，一是基本应急费用，也称平均应急费用，通过综合考虑项目实施中各项费用可能发生的不利或有利情况，按其平均值进行选取，最后决定应急费用的数额；二是最大风险应急费用，是指在最不利的情况下需要考虑的不可预见费用。下面介绍蒙特卡罗法。该方法通过模拟风险分析来确定应急费用，已被许多工程公司使用，其过程如图 6-18 所示。

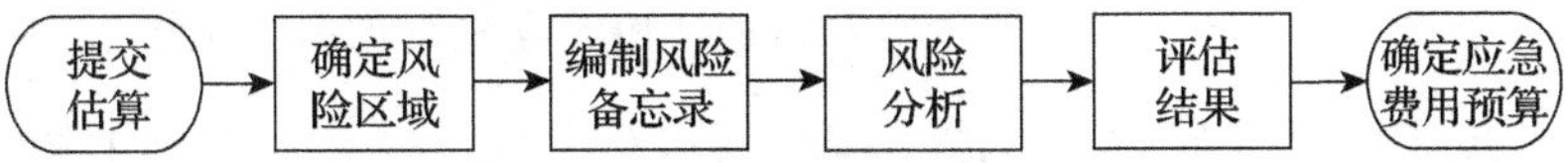

图 6-18　模拟风险分析流程图

第一步：提交估算。根据所获得的图纸、文件和数据等资料，按照工作分解结构分类编制工作包的预算。这个预算不包括应急费用的数额。

第二步：确定风险区域。风险区域分为两大类别：定量风险区和附加风险区。定量风险区是指与提交估算偏差幅度有关的风险。附加风险区是指为了求得最大风险应急费用所应该评估的风险。

第三步：编制风险备忘录。风险备忘录应着重强调那些可能影响费用和进度的潜在风险因素。

第四步：风险分析。根据风险备忘录提出的风险评估数据，用蒙特卡罗法进行风险分析。(在第 10 章详细介绍蒙特卡罗法)

第五步：评估结果。根据风险分析结果，取 50% 的点的值减去提交估算值作为基本应急费用，再根据项目具体情况求得最大风险应急费用，由项目经理会同项目团队有关人员进行审核，并由项目经理向公司领导部门提出建议的应急费用预算。

第六步：确定应急费用预算。公司领导审查项目经理提出的应急费用预算，最后确定实际的应急费用预算数值。

6.4.6 项目成本预算的输出

1. 基准预算

项目基准预算又称成本基准，它以进一步精确、细化时段估算成本编制而成，通常以 S 曲线的形式表示，是按时间分段的项目成本预算，是项目管理计划的重要组成部分。许多项目，特别是大项目，可能有多个成本基准、资源基准或消耗品生产基准来度量项目绩效的不同方面。

成本基准是不同进度活动经批准的预算总和。项目预算和成本基准的各个组成部分如图 6-19 所示。首先，汇总各项目活动的成本估算及其应急储备，得到相关工作包的成本。其次，汇总工作包的成本估算及其应急储备，得到控制账户的成本。最后，汇总各控制账户的成本，得到成本基准。由于成本基准中的成本估算与进度活动直接关联，因此可按时间段分配成本基准，得到一条 S 曲线，如图 6-20 所示。

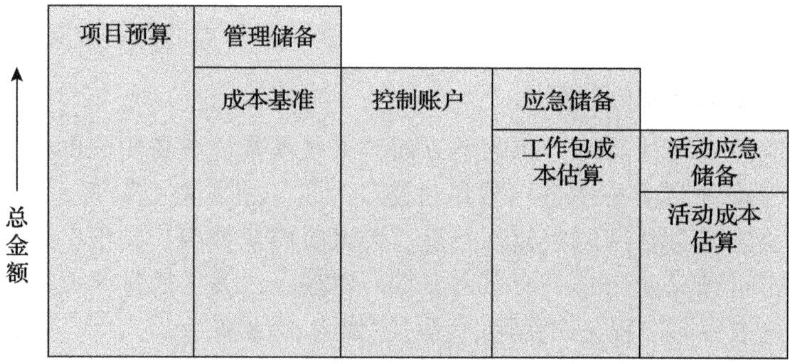

图 6-19 项目预算和成本基准的组成部分

成本基准计划对项目成本按时间进行分解，并在此基础上编制成本基准计划。其表示方式有两种：一种是在总体控制时标网络图上表示，如图 6-21 所示。另一种是利用时间 − 成本累计曲线（S 形曲线）表示，如图 6-22 所示。

$$Q_t = \sum_{n=1}^{t} q_n$$

其中，Q_t 为某时间 t 累计成本预算；q_n 为单位时间 n 的成本预算；t 为某规定计时刻。

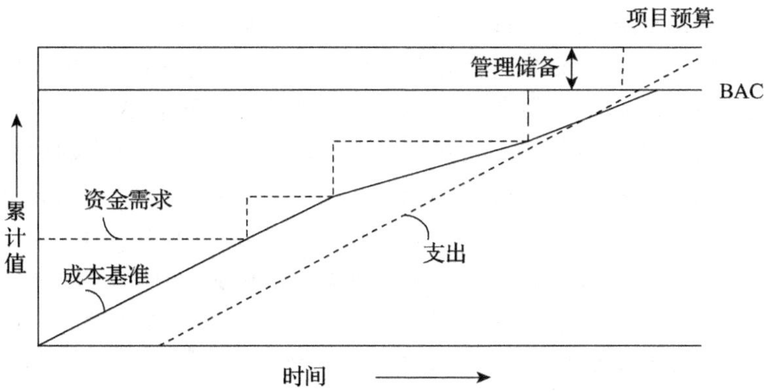

图 6-20　成本基准、支出与资金需求

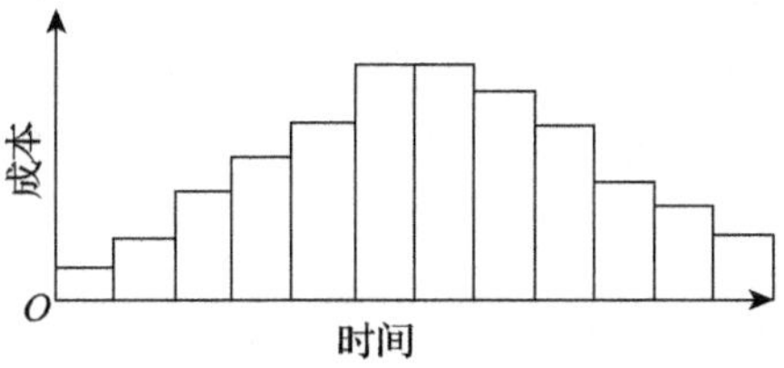

图 6-21　时标网络成本预算图

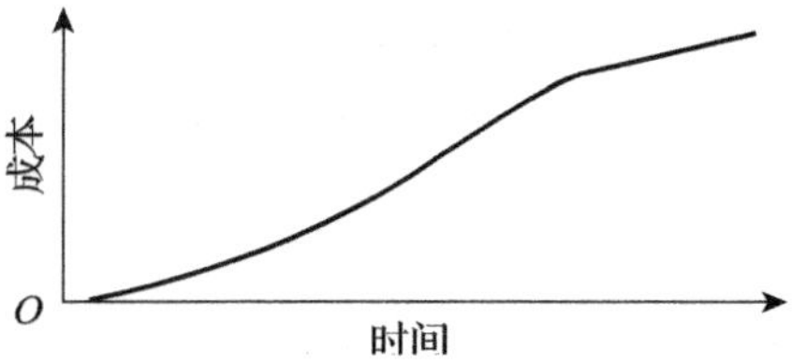

图 6-22　时间 – 成本累计曲线图

2. 成本预算表和成本预算单

在编制项目成本预算时要填写预算单，完成成本预算。预算单上需要包括劳动力、分包商和顾问、专用设备和工具、原材料等。

以上仅是预算单中所包括的部分内容。实际中还需要考虑更多的因素。为了防止遗漏，可以编制项目成本预算表，如表 6-8 所示。

表 6-8　项目成本预算表

项目名称：　　日期：　自　至　制表人：				
项目	时间		数量（单位）	预算成本
	开始	结束		
1. 人员 （1）项目团队成员 （2）承包商 （3）咨询商或顾问 ⋮				
2. 原材料 （1） （2） （3） ⋮				
3. 租用器具 （1） （2） （3） ⋮				

LNYM 管理提升项目成本估算的结果是 45 万元。

项目成本预算的编制首先要对成本估算进一步精确细化并按项目分解结构分配到项目各组织部分直至各工作包，从而最终确定项目成本预算；其次还要将预算成本按项目进度计划分解到项目的各个阶段，建立每一时段的项目预算成本，以便在项目实施阶段利用其进行成本控制。因此，项目成本预算的编制包括两个步骤：一是分摊预算总成本，二是制定累计预算成本，具体操作如下。

（1）分摊预算总成本。分摊预算总成本就是将预算总成本分摊到各成本要素中去，并为每一个阶段建立预算总成本。其具体方法有两种。一种是自上而下法，即在项目总成本（即人工、原材料等）之内按照每个阶段的工作范围，以项目总成本的一定比例分摊到各个阶段中；另一种方法是自下而上法，它是依据与每一阶段有关的具体活动而做成本估计的方法。每一阶段的预算总成本就是组成各阶段的所有活动的成本总和。

LNYM 管理提升项目预算总成本分解，如图 6-23 所示。

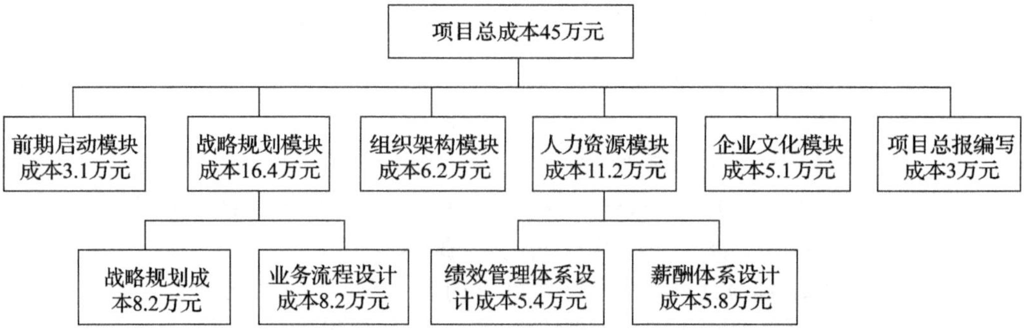

图 6-23 LNYM 管理提升项目预算总成本分解示意图

图 6-23 表明了把 45 万元的项目成本分摊到工作分解结构中各个阶段的情况。分摊到各阶段的数字表示为完成所有与各阶段有关的活动的预算总成本。无论是自上而下法还是自下而上法，都被用来建立每一阶段的预算总成本，所有阶段的预算总和不能超过项目预算总成本。

（2）制定累计预算成本。为每一阶段建立了预算总成本后，就要把预算总成本分配到各阶段的整个工期中去。每期的成本估计是根据组成该阶段的各个活动进度确定的。当把每一阶段的预算总成本分摊到工期的各个区间后，就能确定在这一时间内用了多少预算。这个数字用截至某期的每期预算成本综合表示。这一合计数被称作累计预算成本，将作为分析项目成本绩效的基准。

在制定累计预算成本时，要编制 LNYM 管理提升项目每期预算成本表，如表 6-9 所示。

对于 LNYM 管理提升项目而言，表 6-9 表示了估计工期内如何分摊每一阶段的预算总成本到各工期，也表示整个项目的每期预算成本及其累计预算成本。根据表 6-9 数据，可以作出时间 - 成本累计曲线，如图 6-24 所示。

表 6-9　LNYM 管理提升项目每期预算成本表　　　（单位：元）

	1	2	3	4	5	6	7	成本
前期调研	31 000							31 000
战略规划	26 000	32 000	24 000					82 000
业务流程设计		28 000	31 000	23 000				82 000
组织结构设计			28 000	34 000				62 000
绩效管理体系设计				45 000	25 000			70 000
薪酬体系设计					35 000	31 000		66 000
企业文化设计						24 000	20 000	44 000
项目总报告撰写与修订							13 000	13 000
总计	57 000	60 000	83 000	102 000	60 000	55 000	33 000	450 000
累计	57 000	117 000	200 000	302 000	362 000	417 000	450 000	

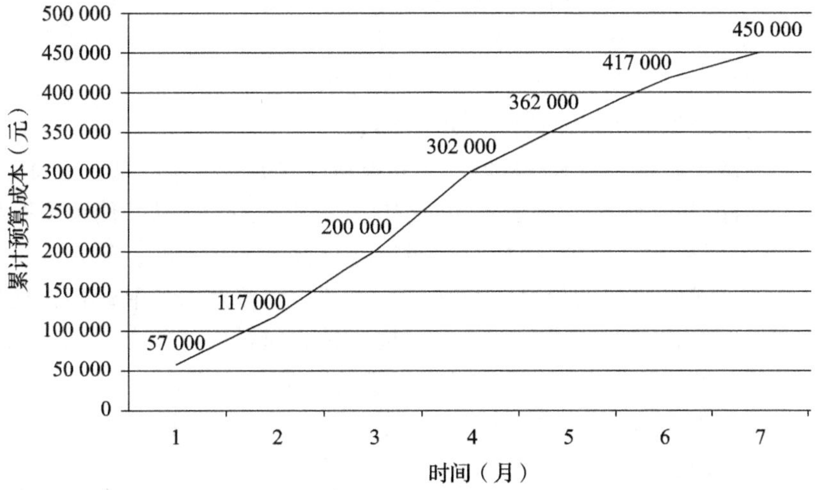

图 6-24　LNYM 管理提升项目时间 – 成本累计曲线图

整个项目的累计预算成本或每一阶段的累计预算成本，在项目的任何时期都能与实际成本和工作绩效作对比。对项目或阶段来说，仅仅将消耗的实际成本与预算总成本进行比较容易引起误解，因为只要实际成本低于预算总成本，成本绩效看起来就是好的。从 LNYM 管理提升项目来看，只要实际总成本低于 45 万元，项目成本就得到了控制。但当实际总成本超过了预算总成本 45 万元，而项目还没有完成时，那该怎么办呢？到了项目预算已经超出而仍有剩余工作要做的时候，要完成项目就必须增加费用，此时再打算进行成本控制就太晚了。为了避免这样的事情发生，就要利用累计预算成本而不是预算总成本作为标准来与实际成本作比较。如果实际成本超过累计预算成本时，就可以在不算太晚的情况下及时采取改正措施。

6.5 项目成本控制

6.5.1 项目成本控制概述

1. 项目成本控制的概念及内容

项目成本控制是按照项目成本预算过程所确定的成本预算基准，在项目实施过程中通过运用一定的管理方法，对项目费用的使用情况进行合理有效的控制，从而确保项目的实际成本限定在项目成本预算所规定的范围内的过程。

项目成本控制的主要目的是对造成实际成本与基准预算计划发生偏差的因素施加影响，保证它向项目有利的方向发展，同时对与基准预算已经发生偏差和正在发生偏差的各项成本进行管理，从而保证项目顺利进行。

2. 项目成本控制的两大类型

项目的成本控制可以分为两大类，即主动控制和被动控制。

（1）主动控制。所谓主动控制就是预先分析目标偏离的可能性，并拟定和采取各种预防措施，使计划目标得以实现。主动控制是一种面对未来的控制，它可以有效地解决传统控制过程中存在的时滞影响，尽最大可能改变由偏差造成的已经成为事实的被动局面，从而使控制更为有效。

主动控制是一种前馈控制。当它根据已掌握的可靠信息分析预测得出系统将要得到偏离计划的目标时，就制定纠正措施并提供给系统，从而使系统不发生目标的偏离。

（2）被动控制。被动控制是指当项目按计划进行时，管理人员对计划的实施进行跟踪，把结果中的信息进行加工、整理，再传递给控制部门，使控制人员从中发现问题，找出偏差，寻求并确定解决问题和纠正偏差的方案，然后再回送给计划实施部门，使得计划目标一旦出现偏离就能得以纠正。

被动控制是一种反馈控制。在管理过程中，这种控制往往形成如图 6-25 所示的反馈闭合回路。

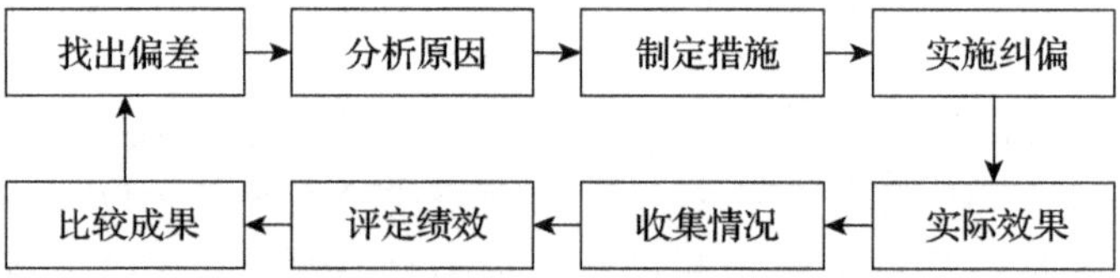

图 6-25　被动控制的反馈闭合回路

（3）主动控制与被动控制的关系。两种控制对项目成本控制而言缺一不可，它们都是实现项目目标必须采用的成本控制方式。有效的控制是将主动控制和被动控制有效地结合起来，力求加大主动控制在控制过程中的比例，同时进行定期、连续的被动控制。只有如此，方能完成项目成本控制的根本任务。

3. 项目成本超支的原因

项目的成本目标不是孤立的，它与项目的质量、进度、工作范围等有着密切的关联。因此，项目成本的超支往往并非成本控制本身的问题，也可能是由以下原因引起的。

（1）项目质量标准的提高。

（2）项目进度的调整。

（3）项目实际工作量较计划有所增加。

（4）业主由于项目管理失误造成的索赔。

（5）市场物价的变化、汇率变化、通货膨胀的因素。

（6）不可抗力的影响（如一些天灾导致项目延期等）。

4. 项目成本控制的过程

项目的成本控制过程同之前的项目资源计划、项目成本估算、项目成本预算相似，也分为输入、工具与技术、输出，其具体内容如图 6-26 所示。

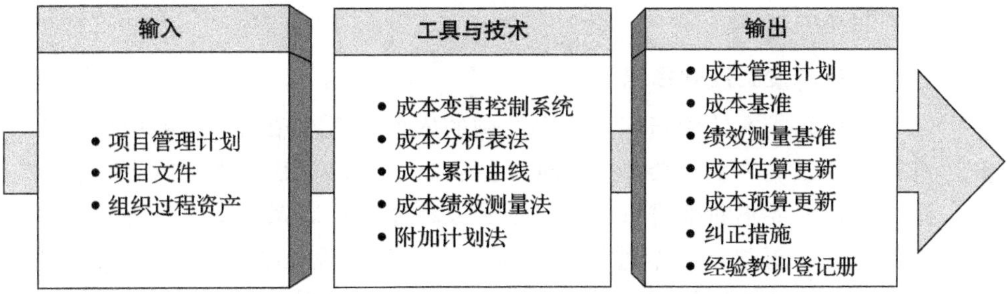

图 6-26　项目成本控制内容图

6.5.2　项目成本控制的输入

1. 项目管理计划

项目管理计划组件包括以下内容。

（1）成本管理计划：项目成本管理计划确定了当项目实际成本与计划成本发生差异时如何进行管理，是对整个成本控制过程的有序安排，是项目成本控制的有力保证。

（2）成本基准：又称成本基线，是按时间分段的项目成本预算，是度量和监控项目实施过程中项目成本费用支出的最基本的依据。它是将按阶段估算的费用汇总后制定的，一般用 S 曲线表示。

（3）绩效报告：提供费用执行方面的信息，关注项目资源在项目周期中的使用情况。绩效报告通常需要包括项目范围、进度、成本和质量的进度信息。

2. 项目文件

（1）变更申请。很少有项目能够准确地按照期望的成本预算计划执行，不可预见的各种情况要求在项目实施过程中重新对项目的费用做出新的估算和修改，形成项目变更申请。

（2）经验教训登记册。在项目早期获得的经验教训可以运用到后期阶段，从而改进成本控制。

（3）项目资金需求。项目资金需求包括预计支出及预计债务。

3. 组织过程资产

影响控制成本过程的组织过程资产包括以下几类。

（1）现有的、正式和非正式的、与成本控制相关的政策、程序和指南。

（2）成本控制工具。

（3）可用的监督和报告方法。

6.5.3 项目成本控制的工具与技术

项目成本控制的方法包括两大类：一类是分析和预测项目各要素变动与项目成本发展变化趋势的方法；另一类是通过控制各种要素的变动从而实现项目成本管理目标的方法。

1. 成本变更控制系统

项目原成本计划指标是成本控制的依据，但在项目的实践中会对原计划和设计进行修改，这些变化会产生一种新的状态，所以项目成本的状态一直都在不断地更新，于是需要不断地进行跟踪。项目成本变更控制系统就是一种通过建立项目变更控制体系，对项目成本进行控制的方法。它包括从提出变更请求到批准变更请求，一直到最终变更项目成本预算的整个变更控制过程。成本变更控制过程与项目变更控制系统相一致，如图 6-27 所示。

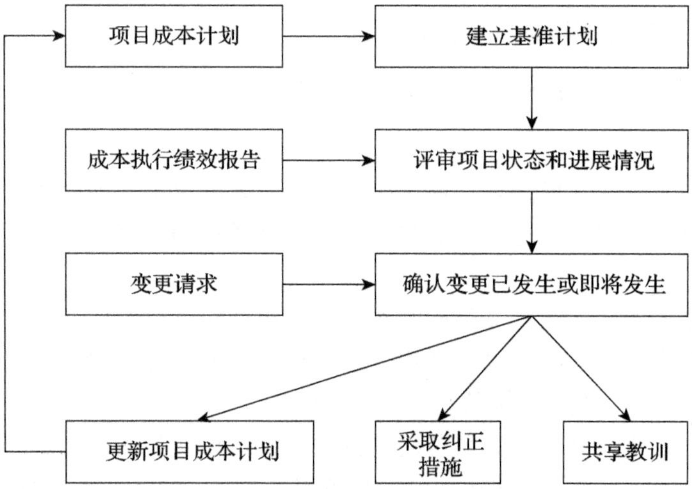

图 6-27 项目成本变更控制系统

2. 成本分析表法

成本分析表法是利用项目中的各种表格进行成本分析和成本控制的一种方法。应用成本分析表法可以很清晰地进行成本比较研究。常见的有月成本分析表、成本日报表或周报表、月成本计算及最终预测报告表。

每月编制月成本计算及最终成本预测报告表，是项目成本控制的重要内容之一。该报告主要事项包括项目名称、已支出金额、到竣工尚需的预计资金、盈亏预计等。月成本计算及最终成本预测报告要在月末会计账簿截止的同时完成，并随时间的推移使精确性不断增加，其详细格式如表 6-10 所示。

表 6-10　月成本计算及最终成本预测报告表

序号	科目编号	名称	支出金额	调整			现在的成本			到竣工尚需资金			最终预算工程成本			合同预算金额			预算比较	
				金额		备注	金额	单价	数量	金额	单价	数量	金额	单价	数量	金额	单价	数量	亏	盈
				增	减															

3. 成本累计曲线

成本累计曲线又叫时间 – 成本累计曲线，是对项目成本目标按时间进行分解，并在此基础上编制成本基准计划。它是反映整个项目或项目中某个相对独立部分费用状况的曲线。它可以从成本预算计划中直接导出，也可利用网络图、条线图等图示单独建立。常用的一种成本基准计划是利用时间 – 成本累计曲线（S 形曲线）表示，如图 6-28 所示。

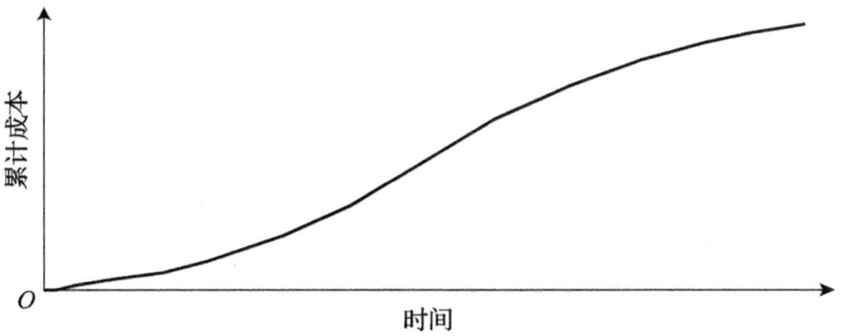

图 6-28　时间 – 成本累计曲线

绘制时间 – 成本累计曲线的步骤如下。

（1）建立工作分解结构，计算每一个工作包的实际成本，并将它们分配到各个工作包的整个工期中去。

（2）根据项目实际情况，计算每单位时间内完成工作所花费的成本。

（3）计算规定时间 t 内的完成工作量的累计成本，其计算方法为

$$Q_t = \sum_{n=1}^{t} q_n$$

其中，Q_t 为某时刻 t 之前完成工作量的累积成本；q_n 为单位时间内 n 的成本；t 为某规定计划时刻。

（4）按各规定时间的 Q_t 值，绘制 S 形曲线。这样绘出的时间 – 成本累计曲线是计划情况下的费用曲线。在实际情况中，实际成本费用可能会高于计划情况，也可能低于计划情况。如果高于计划情况，则可能是某个环节计划不周或者管理不善，造成成本增加；如果低于计划情况，则可能是进度落后于计划。

成本累计曲线上实际支出与计划情况的任何一点偏差都是一种警告信号，但并不是说工作中一定发生了问题。图上的偏差只反映了现实与计划情况的差别，发现差别时要查明原因，判定是正常偏差还是非正常偏差，然后再根据具体的情况采取措施处理。

在时间 – 成本累计曲线图上，根据实际支出情况的趋势可以对未来的支出进行预测，将预测曲线与理想曲线进行比较可以获得很有价值的成本控制信息，但其前提是假定所有工序时间都是固定的。从网络技术中知道，大量非关键工序的开始和结束时间是需要调整的。利用其中工序的最早开始时间和最迟开始时间制作的成本累计曲线称为成本香蕉曲线，如图 6-29 所示。

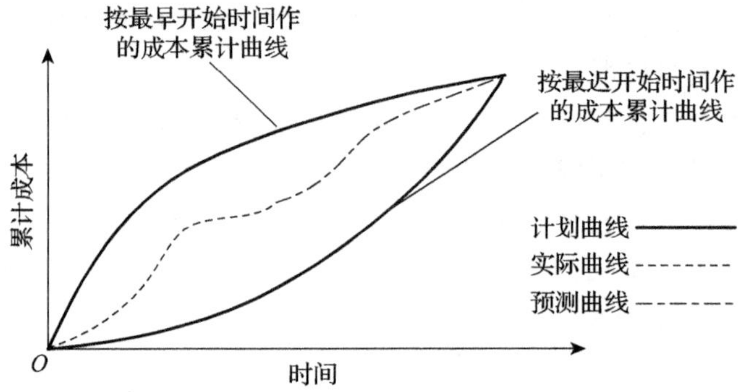

图 6-29　成本香蕉曲线

成本香蕉曲线表明了项目成本变化的安全区间，实际发生的成本变化如不超出两条曲线限定的范围，就属于正常变化，可以通过调整开始时间和结束时间使成本控制在计划的范围内。如果实际成本超出这一范围，就要引起重视，查清情况，分析出现的原因，并在必要的时候采取有效的措施。

4. 成本绩效测量法

有效的成本控制的关键是及时分析项目成本状况，尽早发现项目成本差异，争取在情况变坏之前采取措施予以纠正。挣值法常常被用于对项目实际成本的绩效测量。其基本思想就是结合项目的实际完成工作量，引进“挣值”这个中间变量来帮助项目管理者分析正在进行的项目的完工程度，衡量正在进行的项目的成本效率，为成本控制措施的选取提供依据，同时还能对项目的发展趋势做出科学的预测与判断，提出相应的对策。

5. 附加计划法

实际上，很少有项目是按照原定计划完成的，往往会因一些突发的状况而更改计划。所以在制订计划时，依据管理者或其他项目组成员具备的相关项目经验，可以提前将可能发生的变化考虑进去。附加计划法就是通过新增或修订原有计划来对项目的成本进行有效的控制。

6.5.4　项目成本控制的输出

开展项目成本控制的直接结果是项目成本的节约和项目经济效益的提高。开展项目成本控制的间接结果是生成了一系列的项目管理计划和项目文件，其中包括：项目成本估算的更新文件、项目成本预算的更新文件和项目活动纠正措施文件等。

1. 项目管理计划更新

项目管理计划的任何变更都以变更请求的形式提出，且通过组织的变更控制过程进行处理。可能需要变更请求的项目管理计划组成部分包括以下内容。

（1）成本管理计划。成本管理计划中用于管理项目成本的控制临界值或所要求的准确度要根据干系人的反馈意见进行更新。

（2）成本基准。在针对范围、资源或成本估算的变更获得批准后，需要对成本基准做出相应的变更。在某些情况下，成本偏差可能太过严重，以至于需要修订成本基准，以便为绩效测量提供现实可行的依据。

（3）绩效测量基准。在针对范围、进度绩效或成本估算的变更获得批准后，需要对绩效测量基准做出相应的变更。在某些情况下，绩效偏差可能太过严重，以至于需要提出变更请求来修订绩效测量基准，以便为绩效测量提供现实可行的依据。

2. 项目文件更新

可在本过程更新的项目文件包括以下几种。

（1）成本估算更新。更新成本估算是为了管理项目的需要而修改成本信息，成本计划的更新可以不必调整整个项目计划的其他方向。

（2）成本预算更新。在某些情况下，成本偏差可能极其严重，以至于需要修改成本基准，才能对绩效提供一个现实的衡量基础，此时预算更新是非常必要的。

（3）纠正措施。纠正措施是为了使项目将来的预期绩效与项目管理计划一致而采取的所有行动，是指任何使项目实现原有计划目标的努力。

（4）经验教训登记册。偏差的原因、所选纠正措施的理由以及从成本控制角度吸取的其他类型的教训都应更新在经验教训登记册中，作为本项目以及执行组织其他项目时历史数据库的一部分。

6.6　挣值分析法

6.6.1　挣值分析法概述

1. 挣值分析法的定义

挣值（earend value，EV）分析法是项目成本控制中经常采用的一种技术性分析方法。它主要衡量目标实施与目标计划之间的差异，又叫成本偏差分析法。这种方法通过测量和计算已完成工作预算成本、已完成工作实际成本以及计划工作的预算成本，从而得到相关计划实施的进度和成本偏差，以此达到判断项目预算和进度执行情况的目的。

使用挣值分析法对项目进行监控，可以使项目管理者更清楚地看到项目的成本和进度变化，对项目的实际进展情况做出准确的衡量。

2. 挣值分析的起源与发展

挣值的概念起源于19世纪末、20世纪初的工业工程。1967年，美国国防部研究推出了费用/进度控制系统准则（cost/schedule control systems criteria，C/SCSC），这就是项目"挣值"管理的雏形。

20世纪80年代中期，经过调查研究，人们重新认同了这项以C/SCSC为基础进行管理的方法，同时指出了经理们对准则要求的误解。20世纪90年代初期，由政府和工业界联合进行的对全面质量管理（TQM）的研究使C/SCSC得到了充足的改善和提高，去除了其中烦杂和低效的部分。

在C/SCSC的基础上，美国项目管理学界开发出了被称为"挣值管理（EVM）"的项目成本与工期的集成管理技术方法。1996年美国民用部门开始尝试这种方法。同时随着互联网的发展，挣值分析法迅速发展起来，受到世界各地越来越多项目管理者的认同。现在，学术界和实业界的权威人士都认为"挣值管理系统"将会发展成为21世纪项目管理的主导型方法之一。

6.6.2 挣值分析法的原理

挣值分析法主要通过分析比较下面三种基本值对项目的成本、进度状态进行有效的监控。

三个基本参数是：计划值（planned value）、挣值（earned value）和实际成本（actual cost），其含义如表6-11所示。

表6-11 计划值、挣值和实际成本的含义

基本参数	英文名称及缩写	术语含义
计划值	planned value（PV）	到目前为止，计划完成工作（量）的预算值是多少
挣值	earned value（EV）	EV＝预算成本 × 实际完成工作量的百分比；到目前为止，以货币值来衡量的实际完成的工作（量）是多少
实际成本	actual cost（AC）	到目前为止，完成工作（量）的实际支出是多少

（1）PV。PV又称计划工作的预算成本（budgeted cost of work scheduled，BCWS），即在给定时间内计划花费在某个任务上的已批准的总成本估算的部分。例如，假设项目P包含购买ORACLE数据库、安装ORACLE并将原MS-SQL中数据导入ORACLE数据库等子任务。项目P在规划时预计将花费3周时间，人员工资、硬件和软件成本为25万元。那么，项目P的PV便为25万元。

（2）EV。EV又称完成工作的预算成本（budgeted cost of work performed，BCWP），即在给定时间内实际完成工作的预算成本。它等于给定时间内完成比例 ×

预算成本。例如，任务 T 在 3 周后，实际上只完成了工作的 80%，那么项目 P 的挣值为 25 万 ×80%=20 万元。

（3）AC。AC 又称完成工作的实际成本（actual cost of work performed，ACWP），即在给定时间内完成任务所实际产生的直接成本和间接成本之和。例如，假如项目 P 实际花费 3 周时间，购买硬件花费了 2 万元、购买 ORCALE 数据库花费了 12 万元、人员工资花费了 2 万元，那么该任务的 AC 为 16 万元。

通过对比三个基本值，可以对项目的实际进展情况做出明确的测定和衡量，有利于对项目进行监控，也可以清楚地反映出项目管理和项目技术水平的高低。

挣值分析法从上述三个基本值还可以导出两个差异指标和两个绩效指标，并依此来衡量项目成本、进度的绩效和状况。

挣值分析法中偏差和绩效用变量来衡量，如表 6-12 所示。

表 6-12　偏差和绩效的度量指标及其计算

度量指标	计算公式	指标含义	结果说明
项目成本偏差（cost variance，CV）	CV = EV − AC	已完成工作预算成本与实际成本的绝对差异	结果为正值是有利的 结果为负值是不利的
项目进度偏差（schedule variance，SV）	SV = EV − PV	以货币来衡量的已完成工作量与计划工作量的绝对差异	结果为正值是有利的 结果为负值是不利的
成本绩效指数（cost performance index，CPI）	CPI = EV/AC	正在进行的项目的成本效率	结果为“>1”是有利的 结果为“<1”是不利的
进度绩效指数（schedule performance index，SPI）	SPI = EV/PV	正在进行的项目的进度情况	结果为“>1”是有利的 结果为“<1”是不利的

（1）项目成本偏差（cost variance，CV）等于挣值减去实际成本，CV = EV − AC。当成本偏差 CV 为负时，表示实际成本超过计划成本，项目超支；当成本偏差 CV 为正时，表示实际成本低于计划成本，项目进展良好。例如，项目 P 的成本偏差 CV = 20 − 16 = 4，CV > 0，即项目 P 目前成本低于计划成本，项目进展良好。

（2）项目进度偏差（schedule variance，SV）等于挣值减去计划值，SV=EV − PV。当进度偏差 SV 为负时，表示实际进度落后于计划进度，项目会延期；当进度偏差 SV 为正时，表示实际进度先于计划进度，项目进展顺利。例如，项目 P 的进度偏差 SV = 20 − 25 = −5，SV < 0，即项目 P 目前已经落后于计划进度，项目会延期。

（3）成本绩效指数（cost performance index，CPI）是挣值与实际成本的比值，CPI=EV/AC，用于估算完成工作的预计成本。如果 CPI = 1，则表示预算成本与实际成本相等；如果 CPI < 1，则表示已完成工作的实际成本超出预算成本，项目超支；如果 CPI > 1，则表示已完成工作的实际成本低于预算成本，项目实际成本在预算范围内。例如，项目 P 的成本绩效指数 CPI = 20/16 = 1.25，即项目 P 的成本目前处于可控范围。

（4）进度绩效指数（schedule performance index,SPI）是挣值与计划成本的比值，SPI = EV/PV，用于估算项目完工的预计时间。如果 SPI = 1，则意味着项目进度与计划进度一致；如果 SPI < 1，则表示实际进度落后于计划进度，项目超时；如果 SPI > 1，则表示实际进度先于计划进度，项目可先于计划提前完成。例如，项目 P 的进度绩效指数 SPI = 20/25 = 0.8，即项目 P 已经落后于计划进度。

挣值的各参数变量之间的关系一般可以通过 S 曲线的形式进行较为直观的分析。项目的计划值（PV）、挣值（EV）和实际成本（AC）在成本、时间坐标轴上可以构成 S 形状的曲线，如图 6-30 所示。

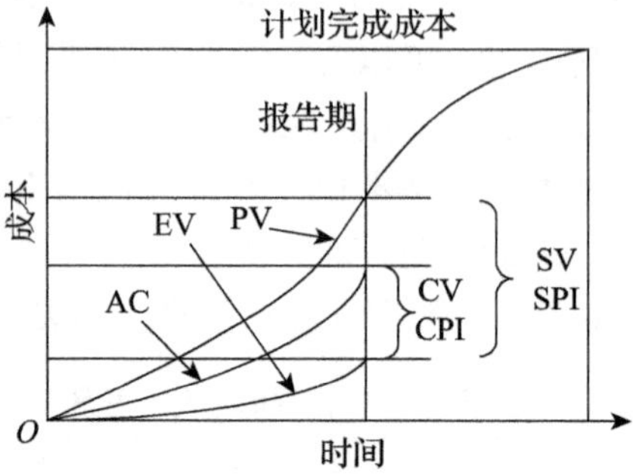

图 6-30　挣值分析参数 S 曲线示意图

在分析整个项目的实际成本绩效和时间进度的基础上，可以用挣值分析法从上述差异指标和绩效指标估算出预测指标，并依此来预测完成整个项目尚需多少时间，尚需多少成本。挣值分析法中的预测指标如表 6-13 所示。

表 6-13　挣值分析法预测指标

预测指标	计算公式	指标含义
完工成本估算（estimate at complete，EAC）	EAC = BAC + AC − EV = BAC − CV（当出现的偏差被视为非典型特例，而且项目团队预计将来不至于出现类似偏差时） EAC = BAC/CPI（当项目未完成部分将按照目前的效率进行下去时） EAC = ETC + AC（当以往绩效表明原有估算假设有重大缺陷，或者由于情况改变，原有假设不再适用时）	在当前执行情况的基础上，估计整个项目完工所需的总成本
完工尚需成本估算（estimate to complete，ETC）	剩余工作在当前的估算	在当前执行情况的基础上，估计剩余活动成本
完工时间估算（estimate time to complete，ETTC）	ETTC = 计划工期 / SPI	在当前执行情况的基础上，估计整个项目完工所需的总时间

（1）完工成本估算（EAC）是根据项目的绩效和风险量化对项目最可能的总成本所做的一种预测，其中又分三种情况。

1）当出现的偏差被视为非典型特例，而且项目团队预计将来不至于出现类似偏差时，可以用公式 EAC = BAC + AC − EV = BAC − CV（其中 BAC 是项目预算总成本）来对完工成本估算进行预测。例如，假设项目 P 当前出现的偏差被项目团队认为是一个特例，并且将来不会出现类似情况。那么 EAC = 25 + 16 − 20 = 21 万元。

2）当项目未完成部分将按照目前的效率进行下去时，CPI 相对稳定，可以用公式 EAC = BAC/CPI 即计划成本与成本绩效指标的比值来对完工成本估算进行预测。例如，假设当前项目 P 未完成部分将按照目前的效率进行下去，EAC = 25/1.25 = 20 万元，即按当前执行情况，项目 P 只需 20 万元即可完工。

3）当以往绩效表明原有估算假设有重大缺陷，或者由于情况改变，原有假设不再适用时。可以用公式 EAC = ETC + AC 来对完工成本估算进行预测。这种情况下要重新估算所有剩余工作量成本，并据此做出项目成本和工期预测。即将这个重估成本与已完成作业的实际成本相加得到预测结果。例如，假设项目团队判断当前项目 P 原有估算假设有重大缺陷，估计剩余工作的成本为 6 万元，那么 EAC = 16 + 6 = 22 万元。

利用这些公式可以确定预测成本超支或节约的具体数额大小，如果在预测项目的未来完工成本时，发现在报告期的一个小差异将会扩大成一个更大的成本超支，就表明需要立即采取项目成本管理的纠偏措施了。因此，它可以起到一种警示的作用。

（2）完工尚需成本估算（ETC）是在当前执行情况的基础上，估计剩余活动成本。ETC = EAC − AC，即完工成本估算减去已经发生的项目实际成本。例如，假设项目 P 当前出现的偏差被项目团队认为是一个特例，并且将来不会出现类似情况。那么 ETC = 21 − 16 = 5 万元，即按照当前执行情况，项目 P 尚需 5 万元即可完工。

（3）完工时间估算（ETTC）是在当前执行情况的基础上，估计整个项目完工所需的总时间。ETTC = 计划工期 /SPI，即计划工期与进度绩效指标的比值。例如，项目 P 计划工期为 3 周，那么 ETTC = 3/0.8 = 3.75，即按当前执行情况，项目 P 共需 3.75 周方能完工。

根据评估指标和预测指标，可得挣值分析法对项目当前状态和未来状态的一个评估结论。反映当前成本状态的指标为 CV 和 CPI，反映当前进度状态的指标为 SV 和 SPI，反映项目未来状态的指标为 EAC 和 ETC。

项目当前状况可能为下列四种情况之一。

1）成本未超支，进度未超时：CV≥0，CPI≥1；SV≥0，SPI≥1。

2）成本超支，进度未超时：CV < 0，CPI < 1；SV≥0，SPI≥1。

3）成本未超支，进度超时：CV≥0，CPI≥1；SV < 0，SPI < 1。

4）成本超支，进度超时：CV < 0，CPI < 1；SV < 0，SPI < 1。

就项目 P 而言，CV = 4 > 0，CPI = 1.25 > 1；SV = −5 < 0，SPI = 0.8 < 1。所以，项目 P 当前状态为成本未超支，进度超时。

挣值计算各项指标的术语定义、使用方法、计算公式以及结果解释的详细信息，如表 6-14 所示。

表 6-14　挣值计算汇总表

名称	术语定义	使用方法	计算公式	结果解释
项目成本偏差（CV）	在给定时间点，预算亏空或盈余量，表示为挣值与实际成本之差	在某一时点上，通常为数据日期，完成工作的价值与同一时点上实际成本之间的差异	CV = EV − AC	>0 在计划成本之内 =0 与计划成本持平 <0 超过计划成本

（续）

名称	术语定义	使用方法	计算公式	结果解释
项目进度偏差（SV）	在给定的时间点上，项目进度提前或落后的情况，表示挣值与计划价值之差	在某一时间点上，通常为数据日期，完成工作的价值与同一时点上计划完成的工作之间的差异	SV = EV − PV	>0 提前于进度计划 =0 在进度计划之内 <0 超过计划成本
完工偏差（VAC）	对预算亏空量或盈余量的一种预测，是完工预算与完工估算之差	项目完工成本估算差异	VAC = BAC−EAC	>0 在计划成本之内 =0 与计划成本持平 <0 超过计划成本
成本绩效指数（CPI）	度量预算资源成本效率的一种指标，表示挣值与实际成本之比	目前为止完成工作成本与预计使用成本的差异	CPI = EV/AC	>1 在计划成本之内 =1 与计划成本持平 <1 超过计划成本
进度绩效指数（SPI）	测量进度效率的一种指标，挣值与计划价值之比	目前为止完成工作与计划完成的工作进度差异	SPI = EV/PV	>1 提前于进度计划 =1 在计划进度之内 <1 落后于进度计划
完工成本估算（EAC）	完成所有工作所需的预期总成本，等于截至目前的实际成本加上完工尚需估算	预计剩余工作的 CPI 与当前一致，使用公式①； 剩余工作将以计划效率完成，使用公式②； 原计划不再有效，使用公式③； CPI 和 SPI 同时影响剩余工作，使用公式④	① EAC = BAC/CPI ② EAC = BAC+AC−EV ③ EAC = AC + 自上而下估算的 ETC ④ EAC = AC + [(BAC−EV)/(CPI × SPI)]	
完工尚需成本估算（ETC）	完成所有剩余项目工作的预计成本	按原计划执行计算完成剩余工作所需的成本，使用公式①； 剩余工作自下而上重新估算，使用公式②	① ETC = EAC − AC ② ETC = 再估值	
完工尚需绩效指数（TCPI）	完成剩余工作所需成本与剩余预算之比	按计划完成必须维持的效率，使用公式①； 实现当前完工估算必须维持的效率，使用公式②	① TCPI =（BAC − EV）/（BAC − AC） ② TCPI =（BAC − EV）/(EAC − AC)	① >1 很难完成 =1 正好完成 <1 很容易完成 ② >1 很难完成 =1 正好完成 <1 很容易完成

6.6.3 挣值分析法的应用

作为项目经理，在项目管理的过程中，应该使用挣值分析法对项目的成本和进度进行分析和管理。在实践中运用挣值分析法一般采取以下步骤。

（1）根据项目的各合同、计划数据编制成本极限，确定检查点上的 PV。

（2）记录到检查点为止项目成本使用的实际情况，确定检查点上的 AC。

（3）进一步度量到检查点为止项目任务完成情况，确定检查点上的 EV。

（4）通过计算 CV 和 SV（或者 CPI 和 SPI），判断项目执行情况。

（5）如果偏差超过允许范围，则需要找出原因，并提出改正措施。

根据挣值分析法的三个基本参数的相互关系，得出六种可能情况，具体如表 6-15 所示。

表 6-15　挣值分析可能情况及措施

情况	参数关系	图例	分析	措施
1	AC>EV>PV CV<0，SV>0	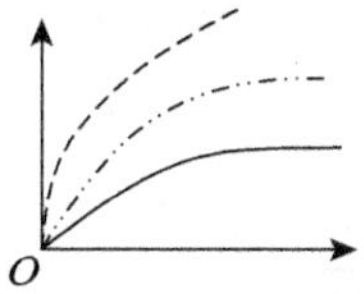	进度较快，有所超前；但成本效率偏低导致成本花费高于预计水平	适当减缓项目进展强度，降低成本，提高成本效率
2	EV>AC>PV CV>0，SV>0	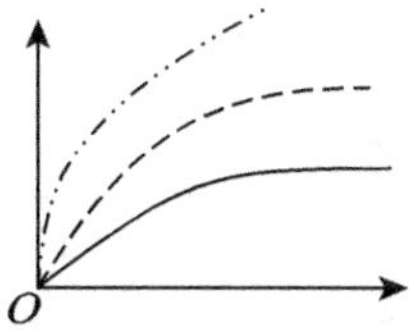	成本效率较高；由于项目超前高速进展，实际成本花费显示偏高	在保持目前状况的前提下，可以按情况适当抽调出一部分人员加速其他进度较低的项目进展
3	AC>PV>EV CV<0，SV<0	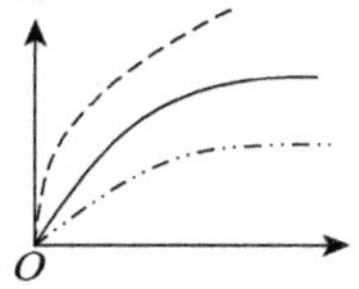	成本效率很低；项目进度落后于计划，实际花费显示较高	撤换低效的人员，全面强化成本绩效管理，调整项目进程计划
4	EV>PV>AC CV>0，SV>0	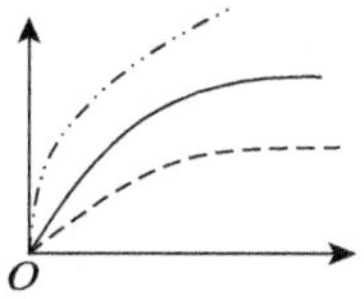	成本效率很高；同时项目进展速度有所超前，实际成本花费显示偏低	保持目前状态的前提下，可以根据需要加大成本投入，加速项目进展
5	PV>EV>AC CV>0，SV<0	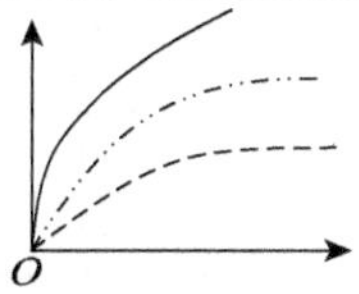	成本效率较高；但项目进度较慢，低于计划水平，实际花费显示较低	增加人员，加大投入力度，采取激励措施，全面加速项目进展
6	PV>AC>EV CV<0，SV<0	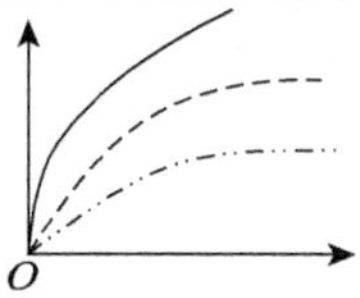	成本效率较低；项目进度远落后于项目计划，实际花费显示较高	增加高效人员，强化工作标准，加速项目进展，同时注意监控成本

其中：PV　EV　AC

开篇案例解决方案

在本章开篇案例中提出了对 LNYM 管理提升项目成本管理的问题，具体的解决方案如下。

鉴于以上情况，项目组依据前期成本预算基数建立了成本管理控制责任体系，实行全生命周期全面成本管理。对 LNYM 管理提升项目进行成本控制的主要目的是对造成实际成本与预算基准发生偏差的因素施加影响，保证其向有利的方向发展，同时对于成本基准预算已经发生偏差和正在发生偏差的各项成本进行管理，从而保证 LNYM 管理提升项目顺利进行。LNYM 管理提升项目成本控制的主要内容包括以下几项。

（1）检查实际成本与前期计划成本的偏差。

（2）发现实际成本与计划成本的偏差。

（3）确保所有准确有效的变更都被记录在成本预算计划中，并将核准的变更及时通知 LNYM 管理提升项目干系人。

（4）分析成本绩效从而确定是否采取

纠正措施，并且决定要采取哪些措施来纠正LNYM管理提升项目的实施。

2023年1月末，项目组使用挣值分析法分析LNYM管理提升项目成本绩效并对项目进行成本控制，并且用此方法对项目成本和项目时间进行预测。

2023年1月末LNYM管理提升项目成本与任务完成量实际状况如表6-16所示。

表6-16 2023年1月末LNYM管理提升项目实际情况表

任务	已完成作业的实际成本（元）	完成量（%）
前期调研	30 000	100
战略规划	84 000	100
业务流程设计	63 000	65
组织结构设计	31 000	30
已完成作业量成本总计	208 000	75

根据表6-9和表6-16，以及公式EV = 预算成本 × 实际完成工作量的百分比，得出LNYM管理提升项目挣值见表6-17。

表6-17 2023年1月末LNYM管理提升项目挣值表

任务	完成量（%）	预算成本（元）	挣值（元）
前期调研	100	31 000	31 000
战略规划	100	82 000	82 000
业务流程设计	65	82 000	53 300
组织结构设计	30	62 000	18 600
项目挣值管理总计	75	257 000	192 750

得到各项子任务挣值之后，根据公式CV = EV − AC、SV = EV − PV、CPI = EV/AC、SPI = EV/PV进一步得到2023年1月末LNYM管理提升项目的成本偏差指标和绩效指标，如表6-18所示。

表6-18 2023年1月末LNYM管理提升项目成本偏差指标和绩效指标表

任务	PV	EV	AC	CV	SV	CPI	SPI
前期调研	31 000	31 000	30 000	1 000	0	1.03	1.00
战略规划	82 000	82 000	84 000	−2 000	0	0.98	1.00
业务流程设计	59 000	53 300	63 000	−9 700	−5 700	0.85	0.90
组织结构设计	28 000	18 600	31 000	−12 400	−9 400	0.60	0.66
累计	200 000	192 750	208 000	−15 250	−7 250	0.93	0.96

从表6-18可以看出LNYM管理提升项目的累计偏差指标与绩效指标，项目成本偏差 = −15 250、项目进度偏差 = −7 250、成本绩效指数 = 0.93、进度绩效指数 = 0.96。CV < 0、CPI < 1，说明该项目目前已完成工作的实际成本超出预算成本，项目超支，应加强项目成本控制力度；SV < 0、SPI < 1，说明该项目目前已经落后于计划进度，项目会延期。

通过以上偏差指标和绩效指标预测完成LNYM公司管理提升项目尚需的成本和时间。

项目团队估计，LNYM 管理提升项目未完成部分将按照目前的效率进行下去。

完工成本估算：

$EAC = BAC/CPI = 450\ 000/0.93 = 485\ 603.11$（元）

完工尚需成本估算：

$ETC = 485\ 603.11 - 208\ 000 = 277\ 603.11$（元）

完工时间估算：

$ETTC =$ 计划工期 $/SPI = 7/0.96 = 7.26$（月）

完工尚需时间估算：

$7.26 - 3 = 4.26$（月）

复习思考题

1. 请简要论述自上而下估算法的不足之处。
2. 什么是成本预算，它与成本估算有什么区别？
3. 项目成本控制的方法有哪些？
4. 简述挣值分析法的基本原理。

扫一扫查看更多题目

学习链接

1. 纪宇、王伟、鲍骏源，等，《钟廷勇事半功倍：万里汽车整车开发阶段的目标成本管控之策》，中国管理案例共享中心，2023 年。
2. 聂志萍、唐皓月、马芸菲，《C 工程公司 Y 项目水环境成本管理的实践探索》，中国管理案例共享中心，2023 年。
3. 曹聪、郑苗苗、沈振扬，等，《欲变而行，韧性而为：以数字化转型赋能筑境成本精益化管理实践》，中国管理案例共享中心，2023 年。
4. 焦捷、郭佳、段沛东，《一汽—大众：锻造全价值链采购体系》，中国工商管理案例库，2022 年。
5. 程文莉、黎雨鑫、肖梦楠，等，《大旱云霓：RT 科技的“贸”“疫”成本管理困局》，中国管理案例共享中心，2022 年。
6. 王琨、李晓辉，《TCL：智慧财务下的费用管控》，中国工商管理案例库，2021 年。
7. 潘立新、尚玲倩、任晖，等，《筑成公司：施工专业承包项目收入与成本核算难题》，中国工商管理案例库，2021 年。
8. 张志强，《黑云数字化转型之路》，中国工商管理案例库，2019 年。
9. 张坚、陈万思、刘秀雯，《S 公司沙特聚酯 EPC 总承包项目成本管理体系》，中国管理案例共享中心，2019 年。

第 7 章　项目质量管理

【学习目标】

☑ 理解质量和项目质量的定义以及质量与等级的区别
☑ 了解质量管理的发展历程
☑ 了解全面质量管理和六西格玛管理
☑ 理解并掌握项目质量管理的概念及其与其他质量管理的区别
☑ 掌握项目质量管理的主要内容
☑ 理解并掌握项目质量规划、项目质量保证和项目质量控制的输入、工具与技术、输出
☑ 理解项目质量改进的方法
☑ 了解项目质量成本及项目质量的经济性

图 7-1 为项目质量管理概述图。

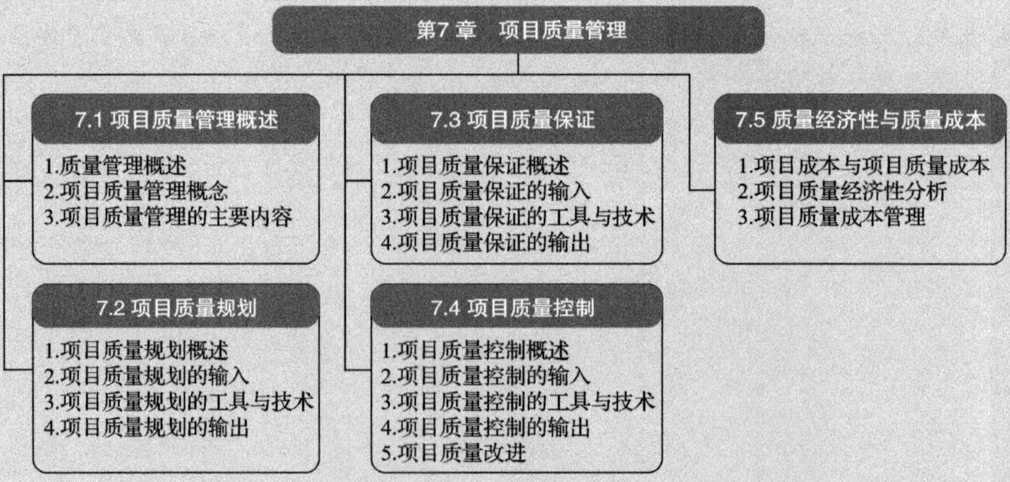

图 7-1　项目质量管理概述图

开篇案例　LNYM 员工为什么会敷衍了事

LNYM 的管理层与员工虽然凭借经验良好地应对了物流中断、出货量激增等问题，实现了公司收入的逆势上扬，但是没有将这些应对措施规范化、程序化，因此亟须进行现状梳理、经验总结从而实现管理提升。为此，LNYM 组建项目小组，由总经理牵头，李经理作为实际负责人，依照 NEU 商学院的设计方案，推进管理提升项目。

此次管理提升项目范围较大，涉及战略规划、组织架构、业务流程、人力资源、绩效薪酬、企业文化等众多内容。面对如此庞大的管理提升项目，让李经理最为头痛的是公司的员工。有的推进组成员敷衍了事，对项目的工作不配合。最重要的问题是，李经理并没有对项目推进工作进行明确的说明，也并未告诉大家如何才能达到项目目标。对于李经理布置的有关项目任务，公司的相关员工并不是不做，而是抱着应付的心态，因为大家普遍认为，完成项目的任务一方面超出了个人的能力，也没有进行相关的培训，只是单纯地将任务布置下去；另一方面，做与不做一个样，做多做少一个样，做好做差一个样，所以，没有人圆满完成李经理安排的工作。按照总经理的安排，李经理每周都要向他汇报项目进展情况，而每次汇报工作的时候，李经理总是在抱怨公司员工太“难缠”。项目进展已经有 1/3 了，项目目标是否能够达成仍然是个未知数。

案例中李经理对项目质量管理缺乏一定的了解。其中，最重要的是对项目质量规划认识不足，具体表现在未制定项目质量规划报告，没有让项目实施成员了解如何达成项目目标。最终导致员工一头雾水，不知从何下手，只好敷衍了事，草草收兵。好在现在项目只进行了 1/3，还有改进的余地。项目质量管理不容小觑，其主要内容包括项目质量规划、项目质量保证和项目质量控制三大部分，此外，项目质量改进是项目质量管理过程中时刻要思考的问题，只有持续改进项目质量才能使得项目的成果满足各项目干系人的要求，提高项目质量。

7.1　项目质量管理概述

7.1.1　质量管理概述

1. 质量的定义

针对不同的实体，质量有不同的含义。ISO9001:2021 版定义质量为“符合客户需求的程度，以及适合使用的程度，以及符合适用法规和标准的程度”。这个定义强调了客户需求的满足、产品或服务的可用性和符合法规标准的重要性。同时，ISO9001:2021 版还对质量的概念进行了扩展，将它定义为“组织的整体特性，包括其能力、资源和过程的总和，以实现客户需求的满足”。这个定义更加全面地考虑了组织的内部因素和外部因素对质量的影响。ISO9001:2015 版对质量的定义为“质量是一组固有的特性满足需求的程度，包括物理的、感官的、行为的、时间的和功能的等特性”。ISO9402:1994 版中的定义为“反映实体满足明显或隐含需要能力的特性总和”。20 世纪 60 年代，朱兰对质量提出了一个基本定义，即“质量就是适用性”，强调客户利益。

为了正确认识质量的含义，需要对质量和等级进行区分。等级是“具有相同使用功能而不同质量要求的实体的类别或级别”。质量低说明产品或服务存在问题，没有达到要求；而低等级并不一定指产品或者服务存在问题。也就是说，好的质量并不意味着高等级，它只意味着提供给客户所需要的、满足一定的可靠性程度以及适合他们的产品或服务。因此，质量概念有三个基本要素：质量好而并不代表等级高、满足目的、满足客户的需求。

2. 质量管理概念及其发展史

（1）质量管理。质量管理是指导和控制某组织与质量有关的彼此协调的活动。它可进一步解释为确定和建立质量方针、目标和职责，并在质量体系中通过像质量规划、质量控制、质量保证和质量改进等手段来实施的所有管理职能的全部活动。

（2）质量管理发展阶段。在过去的一百多年里，质量管理的观点发生了翻天覆地的变化，基本呈现出从以结果裁定为导向到以过程控制和保证为导向的趋势。质量管理的发展历程见表 7-1。

表 7-1　质量管理发展历程

阶段	内容
第一次世界大战之前	劣中择优，重点在于找出问题和缺陷
第一次世界大战到 20 世纪 50 年代初	重点仍然是结果裁定，不过出现了质量控制的思想，具体表现为应用质量控制方法，如统计和数学方法、抽样表和控制图等
20 世纪 50 年代初到 60 年代末	质量控制演变为质量保证，质量管理逐步前端化
20 世纪 60 年代末至今	质量管理的重点放在战略质量管理上，包括质量由用户定义、质量管理已成为一种竞争手段、质量管理规划是战略规划的一部分等

（3）质量管理大师的质量观。有许多专家对质量管理的发展做出过贡献，其中最具影响的有戴明、朱兰和克劳斯比三个人。

1）戴明主张管理层自身应加强工作意识。根据戴明的观点，组织生产的产品质量低下的主要原因是管理层短视，没有将目光投向未来。戴明认为，为持续改进生产过程，应该采用统计分析和控制方法，从而达到改进质量的目的。一般用控制图来判别生产过程中出现的异常情况，它体现在生产的整个过程中，有些是可以由基层员工控制的，如员工知识的缺乏、工人作业失误或工作时走神等。而有些则需要管理层进行控制，包括原材料质量低劣、产品设计有问题、工作条件不满足等。

2）朱兰分别从制造商和用户两个角度来考虑质量管理。朱兰提出了“朱兰三部曲”：质量提高、质量规划和质量控制。朱兰认为制造商的质量概念是一组规范和规格的集合，而客户则把质量看成是一种适用性。其中质量的特征包含如下几方面：结构上的（长度、频率）、感官上的（味道、美感、吸引力）、与时间有关的（可靠性、可维护性）、商业上的（被保证人）、伦理上的（礼貌、诚实）等。而适用性包括五个方面：质量可以存在很多等级、可靠性、可维护性、产品使用的潜在危险和客户使用产品的方式等。

3）克劳斯比提出了质量的四个原则：①高质量意味着与需求相一致；②高质量来源于事先预防；③高质量意味着性能标准是"零缺陷"；④质量可用不一致的成本来度量。

克劳斯比最大的贡献是提出了零缺陷管理的理论，这种理论现在已被广泛应用。零缺陷管理的理论主要有：零缺陷管理的质量定理、零缺陷管理的完整性定理、克劳斯比"开车理论"、克劳斯比质量成本曲线、克劳斯比质量免费原理、零缺陷管理的质量战略图、零缺陷管理的杠杆原理、零缺陷管理的精灵原理等。

零缺陷管理的核心思想为：一个核心、两个基本点和三个需要。

一个核心是指零缺陷管理。两个基本点是指有用和可信赖。三个需要分别是指客户的需要、员工的需要和供应商的需要。

3. 全面质量管理

全面质量管理（total quality management，TQM）是一种全员、全过程、全企业的品质管理。它是指一个组织以质量为中心，全员参与，通过让客户满意和组织所有成员及社会受益而达到永续经营的目的。

TQM 的核心理念是客户满意、附加价值和持续改善。

TQM 采用 PDCA 循环法。PDCA 循环又叫"戴明环"，是 plan（计划）、do（实施）、check（检查）和 act（处理）的第一个字母的组合。PDCA 各阶段及其内容概括见表 7-2。

表 7-2　PDCA 各阶段及其内容

阶段	内容
计划阶段（P 阶段）	适应客户的要求，并以取得经济效益为目标，通过调查、设计、试制，制定技术经济指标、质量目标，以及达到这些目标的具体措施和方法
实施阶段（D 阶段）	按照所制订的计划和措施去实施
检查阶段（C 阶段）	对照计划，检查执行的情况和效果，及时发展和总结计划实施过程中的经验和问题
处理阶段（A 阶段）	根据检查结果采取措施，巩固成绩，吸取教训，以利再干

PDCA 循环的特点：①大环套小环，小环保大环，推动大循环；②不断前进、不断提高；③推动 PDCA 循环的关键在于 A 阶段。PDCA 循环特点示意图如图 7-2 所示。

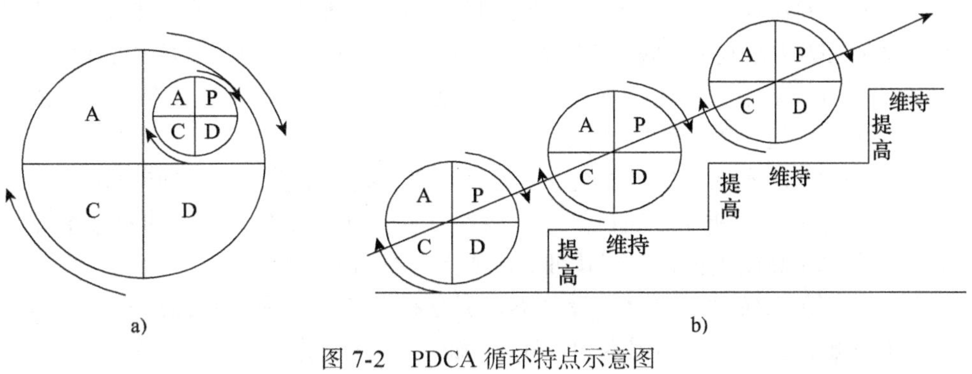

图 7-2　PDCA 循环特点示意图

4. 六西格玛管理法

六西格玛管理也常写成 6 Sigma 管理或 6σ 管理。“σ”是希腊字母，其含义为“标准差”。标准差是用来表示任意一组数据或流程中离散或差异程度的指标，六西格玛意为“六倍标准差”，在质量上表示每百万个产品中不合格产品少于 3.4 个。

关于六西格玛管理法，至今没有统一的定义。本书把六西格玛管理法定义为：获得和保持企业在经营上的成功并将其经营业绩最大化的综合管理体系和发展战略，是使企业获得快速增长的经营方式。

简言之，六西格玛管理法具有以下特点。

（1）对客户需求的高度关注。

（2）强调对业绩和过程的度量，通过度量，提出挑战性的目标和水平对比的平台。

（3）提供了业绩改进方法。针对不同的目的与应用领域，这种专业化的改进过程包括：六西格玛产品 / 服务过程改进 DMAIC 流程，六西格玛设计 DFSS 流程等。

（4）在实施上由“勇士（Champion)”、“黑带大师（MBB)”、“黑带（BB)”以及“绿带（GB)”等经过培训、职责明确的人员作为组织保障。

（5）通过确定和实施六西格玛项目，实现流程的改进和绩效的提高。

（6）明确规定成功的标准、度量方法以及对项目完成人员的奖励。

（7）组织文化的变革是其重要的组成部分。

7.1.2 项目质量管理概念

1. 项目质量

项目质量是指项目管理、项目成果以及项目产品或服务的质量，不单指项目产品或服务的质量，主要是满足客户要求，这需要满足客户的技术要求，并保证客户对结果表示满意。

2. 项目质量管理

项目质量管理是指围绕项目质量进行的指挥、协调和控制等活动。项目质量管理的客体是项目，主体是项目干系人，宗旨是实现项目的质量目标并使项目干系人满意，主要活动包括项目质量规划、质量控制和质量保证。

3. 项目质量管理的特点

项目质量管理与一般产品的质量管理相比，既有共同点也有不同点。共同点是管理的原理及方法基本相同，不同点是由项目的特点所决定的，主要体现在以下几个方面。

（1）复杂性。由于项目的影响因素多、经历的环节多、涉及的主体多、质量风险多等，使得项目的质量管理具有复杂性。

（2）动态性。项目要经历从启动阶段至收尾阶段的完整的生命周期。

（3）不可逆性。项目具有一次性特点，这就需要对项目的每一个环节、每一个要素给予高度重视，否则就可能造成无法挽回的影响。

（4）系统性。项目质量并不是孤立存在的，它受到其他因素和目标的制约，同时它也制约着其他的因素和目标。因此，项目质量管理是系统的管理。

4. 项目质量管理的原则

ISO9001:2021 版在总结质量管理实践经验的基础上，用凝练的语言表述了质量管理最基本、最通用的一般规律，这就是质量管理八项原则。这八项原则同样是指导项目质量管理的重要原则，同时需要渗透项目的观念。

（1）以客户为关注的焦点。

（2）领导作用。

（3）全员参与。

（4）过程方法。

（5）管理的系统方法。

（6）持续改进。

（7）以事实为决策基础。

（8）与供应商保持互利的关系。

7.1.3　项目质量管理的主要内容

项目质量管理包括执行组织确定质量政策、目标与职责的过程和活动，从而使项目满足其预定的需求。

项目质量管理包括：项目质量规划——识别项目及其产品的质量要求和标准，并书面描述项目将如何达到这些要求和标准的过程；项目质量保证——审计质量要求和质量控制测量结果，确保采用合理的质量标准和操作性定义的过程；项目质量控制——监测并记录执行质量活动的结果，从而评估绩效并建议必要变更的过程。项目质量管理的内容如图 7-3 所示。

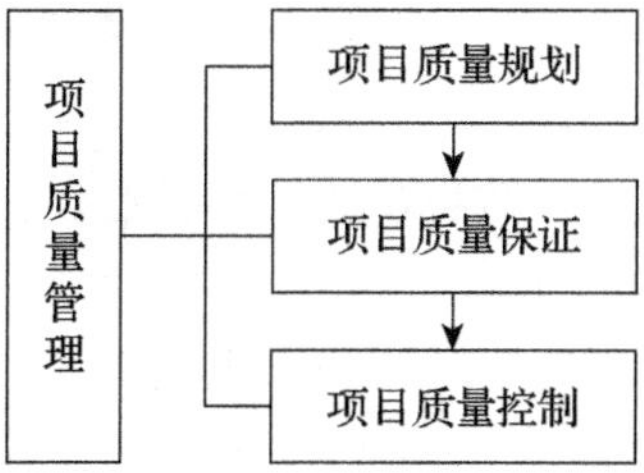

图 7-3　项目质量管理主要内容

7.2　项目质量规划

时间最短、质量最优、成本最低是项目管理者永远追求的三大目标。三者之间既相互矛盾又相互统一，其中项目质量目标的实现是项目时间目标和项目成本目标顺利实现的根本保证和立足点，而良好的项目质量规划是实现项目质量目标的前提。

7.2.1　项目质量规划概述

1. 项目质量规划概念

国际标准 ISO9001:2021 版将质量规划定义为“质量管理的一部分，致力于设定质量目标并规定必要的运行过程和相关资源以实现其质量目标”。不同的项目在进行质量规划时，其目的都是实现特定项目的质量目标。具体地说，项目质量规划就是根据项目内外部环境制定项目质量目标和计划，同时为保证这些目标的实现，规定相关资源的配置。项目具体目标包括项目的性能、可靠性、安全性、经济性、时间性和环境适应性等目标。

2. 项目质量规划的内容

作为项目管理的过程之一，项目质量规划过程有其相应的输入和输出以及能够顺利实现质量规划的工具与技术。采用系统的观点对项目质量规划进行分析，可以得出项目质量规划的内容如图 7-4 所示。

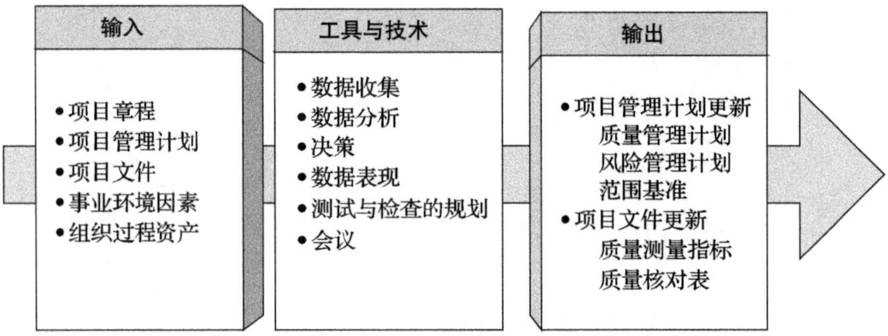

图 7-4 项目质量规划内容图

3. 项目质量规划的步骤

朱兰认为，质量规划是这样的活动，即设定质量目标和开发为达到这些目标所需要的产品和过程。他提出的项目质量规划的通用步骤为以下几项。

（1）设定质量目标。

（2）识别顾客。

（3）确定顾客需求，开发反映顾客需求的产品或服务特征。

（4）开发能够生产具有这种特征产品或服务的过程。

（5）设定过程控制，并将由此得出的计划转化为操作计划。

质量规划的步骤可以通过质量规划路线图来表示，如图 7-5 所示。

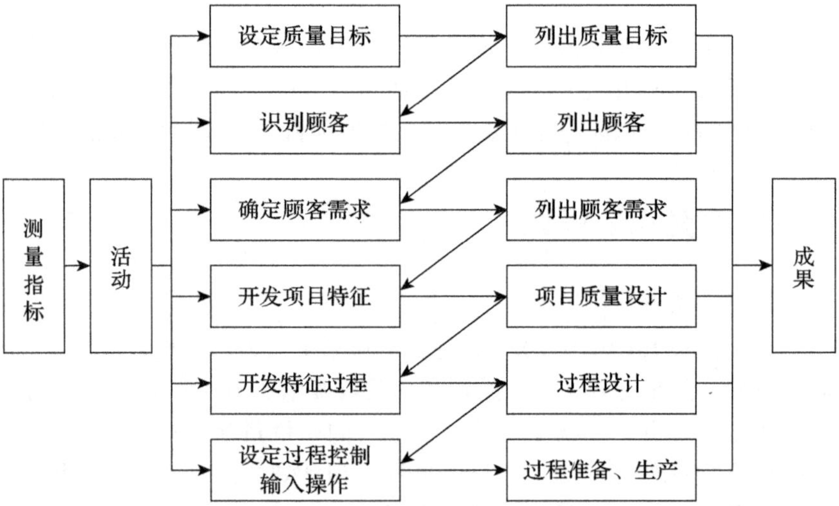

图 7-5 项目质量规划路线图

7.2.2 项目质量规划的输入

1. 项目章程

项目章程中包含对项目和产品特征的高层级描述，还包括可以影响项目质量管理的项目审批要求、可测量的项目目标和相关的成功标准。

2. 项目管理计划

（1）需求管理计划：提供识别、分析和管理需求的方法，供质量管理计划和质量测量指标借鉴。

（2）风险管理计划：提供识别、分析和监督风险的方法。将风险管理计划和质量管理计划的信息相结合，有助于成功交付产品和项目。

（3）范围基准：在确定适用于项目的质量标准和目标时，以及在确定要求质量审查的项目可交付成果和过程时，需要考虑 WBS 和项目范围说明书中记录的可交付成果。

（4）成本绩效基准：记录用来考核成本绩效的、经过认可的时间阶段。成本绩效基准是经过批准且按时间段分配资金的完工预算，用于测量、监督和控制项目的总体成本绩效。它是每个时间段的预算之和，通常用 S 曲线表示。在挣值管理技术中，成本绩效基准又被称为绩效测量基准。

（5）进度基准：记录经认可的进度绩效指标，包括开始和完成日期。

3. 项目文件

（1）干系人登记册：识别对质量有特别兴趣或影响力的干系人。

（2）风险登记册：包含可能影响质量要求的各种威胁和机会的信息。

4. 事业环境因素

影响规划质量过程的事业环境因素包括：①政策法规；②特定应用领域的相关规则、标准和指南；③可能影响项目质量的项目工作条件或产品运行条件。

5. 组织过程资产

影响规划质量过程的组织过程资产包括：①组织的质量管理体系，包括政策、程序及指南；②质量模板，例如核查表、跟踪矩阵及其他模板；③历史数据库和经验教训知识库。

7.2.3 项目质量规划的工具与技术

要保证项目质量规划的准确性和科学性，应使用科学的规划工具和技术。在特定的应用领域中，还可能用到其他质量规划技术。

1. 数据收集

（1）标杆对照。标杆对照是将实际或规划中的项目实践与可比项目的实践进行对照，以便识别最佳实践，形成改进意见，并为绩效考核提供基础。

（2）实验设计。实验设计是一种统计方法，用来识别哪些因素会对正在开发的流程或正在生产的产品的特定变量产生影响。应在规划质量过程中使用实验设计，来确定测试的类别、数量以及这些测试对质量成本的影响。

（3）统计抽样。统计抽样是指从目标总体中选取部分样本用于检查。抽样的频率和规模应在规划质量过程中确定，以便在质量成本中考虑测试数量和预期废料等。

2. 数据分析

（1）成本效益分析。进行项目质量规划必须综合考虑效益和成本的平衡。达到质量要求的主要效益包括减少返工、提高生产率、降低成本与提高干系人满意度。满足质量要求的基本费用是辅助项目质量管理活动的成本和费用，我们称之为项目质量成本。对每个质量活动进行商业论证，就是要比较其可能成本与预期效益。

（2）质量成本。质量成本包括在产品生命周期中为预防不符合要求，为评价产品或服务是否符合要求，以及因未达到要求（返工）而发生的所有成本。失败成本常分为内部（项目内部发现的）和外部（客户发现的）两类。有关质量成本更详细的说明详见 7.5 节。图 7-6 列出了每类质量成本的一些例子。

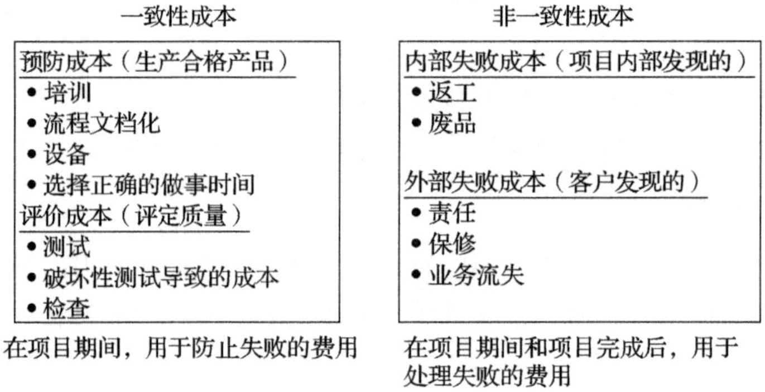

图 7-6 项目质量成本示例

3. 决策

适用于本过程的决策技术之一是多标准决策分析。多标准决策分析工具（如优先矩阵）可用于识别关键事项和合适的备选方案，并通过一系列决策排列出备选方案的优先顺序。先对标准排序和加权，再应用于所有备选方案，计算出各个备选方案的数学得分，然后根据得分对备选方案排序。在本过程中，它有助于排定质量测量指标的优先顺序。

4. 数据表现

（1）控制图。控制图用来确定一个过程是否稳定，或者是否具有可预测的绩效。根据合同要求而制定的规格的上限和下限，反映了可允许的最大值和最小值。超出规格界限就可能受处罚。控制上限和下限由项目经理和相关干系人设定，反映了必须采取纠正措施的位置，以防止超出规格界限。对于重复性过程，控制界限通常设在 $\pm 3\sigma$ 的位置。当某个数据点超出控制界限，或连续 7 个点落在均值上方或下方时，就认为过程已经失控。图 7-7 是控制图的一般形式。

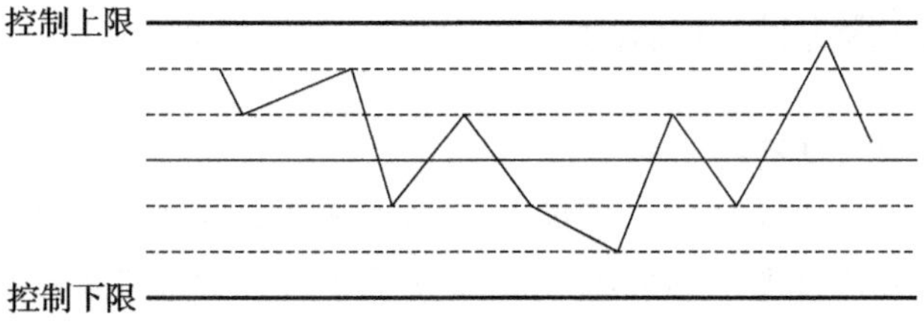

图 7-7 控制图的一般形式

（2）流程图。流程图是对一个过程的图形化表示，用来显示该过程中各步骤之间的相互关系。流程图有多种形式，但所有的流程图都会显示活动、决策点和处理顺序。在质量规划过程中，流程图有助于项目团队预测可能发生的质量问题。认识到潜在问题，就可以建立测试程序或确定处理方法。图 7-8 描述了项目审批的流程图。

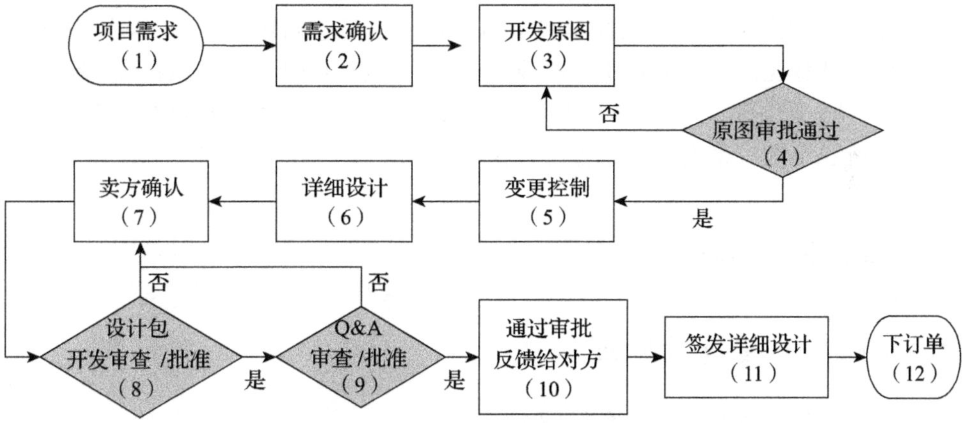

图 7-8 项目审批流程图示例

（3）专有的质量管理方法。包括六西格玛、精益六西格玛、质量功能展开及 CMMI 等方法。

（4）其他质量规划工具。为更好地定义质量要求并规划有效的质量管理活动，也经常使用其他质量规划工具，包括头脑风暴、亲和图、力场分析、名义小组技术、矩阵图和优先矩阵。

5. 测试与检查的规划

在规划阶段，项目经理和项目团队决定如何测试或检查产品、可交付成果或服务，以及如何满足产品的绩效和可靠性目标，从而满足干系人的需求和期望。不同行业有不同的测试与检查，可能包括软件项目的 α 测试和 β 测试、建筑项目的强度测试、制造和实地测试的检查，以及工程的无损伤测试。

6. 会议

项目团队可以召开规划会议来制订质量管理计划。参会者可能包括项目经理、项目发起人、选定的项目团队成员、选定的干系人、项目质量管理活动的负责人、其他必要人员。

7.2.4 项目质量规划的输出

1. 项目管理计划更新

（1）质量管理计划。质量管理计划说明项目管理团队将如何执行组织的质量政策。它是项目管理计划的组成部分或子计划。质量管理计划为整体项目管理计划提供依据，包括项目的质量控制、质量保证和持续过程改进方法。

（2）风险管理计划。在确定质量管理方法时可能需要更改已商定的项目风险管理方法，这些变更会记录在风险管理计划中。

（3）范围基准。如果需要增加特定的质量管理活动，范围基准可能因本过程而变更。WBS 词典记录的质量要求可能需要更新。

2. 项目文件更新

（1）质量测量指标。质量测量指标是一种操作性定义，它用非常具体的语言描述项目或产品属性以及质量控制过程如何对其进行测量。质量测量的指标包括准时性、预算控制、缺陷频率、故障率、可用性、可靠性和测试覆盖度等。

（2）质量核对表。核对表是一种结构化工具，通常具体列出各项内容，用来核实所要求的一系列步骤是否已经执行。

7.3 项目质量保证

7.3.1 项目质量保证概述

1. 项目质量保证发展历程

第一次工业革命以后，大量生产有了可能。当时的质量管理及质量保证的基本做法显然是基于检查的。这种思想认为质量管理、质量保证是检查部门的事。后来才注意到，仅依靠检查还不能充分保证质量，而且因检查带来的成本和修理等所花费的工时都是一种浪费。因此，质量要在制造工序中体现，通过工序管理来保证质量是有利的。在 20 世纪 60 年代大量生产消费品时代，必须有顾客至上的思想，开始形成"顾客所要求的质量保证"。在《质量保证指南》一书中，就其原因有如下阐述："如果新产品的开发方法不当，设计制作不妥，无论付出怎样的努力，要想在制造工序中杜绝不良品是困难的或是根本不可能的；要从搞好工序管理来提高产品的可靠性和耐久性是难以实现的。因此，如果不能很好地进行新产品开发时期的可靠实验，就很难得到产品的可靠性，当然也做不到质量保证。"

2. 项目质量保证的定义

根据 ISO9001:2015 版标准，质量保证是质量管理的一部分，致力于提供质量要求会得到满足的信任。

质量保证通常是由质量保证部门或者类似的组织单元提供的，但是不必总是如此。质量保证通常提供给项目管理组以及实施组织（内部质量保证），或者提供给顾客或项目工作涉及的其他活动（外部质量保证）。

3. 项目质量保证的内容

项目质量保证过程有其相应的输入和输出以及能够顺利实现质量保证的工具与技术。采用系统的观点对项目质量规划进行分析，可以得出项目质量保证的内容如图 7-9 所示。

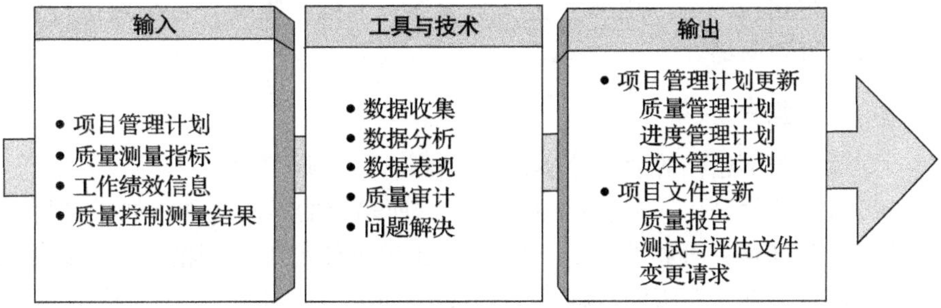

图 7-9　项目质量保证内容图

实施质量保证是审计质量要求和质量控制测量结果，确保采用合理的质量标准和操作性定义的过程。实施质量保证是一个执行过程，它使用实施质量控制过程所产生的数据。

质量保证部门或类似部门经常要对质量保证活动进行监督。无论其名称是什么，该部门都可能要向项目团队、执行组织管理层、顾客或发起人，以及其他未主动参与项目工作的干系人提供质量保证支持。

实施质量保证的过程也为持续过程改进创造条件。持续过程改进是指不断地改进所有过程的质量。通过持续过程改进，可以减少浪费，消除非增值活动，使各过程在更高的效率与效果水平上运行。

7.3.2　项目质量保证的输入

1. 项目管理计划

项目管理计划中包含下列用于保证质量的相关信息。

（1）质量管理计划：描述如何在项目中实施质量保证。

（2）过程改进计划：详细说明过程分析的各步骤，以便识别增值活动。

2. 项目管理文件

（1）质量测量指标。质量测量指标是一种操作性定义，它用非常具体的语言描述项目或产品属性以及质量控制过程如何对其进行测量。质量测量指标包括准时性、预算控制、缺陷频率、故障率、可用性、可靠性和测试覆盖度等。

（2）工作绩效信息。可以支持审计过程的绩效信息包括：①技术性能测量结果；②项目可交付成果状态；③进度进展情况；④已发生的成本。

（3）质量控制测量结果。质量控制测量结果是质量控制活动的结果，用来分析和评估执行组织的质量标准与过程。

7.3.3 项目质量保证的工具与技术

1. 数据收集

适用于本过程的数据收集技术之一是核对单。核对单是一种结构化工具，通常列出特定组成部分，用来核实所要求的一系列步骤是否已得到执行或检查需求列表是否已得到满足。

2. 数据分析

适用于本过程的数据分析技术包括以下几项。

（1）文件分析。分析项目控制过程所输出的不同文件，如质量报告、测试报告、绩效报告和偏差分析报告，可以重点指出可能超出控制范围并阻碍项目团队满足特定要求或干系人期望的过程。

（2）过程分析。过程分析是指按照过程改进计划中概括的步骤来识别所需的改进。它也要检查在过程运行期间遇到的问题、制约因素以及发现的非增值活动。过程分析包括根本原因分析——用于识别问题、探究根本原因，并制定预防措施的一种具体技术。

（3）根本原因分析（RCA）。根本原因分析是确定引起偏差、缺陷或风险的根本原因的一种分析技术。一项根本原因可能引起多项偏差、缺陷或风险。根本原因分析还可以作为一项技术，用于识别问题的根本原因并解决问题，消除所有根本原因，可以杜绝问题再次发生。

3. 数据表现

项目管理中数据表现一般包括 7 种类型（见图 7-10）。

（1）亲和图。亲和图与心智图相似，针对某个问题，产生出可联结成有组织的想法模式的各种创意。在项目管理中，使用亲和图确定范围分解的结构，有助于 WBS 的制定。

（2）过程决策程序图（PDPC）。用于理解一个目标与达成此目标的步骤之间的关系。PDPC 有助于制订应急计划，因为它能帮助团队预测那些可能破坏目标实现的中间环节。

（3）关联图。关系图的变种，有助于在包含相互交叉的逻辑关系（可有多达 50 个相关项）的中等复杂情形中创新性地解决问题。

（4）树形图。也称系统图，可用于表现诸如 WBS、RBS（风险分解结构）和 OBS（组织分解结构）的层次分解结构。在项目管理中，树形图依据定义嵌套关系的一套系统规则，用层次分解形式直观地展示父子关系。树形图可以是横向（如风险分解结构）或纵向（如团队层级图或 OBS）的。因为树形图中的各嵌套分支都终止于单一的决策点，所以可以像决策树一样为已系统图解的、数量有限的依赖关系确立预期值。

（5）优先矩阵图。用来识别关键事项和合适的备选方案，并通过一系列决策，排出备选方案的优先顺序。先对标准排序和加权，再应用于所有备选方案，计算出数学得分，对备选方案排序。

（6）活动网络图。过去称为箭头图，包括两种格式的网络图：AOA（活动箭线图）和最常用的 AON（活动节点图）。活动网络图连同项目进度计划编制方法一起使用，如计划评审技术（PERT）、关键路径法（CPM）和紧前关系绘图法（PDM）。

（7）矩阵图。一种质量管理和控制工具，使用矩阵结构对数据进行分析。在行列交叉的位置展示因素、原因和目标之间的关系强弱。

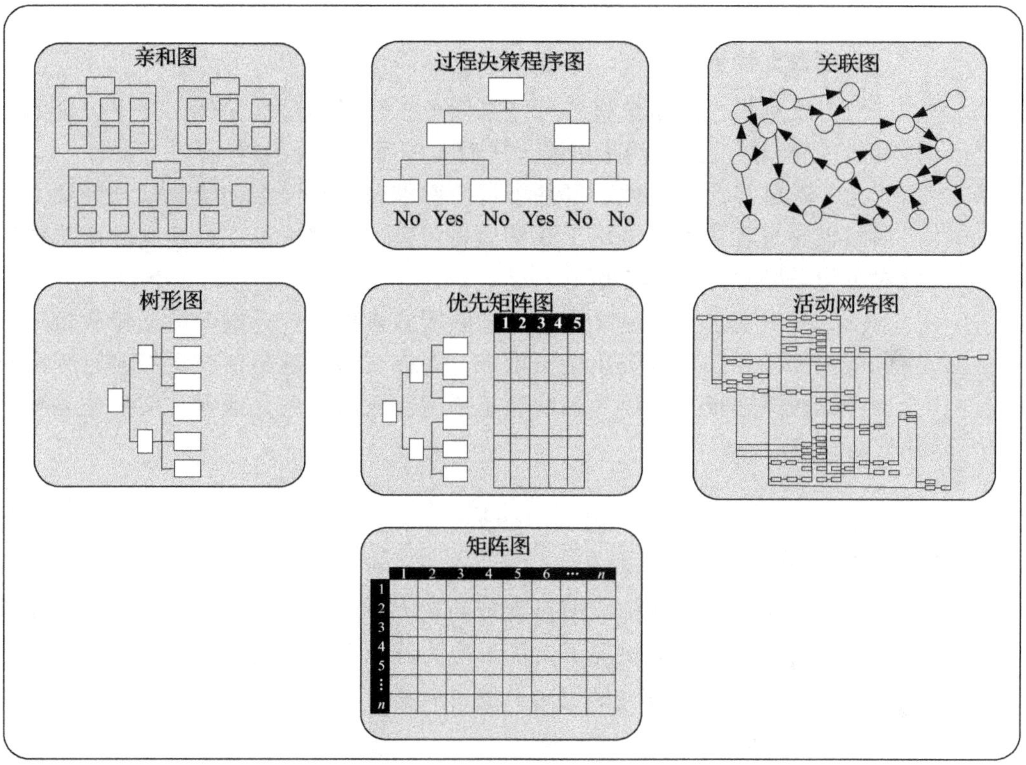

图 7-10　7 种数据表现类型

4. 质量审计

质量审计是一种独立的结构化审查，用来确定项目活动是否遵循了组织和项目的政策、过程与程序。

采取后续措施纠正问题，可以带来质量成本的降低，并提高发起人或客户对项目产品的接受度。质量审计可事先安排，也可随机进行，可由内部或外部审计师进行。质量审计还可确认已批准的变更请求（包括纠正措施、缺陷补救和预防措施）的实施情况。

5. 问题解决

问题解决发现解决问题或应对挑战的解决方案。它包括收集其他信息，发现具有批判性思维的、创造性的、量化的和逻辑性的解决方法。有效和系统化地解决问题是质量保证和质量改进的基本要素。问题可能在质量控制过程或质量审计中发现，也可能与过程或可交付成果有关。使用结构化的问题解决方法有助于消除问题和制订长久有效的解决方案。

7.3.4 项目质量保证的输出

1. 项目管理计划更新

项目管理计划中需要更新的内容包括：①质量管理计划；②进度管理计划；③成本管理计划。

2. 项目文件更新

（1）质量报告。质量报告可能是图形、数据或定性文件，其中包含的信息可帮助其他过程和部门采取纠正措施，从而实现项目质量期望。

（2）测试与评估文件。可基于行业需求和组织模板创建测试与评估文件。它们是质量控制过程的输入，用于评估质量目标的实现情况。这些文件可能包括专门的核对单和详尽的需求跟踪矩阵。

（3）变更请求。质量改进包括采取措施来提高执行组织的质量政策、过程及程序的效率和效果。可以提出变更请求，并提交给实施整体变更控制过程审查，以便全面考虑改进建议。可以为采取纠正措施或预防措施，或者为实施缺陷补救，而提出变更请求。

7.4 项目质量控制

成本、时间和质量构成项目管理的三大基本目标。虽然项目不同，项目目标的侧重点不同，但在任何情况下，都不应为赶项目进度或受项目预算的限制而降低项目的质量。因此，项目质量控制是项目质量管理的关键环节，是监测项目实际运行质量的重要手段。

7.4.1 项目质量控制概述

1. 项目质量控制概念

项目质量控制是通过认真规划、不断进行观测检查，以及采取必要的纠正措施，来鉴定或维持预期的项目质量或工序质量水平的一种系统。或者说，项目质量控制是指对于项目质量实施情况的监督和管理的过程。

2. 项目质量控制的问题

项目质量控制的对象是项目所需要的生产要素、工序、计划、验收、决策等一切与项目有关的要素。

项目质量控制所要解决的主要问题有：①项目质量的最优策划；②采取措施，避免异常因素的发生；③及时发现异常因素的存在，并采取措施进行消除；④正确评价项目质量水平。

3. 项目质量控制的主要特点

项目质量控制不同于一般产品的质量控制，它具有以下主要特点。

（1）影响质量的因素多。项目的进行是动态的，影响项目质量的因素也具有动态性。因此，加强对影响质量的因素的管理和控制是项目质量控制的一项重要内容。

（2）质量控制的阶段性。项目在经历不同阶段时的工作任务和工作成果都不相同，因此每阶段的质量控制内容和控制重点都不相同。

（3）易产生质量变异。质量变异就是项目质量数据的不一致性，因此在项目质量的控制中，应采取相应的方法和手段对质量变异加以识别和控制。

（4）易产生判断错误。由于项目的复杂性、不定性，造成质量数据的采集、处理和判断的复杂性，往往会对项目的质量状况做出错误判断。这就需要在项目质量控制的过程中运用科学的方法尽可能减少判断错误。

（5）项目一般不能解体、拆卸。已加工完成的产品可以解体、拆卸，对某些零部件进行检查，但项目一般做不到这一点。因此，项目质量控制应更加注重项目进展过程，注重对阶段结果的检验和记录。

（6）项目质量受费用、工期的制约。项目的质量不是独立存在的，它受费用和工期的制约。在对项目进行质量控制时，必须考虑它对费用和工期的影响，同时应考虑费用和工期对质量的制约，使项目的质量、费用、工期都实现预期目标。

4. 项目质量控制的内容

项目质量控制过程有相应的输入和输出以及能够顺利实施质量控制的工具与技术。采用系统的观点对项目质量控制进行分析，可以得出项目质量控制过程，如图 7-11 所示。

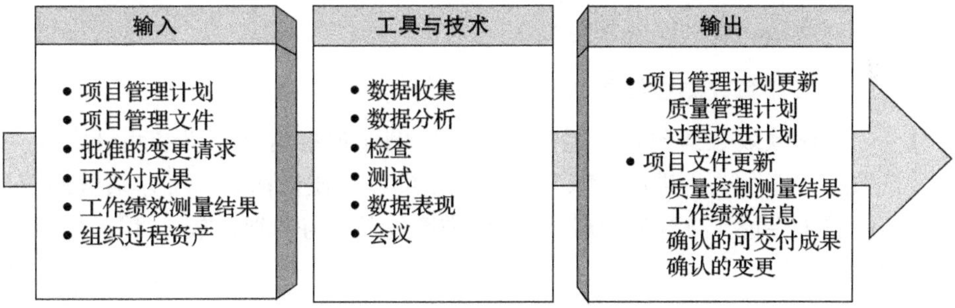

图 7-11　项目质量控制内容图

5. 项目质量控制的步骤

项目质量控制过程有一种无限循环的性质，一般采用以下步骤。

（1）选择控制对象。

（2）为控制对象确定标准或目标。

（3）制订实施计划，确定保证措施。

（4）按计划执行。

（5）跟踪观测、检查。

（6）发现并分析偏差。

（7）根据偏差采取相应对策。

7.4.2 项目质量控制的输入

1. 项目管理计划

需要依据项目管理计划中的质量管理计划进行质量控制。质量管理计划描述如何在项目中实施质量控制。

2. 项目管理文件

（1）质量测量指标是一种操作性定义，它用非常具体的语言描述项目或产品属性以及质量控制过程如何对项目质量进行测量。质量测量指标包括准时性、预算控制、缺陷频率、故障率、可用性、可靠性和测试覆盖度等。

（2）质量核对表是一种结构化工具，通常具体列出各项内容，用来核实所要求的一系列步骤是否已经执行。基于项目的不同要求和实践，核对表可简可繁。许多组织都有标准化的核对表，用来规范地执行经常性任务。

3. 批准的变更请求

在实施整体变更控制过程中，通过更新变更控制状态，来显示哪些变更已经得到批准，哪些变更没有得到批准。批准的变更请求可包括各种修正，如缺陷补救、修订的工作方法和修订的进度计划。需要核实批准的变更是否已得到及时实施。

4. 可交付成果

可交付成果指的是在某一过程、阶段或项目完成时，必须产出的任何独特并可核实的产品、成果或服务能力。

5. 工作绩效测量结果

工作绩效数据包括产品状态数据，例如观察结果、质量测量指标、技术绩效测量数据，以及关于进度绩效和成本绩效的项目质量信息。工作绩效的测量指标包括：实际技术性能（与计划比较），实际进度绩效（与计划比较），以及实际成本绩效（与计划比较）。

6. 组织过程资产

影响实施质量控制过程的组织过程资产包括：质量标准和政策，标准化的工作指南，以及问题与缺陷报告程序与沟通政策。

7.4.3 项目质量控制的工具与技术

1. 数据收集

（1）核对单。核对单有助于以结构化方式管理质量控制活动。

（2）核查表。又称计数表，用于合理排列各种事项，以便有效地收集关于潜在质量问题的有用数据。在开展检查以识别缺陷时，用核查表收集属性数据就特别方便。

（3）统计抽样。统计抽样是指从目标总体中选取部分样本用于检查。样本用于测量控制和确认质量。抽样的频率和规模应在质量规划管理过程中确定。

（4）问卷调查。问卷调查可用于在部署产品或服务之后收集关于客户满意度的数据。

在质量控制过程中，人们开发了许多应用工具，表 7-3 列举了常用的“老”七种工具和“新”七种工具及其在 PDCA 循环中的作用。

表 7-3　质量控制工具应用

		“老”七种工具							“新”七种工具						
		因果图	控制图	流程图	直方图	帕累托图	趋势图	散点图	亲和图	关联图	系统图	矩阵图	鱼刺图	PDPC法	矩阵法
P	选择目标	O	O		O	A			A	O					
	现状调查	O	O	A	O	A			A	O	O	A			O
	原因分析	A	A			A	A	A	O		A	A	A		
	制定决策	O									O	O	A	A	
D	实施对策		A		O	O							O	O	O
C	效果检查		A	O	A	A	O				O	A			
A	巩固措施														
	遗留问题		O		O	A									

注：A 表示特别有用；O 表示有用。

2. 数据分析

（1）绩效审查：针对实际结果，测量、比较和分析质量规划管理过程中定义的质量测量指标。

（2）根本原因分析（RCA）：用于识别缺陷成因。

3. 检查

检查是指检验工作产品，确定是否符合书面标准。检查的结果通常包括相关的测量数据，可在任何层面上进行。可以检查单个活动的成果，也可以检查项目的最终产品。

4. 测试

测试是一种有组织的、结构化的调查，旨在根据项目需求提供有关被测产品或服务质量的客观信息。测试的目的是找出产品或服务中存在的错误、缺陷、漏洞或其他不合规的问题。

5. 数据表现

（1）“老”七种工具。这些工具与技术也被称为“石川七大基本质量工具”，见表 7-3。

1）因果图。因果图又称石川图或鱼骨图，最早是日本的石川馨于 1943 年应用的，在解决复杂问题时，如果无法确定多种因素以及因素间的因果关系是很难的。而因果图可以直观地显示各种因素如何与潜在问题或结果相联系。在实践中，人们总结出绘制鱼骨图的五个思考范围——人、机、料、法、环，即一般情况下，如果项目出现质量问题，通常可以在这五个因素中找到原因：①人，就是操作者的人为因素。②机，就是设备及工具的因素。③料，就是原材料的质量因素。④法，就是制度及方法的因素。⑤环，就是外部各种影响因素。

运用因果图进行因果分析需要五个步骤。①确定问题。这个步骤经常包括其他统计过程控制工具，比如帕累托图、控制图和直方图。②选择各学科间的头脑风暴团队。按照确定问题的原因所需要的技术、分析和管理知识，选择不同学科的专家组成的头脑风暴团队。③画问题箱和主箭头。包括用于因果评价的问题说明，主箭头作为主要类别的分类基础。④具体化主要分类。确定问题箱中所说问题的主要类别。问题主要原因的八个基本类别是时间、机器、方法、材料、能源、测量、人员和环境。⑤确认矫正行动。包括问题的因果分析和确定导致每个主要类别的原因。在这两个步骤的基础上确认矫正行动。矫正行动分析同因果分析的方式一样，将因果图反向，问题箱就成了矫正行动箱。

图 7-12 展示了鱼骨图的一般形式。

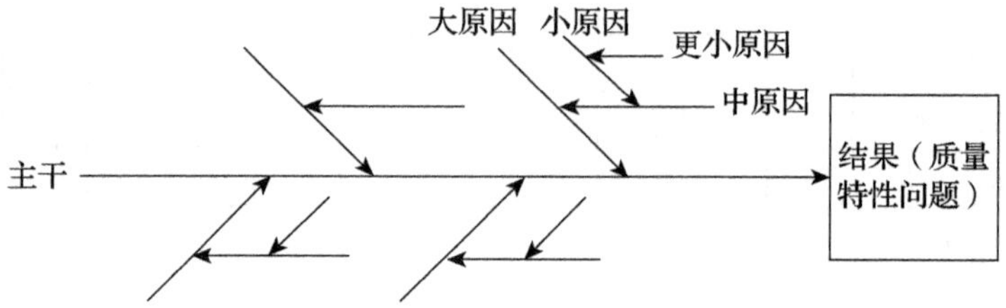

图 7-12　鱼骨图示例

2）控制图。在实施质量控制过程中，需要收集和分析控制图中的相关数据，来指明项目过程与产品的质量状态。控制图直观地反映某个过程随时间推移的运行情况，以及何时发生了何种原因引起的变化，导致该过程失控。控制图的用途主要是防止错误，而不是探测和拒绝错误。

3）流程图。这种方法主要用于分析项目质量问题发生在项目流程的哪个环节和造成这些质量问题的原因以及这些质量问题发展和形成的过程。

4）直方图。直方图是一种垂直的条形图，显示特定情况的发生次数。它是通过对抽查质量数据进行加工整理，找出其分布规律，从而判断整个项目过程正常与否的一种方法。图 7-13 给出了直方图的一个示例。

5）帕累托图与二八定律。帕累托图是一种按发生频率排序的特殊直方图，显示每种已识别的原因分别导致了多少缺陷。排序的目的是有重点地采取纠正措施，项目团队首先要处理那些导致最多缺陷的原因。帕累托图在原理上与二八定律（见图 7-14）有关，二八定律认为，相对少量的原因通常造成大多数的问题或缺陷。该定律通常被称为 80/20 原则，即 80% 的问题是由 20% 的原因导致的。

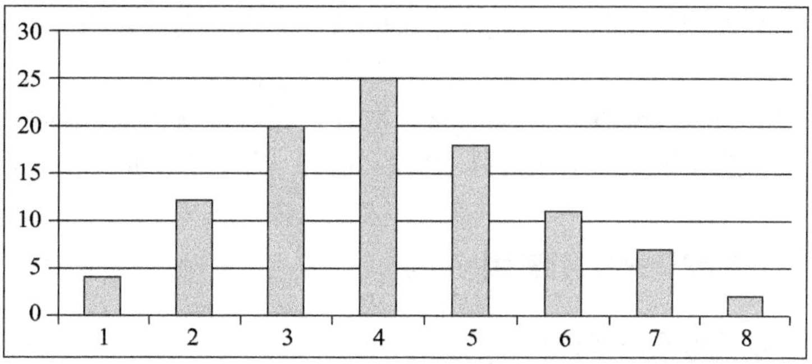

图 7-13　直方图示例

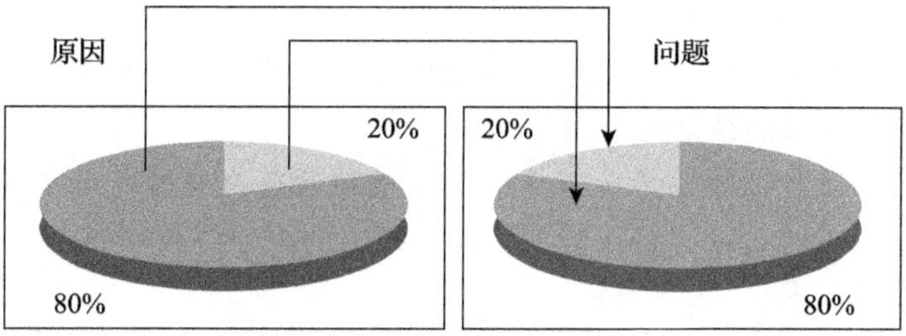

图 7-14　二八定律图示例

6）趋势图。趋势图相当于没有界限的控制图，用来反映某种变化的历史和模式。它是一种线形图，按发生顺序标示数据点。趋势图可以显示随时间推移的过程趋势、过程变化，或者过程的恶化和改进情况。

7）散点图。又称散布图或相关图，是表示两个质量之间关系的图，用于分析两测定值之间的相关关系，它具有直观、简便的优点。图 7-15 是散点图的一个示例。

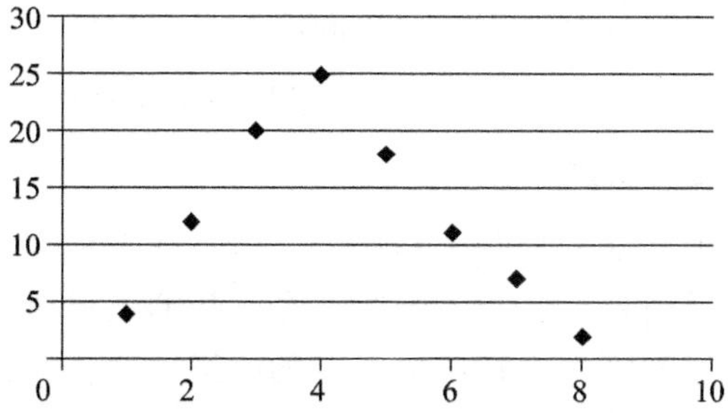

图 7-15　散点图示例

（2）“新”七种工具。随着项目管理理论的成熟与完善，项目管理实践经验的积累与丰富，以及项目管理现实中所遇问题的复杂程度和难度的不断提高，应用于项目质量管理的“新”的七种控制工具应运而生，它们是亲和图、关联图、系统图、矩阵图、鱼刺图、PDPC 法和矩阵法，见表 7-3。

6. 会议

以下会议可作为控制质量过程的一部分。

（1）审查已批准的变更请求。对所有已批准的变更请求进行审查，核实是否已按批准的方式实施，确认是否已完成局部变更，以及是否已执行、测试、完成和证实所有部分。

（2）回顾经验教训。项目团队举行会议讨论项目或某阶段的成功要素、待改进之处、当前项目和未来项目可增加的内容，以及可增加到组织过程资产中的内容。

7.4.4 项目质量控制的输出

1. 项目管理计划更新

项目管理计划中需要更新的内容包括质量管理计划和过程改进计划。

2. 项目文件更新

（1）质量控制测量结果。质量控制测量结果是按照质量规划中规定的格式，对质量控制活动的结果的书面记录。

（2）工作绩效信息。工作绩效信息包含有关项目需求实现情况的信息、拒绝的原因、要求的返工、纠正措施建议、核实的可交付成果列表、质量测量指标的状态、过程调整需求。

（3）确认的可交付成果。质量控制的一个目的就是确定可交付成果的正确性。实施质量控制过程的最终结果就是确认的可交付成果。确认的可交付成果是核实范围过程的依据之一，以便接受正式验收。

（4）确认的变更。对变更或补救过的对象进行检查，做出接受或拒绝的决定，并把决定通知相关人员。被拒绝的对象可能需要返工。

7.4.5 项目质量改进

项目质量控制所要解决的主要问题是最大程度地优化项目质量，即其最终目标是保证和提高项目质量。因此，在进行项目质量控制的同时，需要进行质量改进。

1. 项目质量改进的概念

ISO9001:2021 版对质量改进的定义是：质量管理的一部分致力于满足质量要求的能力。就项目而言，任何一个组织在实际的项目实施过程中，都要对它所进行的项目、实施过程和管理进行或多或少的改进，这些改进称为质量改进。对项目质量进行改进是项目永恒的追求、永恒的目标、永恒的活动，而不是短暂的。

2. 项目质量改进的特征

（1）项目质量改进的范围广泛。它包括项目中所涉及的产品质量、过程质量、体系质量、服务质量和质量经济效益的改进。

（2）项目质量改进的方向明确。项目质量改进活动是要增强满足质量要求的能力。

（3）项目质量改进应确保有效性和效率。项目质量改进活动一般是通过采取具体的改进措施和手段来实现其改进目的。这些改进措施是在对以往和现有的信息分析结果的基础上制定出来的，具有较强的针对性和客观依据，从而确保改进活动的有效性和效率。

（4）项目质量改进是持续改进的过程。项目质量改进不是一次性的活动，而是持续和循环的过程，这意味着质量改进是长期的、不间断的、一个阶段接着一个阶段的活动过程。

3. 项目质量改进的目标

（1）项目总体质量改进目标主要包括以下几项。

1）项目质量应达到的质量水平、项目一次验收合格率、优良品率、工期履约率和顾客满意率。

2）质量损失应降低到的水平。

3）项目的质量管理应达到的水平。

（2）项目具体质量改进目标。项目具体质量改进目标是根据项目总体质量目标分解而来的，主要包括以下几项。

1）顾客的需求引起的质量改进目标。

2）项目特征引起的质量改进目标。

3）项目的过程特征引起的质量改进目标。

4）项目的过程控制特征引起的质量改进目标。

4. 项目质量改进需要的环境条件

项目质量改进同样需要具备适当的环境条件，也就是说，环境条件应有利于项目质量改进的进行。而这种环境条件可以是精神因素和物质因素的组合，也可以是组织内外部环境的综合，具体如下。

（1）组织管理者的领导和支持。

（2）明确质量改进的目标。

（3）有效开展 QC 小组的活动。

（4）行为准则。

（5）交流和合作。

（6）适当的奖励措施。

（7）定期的教育和培训。

（8）组织措施为质量改进提供相应的人力、物力和财力。

7.5 质量经济性与质量成本

7.5.1 项目成本与项目质量成本

1. 项目成本

（1）项目成本的概念。项目成本是指以项目为成本控制核算对象所消耗的生产资料转移价值和劳动者的必要劳动所创造的价值的货币表现。

（2）项目成本的主要形式。根据成本管理的要求，项目成本可分为预算成本、计划成本和实际成本。

1）预算成本。预算成本是反映企业竞争水平的成本。它是根据项目工程量，考虑一定的价格而计算出来的。预算成本是项目价格的基础，也是编制计划成本和评价实际成本的依据。

2）计划成本。计划成本是项目经理根据计划期的有关资料，在实际成本发生前预先计算的成本。它反映了项目在计划期内应达到的成本水平，对于加强项目的经济核算，建立和健全项目成本管理责任制，控制生产费用，降低项目成本具有十分重要的意义。

3）实际成本。实际成本是项目在报告期内实际发生的各项费用的总和。把实际成本和计划成本比较，可以揭示成本的节约和超支，考核项目经济效果。实际成本与预算成本比较可以反映盈亏情况。

按照项目费用与项目工程量关系来划分，可将项目成本划分为固定成本和变动成本。

1）固定成本是指在一定时间和一定工程量范围内，发生的成本额不受工程量增减变动的影响而相对固定的成本，如折扣费、大修理费、管理人员工资、办公费、照明费等。

2）变动成本是指发生额随着工程量的增减而成比例变动的费用，如直接用于项目的材料费，实行计件工资制的人工费等。

2. 项目质量成本

项目质量成本是指为了将项目质量保持在规定的水平上所需的费用，它是为保证和提高项目质量而进行的质量活动所支付的费用与由于质量事故所造成的损失之和。项目质量成本一般可分为预防成本、鉴别成本、内部损失成本、外部损失成本和外部质量保证成本 5 项。

（1）预防成本。预防成本主要包括质量计划工作费用、新技术与新工艺开发费用、工序能力控制及研究费用、质量审核费用、质量信息费用、质量管理培训费用、质量管理活动费用、征求用户意见回访费用 8 个方面的费用。

（2）鉴别成本。鉴别成本是指为鉴定项目符合质量的情况所发生的费用，主要包括原材料检验费用、工序检验费用、成品检验费用、检验设备使用费用 4 个方面的费用。

（3）内部损失成本。内部损失成本是指项目在交接前由于自身的缺陷而造成的损失及处理故障所发生的费用之和，主要包括报废损失、返修损失、停工损失、故障分析处理费用、降级损失 5 个方面的费用。

（4）外部损失成本。外部损失成本是指项目交付后因不满足规定的质量要求，导致索赔、修理、更换或信誉损失所发生的费用，包括诉讼费、退货损失、保修费用、折价损失、索赔费 5 个方面的费用。

（5）外部质量保证成本。外部质量保证成本是指为了提供用户要求的客观证据所支付的费用，包括特殊的和附加的质量保证措施、程序、数据、证实试验和评定的费用。具体包括质量保证措施费、项目质量证实试验费、评定费 3 个方面的费用。

3. 质量与成本的关系

项目的类型不同，项目干系人的状况不同，因此很难确定出一个普适性的划分质量与成本之间关系的标准。质量成本主要包括预防成本、鉴定成本、内部损失成本、外部损失成本和外部质量保证成本，对上述质量成本进行核算，并加以归结、汇总。一般来说，项目的预防、鉴定、外部质量保证等成本越高，项目的质量水平就越高；而项目的内部损失成本、外部损失成本则随着项目质量水平的降低而增加，质量与成本关系如图 7-16 所示。

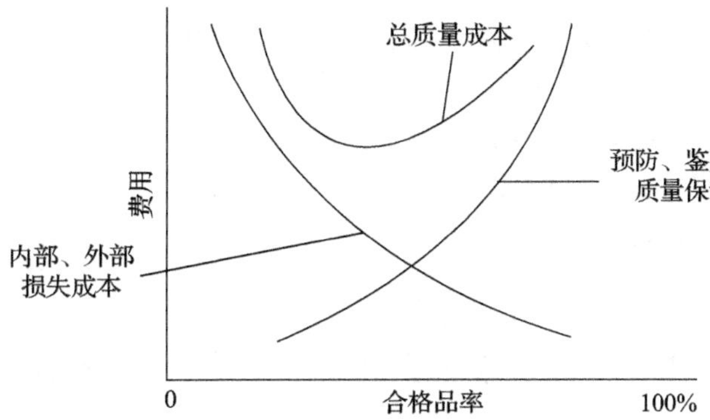

图 7-16　质量与成本关系图

7.5.2　项目质量经济性分析

1. 项目质量经济性分析概述

所谓项目质量经济性分析，就是通过项目质量与投入、产出之间关系的分析，探求最适宜的质量水平，使项目、项目干系人和社会的经济效益达到最佳。20 世纪 50 年代，费根鲍姆提出了质量成本的概念，首次把质量成本同企业经济效益联系起来。随着这一理论的广泛实践和迅速发展，不仅使企业获得重大效益，也使顾客得到实惠。正如朱兰所说的："在次品上发生的成本等于一座金矿，可以对它进行有利的开采。"

2. 质量经济性原理

质量问题实际上是一个经济问题，质量经济性可从利益和成本两方面考虑。从利益方面考虑：对顾客而言，必须考虑减少费用、改进适用性、提高顾客满意度和忠诚度；对项目承担方而言，必须考虑安全性、购置费、运行费、保养费、等待损失和维修费以及可能的处置费用。从成本方面考虑：对顾客而言，必须考虑安全性、购置费、运行费、保养费、维修费以及可能的处置费用；对项目承担方而言，必须考虑由于识别顾客需要和设计中的缺陷，包括不满意的产品返工、返修、更换、重新加工、生产损失、担保和现场修理等产生的费用，以及承担项目责任和索赔风险等经济性问题。

目前，项目干系人是如何看待质量对组织经营业绩影响的呢？通常，他们能认识到质量对顾客满意度所产生的影响，但除非他们能进一步认识到不满意的顾客正导致潜在顾客的消失，否则组织可能并不会直接关心这个问题。许多组织已认识到质量对组织经济效益有影响，但是只有在质量问题导致成本不断上升的情况下，这一认识才能成为组织经营者关注的中心。因此，理解质量对组织经营业绩的影响，掌握并成功实施和应用质量经济性思想和原理，可以使组织更容易在市场上立足和发展。

从对质量经济性的分析可以看出，提高项目组织经济效益有两个方面。一是增加收入、利润，即通过加强领导、提高效率、改进雇员工作、提高雇员和顾客的满意度等来实现。二是降低项目实施所需要的成本。由于低劣的项目质量和服务会给组织带来损失，并使其在市场竞争中处于不利地位，使组织形象和信誉受到影响；可能产生顾客抱怨、责任风险，以及人力和财务资源的浪费。减少这些损失可以降低项目实施所需要的资源成本。

根据改进经济效益，实施质量经济性管理的层次结构可以看出，质量经济性原理的两个基本要素是提高顾客满意度和降低资源成本。

3. 质量经济分析

（1）质量经济分析的原则包括以下几项。

1）用户、顾客利益和社会效益第一，企业经济效益必须与用户、顾客利益和社会效益相统一。

2）常用的质量优化目标函数为利益最大或成本最低。

3）必须明确采用相同的对象来进行比较。比较对象不同，结论自然不同。

4）必须明确比较的条件。企业的内部条件与质量经济分析密切相关，是经济分析中的目标函数的约束条件，对经济分析影响较大。

5）必须明确比较范围。包括时间范围和空间范围。对于时间范围，首先要顾及一段时间内的社会、技术的发展及其影响，其次要考虑资金的时间价值。对于空间范围则应明确是从部门还是从全企业的角度考虑，即考虑要素与整体的关系，必须在整体优化的前提下考虑要素的优化。

（2）质量经济分析的方法步骤。质量经济分析的基本方法是对不同质量水平的目标函数进行比较，以目标函数值的大小作为评价与优化各种质量水平的依据，其步骤一般如下。

1）确定质量经济分析目标体系。

2）明确课题，提出方案。

3）进行方案比较。

4）控制与实施。

7.5.3 项目质量成本管理

项目质量成本管理是保证项目质量并提高经济效益的重要手段，同时也是用经济办法推动全面质量管理深入发展的手段。

1. 项目质量成本管理的必要性

（1）项目使用价值和价值的统一。项目组织作为一个从事生产，谋求赢利的单位，只有通过尽可能少的活劳动消耗与物化劳动消耗为社会提供客户满意的项目，才能取得尽可能多的经济效益，为国家积累财富，为企业求得发展，为员工谋福利。这就要求项目组织根据客户的客观需要，科学地确定项目功能结构，既要保证项目的适用性，又要防止追求过剩的质量。因此，项目组织所寻求的综合质量，是项目必要功能与成本耗费的最优结合，是使用价值与价值的统一，是宏观经济与微观经济的统一。

（2）项目质量成本管理是控制和提高经济效益的重要途径。有关调查资料表明，质量成本占产品总成本的比重，根据企业产品和管理水平不同而有所不同，最少的仅占 1%～2%，而最高的可达 10% 左右。就项目而言，由于质量成本占整个项目成本的比重有限，要通过降低质量成本而降低项目成本，从而取得更大的经济效益，其作用并不大。它的重要意义在于，通过开展质量成本统计核算暴露出项目质量和管理的问题及薄弱环节，采取措施改进，这时所取得的经济效益要比前者大得多。

（3）寻求适宜的质量成本。项目在实施过程中，必须保证达到设计质量要求。其保证的手段和措施各异。实践证明，鉴定成本和预防成本会随着合格品率的提高而趋于增加。因此，从经济的观点来看，有效的质量保证活动应该建立在这两类质量成本合理平衡的基础上，如图 7-17 所示。

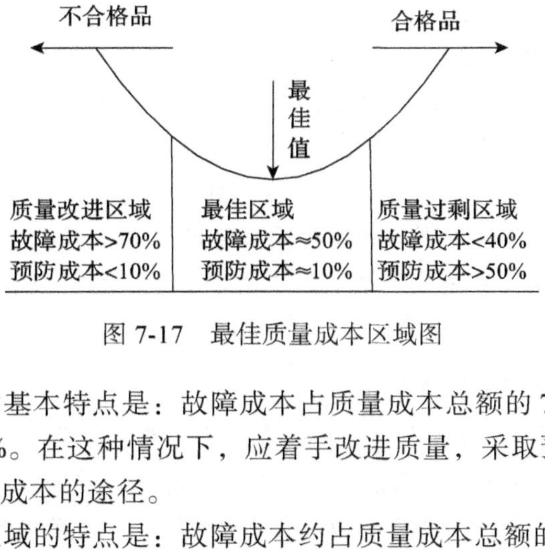

图 7-17　最佳质量成本区域图

质量改进区域的基本特点是：故障成本占质量成本总额的 70% 以上，而预防成本则低于总额的 10%。在这种情况下，应着手改进质量，采取预防措施，加强检验工作，寻求降低质量成本的途径。

质量成本最佳区域的特点是：故障成本约占质量成本总额的 50%；而预防成本约占全部成本的 10%。因此，这里的问题是如何控制、保持在最低成本管理点上进行管理活动。

质量过剩区域的特点是：故障成本占质量成本总额的 40% 以下，预防成本占 50% 以上，超过了故障成本，此时则应研究降低质量标准中过严的部分，提高检查试验、抽样检验的工作效能，使预防成本降下来。

2. 项目质量成本的预测

项目质量成本预测是通过统计和分析以往的或项目上一个阶段的质量数据，并根据这些质量数据的变化发展趋势来预测下一阶段所能达成的质量目标。

项目质量成本预测的方法主要有经验判断法和计算分析法。

（1）经验判断法。当影响因素比较多，或者影响的规律比较复杂时，可组织经验丰富的质量管理人员、有关的财务人员和技术人员，根据已掌握的资料，凭借团体的经验预测。

（2）计算分析法。在对以往数据做统计处理后，如果有关因素之间呈现出较强的规律性，则可以通过数学分析，找到反映内在规律的数学模型或表达式，从而对项目质量成本做出预测。

除了以上方法，还可以用比例测算等方法对项目质量成本做出预测。无论采用何种方法，预测本身都是一种超前认识，它需要掌握大量的客观数据和资料。

3. 项目质量成本的数据收集

（1）质量成本管理初级阶段的数据收集方法。在质量成本管理初级阶段，应使人们确认此阶段存在着经常性的质量成本问题。成本数据的来源主要是以质量管理部门的统计、调查资料为主，以会计资料为辅。由于大部分是一次性的统计，可以按下列不同来源归结成本资料。

1）从现有账单中直接收集，如废品损失、检验费用等。

2）从现有账单中经过鉴别分析后进行归结。

3）从各种原始凭证中收集。虽然现在尚无一个严格的、健全的收集质量成本数据的原始凭证，但从现有的原始凭证和文件中可以获得。

4）通过建立原始记录来统计，例如返修损失费用记录报告单等。

5）通过典型调查分析后的记录或资料来收集。

（2）质量成本管理展开阶段数据的收集方法。在质量成本管理展开阶段，需要采用质量成本的计划、统计、核算、分析、报告和控制等方法，将数据纳入会计科目。从经济的角度来观察和考核质量管理效果，逐步建立健全成本数据收集的渠道，完善凭证单据。质量成本数据的来源以会计资料为主，以原始凭证或原始记录为依据，尽量避免使用质量管理人员的统计分析和估计方法。

4. 项目质量成本的核算

质量成本管理的任务之一，就是用经济语言反映和说明质量管理的状况。它是连接项目适用性和经济性桥梁的基石。因此，质量成本管理具有两重性：一方面，它所处理的对象是各种质量费用；另一方面，它必须采用一定的会计手段和方法，对这些费用进行处理。这一过程就是质量成本核算。而收集和核算质量成本数据并不是开展质量成本管理的根本目的。开展质量成本管理的根本原因在于：通过质量成本分析，确定影响质量成本的关键因素，并对它实施有效控制，为质量改进提供依据；同时通过分析质量与成本之间的相互依存关系，寻求最适宜的质量成本，最经济地实现使顾客满意的项目。

（1）质量成本核算的原则。质量成本核算需要项目组织的质量部门和财务部门密切合作，共同开展质量成本的核算工作。为了保证质量成本的一致性、真实性和完整性，质量成本核算应遵循一定的原则，而这一原则是由质量成本核算的任务、质量成本的属性、项目质量管理的需要以及有关法规等因素所决定的。一般原则如下。

1）采用统一的核算度量值。

2）尽量与现行的经济核算体制相一致。

3）确定统一的核算价格。

4）根据项目类型、责任部门、工艺过程质量管理和质量保证的需要确定。

5）遵守质量成本开支范围规定，正确划分质量费用。

6）尽量采用以会计核算为主的核算方法，尽量实行权、责统一。

（2）项目质量成本的核算体制。要使项目的质量成本核算工作顺利进行，就要建立有效的质量成本核算体制，从而保证项目质量成本核算工作的正常开展。质量成本的核算体制分为会计核算体制和统计核算体制。

5. 项目质量成本的考核

企业应根据项目实施的状况，每隔一定时间对各部门、各所属单位所承担的质量成本指标完成情况进行考核，并制定相应的奖罚办法，保证企业质量成本计划的有效贯彻与实施，确保降低成本目标的实现。下面以建筑安全企业为例，介绍质量成本考核的相关指标。

（1）质量成本考核指标。

1）工程项目的合格品率。计算公式为

合格品率（%）= 合格品单位工程个数（面积）/ 验收鉴定的单位工程个数（面积）×100%

2）工程优良品率。计算公式为

优良品率（%）= 优良品单位工程个数（面积）/ 验收鉴定的单位工程个数（面积）×100%

3）工程返修率。计算公式为

返修率（%）= 返修单位工程个数（面积）/ 验收鉴定的单位工程个数（面积）×100%

4）工程返工损失率。计算公式为

返工损失率（%）= 自年初累计返工损失金额 / 自年初累计完成施工产值×100%

（2）单位工程质量成本指标。包括百元产值质量成本率、百元总成本质量成本率、百元利润质量成本率。

1）百元产值质量成本率。计算公式为

百元产值质量成本率（%）= 质量成本总额 / 企业总产值或施工产值 ×100%

2）百元总成本质量成本率。计算公式为

百元总成本质量成本率（%）= 质量成本总额 / 企业实际成本总额 ×100%

3）百元利润质量成本率。计算公式为

百元利润质量成本率（%）= 质量成本总额 / 利润总额 ×100%

（3）对有关业务部门考核指标。

1）按“质量成本”中分解的相应费用指标进行考核。

2）重大质量故障责任损失。

3）工作失职造成的经济损失。

开篇案例解决方案

本章开篇案例中存在的问题是作为项目负责人的李经理并未真正认识到项目质量规划的重要性，同时对项目质量管理掌握得不够深入。李经理应该先深刻剖析项目特点，然后针对项目特点制定切实可行、可靠的项目质量规划，进而对项目质量进行控制，从而达到项目预期的目标。

1. 项目特点

（1）范围大。鉴于公司混乱的管理现状，此次管理提升项目几乎涵盖了企业管理的所有内容。面对如此浩大的项目范畴，项目的质量管理显得尤为重要。

（2）公司员工的配合程度问题。由于部分员工安于现状，不思进取，固步自封，不愿意也认为没有必要接受新的管理思想和管理理论培训。他们认为这次项目是“累赘”“阻碍”，给原本繁忙的工作雪上加霜。因此，员工的不配合使得项目组成员难以推进项目的进展。

2. 管理提升项目的质量管理方法和措施

为保证LNYM管理提升项目的质量，应根据项目自身特点采用如下质量管理方法和措施，力求稳步推行项目，保证项目成果的质量。

（1）项目全体成员应对项目高度重视。尽管项目难度大、范围广等，但应通过宣传和教育的方式鼓励和支持项目相关人员切实推进项目工作。

（2）制订切实可行的项目质量规划方案。李经理应召集相关人员，结合项目自身特点商讨如何制订项目质量规划方案，同时对项目过程和成果的要求明确化、项目团队各成员职责清晰化，告知他们如何才能达到项目的目标和要求。这样才能保证项目收到实效。

（3）对项目节点的严格控制。根据项目合同内容，每到一个项目节点，项目成员不仅要对项目的成果进行验收，还要对到期未完成任务的项目成员和分组（模块）负责人进行惩罚和教育。

（4）项目质量的全程监控。为了保证项目质量的实施，项目经理和项目模块负责人根据制定的项目质量规划，定期或不定期地监控项目的进展情况。通过全程监控，将影响项目质量的隐患消灭在“襁褓”里，真正做到未雨绸缪，防患于未然。

（5）项目成果的多级审核机制。项目团队形成了项目经理、项目分组（模块）负责人和项目成员的质量审核层次。自下而上负责，自上而下监控和指导。项目团队中处于较上层次的并非是对项目成果的“裁判”，而更多的是过程控制，提供指导和建议。对过程的重视大于对结果的重视，因为项目团队一致认为只要过程满意，结果必定满意。

（6）关键因素重点关注。根据二八定律，80%的质量问题容易出现在20%的因素上，项目团队通过“鱼骨图”对项目质量障碍因素进行深度剖析，找出影响项目质量问题的关键因素、关键节点和关键项目干系人，对其进行有针对性的跟踪和关注。

复习思考题

1. 质量的含义是什么，质量与等级的区别是什么？
2. 什么是质量管理？项目质量管理与一般质量管理有哪些区别？
3. 项目质量控制的常见工具与技术有哪些？

扫一扫查看更多题目

学习链接

1. 石声萍、李仪、刘涵秋，等,《歇马曲轴：如何通过“质量为本”成就专精特新“小巨人”？》，中国工商管理案例库,2023 年。
2. 胡海菊、李佳乐、李亚坤,《创新赋能 质量立企：以岭药业的质量管理之路》，中国管理案例共享中心，2024 年。
3. 金镭、曾筠、李梓彬，等,《一片冰心在玉瓶：小仙炖的全面质量管理之路》，中国管理案例共享中心，2022 年。
4. 楼园、张永洁,《以质取胜：莱姆电子的质量改进之路》，中国管理案例共享中心，2021 年。
5. 葛伯彰、熊伟、熊琨,《海马汽车的 QFD 方法导入》，中国工商管理案例库，2020 年。
6. 连增、陈昭希、崔安迪，等,《洁诺数字化重塑领跑行业》，中国工商管理案例库，2021 年。
7. 焦捷、赵子倩、高远深，等,《一汽－大众：质量战略与品牌价值》，中国工商管理案例库，2021 年。
8. 卢向南、周晓燕,《南京地铁 AFC 项目风险识别与应对措施》，中国工商管理案例库，2020 年。
9. 李相旭、邢以群、周辉，等,《民营企业规范化管理转型之惑》，中国工商管理案例库，2020 年。

第 8 章　项目团队管理

【学习目标】

- ☑ 掌握项目团队的概念和特征
- ☑ 掌握项目团队计划的制订
- ☑ 了解项目团队组建和建设的输入、工具与技术、输出
- ☑ 掌握项目团队建设的结果
- ☑ 了解项目团队文化

图 8-1 为项目团队管理概述图。

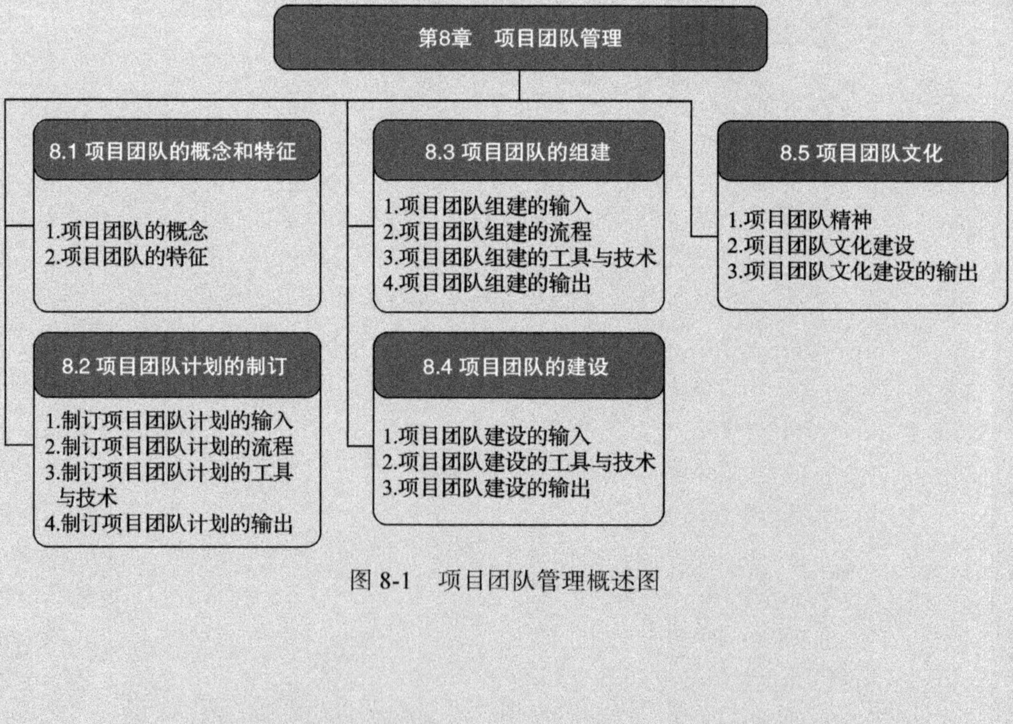

图 8-1　项目团队管理概述图

开篇案例　　LNYM 在项目团队上的困境

LNYM 的项目合同签订之后，项目经理就开始考虑怎么把这个项目按时、保质、保量地做好。整个项目分为：启动、规划、实施和收尾四个阶段，并且在每个阶段中都需要进行全程的有效控制，更需要项目团队作为有力的支撑和保障。随着项目推进，项目团队管理工作重点也不断改变。在启动阶段，主要工作重点是选择合适的组织架构。根据项目的目标、工作结构分解以及项目的环境，项目经理选择了联盟式的组织形式，并相应的召集、配备了必要组成成员。进入项目规划阶段后，项目经理逐渐意识到项目团队分配利用的重要性，于是开始通过责任分配矩阵的方法制订项目团队计划，把每项工作分配到具体的成员身上，但是在制订计划的过程中项目经理犯难了，原因是找不到合适的人才做关键的工作，为了不影响项目的质量和进度，项目经理展开了“招贤纳士”。值得庆幸的是 NEU 商学院的几位教授及时对项目伸出援手，保障了项目的有效开展。团队经过前期的磨合已经基本达成了一致，但争论是在所难免的。在进行项目团队管理时，一天下午，两位人力资源专家因为一个重要的细节发生了摩擦，争论直至当天下班也没有结束。如果让争论继续下去就有可能影响后面的进度，项目经理此时对团队的冲突进行了有效的沟通协调，从而使得团队观念达成一致。克服了重重困难之后，项目的整个结果已形成雏形，但是由于长时间高强度的工作，项目成员开始产生疲惫感，懈怠的情绪开始在团队蔓延，此时若不采取相应的措施，整个项目就会功亏一篑。项目经理会如何再一次地调动团队的积极性呢？

8.1　项目团队的概念和特征

8.1.1　项目团队的概念

项目团队是由一组个体成员为实现一个具体项目的目标而组建的协同工作队伍，是一种临时性的组织，一旦项目完成或者中止，项目团队也随之解散。项目团队管理主要包括以下内容。

（1）项目团队计划的制订。

（2）项目团队的组建。

（3）项目团队的建设。

（4）项目团队文化。

8.1.2　项目团队的特征

1. 项目团队的主要特性

（1）目的性：组建项目团队的目的就是完成某项特定的任务（项目），实现组织既定的任务目标。

（2）临时性：项目团队在完成特定项目的任务以后，使命即告终结，也可能临时性解散或是暂停工作。

（3）团队性：项目团队是按照协同工作的团队作业模式开展项目工作的。

（4）开放性：项目团队成员在项目实施期间能进能出，只要项目需要即可进出。

（5）双重领导特性：多数情况下项目团队的成员既受原专业部门或职能部门的领导，又受所在项目经理的领导。

（6）共同愿景和目标：每个人都必须了解项目的愿景和目标，在此感召下，项目队员凝集在一起，共同奋斗。

（7）角色和职责：确保项目团队成员了解并履行其角色和职责是很重要的。

（8）高度的凝聚力与民主气氛：一个有凝聚力和民主气氛的项目团队，必定为了项目的成功付出了必要的时间和努力。

由于技术和社会的发展，利用各种虚拟手段组建虚拟项目团队已经成为一种现实。虚拟的项目团队被定义为：由具有共同目标和承担不同角色，通过虚拟活动平台（如互联网络等）完成项目工作的一组人员，具有更高的分散性特点。

2. 项目团队管理与企业一般团队管理的比较

项目团队管理与企业一般团队管理一样，具有相同性质的功能，但是项目是临时性的，独特的和短期的。因此，项目团队管理在内容和方法上有独特性。其主要区别见表 8-1。

表 8-1 企业一般团队管理和项目团队管理的区别

类别	企业一般团队管理	项目团队管理
管理方式	领导方式多样化	项目经理负责制
管理机构	是稳定的、长期的，隶属于唯一的其他部门	是临时的、一次性的、灵活的和柔性的，同时隶属于不同部门
管理对象	是相对持续稳定的经济实体和人	一个具体项目的一次完成的人，主要是项目经理、项目团队、项目成员以及与项目相关的其他干系人
运行规律	是以现代企业制度和企业经济活动内在规律为基础的	是以项目周期和项目内在规律为基础的，一次性多变的活动过程
资源规划	近期和长远发展对团队需求，对预测要求比较高	满足某一项目的近期需求，需求预测要求的程度较低，但各阶段对团队管理的要求比较复杂，且精确性要求相对更高
人员获取	企业团队成员招聘、录用程序是常规的	针对某一个具体项目发展周期，往往是非常规的，仅有项目才有的特殊程序
绩效评价	企业单位评价指标比较复杂、内容较多	项目管理中对人员仅进行短期考核，评价指标以业绩、能力、态度为主
组织文化	企业组织文化是经过长期营造、积累而成的	项目组织文化则是一种在短期内主动塑造而成的功利性文化
激励机制	企业激励机制手段是多方面的，以物质和精神激励为主	项目组织随项目完成而解散，对项目团队成员应以物质激励、能力开发为主
管理方式	企业管理是职能管理和作业管理的结合，实质是实体型管理	项目管理方法是按项目管理知识体系中的技术和工具方法进行管理

8.2　项目团队计划的制订

制订项目团队计划是识别和记录项目角色、职责、所需技能以及报告关系，并编制人员配备管理计划的过程。通过编制项目团队计划，识别和确定那些拥有项目所需技能的人力资源。在项目团队计划中，应该包含项目角色与职责记录、项目组织机构图，以及人员招募和遣散时间表的人员配备管理计划等。

应该特别关注稀缺或有限人力资源的可得性，或者各方面对这些资源的竞争。可按个人或小组分派项目角色。这些个人或小组可来自项目执行组织的内部或外部。其他项目可能也在争夺具有相同能力或技能的资源。这些因素可能对项目成本、进度、风险、质量及其他方面有显著影响。编制项目团队计划时，必须认真考虑这些因素，并编制备选方案。

8.2.1　制订项目团队计划的输入

（1）相关项目管理计划。项目管理计划包括对活动资源要求和项目管理活动的描述，这将有助于识别项目团队所需的全部角色和职责。以下信息可用于制订项目团队计划。

1）项目生命周期和拟用于每个阶段的过程。

2）为完成项目目标，如何执行各项工作。

3）变更管理计划，规定如何监控变更。

4）配置管理计划，规定如何开展配置管理。

5）如何维持项目基准的完整性。

6）干系人之间的沟通需求和方法。

（2）事业环境因素。事业环境因素可以分为组织内部因素和组织外部因素。组织内部因素包括组织或公司的文化与组织结构，组织或公司现有的人力资源情况，组织的工作核准制度，组织现有的人力资源管理情况，等等。组织外部因素包括项目各主要干系人的目标、意图以及风险承受能力，市场状况，政府或行业的相关标准，等等。

（3）组织过程资产。项目团队计划的组织过程资产即从以前项目团队规划过程中获得的经验和教训，其中包括已经在组织或行业内通用的或已经形成模版的文件或表格等规划工具，如责任分配矩阵（RAM）、人力资源需求曲线等。

（4）其他因素。执行组织的组织结构、项目管理团队的偏好和预期的人员分配。

8.2.2　制订项目团队计划的流程

项目团队计划编制包括对项目角色、职责以及报告关系进行识别、分配和归纳，这个过程会产生项目组织结构图、责任分配矩阵，以及人员配置管理计划。在构建项目组织结构图之前，项目经理必须先识别项目需要哪种类型的人员。

在识别了项目需要哪些人员和重要技能之后，项目经理就应和项目成员一起构造一个项目组织结构图。组织结构分解（OBS）就是一种特殊的组织结构图，它表示每个组织单位负责哪项具体工作。

由于一个项目的工作人员非常多，清楚地定义和分配工作是必不可少的。图 8-2 给出了 LNYM 管理提升项目的组织结构分解图范例。

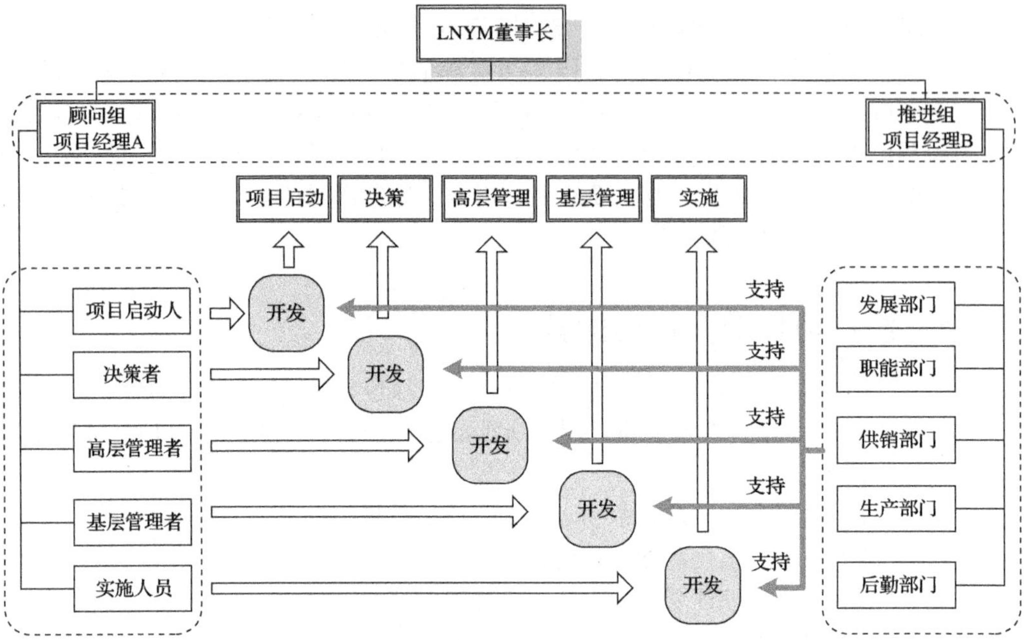

图 8-2 LNYM 管理提升项目的组织结构分解图

图 8-3 展示了定义和分配工作的过程，这个过程包括四个部分。

（1）确定项目最终要求。

（2）定义如何进行工作。

（3）分解工作。

（4）指定工作职责。

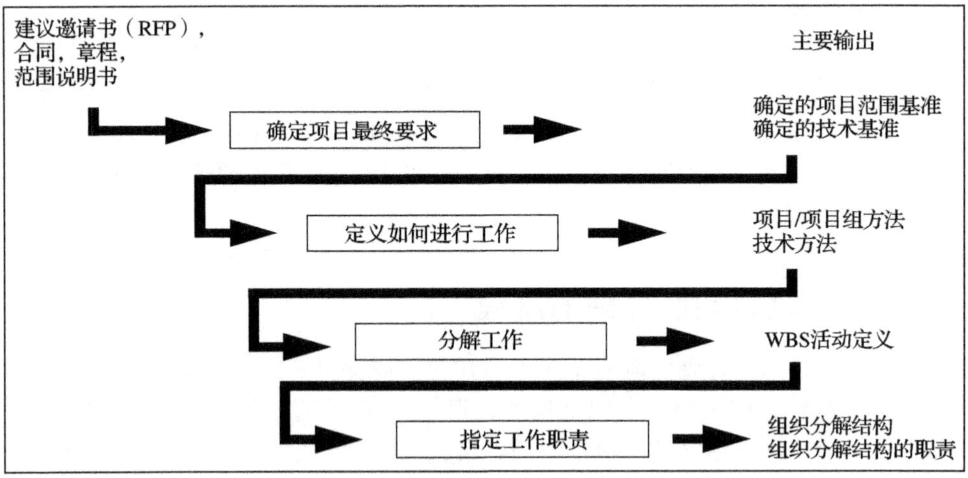

图 8-3 定义和分配工作的过程

定义和分配工作的过程是在项目建议书和启动阶段开始的。注意该过程是重复进行的，也就意味着需要多次进行修改。“建议邀请书（RFP）”或者合同等为定义和最终确定工作要求提供了基础。如果没有 RFP，那么内部的项目章程和范围说明书将为定义和最终确定工作要求提供基础。然后项目组负责人决定采用什么技术方法，如何进行工作，工作要不要用产品导向方法或分阶段法进行分解，工作要不要从外部进行采购或者外包给其他的公司。一旦项目组决定了采用的技术方法，将建立一个 WBS 来定义可管理的工作要素。接着，进一步确定 WBS 中各个活动所包含的工作，最后指定工作职责。

项目经理和项目组将工作分解为可管理的要素之后，项目经理就可以将工作分配到各个组织单位。项目经理分配工作任务通常是根据组织哪个部门适合做这项工作，即通过上面所述的组织结构分解图来进行工作分配。

将工作分配到各部门后，项目经理要建立一个 RAM，按期望的详细程度将工作分配给负责和具体工作的组织、团队或者个人。对于小型项目来说，还要将 WBS 中的每一项工作指派给个人；对于大型项目来说，将具体工作指派给部门或团队更有效。

RAM 除了用来分配详细的工作活动以外，还可以用来定义项目的角色和职责，这种 RAM 包括了项目干系人。表 8-2 给出了 LNYM 管理提升项目的 RAM 例子，显示了项目干系人是否对项目负责或者只是项目一部分的参与者，此外还反映出是否要求项目干系人提供项目的输入或者审查。

表 8-2　LNYM 管理提升项目的 RAM 示例

	S 老师	L 老师	H 老师	D 老师	Z 老师
项目启动模块	R	P	A	P	P
决策模块	R	A	P	P	P
高层管理模块	R	A	P	P	I
基层管理模块	R	P	P	P	P
实施模块	R	P	A	P	I

A= 负责　P= 参与者　R= 要求审查　I= 要求输入

组织计划编制的另一个输出结构是人员配置管理计划。人员配置管理计划描述了项目组何时以及如何增加和减少人员。这个计划可以是正式的也可以是非正式的，其详细程度取决于项目的类型。人员配置管理计划通常包括资源直方图（随着时间分配给项目的资源数量的柱状图）。图 8-4 是 LNYM 管理提升项目人力资源需求直方图。在该资源直方图中，纵坐标表示每月所需要的人力资源，这里的资源以人数表示，此外还可以用工时来表示所需的资源。在决定了项目所需人员之后，项目团队管理的下一步就是获取所需人员并组建项目组。

8.2.3　制订项目团队计划的工具与技术

（1）组织图和职位描述。可采用多种格式来记录团队成员的角色与职责。大多数格式属于以下三类：层级型、矩阵型和文本型（见图 8-5）。此外，有些项目人员安排可在子计划（如风险、质量和沟通管理计划）中列出来。无论用什么方法，目的都是确保每个工作包都有明确的责任人。例如，层级型可用于规定高层级角色，文本型更适合用于详细职责。

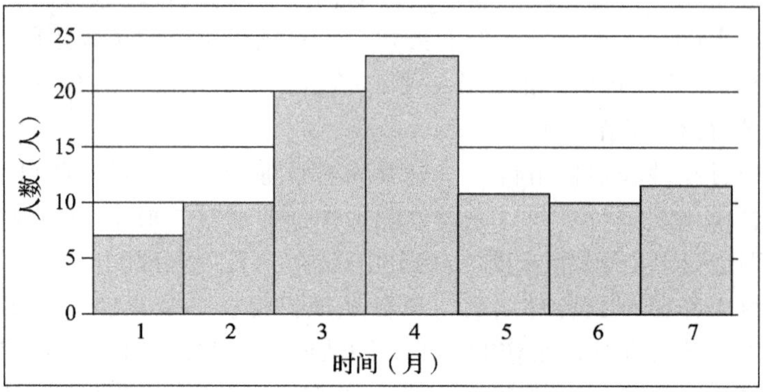

图 8-4　LNYM 管理提升项目人力资源需求直方图

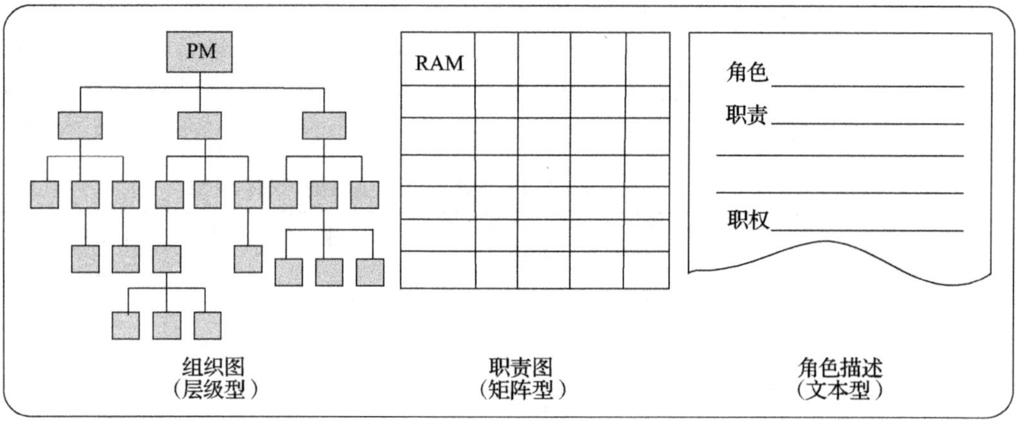

图 8-5　角色与职责定义格式

1）层级型。可以采用传统的组织结构图，自上而下地显示各种职位及其相互关系。WBS 用来显示如何把项目可交付成果分解为工作包；OBS 则按照组织现有的部门、单元或团队排列，并在每个部门下列出项目活动或工作包；RBS（资源分解结构）是按照资源类别和类型，对资源的层级排列，有利于规划和控制项目工作。

2）矩阵型。RAM 是用来显示给每个工作包的项目资源的表格。它显示工作包或活动与项目团队成员之间的关系。

3）文本型。如果需要详细描述团队成员的职责，就可以采用文本型。文本型文件通常以概述的形式，提供诸如职责、职权、能力和资格等方面的信息。

（2）样板法。大多数项目会在某种程度上与其他项目类似。运用一个类似项目的任务或职责的定义有助于加快项目团队计划的制订。

（3）组织理论。组织理论阐述个人、团队和组织部门的行为。有效利用组织理论中的通用知识，可以节约编制项目团队管理计划的时间、成本以及人力投入，提高规划工作的效率。此外，可以根据组织理论灵活使用领导风格，从而适应项目生命周期中团队成熟度的变化。

（4）专家判断。在制订项目团队管理计划时，专家判断被用于以下几方面。

1）列出对人力资源的初步要求。

2）根据组织的标准化角色描述，分析项目所需的角色。

3）确定项目所需的初步投入水平和资源数量。

4）根据组织文化确定所需的报告关系。

5）根据经验教训和市场条件，提前指导配备人员。

6）识别与人员招募、留用和遣散有关的风险。

7）为遵守适用的政府法规和工会合同，制定并推荐工作程序。

（5）人际交往。人际交往是指在组织、行业或职业环境中与他人的正式或非正式互动。人员配备管理的有效性会受各种政策与人际因素的影响。人际交往是了解这些政策与人际因素的有益途径。

（6）会议。在规划项目团队管理时，项目管理团队将会举行规划会议，并使用工具与技术使所有项目管理团队成员对项目团队管理计划达成共识。

8.2.4　制定项目团队计划的输出

1. 任务和职责的分配

项目任务（谁做什么）和职责（谁决定什么）必须分配给合适的项目相关人员。任务和职责可能会随时间而改变。

项目经理的任务和职责在多数项目中通常是一致的，但在不同的应用领域会有明显改变。项目任务和职责应当与项目的范围界定紧密相连。RAM 常用于此目的。在大型项目中，RAM 可用于各个项目层次。

在罗列完成项目所需的角色和职责后，需要考虑角色、职权、职责和能力。

2. 人员配置管理计划

人员配置管理计划阐述人力资源在何时，以何种方式加入和离开项目小组。人员计划可能是正式或非正式的、十分详细或框架概括型的，皆依项目的需要而定，它是整体项目计划中的辅助因素。

应特别注意项目小组成员（个人或团体）不再为项目所需要时，他们是如何解散的。适当的再分配程序有以下两种。

（1）通过减少或消除为了填补两次再分配之间的时间空档而“制造工作”的趋势来降低成本。

（2）通过降低或消除对未来就业机会的不确定心理来鼓舞士气。

人员配置管理计划是项目团队管理计划的组成部分，说明将在何时、以何种方式获得项目团队成员，以及他们需要在项目中工作多久。它描述了如何满足项目对人力资源的需求。应该在项目期间不断更新人员配备管理计划，从而指导持续进行的团队成员招募和发展活动。人员配备管理计划的内容因应用领域和项目规模而异，但都应包括以下内容。

（1）人员招募。需要考虑从组织内部还是外部招募、各级技术人员的成本以及组织的人力资源部门和职能经理能为项目管理团队提供的协助。

（2）资源日历。表明每种具体资源的可用工作日和工作班次的日历。在人员配备管理计划中，需要规定项目团队成员个人或小组的工作时间框架，并说明招募活动何时开始。项目管理团队可用资源直方图向所有干系人直观地展示人力资源分配情况。

（3）人员遣散计划。事先确定遣散团队成员的方法与时间。遣散项目成员可以节约项目成本，如果已经为员工安排好向新项目的平滑过渡，可以提高士气。人员遣散计划也有助于减轻项目过程中或项目结束时可能发生的人力资源风险。

（4）培训需要。配给团队成员不具备的需求能力，要制订一个培训计划，说明如何帮助团队成员获得相关证书，提高他们的工作能力。

（5）认可与奖励。需要用明确的奖励标准和事先确定的奖励制度来促进并加强团队成员的优良行为。

（6）合规性。人员配备管理计划中可包含一些策略，从而遵循适用的政策法规、工会合同和其他现行的人力资源政策。

（7）安全。应该在人员配备管理计划和风险登记册中规定一些政策和程序，使团队成员远离安全隐患。

3. 组织表 / 项目组织图

组织表 / 项目组织图是项目报告关系的图表展示。它可以是正式或非正式的，十分详细或框架概括性的，依据项目的需要而定，它显示了哪些组织单位负责哪些工作。

8.3 项目团队的组建

项目团队的组建是指确认可用人力资源并组建项目所需团队的过程，在项目团队组建阶段，一组个体成员转变为项目团队成员，从原来不同的组织调集到一起，每个人都试图了解项目目标和他们在团队中适合的角色。然而，由于集体劳资协议、分包商人员使用、矩阵型项目环境、内外部报告关系及其他各种因素，项目管理团队对选择团队成员不一定拥有直接控制权。组建团队的同时要注意以下几个问题。

（1）项目经理要对项目团队进行必要的指导，要向团队成员介绍项目的目标和目的，说明工作范围、质量标准、预算及进度计划等。此外，项目经理还应该与项目团队成员进行有效谈判，并影响项目团队中的各成员。

（2）团队成员之间应该相互信任，相互支持。

（3）在不违反法律、规章、强制性规定或其他具体标准的前提下，项目经理或项目团队可能会使用替代资源。

8.3.1 项目团队组建的输入

项目团队组建的输入主要有以下几点。

（1）项目管理计划：通过人力资源计划对角色与职责、项目组织结构图、人员配备管理计划进行指导。

（2）所需环境因素：最主要的环境因素是现有的人力资源情况，以及现有的组织结构、工作地点、人事管理政策等。

（3）组织规划：通常包括组织、技术、人际三个层次，组织规划中人员的需求界定了时间的范围、个体和团体的模式、所需的技能等。

8.3.2　项目团队组建的流程

项目团队的组建对一个项目来说非常重要，关系着今后项目是否能够高效高质地完成。团队是由有着共同目标的成员自愿组合，并经组织授权、批准的一个群体。

1. 项目团队组建原则

项目团队的组建没有固定的模式，但有一定的原则。

（1）有效管理幅度原则。管理幅度是指一个主管能够直接有效地管理下属的人数。一个项目经理的管理幅度是有限的，往往要受到以下因素的影响。

1）问题的复杂程度。问题难度越大、复杂程度越高，直接管理的人就越少。对于日常性、规范性的事务，其管理幅度可能大一些。

2）项目经理及团队成员的才能高低。能力较强的项目经理能够在不降低团队效率的前提下，比相同层次、相同工作的其他项目经理管理更多的人员。同样，一个高度熟练和胜任的团队成员所需要的管理要少一些。这样，项目经理的管理幅度可以加大。

3）授权程度。项目经理授予的管理权越多，他们要亲自处理的具体问题就越少，管理幅度就越大。

（2）权责对等原则。权是在规定的职位上行使的权力，责是在接受职位、职务后必须履行的义务。在任何工作中，权与责必须大致相当。

（3）职能匹配原则。项目团队成员的才智、能力与担任的职务应相匹配。

（4）单一指令原则。团队成员只能接受一个上级的命令和指挥。上下级之间的上报下达都要按层次进行，一般情况下不得越级。

（5）效果与效率统一原则。效果是指项目团队的活动要有成效，即“做正确的事”。项目团队不但要能保证项目的进行，同时要有成果。效率是指项目团队在单位时间内取得成果的速度，即“正确地做事”。

2. 人员招聘

项目组织所需的人力资源主要采用内部招聘和外部招聘两种方式来获得。

（1）内部招聘。内部招聘是指从项目组织所在的公司或团体的内部人员中招聘项目组织所需的人力资源的一种招聘方式，它包括提升、工作调动和重新聘用。内部招聘机制有以下优点。

1）得到升迁的员工会认为自己的才干得到组织的承认，因此他的积极性和绩效都会提高。

2）内部员工比较了解组织的情况，为胜任新的工作岗位所需要的指导和训练会比较少，离职的可能性也比较小。

3）提拔内部员工可以提高所有员工对组织的忠诚度，使他们在制定管理决策时，能做比较长远的考虑。

4）上级对内部员工的能力比较了解，因此，提拔内部员工比较保险。

内部招聘机制的缺点有以下两点。

1）那些没有得到提拔的员工会不满，因此需要做解释和鼓励的工作。

2）当新主管从同级的员工中产生时，工作集体可能会不满，这使新主管不容易建立领导声望。

一般而言，内部招聘的员工比外部招聘的员工离职率要低，长期服务的可能性要大一些。在内部招聘机制不能满足项目对人力资源的需求时，需要考虑外部招聘。

（2）外部招聘。外部招聘是指从项目组织所在公司或团队以外招聘项目组织所需人力资源的一种招聘方式，主要有以下几种方式。

1）广告招聘。广告招聘具有很多优点：①工作空缺的信息发布迅速；②成本比较低；③可以同时发布多种类别职位的招聘信息；④广告发布方式可以保留许多操作上的优势，这体现在项目组织可以要求申请人在特定的时间段内亲自来应聘、打电话或者向人力资源部门邮寄自己的简历和工资要求等材料。

2）猎头公司。猎头公司是一种就业中介组织，专门为雇主“搜捕”和推荐高级主管人员和高级技术人员。它可以帮助管理者节省很多招聘和选拔高级主管等专门人才的时间，但费用很高。

3. 人员选拔

在进行了初步的人员招聘之后，必须根据一定的标准选择合适的员工，这是人员甄选和人才选拔的任务。所谓甄选和选拔，是指通过各种方法、技术及考核面试，将选择范围逐步缩小，最终确定合格人员。

（1）甄选过程，具体有以下三方面。

1）资料分析。阅读和分析求职申请表（主要包括受教育、受培训和工作经历）、收集整理个人传记类材料、阅读和证实推荐信以及阅读个人简历和自荐信。

2）标准测试。安排初次见面，把明显不合格的求职者筛选出去；进行字迹分析和语文测验。

3）情景模拟。①样本操作：通过分析候选人样本测试得分与实际工作绩效间的相关关系，对候选人作出测评结论；②试用考察：求职者在被正式雇用之前，大都会有一定时间的试用期，这是相互了解的阶段。

（2）测评方法，具体有以下三种。

1）行政能力测验。行政能力测验是专门用于测量与行政管理职位工作业绩有关的一系列心理潜能的标准化考试。

2）公文筐测验。这种测评假定被试者接替或顶替某管理人员的工作，在其办公桌上堆积着一大堆急待处理的文件。所有这些信函、记录和急件，都要求被试者在两三个小时内进行处理。处理完后，还要求被试者填写问卷说明自己为什么这样处理。然后，把不同被试者的处理结果逐一分类，予以评分。通过这种测验，测评被试者的组织、计划、分析、判断、决策、分派任务的能力，以及对工作环境的理解和敏感程度。

3）无领导小组讨论。把被试者分为不同的小组，每组 4～8 人不等，不指定负责人，大家地位平等，要求就某些争议性大的问题，最后形成一致意见，并以书面形式汇报。通过观察整个讨论情形，倾听讨论内容，看哪个被试者善于驾驭会议。为了增加情境压力，主试人还可以每隔一定时间，给讨论小组发布一些有关议题的变化信息，迫使被试者们不断改变方案并引起小组争议，这样就能观察每个人内在的相关素质。

4. 项目人员的录用

企业在招聘的录用环节上需要开展许多具体工作来为录用决策寻找依据，最主要的筛选方法是申请表格、员工测评和录用面谈。项目人员的录用要遵守以下的原则。

（1）补偿性原则。所谓补偿性原则是指在招聘测评中工作申请人成绩高的项目可以补偿成绩低的项目，因此在评价时可以对不同项目设置不同的权重。例如，未来工作业绩预测值＝ 6 +（4 × 工龄）+（3 × IQ 成绩）+（5 × 学历分值）。

（2）多元最低限制原则。所谓多元最低限制原则是指申请人在测评的每个方面都必须达到某个最低的标准。在应用这种方法时，申请人依次经过各种测试，只有在测试中没有被淘汰的申请人才有资格参加下一种测试。为了降低成本，应该首先选择成本比较低的测试手段，成本越高的手段越应该安排在后面。

（3）混合原则。组织在招聘员工时，经常遇到这样的问题，即在某几个方面对员工有最低的要求，但是在其他几个方面对员工没有最低的要求，这时就可以运用混合原则。具体的步骤是首先运用多元最低限制原则淘汰一部分申请人，然后运用补偿性原则对申请人进行综合评价。

8.3.3 项目团队组建的工具与技术

1. 预分派

如果项目团队成员是事先选定的，那么他们就是被预分派的。预分派可在下列情况下发生：在竞标过程中承诺分派特定人员进行项目工作，项目取决于特定人员的专有技能，或者项目章程中指定了某些人员的工作分派。

2. 谈判

在许多项目中，人员分派是通过谈判完成的。谈判要特别注意外部的谈判政策、惯例、流程、指南、法律及其他标准。在人员分派谈判中，项目管理团队影响他人的能力很重要。

3. 招募

如果执行组织内部缺乏完成项目所需的人员，就可以从外部获得所需人员。

4. 虚拟团队

虚拟团队被定义为具有共同目标、在完成角色任务的过程中很少或没有时间面对面工作的一群人。电子通信工具（如电子邮件、电话会议、网络会议和视频会议等）使虚拟团队成为可行。虚拟团队使人们有可能完成下列事项。

（1）在所处地理位置广为分散的员工之间组建团队。

（2）为项目团队增加特殊技能，即使相应的专家不在同一地理区域。

（3）把在家办公的员工纳入团队。

（4）在工作班次或时间不同的员工之间组建团队。

（5）将行动不便者或残疾人纳入团队。

（6）进行那些原本会因差旅费用过高而被取消的项目。

5. 多标准决策分析

在组建项目团队的过程中，经常需要使用团队成员选择标准。可以通过多标准决策分析，制定出选择标准，并据此对候选团队成员进行定级或打分。根据因素重要性，赋予选择标准不同的权重。例如，可用下列标准对团队成员进行打分：可用性、成本、经验、能力、知识、技能、态度、国际因素。

8.3.4 项目团队组建的输出

1. 项目人员分派

与项目人员分派相关的文件包括项目团队名录和致团队成员的备忘录，还需要把人员姓名插入项目管理计划的其他部分。

2. 资源日历

资源日历记录每个项目团队成员可以在项目上工作的时间。

3. 项目管理计划

项目管理计划中可能需要更新的内容包括人力资源计划等。

8.4 项目团队的建设

建设项目团队是提高工作能力、促进团队互动和改善团队氛围，从而提高项目团队绩效的过程。项目经理应提供及时的反馈与所需的支持，以及认可与奖励优秀绩效，不断激励团队。项目经理应该要求管理层提供支持，对相关干系人施加影响，以便获得建设高效项目团队所需的资源。项目经理在全球化的环境和富有文化多样性的项目中工作，应该利用文化差异，促进团队成员在相互信任的氛围中充分协同工作。在整个项目生命周期中，团队成员之间都要保持明确、及时、有效的沟通。建设项目团队包括以下目标。

（1）培养团队成员的知识和技能，从而提升他们完成项目可交付成果的能力，并降低成本、缩短工期和提高质量。

（2）增强团队成员之间的信任和认同感，从而提振士气、减少冲突和增进团队协作。

（3）创建富有生气和凝聚力的团队文化，从而提高个人和团队生产率，振奋团队精神，促进合作；促进团队成员之间的交叉培训和辅导，分享知识和经验。

8.4.1　项目团队建设的输入

项目团队建设的输入包括：协作式项目团队建设，项目人员分派，项目管理计划，团队绩效评价（包括正式或非正式评价），组织过程资产和资源日历。

8.4.2　项目团队建设的工具与技术

1. 召开项目会议

第一次项目开工会议对团队的早期运行至关重要。项目经理要力图在第一次项目开工会议上实现三个目标：一是介绍项目概况，二是确定团队发展模型，三是描述团队如何合作才能完成项目任务。项目领导风格将在第一次会议中形成印象。不管在何种情况下，项目经理都需要迅速建立起具有操作性的基本规则，以便规范团队的合作方式。

2. 人际关系技能

这些技能有时也被称为“软技能”，通过了解项目团队成员的感情、预测其行动，了解其后顾之忧，并尽力帮助解决其问题。

3. 对项目团队成员的培训

（1）培训的定义。培训是使新雇员和现有雇员掌握本职工作必需基本技能的过程。现在大多数的培训除了技术方面的培训，还包括解决问题技能、团队建设技能、解决冲突技能以及处理人际关系技能方面的培训。

（2）团队成员培训的内容主要包括团队价值观、业务技能和团队技能培训（包括人际关系技能、解决冲突能力、维护团队行为规范、团队会议技能和团队绩效评估方法培训等）。

4. 团队建设活动

团队建设活动既可以是状态审查会上的五分钟议程，也可以是为改善人际关系而设计的、在非工作场所专门举办的体验活动。建设团队最重要的技能之一是把项目团队问题当作“团队的问题”加以讨论和处理。要建设高效的项目团队，项目经理需要获得高层管理者的支持，获得团队成员的承诺，采用适当的奖励和认可机制，创建团队认同感，增进信任和开放式沟通，特别是要有良好的团队领导力。团队建设是一个持续性过程，对项目成功至关重要。项目环境的变化不可避免，因此需要持续不断地开展团队建设。项目经理应该持续地监督团队机能和绩效，确定是否需要采取措施来预防或纠正各种团队问题。

任何一个项目团队从组建到解散通常都会经过以下五个阶段。

（1）形成阶段。项目经理要进行团队的构建和指导工作，团队构建工作包括确定团队工作的初始操作规程、规范，如沟通渠道、审批权限、文件规范等，这类工作规程会在未来的阶段发展中提高。项目经理对团队的指导工作包括向团队说明项目目标、项目团队的组成、选择团队成员的原因、他们的互补能力和专门知识，以及成员个人为协助完成项目目标所充当的角色；探讨对项目团队成员工作及行为的管理方式和期望，并使团队着手一些起始工作。

（2）磨合阶段。这一阶段目标明确，各成员开始进入角色并运用技能执行分配到的任务，工作开始缓慢推进。随着项目的进行会产生一些矛盾，在磨合阶段，成员情绪很不稳定，常会发生一些无谓的争吵和争论，此时需要进一步调整人员角色。

在磨合阶段，项目经理仍然要进行一些指导工作，进一步明确团队每个成员的职责。为便于给团队授权，有必要使团队成员一同参与解决问题，创造一个理解和支持的工作环境。

（3）规范阶段。此阶段团队关心的是如何完成项目任务。团队需要解决工作方法、成员行为规范、责任划分及资源配置等问题。在此阶段，团队成员彼此有了充分的了解，并确立好了团队成员之间、团队与项目经理之间的关系。绝大部分个人矛盾得到解决，工作开始全面展开，成员的不满情绪也相应减少，凝聚力开始形成，成员之间开始互相信任，自由地表达评论意见，合作意识增强。项目经理应支持每个成员的积极参与，每个成员都必须在行为标准和实践方面达成一致。

（4）正规阶段。此阶段主要解决项目实施的控制问题。在正规阶段，团队成员积极努力工作，共同为实现目标而奋斗，工作绩效很高。在这一阶段，团队根据实际需要以团队、个人或临时小组的方式进行工作，互帮互助。项目经理的工作重点是帮助团队执行项目计划；主动赋予团队领导权力；关注预算、进度计划、工作范围及计划方面的项目业绩；对团队和团队成员的工作进程和为项目所做的贡献及取得的成绩给予表扬，并做好团队成员的培养工作。由此使团队在项目的实施过程中获得一种满足感，同时使团队成员获得职业上的发展。

（5）解体阶段。这时项目经理应告诉各成员还有哪些工作需要做完，在这一阶段，团队成员开始考虑自身今后的发展并做离开的准备。此时，项目经理的主要任务是采取相应的措施稳住队伍。具体应采取以下方法：组织和指导团队成员的工作、支持切实可行的工作标准和行为、公开肯定和赞扬优秀的表现、将工作和相应的权限交给成员以及考虑成员以后的工作如何安排。

上述五个阶段反映的是团队建设的一般性过程，但在实践中，团队建设过程通常会有所差别，可能会出现跳跃现象，也可能出现各个阶段的交融。

5. 基本规则

制定基本规则是对项目团队成员的可接受行为做出明确规定。尽早制定并遵守明确的规则，可减少误解，提高生产力。对基本规则进行讨论，有利于团队成员相互了解对方的重要价值观。规则一旦建立，全体项目团队成员都必须遵守。

6. 集中办公

集中办公是指把许多或全部最活跃的项目团队成员安排在同一个物理地点工作，

从而增强团队工作能力。集中办公既可以是临时的，也可以贯穿整个项目。尽管集中办公是一种良好的团队建设策略，但虚拟团队的使用有时也不可避免。

7. 对项目团队成员的激励

有效的激励机制是项目团队发展的推进器。但是项目团队成员究竟需要什么？如何才能调动成员的积极性？下面介绍几种激励理论。

（1）马斯洛的需求层次理论。马斯洛认为，人类的需求分为五个层次，从低到高依次为生存的需求、安全的需求、社交的需求、自尊及受人尊重的需求和自我实现的需求，只有较低层次的需求得到满足后，才会产生更高一层的需求。

需求层级中最低的三个层次是最基本、持续性的需求，每个人都只有在满足这三个需求之后，才能感觉到精神健康，才会产生两个更高层次的需求。根据这个理论，项目经理的任务就是通过满足成员基本维持性的需求，使他们得到尊重，从而实现自我价值的激情和动力。

（2）赫茨伯格的双因素理论。赫茨伯格指出，所有影响激励效果的事情都可以被归结为两类因素，他将让人们灰心的因素称为保健因素，将其他因素称为激励因素。保健因素的满足对激励来说是中性的，但是，如果它们得不到满足，对激励来说就是负面的，或者称为负激励。

（3）弗鲁姆的期望价值理论。管理中各种激励因素作用力的大小，取决于员工对他所能得到的结果的全部预期价值乘以他认为可能得到该结果的概率。用公式表示为：$M = V \times E$。其中，M 代表激励力量，V 代表满足个人需要的预期价值，E 代表可能获得该价值的概率。弗鲁姆认为，要调动员工积极性，必须处理好这三方面的关系。

（4）影响团队激励方式选择的因素。人不仅是“经济人”还是“社会人”，项目经理在实施激励措施的时候，既要考虑个体的经济利益，也要考虑社会的评价，只是在不同的情况下对物质和精神的要求有所侧重。团队的发展既要考虑个人利益，又要注重整体，团队的激励方式必须在结合两者的需求上进行选择。

1）团队成员的要求。随着经济的发展，人性的变化，激励方式也应随之变化。对于个人的需求，可以结合马斯洛的需求层次理论、赫茨伯格的双因素理论以及弗鲁姆的期望价值理论等进行分析。

2）团队成员的整体要求。团队的发展需要一个相对稳定的环境，团队成员间也需要相互默契的配合和协作，这一特征决定了激励的一个重要的目的是激发团队的公共利益，同时体现成员的个人利益。

3）社会评价。激励的最终目的是以一定的方式表现出对工作绩效的肯定，从而鼓励成员今后做出更好的业绩。因此，激励方式表现出很强的社会文化特征。一个项目团队的文化会影响团队成员的价值观念，人是社会的一员，摆脱不了社会整体文化的影响。

在设计、构建考评激励体系的时候，不能脱离团队工作特征。团队考评和激励机制的建立，应该以提高队员的能动性为目的，具体的操作应该有很大的灵活性。

8. 冲突管理

冲突的来源包括资源稀缺、进度排序、个人工作风格的差异等。采用团队规则、团队规范及成熟的项目管理实践（如沟通规划和角色定义），可以减少冲突的数量。

成功的冲突管理可提高生产力，改进生产关系。如果管理得当，则意见分歧有利于提高创造力和改进决策。如果冲突升级，则项目经理应提供协助。如果破坏性冲突继续存在，则可使用正式程序，包括采用惩戒措施等。

项目经理解决冲突的能力，往往在很大程度上决定其管理项目团队的成败。不同的项目经理可能采用不同的解决冲突方法。影响冲突解决方法的因素包括：①冲突的相对重要性与激烈程度；②解决冲突的紧迫性；③冲突各方的立场；④永久或暂时解决冲突的动机。

有五种常用的冲突解决方法。由于每种方法都有各自的地位和用途，以下所列没有特定顺序：①撤退 / 回避；②缓和 / 包容；③妥协 / 调解；④强迫 / 命令；⑤合作 / 解决问题。

8.4.3 项目团队建设的输出

1. 项目团队的绩效评估

（1）绩效评估的含义。绩效是个体或群体工作表现、直接成绩与最终效益的统一体。绩效评估就是工作行为的测量过程，即用过去制定的标准比较工作绩效的记录及将绩效评估结果反馈给员工的过程。目的是确认员工的工作成就，改进员工的工作方式，奖优罚劣，提高工作效率和经营效益。

绩效评估一般分为三个层次：组织整体的、项目团队或项目小组的、员工个体的绩效评估。其中，员工个体的绩效评估是项目人力资源管理的基本内容。

（2）绩效评估的作用。绩效评估提供的资料可以作为职务晋级、工资提升以及进一步培训提高的依据，这是绩效评估最常见的作用。

绩效评估的主要作用表现在以下几个方面：①确定员工的薪资报酬；②决定员工的升降调配；③进行员工的培训开发；④加强组织与员工共同远景的建立。绩效评估程序如图 8-6 所示。

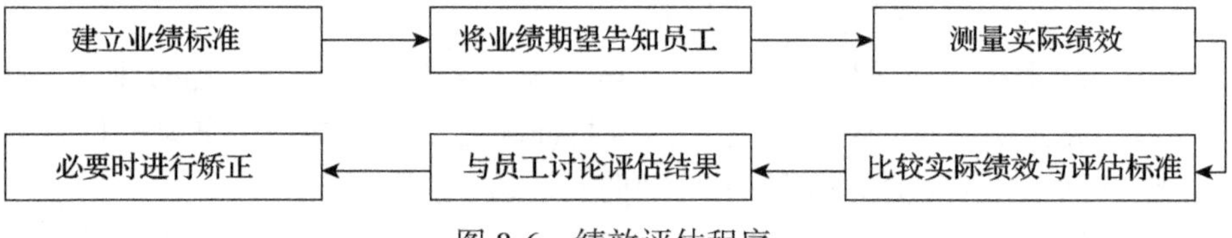

图 8-6 绩效评估程序

程序从建立业绩标准开始，标准的内容必须准确化、具体化、定量化。一方面，标准的建立要以工作分析信息为依据，而不是任意制定的；另一方面，标准应足够清楚和客观，以便理解和测量。标准建立后，有必要将这些标准告知员工，并收集和分析反馈信息。

绩效评估的第三步是测量实际绩效，为测量真正业绩必须取得有关信息：如何测量、测量什么。通常有四种信息来源：个人观察、统计报表、口头报告、书面报告。综合使用这四种信息来源可提高信息来源数目和获得可靠信息的可能性。测量什么可能比如何测量更关键，所测量的事物，在很大程度上决定了组织成员的努力方向。

绩效评估的第四步是将实际绩效和评估标准进行比较，这一步主要是注意标准和实际水平之间的差异，以便能进入第五步，与员工就业绩评估结果进行讨论。项目经理面临的最具挑战性的任务之一便是向下属说明评定结果，并使下属以建设性姿态接受评定。绩效评估触及感情上最复杂的活动——对另外一个人的贡献和能力进行评价。好消息的传递对于双方皆是轻而易举之事，但坏消息总让双方都不自在。这样对绩效评估的讨论可以有正或负的刺激效果。

绩效评估的最后一个步骤是必要时采取矫正措施。矫正行为有两种类型：一种是迅速及时矫正，处理征兆问题；另一种是基础矫正，探讨原因。

（3）绩效评估系统的标准。员工的绩效受技能、激励、环境和机会等多种因素的影响，是员工个人素质和工作环境共同作用的结果。因此，绩效评估是一项较为复杂且具有一定难度的工作，在现实操作中存在不少问题。还有一些研究表明评估过程中存在以下问题：不能把评估工作建立在工作分析的基础上，没有关于如何填写评定表格的书面指令，缺少对评估系统的管理承诺，上下级间沟通不良以及评估人员既缺少观察技能又缺少反馈技能等。要解决这些问题，首先要建立绩效评估系统的标准。

一般认为，有效的绩效考核体系应该同时具备敏感性、可靠性、准确性、可接受性和实用性五个特征。

1）敏感性，即绩效评估系统具有区分高效率员工和低效率员工的能力。

2）可靠性，即评估人员判定评价的一致性，不同的评估人员对同一个员工所作的评价应该基本相同。

3）准确性，即应该把工作目标和项目目标联系起来，把工作要求和评价内容联系起来，明确一项工作成败的界限。

4）可接受性，即绩效评估体系只有得到管理人员和员工的支持才能推行。绩效评估中技术方法的正确性和员工对评价系统的态度都很重要。

5）实用性，即项目使用绩效评估系统的收益必须要大于其成本。

（4）绩效评估的方法。解决绩效评估方面的问题就是要设计一种既适合评估目的又适合项目的特点的方法。下面介绍绩效评估的主要方法及其优缺点。

1）描述法。这是传统的评估方法，分为鉴定法和关键事件法两类。

①鉴定法。评估人员以叙述法的文字描述评估对象的能力、态度、成绩、优缺点、发展的可能性、需要加以指导的事项和关键性事件等，由此得到对评估对象的综合评价。优点是结果比较可靠，资源相对完整。但是往往费时较多，篇幅长，而且写作水平直接影响评价印象，难以对多个对象进行相互比较。

②关键事件法。在应用这种评估方法时，负责评估的主管人员把员工在完成工作任务时所表现出来的特别有效的行为和特别无效的行为记录下来，形成一份书面报告。评价人员在对员工的优点、缺点和潜在能力进行评论的基础上提出改进工作绩效的意见。如果评估人员能够长期观察员工的工作行为，同时也很公正和坦率，那么这种评估报告是很有效的。缺点是记录事件本身是一项很烦琐的工作，还会造

成上级对下级的过分监视。

2）比较法。对评估对象进行比较，用排序而不是用评分，从而决定其工作业绩的相对水平。简单排序要求评估人员依据工作绩效将员工从最好到最差排序。配对比较法则是评估人员将每一个员工进行比较。强制分步法要求评估人员在每一个优胜档次上（如“最好”“中”“较差”）都分派一定比例的员工。

比较法的优点是成本低，评估所花费的时间和精力非常少，并能有效地消除某些评估误差。比较法的缺点是，因为判定绩效的评分标准模糊或不实在，评分的准确性和公平性可能受到严重质疑，而且组织用这样的系统不能公平地对来自不同项目的员工的绩效进行比较。

3）量表法。量表法是利用一系列标准化的成绩量表进行考核评价的方法。将一定得分分配给各项考绩因素或指标，使每项考绩因素有一个评价尺度，然后由评估人员对评估对象在各个考核因素或指标上的表现情况做出评判。

2. 事业环境因素

作为建设项目团队过程的结果，可能需要更新的事业环境因素包括人事管理政策等，比如对员工培训记录和技能评估的更新。

3. 组织过程资产

作为建设项目团队过程的结果，可能需要更新的组织过程资产包括：历史信息和经验教训文档、相关模板和组织的标准流程。

4. 变更请求

人员配备的变化会影响项目管理计划的其他部分。若人员配备问题干扰了项目建设计划的实施，比如造成进度拖延或预算超支，就需要通过实施整体变更控制过程来处理变更请求。

5. 项目管理计划

项目管理计划中可能需要更新的内容包括人员配备管理计划等。

8.5 项目团队文化

8.5.1 项目团队精神

现代社会的人都隶属于一个个团体。项目团队的精神，就是项目成员为了团队的整体利益和目标而相互协作、共同努力的意愿与作风，其内涵主要包括以下几个方面。

（1）归属感与一体感主要源自团队利益目标与其成员利益目标的高度一致性。团队通过一系列的安排使它与其成员结成一个高度牢固的命运共同体。

（2）团队是一个有机整体。团队成员相互依存、相互宽容、彼此信任，在利益面前互相礼让。

（3）团队成员对团队事务全方位投入。在团队发展过程中及处理团队事务时，努力争取团队成员的全方位投入；此外，团队成员衷心地把团队的事视为自己的事，工作积极主动、尽职尽责。

团队精神是一个相对的概念。通常而言，团队精神应建立在团队与个人相对统一的基础之上。当团队中只有少数人具有团队精神时，团队精神可能会逐渐扩散到整个团队，也可能会逐渐消失，因此对团队精神的维护与培育显得格外重要。

8.5.2　项目团队文化建设

项目团队的文化是在发展过程中形成的，它是为团队成员所共有的思想、作风、价值观和行为规范，它是一个项目团队所特有的信念和行为模式。

团队文化包括两大要素。第一要素是平等和民主，在做出任何决策、讨论任何问题时，每一个人的权力平等，都可以对项目的决策提出自己的想法。第二要素是信息和知识，团队成员只有掌握了团队活动的信息和必备的知识，才能对整个工序了如指掌，在团队平等的气氛中进行讨论时，才可能发挥自身的聪明才智。因此，信息和知识是团队文化的实质。

1. 培养团队精神

团队精神是团队文化的表现形式，是支撑项目团队生存和发展的支柱，是在实践活动中形成的，是代表团队成员干劲的一种行为。培养团队精神，重点有以下几个方面。

（1）营造协作式项目团队环境。项目团队在组织和职业文化及准则的范围内开展工作，通常会建立自己的“本地”文化。

（2）增强团队凝聚力。团队分享凝聚力是团队对其成员的吸引力和成员之间的相互吸引力。高凝聚力团队具有以下特征：团队成员归属感强，愿意参加团队活动并承担团队工作中的相关责任，维护团队利益和荣誉，成员之间信息沟通快，互相了解比较深刻，关系和谐以及具有民主气氛。团队行为的根本原则是，鼓励所有的成员都能开诚布公地表达自己的想法，鼓励所有的成员都能充分发挥创新和冒险精神，勇于提出难题。

（3）鼓励团队成员全力投入团队的工作。

（4）在团队中培养民主气氛。一个民主的团队应在工作中能充分沟通意见，能经常从团队得到反馈，愿意倾听、接纳其他团队成员的意见。

2. 建立共同愿景

共同愿景是团队成员的共同愿望，它是人们心中令人深受感召的力量。共同愿景最简单的说法是：“我们想要创造什么?”共同愿景刚开始时可能只是被一个想法所激发，然而一旦发展成能够感召一群人并得到大多数人的支持时，它就不再是抽象的东西，人们开始把它看成是实实在在存在的东西。个人有愿景，可以激发个人不断向前超越的力量；团队有共同愿景，也会因大家一起投入，产生巨大的动力。当它真正产生后，人们将会不断自主学习与超越，共同愿景可以孕育无限创造力。建立共同愿景主要包括以下内容。

（1）鼓励建立个人愿景。团队的共同愿景必须从个人愿景出发，个人愿景是团队共同愿景的基石。因为只有个人愿景才能真正激发一个人的力量，使他们愿意真正地投入。

（2）在团队内塑造整体图像。当一群人都能分享团队的某个愿景时，每个人都有一个完整的团队图像，每个人都对整体分担责任，而不仅仅只对自己那一小部分负责。团队愿景的实现要靠大家共同努力。

（3）融入团队理念。建立共同愿景实际上只是团队基本理念的一部分，其他内容还包括目的、使命与核心价值观。愿景若与人们每天信守的价值观不一致，则不仅无法激发真正的热忱，反而有可能会因挫败、失望而对愿景采取嘲讽的态度。因此，它必须与团队理念的其他内容融汇在一起。对于团队领导者来说，应当运用双向沟通技巧向员工阐明共同愿景。

（4）忠于事实。建立共同愿景必须客观分析团队所面临的客观现实，并将客观现实与共同愿景之间的差距转化为团队的创造性张力。

3. 加强团队学习

团队学习是提高团队成员互相配合、整体搭配与实现共同目标的能力的学习活动和过程。有不少实例显示，团队的集体智慧高于个人智慧之和，团队拥有整体搭配的行动能力。团队学习不仅会使团队整体产出出色的成果，个别成员成长的速度也比其他的学习方式更快。

在现实生活中，多数团队未能实现整体搭配。这是因为在团队内部，个人可能格外努力，但他们的努力未能有效地转化为团队的力量，结果许多个人的力量被相互抵消掉了。当一个团队能够整体搭配时，就会朝着共同的方向努力，调整个别成员的力量，使成员之间力量的抵消或浪费减至最小，产生出一种共鸣或综合效果。

团队学习的修炼要学会运用“真诚交谈”与讨论。这是两种不同的团队交谈方式。在真诚交谈时，团队成员可以自由而有创造性地探讨复杂而重要的问题，先撇开个人的主观思维，彼此用心聆听，达到一起思考的境地。讨论则是提出不同的看法，并加以辩护。真诚交谈与讨论基本上是能互补的。通常，人们用真诚交谈来探讨复杂的问题，用讨论来就某些问题达成协议。一个学习型的团队要善于交叉运用真诚交谈与讨论这两种方式。

4. 树立项目经理行为典范

项目经理是形成和维护一个安全、尊重、无偏见的环境的关键，项目团队在这样的环境中能够坦诚沟通。实现这一目标的一种方法是把所期望的行为树为典范，例如：透明、诚信、尊重、积极的讨论、支持、勇气和庆祝成功。

8.5.3 项目团队文化建设的输出

1. 高绩效项目团队

项目团队文化建设有助于打造高绩效的项目团队。高绩效项目团队的特征有：开诚布公的沟通、共识、共担责任、信任、协作、适应性、韧性、赋能和认可。

2. 项目团队章程

通过项目团队建设能够形成一套独特的项目团队章程，项目团队章程记录了项目团队的价值观、共识和工作指南，并对项目团队成员的可接受行为做出明确规定。项目团队章程作为行动指南或项目团队规范，能够促进项目团队沟通、解决问题和达成共识。

开篇案例解决方案

在项目的收尾阶段，项目成员陷入疲惫状态，但是项目还差最后“一把火”。项目经理了解到了这种情况，他召集项目组成员进行座谈，让大家畅谈自己现在所面临的困难。针对大家的问题或意见，项目经理一一进行了解答，让大家的情绪重新高涨起来。在此基础上，项目经理提醒大家，项目马上就要结束了，大家只需要再努力一段时间，如果最后的工作没有做好，整个项目的结果将大打折扣。会后，项目经理组织项目成员进行集体活动，放松了成员们的心情。座谈会后，项目组又重新回到工作中。为避免再次出现差错，项目经理在收尾阶段加强了管理，并再次强调了各种组织规范。最终项目组克服了项目过程中最后的困难，顺利地完成了任务。

复习思考题

1. 项目团队的定义是什么？
2. 项目团队管理计划的内容有哪些？
3. 如何培养项目团队精神？

扫一扫查看更多题目

学习链接

1. 李春霄、刘毅，《“要命”的团队——HM物业公司项目团队管理困境》，中国管理案例共享中心，2020 年。
2. 丁荣贵、刘姗姗、刘丽君，等，《项目CEO：华为项目管理的常胜将军》，中国管理案例共享中心，2023 年。
3. 潘燕春、高鸿业，《Alpha 深圳公司多项目管理中的人力资源配置》，中国管理案例共享中心，2014 年。
4. 刘丽华、张卓钰、池宝利，《来利往应有度，风静风动总关情：信邦建设公司 J 项目的利益冲突》，中国管理案例共享中心，2022 年。
5. 王崇锋、张耀东、周莉敏，等，《一山二虎，新旧难容——HL 股份新项目建设的领导冲突困境》，中国管理案例共享中心，2022 年。
6. 周益名，宋瑶瑶，李洋．系统动力学视域下教学状态监测项目管理人员能力提升研究 [J]. 项目管理技术，2023, 21（10）：67-72.
7. 孙秀霞，孙谋轩，朱方伟，等．团队互动行为与项目角色认同：一项行动研究 [J]. 南开管理评论，2021，24（2）：171-185.

8. 许晖，王亚君，单宇．“化繁为简”：跨文化情境下中国企业海外项目团队如何管控冲突？[J]. 管理世界，2020, 36（9）：128-140+185+141.
9. 韩金成．邻避设施决策的公共价值失灵危机及其治理：基于J垃圾焚烧发电项目的实证考察 [J]. 公共管理与政策评论，2022, 11（6）：141-155.
10. 宋宇名，王亚琴，方建，等．基于调节效应视角的建设项目组织文化对项目成功的影响研究 [J]. 项目管理技术，2021, 19（12）：23-28.

第 9 章　项目组织管理

【学习目标】

☑ 理解并掌握项目组织的概念及特点
☑ 理解并掌握项目组织设计的过程
☑ 理解并掌握项目组织结构的类型及优缺点，熟悉项目组织结构选择应考虑的关键因素
☑ 了解项目经理的角色、职能、应具备的素质和能力
☑ 了解项目管理办公室的内涵及职责

图 9-1 为项目组织管理概述图。

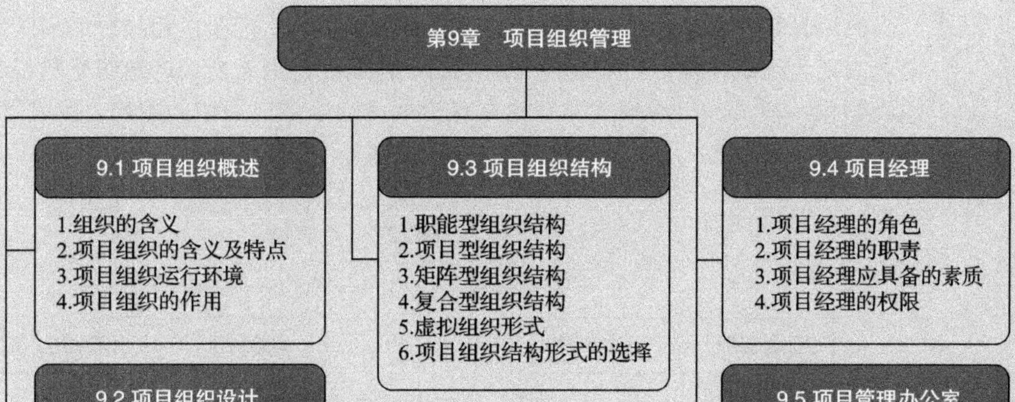

图 9-1　项目组织管理概述图

开篇案例　　LNYM 在组织结构上的困境

每一项工作的成功都离不开组织团队的有效协作。为保障“LNYM 经营管理理论萃取与实践提升项目”的有效展开，合理的项目组织不可或缺。在一次项目组的内部例会上，规章制度负责人对人力资源模块经理说：“其他部门的规章都已制定好了，只有人力资源绩效薪酬方面，迟迟拿不出新的薪酬方案，规章制度总是完成不了！”人力资源经理说：“我们也没办法，对公司绩效薪酬的诊断早就已经完成了，但是迟迟得不到新设计的组织结构，没办法对各个岗位进行工作分析，我们的薪酬绩效优化无法再进行下去了，组织结构经理应该认真总结，不要拖项目的后腿！”流程模块经理也开始抱怨：“公司现有的流程我们也已经完成，但是新的组织结构一直没有拿到手，流程优化也无法进行！”这时，组织结构模块经理很气愤地说：“组织结构是那么容易就能设计出来的吗！我们组织结构组成员对公司的概况都要去一一落实调查，必须清楚原来所有的岗位信息才能进行，而公司方的推进组却不参与协助，使得调研工作开展得十分困难，现在不是公司组织架构的问题了，而是我们整个项目团队组织结构出现了问题，到底整个项目的组织结构是什么？顾问组与推进组究竟是什么关系？推进组的职能到底是什么？”

几位模块经理此时才恍然大悟，一同将目光投向项目经理，希望能从项目经理那里得到想要的答案……

那么，作为项目经理应该如何对整个项目的组织结构进行构建呢？如何让项目推进组发挥最大的作用呢？

9.1　项目组织概述

9.1.1　组织的含义

组织是管理的一种重要职能，其一般概念是指各生产要素相结合的形式和制度。前者表现为组织结构，后者表现为组织的工作制度，通常所说的组织是指组织结构。组织结构一般又称组织形式，是指有意识形成的职务或职位的结构，反映了生产要素相结合的结构形式。图 9-2 就是 LNYM 的部分组织结构图。

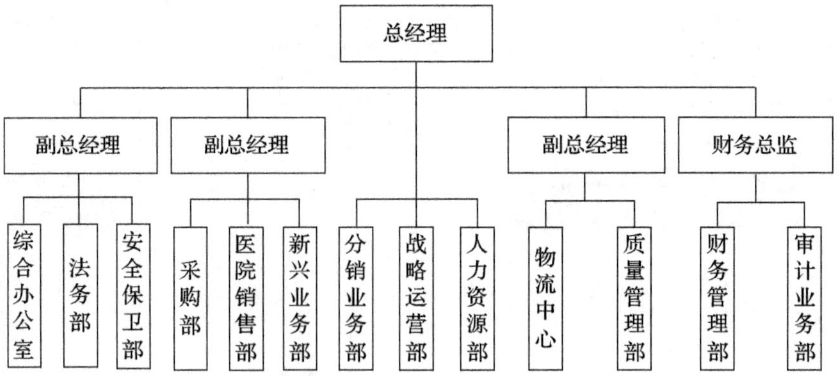

图 9-2　LNYM 的部分组织结构

组织作为一个动词，也称组织过程、组织设计，其一般过程是先进行工作划分，即将组织要承担的任务按目标一致及高效的原则进行分解；然后进行工作分类，就是将分解得到的诸多工作分为不同的类别，这是以后组织中职务和职位的基础；最后是确定不同类别的工作之间的关系，从而形成组织结构，其过程如图 9-3 所示。

图 9-3　组织结构的形成过程

9.1.2　项目组织的含义及特点

项目组织具有临时性，更强调负责人的作用和团队的协作精神，其组织形式具有更大的灵活性和柔性。

1. 项目组织的含义

项目组织是为完成项目而建立的组织，是由不同部门、不同专业人员组成的临时性特别组织。它不完全受现存职能组织构造的束缚，但也不能完全替代各种职能组织的活动。项目组织的具体职责、组织结构、人员构成和人数配备等会因项目性质、复杂程度、规模大小和持续时间长短等有所不同。项目组织可以是另外一个组织的下属单位或机构，也可以是一个单独的组织。

2. 项目组织的特点

项目是一次性活动，客观上同样存在着组织设计、运行、更新和终结的生命周期，要使组织活动有效地进行，就需要建立合理的组织结构。项目组织有以下特点。

（1）生命周期性。项目组织与项目一样有生命周期，要经历建立、发展和解散的过程。

（2）柔性。项目组织的特点反映在各个项目干系人之间的联系都是有条件的、松散的；他们是通过合同、协议、法规等结合起来的；项目组织不像其他组织那样有明晰的组织边界，项目干系人及其有关成员在某些事务中属于其他组织。

（3）目标单一性和内容复杂性。项目组织的目标很明确，即进度快、质量好、费用省。为实现这一目标，需要进行的工作内容十分复杂，是一个纵横交错的系统工程。因此，项目组织要有计划、有组织地处理好各种横向与纵向关系，争取得到各方面的理解、支持和配合，使项目能够按预定计划顺利实施和完成。

（4）一次性。一般来说，项目完成后，项目组就会解散。有些项目组不解散，由原班人马或经过改组继续承接新项目，或将完成的项目投入使用，自己成为永久性的经营者。在所有项目组织中，成员的身份都是临时的，很少有人视项目组织为自己的长久归宿。

（5）专业化。专业的人员做专业的事，专业化可使成员提高工作效率，提高熟练程度。但专业化需要付出相应的代价。专业化也有一个极限，即一个人所能忍受的工作单调性程度。分工和专业化产生了协调问题，项目组织是解决这个问题的有效工具。

（6）注重权威和统一指挥。项目组织领导的权威有助于贯彻命令和形成组织凝聚力。统一指挥可避免因政令不一而造成的推诿和混乱。

9.1.3 项目组织运行环境

项目所处的环境可能对项目的开展产生有利或不利的影响。这些影响的主要来源为事业环境因素和组织过程资产。事业环境因素源于企业外部，可能对整个企业、项目组合、项目集或项目产生影响；组织过程资产源于企业内部，可能来自企业自身、项目组合、项目集、其他项目或其组合。

1. 项目组织外部运行环境

项目组织外部运行环境一般是指事业环境因素，是那些项目团队不能控制的，将对项目产生影响、限制或指令作用的各种组织外部条件。这些因素可能会提高或限制项目管理的灵活性，并对项目结果产生积极或消极的影响。从性质或类型上讲，事业环境因素是多种多样的。

（1）市场条件：包括竞争对手、市场份额、品牌认知度和商标。

（2）社会和文化影响与问题：包括政治氛围、行为规范、道德和观念。

（3）法律限制：包括与安全、数据保护、商业行为、雇用和采购有关的国家或地方法律法规。

（4）商业数据库：包括标杆对照成果、标准化的成本估算数据、行业风险研究资料和风险数据库。

（5）学术研究：包括行业研究、出版物和标杆对照成果。

（6）政府或行业标准：包括与产品、生产、环境、质量和工艺有关的监管机构条例和标准。

（7）财务考虑因素：包括货币汇率、利率、通货膨胀率、关税和地理位置。

（8）物理环境要素：包括工作环境、天气和制约因素。

2. 项目组织内部运行环境

项目组织内部运行环境一般是指组织过程资产，组织过程资产包括来自项目执行组织的，可用于执行或治理项目的任何工件或知识，还包括来自组织以往项目的经验教训和历史信息，可分为过程、政策和程序以及组织知识库两大类。

（1）过程、政策和程序主要包括：①指南和标准，用于规范组织标准流程以满足项目的特定要求；②执行和监控，如变更控制程序、跟踪矩阵与财务控制程序等；③收尾，项目收尾指南或要求。

（2）组织知识库主要包括：①配置管理知识库，如软件和硬件组件版本以及所有执行组织的标准、政策、程序和任何项目文件的基准；②财务数据库，如工时、实际成本、预算和成本超支等信息；③历史信息与经验教训知识库；④测量指标数据库以及以往的项目档案。

9.1.4 项目组织的作用

任何项目的运作与实施工作都要依托组织来进行，科学合理的组织制度和组织结构是各类项目成功的有效保证。

1. 项目组织是社会资源有效配置的手段

在项目实施过程中会面临不同的部门组织及项目经理，这要求必须建立项目组织，进行有效的管理工作。项目组织是合理配置社会资源，整合各方优势，共同努力实现项目目标的有效手段。

2. 项目的全过程管理需要有效的组织

在项目启动阶段，需要组建项目工作团队；在项目规划阶段，需要考虑是自己完成规划还是邀请咨询公司协助完成；在项目执行阶段，要选择自己实施还是委托承包商实施；项目收尾阶段，要保证项目目标的最终实现。这些都是容不得半点疏忽大意的。

3. 项目实施过程要求系统全面的组织

项目规划完成之后，就转入项目的执行阶段。项目执行过程的组织管理在很大程度上决定了项目目标实现的可能性。

4. 项目管理参与各方必须建立各自的项目组织机构

项目管理过程需要有专门的组织来具体操作，承担各项管理职责。无论是项目业主方还是项目合作方，都需要建立各自的项目组织机构——项目团队。

9.2　项目组织设计

项目组织结构的设计，就是把实现项目组织目标所须完成的工作范围、工作任务划分为性质不同的业务工作，按照工作性质组建不同的部门，同时确定各部门的职责与权限。随着系统论、数学技术以及计算机网络技术在管理上的应用，项目组织结构设计日趋完善。

9.2.1　项目组织设计过程

项目组织设计是对项目管理机构进行的系统性思考。项目组织设计成果的质量直接关系到项目各项工作开展的效果，也直接关系到项目各项分目标、子目标和总目标的最终实现。每一个项目组织设计过程都要回答以下几个基本问题。

1. 谁来设计

项目组织结构设计应由项目经理负责。项目组织结构设计要涉及所在公司的管理体制、决策程序、公司内部的集权与分权、监管与控制体系、公司人力资源的配置等敏感问题。

2. 设计什么

项目组织设计要完成项目组织结构体系、组织内部各部门的设置，各部门责任与权力的划分，有的还要提出部门负责人的候选人以及建立组织结构体系的协调机制、组织结构体系的补偿措施等。

3. 组织设计的成果

项目组织设计不应该仅停留在形成概念和思想上，而应该提供一个可交付的成果，这个成果至少包括项目组织结构图与项目组织管理制度。

4. 组织设计的程序

项目组织设计是一个智力劳动过程，整个设计工作程序如图 9-4 所示。

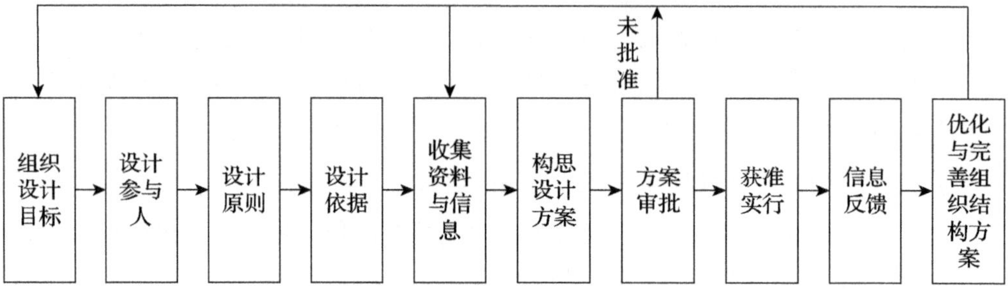

图 9-4 项目组织设计程序

5. 组织设计的原则

项目组织设计原则是组织设计的指导思想，也是设计构思过程中必须遵守的工作原则。项目组织设计的原则如下。

（1）目标性原则。项目组织形式设计的根本目的是产生组织功能，实现项目管理的总目标。从这一根本目标出发，就会因目标设事，因事设机构、定编制、按编制设岗位、定人员，以职责定制度、授权力。

（2）精干高效原则。项目组织的人员设置，应以能实现项目所要求的工作任务为原则，简化机构，做到精干高效。人员配置要从严控制二三线人员，力求一专多能、一人多职。

（3）业务系统化原则。项目是一个开放的系统，是由众多子系统组成的一个大系统。多个子系统之间，子系统内部各单位工程之间，不同组织、工种和工序之间存在着大量结合部，这就要求设计组织结构要周密考虑层间关系、分层和跨度关系、部门划分、授权范围、人员配备及信息沟通等，使组织结构自身成为一个严密的、封闭的组织系统，并为完成项目管理总目标而实行合理分工及协作。

（4）管理幅度原则。管理幅度大，管理人员的接触关系就会增多，处理人与人之间关系的数量也随之增大。管理幅度太大时，领导者及下属常会出现应接不暇之烦，故必须使管理幅度适当。管理幅度 N 与工作接触关系数 C 的关系公式是

$$C=N(2^{n-1}+N-1)$$

（5）指挥统一原则。组织结构中要有合理的层次、位置，安排和使用能够担负起责任并在责任范围内具有权威的人员，并使他们保持相应的决策权和指挥权。

（6）利于控制原则。失控是失败的先兆，保持控制才能实现目标。合理的管理幅度有助于实现有效的控制，这里关键的问题在于信息的沟通。因此，组织结构设

计还必须考虑各种报告、汇报的方式、方法和制度。

6. 组织设计无法回避的问题

在实际工作中，项目的组织设计会面临无法回避的问题，这些问题处理不好，组织设计就无法取得成功，新建的组织机构会麻烦不断。这些问题包括因事设岗还是因人设岗、集权与分权的平衡、项目组织设计与人力资源管理制度、项目组织设计与公司治理结构、项目组织设计与公司战略等。

9.2.2　项目组织设计依据

项目组织设计的依据有项目的目标分析、项目分解结构分析和项目的环境分析三个方面。项目的目标涉及目标的分解与层次划分，项目分解结构内容涉及项目的规划、过程、成果、资源以及组织等多个方面，项目的环境涉及外部政治、经济、技术、商业、干系人以及内部的文化、氛围等方面。

1. 项目的目标

项目组织是为达到项目目标而有意设计的系统，组织的目标实际上就是要实现项目的目标。因此，项目组织的设置就是围绕项目的目标以及如何对项目实施进行目标控制而确立的。项目目标包括以下三个方面。

（1）项目目标的优先次序。在有限的资源条件下，不可能满足各方面的最高要求，某些项目要求在保证一定质量的基础上追求高速，即进度优先；而某些项目质量的要求严格，进度其次；有些项目则以尽量节约成本为最优先的目标。

（2）项目目标的层次性。项目目标的层次性如图 9-5 所示。

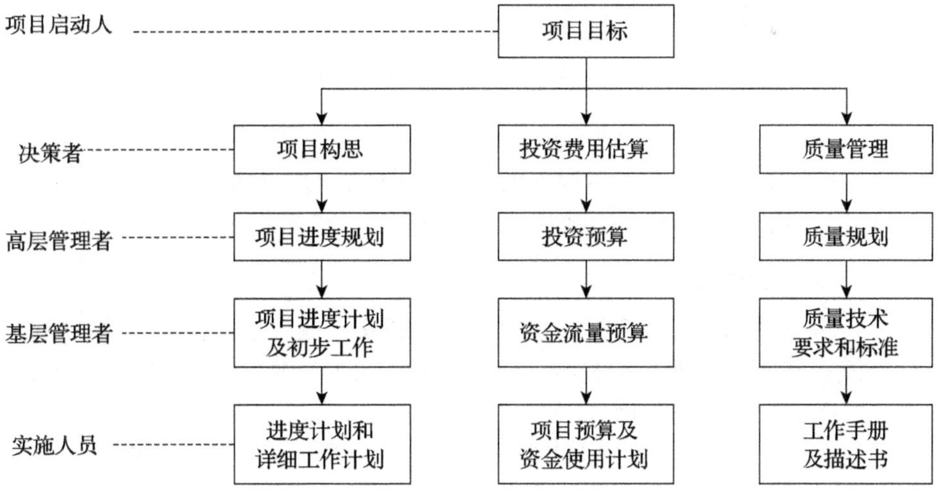

图 9-5　项目目标层次图

（3）项目目标的阶段性。每一阶段的项目任务都有其独特性质，但各阶段又是相互联系的。项目管理的组织需要随着项目目标的变化而进行调整，既要从组织措施上保证必需人员的到位，又要防止人力资源的浪费。

2. 项目分解结构

项目分解结构（PBS）是为了将项目分解成可以管理和控制的工作单元，从而更容易、更准确地确定这些单元的成本和进度，以及明确定义其质量的要求。PBS 采用的编码系统也为对项目进展情况进行阶段性跟踪和控制提供了便利。PBS 的确定是整个项目定义过程和项目实施规划的一个重要部分，同时也是组织设计的重要依据之一。

（1）PBS 的目的。PBS 最基本的目的在于将项目的产品、项目的过程和项目的组织这三种不同的结构艺术性地综合为 PBS 的成果。这种分解以项目结构的分解为主要路径，同时将项目的过程和项目的组织进行相应的划分，涵盖了整个项目系统。

（2）PBS 的形式。对于一个系统来说，存在多种系统分解的方式，只要这些子系统是相互关联的并且它们综合构成系统的整体。主要的两种分解形式如下。

1）根据项目组成结构进行分解。根据项目组成结构进行分解是常用方式，可以根据物理的结构或功能的结构进行划分，按项目组成结构进行分解的方式如图 9-6 所示。

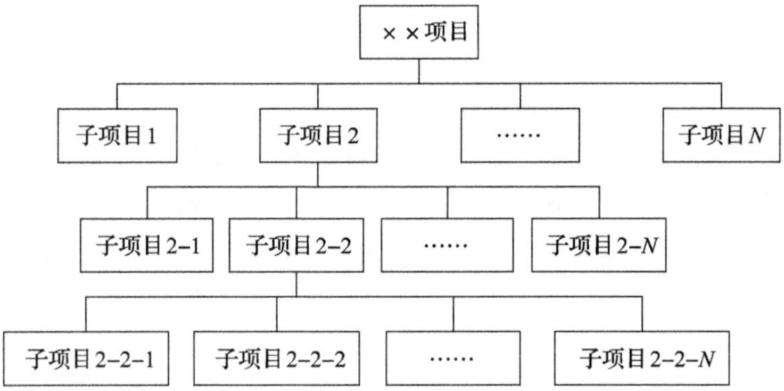

图 9-6　根据项目组成结构进行分解

2）按项目的阶段进行分解。根据项目实施的阶段性对项目进行分解也是项目结构分解的方式。这种阶段的划分并非是随意的，而是要根据项目实施的特点进行，有时为突出某一阶段的重要性，也可将它进一步细分。

3. 项目的环境

一般来说，项目经理的主要任务是投资控制、进度控制、质量控制以及组织协调等。然而，实践经验表明一个项目的成功与失败常常依赖项目经理直接控制之外的一般环境中的各种因素。

1）宏观环境。对于大多数项目而言，宏观环境是既定不变的，但对于大型长期项目而言，则必须关注宏观环境的各种变化以及对项目的可能影响。包括外部政治环境、经济环境、技术环境、商业环境、干系人以及内部的文化环境与团队氛围等。

2）微观环境。项目的微观环境是指与项目系统有直接联系的，并对项目实施有直接影响的因素。在这些因素中，最重要的两个因素是项目主管部门、公共团体和机构。在具体的项目实施过程中，项目主管部门可能希望利用其行政管理权力对项目实施影响，这种行政权力往往会对项目实施产生很大的影响。

9.2.3 项目组织设计内容

项目组织的设计是一个系统的设计工作。这个系统存在着由人组成的组织结构和由工作形成的结构，以及这些结构间的联系。项目组织结构的设计内容主要包括系统结构、组织规划和系统内流程的设计。

1. 系统结构

项目的系统结构主要是指项目是如何组成的，项目各组成部分之间出于其内在的技术联系或组织联系而构成一个项目系统。

（1）分析项目本身的结构，即分析项目的组成，以及各组成部分的联系。通过对项目结构的分解，能清楚地得到对项目范围的定义、项目各组成部分之间的组织和技术的联系。我们可以更进一步地将项目分解为具体的任务，并将这些任务进行分类，以此作为组织设计的依据和基础。

（2）在项目实施中，各项目干系人之间具有一定的组织联系，使得若干个组织形成一个项目的组织系统。研究其构成模式，项目管理人员可以在项目规划阶段对这种组织联系进行模式设计，从而保障项目实施中组织协调工作的顺利和有效。

2. 组织规划

组织规划是指根据项目的目标和任务，确定相应的组织结构，以及如何划分和确定这些部门，这些部门又如何有机地相互联系和相互协调，共同为实现项目目标而各司其职又相互协作。组织规划应该明确谁做什么，谁要对何种结果负责，并且在各部门及个人之间有非常明确的任务分工和管理职能分工，从而消除由于分工含糊不清而造成的执行中的障碍，此外还要提供能反映和支持项目目标的控制、决策和信息沟通网络。在组织结构中，任何部门的设置和分工都是为项目的目标和任务服务的。

3. 系统内流程

通过项目结构分解得到项目组成的各工作单元，同时在组织规划中得到各组织单元。工作单元之间、组织单元之间的相互关系和它们与外部环境之间的相互关系可以被划分为信息关系和物质关系。信息关系主要存在于管理范围中的各工作单元之间，以及各管理组织单元之间、实施组织与外部项目环境之间。信息流程的设计直接影响到项目管理工作的效率，必须密切结合组织结构，满足项目有关各方的信息交流和沟通的要求。物质关系主要存在于管理系统内的各工作单位的物质流组成、数量和方向等。

9.3 项目组织结构

项目可以设立多种组织结构，在多种项目组织结构中并没有最佳的组织结构形式，每一种组织结构有各自的优缺点，有其特定的适用场合。因此在进行项目组织设计时，应当采取具体问题具体分析的方法，选择合适、满意的组织结构。项目组织结构的基本类型有职能型、项目型、矩阵型和复合型等。

9.3.1 职能型组织结构

1. 职能型组织结构形式

职能型组织是最常见的组织形式，其原理是根据项目管理中工作任务的相似性将从事相似活动的人组织在一起，形成一个部门。职能型组织是金字塔形的结构，高层管理者位于金字塔的顶部，中层和基层管理者则沿着塔顶向下分布，具体形式如图 9-7 所示。

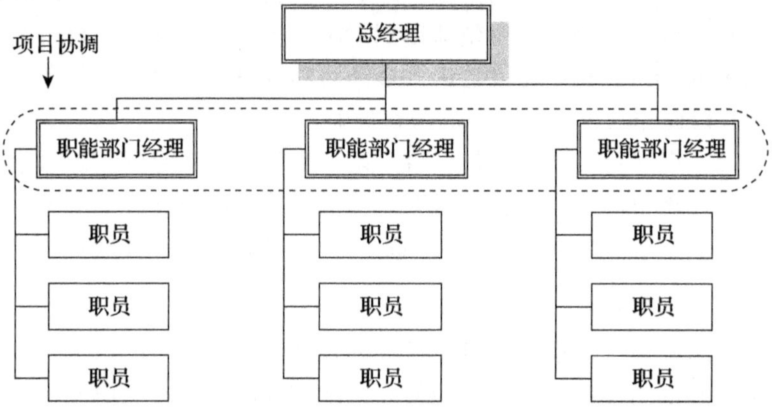

图 9-7 职能型组织结构

职能型组织形式最显著的特点就是管理层次比较分明，高层、中层、基层管理者按照管理的结构层次依次分布，是一种传统的组织形式。采用职能型组织进行项目工作时，各职能部门根据项目的需要承担本职能范围内的工作，也就是说，执行主管根据项目任务需要从各职能部门抽调人员及其他资源组成项目实施组织。

2. 职能型组织结构的特点

职能型项目组织结构主要有以下优点。

（1）促进企业技术水平的提升。由于职能型组织是以职能的相似性划分部门的，同一部门人员可以在一起交流知识和经验及共同研究，这样有利于专业人才专心钻研本专业领域理论知识，有利于积累经验与提高业务水平。

（2）提高资源利用灵活性并降低成本。项目实施组织中的人员或其他资源仍归职能部门领导，因此职能部门可以根据需要分配所需资源，而当某人从某项目退出或闲置时，部门主管可以安排他到另一个项目去工作，可以降低人员及资源的闲置成本。

（3）促进整体协调活动。每个部门只能承担项目中本职能范围的责任，并不承担最终成果的责任，然而每个部门领导都直接向企业领导负责，因此要求企业领导要从企业全局出发进行协调与控制。

职能型项目组织结构主要有以下缺点。

（1）协调有难度。由于项目实施组织没有明确的项目经理，而每个职能部门由于职能的差异性及本部门的局部利益，容易从本部门的角度去考虑问题，发生部门间的冲突时，部门经理之间很难协调。

（2）项目成员责任淡化。由于项目成员只是临时从职能部门抽调而来的，有时工作的重心还在职能部门，项目任务被当成额外的负担，因此很难树立积极承担项目责任的意识，这种职能型组织形式不能保证项目责任的完全落实。

（3）缺乏与客户的沟通。由于项目和客户之间存在着多个管理层次，使得客户要求响应变得迟缓艰难。由于职能部门有自己的日常工作，使得客户不是活动和关心的焦点，项目及客户的利益往往得不到优先考虑。

职能型组织结构对项目管理的优势与不足见表 9-1。

表 9-1　职能型组织结构的优势与不足

对项目管理的优势	对项目管理的不足
不打断企业日常活动，不需要调整企业结构	职能孤立使得实现跨部门的合作比较困难
促进知识深度与智力资产的开发	缺乏对客户的关注
为员工考虑到常规的职业发展道路	沟通缓慢导致项目要花更长的时间来完成
	导致项目局部优化

9.3.2　项目型组织结构

1. 项目型组织结构的形式

项目型组织是指那些将主要精力放在项目运行上的组织。在项目型组织中，每个项目由专门的项目团队负责，是组织中独立的业务部门。项目经理对于本部门使用的资源具有唯一的控制权。职能部门的主要作用是同项目经理协作，并确保项目经理拥有足够的资源。项目型组织结构如图 9-8 所示。项目型组织结构常用于一些规模大、项目多的公司。

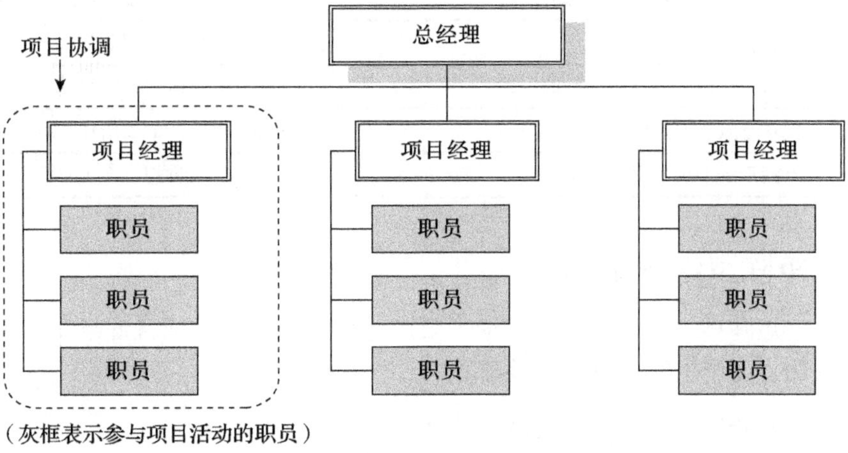

图 9-8　项目型组织结构

2. 项目型组织结构的特点

项目型组织结构主要有以下优点。

（1）目标明确及统一指挥。项目型组织是基于某项目而组建的，圆满完成项目任务是项目组织的首要目标，而每个项目成员的责任及目标也是通过对项目总目标的分解而获得的。此外，项目成员只受项目经理领导，不会出现多重领导、无所适从的现象。

（2）有利于项目控制。由于项目型组织按项目划分资源，项目经理在项目范围内具有绝对的控制权，项目经理可以像总经理管理公司那样管理整个项目，调动整个组织内部或外部的资源，因此从项目角度来看，有利于项目进度、成本、质量等方面的控制与协调。

（3）有利于全面型人才的成长。项目实施涉及计划、组织、协调、指挥与控制等多种职能，因此项目型组织结构提供了全面型人才的成长之路，从管理小项目的小项目经理，晋升为管理大中型项目的经理，再成长为管理多项目的项目群经理，直至最后成为企业的主管。

项目型组织结构主要有以下缺点。

（1）机构重复及资源的闲置。项目型组织按项目所需来设置机构并获取相应资源，这导致每个项目都有自己的一套机构，容易造成机构重复设置。此外，无论使用频率高低，每个项目对人财物等资源都有较大需求，当这些资源闲置时，其他项目也很难利用，极易造成资源闲置。

（2）不利于企业专业技术水平的提高。项目型组织并没有给专业技术人员提供与同行交流和互相学习的机会，而往往重于项目中所需的技术水平，因此不利于形成专业人员钻研本专业业务的氛围。

（3）不稳定性。项目的一次性特点使得项目型组织随项目的产生而建立，也随项目的结束而解体，因此从企业整体角度看，其资源及结构会不停地发生变化。

项目型组织结构对项目管理的优势与不足如表 9-2 所示。

表 9-2 项目型组织结构的优势与不足

对项目管理的优势	对项目管理的不足
仅将权力授予项目经理	建立与维持项目团队的成本较大
促进组织内与职能部门间的沟通	项目成员可能只对项目而不是整个组织忠诚
促进有效、快速的决策	维持知识资产的供给比较困难
有利于培养项目管理骨干人员	项目团队成员担心在项目完成后的去向

9.3.3 矩阵型组织结构

矩阵型组织结构是为了最大限度地发挥职能型和项目型组织的优势，尽量避免其弱点而产生的一种组织形式。

1. 矩阵型组织结构概述

矩阵型组织是在同一组织结构中把按照职能划分的纵向部门和按照项目划分的

横向部门相结合而产生的一种组织形式。事实上，矩阵型组织在职能型组织的垂直层次结构上叠加了项目型组织的水平结构。这种组织形式既最大限度地发挥了两种组织形式的优势，又在一定程度上避免了两者的缺陷。在矩阵型组织结构中，一维（如纵向）可以按管理职能设立工作部门，实行专业汇报。表 9-3 给出了项目 – 职能接口模型，将他们的职责区分开。

表 9-3　项目 – 职能接口模型

项目经理	职能经理
要做什么	如何进行这项工作
何时进行该项工作	在哪进行这项工作
为什么要进行该项工作	谁来进行这项工作
有多少资金可投入该项工作	职能部门对项目的支持有效程度如何

2. 矩阵型组织形式

矩阵型组织可以采取多种形式，这取决于它偏向哪个极端。根据项目经理和职能经理在某些项目关键问题上决策权的不同，可以把矩阵型组织进一步细分为偏向职能型组织的弱矩阵型组织，偏向项目型组织的强矩阵型组织，处于二者之间的平衡矩阵型组织。

（1）弱矩阵型组织结构。弱矩阵型组织基本保留项目型组织形式的大部分主要特征，但在组织系统中为更好地实施项目，应建立相应明确的项目管理班子。项目班子由各职能部门下属的职能人员或职能组组成，如图 9-9 所示。

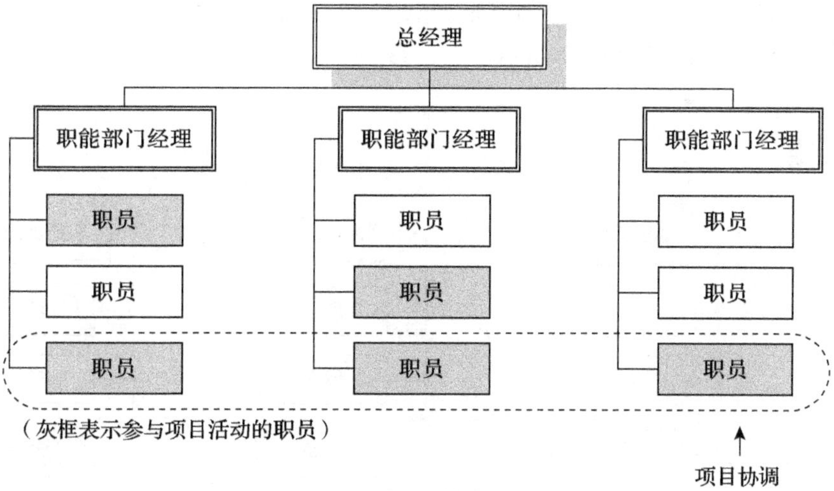

图 9-9　弱矩阵型组织结构

在这种组织结构中，项目可能只有一个全职人员，即项目经理，项目成员不是从职能部门直接调派过来的，而是利用他们在职能部门的工作为项目提供服务。项目所需的各种支持也由相应的职能部门提供。项目经理虽然协调本项目的各项工作，但对参与项目的团队成员并没有多大的影响权。职能经理则有充分的权力决定哪些人参加项目，对下属在项目中的表现负责，有权决定员工的薪资和职务。

（2）强矩阵型组织结构。强矩阵型组织类似于项目型组织，但项目并不从企业组织中分离出来作为独立的单元，如图 9-10 所示。

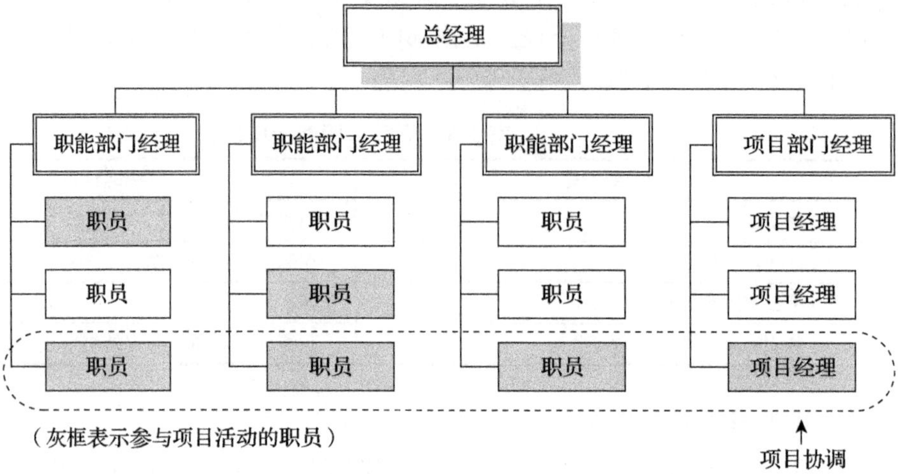

图 9-10　强矩阵型组织结构

在这种组织结构中，项目成员来自各自所属的职能部门，根据项目的需要，全职或兼职地为项目工作。项目经理对项目负有主要责任，因而对项目的各个关键问题有决策权，他能够决定项目成员什么时候做什么事。职能经理则只是在关键问题上通过协商的形式提出参考性意见，在项目涉及本职能部门时提供合适的人选和技术支持。

（3）平衡矩阵型组织结构。处于强矩阵型组织结构和弱矩阵型组织结构之间的是平衡矩阵型组织，平衡矩阵型组织是为了加强对项目的管理而对弱矩阵组织形式的改进，形式如图 9-11 所示。

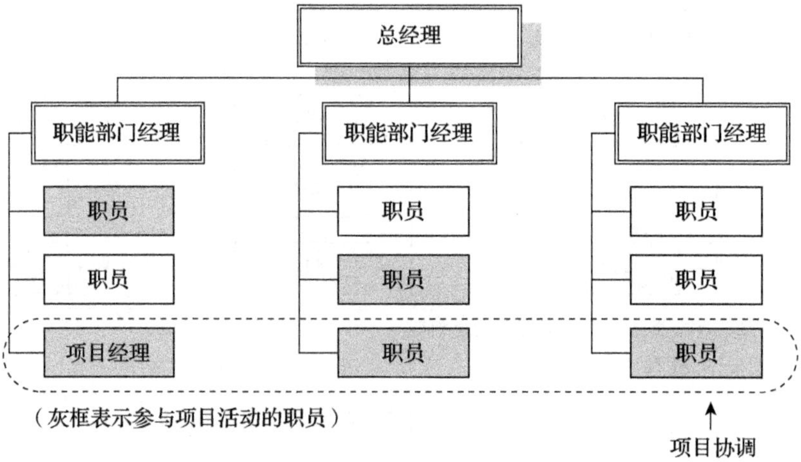

图 9-11　平衡矩阵型组织结构

平衡矩阵型组织主要是在强矩阵型组织和弱矩阵型组织之间寻求一个平衡点，明确项目经理和职能经理在项目开展中的职责权限，不明显突出谁在项目中有决策优先权，而是鼓励通过协商和谈判来争取一致的意见，共同进行决策。

3. 矩阵型项目组织特点

矩阵型组织结构主要有以下优点。

（1）项目是工作的焦点。有专门的人即项目经理负责管理整个项目，负责在规定的时间、经费范围内按质量完成项目的要求。因此，矩阵型组织结构具有项目型组织结构的长处。

（2）可以分享各个部门的技术人才储备。由于项目组织是覆盖在职能部门上的，它可以临时从职能部门抽调所需的人员。当有多个项目同时进行时，这些人对所有项目都是可用的，从而可以大大减少像项目型组织中出现的人员冗余情况。

（3）减少项目组织成员的忧虑。项目成员对项目结束后的忧虑减少了，虽然他们和项目具有很强的联系，但他们对职能部门也有一种“家”的亲密感。

（4）反应快捷灵活。对客户要求的响应与项目型组织一样快捷灵活，而且对企业组织内部的要求也能做出较快的响应。企业内部的项目必须适应企业的要求，否则项目难以成功。

（5）增加了决策层对项目的信任。矩阵型组织结构的项目中会有来自行政部门的人员，他们在企业规章制度的执行过程中保持与企业的一致性，可以增加企业领导对项目的信任。

（6）可以平衡资源，保证多个项目的完成。当有多个项目同时进行时，企业可以在人员及进度上统筹安排，优化整个系统的效率，而不会牺牲其他项目去满足个别项目的需要。

矩阵型组织结构主要有以下缺点。

（1）权力的均衡使工作受到影响。在职能型组织结构中，职能部门是项目的协调者，在项目型组织结构中，项目经理是项目的权力中心，而在矩阵型组织结构中，权力是均衡的。由于没有明确的责任人，项目的一些工作会受到影响。

（2）容易使项目经理之间产生矛盾。多个项目在进度、费用和质量方面能够取得平衡是一项艰难的工作。而且资源在项目之间流动容易引起项目经理之间的争斗，每个项目经理都更关心自己项目的成功，而不是整个企业的目标。

（3）项目与职能部门的责权不清。项目经理主管项目的行政事务，职能部门经理主管项目的技术问题。项目经理必须就各种问题，如资源分配、技术支持及进度等，与部门经理进行谈判。项目经理的这种谈判、协调能力对一个项目的成功是非常重要的，如果项目经理在这方面没有很强的能力，那么项目的成功将受到质疑。

（4）违反了命令单一性原则。项目成员至少有两个上司，即项目经理和部门经理。当他们的命令有分歧时，会令人感到左右为难，无所适从。项目成员需要对这种窘境有清楚的认识，否则会无法适应这种工作环境。

矩阵型组织结构对项目管理的优势与不足如表 9-4 所示。

表 9-4　矩阵型组织结构的优势与不足

对项目管理的优势	对项目管理的不足
适合动态环境	双重层次意味着有两个老板
同时强调项目管理和部门效率的重要性	需要大量的时间来协调关键资源的共享

（续）

对项目管理的优势	对项目管理的不足
促进各部门间的协作	会对同时担任职务的人员造成挫败感
通过竞争实现了稀缺资源的最大利用	

9.3.4 复合型组织结构

多数现代组织在不同层次上包含所有上述项目组织结构形式，如图 9-12 所示。这样的组织称为复合型组织，它兼具了职能型组织、项目型组织、矩阵型组织的许多特点。

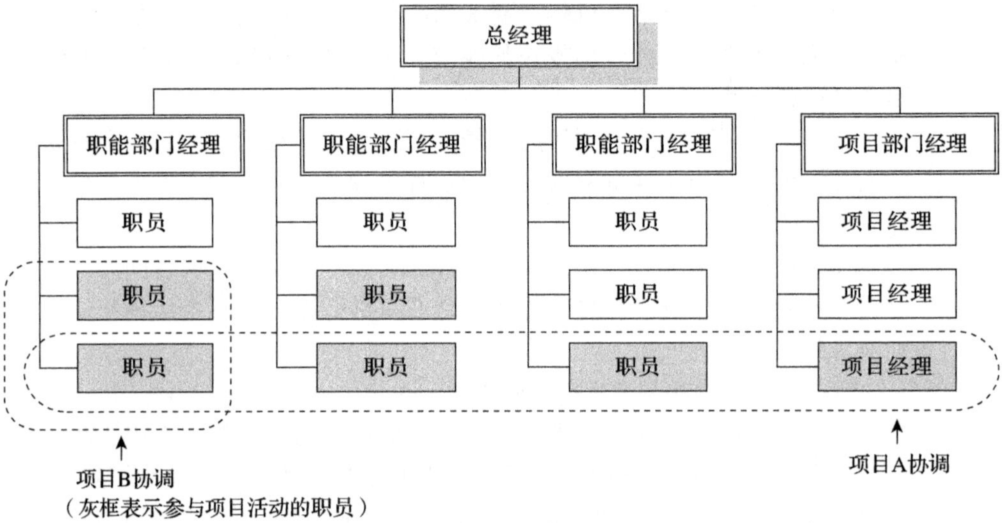

图 9-12 复合型组织结构

这类组织既有自己的直线职能部门，又有为完成各类项目而建立的一套具有项目型组织特性的专门项目队伍。这支项目队伍可以设立自己的一套管理规章和制度，也可以按本企业的直线职能部门的规章制度行事。这类组织的直线职能部门和项目部门与队伍又可以为完成一些特定的项目而按照矩阵型组织的方法去组织专门的项目团队，一旦项目完成，这种项目团队就可解散，人员各自回到原有的职能部门或项目部门与队伍。

复合型组织结构使公司在建立项目组织时具有较大的灵活性，但也存在一定的风险。因为同一公司的若干项目采取不同的组织方式，由于利益分配上的不一致性，容易产生资源的浪费和各种矛盾。

9.3.5 虚拟组织形式

虚拟组织是指两个以上、或在法律意义上独立的公司、机构和（或）个人，包括供应商、制造商和客户，为迅速向市场或用户提供某种产品和服务，组成的一种临时性、非固定化的互相信任、合作的组织联盟。虚拟项目组织是以特定项目的建设成功为共同目标、以信息技术和计算机技术为依托、借助网络虚拟空间整合多个企业或单位各自的优势资源形成核心能力，来完成项目目标的一次性开放型动态经济组织。如图 9-13 所示。

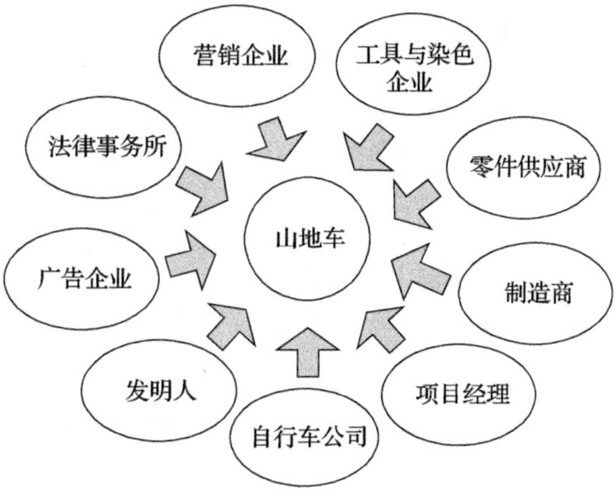

图 9-13　山地车虚拟项目组织

虚拟组织的优点主要有：降低成本，项目能够得到高水平的专业人员和技术，有更强的灵活性，整体利益获得保障以及沟通及时。

虚拟组织的缺点主要有：不同组织的专业人员间的协调将非常有挑战性，可能会对项目失去控制以及更容易产生人际冲突。

9.3.6　项目组织结构形式的选择

目前尚没有一种完美的组织结构完全适用于项目管理和类似的临时性任务管理，所以在实施项目之前，企业需要决策采用哪种形式的组织结构。

1. 项目组织结构形式的变化

职能型、项目型和矩阵型组织结构各有各的特点，但也有着内在的联系，它们可以被表示为一个变化的系列。基于项目组成员在自己部门的工作时间和项目组中的工作时间比，图 9-14 给出了职能型、矩阵型、项目型组织结构的系列变化。图中的百分比分别表示项目成员为企业职能部门工作和为项目工作的时间百分比。

弱矩阵型组织结构中具有项目兼职协调员，向强矩阵型组织结构变化时，则开始出现专职的项目协调员、项目经理，最后到项目管理办公室。项目协调员与项目经理的差别仅表现在综合协调项目与实际决策权的责任分配上。项目经理在强矩阵型组织结构中的权力和责任要比在弱矩阵型组织结构中大。另外，强矩阵型组织结构和项目型组织结构之间的差别也是非常明显的。项目型组织结构中的一些职能，如财务、维修等，通常由职能部门来完成，并不是所有的人员均集中于项目组和项目团队中。

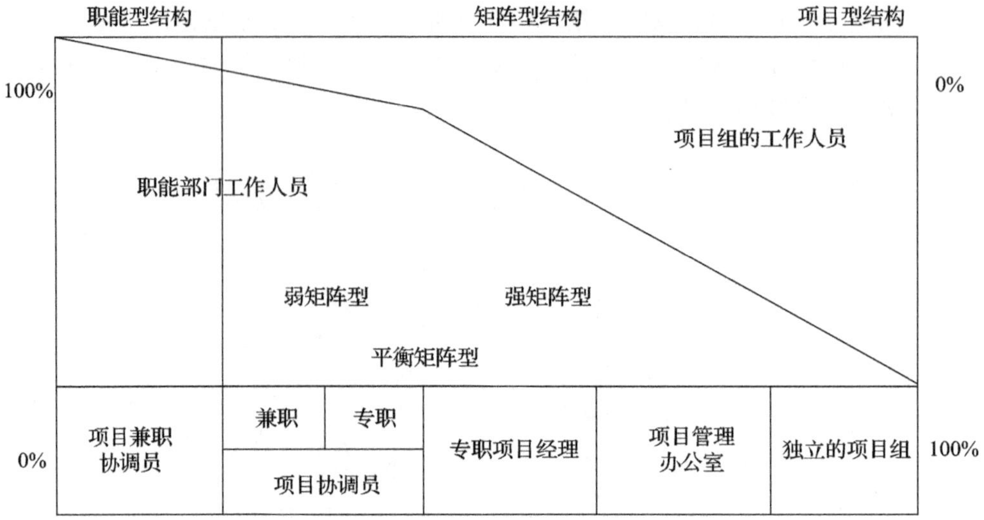

图 9-14 项目管理组织的结构变化

2. 项目组织结构对项目的影响

项目的组织结构往往制约着项目能否获得所需的资源。组织结构可以作为连续的频谱，职能型和项目型作为两个极端，中间是形形色色的矩阵型。表 9-5 为与项目有关的主要组织结构类型的关键特征。

表 9-5 项目组织结构对项目的影响

项目特征	组织结构				
	职能型	矩阵型			项目型
		弱矩阵	平衡矩阵	强矩阵	
项目经理权限	很少或没有	有限	少到中等	中等到大	很高，甚至全部
全职工作人员比例	几乎或没有	0～25%	15%～60%	50%～95%	85%～100%
可利用的资源	很少或没有	有限	少到中等	中等到多	很多，甚至全部
项目经理投入时间	半职	半职	全职	全职	全职
控制项目预算者	职能经理	职能经理	职能经理与项目经理	职能经理	职能经理
项目经理的角色	半职	半职	全职	全职	全职
项目管理行政人员	兼职	兼职	半职	全职	全职

从一般的职能型组织结构，到弱矩阵、平衡矩阵和强矩阵的组织结构，再到项目型组织结构，项目经理从无到有，跨部门协作效率从低到高，项目经理权力由小到大，项目管理力度由小变大。因此项目涉及部门越多，涉及内容越新，涉及各职能部门利益越深，所需协调能力越强，那么就越需要采用更能有效支持项目管理的组织结构。

3. 影响项目组织选择的因素

项目的组织结构是实施项目管理的基本手段，也是开展项目管理工作的基础。

针对具体的项目情况和实施要求选择合适的组织结构。在选择项目组织结构时，需要了解哪些因素制约着项目组织的实际选择。项目的关键因素如表 9-6 所示，根据这十大因素的状况，选择与之相适应的项目组织结构类型。

表 9-6　有限项目组织选择的因素

有限因素	组织结构		
	职能型	矩阵型	项目型
不确定性	低	高	高
所有技术	标准	复杂	新
复杂程度	低	中等	高
持续时间	短	中等	长
规模	小	中等	大
重要性	低	中等	高
客户类型	各种各样	中等	单一
对内部依赖性	弱	中等	强
对外部依赖性	强	中等	弱
时间限制性	弱	中等	强

职能型组织结构比较适用于规模较小、模块界限清晰、偏重于技术的项目，而不适用于环境变化较大的项目。当一个公司中包括许多项目或项目的规模比较大、技术复杂时，则应选择项目型组织结构。同职能型组织相比，在对付不稳定的环境时，项目型组织显示出了自己潜在的长处，这来自项目团队的整体性和各类人才的紧密合作。矩阵型组织形式由于融合了两种结构的优点，在进行技术复杂、规模巨大的项目管理时呈现出了明显的优势。

9.4　项目经理

项目经理是项目团队的核心人物，他的能力、素质和工作直接关系着项目的成败，他既是项目的领导者、组织者、管理者和项目管理决策的制定者，也是项目重大决策的执行者。项目经理的管理素质、组织沟通能力、知识结构、经验水平、领导艺术、责任心，甚至身体素质等都对项目管理的成败具有决定性的影响。

9.4.1　项目经理的角色

项目经理是由执行组织委派，领导团队实现项目目标的个人。项目经理是项目委托的代表，是项目全过程管理的核心，也是项目团队的领导，还是项目有关各方协调配合的纽带。因此，项目经理必须在实施项目的过程中充当多种角色，确保项目的全部工作在项目预算范围内按时、优质地完成，从而使客户满意。项目经理承担的主要角色有以下几种。

1. 领导者和决策者

在项目实施过程中，项目经理需要确定项目各阶段的目标、范围和任务，领导全体成员开展工作，并适时地进行项目团队的激励，调动大家的工作积极性。此外，项目经理必须能够适时做出正确的管理决策，包括资源分配、进度和费用的权衡、项目实施效果的评价。

2. 计划者和分析师

虽然一个项目团队会有自己的项目计划管理人员，但项目经理是各阶段计划的主要构思者、制订者和审批者，项目计划管理人员只是计划的辅助者，承担工作计划或作业计划的拟定。此外，项目经理又扮演着项目分析师的角色，必须全面地分析项目或项目阶段所处的外部环境和内部环境可能带来的风险和机遇，综合地判断项目或项目阶段所面临的各种风险，并制定应对这些风险的措施，从而保证项目各阶段工作的顺利完成。

3. 组织者和合作者

项目经理在整个项目的实现过程中扮演组织者的角色，根据客户制定的项目目标，他要组织人力、物力和财力资源，设计项目团队的组织结构，合理安排团队成员的工作。此外，作为合作者的项目经理还要与项目团队的全体成员合作，与所有项目相关的客户和供应商合作。除了项目内部组织工作外，项目经理还要组织客户和供应商参与项目实施过程。

4. 沟通者和利益协调者

项目实施过程会面临大量的矛盾与冲突，要很好地解决这些问题，沟通与交流是必需的。一方面，项目经理应当充分地与全体团队成员进行沟通，努力营造有利于项目成功的氛围；另一方面，项目经理要善于在客户与供应商之间斡旋，平衡各方的利益，减少矛盾冲突。

5. 监督者和控制者

作为监督者，项目经理要随时掌握项目实施各方面的进展情况，并客观地衡量和评价项目或项目阶段的质量、进度、成本和利润的实际绩效，及时评价和判断各种偏差的性质及其对于项目未来的影响等。此外，作为项目的控制者，项目经理需要按照项目目标制定控制标准，组织全体项目组成员按控制标准执行，并进行考核。

9.4.2 项目经理的职责

简单地说，项目经理的职责是协调团队成员的活动，使他们成为一个高效统一的整体，有效地完成各自的工作。一般来说，项目经理的职责包括对外职责和对内职责。

1. 项目经理的对外职责

（1）完成项目目标。这是项目经理的根本职责，组织团队、制订计划、控制管理、实现有效沟通等都要以此为核心。

（2）开拓团队外部空间。项目经理要努力为整个团队工作，为整个项目目标的实现协调好团队与公司各职能部门的关系，营造一个团队发展和项目运行的良好环境。

（3）负责对外谈判。项目经理可以直接参加谈判，但更主要的责任还是要做好谈判的组织管理工作，并对整个谈判小组的工作及谈判结果负责。

（4）对客户应支付的费用负责。按合同或设计变更的协议，确保客户按时向公司支付应付的费用，这也是项目经理的一项重要的对外职责。

2. 项目经理的对内职责

（1）确定项目目标。项目经理需要根据具体情况确定项目的总目标和阶段性目标。目标明确之后，项目经理才有进行后续工作的依据。

（2）组织项目团队。首先，项目经理要获得足够的人力资源，并选择合理的组织形式和组织结构。其次，要明确项目团队中费用、进度和质量的控制者及其责任。最后，还应对项目不同部分之间的接口进行协调，从而实现各方面的有效沟通。

（3）报告工作意图。向团队成员报告项目目标和自己的工作设想，一方面可以展示自己的领导能力，树立自己的威信，另一方面也是项目经理今后工作发展的第一步。

（4）制订并执行计划。在制订计划的过程中，项目经理可以集合团队成员来共同完成。计划要尽可能详尽，要充分发挥各种资源的作用。

（5）负责资金的到位。项目经理要保证项目和项目管理资金需要的满足，取得应当由团队使用的款项，确保团队有足够的资金并使其合理配置。

（6）负责组织并提出项目报告。项目经理要向客户和上级提出项目报告，反映项目进展中遇到的困难和问题。项目经理不可能对每一个问题的全部细节都了如指掌，但对一些关键性问题应该掌握清楚，做到心中有数。

9.4.3 项目经理应具备的素质

实践证明，仅具备单方面或部分能力的专业人才是不能胜任项目经理工作的。项目经理不仅具备一般领导的素质，还应符合项目管理的特殊要求，可用人才三角模型总结项目经理应具备的素质，并用领导原则与模型进行分析。

1. 项目经理人才三角模型

人才三角模型重点如图 9-15 所示。来自不同组织的成员均提出，以下能力有助于支持更长远的战略目标，实现赢利。为发挥最大的效果，项目经理需要平衡这三种技能。

图 9-15　项目经理人才三角模型

（1）技术项目管理技能。它是指有效运用项目管理知识实现项目集或项目的预期成果的能力，重点关注所管理的各个项目的关键技术要素，如项目进度、财务日报和问题日志等。

（2）战略和商务管理技能。包括纵览组织概况并有效协商和执行有利于战略调整和创新的决策和行动的能力，以及发展和运用相关的产品和行业专业知识。

（3）领导力技能。领导力技能包括指导、激励和带领团队的能力。这些技能可能包括协商、抗压、沟通、解决问题、批判性思考和人际关系技能等基本能力。

2. 领导原则与模型

领导原则与模型是指展现领导行为原则与情境领导力模型，二者对项目经理的领导行为和实践过程提出了更高层次的要求。

（1）展现领导行为原则。展现领导行为原则是指项目经理要展现并调整领导力行为，为个人和团队的需要提供支持，包括对项目团队内外的个人施加影响以便实现预期成果的态度、才能、性格和行为。

（2）情境领导力模型。情境领导力模型描述了项目经理的领导风格以及满足个人和项目团队需要的方法。以 OSCAR 模型为例，该模型将胜任力和承诺作为两大主要变量来测量项目经理的发展情况。胜任力是能力、知识和技能的组合，承诺涉及个人具有的信心和动机。

OSCAR 模型涉及五项促成因素：①成果，成果确定了个人的长期目标以及每次交流会议后的期望结果；②情境，情境可促成围绕相关内容展开对话，如项目经理的当前技能、能力和知识水平、为何处于该水平以及该水平如何影响个人的绩效和同伴关系；③选择及后果，选择及后果确定了实现预期成果的所有潜在途径以及每种选择的后果；④行动，即个人通过专注于眼前和目标，致力于具体改进的措施；⑤评审，定期举行会议可提供支持，并有助于确保个人保持积极状态和正确方向。

9.4.4 项目经理的权限

项目经理要实施项目管理，必须有一定的权限。项目经理的权限是确保他承担责任的前提条件。项目经理的权限主要有决策权、用人权和财务权。

1. 独立的决策权

除了少数重大决策外，大部分问题可以让项目经理自行决策，无须经过冗长、费时的请示批准。项目经理应拥有足够的决策权，能对项目干系人的要求做出直接的、负责的答复，包括必要的承诺。

2. 有效的用人权

用人权包括项目管理人员的招聘、岗位的指派、工作指挥和调动、业绩考核和奖惩，以及人员解雇等权限。

3. 足够的财务权

拥有财权并将其个人得失和项目盈亏联系在一起的人，能够较周全地、负责地顾及自己行动的后果。

9.5 项目管理办公室

由于近年来企业和各种组织的项目管理正在从只注重单一项目的管理转向重视企业或组织的多项目协调管理，项目管理办公室（PMO）或战略项目管理办公室（SPMO）的组织形式得以出现。

9.5.1 项目管理办公室的内涵

项目管理办公室是为创造和监管整个企业或组织的全部项目的管理体系，这个管理体系是为项目和项目管理更为有效和为最大程度地达到组织目标而存在的。实际上项目管理办公室就是一个企业或组织为集成其所有的项目经验和资源而设置的一种项目管理机构，它可以使组织或企业的各种项目资源实现共享，同时使企业或组织的各种项目和项目管理能够更好地协调发展。

这一概念由于实际需要而有所改变，确定了它对项目经理的指导、支持和管理职能。实际上，项目管理办公室是长期性组织的一个组成部分。很明显，它的作用是指导和支持项目经理的工作，为各个项目或者大型项目的经理制定标准和指导方针，收集与项目管理相关的数据并向公司高层汇报。项目管理办公室应该确保项目与组织的战略和愿景一致。

9.5.2 项目管理办公室的职责

项目管理办公室的职责取决于企业的具体需求，而且会随同这些需求的变化不断调整，其主要职责包括以下几个方面。

1. 配置项目的资源和工作

项目管理办公室要协调好组织或企业各个项目对公用资源的争夺和有效利用。项目管理办公室与项目经理、项目管理团队的管理职责不同，它是从整个组织或企业的角度对各个项目开展管理与协调工作，而项目经理和项目管理团队是针对具体项目开展管理和协调工作。

2. 建立项目管理信息系统

项目管理办公室要收集、整理和报告项目情况，以供企业或组织的领导者和各项目团队使用，所以要建立统一的项目管理信息系统。它既可以是人工的信息系统，也可以是基于计算机的人机信息系统，具有收集、处理和发布项目各种信息以及收集和推广项目管理经验教训和知识的功能。

3. 组织项目管理方面的培训

项目管理办公室并不负责每个具体项目的直接管理工作，但通过组织管理培训可提升整个组织或企业的项目管理能力，所以组织项目管理方面的培训是项目管理办公室的主要职责之一。

4. 制定项目管理的规范

由项目管理办公室制定一个组织或企业中通行的项目管理工作的流程、方法、模式、标准、方针和政策等。

5. 开发项目管理的工具

包括制定项目立项报告和项目计划、终结报告的方法和工具等。具体项目的管理工具开发任务是由项目经理和项目团队在开展项目时完成的，但是组织或企业通用的管理工具是由项目管理办公室提出并开发的。

6. 总结和推广项目经验

项目管理办公室要根据项目管理实际结果总结出项目管理的经验和教训。这种项目经验的总结又分两个层面：其一是项目团队自己所做的项目总结，其二是项目管理办公室所做的项目总结。

7. 其他功能

组织或企业各种项目信息的集成管理功能、组织或企业的全部项目的合同管理功能、组织或企业的全部项目的文档和资料管理功能等。

开篇案例解决方案

作为项目经理，SUN 教授接手这个项目后，马上着手开展一系列工作。他先是组建适合该项目的项目组织结构，并界定团队每位成员的职能。由于此项目涉及转变管理培训、公司战略规划、组织结构设计、绩效薪酬开发、企业文化整合、规章制度梳理等模块，在剖析了项目特点后，项目经理进行了项目结构分解。此外，由于此项目具有根据合同为 LNYM 实施的特点，因此在公司方需要设立推进组，全力支撑项目的进行。推进组的职责为协助顾问组所有工作的开展，例如发放调查问卷，进行访谈前通知各个部门，如有必要还需要参与各项工作等。

设计好的项目团队组织基本框架如图 9-16 所示。

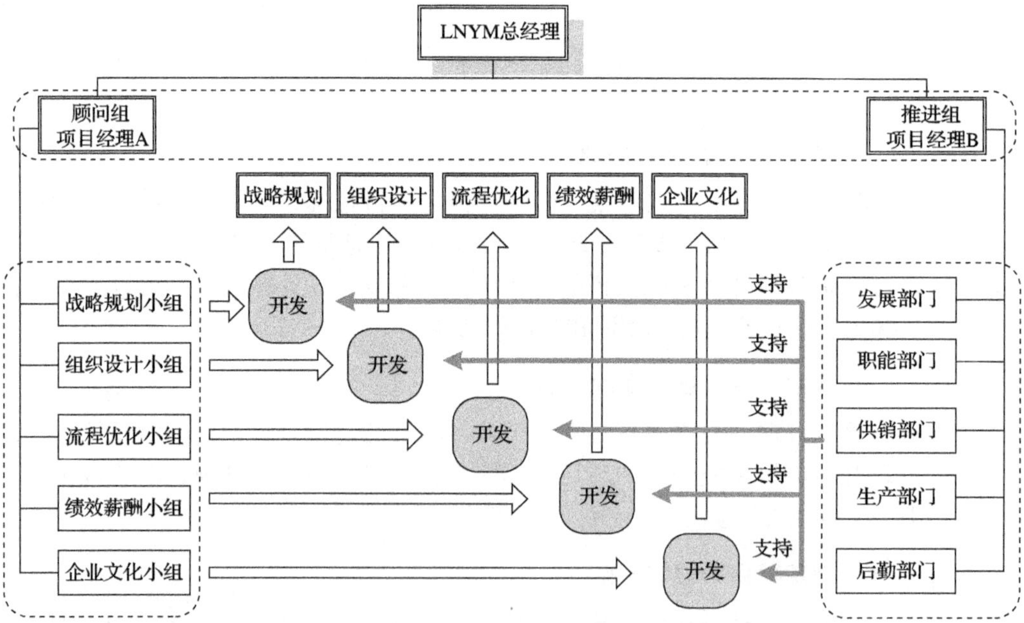

图 9-16 项目团队组织基本框架

复习思考题

1. 什么是项目组织？项目组织有什么特点？
2. 请简单叙述项目组织设计的程序。
3. 项目组织的不同组织形式分别适用于什么样的项目和项目管理过程？
4. 矩阵型组织结构相对于项目型组织结构是否能够更充分地利用项目团队成员？
5. 对下面的一些项目，你将采用哪种组织结构，简单说明理由。

（1）某家银行投资部的风险投资项目。

（2）某公司研发实验室的研究项目。

（3）客户需求较多的网络标准软件项目。

扫一扫查看更多题目

学习链接

1. 赵航，《能否从相知到相守？鼎盛信管理咨询公司跨组织项目合作之路》，中国管理案例共享中心，2021 年。
2. 朱方伟、孙谋轩，《大项目管理部：如何成为企业项目化改革的一剂良方？》，中国管理案例共享中心，2019 年。
3. 丁斌、罗秋慧、黄鱼峰，等，《合肥锻压：基于项目型制造的生产组织》，中国管理案例共享中心，2012 年。
4. 宋明秋、王语涵，《A 公司 M 项目虚拟团队管理沟通困境》，中国管理案例共享中心，2021 年。
5. 孙新波，周明杰，张明超．数字驱动情境下赋能型组织结构创新实现机理：基于南京钢铁的案例 [J]. 财会通讯，2023(22): 3-13.
6. 何建笃，孙新波，张浩．数字时代大型国有企业战略创业机会构建机理及演化案例研究 [J]. 管理学报，2023, 20(10): 1433-1443.
7. 何志伟，孙新波．组织支持感、感知环境不确定性对接包方持续参与意愿的影响研究 [J]. 管理学报，2023, 20(2): 181-190.
8. 林海芬，海淼，孙宇．中国企业高端化战略变革基本研究逻辑及展望 [J]. 管理案例研究与评论，2023, 16(2): 134-145.
9. 惠特利．领导力与新科学：经典版 [M]. 简学，译．杭州：浙江人民出版社，2016.

第 10 章　项目沟通管理

【学习目标】

☑ 了解沟通的基本模型和方式方法
☑ 理解项目沟通的障碍
☑ 掌握有效项目沟通的方法
☑ 了解项目沟通管理过程
☑ 掌握项目会议类型及内容
☑ 掌握项目冲突的影响因素
☑ 掌握不同生命周期项目冲突的类型
☑ 了解项目冲突管理的手段
☑ 掌握解决项目冲突的模式

图 10-1 是项目沟通管理概述图。

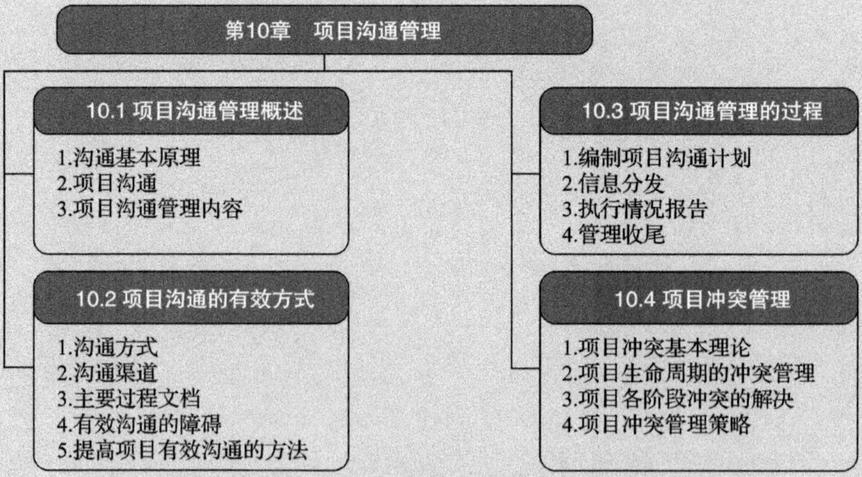

图 10-1　项目沟通管理概述图

开篇案例　　LNYM 项目中的沟通难题

在 NEU 商学院承担"LNYM 经营管理理论萃取与实践提升项目"的咨询开发后，顾问组与由企业方 L 部长带领的推进组共同进行公司管理提升项目的设计开发。顾问组将理论性较强的项目提升方案提交给推进组审阅交流，修改并形成具有共识的项目实施方案。然而，在推进组与顾问组沟通的过程中却产生了难题：由于成员的知识结构、文化背景和价值观念与顾问组有很大差异，导致推进组对顾问组提出的管理项目提升方案产生理解偏差，并认为提升方案用词生僻、可操作性差；顾问组成员却觉得推进组没有能力理解管理知识和提升方案，总是盲目地下达无法完成的任务，不能很好地配合顾问组工作。对此，双方各持不同意见，冲突在所难免。此时，项目负责人面临着如何保证项目沟通的有效实现和如何有效解决项目沟通冲突的难题。

10.1　项目沟通管理概述

10.1.1　沟通基本原理

1. 沟通的内涵

在具体实施过程中需要有效的沟通，从而保证在有限的时间及成本内使正确的信息被相关人员及时获取。项目沟通管理就是及时、正确产生、收集、发布和保管项目信息的过程。

根据沟通参与者的类型不同，沟通可以分为以下三类：机－机沟通，即机器与机器之间的沟通，属于科学技术领域所研究的单纯的信息交流；人－机沟通，即人与机器的沟通，属于工程心理学与科学技术领域研究的单纯的信息交流；人－人沟通，即人与人之间和以人为主体的组织与组织之间的沟通，包括社会学、心理学、管理学、组织行为学等多学科所研究的综合性沟通。在项目的沟通活动中，可以看出沟通所包含的内涵有以下五点：想说的、实际说的、听到的、理解的、反馈的，如图 10-2 所示。

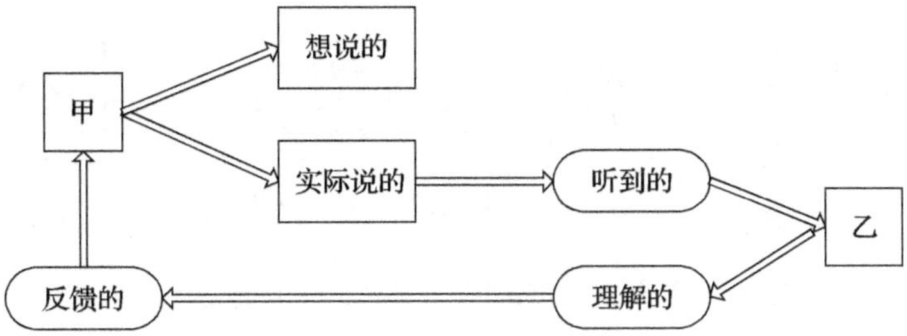

图 10-2　沟通的内涵

在该模型中，甲、乙分别是信息发送者和信息接收者，信息沟通的过程是甲在想说和实际说出口之间有所考虑，在此基础上做出选择，将实际说出的信息传递给乙，而乙也会在自身听到的和自身理解的信息中做出选择，并将自己理解到的信息反馈给甲。其中，当甲想说的和实际说的、乙听到的和理解到的恰好是预期时，那么信息沟通的过程是完全有效的。

2. 沟通的特点

使人类有别于其他动物的主要特点是人类沟通的特点。

（1）社会性。人类社会生活的各个方面都存在着信息沟通，沟通是社会形成的工具。人们通过运用文字、图像、声音等来交换信息、交流思想、建立联系、增强信任、提高效率，不断推动社会的进步与发展。

（2）互动性。沟通双方不断地将自己接收信息之后的理解和反应提供给对方，使对方能够了解自己对信息内容的理解、接收信息后的心理状态，并根据对方的反应调整发送信息的速度、内容和方式等，以便达到预期的沟通目的。

（3）实用性。人们可以通过沟通建立广泛的人际交往，为自己提供各方面的服务，也可以产生联系，在现实生活中得到利益。

（4）关系性。沟通过程涉及关系的情感层面和控制层面。

（5）习得性。沟通能力是通过后天学习获得的，也只能在学习实践过程中不断提高。

（6）不可逆性。沟通的信息一旦发出就无法收回，因此沟通过程中要积极慎重，三思而行，以免产生不良影响。

3. 沟通理论及基本模式

从沟通的内涵中可以了解沟通过程涉及沟通主体（发送者和接收者）和沟通客体（信息）的关系。沟通的起点是信息的发送者，终点是信息的接收者，当信息接收者反馈其理解的想法时，又转变成为信息的发送者，作为起点的发送者则变成了信息的接收者。

根据沟通的发展历程，下面简要介绍三种主要的沟通模式。

（1）拉斯韦尔模式。拉斯韦尔首次提出了典型的线性沟通模式，如图 10-3 所示。拉斯韦尔对五要素的分析是：①传播者：即沟通发出者；②传播内容：说什么及怎么说；③传播媒介：沟通的渠道；④受众：接收者；⑤效果：媒介对沟通内容的意见、态度和行为等。由于这五个要素的英文翻译均含有一个字母“W”，故又称为 5W 模式。

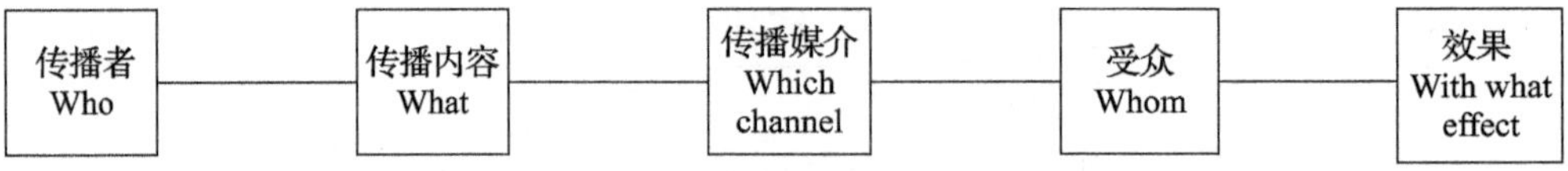

图 10-3 拉斯韦尔模式

（2）香农 - 韦弗模式。该模式机械地将电路原理的直线性单向过程比作信息的传播过程，忽视了内容、效果、情况以及人的功能性和社会性，如图 10-4 所示。

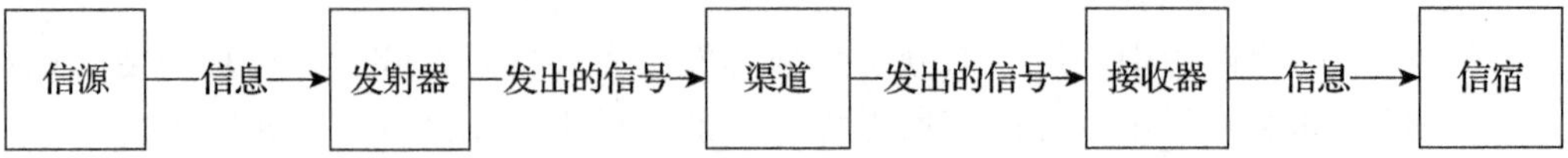

图 10-4 香农 - 韦弗模式

（3）施拉姆模式。施拉姆在《沟通是如何进行的》一书中首次提出了循环沟通模式，如图 10-5 所示。该模式强调信息与目的地之间只有在其共同经验范围之内才存在真正的沟通，发送接收双方在编码、解释、译码、传递和接收信息时，是相互作用和相互影响的，沟通是一个循环往复、持续不断的过程。

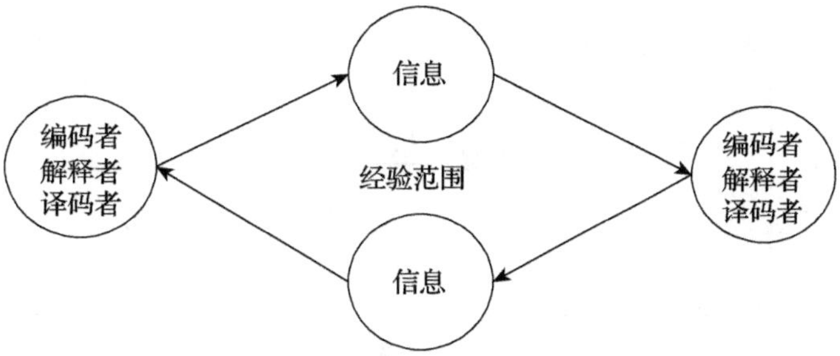

图 10-5　施拉姆模式

4. 基本沟通模型

在发展的基础上，基本沟通模型考虑了噪声这一"负功能"因素的影响以及信息发送者与信息接收者的角色变化。在整个沟通过程中，信息的传递、理解、反应及反馈共包含了发送者、编码、渠道、接收者、解码、噪声与反馈七个基本要素，如图 10-6 所示。

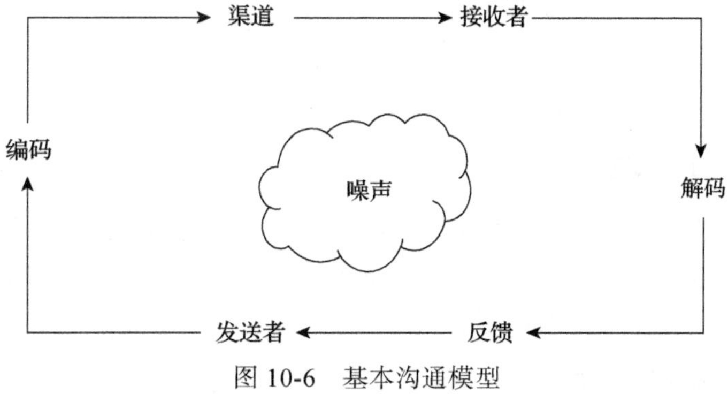

图 10-6　基本沟通模型

5. 跨文化沟通模型

在跨文化沟通模型中，沟通风格的差异可源于年龄、国籍、民族、种族或性别差异。图 10-7 所示的跨文化沟通模型展示了发送方的当前情绪、知识、背景、个性、文化和偏见等如何影响信息本身及其传递方式。

6. 谈判模型

谈判模型是指在进行项目商业或政治谈判时，用来描述各种谈判策略和方法的理论框架。这些模型可以帮助参与谈判的各方更好地理解对方的意图和需求，并提供一些有用的指导，从而在谈判中达成最有利的协议。谈判模型总结了谈判对象、谈判过程、谈判要素以及谈判思维，如图 10-8 所示。

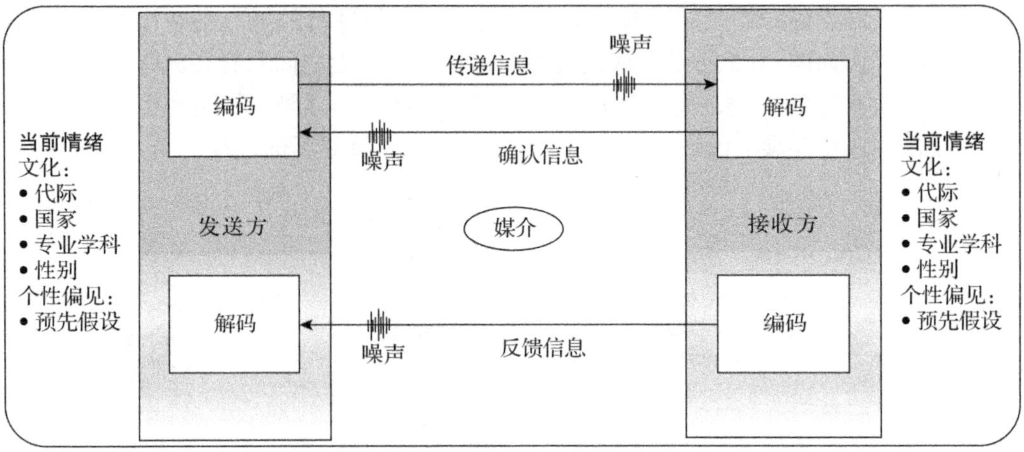

图 10-7 跨文化沟通模型

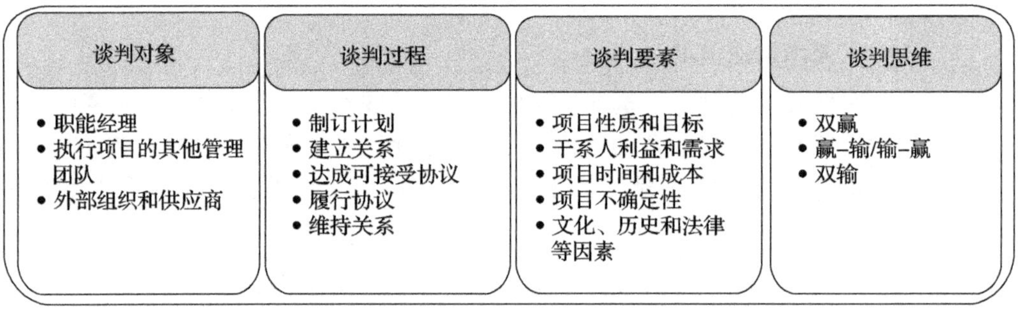

图 10-8 谈判模型

10.1.2 项目沟通

对于项目来说，要科学地组织、指挥、协调和控制项目的实施过程，必须进行信息沟通。在项目组织内，沟通是正式的、非正式的领导与被领导之间的自上而下或自下而上的沟通信息的过程。

1. 项目沟通作用

项目沟通通常发生在项目团队和客户之间、项目团队成员之间、项目团队与上层管理层之间。有效和顺畅的沟通是项目科学管理和决策的基础和依据、项目组织和控制的重要手段、建立和完善组织人际关系的抓手以及项目经理管理团队的途径。

2. 项目沟通的特征

项目具有独特性和一次性，涉及的干系人可能既包括项目执行组织外部，又包括执行组织内部的职能部门，项目沟通具有以下两大特征。

（1）复杂性。每一个项目的建立都与大量的公司、其他部门、客户、政府机构等组织密切相关，必须协调各部门与外部各种组织之间的相互关系，从而确保项目顺利实施。

（2）系统性。项目是开放的复杂系统，项目的论证和实施涉及社会政治、经济、文化等诸多方面，有些大型项目还对生态环境、能源产生或大或小的影响，项目沟通管理应从整体利益出发，全过程、全方位地进行有效的沟通。

3. 项目沟通的基本原则

在项目的沟通中，为了保证沟通的有效性，必须贯彻以下五项原则。

（1）及时性。在项目的沟通过程中，无论是纵向的信息沟通，还是横向的信息沟通，都必须要保证信息沟通的及时性，这是由信息的时效性和变化性决定的。

（2）准确性。项目沟通的准确性包括两个方面：其一是传递信息本身的准确性，即传递的信息是准确的，不是似是而非或模棱两可的；其二是沟通渠道和方式的准确性，即沟通中所使用的语言和信息传递方式应该能被接收者所理解，使对方获得准确的信息。

（3）完整性。在项目沟通过程中，坚持完整性原则，包括沟通信息的完整性和沟通过程的完整性。前者是指在项目沟通过程中，所传递的信息应该尽量保持其完整性，不应该留下很大的信息缺口，后者是指在项目的沟通过程中，信息传递渠道应该尽量保持完整。

（4）可理解性。信息发布者和信息接收者必须对信息传递过程中所使用的语言或者符号系统有着共同的理解，同时应该避免使用生僻的、不常使用的语言和符号，尽量以通俗易懂的方式进行信息的传递与沟通。

（5）运用非正式组织沟通的原则。当项目管理人员不便使用正式或官方的项目组织沟通渠道时，可以使用非正式组织或非官方的沟通渠道来开展项目沟通，从而补充项目正式组织信息沟通渠道的不足。

4. 项目沟通过程

项目的沟通过程同一般沟通行为的过程相同。首先必须存在要被传递的信息，然后信息发送者将信息转化为接收者可以理解的信号形式，通常称之为“编码”，并通过媒介物，通常称之为“传递通道”，最终传递给接收者。接收者接收到信息之后，再将收到的信号转译，通常称之为“解码”，并将自身的理解和反应传递给信息发布者，从而结束一个沟通过程，实现信息的传递，如图 10-9 所示。

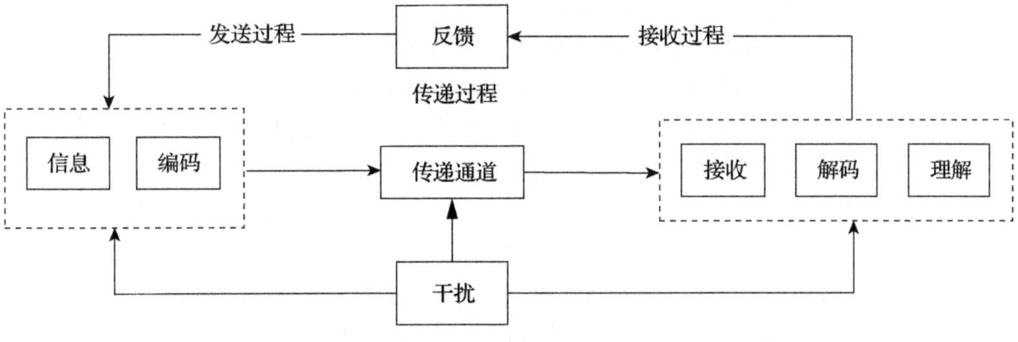

图 10-9　项目沟通过程示意图

10.1.3 项目沟通管理内容

1. 项目沟通管理的定义

项目沟通管理包括为了确保项目信息及时适当的产生、收集、发布、存储、调用和最终配置所需的过程。它是对传递项目信息的内容、传递项目信息的方法、传递项目信息的过程等几个方面的综合管理。

在项目管理中，沟通是一个软指标，所起的作用不好量化，对项目的影响往往也是隐性的。然而，在项目的整个生命周期中，项目的沟通与协调起着不可估量的作用。项目团队与客户的沟通，项目团队与主管单位的沟通，团队与供应商之间的沟通，团队成员内部的沟通等，所有这些沟通都贯穿于项目生命周期的始终。

2. 项目沟通管理的特点

项目沟通管理除具有一般沟通管理特点外，还具有以下特征。

（1）沟通范围广。既包括项目团队与众多项目干系人间的沟通，也包括项目团队内部的沟通。

（2）沟通内容多。项目沟通必须加强项目团队内部成员之间、团队与母公司上级或职能部门间、团队与项目出资方等的情感沟通、冲突沟通，创造出最有利于项目实施的环境。

（3）沟通层次复杂。对一个项目而言，既有对上级组织、下级组织的沟通，也有与同级部门、平行团体的沟通，项目管理者应考虑不同人员获取不同信息的类型。

（4）沟通过程贯穿变更始终。项目根据实际进展情况有所调整时，需要建立一个有效的沟通管理体系，保证变更前后不会对项目产生某种动荡。

3. 项目沟通管理的过程

按照项目沟通管理的定义，项目沟通管理解决以下四类问题。

（1）谁需要何种信息、何时需要以及如何向他们发送项目信息？

（2）如何及时和有效地将项目信息提供给项目干系人？

（3）哪些信息度量项目的执行情况和绩效？

（4）如何集成项目信息使项目完成正规化？

这四类问题对应项目沟通管理的以下四个过程。

（1）沟通计划编制：确定项目干系人信息与沟通的需求，编制谁需要何种信息、何时需要以及如何向他们传递信息的计划。

（2）信息分发：如何将所需信息及时有效地提供给项目干系人。

（3）执行情况报告：收集与传播项目的信息需要能够度量项目的绩效，绩效报告应该包括状况报告，进展报告、预测报告及项目变更请求报告。

（4）管理收尾：产生、收集和发布阶段信息或项目完成的信息，使各阶段或项目完成正规化。

项目沟通管理的过程如图 10-10 所示。

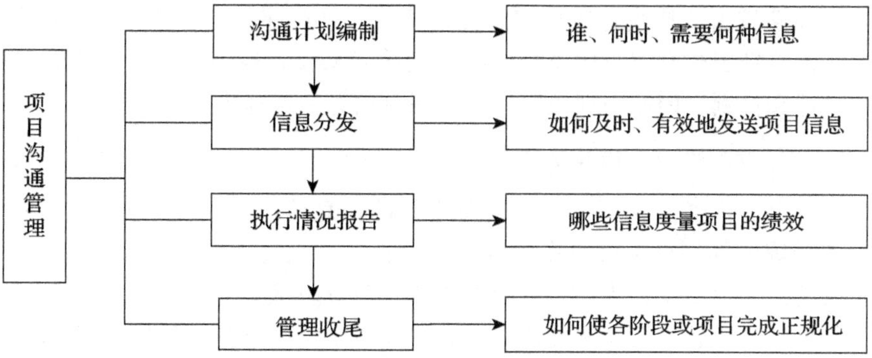

图 10-10　项目沟通管理过程

10.2　项目沟通的有效方式

10.2.1　沟通方式

1. 正式沟通和非正式沟通

（1）正式沟通是通过正式的组织过程实现信息传递和交流的方式，由项目的组织结构图、项目流程、项目管理流程、信息流程和运行规则构成，其特点是有固定的沟通方式、方法和过程，沟通效果好，有较强的约束力。正式沟通的方式主要包括项目手册、各种书面文件（计划、政策、过程、目标战略等）以及协调会议等方式。

（2）非正式沟通是指在正式沟通渠道之外进行的信息传递和交流。这种沟通的特点是沟通方便，沟通速度快，并且能提供一些正式沟通中难以获得的软信息，能在项目团队中产生激励作用。

2. 上行沟通、下行沟通和平行沟通

（1）上行沟通。上行沟通是指下级的意见向上级反映，即自下而上的沟通。上行沟通有两种形式：一是层层传递，即依据一定的组织原则和组织程序逐级向上反映；二是越级反映，指的是减少中间层次，让项目最高决策者与一般员工直接沟通。

（2）下行沟通。下行沟通是指项目管理者对员工进行的自上而下的信息沟通，这种沟通形式是管理者向所管项目成员发布命令和指示的过程。

（3）平行沟通。平行沟通是指项目组织中各平行部门之间的信息交流。

3. 单向沟通与双向沟通

（1）单向沟通。单向沟通是指信息发送者和接收者两者之间的地位不变。一方只发送信息，另一方只接收信息，如报告、发布指令等。这种方式的信息传递速度快，但准确性较差，有时还容易使接收者产生抗拒心理。

（2）双向沟通。双向沟通中，发送者和接收者两者之间的位置不断交换，且发送者是以协商和讨论的姿态面对接收者，信息发出以后还需及时听取反馈意见，必要时双方可进行多次重复商谈，直到双方共同明确和满意为止。其优点是沟通信息

准确性较高，接收者有反馈意见的机会，产生平等感和参与感，增加自信心和责任心，有助于建立双方的感情；但对发送者来说，在沟通时随时会受到接收者的质询、批评和挑剔，因而心理压力较大，同时信息传递速度也慢。

4. 书面沟通和口头沟通

书面沟通是指用书面形式所进行的信息传递和交流，如信件、文件、报刊、备忘录等，其特点是可以作为资料长期保存，反复查阅。口头沟通是运用口头表达进行信息交流活动，大多用来进行通知、确认和要求等活动，如谈话、游说、演讲等，其优点是比较灵活、速度快，双方可以自由交换意见，且传递消息较为准确。

5. 言语沟通、体语沟通和电子媒介沟通

言语沟通是利用语言、文字或图画等形式进行的，体语沟通是利用动作或表情姿势等非语言形式进行的，言语和体语沟通传递距离有限。电子媒介沟通采用邮件等电子形式进行，其传递速度快、包含信息量大，并且可同时传递给多人，但这种方式看不见表情及其他信息。

10.2.2 沟通渠道

1. 正式沟通渠道

关于不同的沟通网络如何影响个体和团体的行为，以及各种网络结构的优缺点，巴维拉斯曾对五种结构形式进行了实验比较，图 10-11 中的每一个圈可以看成是一个成员或组织的同等物，每一种网络形式相当于一定的组织结构形式和一定的信息沟通渠道，箭头表示信息传递的方向。

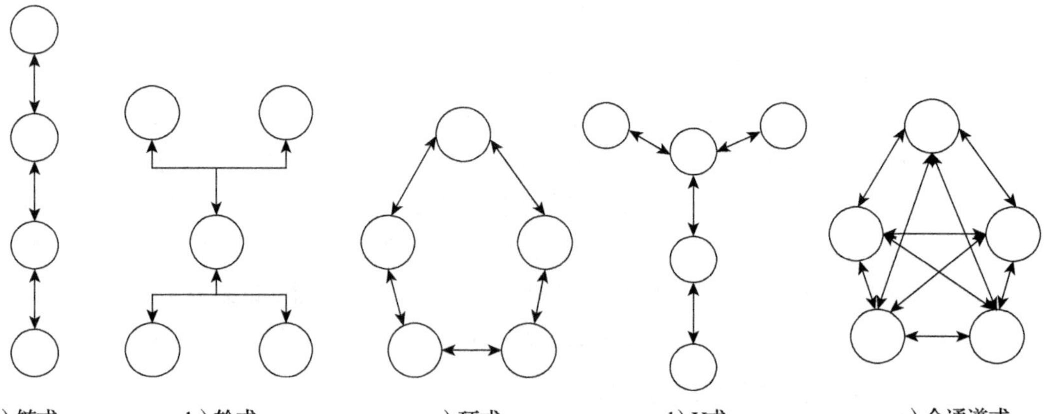

a）链式　b）轮式　c）环式　d）Y式　e）全通道式

图 10-11　正式沟通渠道

（1）链式沟通渠道。链式网络中的信息按高低层次逐级传递，信息可以自上而下或自下而上地交流（见图 10-11a）。在这个模式中，有 4 级层次，居于两端的传递者只能与里面的每一个传递者相联系，居中的则可以分别与上下互通信息。该模式的最大优点是信息传递速度很快，适用于班子庞大、实行分层授权控制的项目信息传递及沟通。

（2）轮式沟通渠道。在这一模式中，主管人员分别同下属部门发生联系，成为个别信息的汇集点和传递中心（见图 10-11b）。轮式沟通是加强控制、争时间、抢速度的一个有效方法和沟通模式。

（3）环式沟通渠道。这种组织内部的信息沟通渠道是指不同成员之间依次联络沟通（见图 10-11c）。这种模式结构可能产生于一个多层次的组织系统之中。第一级主管人员与第二级建立纵向联系，第二级主管人员与底层建立联系，基层工作人员之间与基层主管人员之间建立横向的沟通联系。这种沟通模式能提高团队成员的士气，让大家都感到满意。

（4）Y 式沟通渠道。这是一个组织内部的纵向沟通渠道，其中只有一个成员位于沟通活动中心，成为中间媒介与中间环节（见图 10-11d）。

（5）全通道式沟通渠道。这种模式是开放式的信息沟通系统，每一个成员之间都有一定的联系，彼此十分了解（见图 10-11e）。民主气氛浓厚、合作精神很强的组织一般采取这种沟通渠道模式。

2. 非正式沟通渠道

在一个组织中还存在着非正式的沟通渠道，有些消息是通过非正式沟通渠道传播的，如图 10-12 所示。

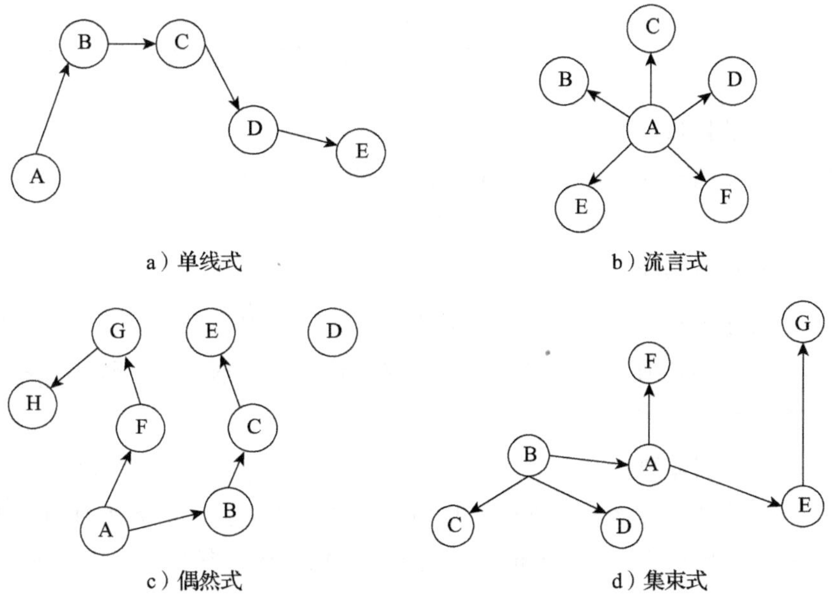

图 10-12　非正式沟通渠道

（1）单线式。消息由 A 通过一连串的人传播给最终的接收者（见图 10-12a）。

（2）流言式。又叫闲谈传播式，是由 A 主动地把小道消息传播给其他人（见图 10-12b），如在小组会上传播小道消息。

（3）偶然式。又叫机遇传播式，消息由 A 偶然传播给他人，他人又按偶然机遇传播，并无一定的传播路线（见图 10-12c）。

（4）集束式。又叫群集传播式，B有选择地告诉自己的朋友或有关的人相关信息，使有关的人也照此办理的信息沟通方式，这种沟通方式最为普遍（见图10-12d）。

企业中传播的小道新闻，常常会对项目目标带来不良影响。改善的办法在于使正式沟通渠道畅通，用正式消息驱除小道消息，但是非正式沟通渠道也有弥补正式渠道不足的作用。

10.2.3 主要过程文档

恰当的记录与沟通一样是项目管理的一项重要支撑职能，记录是一种正式的书面沟通。信息化的普及使得文档可以更加细化，能够更准确地反映项目的进展，这也是项目质量提升的重要方式。图10-13总结了沟通中的关键过程文档。

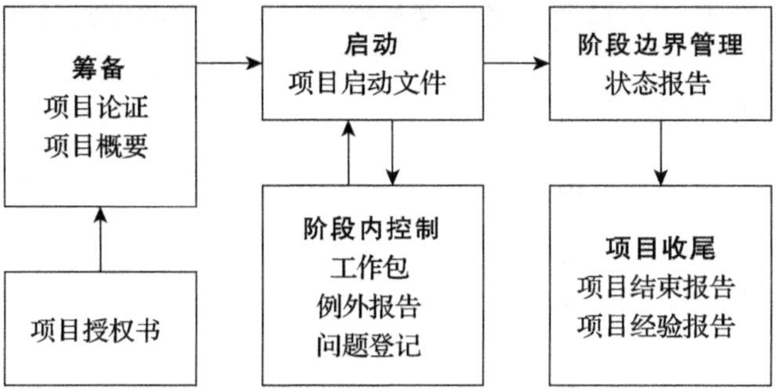

图 10-13 沟通中的关键过程文档

1. 项目授权书

该文档是项目进入筹备阶段的前提，其主要内容包括项目大致的范围、项目的目的、项目经理和项目的关键约束。

2. 项目论证

该文档在筹备期间完成，描述为什么要发起项目，项目的优势是什么，大致的风险和成本如何，其主要内容包括项目背景、大致范围、时间约束条件、大致风险和成本收益估算等。

3. 项目概要

该文档在筹备期间完成，是项目启动的输入，其主要内容包括项目论证、主要干系人、项目路线、价值链、产品分解结构、所需资源和大致计划等。

4. 项目启动文件

该文档在启动期间完成，是项目指导、阶段内控制、阶段边界管理、交付物管理和项目收尾的输入，其主要内容包括所需资源、宏观规划、项目人员结构、成本预算、验收标准、技术架构、相关法规标准、沟通计划和质量计划等。

5. 工作包

该文档在阶段内控制期间完成，是交付物管理的输入，可以看成项目经理对团队经理交代的任务，其主要内容包括范围、产品分解结构、产品分解结构细节工作包和产品描述等。

6. 例外报告

该文档在阶段内控制期间完成，描述发现的问题和拟采取的措施。对于项目委员会批准的措施，项目经理可能需要调整变更计划，其主要内容包括强调与关注、解决措施等。

7. 问题登记

该文档在阶段内控制期间完成，描述出现的问题和新增的需求，它不仅包括问题本身，还包括问题的严重程度、可能的原因、解决措施、处理优先级等。

8. 状态报告

该文档在阶段边界管理期间完成，描述项目的进展情况，项目经理也可以每几周定期发布一次，其主要内容包括进度与规划、成本与预算细节、强调与关注、解决措施等。

9. 项目结束报告

该文档在项目收尾期间完成，描述交付物以及为之所做的付出，比较项目的付出和原定的计划，总结项目工作，为以后的工作提出建议，其主要内容包括背景、项目总结、意见和建议以及经验总结等。

10. 项目经验报告

该文档在项目收尾期间完成，描述与项目相关的经验教训，其主要内容包括项目管理、需求分析、范围管理、变更管理、接口管理与工程实现等。

10.2.4 有效沟通的障碍

在实际的项目沟通过程中，由于种种外部因素或者内部因素的干扰，经常出现信息传递渠道和反馈机制不畅通的问题，接收者收到的信息发生偏差、信息失真，导致沟通障碍。

1. 沟通障碍的来源

沟通障碍的来源包括语义曲解、知识经验水平的限制、缺少沟通计划、心理因素的影响、组织结构的影响、噪声干扰与信息量过大等。因此，在项目管理中，应该注意这些障碍，采取一切可能的方法消除障碍，使项目组织机构中的沟通渠道能够准确、迅速、及时地交流信息。

2. 项目沟通障碍的表现形式

项目障碍的表现形式主要有以下几种。

（1）沟通的延迟，即基层信息在向上传递时过分缓慢。

（2）信息的过滤，即信息在传递中部分被筛除的现象。这是因为员工有一种自然的倾向，即在向主管报告时，只报告那些他们认为主管想要听的内容，而忽视了信息的客观和完整性。

（3）信息的扭曲，即有意改变信息以便达到个人目的。有的项目组织成员为了得到更多的表扬和奖励，会故意夸大自己的工作成绩；有些人则会掩饰部门中的问题，传递扭曲的信息。

10.2.5 提高项目有效沟通的方法

为了增加项目沟通成功的可能性，必须最大限度地保证信息发送者提供的信息与信息接收者对信息理解的吻合性。

1. 有效沟通的原则

（1）依赖性。沟通的发送者与接收者之间良好的信任基础是由主动沟通者创造的真诚的沟通态度，接收者相信主动沟通者传递的信息，并相信主动沟通者在解决他们共同关心的问题上有足够的能力。

（2）一致性。沟通计划、沟通方式应与组织内外环境相一致。

（3）内容。沟通的内容必须对信息接收者具有意义。信息发出者应该考虑到接收者原有的价值观，以及接收者所处的环境。

（4）明确性。所用语言或词语是双方共同认可的，应避免模棱两可、含糊不清的言语。

（5）持续性与连贯性。沟通是一个没有终点的过程，要达到沟通目的必须对信息进行重复，但必须注意在重复中不断补充新的内容，这一过程应该坚持下去。

（6）渠道。沟通者应注意尽可能地利用已经存在，并且是被沟通者习惯使用的渠道。

（7）接收者的接受能力。沟通时应充分考虑接收者的接受能力，包括接受信息的习惯、阅读能力与知识水平等，沟通前应尽力做到知己知彼，多方面了解沟通对象的情况。

2. 项目沟通的技巧

（1）充分运用反馈。如果项目管理者能够充分利用信息反馈回路，及时了解信息接收者的接收效果，就会减少这些问题的发生频率和程度。最好的办法是让接收者用自己的话再复述一遍信息内容，如果项目管理者听到的复述正如本意，那么就可以判断接收者对信息的理解是正确的。

（2）精心选择表达方式。表达方式有可能对沟通双方的理解形成障碍，因此项目成员在信息沟通中应该选择合适的措辞和表达方式，在对信息进行编码时，应该充分考虑接收者的特点，选择恰当的编码方式，尽量减少因表达不当而带来的沟通问题。

（3）积极有效地倾听。倾听是积极主动地搜寻信息，而非单纯被动地听，积极主动地倾听会有效提高沟通效率。倾听是一种设身处地、深入彼此的交流方式，故在倾听时，接收者和发送者双方都在思考。忽视倾听会使沟通的效果下降，甚至会使沟通失败。

（4）抑制不良情绪。不良情绪会使信息的传递严重受阻或失真。当项目沟通一方的情绪出现问题时，应暂停进一步沟通直至情绪稳定，保证项目沟通的有效性。

（5）察言观色，随机应变。应注意到对方在谈话时的表情和举止，可以根据一些非语言提示来理解和判断接收到的信息，即所谓“察言观色”。在沟通过程中灵活使用非语言提示，并使非语言信息与语言信息相匹配，随机应变，可以起到强化语言信息的效果。

（6）积极表露和反馈。按照自己的理解将对方的话重复一遍，确保正确理解对方的真实想法，积极进行双向沟通和信息反馈。

10.3　项目沟通管理的过程

10.3.1　编制项目沟通计划

编制项目沟通计划就是确定、记录并分析项目的相关利益者（项目干系人）所需要的信息和沟通需求，即确定谁需要信息，需要什么信息，何时需要以及信息的分发方式，并将它们形成文件，作为沟通计划，如图 10-14 所示。

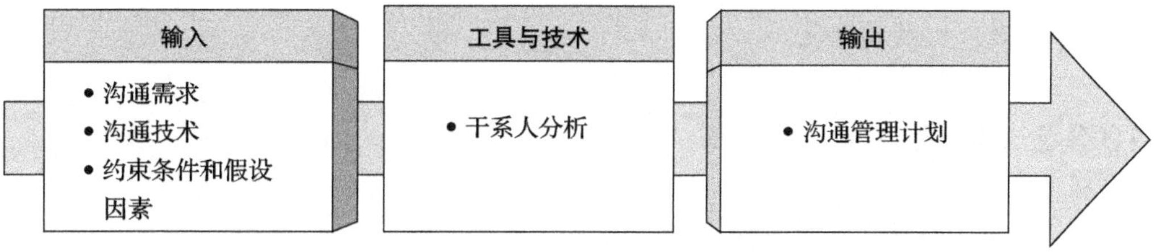

图 10-14　项目沟通计划内容图

项目沟通计划包括对于项目全过程的沟通工作、沟通方式、沟通渠道等各个方面的计划及管理。为了提高沟通的有效性，项目沟通计划应该根据项目的实施情况和沟通计划的适用情况，进行定期的检查，并在必要时进行修改，因此项目沟通计划是贯穿整个项目过程的一项管理工作。

1. 项目沟通计划编制的输入

识别项目干系人的信息需求并确定满足这些需求须采用的方法是建立良好沟通计划的前提。“项目沟通计划编制”的输入包括：沟通需求、沟通技术以及约束条件和假设因素。

（1）沟通需求。沟通需求是指项目干系人信息需求的总和，是通过对干系人所需信息的内容、类型和形式加以分类，并对该信息价值进行分析确定的。

（2）沟通技术。沟通技术即采用哪种沟通方式可以便捷、准确地实现信息沟通，在项目的各部门之间传递信息所用的技术方法很多：从简单的谈话到定期的会议；从简单的书面文件到复杂的数据库系统等。

（3）约束条件和假设因素。约束条件和假设因素是项目沟通计划编制的重要依据，因此在沟通计划中要予以说明，以便在这些条件发生变化时对沟通计划进行修订。

2. 项目沟通计划编制的工具与技术

项目沟通计划的制订主要是针对项目干系人的沟通计划，包括内部与外部两方面的分析。

（1）外部干系人分析。外部干系人分析包括：建立组织和各参建方之间的关系状况分析，该项目设计方面的信息分析，项目本身的特点决定的信息及施工中的各种信息分析，项目组织外部环境的分析，等等；还应该分析外部干系人需要什么信息，什么时间、由谁以什么方式发送，等等。

（2）内部干系人分析。内部干系人分析包括：项目涉及的相关人员、内部项目组成员、公司内部领导等有权知道的信息和文件，参加会议的范围和级别；还应该分析组织内部相关领导需要了解怎样的信息，需要何时发送，等等。

通常分析的结果以表格的形式给出，项目干系人沟通分析表的内容包括：项目干系人、信息文件名称、指定的信息文件格式、信息沟通的联系人、交付信息的期限、备注，分析中应确保信息的正确性和有用性。

3. 项目沟通计划编制的输出

通过“项目沟通计划编制”过程得到的输出就是“沟通管理计划”，其内容主要包括：收集和归档的结构、发布结构、分发信息的描述、生产进度计划、调用信息方式、更新和细化。

10.3.2 信息分发

1. 信息分发的概念

信息分发是指根据一些计划文件将需要的信息及时准确地分发给适当的项目干系人，它包括实施沟通管理计划以及对突发的信息请求做出反应。为项目沟通做的项目干系人分析是信息发送的出发点，项目管理者和项目团队必须确定项目干系人及发送信息的最佳方式和发送渠道，同时对信息分发过程中出现的问题能及时采取相应的改善措施。信息分发过程的输入、工具与技术、输出如图 10-15 所示。

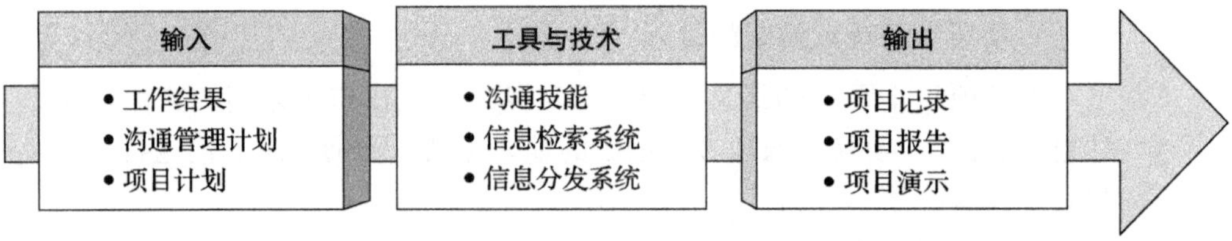

图 10-15　信息分发过程的输入、工具与技术、输出

2. 信息分发的输入

（1）工作结果。工作结果是对项目进程的描述，帮助确定在项目进行过程中可供发布的信息。例如，哪些可交付成果已经完成？哪些是未完成的？质量标准达到什么程度？已经花费的费用等。

（2）沟通管理计划。沟通管理计划是根据项目早期阶段制订的沟通管理计划及实际实施过程中修改和完善而来的，帮助确定需要向何人分发何种信息。

（3）项目计划。项目计划是在项目投标过程中，经过详细分析和论证，并经过审核批准的正式文件，包含项目进度计划与费用基准计划等有关项目的总计划。

3. 信息分发的工具与技术

（1）沟通技能。沟通技能包括两层含义：第一层含义是指发送信息的人能够将信息清楚、完整、无歧义地传递给接收者；第二层含义是指接收信息的人具备正确接收完整信息并能正确理解的能力。

（2）信息检索系统。信息可由项目班子成员与干系人通过多种方式共享，包括手工归档系统，电子数据库，项目管理软件以及可调用工程图纸、设计要求、实验计划等技术文件的系统。

（3）信息分发系统。包括会议、书面文档的发布、在线数据库、传真、电子邮件与远程视频会议系统等，项目管理者可根据组织具备的条件选择信息分发途径。本节结合案例，重点介绍项目会议这一途径。

1）项目会议类型。项目会议是促进团队建设和强化团队成员期望、角色以及对项目目标投入的工具。项目会议通常包括如下三种：情况评审会议、项目问题解决会议，以及项目技术评审会议。

①情况评审会议。它是指主要由项目管理者主持或召集的，由全部或部分项目团队成员及客户或项目团队的上层管理人员参加的，为通报情况、找出问题和制定行动内容的会议，这是了解项目进展情况的方式之一。为了及早发现问题（潜在问题）、讨论对策及防止意外情况发生，情况评审会议通常是定期召开的。通常，每周在项目团队成员中召开的属于内部会议；有项目业主或客户参加的属于外部会议，周期一般比内部会议长，主要根据项目生命周期持续时间和项目合同任务书的要求制定。表 10-1 是 LNYM 经营管理理论萃取与实践提升项目的“组织架构模块”阶段项目评审会议日程，表 10-2 是 LNYM 经营管理理论萃取与实践提升项目“组织架构模块”阶段项目执行情况评审会议报告。

表 10-1 LNYM 项目评审会议日程（组织架构模块）

2022 年 12 月 21 日

时间	议程	与会人员
8:00	开会评论	
8:15	自上次评审以来的成绩	
	①组织框架设计	
	②组织框架评估培训	
	③实施结果报告	
10:00	休息	
10:15	组织架构设计进展情况	
	①设计进度	
	②成本	
	③成果预测	

（续）

时间	议程	与会人员
11:00	变更建议	
11:45	决策及行动细目	
12:00	讨论	
13:00	休会	

表 10-2 LNYM 项目执行情况评审会议报告（组织架构模块）

任务名称：	任务编码：
报告日期：	状态报告份数：
实际进度与计划进度比较：	
投入时间与未完成工作的计划时间和总计划时间的比较：	
组织架构是否满足要求：	
任务是否完成及时：	
人员配备状况：	
潜在风险分析及建议：	
任务负责人审核意见：	

通常，一般的项目情况评审会议所讨论的议题主要包括：自上次会议后项目所取得的成绩；项目各计划指标的完成情况，如项目成本计划、进度计划、质量计划等的完成情况；项目各项工作实际进展和计划进展的差异；项目未来的发展变化趋势；项目最终结果的发展预测，如项目完工日期、完工成本等；找出问题或潜在问题的纠正措施或改正方法；下阶段行动的计划安排，明确行动细节并分配实施。

②项目问题解决会议。项目问题解决会议是针对项目突发事件或潜在问题的紧急会议，当团队成员或项目客户发现项目出现的重大问题或潜在的较大问题时，会召开项目问题解决会议。这是一种不定期的项目内部会议。在项目起始阶段，应该明确规定由谁在何时召开项目问题解决会议，以及项目问题解决会议的参加者及权限等。

项目问题解决会议的内容包括：描述和说明项目存在的问题、找出问题原因和影响因素、收集数据形成可行性解决方案、评价并确定最佳方案以及修订或变动计划并实施方案等。

③项目技术评审会议。项目技术评审会议针对包括设计阶段的项目。在项目实施过程中，为确保项目客户认同项目团队提出的各种技术方案，一般有两种会议：一是项目技术初步评审会议，二是项目技术最终评审会议。

项目技术初步评审会议是项目团队最初提出项目初步技术方案，由客户检查最初的概念性设计；项目技术最终评审会议是在项目团队完成项目技术方案的详细设计后，由客户全面检查、评审和确定详细的设计文件。

2）项目会议流程。①制订会议计划。会议计划包括会议日程、会议资料、时间地点、目的期望结果及与会者信息等。主要的原则包括停止不必开的会议，确定会议的目的和期望的结果，确定参加会议的人数，会议之前向与会者提供议程、直观教具或分发材料，以及掌握会议潜在方式和建议。②组织会议。在项目会议的计划制订结束后，项目管理者必须进行会议组织工作，一般来说，项目会议的组织工作包括以下事宜：议事日程、时间及地点、与会者的确定和通知、任命主席、向与会者分发信息和会议议程。③控制会议。控制会议是确保会议能够顺利高效达到期望的重要途径，控制会议能够及时确保会议朝着正确的发展方向进行，从而保证有效沟通。会议的控制包括设定时间限制并严格执行、限制讨论的论题、总结进展状况、鼓励和控制不同意见和评定会议的有效性。④会后总结。在会后 24h 内公布会议成果，尽量保持言语简洁，明确说明会议决定、行动细目和缺席人员等，会议成果应该分发给所有被邀请参加会议的人员。

4. 信息分发的输出

信息分发中与干系人之间的信息交流应该被及时、有条理地归类保存，形成项目记录和项目报告。

（1）项目记录。记录项目的文档，备忘录、信息反馈等有关内容，作为必要时的凭证。

（2）项目报告。描述项目的进展情况，传递项目有关信息的报告，一般有口头和书面两种形式，在项目实施过程中，项目报告一般包括关键点检查报告、项目执行状态报告、任务完成报告、重大突发性事件报告、项目变更申请报告、项目进度报告、项目工作总结报告及项目演示报告等。以下是最常用的项目报告。

1）项目进度报告。又称项目绩效报告，是记录观测检查的结果、描述项目各项工作的进展情况和取得的主要成果的报告。该报告一般有固定的报告期，根据项目特点不同，一般以天、周、月、季度或者年为报告期。项目进度报告一般由项目组织成员向项目经理提供，由项目经理向项目的上级管理者提供，由上级管理者向项目业主（客户）提供。项目进度报告一般来自项目计划和工作结果。绝大多数项目进度报告的内容只包括发生在本报告期间的主要事件，而不是项目开工以来的累积进展。它的主要内容有：项目实施概况、管理概况、工作范围、项目进度、资源供应进度、项目有关成本、报告期间取得的主要成果和达到的关键性目标（里程碑）、同各项基准计划的比较结果、本报告期间发生的问题及改进措施和前期遗留的隐患问题等。既可采用综合报告方法，也可采用进度报告方法和费用报告方法编写项目进度报告。综合报告方法是在同一报告内同时编写费用和进度两方面的资料，为项目状况提供更加完整的描述，其中使用最多的是挣值法；进度报告方法可以采用多种方式和手段报告，常见的包括横道图、CPM 进度图及里程碑表；费用报告方法可采用费用报告表、S 曲线等方式。

2）项目工作总结报告。项目工作总结报告是指一个项目或者项目某个阶段结束时的工作总结，是对现有项目或将来项目持续改进工作的一项重要内容，也可以作为对项目合同、设计方案内容与目标的确认和验证。项目总结的目的和意义在于总结经验教训、阐述项目结果的准确性和成功性、为绩效考核积累数据以及使项目干系人乐意接受项目成果。

（3）项目演示。项目演示是项目组织向项目干系人或政府有关管理部门提供的关于项目各方面情况的报告。

10.3.3 执行情况报告

执行情况报告是指收集和传播绩效信息，向干系人提供资源如何用于实现项目目标的信息，主要包括状况报告、进展报告与预测。执行报告一般应提供项目工作的范围、进度、成本、质量等信息（见图 10-16）。

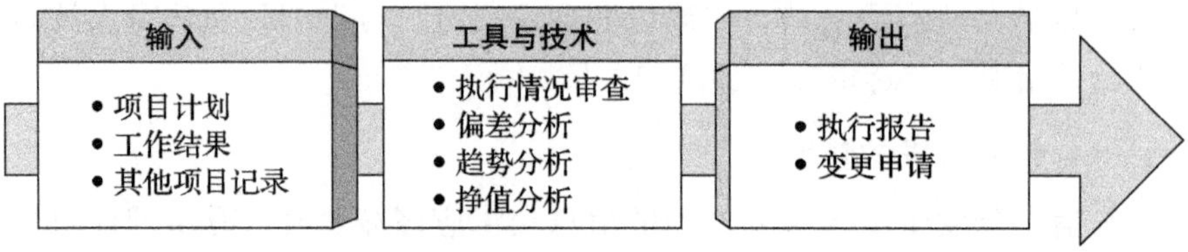

图 10-16 执行情况报告的输入、工具与技术、输出

1. 执行情况报告的输入

（1）项目计划。项目计划已在前面介绍过，此处不再赘述。

（2）工作结果。工作结果是指已全部或部分完成的子项目，已发生或已分担的成本等项目计划执行的结果，是为完成项目工作而进行的具体活动结果。工作成果资料主要包括：工作细目的划分、工作进度，满足质量标准的程度以及已发生的成本或将要发生的成本等工作结果。

（3）其他项目记录。除了项目计划和项目工作结果之外，其他项目记录包括评价项目绩效时应当考虑的有关项目环境的信息，如信函、备忘录、报告和说明项目的文件等。

2. 执行情况报告的工具与技术

（1）执行情况审查：执行情况审查是为评估项目状况和进展而举行的会议，一般同下面几种工具技术一同使用。

（2）偏差分析：偏差分析是指将实际的项目结果与计划或预期的结果进行比较。

（3）趋势分析：趋势分析用来检查项目结果，从而确定执行的状况。具体方法分为时间序列法、因果 / 计量经济学方法、判断方法及其他方法等。

（4）挣值分析：挣值分析是衡量执行情况时最常用的方法，将范围、成本和进度等度量标准结合，帮助评估项目执行情况。

3. 执行情况报告的输出

执行情况报告的输出结果就是执行情况报告，它包含整理和总结的各种分析结果的项目信息，执行情况报告应按沟通计划所记载的各个干系人的要求提供信息范围与详细程度。

（1）执行报告。执行报告按照项目沟通管理计划的规定，提供各类项目干系人需要的符合详细等级的信息。包括条形图（也称为甘特图）、S 曲线、矩形图和表格。

（2）变更申请。项目执行情况分析的结果常常要求对项目的某些方面做出修改。这些变更申请由各类变更控制程序处理，主要包括纠正措施和预防措施两类，例如范围变更处理、进度控制等。

10.3.4　管理收尾

项目沟通管理实施过程中的最后一个过程就是“管理收尾”。也就是项目或项目阶段在达到目标或因其他原因终止后需要做收尾工作。管理收尾包括对项目结果的鉴定和记录、项目记录的收集，确保项目记录能够准确反映项目最终输出结果，使干系人认可最终项目成果，如图 10-17 所示。

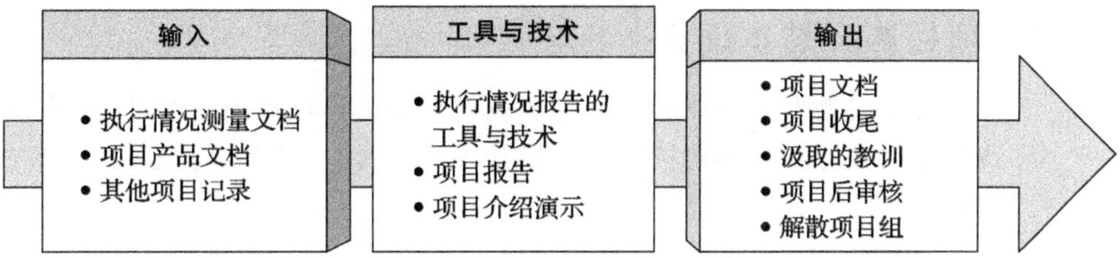

图 10-17　管理收尾内容图

1. 管理收尾的输入

（1）执行情况测量文档。所有为记录与分析项目绩效的文件资料，包括确定执行情况评估构架的计划文件，均应在管理收尾过程中准备就绪，以备审查。

（2）项目产品文档。用来描述项目产品的文件（计划、规格、技术文件、图纸和电子文档等，所用术语因应用领域而异）也应在行政收尾期间准备就绪，以备审查。

（3）其他项目记录。源自“信息分发”过程的输出。

2. 管理收尾的工具与技术

（1）执行情况报告的工具与技术（详见 10.3.3 部分）。

（2）项目报告。主要包括项目工作总结报告，可以对现有项目进行收尾或对将来项目持续改进。

（3）项目介绍演示。在收尾时向项目干系人提供的关于项目各方面情况的总结报告。

3. 管理收尾的输出

（1）项目文档。一套完整的、编有目录或索引的项目记录应由合适的参与者整理就绪，并准备存档。管理收尾过程的所有输入都会包含在项目档案中。

（2）项目收尾。项目收尾是为确认项目已满足了顾客对项目产品的全部要求。正式的验收还包括有项目干系人、客户发布项目验收通知户，或者由项目主管向项目干系人及客户发布相关通知。将正式验收记入文档非常重要，一方面这表明了项目获得顾客或者客户的认同并正式收尾，另一方面标志着质量保证期的开始。

（3）汲取的教训。记录项目的成功与失败，汲取的教训是项目管理者和项目组成员在项目进行过程中思考后留下的经验总结，作为历史资料的一部分。经验教训可供项目成员把一个项目中获得的知识带到将来工作的其他项目中，防止重复犯同样的错误。

（4）项目后审核。项目后审核与经验教训过程一起，都会从项目的开始到结束进行检查，评估项目目标并且确定该项目的产品或服务是否符合项目目标的要求。

（5）解散项目组。在项目结束时，项目管理者会解散自己的项目组成员，他们将回到各自的职能部门或者在矩阵型组织结构中被分配到一个新项目中。

10.4 项目冲突管理

10.4.1 项目冲突基本理论

项目冲突是组织冲突的一种特定表现形态，是项目内外部某些关系难以协调而导致的矛盾激化和行为对抗。对项目管理者而言，冲突不仅是可以管理的，还是可以利用的。

1. 冲突的内涵及阶段

从心理学角度来看，冲突是指发生于两个或两个以上的当事人之间，因对目标理解的相互矛盾以及对方对自己实现目标的妨碍而导致的一种激烈争斗。冲突的内涵揭示了以下关系。

（1）冲突是发生在两个或两个以上的当事人之间的，如果只有一个人，则不存在对立方，就无所谓冲突，而不相干的人之间也不可能发生冲突。

（2）冲突只有在所有的当事人都意识到了争议存在时才会发生。

（3）所有的冲突都存在赢和输的潜在结局。

（4）冲突总是以当事人各方相互依存的关系来满足各方的需求，即冲突与合作是可以并存的。

冲突是一个能动的、互相影响的过程，它的发展通常是有一定规律可循的。一般来说，它包括：潜伏、被认知、被感觉、出现以及结局五个阶段，如图 10-18 所示。

图 10-18　冲突的五个阶段

在第一阶段中，冲突处于潜伏期，此时不存在公然的冲突，只是产生了冲突的条件，使冲突成为可能；第二阶段是冲突的被认知阶段，即冲突各方开始注意到冲突问题；第三阶段是冲突的被感觉阶段，当一个或更多的当事人对存在的差异有情绪上的反应时，冲突就达到了被感觉的阶段；第四阶段是冲突的出现阶段，这一阶段冲突由认识或情感上的发觉转化为行动，冲突的当事人可能会选择扩大冲突，也可能会决定对冲突进行妥善处理；第五阶段是冲突的结局，这是冲突的最后阶段，冲突的结局说明冲突的结果，分析冲突可能出现的结局可以为决策提供正确的信息。

2. 项目冲突分类

项目冲突是由于项目团队的临时性以及项目领导需要管理的外部层面的数目所引起的。项目冲突的产生源于项目管理的诸多方面：项目团队个人因素、项目团队角色因素、项目团队目标差异因素等。具体可分为项目组织部门之间的冲突和项目成员的角色冲突两类。

（1）项目组织部门之间的冲突。项目组织部门之间的冲突通常包括垂直冲突，即上级部门与下级部门之间的冲突；横向冲突，即组织中通过横向分工形成的不同职能部门间的冲突；指挥系统与参谋系统的冲突，参谋人员经常抱怨，自己被要求理解指挥人员的需要，给予建议，但指挥人员往往忽略参谋人员的存在。

（2）项目成员的角色冲突。项目成员的角色就是指项目成员在项目组织中所处的位置，角色冲突通常发生在一个人被要求扮演两种或两种以上的矛盾、互相排斥的不一致的角色时。角色冲突可以分解为统一指令的矛盾要求、来自不同指令者的矛盾要求、个人充当的不同角色之间的冲突以及角色与个体的冲突。

3. 项目冲突分析

（1）团体间冲突的根源。团体间冲突的根源有以下四个方面。

1）任务相互依赖。组织内的团体产生的冲突主要源于三种不同类型的相互依赖，即集合依赖、顺序依赖和相互依赖。

2）对稀缺资源的依赖。团体间冲突的根源是差异性和相互依赖，但是冲突的强度主要取决于各团体对某些稀缺资源的依赖程度。因此，各子团体能够察觉到的彼此共同资源的依赖程度越高，彼此之间发生冲突的可能性就越大。

3）管辖权的模糊。各个团体对财产和资源等管理权限及义务常存在界定不清的情形，在需要双方共同努力达成某项方案时，冲突就会发生。

4）直线与参谋之间的关系。参谋人员与直线人员之间、参谋部门与直线部门之间经常会发生冲突，两者冲突的根源主要有：两者都认为自己的领域经常被对方侵占、两者效忠的对象不同、双方进行互动的方式不容易被彼此接受以及知识与职权的分离等。

（2）冲突因素的分析。项目中的人是最重要的因素，也是冲突的主要因素。图 10-19 展示了冲突的根源，如项目中与人相关的利益团体、价值观、信息、权力、态度和动机。

（3）冲突强度的影响因素。影响冲突强度的因素有专业技术差异、项目管理者权力、项目目标理解能力、成员角色明晰度、项目目标一致性、项目管理系统创新性、组织依赖性与管理层次。

10.4.2 项目生命周期的冲突管理

项目生命周期中的冲突主要包括：项目进度冲突、项目优先权冲突、人力资源冲突、技术冲突、管理程序冲突、项目成员冲突和成本费用冲突七个方面，冲突强度的大小排序如图 10-20 所示。

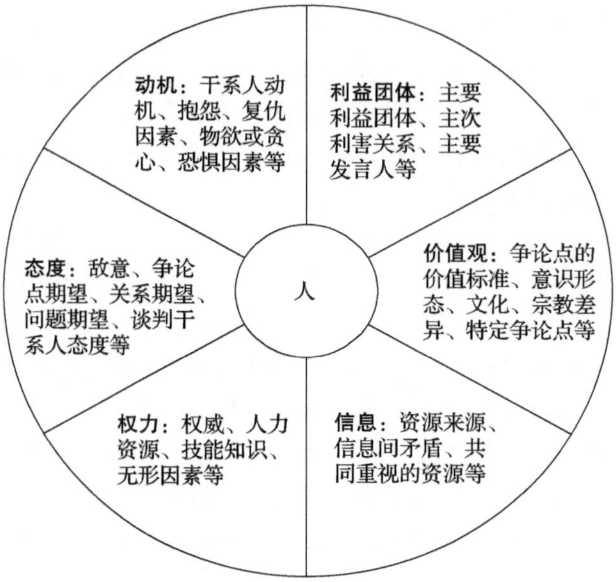

图 10-19　项目冲突因素分析

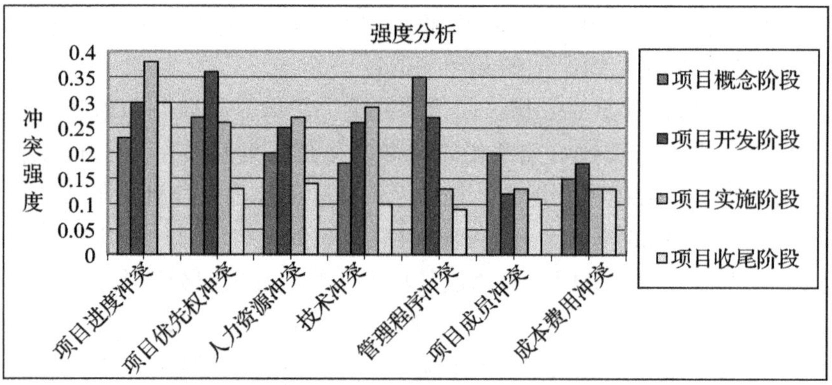

图 10-20　项目生命周期冲突强度

项目进度冲突强度最大，项目进度冲突常因项目经理对这些部门有限的权力而发生。项目优先权冲突占据第二位，优先权问题带来的冲突主要表现在工作活动的优先顺序与资源分配的先后顺序上。

人力资源冲突的强度排在第三位，在资源的分配中，人员是关键，人力资源冲突时有发生。当项目组织需要某方面的专业人才，而职能部门不能及时调配或无法调配时，人力资源冲突随之而来。技术冲突的强度排在第四位，通常支持项目的职能部门主要负责技术投入和性能标准，而项目经理主要负责费用、进度计划和性能目标。职能部门常常会把技术问题推给项目经理来定夺，而项目经理会因为费用或进度计划限制而必须否决技术方案。

管理程序冲突的强度排在第五位，大部分管理程序的冲突几乎均衡地分布于各职能部门、项目成员和项目经理等几个方面。项目成员冲突的强度排在第六位，项目成员冲突的内容包括项目成员的个性冲突、团队之间的冲突与团队内部的冲突等。

成本费用冲突的强度排在最后，当项目经理与其他部门磋商，让该部门完成项目的一些任务时，成本费用冲突经常会发生。由于紧张的预算限制，项目经理希望尽量减少费用，但是实际执行者都希望项目在预算中扩大他的那部分。此外，引起费用增加的技术问题或进度调整也会引起冲突。

10.4.3 项目各阶段冲突的解决

1. 项目概念阶段冲突的解决

在项目的启动期，投入的资源相对较少，主要的工作任务是进行项目识别和项目构思，是纯粹的智力劳动，所需人员也较少，冲突源排序为：项目优先权、管理程序、项目进度、人力资源、成本费用、技术和项目成员。其中，就项目优先权、管理程序和项目进度冲突做简单解释（见表 10-3）。

表 10-3 主要冲突源及减少冲突有害的结果的建议

<table>
<tr><th>项目周期阶段</th><th>冲突来源</th><th>建议</th></tr>
<tr><td rowspan="3">项目概念阶段</td><td>项目优先权</td><td>清楚定义项目计划，有关部门共同决策或者相互协商</td></tr>
<tr><td>管理程序</td><td>建立执行项目必须遵守的详细管理程序，并确保得到关键管理者的批准认可，制定项目章程或者其他能明确大家对项目理解一致的说明文档</td></tr>
<tr><td>项目进度</td><td>在项目开始之前就对项目进度做出承诺；预测各部门的优先权，评估对项目进度的影响</td></tr>
<tr><td rowspan="3">项目开发阶段</td><td>项目优先权</td><td>通过项目状态评估会议，向支持部门提供预计的项目计划和需求</td></tr>
<tr><td>项目进度</td><td>和职能部门一同对工作分解结构中的各个工作包安排进度</td></tr>
<tr><td>管理程序</td><td>对关键管理问题要制订应急计划</td></tr>
<tr><td rowspan="3">项目实施阶段</td><td>项目进度</td><td>连续不断地监督工作进展；向受项目影响的各参与方报告信息和工作总结；对问题进行预测并考虑代替方案</td></tr>
<tr><td>技术</td><td>尽早解决技术问题，与技术人员沟通，介绍项目的进度和成本的限制条件；强调尽早进行充分的技术测试，尽早就最终设计方案达成一致</td></tr>
<tr><td>人力资源</td><td>尽早就人力资源需求进行预测和沟通，与职能部门沟通确定人力资源需求和优先权</td></tr>
<tr><td rowspan="2">项目收尾阶段</td><td>项目进度</td><td>项目进度监控收尾，考虑重新安排人员到一些关键项目活动上，加快解决问题，防止影响项目进度</td></tr>
<tr><td>项目成员和人力资源</td><td>为项目结束后人力资源的再分配做计划，保持与项目团队和支持部门的友好合作关系，缓解项目中的紧张工作气氛</td></tr>
</table>

（1）项目优先权。在项目的启动阶段，项目组织还未真正形成，项目的领导班子在其所属的公司框架中开始启动项目。在工作活动的优先权问题上，项目经理、职能部门以及顾问部门常常会孕育和产生冲突。

（2）管理程序。在这个阶段，管理程序排在冲突源的第二位。项目经理要负责解决许多非常关键的管理问题：项目组织的设计问题、项目经理的权力问题、项目经理如何控制资源以及项目经理如何沟通等问题。

（3）项目进度。在项目启动阶段，项目团队成员必须调整他们自己的运行方式以适应新型的项目组织，这种调整极有可能引发冲突。

2. 项目开发阶段冲突的解决

在项目开发阶段，面对既定的工作方案，需要做的主要任务有制订项目计划书与制定项目规划。一般来说，项目的开发所经历的时间较短，在人力、物力和财力的投入上也相对较少，但是在资源的投入上已明显超过了项目的启动期。项目开发阶段的冲突源排序为：项目优先权、项目进度、管理程序、技术、人力资源、项目成员和成本费用。其中，就项目优先权、项目进度、管理程序和技术冲突做简单解释。

（1）项目优先权。在本阶段，项目优先权的冲突仍然是最为重要的冲突，其中的一些表现是上一阶段的延伸与发展。

（2）项目进度。在项目开发阶段，项目进度冲突变得更加强烈了，它从概念阶段的第三位升级到了第二位。在项目开发阶段，冲突可能是根据整个项目计划所确定目标进度计划的强制性而发展起来的。

（3）管理程序。在项目开发阶段，管理程序冲突的强度开始降低。随着项目的推进、各项规章制度的建立，管理问题会逐渐减少。但是管理仍然不能松懈，否则就有可能使项目陷入混乱和冲突状态，又出现项目概念阶段可能发生的管理冲突。

（4）技术。技术冲突从概念阶段的第六位升级到了第四位。技术冲突一般是由于项目的职能部门或项目协作方没有满足技术要求或要求增加它所负责的技术投入而导致的。

3. 项目实施阶段冲突的解决

项目实施阶段的工作是从无到有的实现过程。这一阶段的主要任务是执行项目计划书并进行项目的监督和控制。项目实施阶段的冲突源排序为：项目进度、技术、人力资源、项目优先权、管理程序、成本费用和项目成员。其中，就项目进度、技术、人力资源和项目优先权冲突做简单解释。

（1）项目进度。在本阶段，项目进度冲突是最强烈的。它可能是在项目的早期发展起来的，它们常与进度计划的建立有关。在项目实施阶段，项目经理的职责常常表现为对进度计划的“管理与调整”。

（2）技术。在实施阶段，技术的冲突发展成为相当重要的冲突源。这其中的主要原因是：①实施阶段是以项目各子系统的第一次集成为特征的，其集成过程具有复杂性，因而常在系统集成欠缺或一个子系统技术落后时产生冲突，这将轮流影响其他的部件和子系统；②部件可以按原型设计但并不确保所有的技术问题都被消除；③在可靠性与质量控制标准、各种设计问题和测试程序上发生冲突。

（3）人力资源。在本阶段，人力资源升级到了第三位。对人力的需求在实施阶段达到了最高水平。如果有关的参与方还正向其他项目提供人员，那么人力供应能力的严格限制和项目需求的一再扩大必定产生矛盾。

（4）项目优先权。在本阶段，优先权冲突的强度继续下降，排到第四位。项目优先权本身就是一种极易在项目早期出现的冲突形式。

4. 项目收尾阶段冲突的解决

项目的收尾期是项目生命周期的最后阶段，其主要工作包括项目的竣工、验收、移交、评价和总结，项目的试运转等。项目收尾阶段的冲突源排序为：项目进度、项目成员、人力资源、项目优先权、成本费用、技术和管理程序。其中，就项目进度、项目成员、人力资源和项目优先权冲突做简单解释。

（1）项目进度。在这一阶段，项目进度冲突的强度仍然是最强烈的。许多在实施阶段发生的进度计划错位很容易传递到项目的收尾阶段。从量的积累到质的变化，这些错位的积累在这一阶段将会严重影响整个项目，甚至会导致项目目标的最终失败。

（2）项目成员。在本阶段，项目队员冲突升级到了第二位，这其中的原因有：①项目团队成员对未来的工作安排的关注与紧张；②由于项目参加者在满足紧迫的进度计划、预算、性能要求与目标上承受的压力，人际关系可能在这个阶段受到相当大的损失。

（3）人力资源。在本阶段，人力资源冲突的强度排在第三位。这是因为公司中新项目的启动常常会与进入结束阶段项目的团队进行人才争夺。相反，项目经理也可能经历这样的冲突，即公司的职能部门应该吸收剩余成员，但回去的成员却影响项目团队的预算和项目组织的可变性。

（4）项目优先权。在本阶段，项目优先权冲突会经常直接或间接地与公司内其他项目的启动有关。这可能是因为，新组成的项目工作任务可能需要得到急切的关注和承诺，但关注和承诺不得不被压在很紧的进度计划内；队员可能因为当前的项目进度变动与事前承诺之间的冲突，或者因为突然而来的新工作安排而过早地离开目前的项目。

10.4.4　项目冲突管理策略

1. 项目冲突管理的阶段

项目冲突管理一般包括诊断、处理和结果三个阶段。

（1）诊断。诊断是项目冲突管理的前提，是发现问题的过程。项目负责人在诊断过程中要充分认识到冲突发生的层面，问题出现在哪里，以及在什么时候做出降低冲突的反应。

（2）处理。项目冲突处理包括事前预防冲突、事后处理冲突和激发冲突三个方面。事前预防冲突包括事前规划与评估、人际或组织沟通、工作团队设计和健全规章制度等。事后处理冲突强调主客观资料收集、整理与分析，综合运用回避、妥协、强调和合作等策略，理性协商谈判，形成协议方案，监测协议方案执行并健全冲突处理机制。激发冲突强调将问题暴露出来，使问题及早得到重视；它能激起讨论，澄清成员们的观念；冲突迫使成员寻求新的方法；它可以培养人们的创造性，更好地解决问题。

（3）结果。对项目冲突的处理结果必然会影响组织的绩效，项目负责人必须采取相应的方法有效地降低或激发冲突，使项目内的冲突维持在一个合理的水平上，从而提高项目绩效。由于项目冲突具有性质的复杂性、类型的多样性和发生的不确定性等特性，需要对项目冲突进行深入的分析，采取积极的态度，选择适当的项目冲突管理方式，尽可能地利用建设性冲突，控制和减少破坏性冲突。

2. 解决冲突的模式

如果冲突处理恰当，它能极大地促进项目的工作，冲突能将问题及早地暴露出来并引起团队成员的注意，迫使项目团队寻求新的解决方法，培养成员的积极性和创造性，从而实现项目创新。解决冲突有以下五种模式。

（1）回避或撤出。回避或撤出的方法就是让卷入冲突的项目成员从这一状态中撤离出来，从而避免发生实质的或潜在的争端。这种方法有时是一种消极的解决途径，它可能会使冲突积累起来。

（2）竞争或逼迫。竞争或逼迫方法的精神实质就是“非赢即输”，在冲突中获胜要比“勉强”保持人际关系更为重要。

（3）缓和或调停。缓和或调停方法的实质是“求同存异”，在冲突中强调意见一致的方面，最大可能地忽视差异。

（4）妥协。妥协方法的实质是协商并寻求双方在一定程度上都满意的方法。这种方法的主要特征是寻求一种折中方案。

（5）正视。直接面对冲突是克服分歧、解决冲突的有效途径。通过这种方法，团队成员直接正视问题、正视冲突，要求得到一种明确的结局。这种方法既正视问题的结局，也重视团队成员之间的关系。每位成员都必须以积极的态度对待冲突，并愿意就面临的问题、面临的冲突广泛地交换意见。暴露冲突和分歧，才能寻求最好的、最全面的解决方案。

3. 项目冲突的解决办法

（1）深入分析可能的项目冲突源，减少有害冲突的发生。对于前述项目生命周期中的冲突分布，项目管理者必须十分了解，并能在事前通过计划对可能发生的冲突予以考虑或安排处理方案。

（2）以正确的观念对待冲突。冲突既是可避免的，也是必不可少的。必须将它保持在适当的水平，既不能让它过高、过多，干扰了正常的工作秩序，也不能使它过少，使组织缺乏必要的生机和活力。

（3）加强沟通，培养团队精神，形成有益的项目文化氛围。工作范围内的冲突都可以接受，但实际上项目经理往往很难把握该何时介入，调节冲突，因为人的外在行为有时并不一定能反映其内心世界。

开篇案例解决方案

在项目沟通管理过程中，沟通障碍和项目冲突是不可避免的。在本章的开篇案例中，LNYM 经营管理理论萃取与实践提升项目在沟通管理中存在的沟通障碍和项目冲突问题的具体解决方案如下。

（1）耐心倾听，坦诚沟通：倾听是对信息进行积极主动的搜寻，是设身处地、深入彼此的交流方式。项目管理者应该在耐心倾听的前提下，积极与推进组交流沟通。

（2）正视矛盾，达成协议：面对顾问组与推进组在知识结构、文化背景、价值观念以及项目工作目标之间的矛盾，要加强推进组的专业知识培训，同时应该优化顾问组的表达方式，加强其方案展示以及培训工具的实用性，尽量满足推进组的接受要求。

（3）规范制度，共同实施：面对推进组对顾问组工作的干预和催促，要制定相应的制度规范，严格界定工作范围、工作进度和工作方式。此外，要严格遵守指定的例会制度与项目会议制度，保证顾问组的工作成果与推进组的沟通顺畅。

（4）加强沟通，团队合作：在项目进行过程中，冲突和沟通障碍在所难免，要想减少沟通障碍和矛盾冲突，项目管理者要在日常工作、生活中创造出一种和谐、愉悦的项目工作氛围，培养项目成员和谐的工作态度与正确的冲突理念，从而实现沟通的畅通和冲突的有效管理。

复习思考题

1. 沟通需要哪几个要素？
2. 沟通的障碍有哪些？
3. 怎样协调正式沟通和非正式沟通的关系？
4. 项目冲突一般包括哪些类型？
5. 项目冲突解决的基本策略包括几种类型？

扫一扫查看更多题目

学习链接

1. 孙秀霞、黄宝龙，《何去何从，ACRE 的项目“信息孤岛”困局》，中国管理案例共享中心，2021 年。
2. 林海芬、刘相彤、邓王凡易，等，《Social-Wiki：一个线上知识谱系项目的共建历程》，中国管理案例共享中心，2019 年。
3. 周宁、韩小汀、杨轶巍，等，《沟通专家难“沟通”：搜才公司信息化项目沟通困局》，中国管理案例共享中心，2014 年。
4. 陈福军、石华玲，《M 外包项目沟通中的内忧外患》，中国管理案例共享中心，2013 年。
5. 王宁、赵诗悦、张硕，《R 公司 - 巴西 SPE 项目公司》，中国管理案例共享中心，2022 年。
6. 孙世权 . 文化身份：跨文化商务沟通研究新视角 [J]. 社会科学家，2014（6）：156-160.
7. 焦晶 . 跨文化商务沟通能力模型构建及测评研究 [D]. 北京：对外经济贸易大学，2018.
8. 陈奕林，尹贻林 . 基于信任的合同柔性改善项目管理绩效研究 [J]. 科研管理，2019，40（3）：197-208.
9. 坎贝尔 . 项目经理的沟通技巧 [M]. 傅永康，陈万茹，译 . 北京：电子工业出版社，2022.
10. 张振刚，李云健 . 管理沟通：理念、方法与实践 [M]. 北京：清华大学出版社，2022.

第 11 章　项目采购管理

【学习目标】

☑ 理解并掌握项目采购管理的概念
☑ 了解项目采购管理的重要性
☑ 掌握项目采购管理的过程
☑ 掌握自制 / 外购分析方法
☑ 了解项目合同的类型
☑ 掌握项目合同的签约与履行

图 11-1 为项目采购管理概述图。

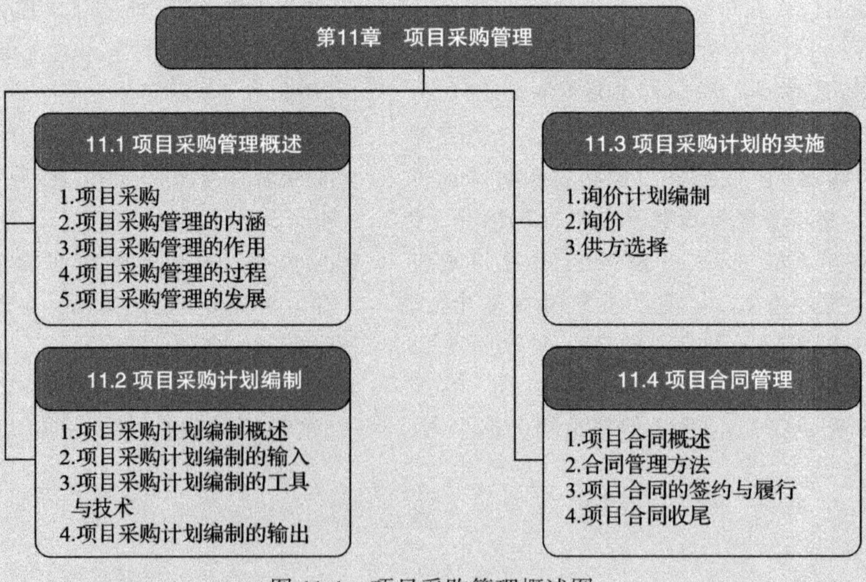

图 11-1　项目采购管理概述图

开篇案例　LNYM 管理提升项目在项目采购管理上的困境

LNYM 自从成立以来，历经多年发展，公司规模不断扩大，经营业绩和品牌口碑在行业中日益突出。2020 年，公司销售增幅再创新高，销售额近 64 亿元人民币。2021 年，公司继续保持多业态协同发展，销售额达 78.4 亿元人民币。

LNYM 的各项能力已经基本形成，生产已经初具规模，公司的整体运行正朝着既定的方向发展。然而，公司的高层管理人员越来越感觉到公司现有的状况并不能适应未来的发展规划，现有的问题亟须解决。高层管理人员通过会议讨论决定，通过招标聘请专门的咨询公司对公司进行改革。公司在发布招标信息后，相继收到 ZLJC 管理咨询公司、JDZX 公司、NEU 商学院以及其他咨询公司的投标书。通过了解，ZLJC 是我国成立时间最长、规模最大的本土管理咨询公司之一，经验比较丰富，但是相应的报价比较高，达到 300 万元人民币；JDZX 公司只做过少数几例管理咨询项目，但是报价最低，只有 120 万元人民币；NEU 商学院的管理咨询项目组由学院的教授组成，每一位教授在管理领域都颇具威望和实力，并拥有专业的管理技能，并且该项目组给许多企业做过管理咨询，企业都比较满意，他们的报价为 160 万元人民币。在了解到投标方的具体情况后，公司的一部分高层管理人员倾向于 JDZX 公司，认为公司现在虽然处于高增长阶段，但应该节省资金；另一部分高层管理人员倾向于 ZLJC，认为其管理咨询经验最丰富，能最大限度地保证项目实施的质量；还有一部分管理人员认为 NEU 商学院比较适合，因为其咨询项目组由学院教授组成，有比较先进的管理知识，而且给很多企业做过管理咨询，项目结果也有很高的保证。面对这种“三分天下”的意见形势，LNYM 的总经理该如何选择？

11.1　项目采购管理概述

11.1.1　项目采购

1. 项目采购的内涵

一个项目的执行除了需要必备的人力资源外，还必须具备相应的设备、设施、原材料、零件、服务和其他物质资源。在市场经济条件下，这些产品和服务是通过采购活动实现的，为了实现项目目标而从项目组织外部获取工程、货物、服务的过程，就是项目采购。

项目采购和传统的采购有很大的区别，它们的主要区别见表 11-1。

表 11-1　传统采购与项目采购的主要区别

类别	传统采购	项目采购
供应商、买方关系	可变	稳定
合作管理	可变	稳定
合同期限	短期	长期

（续）

类别	传统采购	项目采购
质量问题	检验、再检验	无须入库检验
与供应商的信息沟通	采购订单	采购订单、网络
信息沟通频率	离散的	连续的
对库存的认识	资产	资金的占用
供应商数量	多，越多越好	少
设计流程	先确定产品、供应后询价	供应商参与产品、工艺设计
交货安排	每月	根据项目进度
仓库	大，自动化	小，灵活

2. 项目采购的类型

项目采购管理可以按项目采购的形态、方式、采购人和采购复杂性进行分类。

（1）按项目采购形态分类，项目采购管理分为有形采购管理和无形采购管理。

1）有形采购：①工程采购，即通过招标或其他方式选择工程承包单位的活动，选定合格的承包商承担项目建设任务；②货物采购，即通过招标或其他方式采购项目建设所需投入物的活动，包括与之相关的服务，如运输、保险、安装、调试、培训和初期维修等。

2）无形采购，即服务采购是通过招标或其他方式采购服务的活动。咨询服务采购是项目采购的重要组成部门，包括聘请咨询公司采购和单个咨询专家采购。

（2）按项目采购方式分类，项目采购管理分为招标采购管理和非招标采购管理。①招标采购包括国际竞争性招标、有限国际招标和国内竞争性招标；②非招标采购包括询价采购、直接采购、自营工程等。

（3）按采购人分类，项目采购管理分为个人采购管理、家庭采购管理、企业采购管理和政府采购管理。

1）个人采购。个人采购是指个人使用资金采购的行为。

2）家庭采购。家庭采购是指以家庭为单位发生的采购行为。

3）企业采购。企业采购是指企业发生的采购行为。

4）政府采购。政府采购是指各级国家机关、事业单位和团体组织，使用财政性资金采购依法制定的集中采购目录以内的或采购限额以上的货物、工程和服务的行为。

（4）按采购复杂性分类。并非所有的项目采购都是一样的，在规模、风险水平、交易时间等方面存在差异。

3. 项目采购的范围

项目采购的范围包括以下几个方面。

（1）确定所要采购的货物、工程或服务的规模、类别、规格、性能、数量和合同或标段划分。

（2）市场供需现状的调查分析。

（3）确定招标采购的方式，包括国际竞争性招标、国内竞争性招标以及其他采购方式。

（4）组织招标、评标、合同谈判和签订合同。

（5）合同的实施与监督。

（6）合同执行中对存在问题的处理。

（7）合同支付。

（8）合同纠纷的解决等。

4. 项目采购的原则

项目采购的基本原则与项目发起人和出资人的利益密切相关，不同项目的投资者具有不同的项目采购倾向。在市场经济体制下，项目采购应遵循市场经济的普遍规律，致力于培养和维护一个健康和谐的社会和经济秩序。项目采购的基本原则如下。

（1）经济性和效率性。项目采购的经济性和效率性是指所采购的工程、货物和服务应具有优良的品质，以及在合理的时间内完成采购，从而满足项目工期的要求。

（2）均等竞争性。项目采购的均等竞争性是指在项目采购中给予合格竞争者均等的机会，它包含两个方面的含义：一是所有的合格货源提供者都可以参加项目的资格预审、投标、报价；二是所有来自合格货源提供者的资格预审申请、投标问价和报价都必须受到公正对待。

（3）透明性。项目采购的透明性是指项目采购的整个过程具有高度的公开性。项目采购的透明性主要强调采购过程透明，采购过程包括招标、投标、评标与中标等全过程。

（4）质量标准。项目采购必须坚持明确的质量标准，采购符合要求的材料、设备和服务。

5. 项目采购的方式

为了保证项目既定目标的实现，项目所需资源的采购方式有以下几种。

（1）公开招标采购，又称无限竞争式采购，是指项目招标单位通过公众媒体工具发布招标广告、吸引众多投标者、广泛征集投标意向书，在对征集的投标意向书进行分析，对投标单位进行资格审查后，允许其购买标书进行投标的方式。

（2）有限竞争性招标，又称为邀请招标或选择招标，是指经过批准，以投标邀请书的方式，邀请五个以上特定的供应商投标的采购方式。这种方式的优点是投标者资质有保障，能够更加快速、高效地完成招标；其缺点是邀请时易带有感情色彩。

（3）竞争性谈判采购，是指经批准直接邀请三个以上的供应商就采购事宜进行谈判。

（4）询价采购，以这种方式采购，买方仅需向几个供应商询价进行比较，然后确定供方，这种方式能够确保价格的竞争性。

（5）单一来源采购，是指所采购的商品（设备）只有一个供应商，项目组织直接向其购买。有些不能或不便进行竞争性招标或不存在竞争性招标优势的项目采购可采用这种方式。

11.1.2 项目采购管理的内涵

对项目采购进行一系列的计划、组织、指导、控制和协调工作，就是项目采购管理。许多项目涉及某种形式的合同签订或采购，采购可以涵盖从材料、资本设备和用品到解决方案、劳动力和服务的所有内容。在进行采购之前，项目经理和拥有相关技术资质的项目团队成员会与合同签订专业人士合作，制定建议邀请书（RFP）、工作说明书（SOW）、条款和条件以及其他必要的招标文件。

采购可以在项目期间的任何时候进行，但预先规划有助于设定期望，确保采购过程顺利进行。一旦了解高层级范围，项目团队就会进行自制或外购分析，这包括确定将在内部开发的可交付物和服务，以及将从外部资源购买的可交付物和服务。合同签订专业人士需要事先了解所需货物类型、何时需要这些货物以及所采购货物或服务所需的任何技术规范。项目采购管理是保证项目成功实施的关键活动，项目采购管理的总目标是以最低的成本及时地为项目提供满足它需要的产品。

11.1.3 项目采购管理的作用

有效的项目采购管理十分重要，可以降低项目成本；避免合同纠纷；规范采购程序，严谨内部制度；如期交货，保证交货质量。

（1）降低项目成本。能不能经济而有效地进行采购，不仅影响着项目成本，而且也关系着项目预期的经济效益。

（2）避免合同纠纷。健全的项目采购管理工作，要求在充分调查分析市场情况、准确掌握市场变化趋势的前提下制订项目采购计划，保证预算既符合市场行情，又留有一定余地。

（3）规范采购程序，严谨内部制度。周密的采购程序是有效的内部牵制制度。

（4）如期交货，保证交货质量。好的采购工作，应通过招标的方式进行，在招标文件中对所采购的货物或服务的技术规格、交货日期等方面做出具体规定。

11.1.4 项目采购管理的过程

项目采购是一项很复杂的工作，只有遵循一定的采购程序，才能够保证采购工作有条不紊地进行。项目采购管理的过程如图 11-2 所示。

（1）准备工作。在实施项目采购工作之前，项目组织及其采购代理人必须清楚地知道所需采购产品的有关情况，主要包括以下几种情况。

1）根据项目设计的需要，确定所需采购的货物或服务的品种类型、性能规格、质量要求和数量等。

2）了解市场情况，熟悉所需采购产品的市场（包括国际市场和国内市场）、价格和供需情况，及时掌握所需采购产品的相关市场信息，建立良好的市场信息跟踪机制。

3）了解有关产品或服务的保险，损失赔偿的法律法规及通行惯例。

4）国际市场采购还需要了解有关国家的汇率情况、国际贸易的支付方法等信息。

5）如果项目资金不足，以贷款或者融资租赁，那么还需要了解国家相关政策、法规。

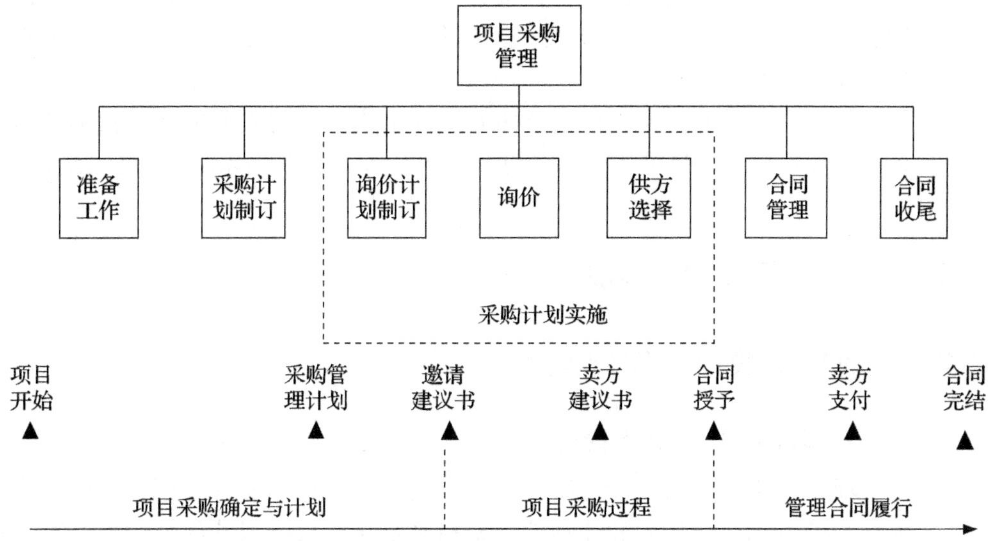

图 11-2　项目采购管理过程

（2）采购计划制订。采购计划制订是指确定从项目组织外部需要采购哪些产品和服务以便满足项目实施需要的过程。

（3）采购计划实施。项目采购计划的实施包括询价计划制订、询价和供方选择。

（4）合同管理。包括与选定的各个供应商完成项目采购合同谈判，以及合同签订以后所开展的项目采购合同履约过程中的管理工作。

（5）合同收尾。合同收尾就是按照合同的规定和要求，对合同的提交结果进行核实和验收，并进行移交、付款以及解决未尽事项、结束合同的过程。

项目采购管理的这几个过程不是彼此分割独立的，它们之间及其与项目其他方面的管理（如成本管理、时间管理、质量管理）之间存在着相互依存的关系，同时也存在着某种程度的交叉和重叠，须统筹考虑，系统规划。

11.1.5　项目采购管理的发展

现代项目采购管理是用先进的信息管理技术对现代项目过程采购信息的收集、整理、存储传播和利用的过程，同时对涉及项目过程中采购活动的各种要素和资源进行合理配置。项目采购管理表现出以下一些特征。

（1）电子商务化。电子商务的发展可以为项目采购带来两个直接的好处：一是实时性，电子商务突破了时空的限制；二是通过电子商务可以获取采购数据。

（2）战略性成本管理。采购管理中的关键内容是降低项目总的采购成本，为了成功地进行战略性成本管理，供应链成员必须正确认识战略涵盖的内容：一是对项目的业务流程加以改进，识别并消除不带来增值的成本和行为；二是在供应链中制定技术性和特殊性产品和服务的价格策略；三是在不同的市场中分享成本模型和节约的成本。

（3）战略采购。战略采购源于对物资分类管理的细化，战略采购在未来将有两种发展趋势：一是供应商评估标准将越来越详细、准确；二是衡量供应商绩效的指标越来越个性化，寻找制定合适标准的平衡点，既满足供应链的具体要求，又不致过于复杂而难以管理。

（4）全球采购。大型跨国公司和国际采购组织的采购网络正在加速向中国市场延伸。此外，跨国公司和国际采购组织在中国市场的采购活动日趋频繁和活跃。

11.2 项目采购计划编制

11.2.1 项目采购计划编制概述

1. 项目采购计划编制的过程

项目采购管理的任务是制订采购计划，并按计划安排好项目采购工作，从而实现项目的目标。项目采购计划编制是指确定从项目组织外部采购哪些产品和服务能够最好地满足项目需求的过程，其过程如图 11-3 所示。

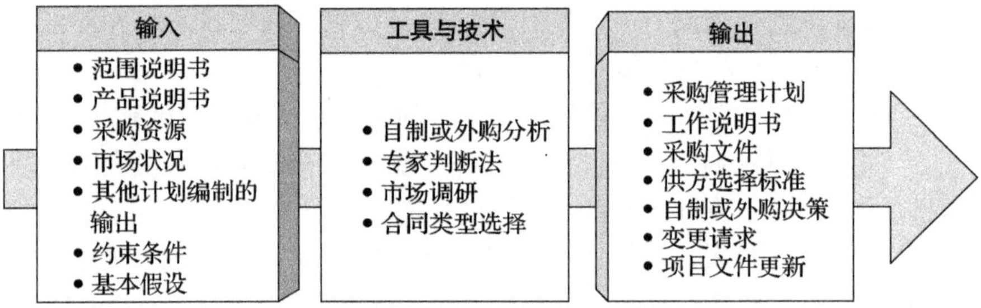

图 11-3 项目采购计划编制的过程

2. 项目采购计划的内容

项目采购计划就是确定从项目组织外部采购哪些产品和服务，从而更好地满足项目需求的文件。在采购计划中，应该说明如下问题。

（1）采购什么，即项目采购的对象。项目采购计划管理要求采购的产品应满足四个条件：第一是适用性（即项目采购的产品要符合项目实际的质量要求）；第二是通用性（即项目采购的产品最好可以通用，在项目采购中尽量不使用定制化的产品）；第三是可获得性（即能够在需要的时间内，以适当的价格，及时得到要采购的产品）；第四是经济性（即在保证质量的前提下，从供应来源中选择成本最低的供应商，从而降低项目成本）。

采购计划的主要内容应包括：产品名称、产品规格、产品化学或物理特性、产品所用材料、产品制造要求与方法、产品用途或使用说明以及产品质量标准和要求等。

（2）何时采购，即项目组织需要安排和计划的采购时间。采购过早会增加库存量和库存成本，而采购过迟又会因库存量不足而导致项目停工待料和工期拖延，造成资源的浪费。在决定“何时采购”时，需要从采购的产品投入项目使用之日算起，推出合理的提前期。

（3）如何采购，即在项目采购过程中采用何种工作方式以及采购的大致方针和具体的交易条件，主要包括：是否采用分批交货的方式、采用何种产品供给与运输方式以及具体项目采购产品的交货方式和地点等。

（4）采购多少，是有关项目采购数量的管理。任何项目所需产品的采购数量一定要恰当，所以需要进行计划管理。项目所需产品的采购数量须根据项目实际情况决定。

3. 项目采购编制前期准备

项目采购是一项很复杂的工作。项目组织及其采购代理人，在实施采购前必须清楚地知道所需采购的货物或服务的各种类目、性能规格、质量要求、数量等，必须了解并熟悉国内、国际市场的价格和供需情况、所需货物或服务的供求来源、外汇市场情况、国际贸易支付办法、保险、损失赔偿惯例等有关国内、国际贸易知识和商务方面的情报和知识。

（1）项目设计准备。做好项目设计是采购的先决条件，一个项目的技术水平决定它所需采购的内容，主要考虑以下三个方面。

1）先进的技术设备应与其他产品、服务配套。

2）项目的技术和劳动力密集程度。项目的技术必须与劳动力密集程度达到平衡。

3）技术水平应恰到好处，力求以最低成本取得最佳效果。采购项目技术要求的高低会影响供货方的竞争性。

（2）熟悉市场情况。掌握有关项目所需要的货物及服务的市场信息是采购准备的重要内容之一，包括以下市场信息。

1）对货物采购而言，一项重要工作是对市场进行广泛的调查和分析，掌握有关采购内容的最新国内国际行情，了解采购物品的来源、价格、货物和设备的性能参数以及可靠性等。

2）对工程采购和咨询服务而言，市场的调查分析应侧重于建筑市场和咨询业的国际国内供需关系的变化，掌握相关行业的承包商和咨询公司的业绩、技术力量、声誉方面的信息以及建材市场与施工市场的行情起落及国内外咨询专家工资水平的变化等。

缺乏可靠的市场信息会导致采购中判断错误，良好的市场信息机制应包括以下三方面。

1）建立重要的货物来源记录，以便需要时能随时提出不同的供应商所能供应货物的规格性能及其可靠性的相关信息。

2）建立同一类目货物的价格目录，以便采购者能利用竞争性价格得到好处。

3）对市场情况进行分析研究，做出预测，使采购者在制订采购计划、决定如何采购以及采取何种采购方式时，能有比较可靠的依据作为参考。

当然，项目组织不大可能全面掌握所需货物及服务在国际及国内市场上的供需情况和各承包商（供应商）的产品性能规格及其价格等信息。这一任务要求项目组织、业主、采购代理机构通力合作来承担。

11.2.2 项目采购计划编制的输入

（1）范围说明书。范围说明书中说明了项目目前的界限以及与项目范围相关的要求、制约因素和假设条件，包括产品范围描述、服务描述和成果描述、可交付成果清单和验收标准、有关技术问题的重要信息或可能影响成本估算的事项以及各种制约因素等。

（2）产品说明书。项目的产品说明书提供了在采购计划中必须考虑的所有技术问题和其他的重要信息。

（3）采购资源。如果执行的组织单位没有正式的合同部门，那么项目团队就必须自己寻求资源和专家以支持项目采购活动。一个项目所需资源的主要来源包括四个方面：项目业主或客户、外部劳务市场、分包，以及咨询专家和物料设备供应商。

（4）市场状况。在编制采购计划时，必须指定专人或组织一个工作小组进行采购调查，掌握相应信息，分析市场能提供何种产品、由谁提供以及使用的合同条件等。

1）对采购产品的调查。对市场所提供的产品的调查内容包括：对采购产品的分析，包括价格、期限、年使用费用和交通运输方式等，对采购产品生产过程的分析，对采购产品用途的分析，对采购产品供需的分析，对采购产品成本与价格的分析。

2）对供应方的调查。供应方是项目所需产品的提供者。采购方人员应该尽可能多地了解现有及潜在供应方的经营方法和市场地位，合理缩小供应方范围，初步确定供应方名单可使采购主管集中精力研究和分析关键供应方。

（5）其他计划编制的输出。项目管理的过程是由启动、计划、执行、控制和收尾五个具体过程构成的。

（6）约束条件。约束条件是限制项目组织选择所需资源的各种因素，对于许多项目来说，最普遍的约束条件是资金的可获得性。在制订项目采购计划时，须考虑由于项目资金的限制，可能不得不牺牲资源的质量等级，而去寻找价格更低，但同样能满足项目需求的资源。

（7）基本假设。由于项目采购存在着诸多变化不定的环境因素，项目的实施组织在实施采购过程中，面对变化不定的社会经济环境所做出的一些合理推断，就是基本假设。

11.2.3 项目采购计划编制的工具与技术

1. 自制或外购分析

项目可以分成两个部分，一是“自制”的部分，二是“外购”的部分，在编制项目采购计划时，一个非常重要的内容就是决定自制还是外购。自制或外购分析是收集和整理有关产品需求的数据，并对诸如采购产品与内部制造产品等可选的备选方案进行分析的过程，包括经营战略分析、成本分析、资源配置分析、需求分析和其他因素分析。

一般情况下，在做自制或外购分析时，可参照表 11-2。利用转折点分析法进行自制或外购选择决策分析，是一种普遍采用的管理技术，可以用来确定某种具体产品是否可由实施组织自己生产，而且节省成本。转折点分析法的方法为：画出产品外购时的成本曲线及自制此产品的成本曲线，两条曲线有一交点，通过在交点左右的讨论来确定是自制生产还是外购此产品。

表 11-2　自制或外购的理由分析表

自制的理由	外购的理由
● 自制成本更低 ● 增加、维持企业的规模 ● 无合适的供应方 ● 供应更有保障，使供需更协调 ● 质量要求极高或很独特，供应方无法达到要求 ● 利用或避免过剩资源的闲置 ● 避免对单一供应商的依赖 ● 保守技术秘密 ● 竞争、政治、社会或环境等因素迫使项目自制	● 外购成本更低 ● 缺乏管理或技术经验 ● 与供应方已经建立了良好的合作关系，供应方有能力提供合格产品或服务 ● 生产能力不足 ● 选择供应源与替代品比较灵活 ● 产品受到专利或商业秘密的保护

【例 11-1】某项目实施需要甲产品，若自制，单位产品变动成本为 12 元，并需另外增加一台专用设备 4 000 元；若外购，购买量大于 3 000 件时，购价为 13 元 / 件；购买量小于 3 000 件时，购价为 14 元 / 件。问：该项目组织如何根据用量做出甲产品取得方式的决策？

解：对此例进行分析时，有三条成本曲线，根据此题的特点采用转折点分析法较为方便。

设：x_1 表示用量小于 3 000 件时，外购产品转折点；

x_2 表示用量大于 3 000 件时，外购产品转折点；

x 表示产品用量。

则：用量小于 3 000 件时产品外购成本为 $y=14x$

用量大于 3 000 件时产品外购成本为 $y=13x$

产品自制成本为 $y=12x+4\ 000$

根据上述成本函数可求出

转折点 x_1：$12x_1+4\ 000=14x_1$，$x_1=2\ 000$ 件

转折点 x_2：$12x_2+4\ 000=13x_2$，$x_2=4\ 000$ 件

将三条成本曲线及转折点用图 11-4 表示：

因此，决策分析时以下列结果为依据：

①当用量在 0～2 000 件时，外购为宜；

②当用量在 2 000～3 000 件时，自制为宜；

③当用量在 3 000～4 000 件时，外购为宜；

④当用量大于 4 000 件时，自制为宜。

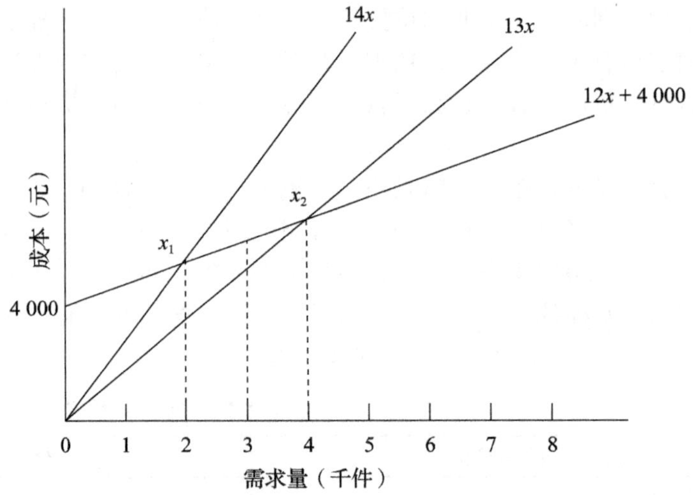

图 11-4　转折点分析图

同时，自制或外购分析还必须反映实施组织的发展前景和项目目前需要的关系。

2. 专家判断法

由于项目采购计划的制订涉及大量的技术、经济和社会等不确定性因素，往往很难使用纯定量的方法进行分析和决策，而这些不确定性因素的分析往往需要考虑决策者的心理、知识、经验和承担风险能力等因素。因此，采购计划的制订过程经常需要采购专家的技术支持。

专家判断法强调由那些具备特定知识或受过专项训练的个人或群体提供“专家判断”，然后使用一些定性分析和转化办法做出最终判断与决策。常用的专家判断法如下。

（1）专家会议法。专家会议法就是组织有关方面的专家，通过会议的方式，对采购产品的信息进行分析预测，然后在专家判断的基础上，综合专家意见，得出相应结论。

（2）德尔菲法。德尔菲法依靠专家“背靠背”地发表意见，各抒己见，然后调查工作组对专家们的意见进行统计处理和信息反馈，经过几轮循环，使分散的意见逐步收敛，取得尽可能一致的结论，其工作流程如图 11-5 所示。

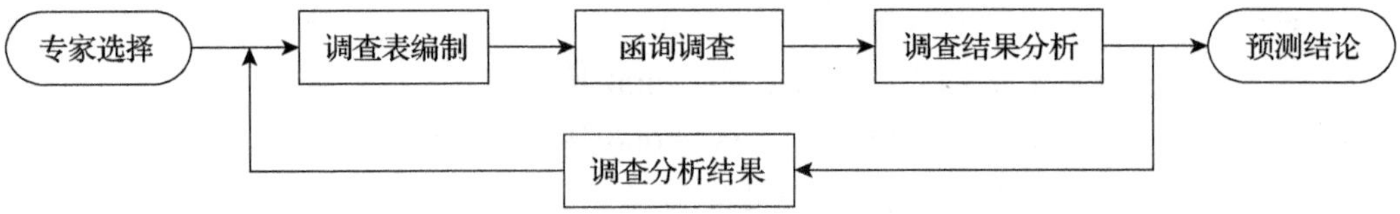

图 11-5　德尔菲法工作流程

（3）头脑风暴法。头脑风暴法是一种定型化的方法。具体做法是请一定数量的专家，由一名熟悉研究对象、善于启发思考的人主持会议，对预测对象的未来发展趋势及状况做出判断。通过专家面对面的信息交流，产生组合效应，在较短时间内取得较为明显的成果。

（4）层次分析法。即将与项目评价问题有关的元素分解成目标、准则、方案等层次，并在此基础上进行定性和定量分析的评价方法。

3. 市场调研

市场调研包括考察行业情况和供应商能力。采购团队可以综合考虑从研讨会、在线评论和各种其他渠道得到的信息，了解市场情况。采购团队可能也需要考虑有能力提供所需材料或服务的供应商的范围，权衡与之有关的风险，并优化具体的采购目标，以便利用成熟技术。

4. 合同类型选择

买卖方的风险分担由合同类型决定。一般情况下，人们比较喜欢固定总价合同，大多数组织都鼓励甚至经常要求使用固定总价合同。但在有些情况下，其他合同类型可能对项目更加有利。通常所选择的合同类型以及具体的合同条款和条件，决定各自承担的风险。

合同类型的选择需要很多因素，其中四个关键因素是：项目生命周期、项目风险、技术挑战性以及对采购产品的界定，如图 11-6 所示。

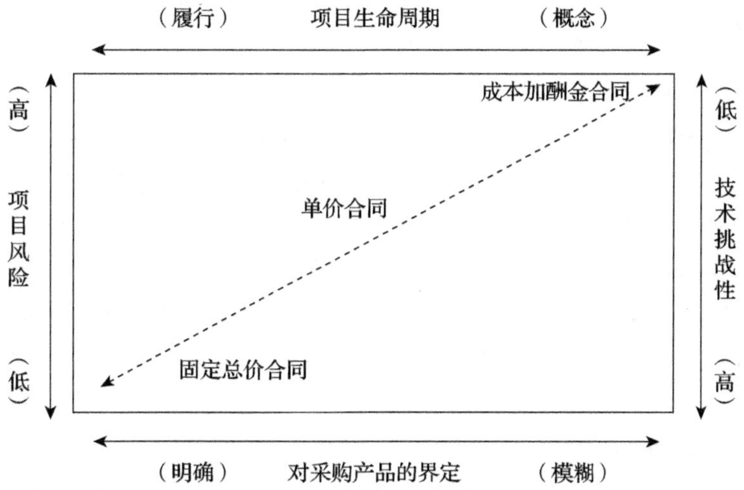

图 11-6　合同类型的选择

在项目采购过程中，除了需要考虑以上四个关键因素以外，还应该具体分析竞价范围、成本价格、项目紧急程度、合作合同（即是否允许其他卖方介入）、转包范围的限定等因素。

11.2.4　项目采购计划编制的输出

1. 采购管理计划

采购管理计划是描述如何管理从编制采购文件直到合同收尾的各个采购过程，即全面描述未来所需开展的采购工作的计划和安排。项目采购管理计划中应该包括以下内容。

（1）采用的合同类型。

（2）如果评估标准要求独立估算，由谁、何时进行估算。

（3）如果实施组织设有采购部门，项目管理团队本身应采取的行动。

（4）如果需要使用标准化的采购文件，应从何处获得。

（5）管理多个供应商。

（6）协调采购工作与项目的其他工作，如制订进度计划与报告项目绩效。

（7）能够对采购造成影响的制约因素和假设条件。

（8）处理购买产品所需的提前订货期，并与项目进度计划相协调。

（9）进行自制或外购决策，并与活动资源需求和计划制定过程相联系。

（10）明确合同中规定的可交付成果的交付日期，确保它与进度计划和控制过程相协调。

（11）检查履约保函或保险合同，从而降低项目风险。

（12）为供应商提供有关如何建立和维持合同工作分解结构的说明书。

（13）确定合同工作说明书应使用的形式和格式。

（14）确定经过资格预审的供应商。

（15）确定合同和评估供应商使用的采购测量指标。

根据项目需要，采购管理计划可以是正式的或非正式的、非常详细的或概括的。

2. 工作说明书

工作说明书应该对采购项目进行充分详细的说明，以便让预期的卖方根据工作说明书确定其是否具备提供该项目的能力。这里所说的"充分详细"是指必须根据项目采购的性质、买方的需求、预期合同格式等各种采购工作细节给出具体的说明。

在采购过程中，工作说明书可能被修改和细化。每一个采购项目（可以由多种产品组成）都需要一个单独的工作说明。工作说明书应尽可能地明确、完整和简练。它应包括一份对所附属服务的说明书，如与采购产品或服务相关的绩效报告和售后技术支持等。

3. 采购文件

采购文件是用于征集潜在卖方的建议书。如果主要依据价格来选择卖方（如购买商业或标准产品时），通常使用标书、投标或报价等术语。如果主要依据其他考虑（如技术能力或技术方法）来选择卖方，通常使用诸如建议书的术语。不同类型的采购文件有不同的常用名称，可能包括信息邀请书（RFI）、投标邀请书（IFB）、建议邀请书（RFQ）、投标通知、谈判邀请书及卖方初始应答邀请书。具体的采购术语可能因行业或采购地点而异。

买方拟定的采购文件不仅应便于潜在卖方做出准确、完整的应答，还要便于对卖方应答进行评价。采购文件的复杂和详细程度应与采购的价值和风险水平相适应。采购文件既要保证卖方做出一致且适当的应答，又要有灵活性，允许卖方为满足既定要求而提出更好的建议。

买方通常应该按照所在组织的相关政策，邀请潜在卖方提交建议书或投标书。可通过公开发行的报纸或商业期刊，公共登记机关或互联网来发布邀请。

4. 供方选择标准

供方选择标准通常是采购文件的一部分，制定这些标准是为了对卖方建议书进行评级或打分，标准可以是客观或主观的。

如果很容易从许多合格卖方获得采购品，则选择标准可仅限于购买价格。在这种情况下，购买价格既包括采购品本身的成本，也包括所有附加费用，如运输费用。

对于较复杂的产品、服务或成果，需要确定和记录其他选择标准。可能的选择标准如下。

（1）对需求的理解。卖方建议书对采购工作说明书的响应情况如何？

（2）总成本或生命周期成本。如果选择某个卖方，是否能使总成本（采购成本加运营成本）最低？

（3）技术能力。卖方是否拥有或能合理获得所需的技能与知识？

（4）风险。工作说明书中包含多少风险？卖方将承担多少风险？卖方如何减轻风险？

（5）管理方法。卖方是否拥有或能合理设计相关的管理流程和程序，从而确保项目成功？

（6）技术方案。卖方建议的技术方法、技术、解决方案和服务是否满足采购文件的要求？他们的技术方案将导致比预期更好还是更差的结果？

（7）担保。卖方承诺在多长时间内为最终产品提供何种担保？

（8）财务实力。卖方是否拥有或能合理获得所需的财务资源？

（9）生产能力和兴趣。卖方是否有能力和兴趣来满足潜在的未来需求？

（10）企业规模和类型。如果买方或政府机构规定了合同必须授给特定类型的企业，如小型企业（弱势和需特别扶持的企业等），那么卖方企业是否属于相应的类型？

（11）卖方以往的业绩。卖方过去的经验如何？

（12）证明文件。卖方能否出具来自先前客户的证明文件，证明卖方的工作经验和履行合同情况？

（13）知识产权。对它将使用的工作流程或服务，或者对它将生产的产品，卖方是否已声明拥有知识产权？

（14）所有权。对它将使用的工作流程或服务，或者对它将生产的产品，卖方是否已声明拥有所有权？

5. 自制或外购决策

通过自制或外购分析，做出某项特定工作最好由项目团队自己完成还是需要外购的决策。如果决定自制，那么可能要在采购计划中规定组织内部的流程和协议。如果决定外购，那么要在采购计划中规定与产品或服务供应商签订协议的流程。

6. 变更请求

关于购买产品、服务或资源的决策，通常会导致变更请求。规划采购期间的其他决策，也可能导致变更请求。对项目管理计划、子计划及其他组成部分的修改，可能导致对采购行为有影响的变更请求，从而影响采购行动。应该通过实施整体变更控制过程进行审查和处理。

7. 项目文件更新

可能需要更新的项目文件包括：①需求文件；②需求跟踪矩阵；③风险登记册。

11.3 项目采购计划的实施

11.3.1 询价计划编制

询价计划编制包括支持询价工作所需的文档准备工作。询价计划编制的过程如图 11-7 所示。

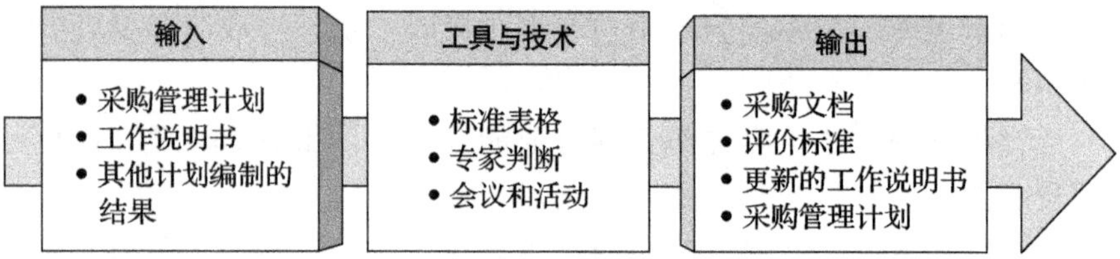

图 11-7 询价计划编制的过程

1. 询价计划编制的输入

（1）采购管理计划。

（2）工作说明书。

（3）其他计划编制的结果。

2. 询价计划编制的工具与技术

（1）标准表格：包括标准合同、采购项目的标准说明书，以及所需标书文档全部或部分的标准化版本。

（2）专家判断。

（3）会议和活动：会议是吸引项目团队和其他干系人参与的重要方式。

3. 询价计划编制的输出

（1）采购文档。采购文档用于向可能的卖主索要建议书，当主要依据价格选择供方时（如购买一般性商业产品或标准产品），通常采用术语“投标”和“报价”；非价格考虑事项，例如技术、技能或方法最为重要时，通常采用术语“建议书”。各种类型采购文档的常用名称包括投标邀请、邀请提交建议书、邀请报价、谈判邀请和承包商初步答复。

（2）评价标准。采购文档的组成部分之一，主要用于对建议书进行排序或评分。如果知道采购项目可以迅速地从几个可接受的来源中获得，则评价标准可能仅限于购买价格（本书中的“购买价格”包括采购项目成本和交货等附加成本）；如果情况不是这样，那么就必须确定其他选择标准并形成相应的文档，从而支持评估，比如以下标准。

1）理解需求。如卖方建议书中所示。

2）总成本或生命周期成本。选择的卖主能否提供最低总成本（采购成本加经营成本）。

3）技术能力。卖方是否具有，或是否合乎情理地认为卖方能够获得所需的技能和技术知识。

4）管理方法。卖方是否具有，或是否合乎情理地认为卖方能够制定保证项目成功的管理过程和程序。

（3）更新的工作说明书。在询价计划编制过程中，可能对一项或多项工作说明的修改。

（4）采购管理计划。项目或项目集管理计划的组件，说明项目团队将如何从执行组织外部获取物品和服务。

11.3.2　询价

询价是从预期的卖主那里获取有关项目需求如何被满足的意见反馈（建议书或投标书）。本过程绝大部分工作由可能的卖主承担，此时项目一般没有成本发生。

1. 询价的依据

（1）采购文档。

（2）合格的卖主清单。一些组织保存有可能的卖主清单或资料文件，这些清单中通常包括可能的卖主的相关经验和其他特点等信息。

2. 询价的工具与技术

（1）投标人会议。投标人会议（也称标前会议）是在准备投标或建议书之前，与潜在卖方举行的会议，以便确保所有潜在供应商对本次采购都有清楚且一致的理解。

（2）广告。通常可以通过在报纸等大众发行出版物或专业杂志等专业印刷品上刊登广告来扩充已有的卖主清单。

3. 询价的结果

建议书（或投标书）是卖方准备的说明，提供要求物品的能力和意愿的文档，按照有关采购文档的要求准备。

11.3.3　供方选择

供方选择包括接受建议书（或投标书）及选择供货商的评价标准，在供方选择决策过程中，除了成本或价格以外，应针对不同的采购类型，确定评价因素。

1. 供方选择的依据

（1）建议书（或投标书）。建议书是由卖方准备的文件，说明卖方提供所需产品的能力和意愿，通常分为技术（方法）部分和商务（价格）部分，两部分可分别进行评价。

（2）评价标准。为了给评价供方能力及其产品质量提供一种方法，评价标准中可以包含供货商以前生产的产品或服务的样品，也可以包括对供方履约历史的审查。

（3）组织政策。涉及项目采购的组织通常具有影响建议书评价的正式政策。

2. 供方选择的工具和技术

（1）合同谈判。合同谈判是在合同签署之前，就合同本身和要求做出澄清并达成一致意见。在可能的范围内，最终合同文本应能反映达成的全部意见。对于复杂采购项目，合同谈判可能是独立的输入（如问题或未定事项清单）和输出（如谅解备忘录）过程。

（2）加权系统。加权系统是一种量化定性数据的方法，目的是尽量减少人为偏见对供方选择的影响。加权系统包括：①为每个评价标准分配一个权重；②就每个评价标准给可能的卖主打分；③分数乘以权重；④合计乘积结果，计算出汇总分数。

（3）筛选系统。筛选系统是为一个或多个评价标准设立最低的工作要求。

（4）独立估算。对许多采购项目，采购组织可以编制自己的估算，用以检查报价价格。如果独立估算与这些估算相比有明显的差异，则表明工作范围不恰当或者可能的卖主对工作说明书有误解或有漏项。独立估算经常被称为“合理成本”的估算。

3. 供方选择的结果

合同是使卖方有义务提供规定产品、买方有义务付款的约束双方的协议，是一种受法庭矫正约束的法律关系。所有项目文档都经过一定形式的审查和批准，但合同的法律约束性常常意味着合同可能需要经过更广泛的批准过程。总之，审查和批准过程的重点是：应保证合同文本能够满足特定需求的产品和服务。

11.4 项目合同管理

11.4.1 项目合同概述

项目实施过程中的合同管理是项目采购管理的实现阶段，也是项目采购管理乃至项目管理的核心。合同管理直接关系到项目实施是否顺利，各方的利益是否能够得到保护。

1. 合同

合同，又称契约。《中华人民共和国民法典》第四百六十四条规定：“合同是民事主体之间设立、变更、终止民事法律关系的协议。”民事主体可以是双方的，也可以是多方的。民事关系指民事法律关系，由权利主体、权力客体和内容三部分组成。合同具有以下法律特点。

（1）合同是当事人的法律行为。合同的订立在本质上是一种合意，是合同当事人意志表示一致的民事法律行为。但只有当事人意志表示一致合法时，合同才具有法律约束力。

（2）当事人在合同中具有平等地位。即当事人应以平等民事主体地位来协商和制定合同，任何一方不得把自己的意志强加于另一方，任何单位机构不得非法干预，这是当事人自由表达其意志的前提，也是合同当事人权力、义务相互对等的基础。

（3）合同应是一种合法的法律行为。合同是国家规定的一种法律制度，当事人按照法律规范的要求达成协议，从而产生双方所预期的法律后果。合同必须遵循国家法律、行政法规的规定，并为国家所承认和保护，这是合同具有法律效力的前提。

（4）合同关系是一种法律关系。合同关系不同于一般的道德关系，它依法成立，即具有法律约束力。合同制度是一项重要的、具有强制性质的民事法律制度，如果不履行合同将受到国家法律的制裁。

2. 项目合同

项目合同是指项目发包方与项目承包方为完成指定的项目，明确相互之间权利和义务而达成的协议。项目合同是项目实施过程中的各个主体之间订立的，它不仅仅是一份合同，还是由各个不同主体之间的合同组成的合同体系。

项目合同除了具有一般合同所具有的特点，还具有以下特点。

（1）涉及面广。由于合同中的标的（物）具有多样性，项目合同一般涉及各方面的项目当事人和项目干系人，同样，项目合同的签约必然涉及方方面面的当事人和关系人。

（2）条款多。项目的合同条款一般较多，合同中除了规定工作范围、工期质量、造价成本等一般条款外，还有许多特殊的条款。

（3）合同标的（物）的多样性。所谓标的（物）的多样性，就是指属于项目规定的任何内容都可以成为项目合同的标的（物）。

（4）签订形式正规。由于项目的标的（物）金额一般都较为巨大，项目当事人及干系人间的关系较为复杂，合同的签订必须采用书面形式，且要严格符合要求。

3. 项目合同的类型

（1）按合同的标的（物）划分。项目合同可分为勘察设计合同、工程监理合同、土建安装工程承包合同、工程材料和机械设备供应合同、加工订货合同和工程咨询合同等。

（2）按合同所包括的工程范围和承包关系划分，项目合同可分为总包合同和分包合同。

1）总包合同。总包合同是业主与总承包商之间就某一工程项目的承包内容签订的合同。

2）分包合同。分包合同是指总承包商将工程项目的某部分工程或单项工程分包给某一分包商完成所签订的合同。

（3）按承包合同计价方法划分，项目合同可分为总价合同、成本补偿合同和工料合同。

1）总价合同。此类合同为既定产品、服务或成果的采购设定一个总价。总价合同也可以为达到或超过项目目标（如进度交付日期、成本和技术绩效，或其他可量化、可测量的目标）而规定财务奖励条款。卖方必须依法履行总价合同，否则可能要承担财务赔偿责任。固定总价合同（FFP）是最常用的合同类型。大多数买方都喜欢这种合同，因为采购的价格在一开始就确定了，并且不允许改变（除非工作范围发生变更）。总价加激励费用合同（FPIF）为买方和卖方提供了一定的灵活性，允许一定的绩效偏离，并对实现既定目标给予财务奖励。总价加经济价格调整合同（FP-EPA），如果卖方的履约期将跨越相当长的时期（数年），就应该使用本合同类型。它有利于买卖方之间维持多种长期关系。

2）成本补偿合同。此类合同向卖方支付为完成工作而发生的全部合法实际成本（可报销成本），外加一笔费用作为卖方的利润。如果在开始时无法准确定义工作范围，而需要在以后调整，或者如果项目工作存在较高的风险，就可以采用成本补偿合同，使项目具有较大的灵活性，以便重新安排卖方的工作。最常见的三种成本补偿合同是：成本加固定费用合同（CPFF）、成本加激励费用合同（CPIF）和成本加奖励费用合同（CPAF）。成本加固定费用合同（CPFF）：为卖方报销履行合同工作所发生的一切可列支成本，并向卖方支付一笔固定费用，该费用以项目初始成本估算的某一百分比计算。成本加激励费用合同（CPIF）：为卖方报销履行合同工作所发生的一切可列支成本，并在卖方达到合同规定的绩效目标时，向卖方支付预先确定的激励费用。成本加奖励费用合同（CPAF）：为卖方报销一切合法成本，但只有在卖方满足合同规定的、笼统的和主观的绩效标准的情况下，才向卖方支付大部分费用。

3）工料合同（T&M）。工料合同是兼具成本补偿合同和总价合同的某些特点的混合型合同。这类合同与成本补偿合同的相似之处在于，均为开口合同，合同价因成本增加而变化。

11.4.2 合同管理方法

做好合同管理工作，必须要在熟悉合同条款的基础上做到事先防范一切可能产生的“扯皮”、责任漏洞、责任交叉与重叠等现象。下面从三个方面讨论合同管理的方法。

1. 明确责任划分

这里的责任划分是指项目业主（以下简称业主）、承包人和监理工程师三者之间的责任划分，这是合同责任的最重要的划分机制。

土建施工（工程）合同的主要当事人是业主和承包人，是合同的主要两方。监理工程师不属于合同的任何一方，FIDIC 合同（国际咨询工程师联合会制定的标准合同文件）中具体规定了监理工程师的职责。合同内容具体有以下几个方面。

（1）业主的责任与义务。自发出中标通知书之日起，业主除了要选择和任命监理工程师并将其任命和授权书面通知承包人外，作为合同一方，还要履行以下的责任与义务。

1）准备合同协议书，在中标通知书的基础上，经合同谈判，与承包人签订合同协议书。

2）同意或拒绝承包人关于转让或分包本工程任何部分的要求；在批准分包问题上，业主有时也将一定限额内的分包批准权授予监理工程师。

3）审查承包人提供的履约银行保函及其出具银行是否合格，并予以批准或拒绝；审查与批准承包人提交的保险单条款、承保人、保险额和免赔额（如果不是业主自己安排投保）。

4）在承包人提供了动员费预付款保函的基础上，向承包人支付动员费预付款；在监理工程师认证的基础上，支付规定的材料和工程设备的到场预付款，此后依规向承包人付款。

5）负责工程用地的征用和移民安置及拆迁等行政手续，并按照工程进度计划，向承包人提供施工用地，同时给予承包人用地权。

6）如果合同有规定，业主可以接受实质上已竣工的某一区段或某些区段，并在监理工程师发出交接证书之后，组织竣工验收。

7）合同工程中的变更。当工程变更的数额超过合同价的 10%（也有规定为 5% 或 10% 以上，视业主对监理工程师的授权程度而定)，或超越合同条款中规定的监理工程师的权限范围时，要由业主负责办理。

8）在发生承包人违约的情况下，负责处理中止、终止或撤销合同等事务。

9）按照合同条款规定，在超过了监理工程师批准权限的情况下，负责批准承包人申请的合理延期。

10）对于按合同要求监理工程师应在发出指示、指令或做出有关金额和时间补偿的决定之前，要和业主协商一致的事情，业主应及时做出反应，不宜拖延。

此外，业主应负责编制并向上级和贷款单位报送规定的各种财务、统计报表或报告。业主还应负责进行已完工程的初步验收和最终验收，缺陷责任期终了时的检验，颁发有关证书。

（2）承包人的责任与义务。主要包括在合同规定时间内，按照图样和技术规范要求，为其中标的工程进行施工并完成工程；负责维修在缺陷责任期内出现的任何缺陷。FIDIC 合同条款的编写者在其总说明中，对承包人义务做了综合性的论述，现归纳如下。

1）在合同规定的时限内，承包人应尽可能迅速地提交合同要求的各种担保和保险单据，并开始施工。

2）选择施工方法并保证其稳妥性、可靠性和安全性。

3）承包人应接受监理工程师代表业主发出的指示、指令，并在整个施工期间负责管理和保护其所施工的工程，直到工程正式移交给业主。

4）承包人要对其职员和劳务人员负责，并为其人员办理必要的保险。

5）在现场遇到无法预见的自然障碍或自然条件时，承包人应通知监理工程师，由他们指示。

6）如果业主违约，承包人有权暂停工程、减缓工程进度或终止合同，并要求补偿。

7）一般来说，一个合同工程由一个承包人签订合同并总体负责施工完成工程。在项目实际执行中，承包人有权提出要把工程的某些部分分包给若干个分包人来施工。但是合同规定，承包人不得将整个工程分包出去，任何分包都要取得监理工程师以及业主的批准。

8）如果业主了解到某一具体的承包人有专门技能，或对合同工程的某一分项

（某一工序、某一操作）的材料或工程设备特别熟悉，则希望选用这样的承包人作为分包商。用这种方法选择分包商，就是一般所说的“指定分包人”。

9）对于大型或复杂的工程，几个投标人可以组成联合体，中标后即为联合体承包商。

10）对于有多个承包人根据各自的合同，同期在一个现场或同一条路线上进行作业的工程项目，每个承包人必须给予其他承包人合理的协作和方便，以及提供工作的机会。

（3）监理工程师的职责。监理工程师不属于业主和承包人之间的合同中的任何一方，根据 FIDIC 合同条款，委派给工程师的职责包括以下几项。

1）一般职责。在工程进行过程中向承包人发出各种信息、通知和指示；对承包人提出的工程方面的建议提出意见并做出评价；保证材料质量和操作工艺符合技术规范的规定；对承包人关于已完工程的工程量计量值进行校核；就工程性质、形体或数量的变更，向承包人发出变更指令；处理有关费用增减、工期延长等申请事项。

2）行政管理职责。在合同管理中，监理工程师有一定的权力向承包人发出指示或指令。按照 FIDIC 合同的基本原则，承包人和业主之间的来往函电和其他所有的联系还是要通过监理工程师进行，以避免可能出现的混乱和误解。

3）财务管理职责。一般来说，委派给监理工程师的许多职责都涉及财务问题。在核证和签发中期支付证书和最终支付证书的业务中，涵盖了合同中的所有费用因素，但扣除承包人的误期偿金（如果发生，由业主直接扣除）和因仲裁、诉讼产生的费用。在正常情况下，监理工程师开具的支付证书中的款额由业主授权，且在合同价格之内。

4）决定增加费用支付的职责。FIDIC 合同条款的一项基本原则就是监理工程师有权决定额外支付的款额，因为这有利于提高管理效率，避免重复工作。在国际上，招标文件上所写明的监理工程师的名望越高，被授权的范围和程度越大。

5）解释合同条款。对合同条款做出解释是监理工程师的另一项职责，在执行此项职责时，应力求判定承包人在编写其投标书时，是否合理预见他可能遇到的各种要求和不利条件。在一个合同项目中，只有一名监理工程师参加。

2. 坚持工地会议制度

在合同管理中，现场会议（又称工地会议）是业主和监理工程师做好项目管理的一种有效措施。按照不同的任务和目的，现场会议可分为第一次现场会议、例行现场会议和每日现场协调三种会议形式。

（1）第一次现场会议。这是承包人进入工地后的首次会议，其任务是介绍监理工程师和承包人班子的人员与办事机构、制定行政例行程序、检查开工前的各项准备工作、陈述承包人的工程进度计划等。

（2）例行现场会议。这是工程开工后定期召开的现场会议，其任务是解决施工中的有关工程进度、工程质量、工程费用及延期和索赔等问题。第一次和例行现场会议，都必须有正式的会议议程，详细的会议记录，会议记录一经监理工程师和承包人认可就成为正式文件。

（3）每日现场协调。又称日常现场协调，指每天（或每隔几天，按具体情况而定）在指定时间和地点，由指定人员对当日施工中存在的问题和次日的工作安排进行协调。

3. 严密的管理手段

合同管理工作既要有明确的责任分工，又要有一系列严密的、行之有效的管理手段，包括严格的审批程序，良好的通信和函电往来系统，以及健全的文档与记录管理制度。

（1）审批程序。按照 FIDIC 合同条款进行合同管理，必须按照各个条款中所规定的报批程序和审查批复时限办事，不允许有任何损害履行合同严肃性的无理拖延。

（2）通信和函电往来系统。土建工程分成若干个合同段同时施工，没有便利的通信和交通条件，就不能有效地进行管理。监理工程师的通信和交通设备是否齐全和便利，十分重要。

（3）文档与记录管理制度。在整个项目中，文档与记录的管理对于合同管理起着重要作用。项目业主、监理工程师和承包商都应重视和做好文档记录的管理工作。

11.4.3　项目合同的签约与履行

1. 项目合同的谈判与签订

项目合同的谈判与签订是项目合同管理中的重要环节。如果没有合同谈判与签订的成功进行，就没有合同的顺利履行。

（1）项目合同的谈判。合同谈判是指业主与承包商经过认真仔细的会谈、商讨、讨价还价，将双方在招投标过程中达成的协议具体化或做某些增补与删改，对价格和所有合同条款进行法律认证，最终订立一份对双方都有法律约束力的合同文件的过程。

1）合同的谈判准备。合同谈判是业主与承包商面对面的较量，谈判的结果直接关系到合同条款是否于己有利。一般来说，合同的谈判必须对以下问题进行充分的准备。①谈判的目标。谈判前首先要确定自己的目标，同时也要尽可能摸清对方的谈判目标，从而有针对性地进行准备，并采取相应的谈判方式和谈判策略。②谈判的原则和态度。围绕着谈判目标的实现，要确立自己在谈判中的基本立场和原则，从而确定谈判中需要坚持和让步的问题（及程度），并分析多种影响及解决方案。③谈判对手的谈判意图。“知己知彼，百战不殆”，合同谈判是一种斗智斗勇的活动，只有在充分了解对手的意图，并对此有充分的思想准备之后，才能在谈判中始终掌握主动权。

2）合同的谈判过程。项目合同的谈判一般可以分为如下几个阶段。①初步洽谈阶段。在初步洽谈中，双方当事人一般是为达到一个预期的效果，就双方各自最感兴趣的事项，相互向对方提出、澄清一些问题。②实质性谈判阶段。实质性谈判阶段是双方在广泛取得相互了解的基础上进行的。主要是双方就项目合同的主要条款进行的具体谈判。项目采购合同的主要条款一般包括：标的（即合同权利义务所指向的对象，项目采购合同的标的比较复杂，应力求叙述完整、准确，不得出现遗漏及概念混淆的现象)；质量和数量（项目采购合同中的质量与数量应严格注明标的物的质量、数量要求与规范)；价款或酬金（要确定价款或酬金采用何种货币计算、支付，考虑汇率问题，把握价格)；履行的期限、方式和地点（履行的方式和地点直接关系到以后可能发生的纠纷管辖地，履行的方式和运杂费、保险费由何方承担，关系到标的物的风险何时从一方转向另一方)；验收方法（包括验收时间、验收标准及验收的人员或机构)；违约责任（当事人应就双方可能出现的影响项目完成情况的错误订立违约责任条款，明确双方的责任，具体规定应该符合法律规定的违约限额和赔偿责任)。③签约阶段。项目采购合同的条款必须尽可能明确、具体、完备，避免使用含糊不清的词语。一般应严格控制合同中的限制性条款，明确规定合同生效条件、合同有效期以及延长的条件、程序，对仲裁和法律适用条款做出明确的规定，对选择仲裁或诉讼做出明确约定。

（2）项目合同的签订。项目合同的签订需要一定的程序，它通常包括要约邀请、要约、还约和承诺四个阶段，其中要约和承诺是两个最基本、最主要的阶段。

1）要约邀请。指项目当事人的一方向另一方就项目合同的某些条款，即项目合同的有关交易条件的询问。要约邀请具有试探的性质，用来了解对方的交易条件和交易诚意，是否有与对方继续谈判协商的必要。

2）要约。指项目合同的一方向另一方提出一定的交易条件，并愿意按照所提出的交易条件达成协议、签订项目合同的意思表示。提出要约的一方称为要约人，收到要约的一方称为受要约人。要约具有法律效力，对当事人具有约束力，构成要约的三个条件是：①要约必须是特定的当事人（承约商或客户的一方)；②要约必须是订立项目合同的建议，即项目的当事人双方有订立合同的诚意；③要约的主要内容必须“十分确定”，要约是否具备合同成立的条件，取决于要约的主要内容、主要条件是否“十分确定”，有关合同的主要条款规定是否明了、清晰。

在进行项目洽商时，究竟是采用要约邀请还是要约的形式，一定要根据洽商交易的实际情况来灵活运用。要约邀请与要约的主要区别是两者的法律效力不同，要约具有法律效力，但缺乏灵活性，要约一经发出，要约人即受其约束。要约邀请不具有法律上的约束力，但保留了最后的确认权，故比较灵活，有充分的回旋余地。

3）还约。还约是指受要约人不同意或不完全同意要约人提出的条件，为了进一步协商，对要约的条件提出修改意见。在项目合同的交易洽谈中，还约具有以下的性质：还约是对原要约的拒绝，是一项新的要约，原要约即行失效；还约是有约束力的。在通常的项目交易谈判中，一方在要约中提出的条件与另一方当事人能够接受的条件不完全吻合的情况是经常发生的。

4）承诺。承诺是指受要约人接到要约人的要约后，同意对方提出的条件，愿意按照所列条款达成交易、签订合同的意思表示。承诺与要约一样，属于商业和法律行为。承诺所产生的重要法律后果是交易达成、合同成立。必须具备以下条件，才能构成一项有效的承诺：①承诺必须由受要约人做出；②必须在有效期内接受；③承诺或接受必须是无条件同意要约的全部内容。

由于项目合同的特殊性质，即涉及关系复杂、金额巨大、标的极大等，在项目合同的磋商中，无论是要约邀请，还是要约、还约、承诺或接受，都必须采取书面形式。

2. 项目合同的履行

项目合同的履行是双方当事人根据项目合同的规定在适当的时间、地点，以适当的方法全面完成自己所承担的义务。严格履行合同是双方当事人的义务，合同当事人必须共同按计划履行合同，实现合同所要达到的各类预定目标。

（1）履行形式。

1）实际履行。即按照合同规定的标的来履行。它已成为我国合同法规的一个基本原则。项目合同的标的物大部分都为指定物，因此不得以支付违约金或赔偿损失来免除一方当事人继续履行合同规定的义务。实际履行的正确含义是只能按照项目合同规定的标的履行。

2）适当履行。即当事人按照法律和项目合同规定的标的，按质、按量地履行。义务人不得以次充好，以假乱真，否则权利人有权拒绝接受。

（2）履行期限和地点。合同履行的期限是指义务人向权利人履行义务的时间。双方当事人应当在合同中明确规定时间限制，不能明确规定的，也必须注明相对具体时间。明确规定合同履行地点也十分重要。合同履行的方法既应当符合权利人的利益，又应当有利于义务人的履行。

（3）项目当事人的义务。在合同中，需要明确项目当事人应当履行的义务。

1）通知义务。指项目合同的双方当事人负有将合同的有关事项通知给对方当事人的义务。订立合同中的通知义务主要包括：将与合同成立有关的事项以及订立合同中所发生的一切变化通知对方当事人。

2）协助义务。指在履行合同的过程中，双方当事人负有互相给予对方必要的、能够协助和帮助的义务。在认定是否有协助义务时，应避免任意扩大。

3）保密义务。指合同双方当事人负有为对方保守秘密的义务。如果因为未能为对方当事人保守秘密，而使外人知道对方的秘密，给对方造成损害的，应当对此承担责任。需要特别强调的是，保密义务在合同的订立过程中以及合同履行完毕后的一定时期内也会存在。

3. 项目合同的变更和解除

在合同实施过程中，可能会因为一些意外情况，无法按计划履行合同，从而致使合同变更、解除。

（1）项目合同变更的特征。项目合同的双方当事人必须协商一致，共同改变合同的内容和标的，合同变更的法律后果是产生新的债权和债务关系。

（2）项目合同解除的特征。其主要特征包括：①项目合同的双方当事人必须协商一致；②合同当事人应恢复原来的义务；③项目合同解除的法律后果是消灭原合同的效力。

合同的变更和解除属于两种法律行为，但也有共同之处，即都是经项目合同双方当事人协商一致，改变原合同的法律关系；不同的是，前者是产生新的法律关系，后者是消灭原合同关系，而不是建立新的法律关系。

（3）项目合同变更和解除的条件。根据我国现行的法律，有关的合同法规以及经济生活与司法实践来看，一般须具备下列条件才能变更和解除项目合同：①双方当事人经过自愿协商同意，并且不因此损害国家利益和社会公共利益；②由于不可抵抗力致使项目合同的全部义务不能履行；③由于另一方在合同约定的期限内没有履行合同，且在被允许的推迟履行的合理期限内仍未履行；④由于项目合同当事人的一方违反合同，致使严重影响订立项目合同时所期望实现的目的或致使项目合同的履行成为不必要；⑤项目合同约定的解除合同的条件已经出现。当项目合同的一方当事人要求变更、解除项目合同时，应当及时通知另一方当事人。因变更或解除项目合同使一方当事人遭受损失的，除依法可以免除责任之外，应由责任方负责赔偿。当事人一方发生合并、分立时，由变更后的当事人承担或者分别承担项目合同的义务，并享受相应的权利。

（4）项目合同变更和解除的程序。项目合同的变更和解除需要一定的程序。根据我国目前的有关法规和司法实践，其程序一般为以下几项。

1）当事人一方要求变更或解除项目合同时，应当事先用书面的形式向另一方提出。

2）另一方当事人在接到有关变更或解除项目合同的建议后，应及时做出书面答复，如同意，则项目合同的变更或解除发生法律效力。实际上，以上两点与合同订立的区别在于项目合同的变更和解除是在原合同的基础上进行的。

3）变更和解除项目合同的建议与答复，必须在双方协议的期限之内或者在法律或法令法规规定的期限之内做出。

4）项目合同的变更或解除如涉及国家指令性产品或工程项目，必须在变更或解除项目合同之前报请下达该计划的有关主管部门批准。

5）因变更或解除项目合同发生的纠纷依双方约定的解决方式或法定的解决方式处理。

除由于不可抗力致使项目合同的全部义务不能履行或者由于项目合同的另一方当事人违反合同，以致严重影响订立合同所期望实现目的的情况之外，在协议尚未达成之前，原项目合同仍然有效。任何一方不得以变更和解除为借口而逃避责任和义务，否则仍要承担法律上的后果。

4. 项目合同的索赔

（1）索赔的概念与特征。索赔是指在项目采购合同的履行过程中，合同一方因另一方不履行或没有恰当履行合同所设定的义务而遭受损失时，向对方所提出的赔偿要求或补偿要求。索赔的性质属于经济补偿行为，而不是惩罚。

索赔直接涉及业主和承包人利益，妥善处理索赔和防止不必要的索赔是监理工程师一项重要的工作内容。在合同实施期间，监理工程师必须根据业主和承包人签署的合同文件，站在公正的立场处理索赔问题。在项目采购管理中，索赔的种类繁多，其中建设工程项目索赔最为复杂且具有代表性，我们以工程索赔为例进行介绍，索赔具有以下基本特征。

1）索赔是双向的。不仅承包人可以向发包人索赔，发包人同样也可以向承包人索赔。

2）只有实际发生了经济损失或权利损害，一方才能向对方索赔。经济损失是指因对方的原因造成合同外的额外支出；权利损害是指虽然没有经济上的损失，但造成了一方权利上的损害。因此发生了实际的经济损失或权利损害，应是一方提出索赔的一个基本前提条件。

3）索赔是一种未经对方确认的单方行为。在施工过程中签证是承发包双方就额外费用补偿或工期延长等达成一致的书面证明材料和补充协议，它可以直接作为工程款结算或最终增减工程造价的依据，而索赔则是单方面行为，对对方尚未形成约束力，这种索赔要求能否得到最终实现，必须通过确认（如双方协商、谈判、调解或仲裁）后才能实现。

（2）索赔的种类。索赔的分类方法很多，按照从索赔引发的当事人、索赔发生的原因、索赔的目的、索赔的合同依据、合同的完善程度、索赔事件的性质以及索赔的处理方式等不同的角度有不同的分类。①按照索赔引发的当事人分：业主引起的索赔、承包商引起的索赔；②按照索赔发生的原因分：主观因素引起的索赔、客观因素引起的索赔；③按照索赔的目的分：费用索赔、工期索赔；④按索赔的合同依据分：合同中明示的索赔、合同中默示的索赔；⑤按合同的完善程度分：违反合同引起的索赔、合同不完善引起的索赔；⑥按索赔事件的性质分：工程延误索赔、工程变更索赔、合同被迫终止的索赔、工程加速索赔、意外风险和不可预见因素索赔、其他索赔。除此之外还有如因货币贬值、汇率变化、物价变化、工资上涨、政策法令变化等原因引起的索赔；⑦按索赔的处理方式分：单项索赔、总索赔。

（3）索赔的起因。引起工程索赔的原因繁多且复杂，主要是由于工程项目的特殊性、内外部环境的复杂性和多变性、参与工程建设主体的多元性、工程合同的复杂性及易出错性等方面原因而导致索赔。

（4）索赔的处理原则。在项目的索赔中，索赔双方产生的纠纷一般都集中反映在“该不该提出索赔”和“索赔数量是否合理”两项问题上，即索赔资格和数量的确定上。处理索赔时应遵循以合同为依据原则、合理性原则、及时性原则、引证原则和主动控制原则。

1）以合同为依据原则。遇到索赔事件时，应该以合同为依据来公平处理合同双方的利益纠纷（有些依据可能是合同中隐含的）。

2）合理性原则。考虑国家的有关规定与工程的实际情况，索赔方提出的索赔应该与对方给自己带来的损失相匹配。

3）及时性原则。索赔发生后，必须依据合同的准则及时地对索赔进行处理。

4）引证原则。索赔方提出的每一项索赔都必须伴随有充分、合理的证明材料，以表明承包商对该项费用具有索赔资格，而且数额的计算应准确。

5）主动控制原则。对于索赔应当加强主动控制，尽量减少索赔。

（5）索赔的程序。FIDIC 合同的索赔程序为业主和承包商均提供了一个公平合理的索赔处理方式，无论哪一方想向对方索取费用和工期补偿，都必须遵守该索赔程序，否则将不会得到任何补偿。该程序对索赔的通知和证明均有时间限制，并要求保持同期记录。

1）提出索赔意向通知。凡是由于业主或工程师方面的原因，或由于其他非承包商原因，造成工程拖期或费用增加时，承包商均有权提出索赔，但应在合同规定的时间内，向工程师发出索赔意向通知。

2）报送索赔资料。一是报送索赔资料的时间，承包商应在发生索赔事件后，尽快准备索赔资料，在向工程师发出索赔通知后的28天内，或在工程师同意的合理时间内，向工程师报送一份索赔报告，说明索赔款额和索赔的依据。二是索赔报告编写，承包商的索赔可分为工期索赔和费用索赔，大型复杂工程应分别报送，小型工程则可合并报送。

3）索赔处理。按国际工程施工索赔的处理惯例，工程师收到承包商发出的索赔通知后，在不必承认业主责任的情况下，应马上审查承包商的同期记录，要求承包商补充必要的资料。对于有连续性影响的索赔事件，工程师在收到承包商提交的临时详情报告后，应做出临时延期和临时支付索赔款的决定。在收到最终详细报告并核实全部情况后，工程师应与业主和承包商进行协商，对该索赔事件所需延长的全部工期和应支付的费用做出最终决定。

如果承包商不满意工程师对索赔的处理决定，则须采取下列方法之一做出反应：①向工程师发出对该索赔事件保留继续进行索赔权力的意向通知，等到颁发整个工程的移交证书后，在提交的竣工报表中做出进一步的索赔；②在合同规定的时间内进行友好协商解决，如果未能友好解决，则可提交仲裁。

11.4.4 项目合同收尾

项目采购管理的最后一项工作是合同收尾。从管理的角度而言，合同收尾是一个处理合同结束时程序的过程，合同收尾包括整理合同文档、正式验收和收尾。

1. 合同收尾的概念

合同收尾涉及产品核实和管理收尾两部分内容，首先要对产品进行核实，判断是否所有的工作都正确地、令人满意地完成了；其次需要更新记录以反映最终结果。

2. 项目合同收尾的实施

合同收尾对从项目采购计划到合同管理过程的所有合同文件进行采购审计，生成包括完整索引的合同文档作为整个项目记录的一部分，同时按照在合同中规定的正式验收和收尾的要求，向卖方提供合同完成的正式的书面通知。项目采购合同收尾过程如图11-8所示。

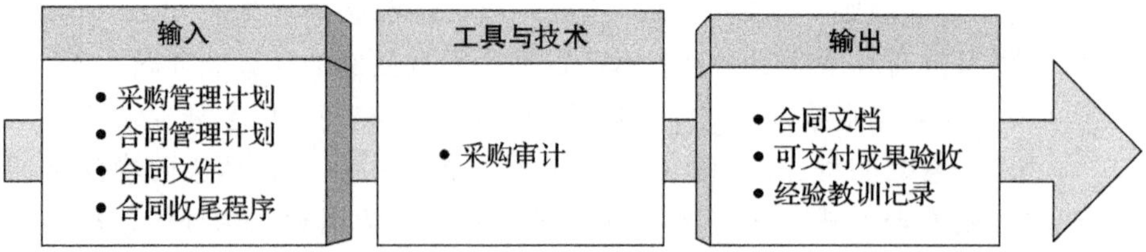

图 11-8　合同收尾的过程

（1）项目合同收尾的输入。合同收尾的输入包括采购管理计划、合同管理计划、合同文件和合同收尾程序四个方面。

（2）合同收尾的工具与技术。合同收尾的工具与技术是采购审计，即复审相关的过程，从而确定这些过程是否符合正确的需要，并且是否按照标准得到了正确的实施。

（3）合同收尾的输出。一是合同文档，即一套完整的编有索引的合同文件（包括已收尾的合同），将它纳入项目最终档案之中。二是可交付成果验收，买方通过授权的合同管理员向卖方发出可交付成果被验收或被拒绝的正式书面通知。三是经验教训记录，进行经验教训分析并提出过程改进建议，以供将来的采购规划和实施过程借鉴。

开篇案例解决方案

根据本章内容，可以知道开篇案例中 LNYM 总经理面对的是项目采购计划实施中的供方选择的问题。

供方选择的依据包括建议书（投标书）、评价标准及其组织政策。在 ZLJC、JDZX、NEU 商学院三个投标方中，JDZX 的报价最低，但是其管理咨询技术相对来说比较弱；ZLJC 的管理咨询技术相对来说最强，但是其报价最高；NEU 商学院的价格处于中间，并且其丰富的管理知识及实践经验可以保证 LNYM 管理咨询项目的成功实施。LNYM 需要预留大量的资金保障药品的供给，所以在管理咨询项目实施中，资金是考虑的重要因素之一，不能因为项目的实施而加重公司的资金负担，影响药品供给；另一方面，要保证项目实施的成功性，这是选择供应方时要保证的最基本的因素，所以并不能完全依照价格来选择供应商。从供方选择的依据来看，选择 NEU 商学院作为供应商比较合适。

供方选择的工具包括合同谈判、加权系统、筛选系统、独立估算，以加权系统为例来进行供方选择。LNYM 经过讨论，确定了六个评价标准，它们分别为价格、质量、交货期、技术水平、可靠性和售后服务，并依据公司的实际情况对 ZLJC、JDZX、NEU 商学院三个供应商进行评分（用 1～10 之间的一个数表示），如表 11-3 所示。根据综合得分来看，LNYM 应该选择 NEU 商学院作为供应商。

表 11-3　供方选择评价表

评价标准	权重（%）	ZLJC		JDZX		NEU 商学院	
		评分	加权得分	评分	加权得分	评分	加权得分
价格	30	7	2.1	9	2.7	8	2.4
质量	30	9	2.7	7	2.1	9	2.7
交货期	10	8	0.8	8	0.8	9	0.9
技术水平	10	9	0.9	7	0.7	8	0.8
可靠性	10	9	0.9	8	0.8	9	0.9
售后服务	10	8	0.8	8	0.8	9	0.9
综合得分	100	8.2		7.9		8.6	

经过综合考虑，LNYM 选择 NEU 商学院作为供应商，并与之签订管理咨询服务合同。

复习思考题

1. 项目采购的原则是什么？
2. 项目合同管理的方法有哪些？
3. 什么是项目采购管理？项目采购管理的过程是什么？

扫一扫查看更多题目

学习链接

1. 杨兴龙、张晴文、张新，等，《全流程追踪——重医大探索政府采购数字化治理新模式》，中国管理案例共享中心，2023年。
2. 张宏亮、何波、张慧星，等，《管窥蠡测，反求诸己——J地产公司的空调风口之殇》，中国管理案例共享中心，2019年。
3. 何志伟，孙新波，张明超，等．数字全球价值链：概念、理论框架与未来展望[J]. 研究与发展管理，2023，35（3）：1-14.
4. 张媛，孙新波，张浩．文化赋能企业国际竞争优势构建研究：TTF高级珠宝中国文化资源的创新应用之道[J]. 管理学报，2022，19（11）：1577-1587+1647.
5. 张媛，孙新波，何建笃，等．新兴市场企业在发达市场的合法化演化机理研究：基于资源拼凑视角[J]. 科学学与科学技术管理，2022，43（10）：123-142.
6. 樊庆．招标采购项目化管理在中国流动科技馆项目中的应用[J]. 科学管理研究，2016，34（1）：50-53.
7. 邱小平，徐玖平．项目采购管理[M]. 北京：经济管理出版社，2008.
8. 吴守荣，王扬，等．项目采购管理[M]. 2版．北京：经济管理出版社，2018.

第 12 章　项目风险管理

【学习目标】

☑ 了解风险与项目风险的有关定义、特点及分类
☑ 理解并掌握项目风险管理的定义及过程
☑ 掌握项目风险识别的工具与技术
☑ 掌握定性和定量项目风险分析的工具与技术
☑ 理解并掌握项目风险应对、风险监控的依据、过程及成果

图 12-1 为项目风险管理概述图。

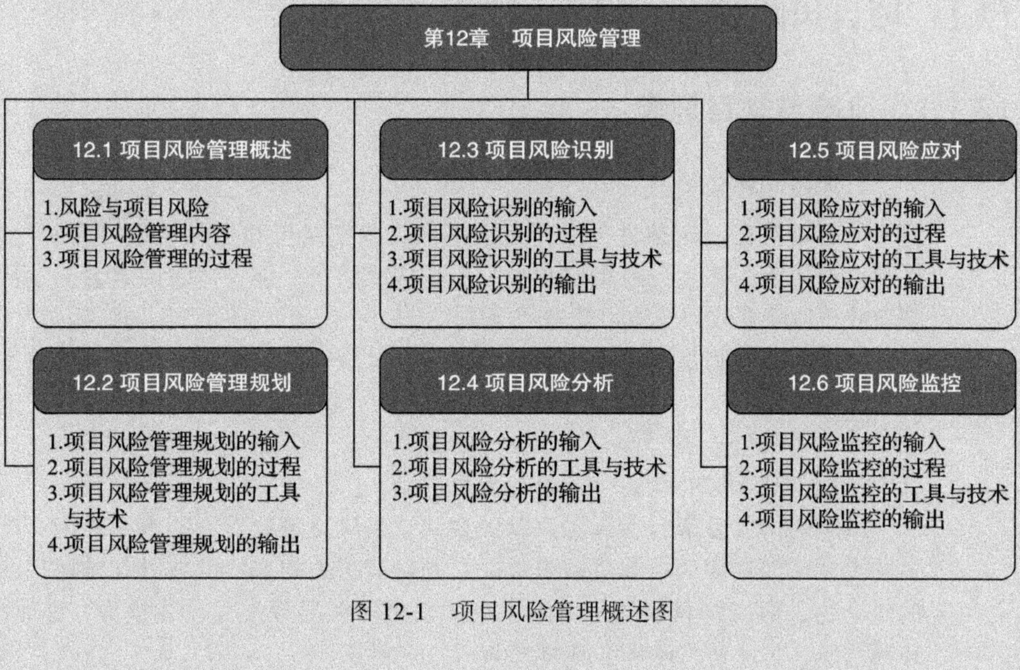

图 12-1　项目风险管理概述图

开篇案例 LNYM管理提升项目在风险管理上的困境

由于管理咨询对人员的专业知识依赖较强，因此专业能力较强的核心人员的流动会给项目的实施带来潜在的风险。2022年11月底，项目组的行政秘书和一位核心成员退出了项目团队。他们的退出对正处于启动阶段的项目来说无异于当头一棒。此外，由于经费有限，无法吸引专业能力较强的人才加入团队，使得项目在人力资源方面陷入了困境。

2022年12月，项目组在度过了前期的困难之后，顺利完成了公司战略规划、组织架构设计、流程设计、绩效薪酬开发，项目组成员都为已经取得的成果而兴奋。但是由于时间紧、任务重，项目时间进度方面的风险仍然无声无息地潜藏着。2022年12月底，项目组迎来了严峻的考验：公司的产品和业务结构、人员和部门都需要进行新一轮的调整。这意味着组织结构、流程、绩效等需要新增不少内容，而且必须在十几天里完成。

项目经理意识到这次参与项目的一些成员是第一次进行项目开发，欠缺实践经验，做起项目来会遇到很多困难。而管理咨询项目又对项目成员的经验有较强的依赖，所以项目经理时刻关注着项目的质量以及成员的素质的提升，并采取了一系列措施应对项目的质量风险。

项目组该如何预测项目实施中可能会遇到的风险？识别出风险后，如何分析风险发生的概率和可能产生的后果？如何应对这些潜在的风险？当风险发生后又怎样减小其影响？由此看出，要使项目成功实施并能取得高质量的成果，在项目开始之前就要完成项目风险管理计划的编制，并在项目的整个生命周期中进行风险的识别、风险的定性定量分析、风险应对计划的编制以及风险监控。

12.1 项目风险管理概述

12.1.1 风险与项目风险

1. 风险的含义

风险是指在一定条件下的特定时期内，预期结果和实际结果之间的差异程度。风险是由风险因素、风险事故和损失三者构成的统一体，风险因素会引起或增加风险事故，风险事故的发生可能造成损失。

如果用概率测量风险发生的可能性，则风险的期望值是风险发生的概率及其损失的函数，公式为

$$R=f(P, C)$$

其中，R = 风险的期望值；P = 风险发生的概率；C = 损失。

风险的构成要素分为：①风险因素，它是风险事故发生的潜在原因，是造成损失的内在或间接原因；②风险事故，它是造成损失的直接的或外在的原因，是损失的媒介物，即风险只有通过风险事故的发生才能导致损失；③损失，即非故意的、非预期的、非计划的经济价值的减少。

2. 风险的特点

风险作为项目中存在的普遍现象，具有以下特点。

（1）客观性。风险的存在取决于决定风险的各种因素的存在。决定风险的各种因素出现，风险就会出现。减少和避免风险，必须及时发现可能导致风险的因素并进行有效管理。

（2）不确定性。不利事件何时、何地、如何发生，带来多大损失，事先难以确定。

（3）可测性。单个风险的发生虽然是偶然的，但是大量同质个体某一时期某种风险的发生又有其规律性。就大量风险单位而言，风险发生可以用概率加以测度。

3. 项目风险的含义

项目风险是指由于项目所处的环境和条件的不确定性与不稳定性、项目团队不能准确预见或控制某些因素的影响，使项目的最终实施结果与干系人的期望值产生偏离，从而给当事者带来损失。图 12-2 说明了项目风险产生的原因及后果。

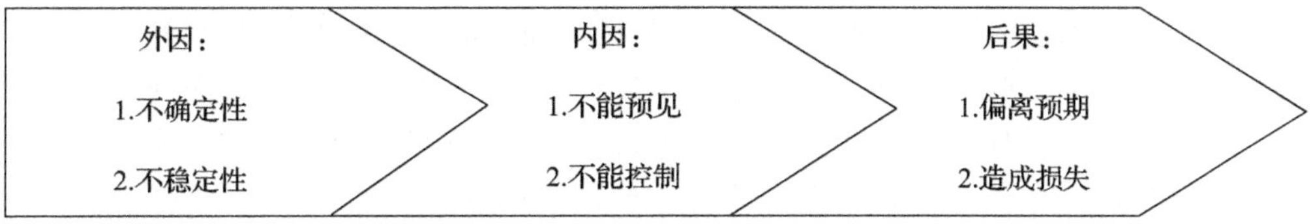

图 12-2　项目风险产生的原因及后果

图 12-3 表示的是项目生命周期中风险和机会的动态变化。在项目早期阶段，风险和机会都处于较高水平，其原因是在项目的早期阶段存在很多不确定性。到实施阶段，许多问题尚未解决，这又增大了项目的不确定性。

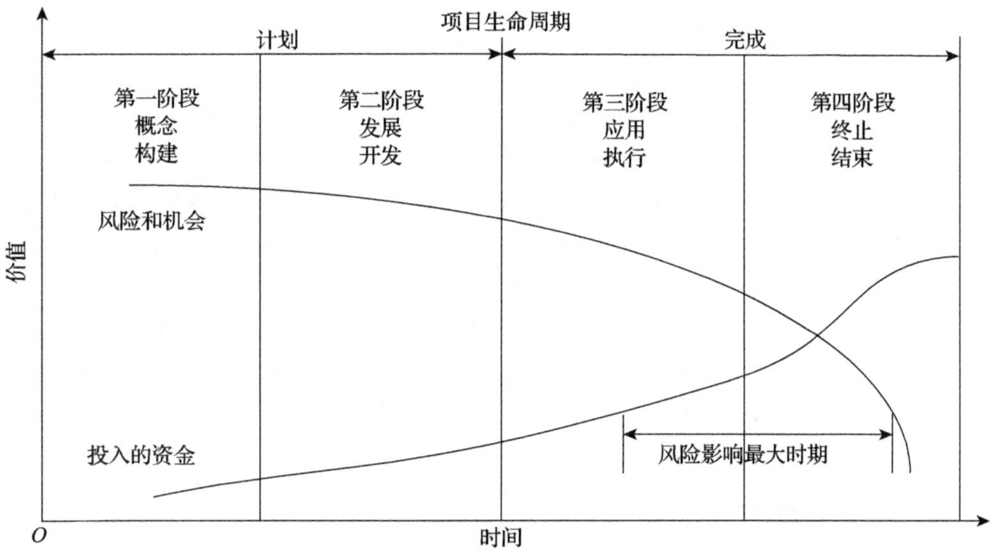

图 12-3　风险和机会的动态变化

在项目的早期阶段，因为投入项目中的资源很少，所以公司受到的消极影响较小。随着项目的进行，更多的预算资金投入其中，消极影响的总体后果急剧增长，但与此同时风险继续降低。项目呈现出一个更加清晰的发展态势，许多先前未解决的问题也逐渐找到了答案。最后出现这样一种情况：所有的机会和风险都消失了，同时公司付出的代价也变大了。最令人担心的阶段是应用执行和终止结束阶段，在这两个阶段，不确定性相对较高，代价也迅速增长。风险管理的目标是将公司受影响的程度降到最低，这些影响是由不确定性和潜在的消极后果造成的。

4. 项目风险的特点

（1）相对性。同样的项目风险对于不同的项目和项目管理者会有不同的影响，因为人们承受风险的能力不同，人们认识风险的能力不同，项目收益的大小不同，投入资源的多少不同，项目主体地位不同。

（2）客观性。项目都是由人组成的团队为了达到预期的目的，在一定的客观条件下进行的，这些客观的物质因素和人为因素都构成潜在的风险因素，这种存在是不以人的意志为转移的，人们可以在有限的空间和时间内改变风险存在和发生的条件，降低它发生的频率和减轻损失程度，而不能、也不可能完全消除项目风险。

（3）普遍性。项目的实现是一个复杂的、一次性的、创新性的并涉及多种关系与变数的过程，这些特性决定了在项目实施过程中将会面临各种各样的风险。这些项目风险存在于多个领域，表 12-1 列出了项目风险存在的典型领域及各领域的典型风险。

表 12-1　项目风险存在的典型领域

典型领域	人	成本	计划	质量
典型风险	缺乏主动性与团队精神	劳动力过多	交货延误	劳动力质量差
	组织结构	物耗过多	错过市场机会	细节没完成
	制定策略的责任	供给过量	错过有利的途径	违反法律
	决定如何分配工作	罚款	很长时间	没有试验过的先进技术
		要求按时间交货		

（4）偶然性。项目风险是客观存在的，但对于某一具体风险的发生来说，并不是必然的，它具有随机性。风险何时发生，以及发生的后果都无法准确预测。

（5）必然性。虽然个别项目风险的发生是偶然的、无序的且杂乱无章的，然而就大量项目风险来说，风险的发生具有规律性，这使人们利用概率论和数理统计方法去计算它发生的概率和损失幅度成为可能，同时为项目风险管理提供基础。

（6）可变性。在一定条件下，项目风险可以转化。客观条件变化，风险的性质、风险量可能随着变化。

5. 项目风险的分类

从不同的角度，按不同的标准可以将项目风险分为不同的类型。

（1）按后果分类：纯粹风险和投机风险。

（2）按来源分类：自然风险、社会风险、经济风险、政治风险和技术风险。

（3）按项目管理的过程和要素分类：决策风险、本金风险、通货膨胀风险、存货风险、流动性风险、利率风险、信用风险、外汇风险和项目实施控制中的风险。

（4）按对目标的影响分类：工期风险、资金风险、质量风险、生产能力风险、市场风险和信誉风险。

6. 项目风险的来源

项目的风险主要来源于项目中存在的不同程度的不确定性，具体表现为以下几点。

（1）模糊性。模糊性有两类：概念模糊性和情景模糊性。当人们以不同的方式使用类似的术语或论点时，就会出现概念模糊性，即缺乏有效的理解。当出现多个结果时，就会出现情景模糊性。有多个选项解决一个问题是情景模糊性的一种形式。探究模糊性的解决方案包括渐进明细、实验和使用原型法。

（2）复杂性。复杂性是由于人类行为、系统行为和模糊性而难以管理的项目集、项目或其环境的特征。当有许多相互关联的影响以不同的方式表现出来并相互作用时，就会存在复杂性。处理复杂性有许多方法，一些方法是基于系统，一些方法是基于过程，还有一些方法需要重新构建。

（3）易变性。易变性存在于可能会快速且不可预测的变化的环境中。当项目的可用技能组合或多种材料价格持续波动时，就会发生易变性，通常会影响成本和进度。

当一个项目同时具有以上风险来源时，极易产生整体风险。整体项目风险是不确定性对整个项目的影响，该风险是由所有风险来源引起的。对整体项目风险的应对与对单个威胁和机会的应对相同，如果项目的整体风险过高，组织可以选择取消项目。

12.1.2 项目风险管理内容

1. 项目风险管理的目标

项目风险管理是识别和分析风险，建立、选择和管理风险的可选方案的组织方法。其目标是控制和处理项目风险，防止和减少损失，保证项目的顺利进行。项目风险管理的目标通常分为两部分：一是损失发生前的目标，二是损失发生后的目标，二者构成了风险管理的系统目标。根据 PMBOK 报告，风险管理有三个定义。

（1）风险管理是系统识别和分析风险因素的形式化过程。

（2）风险管理是识别和控制引起不希望的变化的潜在事件的形式、系统的方法。

（3）在项目中，风险管理是在项目期间识别、分析风险因素，采取必要对策的决策科学和决策艺术的结合。

从广义上来讲，对项目经理而言，风险管理过程需要解决以下问题。

（1）有哪些可能事件会发生？

（2）采取什么行动才能把这些事件发生的可能性和影响降到最低？

（3）有哪些线索表明应该采取行动？

（4）这些问题和应对措施会带来哪些可能的结果？

风险管理包含对未来可能发生事件的控制，并且是预见式的而不是反应式的。当风险出现时，项目管理者需要对出现的危机尽快做出反应，此时开始制订应变计划可能会比事先制订应变计划失去一些宝贵的时间和机会。

2. 项目风险管理的作用

从不同的方面来看，项目风险管理有不同的作用：从项目进度、质量和成本目标看，项目管理与风险管理的目标是一致的，通过风险管理来降低项目进度、质量、成本方面的风险，实现项目目标；从计划职能看，项目计划考虑的是未来，而未来存在不确定因素，风险管理的职能之一是减少项目整个过程中的不确定性，有利于计划的准确性；从项目实施过程看，不少风险是在项目实施过程中由潜在变成现实的，风险管理就是在风险分析的基础上拟定具体措施来消除、缓和及转移风险，并避免产生新的风险。

3. 项目风险管理的方法

项目风险在不同的阶段需要采用不同的管理方法：①在潜在风险阶段，人们可以通过预先采取措施对风险的进程和后果进行控制和管理，这类方法通常被称为风险规避法；②在风险发生阶段，人们可以采用风险转化与化解的办法对风险及其后果进行控制和管理，这类方法通常被称为风险化解法；③在风险造成后果阶段，人们可以采取消减风险后果的措施去降低由于风险的发生和发展所造成的损失。

4. 项目风险管理的原则

项目风险管理两大重要原则分别是驾驭复杂性和优化风险应对。通过持续关注项目组件和整个项目，项目团队可以留意出现复杂性的迹象，从而识别贯穿整个项目的复杂性要素。

优化风险应对是指项目团队应力求最大化地增加积极风险（机会），减少消极风险（威胁）。项目团队需要持续评估风险敞口（包括机会和威胁），从而最大化地发挥正面影响。

12.1.3 项目风险管理的过程

项目风险管理包括风险管理规划、风险识别、风险分析、风险应对和风险监控五个过程，它们之间的关系如图 12-4 所示。

1. 风险管理规划

风险管理规划可以确保风险管理的程度、类型和可见度与风险以及项目对组织的重要性相匹配。风险管理规划过程在项目构思阶段就应开始，并在项目规划阶段的早期完成。风险管理规划的目的是生成一个风险管理计划，该计划的指导作用贯穿所有的风险管理活动。风险管理的水平、方法和可操作性不仅要与风险相称，也要与项目风险对组织的影响程度相称。

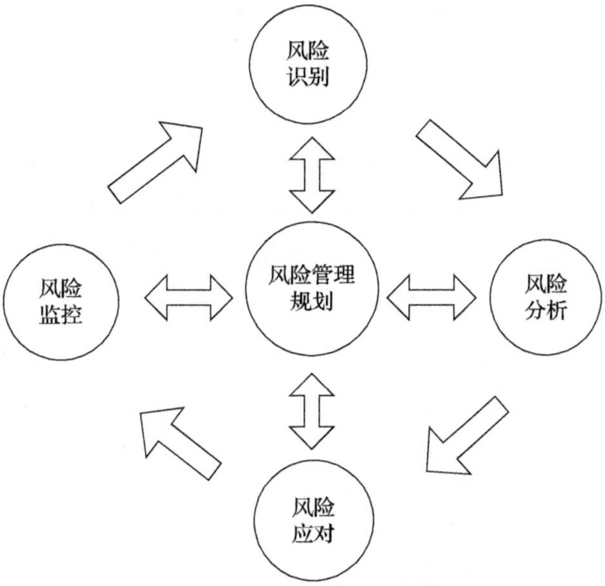

图 12-4　项目风险管理的过程

2. 风险识别

风险识别是管理风险的第二步，即判断哪些风险会影响项目并记录其特征，形成风险清单的过程。风险清单应该采用统一的格式对风险进行描述，确保可以把项目中一个风险事件的影响与其他事件进行比较。

项目风险识别的主要内容包括如下几个方面：识别并确定项目有哪些潜在的风险，识别引起这些风险的主要因素，识别项目风险可能引起的后果。

风险识别的原则主要有：由粗及细再由细及粗；项目风险的内涵大致不要重复，从而区别各种风险的性质；先怀疑，后排除；排除与确认并重；对于上述步骤难以判定项目风险的存在以及对项目目标影响程度的，可做试验论证。

3. 风险分析

确定了风险清单之后，接下来就可以进行风险分析了。风险分析的目的是确定每个风险对项目的影响大小，一般是对已识别出来的项目风险进行评估和量化。风险评估和量化涉及对风险及风险的相互作用的评估，从而评价项目可能结果的范围。

（1）定性风险分析。定性风险分析指通过考虑风险发生的概率，风险发生后对项目目标的影响和其他因素，对已识别风险的优先级进行评估。定性风险分析包括为了采取进一步行动，对已识别风险进行优先排序的方法，可通过关注高优先级风险来有效改善项目绩效。

（2）定量风险分析。定量风险分析是指对在定性风险分析后，由于对项目存在潜在重大影响而排序在先的风险进行分析。定量风险分析是在不确定情况下进行决策的一种量化方法。进行定量风险分析时要注意以下三个概念。

①风险影响。它是指一旦风险发生可能对项目造成的影响大小。

②风险概率。它是风险发生可能性的百分比表示，是一种主观判断。

③风险值。它是评估风险的重要参数。它的计算公式为

$$风险值 = 风险概率 \times 风险影响$$

4. 风险应对

项目风险应对是指制订一个风险应对计划，并通过相应的方法来增强实现项目目标的机会以及减少威胁。风险应对计划主要包括已识别的风险及其描述、风险发生的概率、风险应对的责任人、风险应对策略及行动计划和应急计划等。

5. 风险监控

在项目执行过程中，需要时刻监督风险的发展与变化情况，并确定随着某些风险的消失而带来的新的风险。风险监控包括两个层面的工作：其一是跟踪已识别的风险的发展与变化情况；其二是根据风险的变化情况及时调整风险应对计划，对已发生的风险及产生的遗留风险和新增风险进行识别、分析，并采取适当的应对措施。

12.2 项目风险管理规划

项目风险管理规划（见图 12-5）是指确定一套系统全面、有机配合、协调一致的策略和方法并将其形成文件的过程，这套策略和方法用于辨识和跟踪风险区，拟定风险缓解方案，进行持续的风险评估，从而确定风险变化情况并配置充足的资源。项目风险管理规划阶段主要考虑的问题有：项目风险管理策略是否正确、可行，实施的管理策略是否符合总目标。

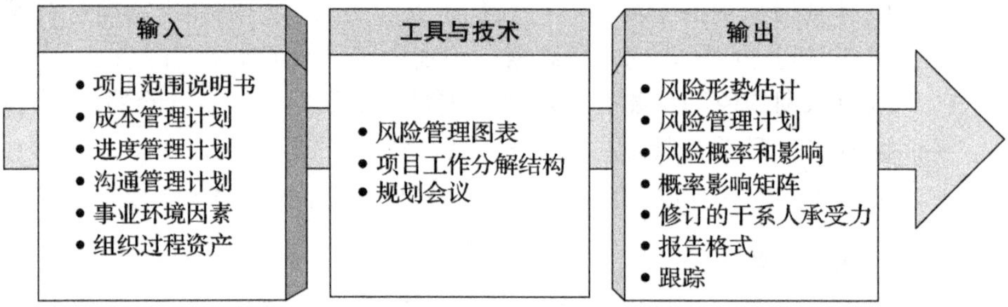

图 12-5 项目风险管理规划的输入、工具与技术、输出

因此，项目风险规划主要工作包括以下两个方面：其一，决策者针对项目面对的形势选定行动方案，一经选定，就要制订行动方案的计划；其二，选择适合于已选定行动路线的风险规避策略。选定的风险规避策略要写入风险管理计划和风险规避策略计划中。

12.2.1 项目风险管理规划的输入

1. 项目范围说明书

项目范围说明书能让人们清楚地了解与项目及其可交付成果有关的各种可能性，并建立一个框架，以便人们了解最终可能需要多大程度的风险管理。

2. 成本管理计划

项目成本管理计划定义了应该如何核定和报告风险预算、应急储备和管理储备。风险预算是为应对项目中可能出现的风险事件而预留的经费，应急储备是为应对未知风险或已知风险造成的成本增加而预留的额外资金，管理储备是为应对项目中已知风险而预留的额外资金。

3. 进度管理计划

进度管理计划定义了应该如何核定和报告进度应急储备，其环节包括识别、分析、评估和应对与项目进度目标相关的风险，从而确保项目能按时完成。

4. 沟通管理计划

沟通管理计划定义了项目中的各种互动关系，并明确由谁在何时何地来共享关于各种风险及其应对措施的信息。

5. 事业环境因素

可能影响规划风险管理过程的事业环境因素如组织对风险的态度和承受力。它们代表组织愿意和能够承受的风险的程度。

6. 组织过程资产

可能影响规划风险管理过程的组织过程资产如风险类别、概念和术语的通用定义、风险描述的格式、标准模板、角色和职责。

12.2.2 项目风险管理规划的过程

风险规划的过程是将按优先级排列的风险列表转化为风险应对计划所需的任务，是一种系统活动过程。下面简要分析风险规划前期的过程活动。这些步骤可以重复使用，也可同时使用。

1. 确定风险设想

风险设想是对可能导致风险发生的实践和情况的设想。应针对所有影响项目成功的关键风险来进行设想。确定风险设想一般有三个步骤：假设风险已经发生，考虑如何应对；假设风险将要发生，说明风险设想；列出风险发生之前的事件和情况。

2. 制订风险应对备用方案

风险应对策略包括接受、缓解、规避、转移。每种策略应包括目标、约束和备用方案。

3. 选择风险应对途径

风险应对途径缩小了应对范围，并将选择集中在应对风险的最佳方案上。可将集中风险应对策略结合为一条综合途径。

4. 制订风险管理计划

风险管理计划详细说明了所选择的风险应对途径，它将途径、所需的资源和批准权利编写为文档，一般应包含这些因素：批准权利、负责人、所需资源、开始日期、活动、预计结束日期、采取的行动和取得的结果。

5. 建立风险管理模板

风险管理模板规定了风险管理的基本程序、风险的量化目标、风险警告级别、风险的控制标准等，从而使风险管理标准化、程序化和科学化。

6. 确定风险数据库模式

项目风险数据库应包含若干数据字段以全面描述项目风险。数据库设计一般包括数据库结构和数据文件两部分，项目风险数据库应包括项目生命周期过程所有的相关活动。项目风险数据库模式，是从项目风险数据库结构设计的角度来介绍项目风险数据库。

12.2.3 项目风险管理规划的工具与技术

1. 风险管理图表

风险管理图表是将输入转换为输出的过程中所用到的技巧和工具，它包含在风险管理计划中，从而帮助人们清楚地看到风险信息的组织方式。风险管理的三个重要图表是风险核对表、风险管理表和风险数据库模式。

（1）风险核对表。风险核对表（见表 12-2）是将各个侧重点进行分类以理解风险的特点，是一个软件分类系统。该系统主要分为三类，各类又分若干元素，每个元素通过其属性来体现特征。

表 12-2 项目风险核对表

产品工程	开发环境	项目约束
需求	开发系统	资源
稳定性	正规性	进度
完整性	适宜性	人员
清晰度	过程控制	预算
有效性	熟悉程度	设施

（2）风险管理表。风险管理表记录着管理风险的基本信息。风险管理表是一种系统的记录风险信息并跟踪到底的方式。任何人在任何时候都可用风险管理识别表，也可匿名评阅，其格式如表 12-3 所示。

表 12-3 风险管理表

项目风险管理表			
一、项目基本情况			
项目名称		项目编号	
制作人		审核人	
项目经理		制作日期	

（续）

项目风险管理表							
二、项目风险管理							
风险发生概率的判断标准：							
高风险：>60% 发生风险							
中风险：30%～60% 发生风险							
低风险：<30% 发生风险							
序号	风险描述	发生概率	影响程度	风险等级	风险响应计划	责任人	开放 / 关闭
1	…	…	…	…	…	…	…

（3）风险数据库模式。风险数据库模式表明了风险识别和相关的信息组织方式，它将风险信息组织起来供人们查阅、跟踪状态、排序和产生报告。图 12-6 给出了一个一般意义上的风险数据库模式。

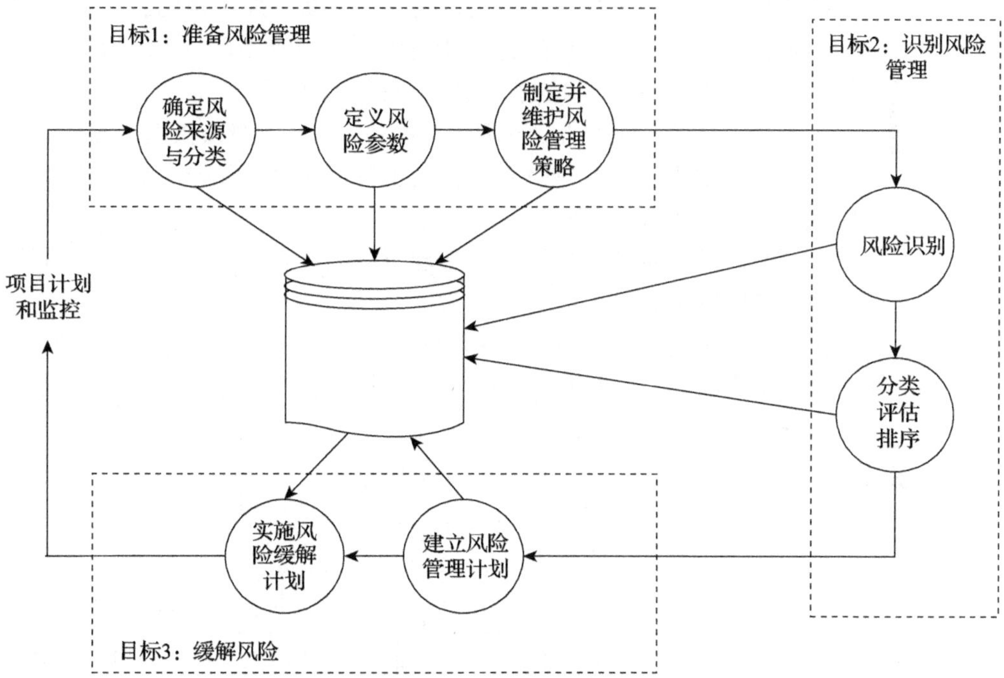

图 12-6　风险数据库模式

2. 项目工作分解结构

在项目早期应及早建立 WBS，以便为项目的风险管理活动提供支持。在项目的寿命周期过程中，项目组应将项目的 WBS 作为规划未来的系统工程管理、分配资源、预算经费、签订合同和完成工作的协调工具，应根据项目的 WBS 报告工程进展、运行效能、项目评估和费用数据，从而控制项目风险。

3. 规划会议

项目班子举行规划会议制订风险管理计划。参加者包括项目经理、项目班子领导人、实施组织中负责管理风险规划和实施活动的人员、关键干系人，以及其他参与人员。

规划会议的主要任务是：确定实施风险管理活动的总体计划；确定用于风险管理的成本种类和进度活动，并将它们分别纳入项目的预算和进度计划中；建立或评审风险应急储备的使用方法；分配风险管理职责等。

12.2.4 项目风险管理规划的输出

1. 风险形势估计

项目风险形势估计是对工程项目各个阶段的风险事件发生可能性的大小、可能出现的后果、可能发生的时间和影响范围的大小等的估计。

2. 风险管理计划

风险管理计划描述风险识别、定性与定量分析、应对规划、监测及控制在项目生命期内如何安排与实施。风险管理计划描述将如何安排与实施项目风险管理，它是项目管理计划的子计划。风险管理计划包括以下内容。

（1）方法论。确定项目风险管理将使用的方法、工具及数据来源。

（2）角色与职责。确定风险管理计划中每项活动的领导者和支持者，以及风险管理团队的成员，并明确其职责。

（3）预算。分配资源，估算风险管理所需的资金，将它纳入成本绩效基准，并建立应急储备的使用方案。

（4）风险类别。风险类别能为风险的分解提供一个框架（见图 12-7），确保在同一细节水平上全面、系统地识别各种风险，并提高识别风险过程的效果和质量。

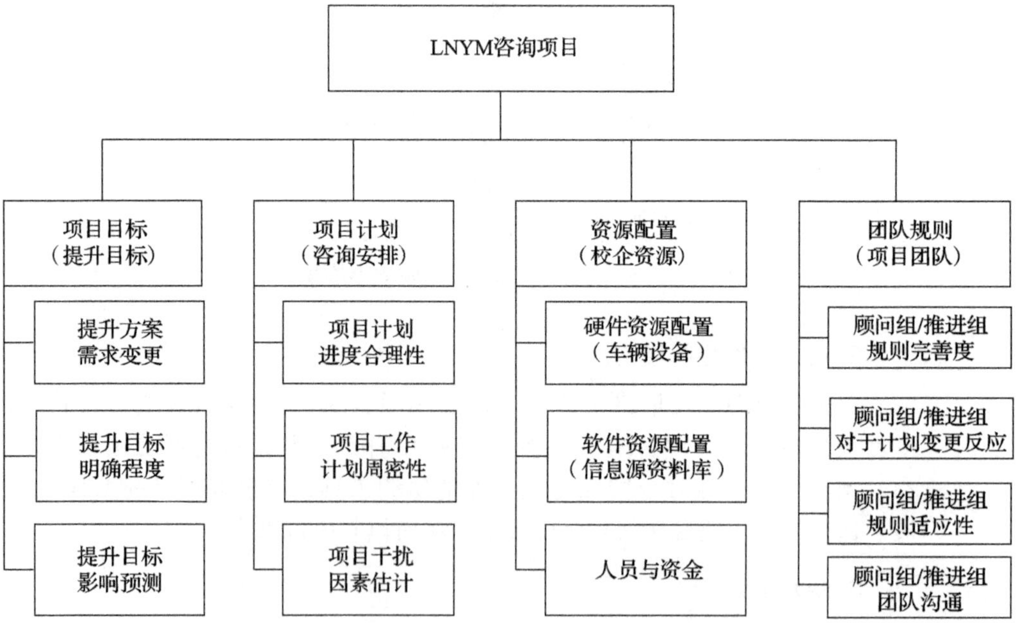

图 12-7 LNYM 咨询项目风险分解结构示意图

（5）时间安排。确定在项目生命周期中实施风险管理过程的时间和频率，制订进度应急储备的使用方案，确定应纳入项目进度计划的风险管理活动。

3. 风险概率和影响

需要对风险的概率和影响划分层次，来确保实施定性风险分析过程的质量和可信度。在规划风险管理过程中，应该根据具体项目的需要来“剪裁”通用的风险概率和影响定义，供实施定性风险分析过程使用。

4. 概率影响矩阵

应该根据风险可能对项目目标产生的影响，对风险进行优先排序。进行风险优先排序的典型方法是，使用查询表或概率影响矩阵。根据概率和影响的各种组合，把风险划分成高、中、低级别，以便进行相应的风险应对规划。

5. 修订的干系人承受力

可在规划风险管理过程中对干系人的承受力进行修订，从而适应具体项目的情况。

6. 报告格式

包括风险清单的内容和格式，以及所需的其他风险报告的内容和格式，用于规定将如何对风险管理过程的结果进行记录、分析和沟通。

7. 跟踪

应该规定将如何记录风险活动。这些记录可用于本项目或未来项目，可用于总结经验教训，还要规定是否需要以及应该如何对风险管理过程进行审计。

12.3　项目风险识别

识别风险是判断哪些风险会影响项目并记录其特征的过程。风险识别活动的参与者可包括：项目经理、项目团队成员、风险管理团队、客户、项目团队之外的主题专家、最终用户、其他项目经理、干系人和风险管理专家。需要采用统一的格式对风险进行描述，确保可以把项目中一个风险事件的影响与其他事件进行比较。项目团队应参与识别风险过程，以便创造并维持团队成员对风险及其应对措施的主人翁感和责任感。风险识别的内容如图 12-8 所示。

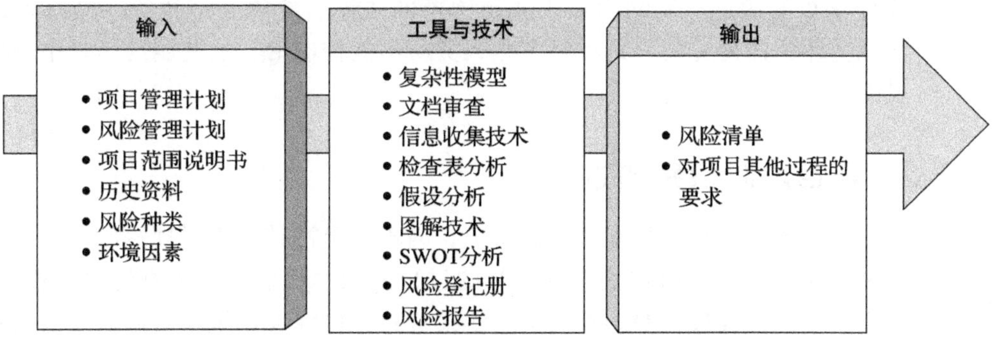

图 12-8　风险识别的输入、工具与技术、输出

12.3.1 项目风险识别的输入

项目风险识别的主要依据包括：项目管理计划、风险管理计划、项目范围说明书、历史资料、风险种类和环境因素。

1. 项目管理计划

项目管理计划是项目的主计划或总体计划，它确定了执行、监控和结束项目的方式和方法，包括项目需要执行的过程、项目生命周期、里程碑和阶段划分等全局性内容。

2. 风险管理计划

项目风险管理计划是规划和设计如何进行项目风险管理的过程，它定义了项目组织及成员风险管理的行动方案及方式，指导项目组织选择风险管理方法。项目风险管理计划针对整个项目生命周期制定如何组织和进行风险识别、风险评估、风险量化、风险应对及风险监控的规划，是项目进行风险识别的首要任务。

3. 项目范围说明书

项目范围说明书用来对项目范围达成共同的理解的文书，应该包括项目论证、项目产品简述、项目可交付成果总述及项目目标等。

4. 历史资料

历史资料是项目管理风险的依据之一，即从本项目或其他相似项目的档案文件中，从公共信息渠道中获取对本项目有借鉴作用的风险信息。

5. 风险种类

风险种类是指那些可能对项目产生正面或负面影响的风险源。常见的风险种类有技术风险、质量风险、过程风险、管理风险、组织风险、市场风险等。项目的风险种类应能反映出项目所在行业及应用领域的特征，学习和掌握各风险种类的特征规律，是开展风险识别的钥匙。

6. 环境因素

此处的环境因素主要是指事业环境因素和一些制约因素。可能影响识别风险过程的事业环境因素包括商业数据库、学术研究资料、行业研究资料与风险态度等公开发布的信息。制约因素主要指国家的法律、法规和规章等，这些因素是项目活动主体无法避免的，是项目工作人员所不能控制的，这些制约因素中同样隐藏着风险。

12.3.2 项目风险识别的过程

项目风险识别的基本任务是将项目的不确定性转化为可理解的风险描述。作为一种系统过程，风险识别有其自身的过程活动。识别项目风险过程一般分为 5 步：确定目标、明确最重要的参与者、收集资料、估计项目风险形势以及根据直接或间接的症状将潜在的项目风险识别出来。下面阐述风险识别的主要过程。

1. 项目风险识别过程图

项目风险识别过程可以归纳为图 12-9 所示的项目风险识别过程图。需要强调的是，项目风险识别不是一次性的工作，它需要更多系统的、横向的思考。质量管理工具和沟通工具都可以有效应用在风险识别过程中。

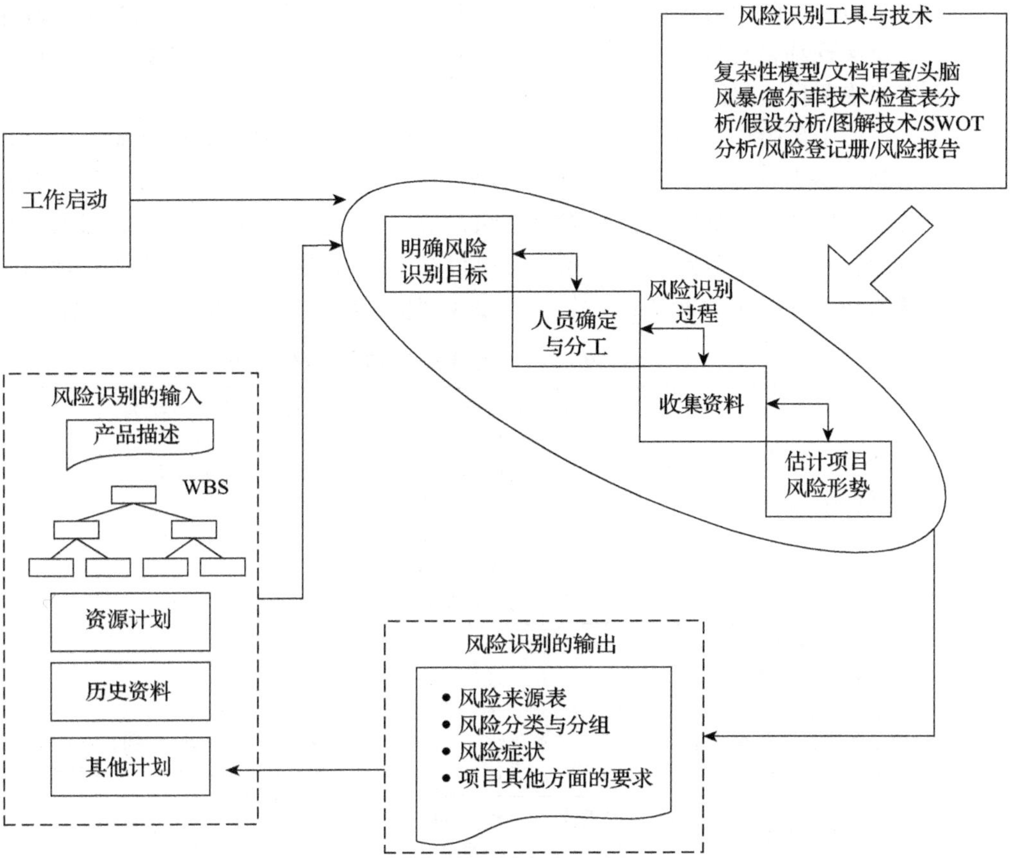

图 12-9　项目风险识别过程示意图

2. 收集资料

在收集资料之前，一般还要明确项目风险识别的目标，并确定参与项目风险识别的人员，这是项目风险识别首先要进行的组织工作。风险识别是风险管理的基础工作，这个目标是明确的。然而，依据项目组性质的不同、项目类型的差别，项目组风险管理应该是各有侧重的。依据项目管理规划，项目发起人、项目组、设计项目组、监理项目组、施工项目组、承包商项目组要分别确定本项目组风险管理的范围和重点并确定参与项目风险识别的人员而且需要项目组共同参与。

项目风险识别应该收集的资料大致有如下几类。

（1）项目产品或服务的说明书。项目产品或服务的说明书可以从项目章程和项目合同中得到，也可以参考用户的需求建议书。

（2）项目的前提、假设和制约因素。可从审查项目其他方面的管理计划得到项目所有的前提、假设和制约因素。

（3）与本项目类似的案例。借鉴过去类似项目的经验和教训是识别项目风险的重要手段。一般的项目公司会积累和保存所有项目的档案，其中有项目的原始记录等。

3. 项目风险形势估计

（1）风险形势估计的目的。风险形势估计就是要明确项目的目标、战略、战术以及实现项目目标的手段和资源，从而确定项目及其环境的变数。项目风险估计还要明确项目的前提和假设。

（2）风险形势估计的内容。通过项目风险形势估计、判断和确定项目目标是否明确，是否具有可测性，是否具有现实性，有多大不确定性；分析保证项目目标实现的战略方针、战略步骤和战略方法；根据项目资源状况分析实现战略目标的战术方案存在多大不确定性，彻底弄清项目有多少可以动用的资源对于实现项目的战略意图和项目目标是非常重要的。表 12-4 列出了项目风险形势估计的内容。

表 12-4 项目风险形势估计的内容

项目及其分析	（1）为什么要搞这个项目？本项目的积极性来自何方 （2）本项目的目标说明 （3）将本项目的目的同项目执行组织的目的进行比较 （4）研究本项目的目的 （5）说明本项目同其他项目或项目有关方面的关系 （6）说明总的竞争形势 （7）归纳项目分析要点
对行动路线有影响的各方面考虑（对于每一个因素都应该说明它对项目的进行产生怎样的影响）	（1）总的形势 （2）项目执行过程的特点 （3）研究项目的要求：①比较已有资源量和对资源的需求；②比较项目的质量要求和复杂性；③比较组织的现有能力；④比较时间和预算因素 （4）外部因素评价：①查明缺乏的信息资料；②初步判定资源是否足够
分析阻碍项目的行动路线	（1）阻碍项目成功的因素 （2）项目的行动路线 （3）分析阻碍项目的行动路线
项目行动路线的比较	（1）列出并考虑各行动路线的优点和缺点 （2）最后检查行动路线和初步方案是否合适、可行，能否被人接受 （3）衡量各行动路线相对优点并选定项目的行动路线 （4）列出项目的最后目标、战略、战术和手段

12.3.3 项目风险识别的工具与技术

1. 复杂性模型

项目处于模糊的状态，需要多个系统之间进行交互，成果往往不确定。复杂性是一项需要应对的挑战。Cynefin 框架和 Stacey 矩阵描述的两种模型提供了一个理解复杂性并确定如何在复杂环境中做出决策的框架。

（1）Cynefin 框架。Cynefin 框架是一个概念性框架，用于诊断因果关系，以此辅助决策。该框架提供了五个问题和决策背景。

1）如果存在显而易见且较为直接的因果关系，则运用最佳实践来做出决策。

2）如果存在一组已知的未知因素，或者存在多种正确答案，关系就会比较错综复杂。在这些情况下，最好的办法是评估事实、分析情况并应用良好实践。

3）复杂的关系中包括未知的因素。在复杂的环境中，人们应该探测环境、感知情况并以行动予以响应。这种风格采用了新兴的实践；随着复杂环境针对多种刺激因素做出反应而发生变化，以及曾经有效的做法可能在下次不再奏效，这些新兴的实践允许反复进行“探测－感知－响应”这一循环。

4）在混乱的环境中，原因与结果并不明确。对于情况过于迷惑，仅依靠等待无法了解情况。在这些情况下，应先采取行动，尽力稳定局面，然后感知到某处存在稳定性，并采取措施使混乱局面过渡到复杂局面。

5）无序的关系缺乏明确性，可能需要将它分解为较小的部分，而这些部分的背景与上述四个背景中的某个有联系。

（2）Stacey 矩阵。Stacey 矩阵类似于 Cynefin 框架，但它从两个维度来确定项目的相对复杂性：一是针对可交付物的需求的相对不确定性，二是用于创建可交付物的技术的相对不确定性。基于这些维度的相对不确定性，项目被分为简单型、繁杂型、复杂型或混乱型。复杂程度是影响项目裁剪方法和实践的一个因素。

2. 文档审查

对项目文档（包括各种计划、假设条件、以往的项目档案和其他信息）进行结构化审查。项目计划的质量以及项目计划与项目需求和假设条件的匹配程度，都是项目的风险指示器。

3. 信息收集技术

可用于风险识别的信息收集技术包括以下几种。

（1）头脑风暴法。头脑风暴法以共同目标为中心，参会人员在他人的看法上提出自己的意见。它可以充分发挥集体的智慧，提高风险识别的正确性和效率。头脑风暴法包括收集意见和对意见进行评价，具体过程包括人员选择、明确中心议题、轮流发言并记录、发言终止、对意见进行评价。应用头脑风暴法要遵循一个原则，即在发言过程中没有讨论，不进行判断性评论。

（2）德尔菲法。详见 6.2.3 项目资源计划的方法中的内容，具体实施过程如图 12-10 所示。

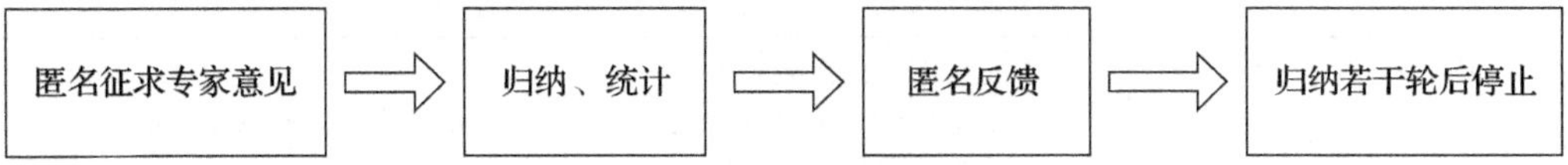

图 12-10　德尔菲法的实施过程

4. 检查表分析

检查表是管理中用来记录和整理数据的常用工具。用它进行风险识别时，将项目可能发生的许多潜在风险列于一个表上，供识别人员进行检查核对，用来判别某项目是否存在表中所列或类似的风险。检查表可以包含多种内容，如表 12-5 所示。

表 12-5 项目管理成功与失败原因检查表

项目管理成功的原因	项目管理失败的原因
项目目标清楚，风险措施切实可行 （1）与项目各参与方共同决策 （2）项目各方的责任和承担的风险明确划定 （3）项目所有的采购、设计和实施进行了多方案比较论证 （4）对项目规划阶段进行了潜在问题分析（包括组织和合同问题） （5）委派了非常敬业的项目经理并给予充分授权 （6）项目团队能很好地沟通协作，集体讨论项目重大风险问题 （7）针对外部环境变化制订预案并及时采取行动 （8）进行项目组织建设，表彰和奖励及时、有度 （9）对项目组成员进行了有计划和针对性的培训	项目决策前未进行可行性研究或论证 （1）项目提出非正常程序，从而导致项目业主缺乏动力 （2）决策者远离现场，项目各方责任界定不清 （3）规划工作做得不细，少灵活性 （4）计划缺少弹性或灵活性 （5）把工作交给了不称职的人的同时缺少检查 （6）项目负责人、负责人的责任、项目范围、项目计划频繁变更 （7）决策前沟通和信息收集不够，未征求各方意见 （8）未能对经验教训进行分析 （9）其他错误

设计一个方便实用的检查表。经过系统地收集资料，并进行初步的整理、分类和分析，就可着手制作检查表。在复杂工作中，为避免出现重复或遗漏，采取工作核对表，每完成一项任务就要在核对表上标出记号，表示任务已结束。表 12-6 给出了项目风险检查表示例，在实际工作中还要结合具体的项目来制作专业的项目风险检查表。

表 12-6 项目演变过程中可能出现的风险检查表

生命周期	可能的风险
全过程	（1）对一个或更多阶段的投入时间不够 （2）没有记录重要信息 （3）尚未结束一个或更多前阶段就进入下一阶段
概念	（1）没能书面记录下所有的背景信息与计划 （2）没有进行正式的成本收益分析 （3）没有进行正式的可行性分析 （4）你不知道是谁首先提出了项目创意
计划	（1）准备计划的人过去没有承担过类似的项目 （2）没有写下项目计划 （3）遗漏了项目计划的某些部分 （4）项目计划的部分或全部没有得到所有关键成员的批准 （5）制定完成项目的人不是准备计划的人 （6）未参与制订计划的人没有审查项目计划，也未提出任何疑问
执行	（1）主要客户的需要发生了变化 （2）收集到的有关进度情况和资源消耗的信息不够完整或不够准确 （3）项目进展报告不一致 （4）一个或更多重要的项目支持者有了新的分配任务 （5）在实施期间替换了项目团队成员 （6）市场特征或需求发生了变化 （7）做了非正式的变更，并且没有对它们带给整个项目的影响进行一致分析
结束	（1）项目成果没有得到正式批准 （2）在尚未完成项目所有工作的情况下，项目成员被分配到了新的项目组织中

5. 假设分析

每个项目和每个已识别的风险都是基于一套特定的假设。假设分析是检验假设条件在项目中的有效性，并识别因其中的错误、变化、矛盾或片面性所致的项目风险。

6. 图解技术

风险图解技术包括：因果图、系统或过程流程图和影响图。

7. SWOT 分析

（1）SWOT 分析的基本含义。SWOT 分析是一种环境分析方法。对一个组织、项目或方案的优势、劣势、机会和威胁进行评估。SWOT 分析的基准点是对企业内部环境之间优劣势的分析，在了解企业自身特点的基础之上，研判企业外部的机会和威胁，然后对环境做出准确的判断，继而制定企业发展的战略和策略。

（2）SWOT 分析的步骤。①列出项目的优势和劣势，可能的机会与威胁，填入组合矩阵区（见表 12-7）；②将内部优势与外部机会相组合，形成 SO 策略，制定抓住机会、发挥优势的策略，填入组合矩阵的Ⅴ区；③将内部劣势与外部机会相组合，形成 WO 策略，制定利用机会克服劣势的策略，填入组合矩阵Ⅵ区；④将内部优势与外部威胁相组合，形成 ST 策略，制定利用优势减少威胁策略，填入组合矩阵Ⅶ区；⑤将内部劣势与外部威胁相组合，形成 WT 策略，制定弥补缺点、规避威胁的策略，填入组合矩阵Ⅷ区。

表 12-7 SWOT 组合矩阵

外部因素	内部能力	
	Ⅲ 优势 列出自身优势	Ⅳ 劣势 列出具体劣势
Ⅰ 机会 列出现有的机会	Ⅴ SO 策略 抓住机会，发挥优势策略	Ⅵ WO 策略 利用机会，克服劣势策略
Ⅱ 威胁 列出正面临的威胁	Ⅶ ST 策略 利用优势，减少威胁策略	Ⅷ WT 策略 弥补缺点，规避威胁策略

（3）SWOT 分析的要点：① SWOT 分析重在比较，特别是项目（或企业）的优势、劣势要着重比较竞争对手的情况，另外与行业平均水平的比较也非常重要；② SWOT 分析形式上很简单，但实质上是一个长期累积的过程，只有对项目自身和所处行业有准确的认识才能对项目（或企业）的优劣势和外部环境的机会与威胁有一个准确地把握；③应用 SWOT 分析时必须要承认现实，尊重现实，而不是靠个别人的主观臆断。

8. 风险登记册

风险登记册是记录风险管理过程输出的存储文件。风险登记册中的信息可以包括相关管理风险的负责人，概率、影响、风险评分和计划的风险应对，以及用来获得关于单个风险的高层级理解的其他信息。

9. 风险报告

此项目文件会在整个项目风险管理过程中不断更新，用以概述单个项目风险的情况和整体项目风险的程度。汇总了有关各个项目风险和整体项目风险级别的信息。

12.3.4 项目风险识别的输出

1. 风险清单

识别风险过程的主要输出是风险清单中的最初内容。随着其他风险管理过程的实施，风险清单还将包括这些其他过程的输出，其中包含的信息也就逐渐增加。风险清单的编制始于风险识别过程，然后供其他风险管理过程和项目管理过程使用。

2. 对项目其他过程的要求

在风险识别的过程中可能会发现项目管理其他过程的要求，需要完善和改进。例如，利用项目工作分解结构识别风险时，可能会发现工作分解结构做得不够详细。因此，应该要求负责分解结构的成员进一步完善。

12.4 项目风险分析

风险分析是确定每个风险对项目的影响大小，一般是对已识别出来的项目风险进行评估和量化。定性风险分析详见 12.1.3 中相关内容，过程如图 12-11 所示。

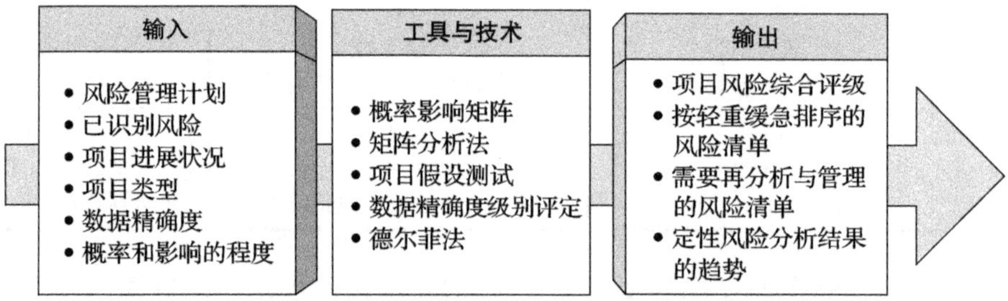

图 12-11 定性风险分析的输入、工具与技术、输出

实施定量风险分析是就已识别风险对项目整体目标的影响进行定量分析的过程（见图 12-12）。实施定量风险分析的对象是在定性风险分析过程中被认为对项目的竞争性需求存在潜在重大影响的风险。在特定的项目中，究竟采用哪种方法进行风险分析，取决于可用的时间和预算，以及对风险及其后果进行定性或定量描述的需要。在项目风险应对之后，应该随着监控风险过程的开展，重新实施风险定量分析，从而检验其实施效果。

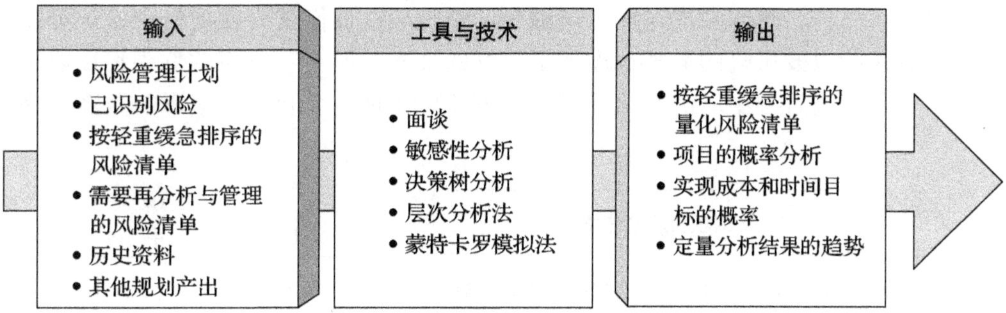

图 12-12　定量风险分析的输入、工具与技术、输出

12.4.1　项目风险分析的输入

1. 定性风险分析

（1）风险管理计划。风险管理计划主要包括：风险管理的角色和职责、风险管理的预算和进度活动、风险类别、概率和影响定义、概率影响矩阵以及修订的干系人风险承受力。

（2）已识别风险。风险识别过程中发现的风险连同它对项目的潜在影响同时进行评价。

（3）项目进展状况。风险的不确定性常常与项目所处的生命周期阶段有关。

（4）项目类型。常见或反复性的项目对风险事件发生概率及其后果往往理解比较透彻。采用最新技术或首次采用技术的项目，或者极其复杂的项目，其不确定性则往往要大得多。

（5）数据精确度。精确度描述对风险了解与理解的程度。它量度数据的可获取程度及数据的可靠性，用来识别风险的数据来源必须进行评估。

（6）概率和影响的程度。用于分析风险的两个关键方面。

2. 定量风险分析

定量风险主要包括风险管理计划、已识别风险、按轻重缓急排序的风险清单、需要再分析与管理的风险清单、历史资料和其他规划产出。

12.4.2　项目风险分析的工具与技术

1. 定性分析的方法

（1）概率影响矩阵。概率影响矩阵主要是对项目风险发生的可能性、风险的影响后果进行评估，这两个维度都可以用定性的方式加以评估，如高、中、低等。概率影响矩阵可以用来反映所有已识别的项目风险，对项目潜在的负面影响进行排序，如图 12-13 所示。

这是目前《财富》世界 500 强的许多企业使用的概率影响矩阵。它分为三个等级：高、中、低，即在这个矩阵里，风险被分为三类：高风险、中等风险、低风险。当项目团队完成这样一个细化的矩阵后，他们就为在项目中认识可能遇到的各种风险以及风险的危害程度做了更好的准备，而这些风险的危害程度取决于它们在项目实施过程中的潜在负面影响。图 12-13 是一个利用概率影响矩阵来评估风险的例子。

对项目风险分类			
风险因素	**后果**	**可能性**	**潜在影响**
A.首席程序员辞职	高	低	适中
B.技术错误	高	中	中
C.超支	中	低	小
D.首先进入市场的竞争者	高	高	大

可能性 \ 后果	低	中	高
高			D
中			B
低		C	A

图 12-13　概率影响矩阵

（2）矩阵分析法。可以将概率与影响的标度结合起来，以此为依据建立一个对风险或风险情况评定等级的矩阵。高概率与高影响风险可能需要进一步分析，包括量化以及积极的风险管理。进行风险级别评定时，每项风险要有自己的矩阵与风险标度。

风险概率标度的取值范围自然在 0.0（概率为 0，无可能性）与 1.0（概率百分之百，确定无疑）之间取值。可以采用代表从可能性极低到几乎确定无疑的相对概率值的序数标度。也可以用普通标度（例如：0.1、0.3、0.5、0.7、0.9）对具体概率赋值。

风险的影响标度反映的是它对项目目标所产生影响的严重程度。影响可以采用序数标度，也可以采用基数标度，它取决于进行风险分析的组织文化。两种方法的目的都是在相关风险发生时，为它对项目目标的影响赋予一个相对值。这些定义改善了数据质量，使过程更具备可重复性。表 12-8 通过一个例子描述了矩阵分析方法。

表 12-8　计算风险的可能性和制订应对计划

失败的可能性（P_j）			
分数	**成熟度（P_m）**	**复杂度（P_c）**	**依赖性（P_d）**
非常低（0.1）	现有软件	简单设计	对现有系统或客户没有限制；没有外部事件或不可控制事件会影响到项目
较低（0.3）	重新设计的可能性较小	复杂性增加的可能性较小	进度或性能依赖于现有系统，但成本或进度的影响较小
中等（0.5）	改变的可能性中等	增加的可能性中等	由于对现有系统或设施的依赖，进度或性能存在中等程度的风险
较高（0.7）	技术可行但设计复杂	增加的可能性较高	进度或性能依赖于新系统，存在较高的成本或进度风险

（续）

失败的可能性（P_f）				
分数	**成熟度（P_m）**	**复杂度（P_c）**	**依赖性（P_d）**	
非常高（0.9）	有些研究需要重新进行	极其复杂	进度或性能依赖于新系统，存在非常高的成本或进度风险	
失败带来的后果（C_f）				
分数	**成本（C_c）**	**进度（C_s）**	**可靠性（C_r）**	**性能（C_p）**
非常低（0.1）	没有超出预算	对项目的影响可以忽略，对关键路径没有影响	没有可靠性风险或可靠性风险非常小	没有性能风险或性能风险非常小
较低（0.3）	超出预算 <5%	较小的进度延迟 <5%	可靠性降低程度较小	系统性能降低程度很小
中等（0.5）	超出预算 <15%	进度延迟，开始影响到关键路径	可靠性降低	系统性能降低，需要进行调试
较高（0.7）	超出预算 <30%	开发时间延迟超过一个月，需要对关键路径重新调整	可靠性降低程度较高	系统性能降低较多，保证书处于风险状态，需要大量的调试
非常高（0.9）	超出预算 >30%	时间大幅延迟，将不能满足客户的进度要求	按照当前计划，可靠性目标将不能实现	性能目标不能实现，产品可能不能使用

在考虑失败可能性时，企业最关注的是识别那些对新产品成功的可能性有巨大影响的因素。在分析这类风险因素时，必须集中精力研究会引起项目失败的潜在风险。在表 12-8 所示的例子中，假设已识别的潜在风险有：①软件设计的成熟度——这是一个新产品还是基于已有软件平台的再开发产品？②产品的复杂度——它在结构上的设计相对简单还是复杂？③依赖性——能否随时在公司已有的任何系统上独立开发该产品？该产品是否受操作系统的限制？指出这些会影响新项目成功完成的因素非常重要。为简单起见，仅研究三个风险。

分析失败所产生的后果时，需要关注那些会扩大负面影响的方面，也就是说，项目关系人必须从关键维度入手，审慎地评估项目成功或失败的后果。在这个例子中，识别了四个项目失败的后果。

1）成本：资金上超支。

2）进度：时间上严重超时。

3）可靠性：产品的有用性较低，质量不合格。

4）性能：新的管理体系达不到原来计划的性能。

上面列举了很多会引起项目失败的因素，实际上每个项目都可能有一组与失败的后果相关的因素，而这些后果应该被非常清晰地识别。

表 12-8 阐释了对项目风险评分的过程。首先对各个风险因素进行评分，评分从可能性和后果两个维度进行考虑，然后将所有因素的评分相加求和，再除以风险因素的个数，就可以得到整个项目的风险分数。

表 12-9 采用定量评估的方法，列出了项目的最后累计风险得分。通常认为：如果项目评分小于 0.3，则被认为是低风险的；如果项目评分介于 0.3 和 0.7 之间，则

具有中度风险；如果项目评分高于 0.7，则具有高风险。

表 12-9 风险分数的计算

（1）采纳项目团队成员大多数人的意见，决定失败的可能性。各个维度的分数： 成熟度（P_m），复杂度（P_c），依赖性（P_d）
（2）将 3 个维度的分数相加，再除以 3，得到 P_j $P_j=(P_m+P_c+P_d)/3$
（3）采纳项目团队成员大多数人的意见，决定项目失败的后果。各个维度的分数： 成本（C_c），进度（C_s），可靠性（C_r），性能（C_p）
（4）将四个维度的分数相加，再除以 4，得到 C_j $C_j=(C_c+C_s+C_r+C_p)/4$
（5）利用下面的公式求出项目的整体风险因素值（RF） $RF=P_j+C_j-P_j C_j$
判定原则： 低风险 RF＜0.30 中度风险 0.30≤RF≤0.70 高风险 RF＞0.70

（3）项目假设测试。已识别的风险必须按照两项标准进行测试，一项是假设的稳定性，另一项是假设不成立时对项目造成的后果。

（4）数据精确度级别评定。要想使风险定性分析有助于项目管理，就要求使用准确和无偏颇的数据。数据精确度评级包括对以下几方面的检验：①对风险的理解程度；②关于风险的现有数据；③数据的质量；④数据的可靠性与健全性。

（5）德尔菲法。德尔菲法是最常用的定性分析方法之一，它试图通过“专家小组意见的一致性”来进行预测与分析。

2. 定量分析的方法

（1）面谈。面谈技术用于对风险概率及它对项目目标产生的后果进行量化。与项目干系人和课题专家面谈可能是风险量化的第一步。所需信息取决于拟采用的概率分布类型。

在风险定量分析中通常采用连续概率分布。分布既表示项目组成部分的概率，也表示其后果。将风险值域设定的理由形成文字记载是风险面谈的一个重要组成部分。

贝塔分布和三角分布常用于定量风险分析。图 12-14a 中的贝塔分布是由两个“形状参数”决定的此类分布族的一个例子。

（2）敏感性分析。敏感性分析是指通过分析、测算一些因素发生变化时评价指标变化的幅度。有些因素的微小变化会引起评价指标较大的变化，进而影响到原来的决策，这些因素称之为敏感性因素；反之，被称为不敏感因素。敏感性分析实质上就是在诸多的不确定因素中，确定敏感性因素和不敏感因素，并分析敏感性因素对评价指标的影响程度。

敏感性分析有助于确定哪些风险对项目具有最大的潜在影响。它在所有其他不确定因素保持基准值的条件下，考察项目每项要素的不确定性对目标产生多大程度的影响。

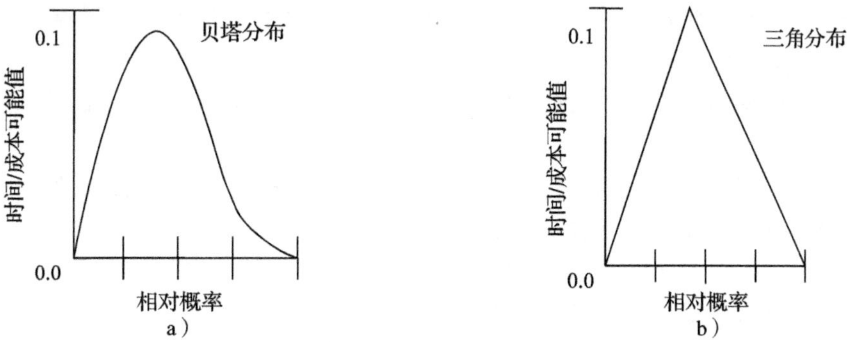

图 12-14　常用概率分布示例

敏感性分析的一般程序如下。

1）确定具体评价指标作为敏感性分析的对象。敏感性分析的指标选择有两个原则：一是敏感性分析的指标应与确定性分析的指标相一致；二是确定性分析中所用指标比较多时，应选择最重要的一个或几个指标作为敏感性分析的对象。

2）选择需要分析的不确定性。几乎所有的影响因素都带有某种程度的不确定性。

3）确定评价指标对各种敏感性因素的敏感程度。评价指标对不确定性因素的敏感程度可以表示为：某种因素或多种因素同时变化时导致评价指标的变化程度。

4）经分析比较找出最敏感因素，并对风险情况做出判断。根据上一步的计算分析结果，对每种敏感性因素在同一变化幅度下引起的同一评价指标的不同变化幅度进行比较。

【例 12-1】现在用一个模拟案例分析来演示一遍具体的操作方法和步骤。

在论证一个项目的可行性时，通过分析，建立了一个五年期的现金流量表数量模型。经过数量模型的投入产出分析，得出了该项目最关键的效益指标：IRR = 25%（内部收益率）。

将上述 IRR 取值填入如图 12-15 所示的坐标，然后识别风险因素，分别列出能够对项目收益产生影响的五个要素：价格、成本、订货量、投资额和增值税。

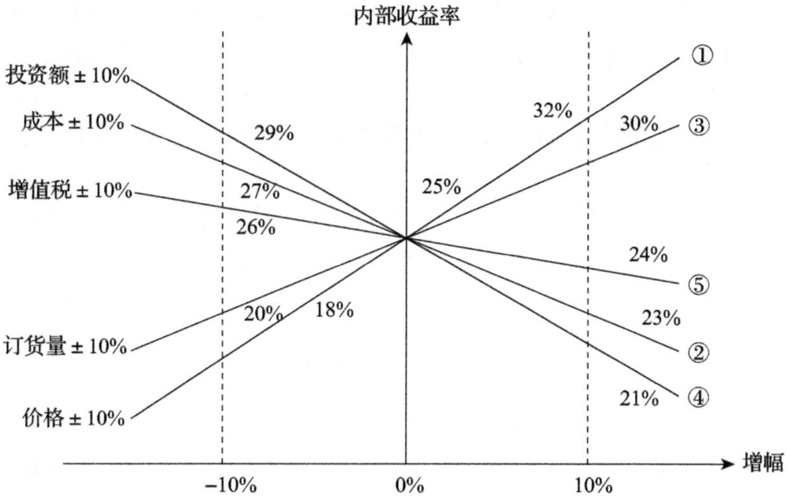

图 12-15　敏感性分析

将这五个变量要素分别增加 10% 和减少 10%，并输入现金流量的模拟分析模型，发现 IRR 发生了以下变化：

①当价格降低 10% 的时候，IRR 从原来的 25% 降到了 18%；而当价格提高 10% 时，IRR 从 25% 增加到了 32%；波动幅度 ±7%。

②当成本降低 10% 的时候，IRR 从原来的 25% 升高至 27%；而当成本增加 10% 时，IRR 从 25% 降至 23%；波动幅度 ±2%。

③当订货量降低 10% 的时候，IRR 从原来的 25% 降到了 20%；而当订货量提高 10% 时，IRR 从 25% 增加到了 30%；波动幅度 ±5%。

④当投资额降低 10% 的时候，IRR 从原来的 25% 提高到了 29%；当投资额提高 10% 时，IRR 从 25% 降低到了 21%；波动幅度 ±4%。

⑤当增值税降低 10% 的时候，IRR 从原来的 25% 提高到了 26%；当增值税提高 10% 时，IRR 从 25% 降低到了 24%；波动幅度 ±1%。

假设上述变量因素与 IRR 之间形成线性函数关系，就可以连接三点画出直线了。直线的斜率说明该要素对项目收益产生的影响。斜率越大，IRR 波动幅度越大，说明项目的收益对该要素的变化越敏感。通过对比各风险要素的波动幅度和直线斜率，项目收益对上述五个变量因素的敏感度排序如下：①价格；②订货量；③投资额；④成本；⑤增值税。

（3）决策树分析。决策树分析是进行定量风险分析的有效方法。它把有关决策的相关因素分解开来，逐项计算其概率和期望值，并进行方案的比较和选择。决策树分析不仅可以用来解决单阶段的决策问题，而且可以用来解决多阶段的决策问题。用决策树进行定量风险分析有以下几步。

1）绘制决策树。按问题所给的信息，由左至右绘制决策树。所用符号有：

□ - 表示决策节点，从这里引出的分支为方案分支。在分支上要标明方案名称。

○ - 表示状态节点，从这里引出的分支为状态分支或概率分支，在每一分支上标明状态名称及其出现的概率。

△ - 表示结果节点，它标明各种自然状态下所取得的结果（如货币期望值）。

2）计算方案的期望货币价值（EMV），并将计算结果标注在相应的状态节点上端。

3）对损益期望值进行比较并选取最优的期望值，相应的方案即为最优方案。

【例 12-2】假设一个公司正试图决定他们是否应该提交项目 1 或项目 2 的、或两个项目的建议书、或不提交任何建议书。假设该公司有 20% 的概率或机会赢得项目 1，该项目有 30 万美元的利润。他们有 80% 的概率不会赢得项目 1，且失败的结果估计为 4 万美元。这就意味着，如果他们没有赢得合同，则公司投资在项目 1 上的 4 万美元将得不到补偿。各项目结果的概率之和必须都为 1。概率通常由专家判断来决定。同样，可以得到项目 2 的概率和结果：损失 5 万美元的概率是 20%，损失 2 万美元的概率是 10%，赚取 6 万美元的概率是 70%。绘制的决策树如图 12-16 所示。

在图 12-16 中，项目 1 的期望货币值为 $0.2\times30+0.8\times(-4)=2.8$ 万美元；项目 2 的期望

货币值为 $0.2\times(-5)+0.1\times(-2)+0.7\times6=3$ 万美元。

因为期望货币值估计了一项决策的全部货币值，所以希望得到一个正数；期望货币值越高，对你越好。既然 EMV 对项目 1 和项目 2 来说都是正值，那么公司希望从两者中都得到一个正的结果，并可能同时投标两个项目。如果他们不得不在两者之间进行选择（也许是因为有限的资源），那么应该选择项目 2，因为它有一个相对高的 EMV。

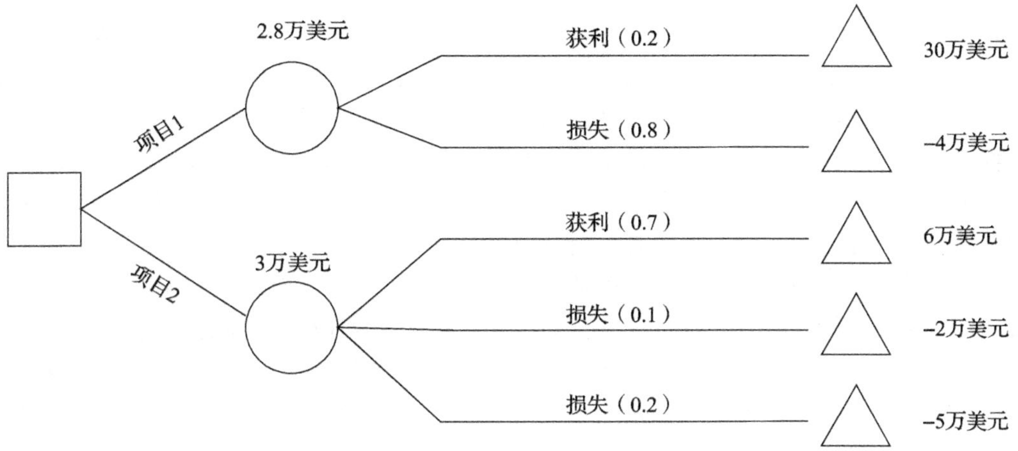

图 12-16　决策树分析

决策树方法的掌握和使用都很容易，困难的是如何得到可靠的数据。由于选择不同的方案或行动路线会面临不同的风险，而不同的决策者对待风险的态度又不一样。因此，用 EMV 最大化作为决策的判断依据，忽略了人们对待风险的态度。

（4）层次分析法（AHP）。对多因素、多准则、多方案的综合评价及趋势预测相当有效。面对由“方案层 – 因素层 – 目标层”构成的递阶层次结构决策分析问题，给出了一整套处理方法与过程。AHP 从本质上讲是一种科学的思维方式。

面对具有层次结构的整体问题综合评价，AHP 采取逐层分解，变为多个单准则评价问题，在多个单准则评价的基础上进行综合。为解决定性因素的处理及可比性问题，Saaty 建议：以“重要性”将比较结果按重要程度以 1～9 级进行量化标度。检验与调整比较链上的传递性，即检验一致性的可接受程度。对汇集全部比较信息的矩阵集，使用线性代数理论与方法处理。在 AHP 分析法中，判断矩阵的一致性、专家的经验和知识水平、判断矩阵中元素的个数可以影响权重的可靠性和合理性。

AHP 的基本步骤包括以下几项。

1）建立所研究问题的递阶层次结构。递阶层次结构的最高层一般是决策目标 – 决策层，往下一层是准则层。

2）构建两两比较判断矩阵。建立递阶层次结构以后，上下层之间元素的隶属关系就已经确定，如果上层元素 C_1 对下层元素 $A_1, A_2, \cdots, A_n$ 有支配关系，就可以建立以 C_k 为判断准则的元素 $A_1, A_2, \cdots, A_n$ 间两两比较判断矩阵，该矩阵为一个互反矩阵。

3）计算权向量并做一致性检验。上述构建的两两比较矩阵构成了决策分析的基础，但要解决一系列的处理问题，特别是“一致性”问题。即在这些两两比较矩阵中间最好都是一致阵。若检验通过，特征向量（归一化后）即为权向量；若不通过，需要重新构建对比矩阵。

计算综合权向量。根据准则层之间的权向量和准则层对方案层的权向量，可以计算出所研究问题的综合权向量（见例 12-3）。

【例 12-3】某公司承包一项大型工程，项目施工期间由于业主资金短缺，不能及时到位，公司自身的资金周转也很困难。在这种情况下，公司面临风险选择，有两种情况可供选择：一是等待资金到位，二是变更项目范围（如减少工程量）。无论选择哪种情况承包商所面临的问题都是：工期、质量和利润。试用 AHP 法进行风险量化分析。

解：这是一个风险选择问题，对承包商来说，无论选择哪种情况，都有一定的风险，但又必须做出选择。如果等待资金到位，显然工期就会延长，人工成本及设备租赁等费用就会增加，同时有可能赶工期而影响项目质量；而如果变更项目范围，如减少某些环节的工程量（在业主认可的前提下），工期可能会按原计划实现，但会减少利润。这就面临着多目标、多因素和多方案的问题，同时也是个风险选择问题。下面用 AHP 的步骤进行分析：

（1）构建递阶层次结构。该问题有三个层次，目标为选择一个风险小的方案；准则层为工期、质量和利润问题；方案层有两个。于是可得出如图 12-17 所示的递阶层次结构图。

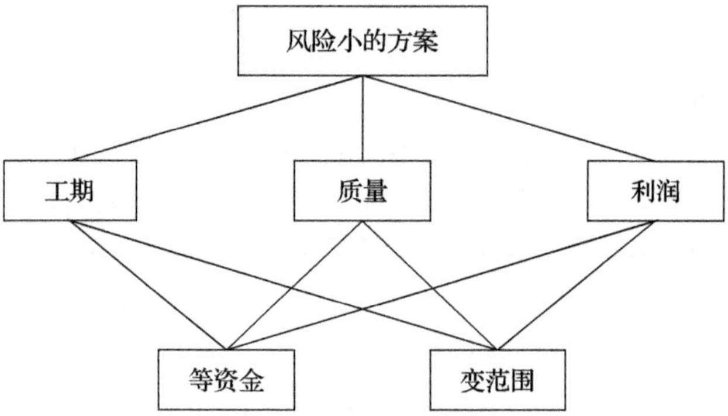

图 12-17　递阶层次结构图

（2）建立准则层的两两比较矩阵。构建此矩阵，Saaty 等人提出了 9 级标度法，即某准则与另一准则的重要程度用 1，2，3，4，5，6，7，8，9 来表示，并要求准则之间进行两两比较，构建出一个具有实对称性质的矩阵。若 i 元素与 j 元素比较的结果在矩阵中以 a_{ij} 表示，其 1～9 级标度的描述如下：

i 元素比 j 元素同样重要，记为 $a_{ij}=1$；

i 元素比 j 元素稍微重要，记为 $a_{ij}=3$；

i 元素比 j 元素明显重要，记为 $a_{ij}=5$；

i 元素比 j 元素强烈重要，记为 $a_{ij}=7$；

i 元素比 j 元素极端重要，记为 $a_{ij}=9$。

上述相邻判断的中间值为 2，4，6，8。

题干中，关于工期、质量和利润之间的重要性比较，根据承包商的具体情况得出如下比较矩阵，并对该矩阵通过加和法进行归一化处理。

$$\begin{pmatrix} \text{工期} & \text{质量} & \text{利润} \\ 1 & 1/2 & 1/5 \\ 2 & 1 & 1 \\ 3 & 1 & 1 \end{pmatrix} \xrightarrow{\text{列向量归一化}} \begin{pmatrix} 0.125 & 0.20 & 0.091 \\ 0.25 & 0.40 & 0.455 \\ 0.625 & 0.40 & 0.455 \end{pmatrix} \xrightarrow{\text{按行求和}} \begin{pmatrix} 0.416 \\ 1.105 \\ 1.48 \end{pmatrix} \xrightarrow{\text{列向量归一化}} \begin{pmatrix} 0.139 \\ 0.368 \\ 0.493 \end{pmatrix}$$

处理的结果表明，该承包商在对待工期、质量和利润这三个问题上，最重视利润问题，在三个准则中所占的权重最高，达 49.3%；其次是质量问题，也占有较大的权重，占 36.8%；再次是工期问题。此外，该矩阵也通过了一致性检验。

（3）建立方案层对准则层的比较矩阵。按照上述步骤，建立方案层对准则层的比较矩阵，承包商在工期、到位或变更范围做出了如下判断，并做归一化处理和一致性检验。

- 工期

$$\begin{matrix} \\ \text{等资金} \\ \text{变范围} \end{matrix}\begin{pmatrix} \text{等资金} & \text{变范围} \\ 1 & 1/4 \\ 4 & 1 \end{pmatrix} \xrightarrow{\text{列向量归一化}} \begin{pmatrix} 0.2 \\ 0.8 \end{pmatrix}$$

- 质量

$$\begin{matrix} \\ \text{等资金} \\ \text{变范围} \end{matrix}\begin{pmatrix} \text{等资金} & \text{变范围} \\ 1 & 3 \\ 1/3 & 1 \end{pmatrix} \xrightarrow{\text{列向量归一化}} \begin{pmatrix} 0.75 \\ 0.25 \end{pmatrix}$$

- 利润

$$\begin{matrix} \\ \text{等资金} \\ \text{变范围} \end{matrix}\begin{pmatrix} \text{等资金} & \text{变范围} \\ 1 & 5 \\ 1/5 & 1 \end{pmatrix} \xrightarrow{\text{列向量归一化}} \begin{pmatrix} 0.665 \\ 0.335 \end{pmatrix}$$

（4）计算综合权向量。

	工期	质量	利润
	0.139	0.368	0.493
等资金	0.2	0.75	0.665
变范围	0.8	0.25	0.335

等资金＝0.139×0.2＋0.368×0.75＋0.493×0.665＝0.632

变范围＝0.139×0.8＋0.368×0.25＋0.493×0.335＝0.368

通过 AHP 方法，该承包商最终所要做出的选择是等待资金到位，因为在两种情况的选择中，等待资金到位所占的权重为 63.2%，而变更项目范围所占的权重只有 36.8%。

（5）蒙特卡罗模拟法。该法又称统计试验法或随机模拟法，是一种通过对随机变量的统计试验、随机模拟求解数学、物理、工程技术问题近似解的数学方法。

1）蒙特卡罗模拟法的基本原理。假定函数 $Y=f(X_1, X_2, \cdots, X_n)$。其中变量 $X_1, X_2, \cdots, X_n$ 的概率分布已知。$f(X_1, X_2, \cdots, X_n)$ 是非常复杂的函数关系式，一般难以用解析法求解有关 Y 的概率分布及其数字特征。蒙特卡罗模拟法利用一个随机数发生器通过直接或间接抽样取出每一组随机变量（$X_1, X_2, \cdots, X_n$）的值 $X_{1i}, X_{2i}, \cdots, X_{ni}$，然后按 Y 对于

$X_1, X_2, \cdots, X_n$ 的关系式确定函数 Y 的值 Y_i。

$$Y_i = f(X_{1i}, X_{2i}, \cdots, X_{ni})$$

反复独立抽样多次，便可得到函数 Y 的一批抽样数据 $Y_1, Y_2, \cdots, Y_n$。当模拟次数足够多时，便可给出与实际情况相近的函数 Y 的概率分布及其数字特征。

2）蒙特卡罗模拟法的模拟步骤：①确定输入变量及其概率分布；②通过模拟试验，独立随机抽取各输入变量的值；③建立数学模型，按照研究目的编制程序计算各输出变量；④确定试验（模拟）次数以满足预定的精度要求，以逐渐积累的较大样本来模拟输出函数的概率分布。

蒙特卡罗模拟法借助人对未来事件的主观概率估计及计算机随机模拟，解决难以用数学分析方法求解的动态系统复杂问题，具有极大的优越性（见例 12-4）。

【**例 12-4**】某项目工作包有 A、B、C 三个活动（活动时间以周为单位），每个活动的时间、发生的概率及随机数如表 12-10 所示。试评价该网络的进度风险。

表 12-10　某项目工作包每个活动的时间、发生概率及随机数

活动	时间估计	概率	代表活动时间取值随机数
A	4 6	0.5 0.5	0 1 2 3 4 5 6 7 8 9
B	3 5	0.4 0.6	0 1 2 3 4 5 6 7 8 9
C	8 10	0.5 0.5	0 1 2 3 4 5 6 7 8 9

解： 步骤如下。

①确定每个活动的工期及相应概率。

②根据概率分布情况对可能的随机数编号。

③随机抽取若干组编号（每组的次数是活动的个数）。

④确定关键路径。

⑤确定总工期。

⑥重复③、④、⑤步若干次，假定抽 5 组的结果如表 12-11 所示。

⑦确定项目总工期的概率。

表 12-11　模拟结果

抽取序号	随机数	A 活动	B 活动	C 活动	关键路径	总工期
1	534	<u>6</u>	<u>3</u>	8	AB	9
2	125	4	3	<u>10</u>	C	10
3	575	<u>6</u>	<u>5</u>	10	AB	11
4	697	<u>6</u>	<u>5</u>	10	AB	11
5	563	<u>6</u>	<u>5</u>	8	AB	11

注：表中带有下划线的为关键路径。

由表 12-11 可得，该项目工作包的工期在 9、10、11 周内的累计概率如表 12-12 所示。

表 12-12　工期累计概率

总工期	出现次数	概率估计	累计概率
9	1	0.2	0.2
10	1	0.2	0.4
11	3	0.6	1

值得注意的是，这里所举的例子仅仅是模拟发生的数据的一部分，在实际中要根据项目的具体情况进行模拟，但模拟的次数要达到规定的最少次数。

（6）专家判断。专家判断（最好来自近期具有相关经验的专家）用于识别风险对成本和进度的潜在影响，估算概率以及定义各种分析方法所需的输入（如概率分布）。

从表 12-12 可知，该项目工作包在 10 周内完成的概率为 40%，而在 11 周完成的可能性则大大增加。

12.4.3　项目风险分析的输出

1. 定性风险分析的成果

（1）项目风险综合评级。通过比较风险得分，风险评级可表示一个项目相对于其他项目的综合风险等级。

（2）按轻重缓急排序的风险清单。可根据各风险的重要程度，使用概率影响矩阵，对风险进行分类。可以把各风险归类为“高风险”“中等风险”“低风险”，使各风险之间有相对的优先级关系。

（3）需要再分析与管理的风险清单。划为高风险或中等风险的风险，应为风险定量分析等进一步分析以及采取风险管理行动的主要对象。

（4）定性风险分析结果的趋势。在分析重复进行时，具体风险可能呈现出某种明显的趋势，从而使风险应对或进一步分析变得更紧迫（更重要）或不太紧迫（不太重要）。

2. 定量风险分析的成果

（1）按轻重缓急排序的量化风险清单。包括对项目造成最大威胁或为项目提供最大机会的风险，以及对其影响的量度。

（2）项目的概率分析。对项目可能的进度与成本结果进行估算，列出可能的完工日期和完工成本及其相应的置信水平，分析的结果通常表现为累积分布。

（3）实现成本和时间目标的概率。基于目前的计划以及对项目所面临风险的了解，可用定量风险分析方法估算出实现项目目标的概率。

（4）定量分析结果的趋势。随着分析的反复进行，风险可能呈现出某种明显的趋势。可以从这种趋势中得到某些结论，并据此调整风险应对措施。

12.5　项目风险应对

项目风险应对是针对项目目标，制订提高机会、降低威胁的方案和措施的过程。项目风险应对过程在实施定性风险分析过程和实施定量风险分析过程之后进行，包括确定和分配某个人（即“风险应对责任人”），来实施已获同意和资金支持的风险应对措施。项目风险应对的内容如图 12-18 所示。

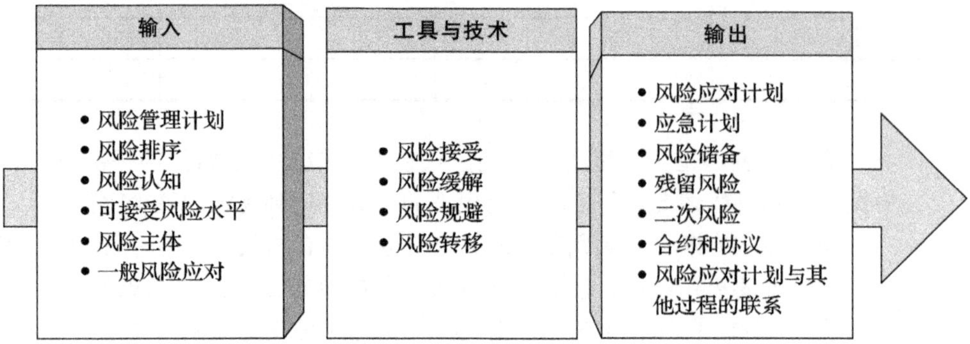

图 12-18 项目风险应对的输入、工具与技术、输出

12.5.1 项目风险应对的输入

项目风险应对的输入包括以下内容。

（1）风险管理计划。

（2）风险排序：将风险按发生的可能性、风险发生后造成的严重程度、缓急程度进行排序，明确各种风险的相对重要程度。

（3）风险认知：对可放弃的机会和可接受的风险的认知。

（4）可接受风险水平：项目组织抗风险能力决定了项目风险应对措施的选择。

（5）风险主体：项目干系人中可以作为风险应对主体的名单，风险主体应参与制订风险应对的计划。

（6）一般风险应对：许多风险可能是由某一个共同的原因造成的，这种情况下为利用一种应对方案缓和两个或更多项目风险提供了机会。

12.5.2 项目风险应对的过程

项目风险应对的过程包括以下几项。

（1）进一步确认风险影响。在进行完项目风险分析之后已经得到项目的风险排序。

（2）制订风险应对计划。确定了风险的影响之后就需要对其制定相应的应对策略。

（3）执行风险应对计划。应对风险应该按照书面的风险应对计划进行，并定期召开会议报告风险应对计划的执行情况。

（4）提出风险防范和监控建议。定期报告风险状态，加强小组内部交流。风险小组必须定期检查风险状态，并针对项目风险状态的变化提出风险防范和监控建议。

12.5.3　项目风险应对的工具与技术

1. 风险接受

风险偏好是指为了实现目标，决策者在承担风险的种类、大小等方面的基本态度。风险偏好可分为风险回避、风险追求和风险中立，风险与机遇一般成正比。

风险接受是指项目管理层有意识地选择承担风险的后果。项目管理者在识别和评估风险的基础上，对各种可能的风险处理方式进行比较，权衡利弊，从而决定将风险留置内部，由项目组织自己承担风险损失的全部或部分。主动接受风险是一种有周密计划、有充分准备的风险处理方式。

沟通的目的在于把风险事件、风险方案、风险执行的情况向项目干系人和项目团队进行报告，使得人人都意识到威胁或机会。新发现的风险以及修改的风险方案一般都需要各个干系人共同协商应对。

风险接受是处理残余风险的一种技术措施。一般风险事件造成损失数额不大，不影响项目大局时，项目组织将损失列为项目一种费用。接受风险的具体措施有：将损失摊入经营成本，建立风险基因以及借款用于补偿风险损失。

2. 风险缓解

风险缓解措施是一种积极的风险处理方法策略，它通过各种技术和方法降低损失发生时的可能性，缩小其后果的不利影响程度。按照减轻风险措施执行时间可分为风险发生前、风险发生中和风险发生后三种不同阶段的风险控制方法，应用在风险发生前的方法基本相当于风险预防，而应用于风险发生中和风险发生后的控制实际上就是损失抑制。

（1）风险预防。风险预防是指在风险发生前为了消除或减少风险因素，降低损失发生的概率，通过风险识别、估计和评价，可从项目风险源、各风险发生概率和后果严重性等级排序，与预先给定的风险严重等级要求相比较，对超过要求的风险，要采取技术措施消除风险或降低严重度等级使它满足要求。

（2）损失抑制。损失抑制是指在风险发生时或风险发生后，采取措施减少损失发生范围或损失程度的行为。事故发生中或事故发生后的损失抑制措施主要集中在紧急情况的处理即急救措施、恢复计划和合法的保护，以此来阻止损失范围的扩大。

正确认识风险预防和损失抑制的区别有助于提高项目风险管理的效果。风险预防的目的在于消除或减少风险发生的概率，损失抑制的目的在于减少项目风险发生后不利后果的损失程度。事实上，这两方面在风险管理中往往同时使用，综合考虑。

3. 风险规避

风险规避是指当项目风险发生的可能性太大，不利后果也很严重，又无其他良好策略来减轻，主动放弃项目或改变项目目标与行动方案，从而规避风险的一种策略。这种策略是从根本上放弃使用有风险的项目资源、项目技术、项目设计方案等，从而避开项目风险的一类项目风险应对措施。在应用风险规避策略时还应考虑以下几方面的因素：①对项目而言，某些风险也许不可能规避；②对某些风险采用放弃项目的方法来规避风险；③规避了某一风险可能产生别的新风险。

综合考虑以上因素，风险规避策略适合以下两种情况：第一，某种特定风险发生概率和损失程度相当大；第二，应用其他风险处理技术的成本超过其产生的经济效益，采用风险规避措施可使项目受损失的可能性最小。

风险规避是最彻底的规避重大风险的方法。但是彻底地放弃项目也会带来其他负面影响：为规避风险而放弃项目就丢失了发展和其他各种机会，遏制了项目有关各方的创造力。

最好在项目实施之前采用风险规避策略，这时对项目的损失最小。放弃或改变正在进行的项目，付出的代价一般都比较高。

4. 风险转移

风险转移是将项目本身面临的损失风险转移给其他人或单位去承担的行为，其目的不是降低风险发生的概率和不利后果的影响，而是借用合同或协议，在风险事故发生时将损失的一部分转移到项目以外的第三方身上。

采用这种策略所付出的代价大小取决于风险发生的可能性和危害程度的大小。当项目的资源有限，不能实行减轻和预防策略，或者风险发生的可能性较低，但一旦发生其损害很大时可采用此策略。风险转移主要有以下五种方式。

（1）出售。通过买卖契约将风险转移给其他单位。这种方法在出售项目所有权的同时也就把与之有关的风险转移给了其他单位。

（2）发包。通过从项目执行组织外部获取货物、工程或服务而把风险转移出去。

（3）开脱责任合同。在许多场合，转移带有风险的项目或活动可能是不现实的或不经济的，在这种情况下签订免除责任合同就是一种解决问题的方法。在合同中列入开脱责任条款，要求对方在风险事故发生时，不要求项目班子本身承担责任。

（4）利用合同中的转移责任条款。主要是在一些涉及经济活动的合同中，通过合法地变更某些条款或合理地运用合同语言，可以将损失责任转移给其他单位。

（5）保险。保险是一种通过转移风险来对付风险的方法。通过保险机制，社会上众多的经济单位结合在一起，建立保险基金。

12.5.4 项目风险应对的输出

1. 风险应对计划

风险应对计划应详细到根据其描述就能采取具体应对行动，具体包括以下内容。

（1）确定风险承担人和所担负的责任，明确职责。

（2）定性和定量风险分析过程及结果。

（3）针对风险应对计划中的每一种风险，确定采取的应对措施，包括规避、转移、缓解或接受。

（4）在应对策略实施后，期望的残留风险水平是多少。

（5）实施选定的应对战略所需的具体行动，应对策略和应对战略如何具体操作。

（6）风险应对预算和时间备用安排。

（7）制订应急计划和退却计划。

2. 应急计划

用于项目进行中已识别的风险。制订应急计划能够大大减少风险发生时应对行动的成本。如没有达到某一中期里程碑，应明确指出并追踪。如果风险有很大的影响，或所选择的战略可能并不完全奏效，那么就应着手制订一个退却计划。

3. 风险储备

需要的应急储备量。为了把超越项目目标的风险降低到能够接受的水平内需要的缓冲和应急储备。为了应对已知风险，需要建立一项应急补助或储备，包括一定量的时间、资金或其他资源。

4. 残留风险

采取了规避、转移或缓解应对措施后余留的风险。它包括已经被接受的和处置过的次要风险。处置方式如在成本和时间中加入适当的应急储备量。

5. 二次风险

二次风险是指由于实施对某一风险的应对措施而重新出现的一种风险。一次风险是指项目在本身风险识别时已经识别出的相应的风险。在实施应对措施的过程中还会出现一些新的风险，这些新的风险就是二次风险，二次风险也需要加以识别和做出相应的应对计划。

6. 合约和协议

在项目的风险管理中签订了一些合同、协议，这些合同、协议的管理必须明确合同双方各自承担的责任，包括一些保险、服务方面的相互责任。

7. 风险应对计划与其他过程的联系

风险的应对涉及额外时间、成本或资源的耗费，并且需要对项目计划进行变更。组织部门需要确认耗费水平与降低风险的水平相适应。

12.6　项目风险监控

风险监控是在整个项目中，实施风险应对计划、跟踪已识别风险、监测残余风险、识别新风险和评估风险过程有效性的过程，在项目生命周期中，应该实施项目管理计划中所列的风险应对措施，还应该持续监督项目工作，以便发现新风险、风险变化以及过时的风险。

风险监控过程需要采用偏差和趋势分析等各种技术，这些技术需要以项目实施中生成的绩效信息为基础。监控风险可能涉及选择替代策略、实施应急或弹回计划、采取纠正措施，以及修订项目管理计划。项目风险监控的内容如图 12-19 所示。

12.6.1　项目风险监控的输入

项目风险监控的输入包含以下内容。

（1）风险管理计划。风险管理计划中包括风险承受力、人员安排（包括风险责任人)、时间以及用于项目风险管理的其他资源。

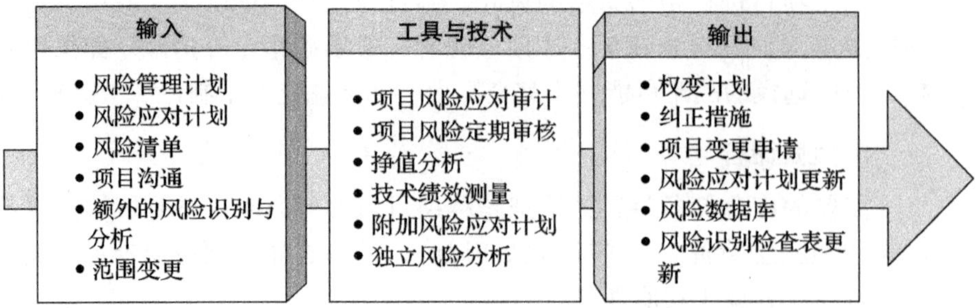

图 12-19 项目风险监控的输入、工具与技术、输出

(2)风险应对计划。

(3)风险清单。风险清单中包括已识别的风险、风险责任人、商定的风险应对措施、具体的实施行动、风险征兆和预警信号、残余风险和次生风险、低优先级风险观察清单,以及时间和成本应急储备。

(4)项目沟通。项目沟通提供的是有关项目绩效和风险的信息,包括工作结果和其他项目记录。工作结果是为完成项目所执行的活动的各种结果。其他项目记录包括描述项目的信函、备忘录和文档。

(5)额外的风险识别与分析。在对项目绩效进行量度与报告时,以往未曾识别的潜在风险有可能显现出来。对这些风险应执行五项风险管理过程的常规分析。

(6)范围变更。范围变更常常需要新的风险分析与应对计划。

12.6.2 项目风险监控的过程

项目风险监控主要是依据项目风险管理计划来实施的。根据风险管理计划对项目风险控制工作的安排来建立风险控制体系,确定项目将要面临的具体风险事件,将项目风险监控的职责和任务进行合理的分配,制订项目风险监控的行动方案,实施风险监控的行动方案,跟踪项目风险监控的结果,判断风险监控的效果。

当项目的实际风险有了新的发展或变化时就要对项目风险管理计划进行更新,用更新后的项目风险管理计划来指导风险监控行动。

(1)建立项目风险监控体系。在项目实施开始之前,要根据项目风险分析与度量的结果,制定出关于项目风险管理所必须贯彻执行的方针政策、项目风险监控必须遵循的程序,以及项目风险监控必须落实的管理体制。项目风险监控系统由六个要素构成:项目信息系统、预警指标、应急预案、责任制度、时间安排和操作规程。

(2)确定要监控的具体项目风险。根据项目风险识别与度量报告和具体风险后果的严重性,结合项目组织自身的抗风险能力,决定承担哪些风险、转移哪些风险。

(3)分配项目风险监控的职责。将项目风险监控任务的内容和职责、权力落实到具体的部门和个人,由他们对具体的工作负责。

(4)制订项目风险监控的具体行动计划。针对将要监控的具体风险事件的特点,选择风险监控的措施，安排风险监控行动的时间等。

（5）实施项目风险监控的具体行动计划。依照已制订的项目风险监控行动计划，开展风险监控活动。

（6）跟踪项目风险监控的结果。这一过程一直伴随着项目风险监控活动的全过程，目的在于不断地跟踪了解风险监控的行动效果，把握项目风险因素的新变化、新动态，及时反馈这些信息，指导风险监控方案的调整。

（7）判断项目风险监控的效果。这一步骤是为了判断项目风险是否已经解除，从而提示项目风险监控工作是否应该结束了。如果风险没有解除，就要开展新一轮的风险监控工作。

12.6.3 项目风险监控的工具与技术

（1）项目风险应对审计。风险审查员检查和记录诸如规避、转移或缓解等风险应对措施的效果以及风险承担人的有效性。

（2）项目风险定期审核。项目风险审核应有规律地定期实施。项目风险应是所有项目会议中一项必需的议题。在项目进展的不同阶段，风险值和优先次序可能会发生变化。

（3）挣值分析。挣值分析是一种分析方法，它使用一组与范围、进度和成本相关的测量指标，确定项目的成本和进度绩效，也是按照基准计划费用来监控整体项目的分析工具。

（4）技术绩效测量。将项目实际执行中技术工作方面取得的进展，与项目计划中相应的进度计划进行比较，比较中所反映的偏差，或许暗示着实现项目目标存在着某种风险。

（5）附加风险应对计划。如果发生原本未曾预料到的风险，或风险的后果比预期的严重，则实现计划中的应对措施有可能不足以应对，因此有必要重新研究应对措施。

（6）独立风险分析。来自项目团队之外的风险管理团队相对更独立、更公正。

12.6.4 项目风险监控的输出

（1）权变计划。权变计划指对以往未曾识别或未曾接受的风险采取未经计划的应对措施。权变措施应恰当地记载并纳入到项目计划和风险应对计划中去。

（2）纠正措施。它包括执行应急计划或随机应变措施。

（3）项目变更申请。如果频繁地执行应急计划或随机应变措施，则需要考虑变更项目计划以便应对项目风险。

（4）风险应对计划更新。风险可能发生，也可能不发生。当风险确实发生时，应当形成文字记载并进行评估。

（5）风险数据库。对在风险管理过程中使用的数据进行维护和分析，建立数据知识库。

（6）风险识别检查表更新。根据工作中取得的经验，对检查表进行更新，这种更新的检查表将会对项目风险管理提供帮助。

开篇案例解决方案

首先，在项目正式开始之前，项目组成立项目风险管理小组，负责项目整个生命周期的风险管理。其次，风险管理小组组织项目团队成员和LNYM的主管领导，召开风险管理计划制订会议，对初步的风险管理计划做出评审、补充和修订，经过大家讨论，并形成一致的意见，最终形成项目风险管理计划。

根据项目风险管理计划，风险管理小组对项目的潜在风险进行了识别。小组采用了头脑风暴法和检查表法来识别项目中潜在的风险。根据项目的生命周期，由项目经理引导大家对项目启动阶段、计划阶段、实施阶段和收尾阶段的潜在风险进行识别和统计，最终得出结论，项目的主要风险有：核心成员退出、项目延迟、超支和项目质量不合格。

接着又进行了风险的分析，并制作了概率影响矩阵（见图12-20）。

对项目风险分类			
风险因素	后果	可能性	潜在影响
A.核心成员退出	高	高	大
B.项目延迟	高	中	中
C.超支	中	低	小
D.项目质量不合格	高	中	中

可能性 \ 后果	低	中	高
高			A
中			B、D
低		C	

图12-20　LNYM管理提升项目概率影响矩阵

根据概率影响矩阵，风险管理小组对项目核心成员退出、项目延迟和项目质量不合格三大风险制订了详细的风险应对方案。方案具体实施如下。

（1）当项目组的两位核心成员退出后，项目组及时调整了成员的工作任务，让有经验的开发人员接替他们的工作，并及时招来了几位有较强专业知识的新成员，使得项目组成功解决了人员危机。

（2）面对繁重的工作任务，项目组进行了严密的时间和人员规划。在给公司交付终稿之前，项目组都会召开多次团队会议，进行讨论和审核，并规定了每次会议的具体时间，使得项目的进度得到很好的监控，从而降低了项目延迟的风险。

（3）为了保证项目的质量，项目经理加强了团队的建设和管理，为团队创造了一个轻松舒畅的工作环境，给团队一个畅所欲言的工作平台，增强了团队的凝聚力，提高了团队的工作效率。对每一项任务，项目组都配备了双人进行合作开发，而每完成一个任务前召开的多次团队会议，使得项目组可以在开发中及早发现缺陷，保证了项目的质量。此外，团队成员可以互相学习，增强了团队的稳定性，同时提高了成员的专业技能。

复习思考题

1. 项目风险产生的原因是什么？
2. 对项目的风险进行监控需要哪些步骤？
3. 项目风险的特点有哪些？请举例加以说明。

扫一扫查看更多题目

学习链接

1. 韩越、马丽荣、刘含，等，《重装出海“印”险而生——C 公司重型机械出口印度履约风险管理》，中国管理案例共享中心，2022 年。
2. 刘丽华、张卓钰、池宝，《利来利往应有度，风静风动总关情：信邦建设公司 J 项目的利益冲突》，中国管理案例共享中心，2022 年。
3. 邓格致，吴逊，杜迪佳，等．香港与内地科研项目管理的委托代理比较研究 [J]. 科学研究，2024，42（01）：126-135.
4. 李林，刘红，石焕焕．不同风险对协同创新项目绩效的影响研究：基于知识管理调节效应检验 [J]. 管理评论，2022，34（05）：69-80.
5. 王永霞，孙新波，张明超，等．数字化转型情境下组织韧性形成机理：基于数据赋能视角的单案例研究 [J]. 技术经济，2022，41（05）：97-108.
6. 孙新波，张明超，王永霞．工业互联网平台赋能促进数据化商业生态系统构建机理案例研究 [J]. 管理评论，2022，34（01）：322-337.
7. 鲁斯摩尔，拉夫特瑞，赖利．项目中的风险管理 [M]. 刘俊颖，译．北京：中国建筑工业出版社，2011.

第 13 章　项目融资管理

【学习目标】

- ☑ 掌握项目融资的概念
- ☑ 掌握狭义项目融资的内涵与特征
- ☑ 掌握资金结构的类型和资金结构设计
- ☑ 掌握财务分析的主要内容
- ☑ 了解资产证券化的概念和结构
- ☑ 掌握广义项目融资和融资模式的比较

图 13-1 是项目融资管理概述图。

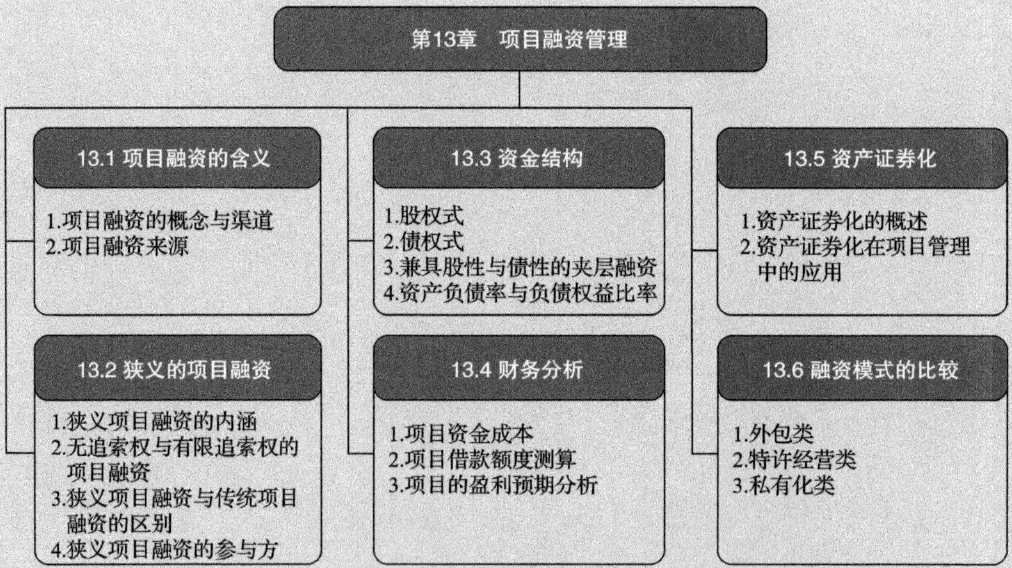

图 13-1　项目融资管理概述图

开篇案例　LNYM 的项目融资管理

LNYM 属于商业流通企业，对资金需求较多。LNYM 2015 年的销售收入为 28.5 亿元，到 2018 年被 SHYY 集团控股时，销售收入为 40.7 亿元，2021 年单体营业收入为 67.0 亿元。销售规模连续多年保持两位数增长，离不开资金的支持。公司的授信规模逐步增加，从 2015 年的 7.5 亿元，2018 年的 11 亿元，到 2022 年的 60.5 亿元。特别是加入 SHYY 集团以后，依托 SHYY 集团的品牌优势，以及 SHYY 集团的行业地位，公司全部授信都是信用授信，并且银行给予公司的授信逐年增加，大大支持了公司业务发展。多年来公司充分利用市场和品牌优势，多渠道、多方式开展银行融资，秉承合规、安全、经济、高效的方针进行项目资金管理，为公司项目运营和业务开展提供了有力支持，具体如下。

（1）与多家主流银行合作，额度储备充足，分散风险，降低成本。

（2）精细化管理，保证资金项目合规、安全、经济、高效。

（3）为采销部门、运营部门工作开展提供辅助，为公司实现项目目标提供支持。

项目融资管理作为 LNYM 运营体制的一个组成部分，对公司良性发展起着举足轻重的积极作用。

13.1　项目融资的含义

一个项目构想初具雏形后，首先考虑的应当是怎样筹到足够的资金。项目融资是获得项目和管理项目的前提。项目融资主要包括项目的财务分析、融资的渠道、融资的模式等内容。

13.1.1　项目融资的概念与渠道

项目融资是指贷款人向特定的工程项目提供贷款协议融资，对于该项目所产生的现金流量享有偿债请求权，并以该项目资产作为附属担保的融资类型。它是以项目未来的收益和资产作为偿还贷款资金来源和安全保障的融资方式。项目融资分为广义的项目融资与狭义的项目融资。从广义上讲，为了建设一个新项目或者收购一个现有项目，或者对已有项目进行债务重组所进行的一切融资活动都可以被称为项目融资，也就是“为项目而融资”。从狭义上讲，项目融资是指以项目的资产、预期收益或权益作抵押取得的一种无追索权或有限追索权的融资或贷款活动，狭义的项目融资的还款源于项目建成后的经营产生的现金流。融资结构是项目融资的核心部分，指项目投资者取得资金的具体形式。

项目融资一般采取无追索权或有限追索权的形式。这种新兴的融资方式改变了传统的以企业自身信用为担保的投融资模式，隔离了项目风险与企业其他业务风险。

对于普通企业来说，可以从多个渠道进行融资。企业或项目资金来源一般分为股权融资和债权融资。公司可以通过发行股份筹集资金，或者企业的股东愿意出让部分企业所有权引进新股东。股权融资所获得的资金，企业无须还本付息，但新股东将与老股东同样分享企业的盈利与增长。股权融资既可以充实企业的营运资金，也可以用于企业的投资活动。债权融资是指出资人向企业支付一定的款项或购买企业发行的债务，企业承诺到期后还本付息的一种融资形式。由于债权在企业解散或破产清算时，偿还顺序在股权之前，所以债权融资的风险比股权融资的风险小，但是债权人拿到的是固定利息，所以收益可能不如股权融资。债权融资的用途主要是解决企业营运资金短缺的问题，而不是用于资本项下的开支。项目融资参与者中，项目产品的购买者或使用者通常包括项目发起人、对产品有兴趣者、对设施感兴趣者、相关政府机构。

13.1.2 项目融资来源

在做大型项目时，一般存在三种融资来源，如图 13-2 所示。

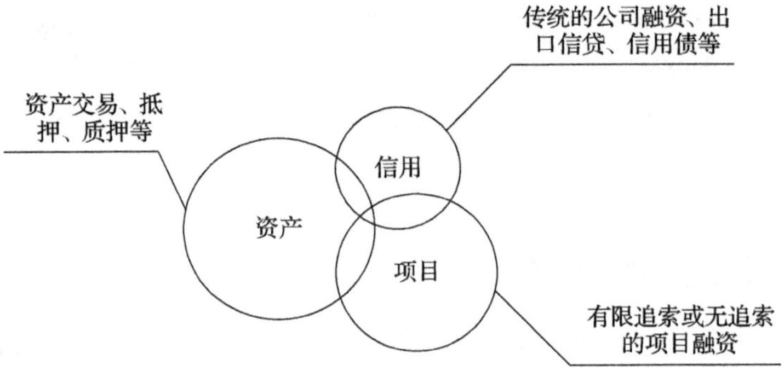

图 13-2 融资来源

大部分融资活动都是同时基于信用、资产和项目的，但是侧重点不同。

（1）基于信用的融资。信用是一个具有时间、空间、法律维度的概念。

（2）基于资产的融资。资产必须在一个具有一定交易规模的市场才有其价值。

（3）基于项目的融资。项目必须具有未来稳定的现金流才有其价值。

项目融资往往需要对项目主体进行信用等级评价。信用等级是指基于评估对象的信用、品质、偿债能力以及资本等的指标级别，信用评级机构用既定的符号来标识未来偿还债务的能力及偿债意愿的级别结果。国际通行“4 等 10 级制”的信用评级等级。

13.2 狭义的项目融资

13.2.1 狭义项目融资的内涵

狭义的项目融资通常是项目融资的主要概念界定，是指在有限追索权或无追索权的前提下，为一个独立的、有预期现金流的项目计划融资，项目的还款源自项目建成后的经营性现金流。

项目融资有别于其他传统的直接融资。区别项目融资与传统融资要看项目本身是不是一个独立的法人，项目资产、项目合约与项目现金流是否独立于项目发起方，项目贷款的还款来源是否来自项目建成后的收益。在狭义项目融资中，项目发起方不承担责任或只承担有限责任，项目债权人对发起方的其他资产没有追索权或只有有限追索权。

狭义的项目融资应具备以下特点：①以项目的名义筹措资金；②以项目自身预期收入和资产承担债务偿还责任。

狭义的项目融资一般是指以特定的项目建设为资金用途，以项目的名义筹集资金，以项目的营业收入为主要还款来源的一种融资形式。在实践中，如果项目本身产生的预期现金流不足以偿还其本身的债务，或项目不足以为其借款方提供合理的回报率，那么这种融资便不能称为狭义的项目融资。

13.2.2　无追索权与有限追索权的项目融资

追索权在法律上属于赔偿请求权，项目融资中的无追索权（non-recourse/without recourse）是指在项目自身资产与收益不能偿还债务的情况下，债权人无权要求以项目之外的资产偿还债务。有限追索权（limited-recourse）是指在项目自身资产与收益不能偿还债务的情况下，债权人有权在一定范围内要求以项目之外的资产偿还债务。追索权的设定实质上是就融资的风险范围进行界定。有无追索权是区分广义与狭义项目融资的重要标志。

1. 无追索权的项目融资

无追索权的项目融资也被称为纯粹的项目融资，在这种融资方式下，贷款的还本付息完全依靠项目的经营效益。无追索权的项目融资具有以下特点。

（1）项目贷款人对项目发起人的其他项目资产没有任何要求权，只能依靠该项目的现金流量偿还。

（2）项目发起人利用该项目产生的现金流量的能力是项目融资的信用基础。

（3）当项目风险的分配不被项目贷款人所接受时，由第三方当事人提供信用担保是十分必要的。

（4）该项目融资一般建立在可预见的政治和法律环境以及稳定的市场环境基础之上。

2. 有限追索权的项目融资

有限追索权的项目融资除以贷款项目的经营收益作为还款来源和取得物权担保外，还要求由项目公司以外的其他与项目有利害关系的第三方当事人提供的各种担保。

贷款银行有权向第三方担保人追索，但担保人承担债务的责任，以他们各自提供的担保金额为限。有限追索权的项目融资具有时间的、金额的和对象的有限性特点。

13.2.3　狭义项目融资与传统项目融资的区别

1. 融资信用基础不同

传统融资是公司以自身信用或第三方信用为担保，通过一定渠道向银行或其他金融机构申请贷款的行为。公司项目的规模与预期收益仅是借款人融资的一种参考，项目既不是借款主体，也不是还款主体。如果债权人的债权无法得到清偿，债权人就可以将借款主体或担保方的资产变现。

狭义的项目融资的还款来源为项目建成后的运营收益，债权人无权（或在有限前提条件下）向第三方追责。这种融资方式便是前文提到的无追索权或有限追索权的融资方式。借款主体主要考虑的是项目建成后的运营收益、项目的资产等。项目发起人本人的资产则不在债权人的追索范围内。项目贷款人更多考虑项目本身而不是项目发起方的资产状况。

2. 追索的范围不同

传统融资属于完全追索的融资，公司为借款主体，借款人在整个贷款期内承担完全清偿贷款的责任。借款人未按期偿还债务时，被清算的资产范围是借款人的全部资产，即不限于项目本身，可涉及项目外的其他资产。

狭义的项目融资是一种无追索权的融资，债权人对项目发起人没有追索权。如果贷款未按期偿还，债权人仅就项目公司本身的资产与项目收益提出追索，无权就项目之外的资产要求追偿。

还有一种有限追索权的项目融资形式，除项目的经营性收益作为还款来源外，债权人可能还要求提供担保。债权人有权以担保范围为限向担保人追索。担保人在合同范围内对债务承担连带责任。

3. 融资期限不同

一般性企业融资既有一年内的流动贷款，包括中期贷款，也包括五年以上的长期贷款，一般的项目借款回收期为 10 ～ 30 年，资产流动性差。由于项目融资的还款来源全部为项目自身的经营收益，所以一般项目的还款期限要短于项目的特许经营期。一般来讲，项目的特许经营期集中在 21 ～ 30 年，项目融资的偿债期限一般也由项目合同约定。出于风险控制的考虑，偿债期限一般比特许经营期限短，或与特许经营期限相当。

13.2.4 狭义项目融资的参与方

项目融资中的各个参与方大多为项目管理中重要的外部干系人。

1. 项目发起人

项目发起人一般是与项目有直接利益的机构，可能是政府部门、财团或大型企业，其资质尤为重要。项目发起人一般负责制定项目规划，确定融资计划，为项目的启动提供最初的担保，与政府谈判获得特许经营权以及确定项目施工承包商等。

2. 项目公司

为了项目的日后建设与建成后的经营行为，项目发起人一般会发起设立项目公司来参与项目投资和项目管理，直接承担项目债务责任和项目风险。项目公司的存在目的是开发与运营项目，可以通过债权融资或股权融资的方式进行资金筹措。

3. 借款人 / 放贷方

项目融资的借款人一般为银行或由几个银行组成的银团贷款。鉴于项目融资属于无追索权或有限追索权的融资，所以借款人重点关注的是项目建成后的经营性收入，而不是项目发起人自身的资产。

4. 承包商

项目承包商一般是指工程劳务的提供者，负责项目的设计与建造。承包商需要具备一定的资金、工程技术能力与资质，能够按照业主的要求提供相应的工程劳务。

5. 原材料供应商和采购商

供应商与项目公司签订原材料采购协议，为项目产品 / 服务提供原材料。由于项目一般工期较长，规模巨大，所以在挑选供应商时应当注意供应商是否有足够的能力提供长期的足额的原材料。

6. 保险商

由于有些项目的资金需求大，风险不确定，需要项目的各方视具体情况对项目投保从而避免不必要的风险。

7. 信托受托人

信托受托人是指根据信托文件，负责管理设为担保的项目资产、项目收入和现金流量的独立金融机构。在项目融资中，项目资产担保和现金流量担保是项目融资信用保障结构中重要的部分，这在资产负债表外融资的情况下表现很典型。根据信托文件，信托受托人一方面负责对设为担保的项目资产进行直接管理或监督管理，另一方面将负责以独立账户托管的项目现金流量或其中的受托管理部分，确保其中的可还贷部分首先用于清偿债务。

8. 专业性顾问机构

在项目融资中，通常有许多专业性中介机构协助项目贷款人（融资顾问）或项目主办人进行工作，其中重要的是工程咨询顾问、财务税务顾问和法律顾问。

13.3　资金结构

资金结构是在综合考虑资金成本、税务与金融市场等多种客观因素的条件后，做出的资金结构设计。从本质上说，企业的融资方式都由两种基本的资本类型组合构成，即权益资本（股权）和债务资本（债权）。按照股权与债权的不同组合，可以将项目资金分为三类：股权式、债权式以及兼具股性与债性的夹层融资。

13.3.1　股权式

股本是指有限责任公司或股份有限公司的股东以出资额为限，对企业享有权利，承担义务，公司以其全部资产对公司的债务承担责任的形式。

股权投资不像债权投资具有投资期限，股权投资没有到期日。一般来说，除非转让股权或公司清算后分配剩余财产，出资人不得随意收回投资。对于发行股票的企业来说，股本是自有资本，不用付息，资金稳定。股权式融资比较容易取得大额资金，也没有还本付息的承诺，但可能造成股东增多，控制权分散。年末的分红可能导致净资本的减少。股权资本本质上是一种风险投资，相对于债权资本风险更大。

项目公司必须有自己的权益资本。各国法律都有不同的规定。在我国，《中华人民共和国公司法》(以下简称《公司法》) 规定了实缴的最低注册资本。

1. 普通股

普通股是指在公司的经营管理、分红、清算后剩余财产索取权上都享有一般股东权利的股份。普通股秉承“同股同权”的原则。在参与公司经营管理上，普通股享有表决权、重大经营决策权；在公司的分红过程中，普通股有股利分配权；在公司的财产清算中，普通股享有剩余财产索取权；在公司新增资本时，股东享有按原先实缴的比例优先认购的权利。《公司法》中描述的普通股各项权利如表 13-1 所示。

表 13-1　普通股的权利

事项	普通股权利
经营管理	选举权、被选举权
	投票权
	重大经营事项决策权
	提请召开临时股东大会
分红	分红权
剩余财产索取	剩余财产索取权
优先认股	优先认股权

2. 优先股

一般来说，优先股在分红顺序上优于普通股，但优先股一般没有投票权。可以说，优先股是股东让渡了自己在公司经营管理上的一些权利而取得的分红上的优先权。公司发行优先股，可不削弱公司控股股东的控制权，不增加公司负债。优先股具有介于债权与股权之间的特性。优先股与债权在某些地方类似，比如支付固定的股息。优先股的剩余财产索取权排在债权之后、普通股之前。此外，优先股也具有股权性质，可在一定情况下转为普通股。因此，优先股通常具有以下四个特征：固定收益、先派息、先清偿以及权利小。

3. 普通股与优先股的区别

普通股和优先股的区别如下。

（1）普通股股东可以全面参与公司的经营管理，享有资产收益、参与重大决策和选择管理者等权利，而优先股股东一般不参与公司的经营管理，一般情况下不参与股东大会投票。

（2）相对于普通股股东，优先股股东在公司利润和剩余财产的分配上享有优先权。

（3）普通股股东的股息收益并不固定，取决于公司当年盈利状况和分配政策。而优先股的股息收益一般是固定的，尤其对于具有强制分红条款的优先股而言，只要公司有利润可以分配，就应当按照约定的数额向优先股股东支付。

（4）普通股股东除获取股息收益外，来源于二级市场价格上涨的收益也很可观；而优先股的二级市场股价波动相对较小，依靠买卖价差获利的空间也较小。

（5）普通股股东不能要求退股，只能在二级市场上变现退出；如有约定，优先股股东可依约将股票回售给公司。

13.3.2 债权式

1. 普通债

债权式融资是指项目公司通过借贷的形式筹措运营资金。债权人在借款期满之后，有权收回本息。债权式融资包括银行贷款、信托计划、短期融资券、企业债以及可转债等。债券发行有公开发行和定向发行方式。

最常见的借债方式是银行贷款。商业银行的资金利率高，受信贷政策影响较大；政策性银行贷款则宽松得多，利率一般很低。此外，发行债券、融资租赁、出口信贷等也是常见的债权融资方式。

对于投资人来说，债权式融资比股权式融资风险小。债权式融资的债权人不参与企业经营也不影响企业的控制权。债权式融资的缺点是：企业融资额有限，一般债权人要求债务人提供担保。债权式融资也会增加企业的资产负债率，增加企业还本付息的负担。债权式融资一般是持续时间为 1～3 年的短期或中期融资，债权式融资的属性决定了债权融资资金只能解决企业的短期资金问题，大多数不能用于资本项下开支。

2. 次级债

次级债中的“次级”仅指其求偿权“次级”，并不代表其信用等级一定“次级”。次级债偿还顺序优于股权，但次于一般债权。次级债比一般债务承担了更大风险。次级债券的发行主体在国内主要是各大商业银行，发行资金用于补充资本充足率。

3. 含认股权证的次级债

含认股权证的次级债是介于债权与股权之间的混合型融资工具，具有期权的某些特征，即证券持有人在特定的时间内，以特定的价格向公司购买股票。证券持有人在特定的时间内，可以选择以特定的价格行权或是不行权。如果公司发展良好，具有可观的盈利预期，那么证券持有人可以选择行权；反之，证券持有人可以选择不行权，只收回本金与约定的利息。

4. 可转换次级债

可转换次级债是股份有限公司发行的一种特定的债券，在一定条件下，债券持有人可将债券以一定的比例转化为股权。如果公司发展良好，股票回报率上升，那么投资者会选择将债权以一定的比例转换成股权；反之，投资者不会选择行权。认股权证一般与债券是独立的，持有人必须投入现金，而可转换次级债投资人只需要以一定的比例债转股。认股权证增加了公司的净资产而没有减少负债，公司总资产规模增加，而可转换次级债会增加公司的净资产而减少公司的负债，公司总资产规模并没有增加。

13.3.3 兼具股性与债性的夹层融资

夹层融资如图 13-3 所示，是一种介于优先债务和股本之间的融资方式，一般包括认股权次级债、可转换次级债、可赎回优先股等混合性金融工具，在很多情况下起到“过桥”融资的作用，一般期限是一到两年。夹层融资的收益和风险介于债务资本和股权资本之间，通常夹层融资的利率高于一般债务资本，低于股本的风险与收益率。夹层融资的收益包括现金收益与股权收益两部分。夹层融资不受信贷政策影响，但资金利率苛刻，资金期限较短。发行债券期限长，利率固定，但条件苛刻，审批烦琐。

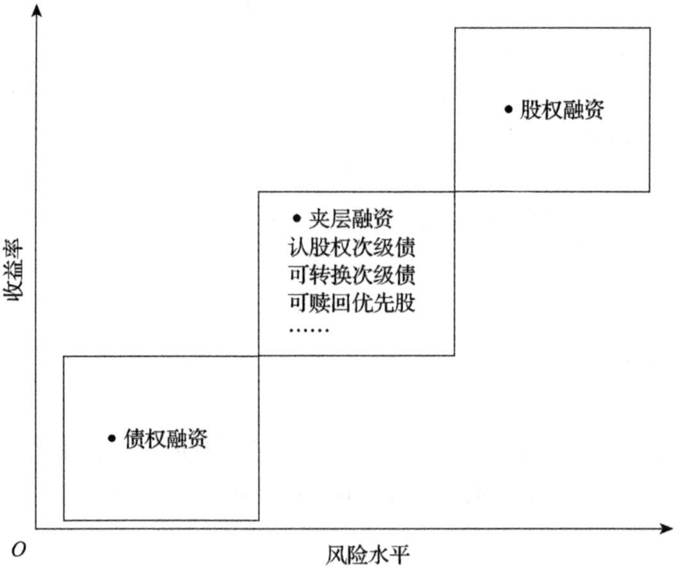

图 13-3 夹层融资的内容

典型的夹层融资债务可以利用混合性金融工具，选择将融资金额的一部分转换为融资方的股权，如期权、认股权、转股权或股权投资参与权等，在公司高速发展、投资回报率高的情况下，有机会通过资本升值获利。

夹层融资的收益主要有三个部分：一是夹层债务带来的固定利率；二是夹层融资债转股后，股票本身的资本溢价与股息分红；三是融资人提前还款按合同约定应付的提前终止合同的费用。项目公司可选择适合自身条件的融资方式，多元化地进行筹资。

13.3.4　资产负债率与负债权益比率

债务资金相对股权资金来说，利率固定，清偿优先。而股权资金是一个公司实力的基础。项目的经济强度是确定债务资金和股本资金比例关系的主要依据。资产负债率的计算公式为

$$资产负债率 = 负债总额 / 资产总额 \times 100\%$$

在计算出项目可承受的资产负债率以及项目发起方能投入的权益资金后，就可算出项目需要举债的规模。举债一般要考虑项目对潜在投资者是否具有吸引力、潜在投资者的意愿参与程度等。负债权益比率越高，则负债受股东权益的保护越低，负债权益比率的计算公式为

$$负债权益比率 = 负债总额 / 股东权益 \times 100\%$$

在实际操作中，资金到位的时间必须与项目施工进程相匹配。资金匹配可以最大限度地减少资金闲置或短期过桥融资（过渡期融资，一般利率较高），同时，借款方在项目的起步阶段有一定的启动资金。

13.4　财务分析

财务分析是融资的前奏，只有经过财务分析后被确认为有价值的项目才可能得到融资。财务分析的结果将决定是否融资以及融资的规模大小。

13.4.1　项目资金成本

1. 借款成本

在不考虑税费、筹资成本的情况下，借款成本等于借款利息。

如果考虑税费，借款资金的利息支出可以在税前列支，所以税后的资金成本用计算公式表示为

$$K = R \times (1-\text{tax})$$

其中，K 为借款资金实际成本；R 为借款利率；tax 为税率。

【例 13-1】某公司借款 200 万元，年利率为 5%，所得税率为 30%，那么公司的借款成本为

$$K = 5\% \times (1-30\%) = 3.50\%$$

如果将筹资成本也计算进去，那么借款资金的成本用计算公式表示为

$$K = R \times (1-\text{tax})/(1-\text{cap})$$

其中，K 为借款资金实际成本；R 为借款利率；tax 为税率；cap 为筹资费用率。

【例 13-2】某公司借款 200 万元，年利率为 5%，所得税率为 30%，筹资费用率为 1%，

那么公司的借款成本为

$$K = 5\% \times (1-30\%)/(1-1\%) = 3.54\%$$

2. 股权成本

（1）资本资产定价模型为

$$K = R_f + \beta \times (R_m - R_f)$$

其中，R_f 为无风险利率；β 为风险校正系数；R_m 为平均风险股票收益率（市场平均预期收益率）；(R_m-R_f) 为市场风险溢价；$\beta\times(R_m-R_f)$ 为股票的风险溢价；K 表示资产或投资组合的预期收益率。

1）无风险利率的估计。无风险利率是指在没有风险的情况下，投资者可以获得的最低收益率。以下是估计无风险利率的几种方法。

短期国债利率：短期国债通常被认为是最接近无风险利率的投资工具。因此，可以使用短期国债利率来估计无风险利率。

政府债券利率：政府债券的收益率通常比短期国债高一些，因此可以使用政府债券的利率来估计无风险利率。

通货膨胀率：通货膨胀率是指货币的购买力下降的速度，通常会导致利率上升。因此，可以使用通货膨胀率来推断无风险利率。

银行存款利率：银行存款利率通常比短期国债低一些，但也可以用来估计无风险利率。

需要注意的是，无风险利率是一个动态的变量，受到市场供求关系、通货膨胀率、经济政策等多种因素的影响，因此需要及时更新估计值。

2）β 值的估计。资本资产定价模型中的 β 系数是一个重要的参数，它用来衡量某个资产相对于市场整体风险的程度。β 系数越高，意味着该资产的风险越大，预期收益率也会越高。以下是几种估计 β 值的常用方法。

历史回归法：根据过去一段时间内该资产的收益率和市场整体收益率的历史数据进行回归分析，得出 β 系数。该方法的缺点是无法考虑到未来可能的情况，因此只能作为参考。

金融分析法：根据该资产所属的行业和市场趋势等因素，结合专业的金融分析师的判断，对 β 系数进行估计。这种方法的优点是能够考虑到未来可能出现的情况，但缺点是依赖于分析师的判断，可能存在误差。

市场模型法：根据市场整体的收益率和风险水平，结合该资产的 β 系数，计算出该资产的预期收益率。这种方法的优点是简单易行，缺点是无法考虑到该资产的特殊情况。

3）市场风险溢价的估计。资本资产定价模型中的市场风险溢价，是指投资者要求的市场平均收益率与无风险利率之差。以下是几种常见的估计市场风险溢价的方法。

几何平均法：计算市场的平均收益率，几何平均考虑了复合平均，能更好地预测长期的平均风险溢价。

历史数据法：通过计算过去一定时间内市场平均收益率与无风险利率之差的平均值来估计市场风险溢价。这种方法的缺点是未来的市场表现可能与过去不同，因此历史数据法的估计结果具有一定的不确定性。

调查法：通过对投资者、分析师或学者进行调查，了解他们对市场风险溢价的预期值。该方法的优点是能够反映市场参与者的预期，但是调查结果可能受到调查对象的偏见影响。

（2）股利增长模型。股利增长模型假定收益以固定的年增长率递增，则股权成本的计算公式为

$$K = \frac{D}{P \times (1 - \text{cap})} + g$$

其中，K 是股权成本，即为了筹集股权资本所需要付出的成本；D 是预期下一年的现金股利额；P 是股票的发行价格；cap 是为发行股票的筹资费用率；g 是现金股利预计年固定增长率。

1）股利预计年固定增长率的估计。根据过去的股利支付数据估计未来的股利增长率。应该从以下角度对股利增长率进行预估，得出一个合理的股利增长率，并在投资决策中加以考虑：①分析公司的盈利能力和稳定性，并考虑行业的发展趋势，以得出一个合理的基础增长率；②分析公司的分红政策，了解公司是否有意愿和能力维持较高的股利增长率；③考虑宏观经济环境的变化，对基础增长率进行调整，以反映宏观经济环境对公司的影响。

2）使用股利增长模型计算股权成本时，需要注意以下几点。

稳定性：股利增长模型适用于稳定的企业，因此需要评估企业的稳定性。

增长率：股利增长模型需要预测未来的股利增长率，因此需要对企业的增长前景进行评估。

贴现率：贴现率应该反映投资者的机会成本和风险。如果贴现率不准确，股权成本也会不准确。

股利政策：如果企业的股利政策发生变化，股利增长模型的结果可能会受到影响。

市场情况：如果市场情况不理想，或者市场对企业的估值不准确，股利增长模型的结果也可能会不准确。

3. 加权平均资本成本

项目融资管理主要是围绕资金的来源展开，WACC（加权平均资本成本）作为一种广泛使用的贴现率，是连接资金来源与企业价值、现金流量与项目价值的重要桥梁，其计算公式为

$$\text{WACC} = \sum_{i=1}^{m} w_i K_i$$

其中，w_i 代表第 i 类资本额占总资本额的比重；K_i 代表第 i 类资金成本。

13.4.2 项目借款额度测算

1. 影响项目借款额度的因素

通常情况下，银行会根据项目的总投资额提供项目总投资额一定比例的借款额度，比例通常为 50%～80%。银行也会根据项目的预计收益情况、项目的风险等级和项目的抵押物价值来决定借款额度。银行测算项目的借款额度一般有抵押评估法、算法模型法与现金流量法等。

2. 利用现金流量法测算项目借款额度

利用现金流量法测算项目借款额度的步骤如下。

（1）确定项目现金流量的时间范围。

（2）估算项目现金流量。

（3）计算净现金流量。

（4）计算累计净现金流量。

（5）确定借款额度。

（6）进行敏感性分析。

在特定的项目财务指标下，贷款的模式决定了项目现金流回款的方式。银行借款的最大额度为项目预计现金流回款的现值。PV 是由现金流决定的。一般来说，项目发起人会预估现金流。

假设 R 为第一年的现金收入，E 为第一年的成本，C 为可用于抵税的非现金成本，tax 为所得税税率，g_r 为现金收入的年增长率，e_r 为现金支出的年增长率，i_r 为借款利率，N 为年限，则在第 t 年的收入为 $R\times(1+g_r)^{t-1}$，第 t 年的现金支出为 $E\times(1+e_r)^{t-1}$。

假如每年可用于抵税的非现金成本都一样，那么第 t 年可以用于偿债的现金流（CF）为

$$\mathrm{CF}^t=(1-\mathrm{tax})\times[R\times(1+g_r)^{t-1}-E\times(1+e_r)^{t-1}-C]+C$$

项目投入使用 N 年内的净现值（NPV）的计算公式为

$$\mathrm{NPV}=\sum_{t=1}^{N}\frac{\mathrm{CF}^t}{(1+i_r)^t}$$

该项目的最大借款量可以为 NPV/α，其中 α 表示目标现金流覆盖率，即收入与债务的比率，一般要求大于 1。

13.4.3 项目的盈利预期分析

常规投资项目是指在期初的现金流出后，就会有现金流入。购买股票与债券便是一个常规投资项目的例子。在投资者购买股票或债券以后（现金流为负），之后的分红与最后的证券交易现金流都为正。

净现值是指投资方案所产生的现金净流量以资金成本为贴现率折现之后与原始投资额现值的差额。内部收益率（IRR）是项目的预期收益率，是指项目投资实际可

望达到的收益率，或是能使项目的净现值等于零时的折现率。

现金流折现分析法涉及初始投资金额、计算税后现金流、预估资金成本，然后运用 NPV 与 IRR 来衡量项目回报是否大于项目成本。项目的价值取决于项目产生的现金流，就像股票的价值取决于股票的预期分红一样。若 IRR 大于资金的机会成本，那么项目就值得投资；若 IRR 小于资金的机会成本，那么项目就不值得投资。

当折现率为 10% 时，净现值为 0，因为内部收益率也为 10%。图 13-4 中显示了当折现率分别为 5%、10%、15% 时净现值的走向。图 13-4 显示了净现值与内部收益率在独立的、传统的项目中的关系：如果 IRR 小于资金成本，NPV 为负；如果 IRR 大于资金成本，NPV 为正。

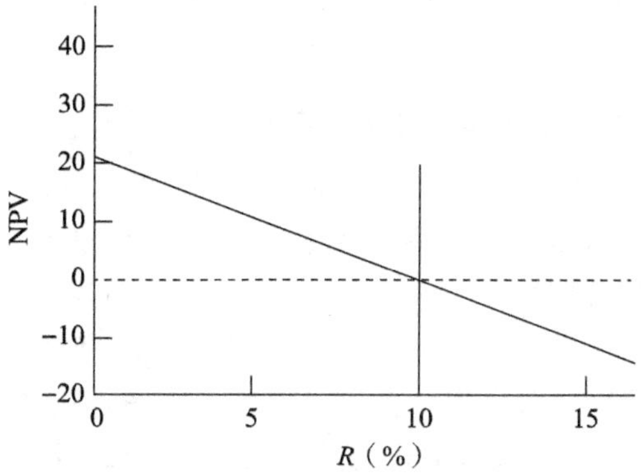

图 13-4　NPV 与资金成本的关系

理论上，净现值分析法与内部收益率法的分析结果是一致的，但这种情况只会在独立的常规项目中出现。当一个项目大于另一个项目，规模较小的项目通常会有更大的内部收益率，但是净现值更小。简而言之，当两个项目出现不一致时，更多地采用净现值法。在实践中，NPV 假设再投资率与资金成本率相当，相比 IRR 来说要好一些。

13.5　资产证券化

13.5.1　资产证券化的概述

1. 资产证券化的定义

资产证券化（asset-backed securitization，ABS），是指发起人将缺乏流动性但具有稳定的、可预测收入性质的资产（基础资产）打包出售给特定发行人，或将该基础资产信托给特定的受托人，通过创立一种以该基础资产现金流为支持的金融工具，在资本市场上出售变现的一种结构性融资手段。资产证券化的主要流程包括：资产筛选、资产打包、资产评估、证券发行与证券交易。

2. 资产证券化的优点

（1）降低风险。资产证券化能够将一个资产池中的资产分散到多个投资者手中，从而降低投资者的单一风险。此外，优先级证券和次级证券的设置，也能够为不同风险偏好的投资者提供不同的投资选择。

（2）提高流动性。通过资产证券化，原本不易流通的资产可以被转化为可在证券市场上流通的证券。

（3）提高融资效率。企业可以通过将资产转化为证券的方式，吸引更多的投资者参与，从而降低融资成本，拓展融资渠道。

（4）提高投资机会。投资者可以通过购买不同类型的证券，获得不同类型的资产收益，从而实现更加多元化的投资组合。

（5）提高透明度。在资产证券化过程中，资产评估、信息披露等环节都要求公开透明。

3. 资产证券化在我国的政策及实践

在我国，资产证券化已经成为重要的融资工具，对于提高企业融资效率、优化金融体系结构、促进经济发展具有积极意义。2004 年，“国九条”提出“积极探索并开发资产证券化品种”。2005 年 8 月，证监会批准第一个资产证券化项目。2011 年 9 月，证监会开始重启对企业资产证券化项目的审批。2012 年 5 月，中国人民银行、银监会㊀和财政部联合下发《关于进一步扩大信贷资产证券化试点有关事项的通知》，标志着在经历了美国次贷危机之后，我国资产证券化业务重新启动。2012 年 8 月银行间交易商协会发布《银行间债券市场非金融企业资产支持票据指引》，至此我国三种主要资产证券化产品类型全部推出。

13.5.2 资产证券化在项目管理中的应用

从严格意义上说，ABS 不算项目融资，它只算一种金融工具，把流动性不强的但具有稳定的、可预测收入性质的资产变现。由于 ABS 技术可将流动性不强的资产变现，而项目融资中的基础设施项目大多数流动性差，但收入稳定，所以 ABS 技术成了项目融资改善流动性的有效金融工具。资产证券化在项目管理中的作用主要有项目资金筹集、风险管理、项目收益优化、项目规模扩大与项目管理效率提升。

对项目来说，有两块资产可以打包。一个是项目建成运营后，项目资产运营产生的稳定的、可预期的现金流。项目发起人可将项目资产注入特殊目的公司（special purpose vehicle，SPV），项目发行方将 SPV 打包成等额的债券，证券投资者通过在公开市场上买入证券获得收益，而项目发起人则得到一次性的现金回报。

另一个是信贷资产证券化，银行将项目贷款打包出售，获得一次性现金回报，解决了信贷资金流动性问题，而证券投资者通过在公开市场上买入证券获得本应由银行收取的项目收益。图 13-5 描述了 ABS 的结构。

㊀ 现为国家金融监督管理总局。

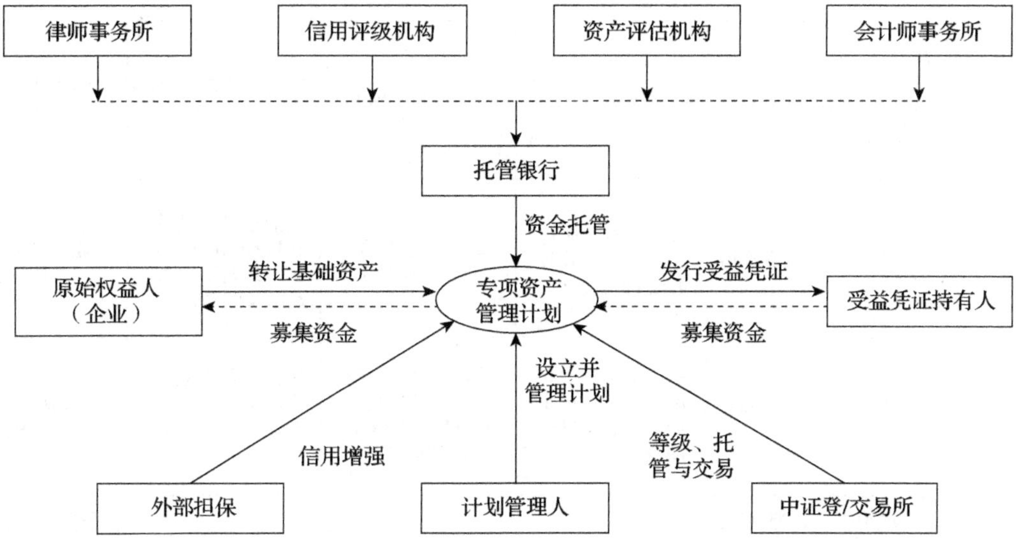

图 13-5 ABS 的结构

注："中证登"为中国证券登记结算有限责任公司。

基础资产转移至 SPV 的过程是一种金融意义上的资产隔离，项目资产出售方已经从法律上将这块资产让渡出去，在资本市场上出售变现。ABS 的资产也可分为债权类的资产与收益权类的资产，债权类的资产如 BT（建设 – 转让）的合同债权、其他应收账款等。收益权类的资产包括高速公司收费权或电站发电的收益权等获得政府特许经营权的资产。

13.6 融资模式的比较

从金融学的角度讲，广义的项目融资是指债权人（如银行）对借款人（如项目公司）抵押资产以外资产有百分之百追索权的融资活动。就偿债来源而言，广义项目融资的偿债可以来自项目本身，也可以来自借款人（如项目公司或项目发起方）。

广义的项目融资包括狭义项目融资，常见的融资模式可以划分为以下几类：外包类（模块式外包、整体式外包和捐赠协议）、特许经营类（建设期补偿模式、运营期补偿模式等）和私有化类。

为了完成大型项目，往往需要企业和政府的密切合作，因此就产生了公私合伙制。外包类项目一般由政府投资，私人部门承包整个项目中的一部分，并通过政府付费实现收益。特许经营类项目通过一定的合作机制，私人公司与公共部门共同分担项目风险，共享项目收益。项目的资产最终归公共部门保留，即存在使用权和所有权的移交过程。私有化类项目中，私人公司负责项目的全部投资，在政府的监管下，通过向用户收费，收回投资并实现利润。由于私有化类项目的所有权永久归私人所有，并且不具备有限追索的特性，因此私人部门在这类项目中承担的风险最大。图 13-6 描述了公私合作的常见模式与比较分析。

常见模式	政府建设经营	BT（建设–转让）	PPP（公私合伙制）	BOT（建设–运营–转让）	BOO（建设–拥有–运营）
内容	盈亏都由政府承担	政府招标，企业建设，政府验收并支付工程款	政府企业建立合作伙伴关系	企业建设完成后，通过经营收回利润，经营期结束后，交给政府	企业建设完成后，长期拥有
特点	公有制大包大揽，效率低	政府资金压力和风险大，建设企业不关心项目长期质量	用户付费，政府补贴，发挥政府监管职能与企业的效率和水平	用户付费为主，政府资金压力小，企业效率高，但风险较大	私有制，不利于公共服务

政府参与，控制度高 ⟷ 私企参与，控制度低

图 13-6　公私合作的常见模式与比较分析

复习思考题

1. 项目融资的来源有哪些？
2. 狭义的项目融资内涵是什么，与传统融资的区别？
3. 什么是资金结构？项目资金有哪些类型？

扫一扫查看更多题目

学习链接

1. 宋学宝、沈梅华，《ZERO 公司的融资困局》，中国工商管理案例库，2023 年。
2. 张启文、王积田、吴学博，等，《中国中铁：市场化债转股的创新之路》，中国工商管理案例库，2023 年。
3. 曾繁英、杨晨昊、李相霖，《科研地产证券化融资之“技”》，中国工商管理案例库，2021 年。
4. 潘立新、尚玲倩、任晖，等，《筑成公司：施工专业承包项目收入与成本核算难题》，中国工商管理案例库，2021 年。
5. 孟庆春，潘建，王自然，等．基于中小供应商低碳融资需求的核心企业统一授信额度配置研究 [J]. 中国管理科学，2023, 31(6): 71-81.
6. 刘柏，郭书妍．数字化驱动企业“脱虚向实”：基于资产结构的证据 [J]. 经济管理，2023，45（5）：61-77.
7. 索玮岚，张劲．多元化集成模式下交通基础设施建设融资风险识别研究 [J]. 中国管理科学，2022，30（10）：25-34.
8. 田雅群．加剧还是抑制：价格竞争与农村商业银行风险承担 [J]. 经济与管理，2022，36（1）：65-72.
9. 王先甲，袁睢秋，林镇周，等．考虑公平偏好的双重信息不对称下 PPP 项目激励机制研究 [J]. 中国管理科学，2021，29（10）：107-120.

第 14 章　项目干系人与项目治理管理

【学习目标】

☑ 理解并掌握项目干系人的概念及特征
☑ 掌握项目干系人管理的概念
☑ 掌握项目干系人管理的过程内容
☑ 理解对项目干系人参与的管理与调控方法
☑ 了解项目治理的作用及重要性

图 14-1 为项目干系人与项目治理管理概述图。

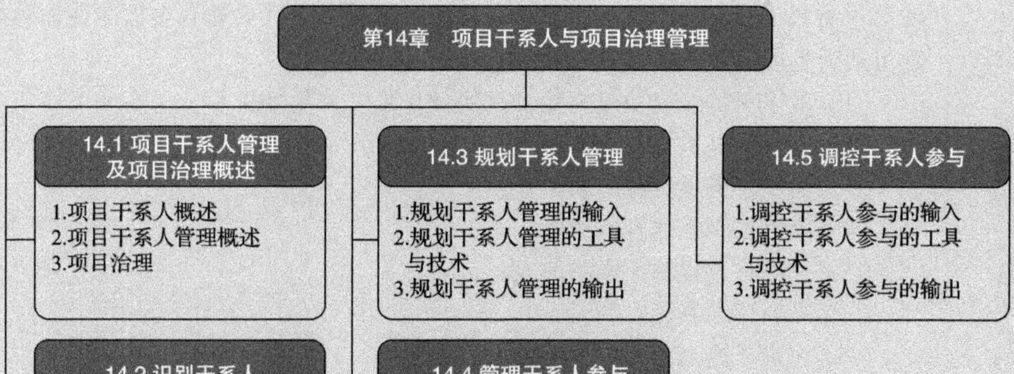

图 14-1　项目干系人与项目治理管理概述图

开篇案例　　项目经理如何识别项目干系人

为提高办公效率，LNYM决定公开招标采购办公自动化系统。该项目由LNYM负责总体业务需求，并结合各处室、公司二级单位的需求综合得到总体需求，由该公司信息中心负责技术相关工作，并由信息中心指派一名项目负责人。

LNYM由一位总经理、三位副总经理及一位财务总监管理。总经理直接管理战略运营管理部、分销业务部、票据中心、进出口部、人力资源部以及信息中心；陈副总经理管理安全保卫部、综合办公室及法务部；张副总经理管理医院销售部、采购部、基层医疗销售部、新兴业务部及客户服务部；王副总经理管理物流中心及质量管理部；陈财务总监则管理财务管理部及审计业务部。如此庞大的组织系统涉及众多干系人，若你是这个项目中标方的项目经理，该如何识别该项目的项目干系人呢？

14.1 项目干系人管理及项目治理概述

14.1.1 项目干系人概述

项目干系人是能影响项目决策、活动或结果的个人、群体或组织，其利益会受到项目决策、活动或结果的积极的或者消极的影响。项目治理提供了一个框架，便于项目经理和发起人制定满足项目干系人需要、期望并符合战略目标的决策，也便于及时发现和应对偏离情况。

一个项目可能有为数不多的项目干系人，也可能有数百万个潜在项目干系人。项目干系人可能来自组织内部的不同层级，具有不同级别的职权，也可能来自项目执行组织的外部。为明确项目要求和各参与方的期望，项目团队需要识别内部和外部、正面和负面、执行工作和提供建议的项目干系人。只要具备以下任何一项特征，都可认为是项目干系人。

（1）由于项目的成功或失败，得到利益或失去利益的人。

（2）为项目提供资金的人。

（3）为项目提供资源的人。

（4）项目工作中的合作伙伴。

（5）受项目过程输出影响的人。

（6）受项目结果影响的人。

（7）在责任链上的人。

不同项目干系人在项目中的责任和职权各不相同，并且可随项目生命周期的进展而变化。正如项目干系人可能积极或消极地影响项目目标，项目干系人也可能认为项目会产生积极或消极的结果。例如，社区商业领袖将从工业扩建项目中受益，他们就会看到项目给社区带来的经济利益，如就业机会、基础设施和税收。对项目抱有积极期望的项目干系人，会通过促进项目成功来实现自己的利益。相反，受项目负面影响的项目干系人，会通过阻碍项目进展来保护自己的利益。如果忽视消极项目干系人的利益，项目失败、延误或出现其他不利结果的可能性会变大。为确保项目成功，项目经理应针对项目要求管理各种项目干系人对项目的影响。项目、项目团队和不同项目干系人的关系如图 14-2 所示。

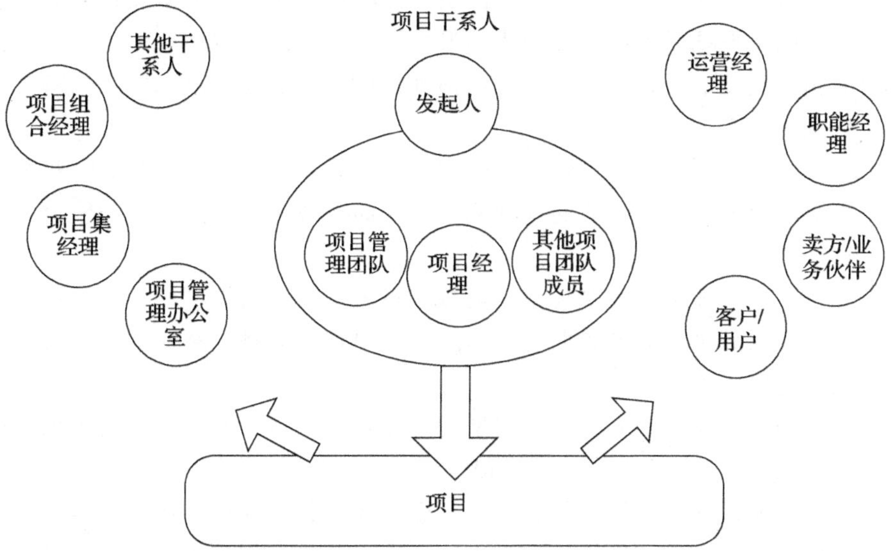

图 14-2　项目、项目团队和不同项目干系人的关系

对于项目干系人，项目经理应设法掌握以下关键要素。

（1）他们是谁。项目干系人可以存在于组织内任何一个部门或任何一个层级。项目经理要确保知道项目干系人的名字，不要仅满足于识别到某群人（如职能部门监管者群体）为项目干系人，而是要弄明白每个项目干系人的个体情况。

（2）他们干系的性质。如果项目成功了，他们会获得什么？如果项目失败了，他们会失去什么？失去多少？以何种方式失去？项目的结果会影响他们的职业或个人吗？

（3）他们对项目经理有何期待。项目工作中最有价值但常被忽略的活动是花时间澄清与项目干系人之间的相互期待。当期待没有厘清时，结果将是相互指责、返工和误解等。

（4）项目经理对他们有何期待。表达期望并非意味着项目经理在告诉他们项目经理在做什么和计划怎样做。如果项目经理正确表达他对管理层的期待，那么它看起来应该更像是描述他所需要的支持，而不是给管理层的行为“开处方”。

（5）他们的优先选择。关于项目成功和项目控制的几个方面，如时间、费用、性能和品质等，对于关键项目干系人来说哪个方面是最重要的。

14.1.2　项目干系人管理概述

项目干系人管理是指识别出与项目相关的人员、群体或者组织，分析并持续关注其期望和影响，制定合理的管理策略来有效调动项目干系人参与项目的过程。从项目开始到结束，识别、分析并主动争取项目干系人参与有助于项目取得成功。

项目干系人管理主要包括四个方面的内容：识别干系人、规划干系人管理、管理干系人参与和调控干系人参与。其中，识别干系人处在启动阶段，规划干系人管理处在计划阶段，管理干系人参与处在实施阶段，调控干系人参与处在监控阶段。

（1）识别干系人。它是指识别能影响项目决策、活动或结果的个人、群体或组织，以及被项目决策、活动或结果所影响的个人、群体或组织，并分析和记录他们的相关信息的过程。这些信息包括他们的利益、参与度、相互依赖、影响力及对项目成功的潜在影响等。

（2）规划干系人管理。它是指基于对干系人的需要、利益及对项目成功的潜在影响的分析，制定合适的管理策略，从而有效调动干系人参与整个项目生命周期的过程。

（3）管理干系人参与。它是指在整个项目生命周期中，与干系人进行沟通和协作，从而满足其需要和期望，解决实际出现的问题，并促进干系人合理参与项目活动的过程。

（4）调控干系人参与。它是指全面监督项目干系人之间的关系，调整策略和计划，从而调动干系人参与的过程。

上述过程不仅彼此相互作用，而且还与其他知识领域中的过程相互作用。项目经理正确识别并合理管理干系人的能力，能够决定项目的成败。总的来看，实施项目干系人管理有利于平衡项目干系人之间的利益，准确把握干系人的需求，识别出影响项目成功的关键因素；有利于提高项目管理的沟通和协调能力，改善项目团队与关键干系人之间的关系；有利于项目干系人满意度的提升。

14.1.3 项目治理

项目治理是一种符合组织治理模式的项目监管职能，覆盖整个项目生命周期。项目治理框架向项目经理和团队提供管理项目的结构、流程、决策模式和工具，同时对项目进行支持和控制，从而实现项目的成功交付。通过定义、记录和沟通可靠的、可重复使用的项目实践经验，项目治理为确保项目成功提供了一套全面的方法。项目经理和项目团队应该在项目治理框架、时间和预算等因素的限制之下，确定最合适的项目实施方法。

项目治理给项目团队提供了一个工作框架，项目团队要负责项目的规划、执行、控制和收尾，应在项目管理计划中阐述项目治理方法，比如谁应该参与、升级流程，需要什么资源以及通用的工作方法。此外，是否把项目划分成一个以上的阶段？如果是，则要决定具体项目的生命周期。

14.2 识别干系人

识别干系人是指定期识别项目干系人，分析和记录他们的利益、参与度、相互依赖性、影响力和对项目成功的潜在影响的过程（见图 14-3）。在组建项目团队之前，可以进行高层级的干系人识别，详细的干系人识别会对初始工作渐进明细化。本过程的主要作用是，帮助项目经理建立对各个干系人或干系人群体的适度关注。

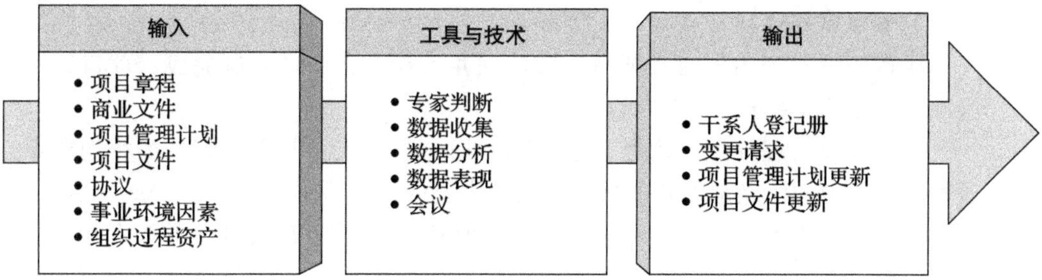

图 14-3　识别干系人的过程

在整个项目生命周期中，识别干系人是一个持续的过程。本过程通常在编制和批准项目章程之前或同时开展，至少应在每个阶段开始时，以及项目或组织出现重大变化时重复开展。每次重复开展本过程，都应通过查阅项目管理计划组件及项目文件识别有关的项目干系人。

在识别干系人时，了解他们对项目的影响力，并平衡他们的要求、需求和期望，这对项目成功至关重要。这项工作没做好，可能导致项目工期延长、成本增加、意外问题发生及其他不利结果，甚至可能导致项目取消。例如，未及时将法律部门列为重要干系人，最终导致工期延误、费用增加，因为在项目完成或产品交付之前才发现必须满足某些法律方面的要求。

此外，由于项目的规模、类型和复杂程度不尽相同，大多数项目会有形形色色且数量不等的干系人。而且项目经理的时间有限，必须尽可能有效利用，因此应该按干系人的利益、影响力和参与项目的程度对他们进行分类，并注意有些干系人可能直到项目或阶段的较晚时期才对项目产生影响或显著影响。通过分类，项目经理就能够专注于那些与项目成功密切相关的关系。

14.2.1　识别干系人的输入

1. 项目章程

项目章程是指由项目启动者或发起人发布的，正式批准项目成立的，并授权项目经理动用组织资源开展项目活动的文件。项目章程要列出关键干系人清单，还可能包含与干系人职责有关的信息。在项目章程中记录业务需要、假设条件、制约因素、对客户需要和高层级需求的理解，以及需要交付的新产品、服务或成果。例如，项目目的或批准项目的原因、高层级需求、假设条件和制约因素、高层级项目描述和边界定义、高层级风险、总体里程碑进度计划、总体预算、干系人清单、项目审批要求、委派的项目经理及其权责、发起人或其他批准项目章程的人员姓名和职权。

2. 商业文件

在首次开展识别干系人过程时，商业论证和收益管理计划是项目干系人信息的来源。其中，商业论证是确定项目目标，以及受项目影响的干系人的最初清单。收益管理计划描述如何实现商业论证中所述的收益，它可能指出将从项目成果交付中获益并因此被视为干系人的个人及群体。

3. 项目管理计划

在首次识别干系人时，项目管理计划并不存在，一旦编制完成，项目管理计划组件包括（但不限于）以下内容。

（1）沟通管理计划。沟通管理计划沟通与干系人参与之间存在的密切联系，沟通管理计划中的信息是了解项目干系人的主要依据。

（2）干系人参与计划。干系人参与计划确定了用于有效引导干系人参与的管理策略和措施。

4. 项目文件

并非任何项目文件都将成为首次识别干系人的输入，需要在整个项目期间识别干系人。项目经历启动阶段以后，将会生成更多项目文件，用于后续的项目阶段。可作为本过程输入的项目文件包括（但不限于）以下几种。

（1）变更日志。变更日志可能引入新的干系人，或改变干系人与项目的现有关系性质。

（2）问题日志。问题日志所记录的问题可能为项目带来新的干系人，或改变现有干系人的参与类型。

（3）需求文件。需求文件可以提供关于潜在干系人的信息。

5. 协议

协议的各方都是项目干系人，还可涉及其他干系人。

6. 事业环境因素

能够影响识别干系人过程的事业环境因素包括（但不限于）：①组织文化、政治氛围以及治理框架；②政府或行业标准（法规、产品标准和行为规范）；③全球、区域或当地的趋势、实践或习惯、设施和资源的地理分布。

7. 组织过程资产

能够影响识别干系人过程的组织过程资产包括（但不限于）：干系人登记册模板和说明、以往项目干系人的登记册和经验教训知识库。

14.2.2 识别干系人的工具与技术

1. 专家判断

应征求具备以下专业知识或接受过相关培训的个人或小组的意见。

（1）理解组织内的政治和权力结构。

（2）了解所在组织和其他受影响组织（包括客户及其他组织）的环境和文化。

（3）了解项目所在行业或项目可交付的成果类型。

（4）了解个体团队成员的贡献和专长。

2. 数据收集

适用于本过程的数据收集技术包括（但不限于）以下几种。

（1）问卷和调查。问卷和调查可以包括一对一调查、焦点小组讨论，或其他大规模信息收集技术。

（2）头脑风暴。用于识别干系人的头脑风暴技术包括头脑风暴和头脑写作。头脑风暴是一种通用的数据收集和创意技术，用于向小组征求意见。头脑写作是头脑风暴的改良形式，让个人参与者有时间在小组创意讨论开始前单独思考问题。信息可通过面对面小组会议收集，或在由技术支持的虚拟环境中收集。

3. 数据分析

适用于本过程的数据分析技术包括（但不限于）以下几种。

（1）干系人分析。干系人分析会产生干系人清单和关于干系人的各种信息。例如，在组织内的位置、在项目中的角色、与项目的利害关系、对项目的支持程度（期望、态度），以及对项目信息的兴趣。干系人的利害关系可包括以下各条的组合。

1）兴趣。个人或群体会受到与项目有关的决策或成果的影响。

2）权利（合法权利或道德权利）。国家的法律框架可能已就干系人的合法权利做出规定，如职业健康和安全。道德权利可能涉及保护历史遗迹或环境的可持续性。

3）所有权。人员或群体对资产或财产拥有的法定所有权。

4）知识。专业知识有助于更有效地达成项目目标和组织成果，有助于干系人了解组织的权力结构，从而有益于项目。

5）贡献。提供资金或其他资源，包括人力资源，或者以无形方式为项目提供支持。例如，宣传项目目标，或在项目与组织权力结构及政治之间扮演缓冲角色。

（2）文件分析。评估现有项目文件及以往项目的经验教训，从而识别干系人和其他支持性信息。

4. 数据表现

适用于本过程的数据表现技术包括（但不限于）干系人映射分析 / 表现。干系人映射分析 / 表现是一种利用不同方法对干系人进行分类的方法。常见的分类方法包括以下几种。

（1）权力利益方格、权力影响方格或作用影响方格。基于干系人的职权级别（权力）、对项目成果的关心程度（利益）、对项目成果的影响能力（影响），或改变项目计划或执行的能力，每一种方格都可用于对干系人进行分类。对于小型项目、干系人与项目的关系很简单的项目，或干系人之间的关系很简单的项目，这些分类模型非常实用。

（2）干系人立方体。干系人立方体是上述方格模型的改良形式。立方体把上述方格中的要素组合成三维模型，项目经理和团队可据此分析干系人并引导干系人参与项目。作为一个多维模型，它将干系人视为一个多维实体，可以更好地加以分析，从而有助于沟通策略的制定。

（3）凸显模型。凸显模型通过评估干系人的权力（职权级别或对项目成果的影响能力）、紧迫性（因时间约束或干系人对项目成果有重大利益诉求而导致需立即加以关注）和合法性（参与的适当性），对干系人进行分类。在凸显模型中，也可以用邻近性取代合法性，以便考察干系人参与项目工作的程度。这种凸显模型适用于复杂的干系人大型社区，或在干系人社区内部存在复杂的关系网络。

（4）影响方向。可以根据干系人对项目工作或项目团队本身的影响方向，将干系人分类为：①向上，执行组织或客户组织、发起人和指导委员会的高级管理层；②向下，临时贡献知识或技能的团队或专家；③向外，项目团队外的干系人群体及其代表，如供应商、政府部门、公众、最终用户和监管部门；④向内，项目经理的同级人员，如其他项目经理或中层管理人员，他们与项目经理竞争稀缺项目资源或者合作共享资源和信息。

（5）优先级排序。如果项目有大量干系人、干系人社区的成员频繁变化，干系人和项目团队之间或干系人社区内部的关系复杂，则有必要对干系人进行优先级排序。

5. 会议

会议可用于在重要项目干系人之间达成一致，既可以召开引导式研讨会、指导式小组讨论会，也可以通过电子或媒体技术进行虚拟小组讨论，来分享想法和分析数据。

14.2.3 识别干系人的输出

1. 干系人登记册

干系人登记册是识别干系人过程的主要输出，它记录关于已识别干系人的信息，包括（但不限于）以下内容。

（1）身份信息。身份信息包括姓名、组织职位、地址、联系方式以及在项目中扮演的角色。

（2）评估信息。评估信息包括主要需求、期望、影响项目成果的潜力，以及干系人最能影响或冲击的项目生命周期阶段。

（3）干系人分类。用内部或外部，作用、影响、权力或利益，上级、下级、外部或内部，或者项目经理选择的其他分类模型进行分类的结果。

2. 变更请求

首次开展识别干系人过程，不会提出任何变更请求。但随着在后续项目期间继续识别干系人，新出现的干系人或关于现有干系人的新信息可能导致对产品、项目管理计划或项目文件提出变更请求。因此，我们应该通过实施整体变更控制过程对变更请求进行审查和处理。

3. 项目管理计划更新

在项目识别干系人初始阶段，不会导致项目管理计划更新。但随着项目进展，项目管理计划的任何变更都以变更请求的形式提出，且通过组织的变更控制过程进行处理。可能需要变更的项目管理计划组件包括（但不限于）以下几类。

（1）需求管理计划。新识别的干系人可能会影响规划、跟踪和报告需求活动的方式。

（2）沟通管理计划。沟通管理计划记录干系人的沟通要求和已商定的沟通策略。

（3）风险管理计划。如果干系人的沟通要求和已商定的沟通策略会影响管理项目风险的方法，应在风险管理计划中加以反映。

（4）干系人参与计划。记录针对已识别干系人商定的沟通策略。

4. 项目文件更新

可在本过程更新的项目文件包括（但不限于）以下几类。

（1）假设日志。大量关于相对权力、利益和干系人参与度的信息，都是基于一定的假设条件的，应在假设日志中记录这些假设条件及会影响与具体干系人互动的各种制约因素。

（2）问题日志。在本过程中产生的新问题应该记录到问题日志中。

（3）风险登记册。风险登记册记录在本过程中识别，并通过风险管理过程加以管理的新风险。

14.3　规划干系人管理

规划干系人管理是基于对项目干系人的需求、利益以及其对项目成功的潜在影响，制定出合理的管理策略，从而调动项目干系人积极参与整个项目的生命周期（见图 14-4）。

该阶段的任务是制订干系人管理计划。干系人管理计划是项目管理计划的一部分，它记录了关键干系人在项目中所需的参与状况，如何进行干系人变更以及变更的影响和范围，是关于如何实现干系人有效管理的详细计划。识别干系人阶段产生的干系人登记册有助于对干系人在项目中的参与做出规划。项目管理计划中关于项目生命周期各阶段的工作规划、项目目标的描述以及项目人力资源需求和规划等信息，为制订干系人管理计划奠定了基础。此外，制订干系人管理计划应该考虑项目组织的事业环境因素，组织的文化和组织结构会影响干系人的参与程度以及它们之间的关系，进而会影响干系人管理的方式。

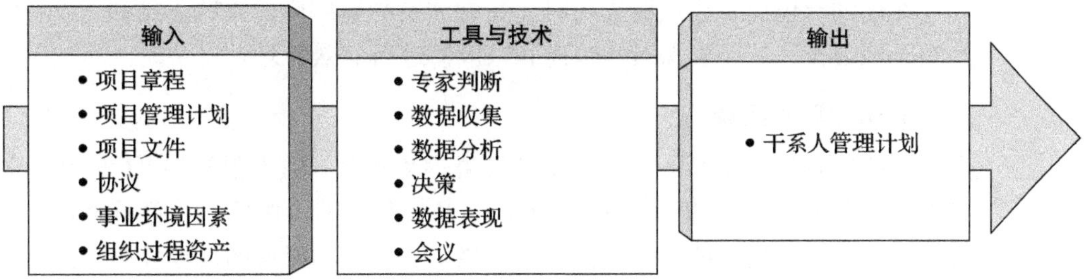

图 14-4　规划干系人管理的过程

随着项目的进展，干系人及其参与项目的程度可能会发生变化，因此，规划干系人管理是一个反复的过程，应由项目经理根据需要在整个项目期间定期开展。

14.3.1 规划干系人管理的输入

1. 项目章程

项目章程包含与项目目的、目标和成功标准有关的信息，在规划如何引导干系人参与项目时应该考虑这些信息。

2. 项目管理计划

项目管理计划组件包括（但不限于）以下内容。

（1）资源管理计划。可能包含关于团队成员及其他干系人的角色和职责。

（2）沟通管理计划。用于干系人管理的沟通策略以及用于实施策略的计划，既是项目干系人管理中的各个过程的输入，又会在这些过程中收录相关信息。

（3）风险管理计划。可能包含风险临界值或风险态度，有助于选择最佳的干系人参与策略组合。

3. 项目文件

可用作本过程输入的项目文件（尤其在初始规划之后）包括（但不限于）以下内容。

（1）假设日志。假设日志中关于假设条件和制约因素的信息，可能与特定干系人相关联。

（2）变更日志。变更日志记录对原始项目范围的变更。变更通常与具体干系人相关联，因为干系人可能是变更请求的提出者、审批者或受变更实施的影响者。

（3）问题日志。为解决问题日志中的问题，需要与受影响的干系人进行额外沟通。

（4）项目进度计划。进度计划中的活动可能需要与具体干系人相关联，即把特定干系人指定为活动责任人或执行者。

（5）风险登记册。包含项目的已识别风险，它通常会把这些风险与具体干系人相关联，即把特定干系人指定为风险责任人或受风险影响者。

（6）干系人登记册。提供项目干系人的清单，以及分类情况和其他信息。

4. 协议

在规划承包商及供应商参与时，通常涉及与组织内的采购小组和（或）合同签署小组开展合作，从而确保对承包商和供应商进行有效管理。

5. 事业环境因素

能够影响规划干系人管理的事业环境因素包括（但不限于）：①组织文化、政治氛围以及治理框架；②人事管理政策；③干系人风险偏好；④已确立的沟通渠道；⑤全球、区域或当地的趋势、实践或习惯；⑥设施和资源的地理分布。

6. 组织过程资产

能够影响规划干系人管理过程的组织过程资产包括（但不限于）：①企业的社交媒体、道德和安全政策及程序；②企业的问题、风险、变更和数据管理政策及程序；

③组织对沟通的要求；④制作、交换、储存和检索信息的标准化指南；⑤经验教训知识库，包括与干系人偏好、行动和参与有关的信息；⑥支持有效干系人参与所需的软件工具。

14.3.2 规划干系人管理的工具与技术

1. 专家判断

应征求具备以下专业知识或接受过相关培训的个人或小组的意见。

（1）组织内部及外部的政治和权力结构。

（2）组织及组织外部的环境和文化。

（3）干系人参与过程使用的分析和评估技术。

（4）沟通手段和策略。

（5）来自以往项目的关于干系人、干系人群体及干系人组织的特征知识。

2. 数据收集

适用于本过程的数据收集技术包括（但不限于）：标杆对照；将干系人分析的结果与其他被视为世界级的组织或项目的信息进行比较。

3. 数据分析

适用于本过程的数据分析技术包括（但不限于）以下几种。

（1）假设条件和制约因素分析。可能需要分析当前的假设条件和制约因素，从而合理制定干系人参与策略。

（2）根本原因分析。开展根本原因分析，识别是什么根本原因导致了干系人对项目的某种支持水平，以便选择适当策略来改进其参与水平。

4. 决策

适用于本过程的决策技术包括（但不限于）：优先级排序或分级。具有最大利益和最高影响的干系人通常应该排在优先级清单的最前面。

5. 数据表现

适用于本过程的数据表现技术包括（但不限于）以下几种。

（1）思维导图。思维导图用于对干系人信息、相互关系以及他们与组织的关系进行可视化整理。

（2）干系人参与度评估矩阵。干系人参与度评估矩阵用于将干系人当前参与水平与期望参与水平进行比较。这是对干系人参与水平进行分类的方式之一，干系人参与水平可分为以下五种类型。

1）不了解型，不知道项目及其潜在影响。

2）抵制型，知道项目及其潜在影响但抵制项目工作或成果可能引发的任何变更。此类干系人不会支持项目工作或项目成果。

3）中立型，了解项目但既不支持也不反对。

4）支持型，了解项目及其潜在影响，并且会支持项目工作及其成果。

5）领导型，了解项目及其潜在影响而且积极参与进而确保项目取得成功。

6. 会议

用于讨论与分析规划干系人参与过程所需的输入数据，以便制订良好的干系人参与计划。

14.3.3 规划干系人管理的输出

干系人管理计划是项目管理计划的组成部分，用于促进干系人有效参与决策并执行决策。基于项目的需要和干系人的期望，干系人管理计划可以是正式或非正式的，非常详细或高度概括的。干系人管理计划可包括（但不限于）调动个人或干系人参与的特定策略或方法。

14.4 管理干系人参与

管理干系人参与是指在项目整个生命周期中对干系人的需求和利益进行协调，解决出现的冲突和问题，引导并促进干系人合理参与项目工作以提供积极影响的过程（见图 14-5），其主要作用是让项目经理能够提高干系人的支持，并尽可能降低干系人的抵制，须在整个项目期间开展。管理干系人参与包括以下活动。

（1）在适当阶段引导干系人参与，以便获取、确认或维持其对项目成功的持续承诺。

（2）通过谈判和沟通管理干系人期望。

（3）处理与干系人管理有关的任何风险或潜在关注点，预测干系人未来可能引发的问题。

（4）澄清和解决已识别的问题。

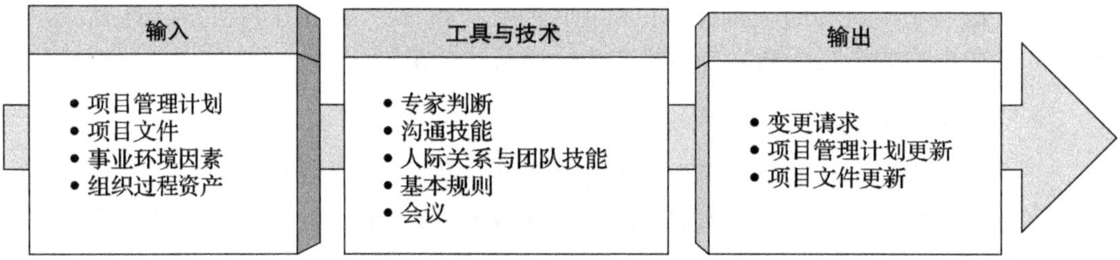

图 14-5 管理干系人参与的过程

干系人对项目的影响能力通常在项目启动阶段最大，而后随着项目的进展逐渐降低。项目经理负责调动各干系人参与项目，并对他们进行管理，必要时可以寻求项目发起人的帮助。主动管理干系人参与可以降低项目不能实现其目的和目标的风险。

在管理干系人参与的过程中，项目管理者要根据干系人管理计划来组织和引导干系人参与项目活动，通过协商和谈判来管理干系人的期望。因此，管理干系人参与有助于确保干系人明确了解项目目的、目标、收益和风险，以及他们的贡献将如何促进项目成功，使干系人成为项目的积极支持者，还能使干系人协助指导项目活动和项目决策。

14.4.1 管理干系人参与的输入

1. 项目管理计划

项目管理计划组件包括（但不限于）以下内容。

（1）沟通管理计划。沟通管理计划描述与干系人沟通的方法、形式和技术。

（2）风险管理计划。风险管理计划描述风险类别、风险偏好和报告格式。

（3）干系人管理计划。干系人管理计划为管理干系人期望提供指导和信息。

（4）变更管理计划。变更管理计划描述提交、评估和执行项目变更的过程。

2. 项目文件

可作为本过程输入的项目文件包括（但不限于）以下几类。

（1）变更日志。记录变更请求及其状态，并将它传递给适当的干系人。

（2）问题日志。记录项目或干系人的关注点，以及关于处理问题的行动方案。

（3）经验教训登记册。在项目早期获取的与管理干系人参与有关的经验教训，可用于项目后期阶段，以提高本过程的效率和效果。

（4）干系人登记册。提供项目干系人清单，以及执行干系人管理计划所需的任何信息。

3. 事业环境因素

影响管理干系人参与的事业环境因素包括（但不限于）：①组织文化、政治氛围以及治理结构；②人事管理政策；③干系人风险临界值；④已确立的沟通渠道；⑤全球、区域或当地的趋势、实践或习惯；⑥设施和资源的地理分布。

4. 组织过程资产

影响管理干系人参与过程的组织过程资产包括（但不限于）：①企业的社交媒体、道德和安全政策及程序；②企业的问题、风险、变更、数据管理政策及程序；③组织对沟通的要求；④制作、交换、储存和检索信息的标准化指南；⑤以往类似项目的历史信息。

14.4.2 管理干系人参与的工具与技术

1. 专家判断

应征求具备以下专业知识或接受过相关培训的个人或小组的意见。

（1）组织内部及外部的政治和权力结构。

（2）组织及组织外部的环境和文化。

（3）干系人参与过程使用的分析和评估技术。

（4）沟通方法和策略。

（5）可能参与过以往类似项目的干系人、干系人群体及干系人组织的特征。

（6）需求管理、供应商管理和变更管理。

2. 沟通技能

项目管理团队应使用反馈机制，来了解干系人对各种项目管理活动和关键决策的反应。反馈的收集方式包括（但不限于）：正式与非正式对话、问题识别和讨论、会议、进展报告、调查。

3. 人际关系与团队技能

适用于本过程的人际关系与团队技能包括（但不限于）以下几种。

（1）冲突管理。项目经理应确保及时解决冲突。

（2）文化意识。文化意识有助于项目经理和团队通过考虑文化差异和干系人需求，来实现有效沟通。

（3）谈判。谈判用于获得支持或达成关于支持项目工作或成果的协议，并解决团队内部或团队与其他干系人之间的冲突。

（4）观察和交谈。观察和交谈有助于及时了解项目团队成员和其他干系人的工作和态度。

（5）政治意识。了解项目内外的权力关系，有助于建立政治意识。

4. 基本规则

根据团队章程中定义的基本规则，明确项目团队成员和其他干系人应该采取什么行为去引导干系人参与。

5. 会议

会议用于讨论和处理任何与干系人参与有关的问题或关注点。在本过程中需要召开的会议类型包括（但不限于）：决策、问题解决、经验教训和回顾总结、项目开工、迭代规划、状态更新。

14.4.3 管理干系人参与的输出

1. 变更请求

作为管理干系人参与的结果，项目范围或产品范围可能需要变更。应通过实施整体变更控制过程对所有变更请求进行审查和处理。

2. 项目管理计划更新

项目管理计划的任何变更都以变更请求的形式提出，且通过组织的变更控制过程进行处理。可能需要变更的项目管理计划组件包括（但不限于）以下几类。

（1）沟通管理计划。需要更新沟通管理计划，从而反映新的或已变更的干系人需求。

（2）干系人管理计划。需要更新干系人管理计划，从而反映为有效引导干系人参与所需的新的或更改的管理策略。

3. 项目文件更新

可在本过程更新的项目文件包括（但不限于）以下几类。

（1）变更日志。根据变更请求更新变更日志。

（2）问题日志。更新问题日志，从而反映问题日志条目的更新或添加。

（3）经验教训登记册。更新经验教训登记册，记录管理干系人参与的有效或无效方法，供当前或未来项目借鉴。

（4）干系人登记册。基于提供给干系人的关于问题解决、变更审批和项目状态的新信息，更新干系人登记册。

14.5　调控干系人参与

调控干系人参与是指控制项目干系人之间的联系，调整策略和规划，以调动干系人参与的过程（见图 14-6）。本过程的主要作用是随着项目进展和环境变化，维持或提升干系人参与活动的效率和效果。本过程需要在整个项目期间开展。

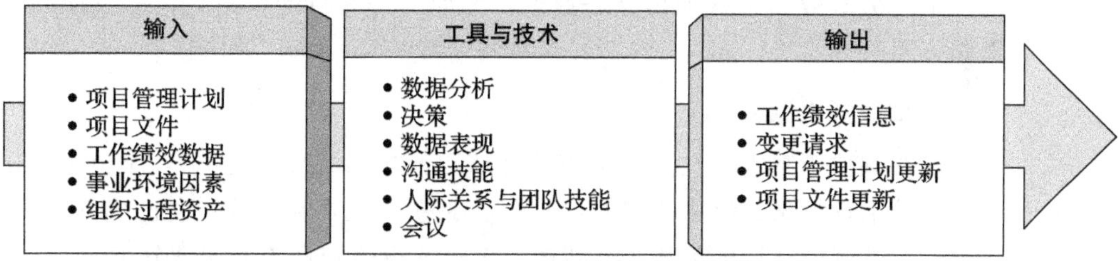

图 14-6　调控干系人参与的过程

在整个项目期间，随着新的干系人被识别和一些干系人的退出，干系人将发生变化。随着项目的进展，一些干系人的态度或权力也可能会发生变化。除了识别和分析新的干系人外，我们还要评估当前的参与策略是否有效或是否需要调整。因此，在整个项目期间对干系人参与的数量和有效性要进行监督。

要调控干系人的参与情况，项目管理层须收集和分析一系列的文件和信息，比较重要的有干系人管理计划、问题日志、工作绩效信息以及其他项目文件。干系人管理计划为调控工作提供了基准。问题日志记录已解决的老问题，并随着新问题的出现随时更新记录，它为项目管理者提供了调控的重点和角度。项目实施过程中产生的工作绩效信息可以说明干系人的参与程度，对它进行分析可以及时采取纠偏措施进行改进。

14.5.1　调控干系人参与的输入

1. 项目管理计划

项目管理计划组件包括（但不限于）以下内容。

（1）资源管理计划。资源管理计划确定了对团队成员的管理方法。

（2）沟通管理计划。沟通管理计划描述了适用于项目干系人的沟通计划和策略。

（3）干系人管理计划。干系人管理计划定义了管理干系人需求和期望的计划。

2. 项目文件

可作为本过程输入的项目文件包括（但不限于）以下内容。

（1）问题日志。问题日志记录了所有与项目和干系人有关的已知问题。

（2）经验教训登记册。在项目早期获取的经验教训，可用于项目后期阶段，从而提高引导干系人参与的效率和效果。

（3）项目沟通记录。根据沟通管理计划和干系人管理计划而与干系人开展的项目沟通，都已包括在项目沟通记录中。

（4）风险登记册。风险登记册记录了与干系人参与及互动有关的风险、它们的分类，以及潜在的应对措施。

（5）干系人登记册。干系人登记册记录了各种干系人信息，包括（但不限于）干系人名单、评估结果和分类情况。

3. 工作绩效数据

工作绩效数据包含项目状态数据，比如支持项目的干系人，以及他们的参与水平和类型。

4. 事业环境因素

能够调控干系人参与过程的事业环境因素包括（但不限于）：①组织文化、政治氛围以及治理框架；②人事管理政策；③干系人风险临界值；④已确立的沟通渠道；⑤全球、区域或当地的趋势、实践或习惯；⑥设施和资源的地理分布。

5. 组织过程资产

影响调控干系人参与过程的组织过程资产包括（但不限于）：①企业的社交媒体、道德和安全政策及程序；②企业的问题、风险、变更和数据管理政策及程序；③组织对沟通的要求；④制作、交换、储存和检索信息的标准化指南；⑤以往项目的历史信息。

14.5.2 调控干系人参与的工具与技术

1. 数据分析

适用于本过程的数据分析技术包括（但不限于）以下几种。

（1）备选方案分析。在干系人参与效果没有达到期望要求时，应该开展备选方案分析，评估应对偏差的各种备选方案。

（2）根本原因分析。开展根本原因分析，确定干系人参与未达预期效果的根本原因。

（3）干系人分析。开展干系人分析，确定干系人群体和个人在项目任何特定时间的状态。

2. 决策

适用于本过程的决策技术包括（但不限于）以下几种。

（1）多标准决策分析。对考察干系人参与的成功程度的多种标准进行优先级排序和加权，识别出最适当的选项。

（2）投票。通过投票，选出应对干系人参与水平偏差的最佳方案。

3. 数据表现

适用于本过程的数据表现技术包括（但不限于）干系人参与度评估矩阵。使用干系人参与度评估矩阵，来跟踪每个干系人参与水平的变化，对干系人参与加以监督。

4. 沟通技能

适用于本过程的沟通技能包括（但不限于）以下几种。

（1）反馈。反馈用于确保发送给干系人的信息被接收和理解。

（2）演示。演示为干系人提供清晰的信息。

5. 人际关系与团队技能

适用于本过程的人际关系技能包括（但不限于）以下几种。

（1）积极倾听。通过积极倾听，减少错误理解和错误沟通。

（2）文化意识。文化意识和文化敏感性有助于项目经理依据干系人和团队成员的文化差异和文化需求对沟通进行规划。

（3）领导力。成功的干系人参与，需要强有力的领导技能，从而传递愿景并激励干系人支持项目工作和成果。

（4）人际交往。通过人际交往了解关于干系人参与水平的信息。

（5）政治意识。政治意识有助于理解组织战略，理解谁能行使权力和施加影响，以及培养与这些干系人沟通的能力。

6. 会议

会议类型包括：为监督和评估干系人的参与水平而召开的状态会议、站会、回顾会，以及干系人管理计划中规定的其他任何会议。会议不再局限于面对面或声音互动，虽然面对面互动最为理想，但可能成本很高。电话会议和电信技术可以降低成本，并提供丰富的联系方法和会议方式。

14.5.3　调控干系人参与的输出

1. 工作绩效信息

工作绩效信息包括与干系人参与状态有关的信息。例如，干系人对项目的当前支持水平，干系人参与度评估矩阵、干系人立方体或其他工具所确定的期望参与水平相比较的结果。

2. 变更请求

变更请求包括用于改善干系人当前参与水平的纠正及预防措施。应通过实施整体变更控制过程对变更请求进行审查和处理。

3. 项目管理计划更新

项目管理计划的任何变更都以变更请求的形式提出，并且通过组织的变更控制过程进行处理。需要变更的项目管理计划组件包括（但不限于）以下几类。

（1）资源管理计划。资源管理计划需要更新团队对引导干系人参与的职责。

（2）沟通管理计划。沟通管理计划需要更新项目的沟通策略。

（3）干系人管理计划。干系人管理计划需要更新关于项目干系人社区的信息。

4. 项目文件更新

可在本过程更新的项目文件包括（但不限于）以下几类。

（1）问题日志。需要更新问题日志中与干系人态度有关的信息。

（2）经验教训登记册。在质量规划过程中遇到的挑战及其本可采取的规避方法，以及调动干系人参与效果好以及效果不佳的方法要更新在经验教训登记册中。

（3）风险登记册。需要更新风险登记册，从而记录干系人风险应对措施。

（4）干系人登记册。需要更新干系人登记册，从而记录从监督干系人参与中得到的信息。

开篇案例解决方案

结合项目干系人管理过程及项目干系人识别的内容分析，LNYM公司须从以下三个方面着手识别该项目的项目干系人，促进项目后期工作的顺利进行。

第一，考虑识别“何种”干系人。LNYM公司应识别能影响项目决策、活动或结果的个人、群体或组织，以及被项目决策、活动或结果所影响的个人、群体或组织，分析和记录包括他们的利益、参与度、相互依赖、影响力及对项目成功的潜在影响等相关信息。

第二，考虑识别具有“何种特征”的干系人。只要具备以下任何一项特征，都可认为是项目干系人：①由于项目的成功或失败，将得到或失去利益的人；②为项目提供资金的人；③为项目提供资源的人；④项目工作中的合作伙伴；⑤受项目过程输出影响的人；⑥受项目结果影响的人；⑦在责任链上的人。

第三，考虑以“何种过程方式”科学合理地识别该项目干系人。首先，明确识别干系人过程的输入部分；其次，可以采用专家判断等工具技术科学地识别项目干系人；最后，针对所识别出的项目干系人做相应的输出，如生成干系人登记册等。此外，识别干系人是一个持续的过程，在必要时需重复开展。

复习思考题

1. 项目干系人的含义是什么？如何识别项目干系人？
2. 对于项目干系人，项目经理应当设法掌握哪些关键要素？
3. 项目干系人管理的过程是什么？
4. 管理干系人参与是指什么，主要具有什么作用？
5. 调控干系人参与的工具与技术有什么？

扫一扫查看更多题目

学习链接

1. 邹艳、潘立新,《潜在干系人管理之痛——Y 智慧平安校园案例》，中国管理案例共享中心，2016 年。
2. 肖平、张盈朋、赵伟，等,《沟而不通，费时误工. 中国管理案例共享中心》，2022 年。
3. 朴建宇，庞玉成. 基于 SNA 方法的医院 PPP 项目干系人治理结构研究 [J]. 建筑经济，2020，41（6）: 57-60.
4. 纪建悦，李坤. 项目干系人影响项目型企业经营绩效的研究：基于中国房地产上市公司的经验数据 [J]. 科研管理，2010，31（5）: 192-200.
5. 罗岭，王娟茹. 基于因子分析和 Fuzzy-AHP 的关键干系人知识共享水平评价 [J]. 科技管理研究，2013，33（16）: 149-155.
6. 王娟茹，杨瑾. 干系人私人关系、知识共享行为对复杂产品研发绩效的影响 [J]. 科研管理，2014，35（8）: 16-24.
7. 陆瑶，王林秀. 轨道交通 PPP 项目干系人动态管控模型设计 [J]. 都市快轨交通，2016，29（5）: 14-19.
8. 金鸿浩. 决策困境中的干系人管理优化 [J]. 领导科学，2012（18）: 27-28.
9. Project Management Institute. A guide to the project management body of knowledge[M]. 7th ed. Project Management Institute, 2021.

第 15 章　项目评估常用方法

【学习目标】

☑ 了解项目评估常用方法的种类
☑ 掌握数据无量纲处理方法与步骤
☑ 理解项目评估常用方法概念
☑ 掌握项目评估常用方法步骤与应用

图 15-1 为项目评估常用方法概述图。

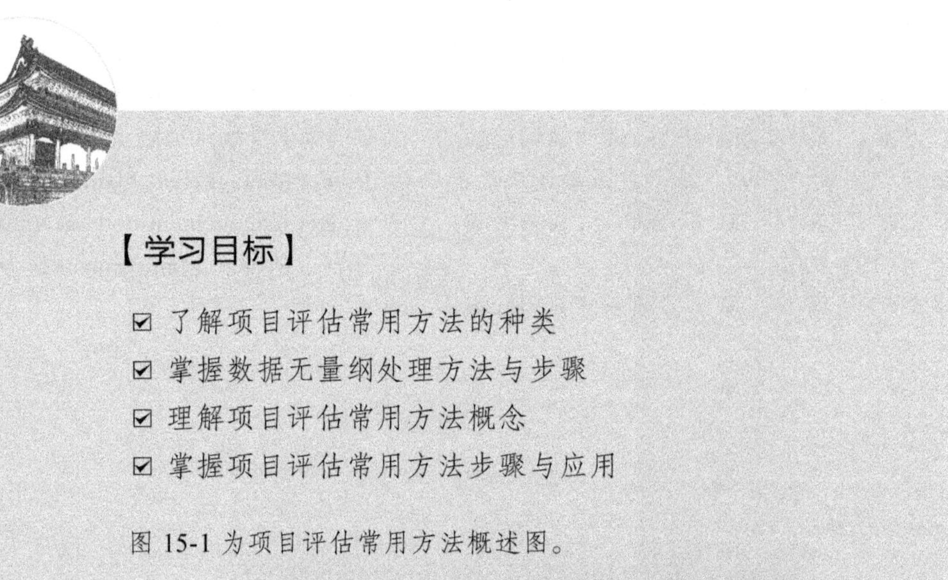

图 15-1　项目评估常用方法概述图

开篇案例 LNYM 如何进行项目评估

LNYM 作为一家大型医药贸易公司，2022 年 1～9 月引入药品 1 280 个，其中自然人品种导入 743 个，新增创新药数量 14 个，新增国产品数量 1 208 个，新增进口合资品数量 72 个，新增集采产品数量 80 个；引入器械、耗材共 207 个。通过新品的引进，丰富了公司的品种结构，打造了品种的多样性，拓宽了业务销售范围，提升了企业的市场竞争力。在引入项目实施前，须经过系统的评估方可执行。常用的企业评估决策方法包括资料调查、实地考察、专家咨询等，但是上述方法受主观性和经验性影响较强，分析结果不够客观。因此，有数据支撑的项目评估方法将为企业决策提供精准高效的辅助。

LNYM 在引入产品、耗材及设备时会进行项目评估。如果你是一个项目评估组的成员，负责产品设计、供应商选择、内需采购等众多项目的评估工作。在项目开始之前，你必须采用科学、客观、恰当的评估方法，从而确保项目可行性。那么，你应该选择何种项目评估方法以及如何评估该项目呢？

15.1 数据无量纲化

15.1.1 数据无量纲化概述

在数据分析和建模过程中，不同变量的指标往往具有不同的单位和量纲，这会对模型的解释和应用造成一定的困难。数据无量纲化是一种数据预处理技术，旨在消除变量的单位和量纲对分析结果的影响。数据无量纲化通过将变量转换为无量纲的数值，使得不同变量之间可以直接比较，更便于分析和建模。数据无量纲处理具体包括以下三种作用。

（1）提高数据可比性。在实际问题中，不同变量之间的数值范围可能差别很大，通过无量纲处理，可以将不同变量的数据映射到同一数值区间内，提高数据的可比性。

（2）改善建模结果。在数据建模过程中，无量纲处理可以提高模型的稳定性和稳健性，避免过度依赖某些变量或因素。

（3）方便数据可视化。数据无量纲处理可以将数据映射到一个可视化的空间中，方便数据的可视化和分析。

在数据无量纲处理中，常见的指标分为四种类型：极大型指标、极小型指标、中间型指标和区间型指标，指标特点见表 15-1。

表 15-1 常见指标类型

指标名称	指标特点	举例
极大型指标	越大越好	企业的收入、利润
极小型指标	越小越好	产品的差评、投诉
中间型指标	越接近某个值越好	水的 PH 值
区间型指标	落在某个区间更好	心率、血压

正向化、标准化和归一化是数据无量纲处理中常用的方法，其主要作用是消除指标方向、单位和量纲的差异，保留数据的相对大小关系，提高数据分析的准确性和可比性。接下来依次介绍上述指标的正向化、标准化和归一化处理步骤，以便掌握数据无量纲化实践。

15.1.2 正向化处理

数据的正向化处理是统一指标类型的方式，是将指标中的极小型指标、中间型指标和区间型指标转换为极大型指标的过程，从而初步对数据进行无量纲处理。

1. 极小型指标

极小型指标正向化处理公式为

$$y_i = \max x - x_i$$

其中，$\max x$ 是样本中该指标的最大值；x_i 是第 i 个样本指标数值；y_i 是正向化处理后的第 i 个样本指标数值。

以产品差评次数为例，对极小型指标进行正向化处理（见表 15-2）。

表 15-2 极小型指标正向化处理

产品	差评次数	正向化处理的差评次数
A	2	12
B	8	6
C	14	0
D	7	7
指标类型	极小型指标	极大型指标

2. 中间型指标

中间型指标正向化处理公式为

$$M = \max\{|x_i - x_{\text{best}}|\}$$

$$y_i = 1 - \frac{|x_i - x_{\text{best}}|}{M}$$

其中，x_{best} 是样本中该指标的最优值；x_i 是第 i 个样本指标数值；y_i 是正向化处理后的第 i 个样本指标数值。

以水的 PH 值为例，现有 A、B、C、D 四份水质样本，对水的 PH 值这一中间型指标进行正向化处理（见表 15-3）。

$$x_{\text{best}} = 7$$

$$M = \max\{|4-7|, |6-7|, |7-7|, |12-7|\} = 5$$

表 15-3　中间型指标正向化处理

水源	PH 值	正向化处理的 PH 值
A	4	2/5
B	6	4/5
C	7	1
D	12	0
指标类型	中间型指标	极大型指标

3. 区间型指标

区间型指标正向化处理公式为

$$M=\max\{a-\min\{x_i\},\max\{x_i\}-b\}$$

$$y_i=\begin{cases}1-\dfrac{a-x_i}{M}, & x_i<a\\ 1, & a\leqslant x_i\leqslant b\\ 1-\dfrac{x_i-b}{M}, & x_i>b\end{cases}$$

其中，$\{x_i\}$ 是一组区间型指标系列；$[a,\ b]$ 是最佳区间；x_i 是第 i 个样本指标数值；y_i 是正向化处理后的第 i 个样本指标数值。

以人体心率为例，人体正常心率为 [60，100]，对区间型指标进行正向化处理（见表 15-4）。

$$[a, b]=[60, 100]$$

$$M=\max\{60-50, 120-100\}=20$$

表 15-4　区间型指标正向化处理

人体样本	心率	正向化处理的心率
A	50	1/2
B	60	1
C	80	1
D	120	0
指标类型	区间型指标	极大型指标

15.1.3　标准化处理

通过将数据减去均值并除以标准差，将数据转化为均值为 0、方差为 1 的标准正态分布，也称为 Z-score 标准化。标准化一般适用于数据分布近似正态分布的情况，可以通过减少数据间的偏差使得数据更加稳定。标准化的公式为

$$Z=(x-\mu)/\sigma$$

其中，x 是原始数据；μ 是数据的均值；σ 是数据的标准差。

标准化后得到的 Z 值符合标准正态分布，意味着均值为 0、方差为 1。

15.1.4 归一化处理

通过对原始数据进行线性变换，将原始数据映射到 [0, 1] 或 [−1, 1] 的范围内，也称最小－最大规范化。归一化可以将原始数据的取值范围映射到一个相同的尺度上，从而便于在不同指标之间进行比较和分析。归一化的公式为

$$x' = [x - \min(x)] / [\max(x) - \min(x)]$$

其中，x 是原始数据；x' 是归一化后的数据。

归一化后的数据范围在 0 到 1 之间，用于度量两个变量之间的相对大小。

15.2 TOPSIS 分析法

15.2.1 TOPSIS 分析法概述

TOPSIS（technique for order preference by similarity to an ideal solution）法是根据有限个评价对象与理想化目标的接近程度进行排序的方法，在现有对象中进行相对优劣的评价。

TOPSIS 法是一种有效的多指标评价方法，主要通过构造评价问题的正理想解和负理想解（即各指标的最优解和最劣解），计算每个方法到理想方案的相对贴近度（即靠近正理想解和远离负理想解的程度），来对方案进行排序，从而选出最优方案。

正理想解一般是设想最好的方案，它所对应的各个属性至少达到各个方案中的最好值；负理想解是假定最坏的方案，它对应的各个属性至少不优于各个方案中的最劣值。决策原则是通过检测评价对象与最优解、最劣解的距离来进行排序，若评价对象最靠近最优解的同时，又最远离最劣解，则为最优；否则不是最优。其中，最优解的各指标值都达到各评价指标的最优值，最劣解的各指标值都达到各评价指标的最差值。

15.2.2 TOPSIS 分析法步骤

第一步，确定决策矩阵 $\boldsymbol{A}$。假定一多属性决策问题有 m 个备选方案，同时有 n 个决策指标，其决策矩阵为

$$\boldsymbol{A} = (a_{ij})_{m\times n}, \quad (i = 1, 2, \cdots, m; j = 1, 2, \cdots, n)$$

其中，a_{ij} 表示第 i 个备选方案的第 j 个评价指标值。

然后对矩阵 $\boldsymbol{A}$ 进行标准化处理，得到 $\boldsymbol{R} = (r_{ij})_{m\times n}$。

其中，$r_{ij} = \dfrac{a_{ij}}{\mathrm{CNUM}_j}(i = 1, 2, \cdots, m; j = 1, 2, \cdots, n)$；$\mathrm{CNUM}_j$ 可以是决策指标的最大可能值，但常取 $\sqrt{\sum_{i=1}^{m} a_{ij}^2}$。

第二步，计算加权标准化矩阵 $\boldsymbol{V}=(v_{ij})_{m\times n}$。

其中，$v_{ij}=\omega_j \cdot r_{ij}$，为 ω_j 第 j 个指标的权重；$\sum_{i=1}^{m}\omega_j=1$。

第三步，确定权重向量。根据实际情况，为每个属性赋予权重，这些权重可以代表属性在决策中的相对重要性。权重的设置可能会带有一定的主观性。

第四步，计算正理想解 $\boldsymbol{A}^+$ 和负理想解 $\boldsymbol{A}^-$。

$$\boldsymbol{A}^+=(v_1^+, v_2^+, \cdots, v_n^+)=\left(\max_{1\leqslant i\leqslant m} v_{ij} \mid j\in I\right)\text{或}\left(\min_{1\leqslant i\leqslant m} v_{ij} \mid j\in J\right)$$

$$\boldsymbol{A}^-=(v_1^-, v_2^-, \cdots, v_n^-)=\left(\min_{1\leqslant i\leqslant m} v_{ij} \mid j\in I\right)\text{或}\left(\max_{1\leqslant i\leqslant m} v_{ij} \mid j\in J\right)$$

其中，i 为收益型属性；j 为成本型属性。

第五步，计算每个方案与正理想解和负理想解之间的距离矩阵 $\boldsymbol{d}_i^+$ 和 $\boldsymbol{d}_i^-$。

$$\boldsymbol{d}_i^+=\sqrt{\sum_{j=1}^{n}(v_{ij}-v_j^+)^2},\ j=1, 2, \cdots, n$$

$$\boldsymbol{d}_i^-=\sqrt{\sum_{j=1}^{n}(v_{ij}-v_j^-)^2},\ j=1, 2, \cdots, n$$

第六步，根据距离矩阵，计算每个方案的综合得分，得到综合得分向量 $\boldsymbol{c}$ 中的 c_i^* 值。

$$c_i^*=\frac{\boldsymbol{d}_i^+}{\boldsymbol{d}_i^+ + \boldsymbol{d}_i^-},\ i=1, 2, \cdots, m$$

第七步，根据 c_i^*，由大到小对备选方案进行排序。

15.2.3　应用举例

LNYM 正在考虑购买新的机器学习平台，需要评估以下几个方面：价格、性能、易用性和支持。它已经评估了四种备选方案，并为每个方案提供了评分（见表 15-5）。

表 15-5　备选方案评分矩阵

备选方案	价格	性能	易用性	支持
方案 1	7	5	6	4
方案 2	8	10	7	9
方案 3	9	8	7	5
方案 4	9	6	8	7

为了使用 TOPSIS 分析法，该公司需要执行以下步骤。

第一步，确定决策矩阵。将备选方案的评分列成一个矩阵：

$$\boldsymbol{X}=\begin{pmatrix} 7 & 5 & 6 & 4 \\ 8 & 10 & 7 & 9 \\ 9 & 8 & 7 & 5 \\ 9 & 6 & 8 & 7 \end{pmatrix}$$

第二步，计算加权标准化矩阵。对于每个属性，将它们的值标准化到 0 和 1 之间。标准化后的矩阵为

$$X_{\text{norm}} = \begin{pmatrix} 0.33 & 0 & 0 & 0 \\ 0.67 & 1 & 0.5 & 1 \\ 1 & 0.43 & 0.5 & 0.2 \\ 0 & 0.14 & 1 & 0.6 \end{pmatrix}$$

第三步，确定权重向量。根据实际情况，为每个属性赋予权重，这些权重可以代表属性在决策中的相对重要性。将权重向量标准化，以确保它们的和等于 1。假设该公司认为价格、性能、易用性和支持的权重分别为 0.4、0.2、0.2 和 0.2，则权重向量与加权决策矩阵为

$$\boldsymbol{W}=(0.4, 0.2, 0.2, 0.2)$$

$$X_{\text{weight}} = \begin{pmatrix} 0.13 & 0 & 0 & 0 \\ 0.27 & 0.2 & 0 & 0.2 \\ 0.4 & 0.09 & 0.1 & 0.04 \\ 0 & 0.03 & 0.2 & 0.12 \end{pmatrix}$$

第四步，计算正理想解 $\boldsymbol{A}^+$ 和负理想解 $\boldsymbol{A}^-$。对于每个属性，分别计算最大值和最小值，并将它们组合成正理想解和负理想解。

正理想解为 $\boldsymbol{A}^+ = (0.4, 0.2, 0.2, 0.2)$

负理想解为 $\boldsymbol{A}^- = (0, 0, 0, 0)$

第五步，计算每个方案与正理想解和负理想解之间的距离矩阵 $\boldsymbol{d}^+$ 与 $\boldsymbol{d}^-$。

$$\boldsymbol{d}^+ = (0.498\,9, 0.287\,1, 0.244\,9, 0.268\,3)$$

$$\boldsymbol{d}^- = (0.176\,0, 0.051\,3, 0.042\,4, 0.047\,9)$$

第六步，根据距离矩阵，计算每个方案的综合得分，得到综合得分向量 $\boldsymbol{c}$。

$$\boldsymbol{c} = (0.739\,2, 0.848\,4, 0.852\,4, 0.848\,5)$$

第七步，根据向量 $\boldsymbol{c}$ 中的值大小，可知应当选择方案 3。

15.3 主成分分析法

15.3.1 主成分分析法概述

在实际问题研究中，经常会遇到多变量问题。变量太多，无疑会增加分析问题的难度与复杂性，而且在许多实际问题中，多个变量之间是具有一定的相关关系的。能否在相关分析的基础上，用较少的新变量代替原来较多的旧变量，而且使这些较少的新变量尽可能多地保留原来变量所反映的信息？主成分分析法（PCA）就是综合处理这种问题的一种强有力的工具，是把原来多个变量划为少数几个综合指标的一种统计分析方法。从数学角度来看，这是一种降维处理技术。在实际的生产和应用中，降维在一定的信息损失范围内，可以节省大量的时间和成本，其具体作用如下。

（1）数据降维。PCA 将原始数据转换为新的低维度数据，以便更好地理解数据。

（2）特征提取。PCA 将原始数据转换为新的特征空间，以便提高模型的预测精

度，同时减少模型的复杂度和过拟合的风险。

（3）数据可视化。PCA 将多维数据转换为二维或三维空间，以便更好地进行可视化观察。

15.3.2　主成分分析法步骤

假设有 n 个样本，p 个指标，则可构成大小为 $n\times p$ 的样本矩阵 $\boldsymbol{X}$：

$$\boldsymbol{X}=\begin{pmatrix} x_{11} & x_{12} & \cdots & x_{1p} \\ x_{21} & x_{22} & \cdots & x_{2p} \\ \vdots & \vdots & \ddots & \vdots \\ x_{n1} & x_{n2} & \cdots & x_{np} \end{pmatrix}=(x_1, x_2, \cdots, x_p)$$

假设想找到一组新变量 z_1，z_2，…，z_m（$m\leqslant p$），且它们满足

$$\begin{cases} z_1=l_{11}x_1+l_{12}x_2+\cdots+l_{1p}x_p \\ z_2=l_{21}x_1+l_{22}x_2+\cdots+l_{2p}x_p \\ \qquad\vdots \\ z_m=l_{m1}x_1+l_{m2}x_2+\cdots+l_{mp}x_p \end{cases}$$

其中，系数 l_{ij} 的确定原则有以下几项。

（1）z_i 与 z_j（$i\neq j$；i，$j=1, 2, \cdots, m$）相互无关。

（2）z_1 是 $x_1, x_2, \cdots, x_p$ 一切线性组合中方差最大者。

（3）z_2 是与 z_1 不相关的 $x_1, x_2, \cdots, x_p$ 所有线性组合中方差最大者。

（4）依此类推，z_m 是与 $z_1, z_2, \cdots, z_{m-1}$ 不相关的 $x_1, x_2, \cdots, x_p$ 所有线性组合中方差最大者。

（5）新变量指标 $z_1, z_2, \cdots, z_m$ 分别称为原变量指标 $x_1, x_2, \cdots, x_p$ 的第 $1, 2, \cdots, m$ 主成分。

具体操作步骤如下。

第一步，首先对 $\boldsymbol{X}$ 进行标准化处理。按列计算均值 $\overline{x}_j=\frac{1}{n}\sum_{i=1}^{n}x_{ij}$ 和标准差 $S_j=\sqrt{\frac{\sum_{i=1}^{n}(x_{ij}-\overline{x}_j)^2}{n-1}}$，计算得标准化数据 $X_{ij}=\frac{x_{ij}-\overline{x}_j}{s_j}$，原始样本矩阵经过标准化变为

$$\boldsymbol{X}=\begin{pmatrix} X_{11} & X_{12} & \cdots & X_{1p} \\ X_{21} & X_{22} & \cdots & X_{2p} \\ \vdots & \vdots & \ddots & \vdots \\ X_{n1} & X_{n2} & \cdots & X_{np} \end{pmatrix}=(X_1, X_2, \cdots, X_p)$$

第二步，计算标准化样本的协方差矩阵。

$$\boldsymbol{R}=\begin{pmatrix} r_{11} & r_{12} & \cdots & r_{1p} \\ r_{21} & r_{22} & \cdots & r_{2p} \\ \vdots & \vdots & \ddots & \vdots \\ r_{p1} & r_{p2} & \cdots & r_{pp} \end{pmatrix}$$

其中，$r_{ij}=\frac{1}{n-1}\sum_{k=1}^{n}(X_{ki}-\bar{X}_i)(X_{kj}-\bar{X}_j)=\frac{1}{n-1}\sum_{k=1}^{n}X_{ki}X_{kj}$。

$$\boldsymbol{R}=\frac{\sum_{k=1}^{n}(x_{ki}-\bar{x}_i)(x_{kj}-\bar{x}_j)}{\sqrt{\sum_{k=1}^{n}(x_{ki}-\bar{x}_i)^2\sum_{k=1}^{n}(x_{kj}-\bar{x}_j)^2}}$$

第三步，计算 $\boldsymbol{R}$ 的特征值和特征向量。

$$\text{特征值：}\lambda_1\geqslant\lambda_2\geqslant\cdots\geqslant\lambda_p\geqslant 0$$

$\boldsymbol{R}$ 是半正定矩阵，且 $\mathrm{tr}(\boldsymbol{R})=\sum_{k=1}^{p}(\lambda_k=p)$

$$\text{特征向量：}\boldsymbol{a}_1=\begin{pmatrix}a_{11}\\a_{21}\\\vdots\\a_{p1}\end{pmatrix},\ \boldsymbol{a}_2=\begin{pmatrix}a_{12}\\a_{22}\\\vdots\\a_{p2}\end{pmatrix},\cdots,\ \boldsymbol{a}_p=\begin{pmatrix}a_{1p}\\a_{2p}\\\vdots\\a_{pp}\end{pmatrix}$$

第四步，计算主成分贡献率以及累计贡献率。

$$\text{贡献率}=\frac{\lambda_i}{\sum_{k=1}^{p}\lambda_k}(i=1,2,\cdots,p)$$

$$\text{累计贡献率}=\frac{\sum_{k=1}^{i}\lambda_k}{\sum_{k=1}^{p}\lambda_k}(i=1,2,\cdots,p)$$

第五步，写出主成分。一般取累计贡献率超过 80% 的特征值所对应的第 1，第 2,⋯，第 m（$m\leqslant p$）个主成分。第 i 个主成分：$F_i=a_{1i}X_1+a_{2i}X_2+\cdots+a_{pi}X_p(i=1,2,\cdots,m)$。

第六步，根据系数分析主成分代表的意义。对于某个主成分而言，指标前面的系数越大，代表该指标对于该主成分的影响越大。

15.3.3 应用举例

LNYM 现定制一批医护人员服装，为满足医护人员的舒适度与工作需求，对 128 名成年参试人员的身材进行了测量，每人测得的指标中含有这样六项：身高（x_1）、坐高（x_2）、胸围（x_3）、手臂长（x_4）、肋围（x_5）和腰围（x_6）。并以此为指标选出最高效、便捷的服装尺寸度量方式。

经过标准化处理（第一步）和计算标准化样本的协方差矩阵（第二步）后，得到样本各个指标的相关系数，所得样本相关系数矩阵列于表 15-6。

表 15-6 样本相关系数矩阵

	x_1	x_2	x_3	x_4	x_5	x_6
x_1	1	0.79	0.36	0.76	0.25	0.51
x_2	0.79	1	0.31	0.55	0.17	0.35
x_3	0.36	0.31	1	0.35	0.64	0.58
x_4	0.76	0.55	0.35	1	0.16	0.38
x_5	0.25	0.17	0.64	0.16	1	0.63
x_6	0.51	0.35	0.58	0.38	0.63	1

第三步，计算相关系数矩阵的特征值、相应的特征向量。

第四步，计算主成分贡献率和累计贡献率，见表 15-7。

表 15-7　特征值、特征向量和贡献率矩阵

特征向量	a_1	a_2	a_3	a_4	a_5	a_6
x_1 身高	0.469	−0.365	0.092	−0.122	−0.08	−0.786
x_2 坐高	0.404	−0.397	0.613	0.326	0.027	0.443
x_3 胸围	0.394	0.397	−0.279	0.656	0.405	−0.125
x_4 手臂长	0.408	−0.365	−0.705	−0.108	−0.235	0.371
x_5 肋围	0.337	0.569	0.164	−0.019	−0.731	0.034
x_6 腰围	0.427	0.308	0.119	−0.661	0.49	0.179
特征值	3.287	1.406	0.459	0.426	0.295	0.126
贡献率	0.548	0.234	0.077	0.071	0.049	0.021
累计贡献率	0.548	0.782	0.859	0.93	0.979	1

第五步，提取主成分指标。从表 15-7 中可以看到前三个主成分的累计贡献率达 85.9%，因此可以考虑只取前面三个主成分，它们能够很好地概括原始变量。

$$F_1 = 0.469x_1 + 0.404x_2 + 0.394x_3 + 0.408x_4 + 0.337x_5 + 0.427x_6$$
$$F_2 = -0.365x_1 - 0.397x_2 + 0.397x_3 - 0.365x_4 + 0.569x_5 + 0.308x_6$$
$$F_3 = 0.092x_1 + 0.613x_2 - 0.279x_3 - 0.705x_4 + 0.164x_5 + 0.119x_6$$

第六步，分析主成分代表的意义。

第一主成分 F_1 对所有（标准化）原始变量都有近似相等的正载荷，故称第一主成分为（身材）大小成分。

第二主成分 F_2 在 x_3、x_5、x_6 上有中等程度的正载荷，而在 x_1、x_2、x_4 上有中等程度的负载荷，故称第二主成分为形状成分（或胖瘦成分）。

第三主成分 F_3 在 x_2 上有大的正载荷，在 x_4 上有大的负载荷，而在其余变量上的载荷都较小，故可称第三主成分为臂长成分。

由于第三主成分的贡献率不高（7.65%）且实际意义也不太重要，可以考虑只取前两个主成分进行分析。

15.4　熵值分析法

15.4.1　熵值分析法概述

熵值分析法是常用的多指标决策分析方法，也称熵权法或信息熵权法。熵值越大，代表该因素的不确定性越高，其在决策中所占比重越大。

15.4.2　熵值分析法步骤

第一步，原始数据的收集和整理。假定某一项目有 n 个待评方案、m 个评价指

标，这样便可形成系统评价的初始矩阵

$$\boldsymbol{X}=(x_{ij})_{n\times m}(i=1,2,\cdots,n;\ j=1,2,\cdots,m)$$

其中，x_{ij} 是第 i 个方案的第 j 项评价指标的数值。

第二步，指标正向化、无量纲化处理。由于各个评价指标的含义和计算单位不同，且量级相差悬殊，为了便于统计比较，在进行综合评价之前必须除去不同指标间的量纲差异以及个别极端值对评价结果的影响，将这些评价指标标准化、同质化，放在某一无量纲区间。

（1）正向指标的处理方法为

$$x_{ij}=\frac{x_{ij}-\min x_{ij}}{\max x_{ij}-\min x_{ij}}(0\leqslant x_{ij}\leqslant 1)$$

其中，$\min x_{ij}$ 为第 j 项指标的最小值；$\max x_{ij}$ 为第 j 项指标的最大值。

（2）负向指标的处理方法为

$$x_{ij}=\frac{\max x_{ij}-x_{ij}}{\max x_{ij}-\min x_{ij}}(0\leqslant x_{ij}\leqslant 1)$$

第三步，计算第 j 项指标下，第 i 个方案占该指标的比重为

$$p_{ij}=\frac{x_{ij}}{\sum_{i=1}^{n}x_{ij}}(i=1,2,\cdots,n;\ j=1,2,\cdots,m)$$

第四步，计算第 j 项指标的熵值 e_j。

$$e_j=-k\sum_{i=1}^{n}p_{ij}\ln p_{ij}$$

其中，$k>0$；ln 为自然对数；$e_j\geqslant 0$。

如果 x_{ij} 对于给定的 j 全部相等，即

$$p_{ij}=\frac{x_{ij}}{\sum_{i=1}^{n}x_{ij}}=\frac{1}{n}$$

此时

$$e_j=-k\sum_{i=1}^{n}\frac{1}{n}\ln\frac{1}{n}=k\ln n$$

若设 $k=\dfrac{1}{\ln n}$，则有

$$0\leqslant e_j\leqslant 1$$

$$e_j=e_{\max}=1$$

熵值越大，说明各种因素的可能性都有，且差不多，无法准确判断，即不确定性越大。熵值越小，说明各种因素存在的可能性差别很大，某些因素占主导地位，即相对来说其不确定性越小。

第五步，计算第 j 项指标的差异系数，对于给定的 j，x_{ij} 的差异性越小，e_j 就越大。当 x_{ij} 全部相等时，该项指标对于方案的比较没有任何作用；各方案的指标值 x_{ij} 相差越大，e_j 就越小，该项指标对方案比较所起的作用越大。定义差异系数 g_j，$g_j=1-e_j$，

g_j 越大，指标越重要。

第六步，计算权重

$$\omega_j = \frac{g_j}{\sum_{j=1}^{m} g_j} (0 \leqslant g_j \leqslant 1)$$

第七步，计算综合评价值

$$s_j = \sum_{j=1}^{m} \omega_j p_{ij}$$

15.4.3　应用举例

LNYM 销售的部分产品来自第三方供应商，假设 LNYM 需要从三个供应商中选出一家供应商，选用熵值法进行评估。三个供应商的评价指标见表 15-8。

表 15-8　供应商指标矩阵

供应商	价格（元 /t）	交货时间（天）	质量指标（1～5 分）
A	100	10	4
B	110	7	3
C	120	12	5

现在用熵值分析法来确定各个指标的权重，然后计算出每个供应商的综合评价值，以便做出最终的决策。

第一步，对原始数据进行收集和整理。

第二步，对各个指标进行正向化、无量纲化处理，得到矩阵 $\boldsymbol{X}$。

$$\boldsymbol{X} = \begin{pmatrix} 1 & 0.4 & 0.8 \\ 0.5 & 1 & 0.6 \\ 0 & 0 & 1 \end{pmatrix}$$

第三步与第四步，分别计算每个评价指标的比重和熵值。设 X_{ij} 表示第 i 个供应商在第 j 个评价指标下的得分，p_{ij} 表示 X_{ij} 在所有供应商中的相对比重，e_j 表示第 j 个评价指标的熵值，则有：

$$p_{ij} = \frac{X_{ij}}{\sum_{i=1}^{3} X_{ij}}$$

$$e_j = -\frac{1}{\ln 3} \sum_{i=1}^{3} p_{ij} \ln(p_{ij})$$

根据上述公式，可以得到各个评价指标的熵值（见表 15-9）。

表 15-9　各评价指标熵值

评价指标	价格（元 /t）	交货时间（天）	质量指标（1～5 分）
熵值	0.942 9	0.958 1	0.910 2

第五步，计算各指标的差异系数 g_j。

$$g_j = 1-e_j$$

第六步，根据熵值计算公式，各个评价指标的权重为

$$\omega_j = \frac{1-e_j}{\sum_{j=1}^{3}(1-e_j)}$$

根据上述公式，可以得到各个评价指标的权重（见表 15-10）。

表 15-10 指标权重

评价指标	价格（元/t）	交货时间（天）	质量指标（1～5分）
权重	0.302 3	0.221 7	0.475 9

第七步，计算综合评价值。根据评价指标的权重，计算每个供应商的综合评价值。

$$Y_i = \sum_{j=1}^{3}\omega_j X_{ij}$$

根据上述公式，可以得到各个供应商的综合评价值。

供应商 A 的综合评价值为：0.302 3 × 1+0.221 7 × 0.4+0.475 9 × 0.8=0.771 7

供应商 B 的综合评价值为：0.302 3 × 0.5+0.221 7 × 1+0.475 9 × 0.6=0.658 4

供应商 C 的综合评价值为：0.302 3 × 0+0.221 7 × 0+0.475 9 × 1=0.475 9

根据上述计算结果，可以看到，供应商 A 的综合评价值最高，因此选择供应商 A 作为最终的供货商。

15.5 模糊综合评价法

15.5.1 模糊综合评价法概述

在传统的综合评价方法中，每个评价指标都需要有确定的数值，但是在实际应用中，有些指标难以精确地量化，或者存在一定的不确定性和模糊性，这时候需要使用模糊综合评价法来解决问题。

模糊综合评价法的基本原理是将模糊概念和数学方法相结合，将模糊的主观判断转化为数学上的计算，从而得出较为客观的评价结果。模糊综合评价法涉及以下几个方面。

（1）模糊数学理论。它是一种处理模糊问题的数学工具，它可以将模糊概念转化为数学上的计算。模糊数学理论中最基本的概念是模糊集合，它可以描述一些模糊的概念，如高、中、低等。

（2）评价指标。衡量评价对象综合性能的关键指标，通常需要从多个方面进行考虑，如经济效益、社会效益和环境效益等。

（3）评价等级。对每个评价指标进行描述和量化的方法，通常包括优、良、中、差等。

（4）权重矩阵。评价指标之间的相对重要性关系的表示，可以通过专家调查、层次分析法等方法进行确定。

（5）评价矩阵。将评价指标的评价等级转化为模糊数，用于模糊综合评价的数

其中，∘为模糊算子；$b_j(j=1, 2, \cdots, n)$ 是由 A 与 $\boldsymbol{R}$ 的第 j 列运算得到的，表示被评级对象从整体上看对 v_j 等级模糊子集的隶属程度。

常用的模糊合成算子有两种：主因素决定性和主因素突出性。

（1）$M(\wedge, \vee)$ 算子：主因素决定性。

$$b_j = \mathop{\vee}_{i=1}^{m}(a_i \wedge r_{ij}) = \max_{1\leqslant i\leqslant m}\{\min(a_i, r_{ij})\}, j = 1, 2, \cdots, n$$

其中，∧表示两数取小运算；∨表示两数取大运算。

该算子的决策结果主要由数值最大的因素决定，其他因素的数值在一个范围内变化并不影响评价结果。

（2）$M(\cdot, \vee)$ 算子：主因素突出性。

在 $M(\cdot, \vee)$ 中，· 是普通乘法；∨表示取大运算。

该算子与主因素决定性算子接近，区别在于比主因素决定性算子更精细一些，得到的决策结果可以在一定程度上反映非主要指标。

第五步，按照某种运算法则对模糊综合评价结构进行分析。

处理模糊综合评价向量常用的方法有两种：最大隶属度原则和加权平均原则。

（1）最大隶属度原则。若模糊综合评价结果向量 $\boldsymbol{B} = (b_1, b_2, \cdots, b_n)$ 中的 $b_r = \max_{1\leqslant j\leqslant n}\{b_j\}$，则被评价对象总体上来讲隶属于第 r 等级，即为最大隶属度原则。

（2）加权平均原则。加权平均原则就是将等级看作一种相对位置，使它连续化。为了能定量处理，不妨用“1，2，…，m”表示各等级 j，并称它为各等级的秩。然后用 $\boldsymbol{B}$ 中对应分量将各等级的秩加权求和，从而得到被评价对象的相对位置，其中，k 表示待定系数，用来控制较大分量所起的作用。当 $k\to\infty$ 时，加权平均原则就是最大隶属度原则，其表达方式为

$$A = \frac{\sum_{j=1}^{n} b_j \cdot j}{\sum_{j=1}^{n} b_j^k}$$

15.5.3 应用举例

LNYM 要对某个医疗设备产品进行综合评价，评价指标包括价格、外观、功能性、兼容性和品质，各项指标的评价等级为优、良、中、差。以下是具体步骤。

第一步，确定因素集与评语集。

取因素集 U = { 价格 u_1，外观 u_2，功能性 u_3，兼容性 u_4，品质 u_5}。

取评语集 V = { 优 v_1，良 v_2，中 v_3，差 v_4}。

第二步，首先确定模糊关系矩阵，对每个因素 u_i 做出评价。

u_1、u_2、u_3 由系统用户确定。

$$\boldsymbol{R}_1 = (0.3, 0.4, 0.2, 0.1)$$

$$\boldsymbol{R}_2 = (0.1, 0.2, 0.6, 0.1)$$

$$\boldsymbol{R}_3 = (0.2, 0.5, 0.2, 0.1)$$

矩阵 $\boldsymbol{R}_1$ 表示参与打分的系统用户中，有 30% 的用户对功能全面性评价为“优”，

40% 的用户对功能全面性评价为“良”，20% 的用户对功能全面性评价为“中”，10% 的用户对功能全面性评价为“差”。同理，矩阵 $\boldsymbol{R}_2$、$\boldsymbol{R}_3$ 分别是对因素 u_2、u_3 的评价。

u_4、u_5 由 LNYM 的员工打分来确定。

$$\boldsymbol{R}_4 = (0.2, 0.4, 0.25, 0.15)$$

$$\boldsymbol{R}_5 = (0.4, 0.35, 0.15, 0.1)$$

其次，以 $\boldsymbol{R}_i$ 为 i 行构成评价矩阵。$\boldsymbol{R}$ 是从因素集 U 到评语集 V 的一个模糊关系矩阵：

$$\boldsymbol{R} = \begin{pmatrix} 0.3 & 0.4 & 0.2 & 0.1 \\ 0.1 & 0.2 & 0.6 & 0.1 \\ 0.2 & 0.5 & 0.2 & 0.1 \\ 0.2 & 0.4 & 0.25 & 0.15 \\ 0.4 & 0.35 & 0.15 & 0.1 \end{pmatrix}$$

第三步，确定各个因素的模糊权向量。

由专家打分法确定各个因素的权重：$A=$（0.1，0.2，0.3，0.1，0.3）。

第四步，计算多因素模糊综合评价向量，模糊综合评判。运用最大隶属度原则对模糊关系矩阵进行运算：

$$\boldsymbol{B} = A \circ \boldsymbol{R} = (0.1, 0.2, 0.3, 0.1, 0.3)\begin{pmatrix} 0.3 & 0.4 & 0.2 & 0.1 \\ 0.1 & 0.2 & 0.6 & 0.1 \\ 0.2 & 0.5 & 0.2 & 0.1 \\ 0.2 & 0.4 & 0.25 & 0.15 \\ 0.4 & 0.35 & 0.15 & 0.1 \end{pmatrix} =$$

$$[(0.1\wedge 0.3)\vee(0.2\wedge 0.1)\vee(0.3\wedge 0.2)\vee(0.1\wedge 0.2)\vee(0.3\wedge 0.4), (0.1\wedge 0.4)\vee (0.2\wedge 0.2)\vee(0.3\wedge 0.5)\vee(0.1\wedge 0.4)\vee(0.3\wedge 0.35), (0.1\wedge 0.2)\vee(0.2\wedge 0.6)\vee (0.3\wedge 0.2)\vee(0.1\wedge 0.25)\vee(0.3\wedge 0.15), (0.1\wedge 0.1)\vee(0.2\wedge 0.1)\vee(0.3\wedge 0.1)\vee (0.1\wedge 0.15)\vee(0.3\wedge 0.1)]=(0.2, 0.3, 0.2, 0.1)$$

对结果进行归一化处理得：

$$\boldsymbol{B} = \left(\frac{0.2}{0.8}, \frac{0.3}{0.8}, \frac{0.2}{0.8}, \frac{0.1}{0.8}\right) = (0.25, 0.375, 0.25, 0.125)$$

第五步，分析评价结果。结果表明，对该产品的综合评定中，认为“优”的占 25%，认为“良”的占 37.5%，认为“中”的占 25%，认为“差”的占 12.5%。根据最大隶属度原则，则评判结果为“良”。

15.6 灰色关联分析法

15.6.1 灰色关联分析法概述

灰色关联度是指不同时间序列之间的相似程度。灰色关联分析的基本思想是对数据序列几何关系和曲线几何形状的相似程度进行比较分析，以曲线间相似程度的大小作为关联程度的衡量尺度。曲线越接近，相应序列之间的关联度越大，反之则越小。

下面以一个例子直观地阐述灰色关联分析的原理。有下列四个因素的比较数据序列，如图 15-2 所示。

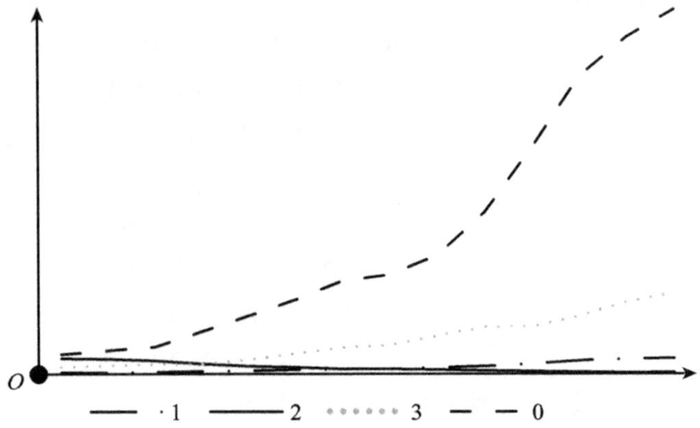

图 15-2 数据序列几何形状对比

$$X^{(0)}=\left(X_1^{(0)}, X_2^{(0)}, \cdots, X_n^{(0)}\right)$$
$$X^{(1)}=\left(X_1^{(1)}, X_2^{(1)}, \cdots, X_n^{(1)}\right)$$
$$X^{(2)}=\left(X_1^{(2)}, X_2^{(2)}, \cdots, X_n^{(2)}\right)$$
$$X^{(3)}=\left(X_1^{(3)}, X_2^{(3)}, \cdots, X_n^{(3)}\right)$$

其中，$X^{(0)}$是主因素或参考序列，$X^{(1)}$、$X^{(2)}$、$X^{(3)}$是比较因素或比较序列。

直观来看，曲线（0）与曲线（1）比较相近，即几何形状最接近，在灰色关联意义下，认为$X^{(0)}$和$X^{(1)}$灰色关联度最大，将其灰色关联度记为R_1；曲线（0）与曲线（2）几何形状差异较大，则认为$X^{(0)}$和$X^{(2)}$的灰色关联度R_2较小；而曲线（0）与曲线（3）差异最大，则认为R_3最小。此时灰色关联度的排序为$R_1>R_2>R_3$。这种因素分析实际上是一种数据曲线几何形状或者态势变化上的分析比较，数据曲线几何形状越接近，相应序列之间的关联度越大，反之则越小。

15.6.2 灰色关联分析法步骤

第一步，确定分析数列。做关联分析时，首先要确定反映系统行为特征的参考数列和影响系统行为的比较数列。

假设评价对象有 m 个，评价指标有 n 个，则参考数列为

$$X_0=\{X_0(k)\mid k=1,2,\cdots,n\}=(X_0(1),X_0(2),\cdots,X_0(n))$$

比较数列为

$$X_i=\{X_i(k)\mid k=1,2,\cdots,n\}=(X_i(1),X_i(2),\cdots,X_i(n)),\ i=1,2,\cdots,m$$

其中，$X_i(k)$ 表示因素 x_i 关于第 k 个指标的值。

第二步，变量的无量纲化处理。由于原始数据可能因量纲不同，不便于比较或在比较时难以得到正确的结论，因此在进行灰色关联度分析时，一般都要进行数据的无量纲化处理。

第三步，设参考数列 X_0 和比较数列 X_i 在第 k 个指标上的关联系数为 $\xi_i(k)$，则

$$\xi_i(k)=\frac{\min\limits_{i=1}^{m}\min\limits_{k=1}^{n}|x_0(k)-x_i(k)|+\rho\max\limits_{i=1}^{m}\max\limits_{k=1}^{n}|x_0(k)-x_i(k)|}{|x_0(k)-x_i(k)|+\rho\max\limits_{i=1}^{m}\max\limits_{k=1}^{n}|x_0(k)-x_i(k)|}$$

记 $\Delta_i(k)=|x_0(k)-x_i(k)|$，则

$$\xi_i(k)=\frac{\min\limits_{i=1}^{m}\min\limits_{k=1}^{n}\Delta_i(k)+\rho\min\limits_{i=1}^{m}\min\limits_{k=1}^{n}\Delta_i(k)}{\Delta_i(k)+\rho\max\limits_{i=1}^{m}\max\limits_{k=1}^{n}\Delta_i(k)}$$

其中，$m_{i=1}^{m}\max_{k=1}^{n}\Delta_i(k)$ 为两级最小差；$m_{i=1}^{m}\max_{k=1}^{n}\Delta_i(k)$ 为两级最大差；$\rho\in(0,1)$ 为分辨系数，用来削弱因两级最大差过大而使关联系数失真的影响，人为引入这个系数是为了提高关联系数之间的差异显著性。

第四步，计算灰色关联度。因为关联系数是比较数列与参考数列在各个时刻（即曲线中的各点）的关联程度值，所以它的数不止一个，且信息过于分散，不便于进行整体性比较。因此，有必要将各个时刻的关联系数集中为一个值，即求其平均值，作为参考数列与比较数列之间关联程度的数量表示，关联度 r_i 的计算公式为

$$r_i=\frac{1}{n}\sum_{k=1}^{n}\xi_i(k),\quad k=1,2,\cdots,n$$

第五步，根据灰色关联度的大小，对各评价对象进行排序，可建立评价对象的关联序。关联度越大，其评价结果越好。如关联度按大小排序的结果为 $r_1>r_2$，则参考数列 X_0 与比较数列 X_2 更相似。在灰色关联度分析法中，权重的确定方法、数据的归一方法、确定参考序列对结果的影响比较大。

15.6.3 应用举例

LNYM 准备利用灰色关联分析法对 6 家医药供应商的综合实力进行综合评价，6 家医药供应商分别用编号 1、2、3、4、5、6 表示，具体的评价过程如下。评价指标包括创新能力、产品质量、供货能力、价格水平、服务水平、管理水平和可持续发展能力。

第一步，确定参考数列。

$$\{x_0\}=\{9，9，9，9，9，9，9\}$$

第二步，对原始数据进行无量纲化处理后得到的数值如表 15-11 所示。

表 15-11 样本数据矩阵

编号	创新能力	产品质量	供货能力	价格水平	服务水平	管理水平	可持续发展能力
1	7	9	8	7	5	6	8
2	8	5	9	8	9	5	4
3	9	7	9	6	6	4	5
4	6	6	8	8	5	6	6
5	5	7	6	9	8	7	3
6	7	9	7	7	6	4	5

据表格。

（6）综合评价。将各指标的得分加权综合计算得出的评价结果，可以采用加权平均法、TOPSIS 法等进行计算。

通过上述方法，可以将模糊的评价问题转化为具体的数学计算，从而得出客观的评价结果。但是需要注意的是，在实际应用中，模糊综合评价法存在计算量较大、数据处理难度较高等问题，需要结合具体情况进行综合分析。此外，在模糊综合评价法中，常用的去模糊化方法有最大隶属度法、加权平均法、熵权法。

15.5.2　模糊综合评价法步骤

第一步，确定因素集 U 和评语集 V。因素集代表综合评判中各评判因素所组成的集合，用 U 表示，一般有 $U=\{u_1, u_2, \cdots, u_n\}$，其中 n 表示因素子集个数。评语集或评判集代表综合评判中评语所组成的集合，用 V 表示，一般有 $V=\{v_1, v_2, \cdots, v_m\}$，其中 m 表示评语等级个数，每个等级可对应一个模糊子集。评语集的实质是对被评价事物变化区间的划分，如好、较好、一般、较差、差等评语。

第二步，确定各因素的隶属度向量，并建立模糊关系矩阵 $\boldsymbol{R}$。在构造了等级模糊子集后，要逐个对被评事物从每个因素 u_i（$i=1, 2, \cdots, n$）上进行量化，即建立一个从 U 到 $F(V)$ 的模糊映射。

$$f: U \to F(V), \forall u_i \in U$$

$$u_i \to f(u_i) = \frac{r_{i1}}{V_1} + \frac{r_{i2}}{V_2} + \cdots + \frac{r_{im}}{V_m}$$

$$\left(\sum_{j=1}^{m} r_{ij} = 1, 0 \leqslant r_{ij} \leqslant 1, 0 \leqslant i \leqslant n, 1 \leqslant j \leqslant m\right)$$

由 f 可诱导出模糊关系矩阵 $\boldsymbol{R}$，得到单因素评判矩阵：

$$\boldsymbol{R} = \begin{pmatrix} r_{11} & r_{12} & \cdots & r_{1n} \\ r_{21} & r_{22} & \cdots & r_{2n} \\ \vdots & \vdots & \vdots & \vdots \\ r_{m1} & r_{m2} & \cdots & r_{mn} \end{pmatrix}$$

其中，矩阵 $\boldsymbol{R}$ 第 i 行第 j 列元素 r_{ij} 表示某个被评事物从因素 u_i 来看，对 v_i 等级模糊子集的隶属度。

第三步，确定评价因素的模糊权向量。

为了反映各因素的重要程度，需要对每个因素赋予不同的权重，它可表示为 U 上的一个模糊子集 $A=\{a_1, a_2, \cdots, a_n\}$，通常要求 a_i 满足 $\sum_{i=1}^{n} a_i = 1$，$a_i > 0$。

第四步，计算多因素模糊综合评价向量。

利用合适的合成算子将 A 与模糊关系矩阵 $\boldsymbol{R}$ 合成，即可得到各被评价对象的模糊综合评价结果向量 $\boldsymbol{B}$，然后进行归一化处理。模糊综合评价的模型为

$$\boldsymbol{B} = A \circ \boldsymbol{R} = (a_1, a_2, \cdots, a_n)\begin{pmatrix} r_{11} & r_{12} & \cdots & r_{1n} \\ r_{21} & r_{22} & \cdots & r_{2n} \\ \vdots & \vdots & \vdots & \vdots \\ r_{m1} & r_{m2} & \cdots & r_{mn} \end{pmatrix} = (b_1, b_2, \cdots, b_n)$$

第三步，首先计算 $|x_0(k)-x_i(k)|$，具体计算结果如表 15-12 所示。

表 15-12　$\Delta_i(k)$ 的计算结果

编号	创新能力	产品质量	供货能力	价格水平	服务水平	管理水平	可持续发展能力
1	2	0	1	2	4	3	1
2	1	4	0	1	0	4	5
3	0	2	0	3	3	5	4
4	3	3	1	1	4	3	3
5	4	2	3	0	1	2	6
6	2	0	2	2	3	5	4

其次，求两级最小值和两级最大值。

$$\min_{i=1}^{m}\min_{k=1}^{n}|x_0(k)-x_i(k)|=\min(0,0,0,1,0,0)=0$$

$$\max_{i=1}^{m}\max_{k=1}^{n}|x_0(k)-x_i(k)|=\max(4,5,5,4,6,5)=6$$

第四步，首先取 $\rho=0.6$，计算每家医药供应商与各评价指标的关联系数。第一家为

$$\xi_1(1)=\frac{0+0.6\times6}{2+0.6\times6}=0.643，\quad \xi_1(2)=\frac{0+0.6\times6}{0+0.6\times6}=1.000$$

$$\xi_1(3)=0.783，\quad \xi_1(4)=0.643，\quad \xi_1(5)=0.474$$

$$\xi_1(6)=0.545，\quad \xi_1(7)=0.783$$

同理得出其他 5 家医药供应商与各评价指标的关联系数，具体结果如表 15-13 所示。

表 15-13　关联系数计算结果

编号	$\xi_i(1)$	$\xi_i(2)$	$\xi_i(3)$	$\xi_i(4)$	$\xi_i(5)$	$\xi_i(6)$	$\xi_i(7)$
1	0.643	1.000	0.783	0.643	0.474	0.545	0.783
2	0.783	0.474	1.000	0.783	1.000	0.474	0.419
3	1.000	0.643	1.000	0.545	0.545	0.419	0.474
4	0.545	0.545	0.783	0.783	0.474	0.545	0.545
5	0.474	0.643	0.545	1.000	0.783	0.643	0.375
6	0.643	1.000	0.643	0.643	0.545	0.419	0.474

其次，分别计算每家医药供应商的关联度值。

$$r_1=\frac{0.643+1.000+0.783+0.643+0.474+0.545+0.783}{7}=0.696$$

$$r_2=0.704，\quad r_3=0.661，\quad r_4=0.603，\quad r_5=0.637，\quad r_6=0.624$$

第五步，通过对上述关联度值大小进行比较可知，$r_2>r_1>r_3>r_5>r_6>r_4$，即如果不考虑各指标权重（认为各指标同等重要），对 6 所高校综合实力评价由好到劣依次为 2 号、1 号、3 号、5 号、6 号、4 号。

开篇案例解决方案

第一，判断数据的指标类型，并选择合适的方法进行数据无量纲处理。非极大型指标需要先进行正向化处理，再按照具体情况进行标准化或归一化处理。极大型指标无须进行正向化处理，直接进行标准化和归一化处理。

第二，根据项目需求和数据特征，选择适当的项目评估方法进行评估决策。当数据指标的重要度判断倾向于依靠人的经验时，适合选择层次分析法或 TOPSIS 分析法。当数据指标过多，且指标之间具有较强相关性，大量指标难以进行综合判断时，可以采用主成分分析法。当数据指标样本量较大，且人的经验难以判断指标重要性时，适合选择熵值法、模糊综合评价法和灰色关联度法。

第三，通过使用适当的项目评估方法，采用标准化、规范化的评估步骤，进行项目评估，得出评估结论。

复习思考题

1. 数据无量纲处理的作用有哪些？
2. 层次分析法与 TOPSIS 分析法有哪些异同？
3. 模糊综合评价法与灰色关联度法分别适用于哪些情境？

扫一扫查看更多题目

学习链接

1. 陈建华，《"1: X" ——JS 电力公司员工培训量化评估》，中国管理案例共享中心，2015 年。
2. 刘焱、李雨洁、江唱，《从效仿者到布局者，从跟随者到领跑者——美团点评基于商业模式下的价值评估》，中国管理案例共享中心，2018 年。
3. 郭妍、宋雪晨、郭雨羲，等，《蓄力十余载 数据炼成金 ——"哔哩哔哩"数据资产价值评估》，中国管理案例共享中心，2023 年。
4. 何卫红、许世珍，《难测的收益法——H 公司股权价值评估之惑》，中国管理案例共享中心，2019 年。
5. 卓敏、祁慧，《创新能力 or 业绩水平：安天锂能科技公司的价值评估》，中国管理案例共享中心，2022 年。
6. 薛建武、任丹雅、张璐，《IT 投资"黑洞"深不可测？ XC 公司 ICT 项目投资评估》，中国管理案例共享中心，2022 年。
7. 孙新波，孙浩博 . 制造业企业数据赋能评价指标体系构建 [J]. 科技管理研究，2023, 43(2): 48-56.
8. 姜启源，谢金星，叶俊 . 数学模型 [M]. 5 版 . 北京：高等教育出版社，2018.

习题参考答案

第 1 章

1. 项目组合是为了实现战略目标而组合在一起管理的项目、项目集、子项目组合和运营工作的集合。项目集包含在项目组合中，它自身又包含需协调管理的子项目集、项目或其他工作，从而支持项目组合。单个项目无论属于或不属于项目集，都是项目组合的组成部分。

2. 在该体系中，过程分为 7 个部分，分别是筹备、启动、阶段内控制、阶段边界管理、交付物管理、收尾和指导。

该体系还包括 7 个要素来支撑过程的执行，分别是项目论证、组织、品质、计划、风险、变更、过程监控。

3. PMBOK 强调对资源的完全把控，为保障计划实施屏蔽外部一切干扰。PRINCE2 体系可通过对利益的分享程度来调控对资源的掌控；全局和局部配合调整优化；为保障目标的实现，动态协调内外部，多角度思考问题；强调宏观管理。

4. 基本特点：①复杂性；②创造性；③需要集权领导和建立专门的项目组织；④项目负责人责任巨大。

综合性特点：①项目管理的对象是项目或被当作项目来处理的动作；②项目管理的全过程都贯穿着系统工程的思想；③项目管理的组织具有特殊性；④项目管理的体制是一种基于团队管理的个人负责制；⑤项目管理的方式是目标管理；⑥项目管理的要点是创造和保持一种使项目顺利进行的环境。

5. 项目管理、项目集管理、项目组合管理都需要符合组织战略，或者由组织战略驱动。但是，项目组合、项目集和项目管理又以不同的方式服务于战略目标的实现。项目管理通过制订和实施计划来完成既定的项目范围，为所在项目集或项目组合的目标服务，并最终为组织战略服务。项目集管理对项目集所包含的项目和其他组成部分进行协调，对它们之间的依赖关系进行控制，从而实现既定收益。项目组合管理通过选择正确的项目集或项目，对工作进行优先排序，以及提供所需资源，来与组织战略保持一致。组织应该测评自身能力，然后制订和实施计划，以期系统地应用最佳实践。

第 2 章

1. 价值交付组件是指单独或共同使用多种组件（比如项目组合、项目集、项目、产品和运营）创造价值。这些组件共同组成了一个符合组织战略的价值交付系统。

2. 价值交付系统模块包括项目的目标、范围、时间、成本等方面的规划和管理，以及项目团队执行交付工作的过程、方法和工具等。

3. 项目运行环境可分为内部环境与外部环境。内部环境包括：过程资产、数据资产、知识资产、安全措施、资源的地理分布、基础设施、信息技术软件、资源可用性以及员工能力；外部环境包括市场条件、社会和文化影响、监管环境、行业标准、财务因素以及物理环境。

4. 有效的干系人参与具有以下作用：提高干系人满意度、增强项目或组织的可持续性、提高项目或组织绩效、增强干系人的参与意识以及减少风险和冲突。

5. 项目管理中的裁剪主要包括确定项目环境、选择适当的方法和工具、裁剪管理流程以及定义和管理变更。

第 3 章

1. 过程是指一系列有结构的活动，通过执行这些活动，可以提供特定的服务或产品以满足客户要求。过程可以看成对输入处理并得到输出的活动；过程观是对过程的看法。在项目管理中，过程观包括输入与输出的因果关系，前一过程是后一过程的输入，所有过程依次相互关联，最终实现项目的目标。

2.项目生命周期是一个项目从概念到完成所经过的所有阶段。所有项目都可分成若干阶段，且所有项目无论大小，都有一个类似的生命周期结构。项目各阶段划分的原则以该阶段某种交付结果的完成为标志，不同项目的阶段划分不尽相同。尽管划分的具体方法不一样，但其最简单的形式主要由概念阶段、设计阶段、实施阶段和终止阶段 4 个主要阶段构成，这一般被称为通用型项目生命周期阶段。

（1）概念阶段。项目的发起是为了满足某种需求或解决某种难题，概念阶段是对这些需求和难题的识别、发现与确认，提出解决方案的过程，其主要工作包括：需求识别、项目论证、可行性分析与研究、解决方案建议书的准备以及组建项目团队。

（2）设计阶段。该阶段需要提出满足需求、解决问题的方案。项目组基于可行性研究对客户的需求提出具体解决方案，并详细评估所需的资源种类、数量及所需花费的时间和成本，其主要工作包括：目标确定、范围界定、工作分解、工作排序、成本估计、人员分工、资源计划、质量保证以及风险识别。

（3）实施阶段。该阶段是具体解决方案的实施。主要包括制订详细计划、执行计划实现项目目标，其主要工作包括：为项目制订详细的计划，执行计划招标采购、跟踪进展、控制变更、解决问题以及履行合同。

（4）终止阶段。该阶段是移交项目结果和评估项目绩效的过程。在移交之前，要检查、测试项目的结果是否满足客户要求，进行绩效评估和经验总结，为今后执行相似项目积累经验，其主要工作包括：范围确认、质量验收、费用决算与审计、资料整理与归档，以及移交与评价。

3. 启动过程组、规划过程组、执行过程组、监控过程组和收尾过程组。

4. 预备期、启动期、交付期、最后交付期。

5. PRINCE2 体系编制计划的基本原则是先对项目产物进行分解，而后落实制造所需要资源、活动及活动间的相互关系，这是以产品为基础的计划编制，被用于编制项目计划、阶段计划和团队计划。编制计划的每一步都需要回顾最新完成的工作。

6. ①加强对各产品间相互关系的透彻理解；②消除预期中模棱两可的内容；③请用户参与产品需求分析，避免在项目审批时产生争议；④项目产物的结构分解和产品流程图有利于沟通交流；⑤有利于厘清项目的范围边界；⑥能够识别出在项目外却对项目不可缺少的产品，可将它们分配给其他项目或组织；⑦方便为供应商准备工作包；⑧项目产物的制造、评审和批准等职责能够获得清晰划分及一致认可。

第 4 章

1. 项目范围是指项目团队为确保项目目标的完成而必须生成的项目产品范围和为生成项目产品而必须开展的项目工作范围。在项目范围管理领域，项目范围包括两个方面的含义。

（1）项目产品范围。它是指项目所要生成的产品或服务的特征和功能，包括单一的产品或多种产品。

（2）项目工作范围。它是指为实现项目目标而必须且仅须完成的工作。它有两方面的含义。

1）必须的工作。它是指实现项目目标所进行的全部工作，任何必须的工作都不能遗漏。

2）仅需的工作。它是指实现项目目标所规定的“必要的、最少的”工作，不做额外的工作。

可见，项目产品范围的深度和广度决定了项目工作范围的深度和广度，项目工作范围最终以项目产品范围为基础而确定。项目产品范围的完成情况是参照业主的要求来衡量的，而项目工作范围的完成情况是参照计划来衡量的。

2. 项目范围管理的主要内容共 5 部分，分别为项目启动、项目范围规划、项目范围界定、项目范围核实以及项目范围变更控制。其中，项目启动阶段主要包括项目的起始决策、项目的启动两方面的内容；项目范围规划是结合项目章程等内容编制项目初步范围说明及项目范围管理计划的过程；项目范围界定通过创建项目工作分解结构图和项目工作分解结构词典等进行；项目范围核实一般是指在项目的各个阶段对项目生成的产品或服务和项目工作成果进行审查和验收；项目范围变更控制是指根据项目相关利益者提出的主观范围变更要求和对于项目实施中因出现偏差而发生的客观项目范围变更所做的各种控制工作。

3. 从宏观角度分析，项目范围管理是项目管理十二大知识领域中最重要的一个管理领域，体现在以下几方面。

（1）从项目的管理结构上看，项目范围是所有项目管理工作的平台和基础。

（2）从项目的时间结构上看，项目范围是连接项目工作和项目前提设计过程的枢纽，所有的计划管理工作都是在项目范围的基础上制定的。

（3）从项目的空间结构上看，项目范围是联系项目及外部环境的桥梁，所有项目外部环境的变化与项目自身变化的相互影响都应该在项目范围中体现出来。

从微观角度分析，确定了项目范围也就明确了项目的工作边界、目标和可交付成果。因此，项目范围管理对项目管理又可以产生以下作用。

（1）提高成本、时间和资源估算的准确性。

（2）确定绩效度量与控制的基准。

（3）便于提出明确的职责分配。

4. 主要步骤包括以下几项。

（1）了解项目环境，明确项目的目标。

（2）明确项目的主要可交付成果。

（3）根据项目的可交付成果选择构建 WBS 的方法。

（4）核实工作分解的充分性。

（5）核实工作分解的正确性。

（6）制定 WBS 词典，进行工作单元编码。

（7）给相关的项目干系人审阅和评估 WBS。

（8）根据 WBS 开始项目的各项计划工作。

5. 项目范围变更控制输出的项目范围变更控制文件，是在项目范围的全面更新修订中所生成的各种文件的总称，这些文件包括：项目变更日志、项目范围变更控制行动方案、计划文件与经验教训总结文件等。

第 5 章

1. 项目时间管理，有时也叫项目进度管理或项目工期管理，是为了确保项目按时完工必需的一系列管理过程和活动。每个项目都有最终完成的期限，项目时间管理就是对项目各个阶段的进展情况和项目完成的期限进行管理，保证项目能在时间约束条件下实现总体目标。项目时间管理由 6 项任务组成：活动定义、活动排序、活动资源需求估算、工期估算、项目进度计划编制、项目进度计划控制。

2. 项目活动定义是指识别为实现项目目标所必须开展的项目活动，定义那些为生成项目产出物及其各个组成部分而必须完成的任务或必须开展的活动的一项项目时间管理的特定工作。输出的结果是一系列信息和文件，包括项目活动清单相关细节说明以及更新后的项目工作分解结构。

3. 项目总是处在一个不断变化的环境之中，所以项目工期的持续时间也易受影响，不好确定，主要有以下几种影响因素。

（1）项目计划。项目计划工作会对项目工期产生直接影响。计划在实际执行过程当中，总会随着项目环境的变化做一些必要的、局部的调整。计划调整本身就需要时间，而调整后的计划，其时间可能与最初估计的时间也是不尽相同的。

（2）意外事件。在项目进行中总会遇到一些意想不到的突发事件，项目的生命周期越长，出现突发事件的可能性和频率也越大。

（3）资金。有些项目施工期较长，各种不可预见费用较多，导致实际费用超出了预算，影响项目进度。

（4）物资供应。物资供应不足会直接影响项目的进行，而且某一活动的中断势必会对后续活动的进行产生影响。

（5）团队成员工作能力和效率。在实际工作中，团队成员的工作能力或效率，由于主观或客观上的原因，很难保持稳定。

4. 比较项目进展情况与基准项目进度计划，根据其偏差分析，会得出两种结果。

（1）项目的进展与进度计划是一致的。在这种情况下就不需要做较大的变动，继续按照原计划执行，严格控制进度的实施。

（2）项目的进展和进度计划有所偏离。在这种情况下就需要对项目进度的实施做出调整，从而使它按照既定的基准进度计划进行，可以采取的措施有：从中吸取教训并纠正措施、调整进度计划。

第 6 章

1. 自上而下估算法通常适用于项目初期或信息不足时。由于此时只确定了初步的工作分解结构，分解层次少，故很难将项目的基本单元详细列出来。

2. 项目成本预算是指将估算的成本按照时间段分配到项目各个活动中去，并建立一个衡量绩效的基准计划的项目成本管理活动。成本估算的目的是估计项目的总成本和误差范围，而成本预算是将项目的总成本分配到各工作项和各阶段上。成本估算的输出结果是成本预算的基础与依据，成本预算则是将已批准的估算（有时因为资金的原因需要砍掉一些工作来满足总预算要求，或因为追求经济利益而缩减成本额）进行分摊。

3. 成本变更控制系统、成本分析表法、成本累计曲线、成本绩效测量法、附加计划法。

4. 利用挣值分析法对项目成本进行管理和控制的基本原理是，根据预先制订的项目成本计划和控制基准，在项目工程实施后，定期进行比较分析，然后调整相应的工作计划并反馈到实施计划中去。有效地进行项目成本、进度管理的关键是监控项目实际成本及项目进度的状况，及时、定期地与控制基准相比照，并结合其他可能改变的因素，及时采取必要的纠正措施，修正或更新项目计划，预测出在项目完成时项目成本是否会超出预算、项目进度是会提前还是落后。这种监控必须贯穿于项目实施的整个过程之中。

第 7 章

1. 质量的含义：针对不同的实体，质量有不同的含义。ISO9001:2021 版定义质量为“符合客户需求的程度，以及适合使用的程度，以及符合适用法规和标准的程度”。这个定义强调了客户需求的满足、产品或服务的可用性和符合法规标准的重要性。ISO9000:2015 版定义质量是一组固有的特性满足需求的程度，包括物理的、感官的、行为的、时间的、功能的等特性。

质量与等级的区别：等级是“具有相同使用功能，不同质量要求实体的类别或级别”。质量低说明产品或服务存在问题，没有达到要求；而低等级并不一定指产品或者服务存在问题。也就是说，好的质量并不意味着高等级或高价位，它只意味着提供给客户所需要的、满足一定的可靠性程度以及适合他们的产品或服务。因此，质量概念有三个基本要素：质量好并不代表等级高、满足目的、满足客户的需求。

2. 项目质量管理的含义：项目质量管理是指围绕项目质量进行的指挥、协调和控制等活动。项目质量管理的客体是项目，主体是项目干系人，宗旨是实现项目的质量目标并使项目干系人满意，主要活动包括项目质量规划、质量控制和质量保证。

项目质量管理与一般质量管理相比，具有复杂性、动态性、不可逆性、系统性等特征，具体如下。

（1）复杂性。由于项目的影响因素多、经历的环节多、涉及的主体多、质量风险多等，使得项目的质量管理具有复杂性。

（2）动态性。项目要经历从启动阶段至收尾阶段的完整的生命周期。

（3）不可逆性。项目具有一次性特点，这就需要对项目的每一个环节、每一个要素给予高度重视，否则就可能造成无法挽回的影响。

（4）系统性。项目质量并不是孤立存在的，它受到其他因素和目标的制约，同时它也制约着其他因素和目标。因此，项目质量管理是系统的管理。

3. 项目质量控制的常见工具与技术有“老”七种工具：因果图、控制图、流程图、直方图、帕累托图、趋势图、散点图；“新”七种工具：亲和图、关联图、系统图、矩阵图、鱼刺图、PDPC 法、矩阵法。

第 8 章

1. 项目团队是由一组个体成员为实现一个具体项目的目标而组建的协同工作队伍。项目团队是一种临时性的组织，一旦项目完成或者中止，项目团队也随之解散。

2. 项目团队管理计划编制包括对项目角色、职责以及报告关系进行识别、分配和归纳。这个过程会产生项目组织结构图、责任分配矩阵（RAM），以及人员配置管理计划。

在构建项目组织结构图之前，项目经理必须先识别项目需要哪种类型的人员。在识别了项目需要哪些人员和哪些重要技能之后，项目经理就应和项目成员一起构造一个项目组织结构图。组织结构分解（OBS）就是一种特殊的组织结构图，它表示每个组织单位负责哪项具体工作。

3. 培养项目团队精神重点关注以下几个方面。

（1）营造协作式项目团队环境。项目团队在组织和职业文化及准则的范围内开展工作，通常会建立自己的“本地”文化。

（2）增强团队凝聚力。团队分享凝聚力是团队对其成员的吸引力和成员之间的相互吸引力。高凝聚力团队具有以下特征：团队成员归属感强，愿意参加团队活动并承担团队工作中的相关责任，维护团队利益和荣誉，成员之间信息沟通快，互相了解比较深刻，关系和谐以及具有民主气氛。团队行为的根本原则是，鼓励所有的成员都能开诚布公地表达自己的想法，鼓励所有的成员都能充分发挥创新和冒险精神，勇于提出难题。

（3）鼓励团队成员全力投入团队的工作。

（4）在团队中培养民主气氛。一个民主的团队应在工作中能充分沟通意见，能经常从团队得到反馈，愿意倾听、接纳其他团队成员的意见。

第 9 章

1. 项目组织是为完成项目而建立的组织，是为完成项目任务而由不同部门、不同专业人员组成的一个临时性特别组织。

特点：项目组织具有生命周期、柔性、目标单一性、内容复杂性、一次性、专业化、注重权威和统一指挥的特点。

2.

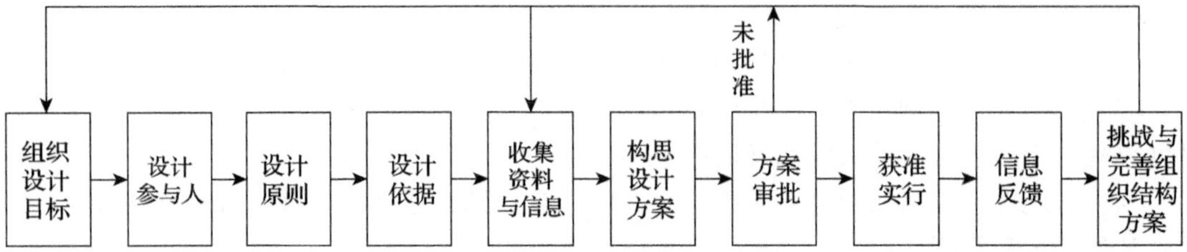

3. 职能型组织是目前最为常见的组织形式，职能型组织形式原理是根据项目管理中工作任务的相似性将从事相似活动的人组织在一起，形成一个部门。采用职能型项目组织进行项目工作时，各职能部门根据项目的需要承担本职能范围内的工作，也就是说执行主管根据项目任务需要从各职能部门抽调人员及其他资源组成项目实施组织。

项目型组织是指那些将主要精力放在项目运行上的组织。在项目型组织中，每个项目由专门的项目团队负责，是组织中独立的业务部门。

矩阵型组织就是在同一组织结构中把按照职能划分的纵向部门和按照项目划分的横向部门相结合而产生的一种组织形式。

复合型组织是兼具职能型组织、项目型组织、矩阵型组织的特点的组织，既有自己的直线职能部门，又有为完成各类项目而建立的一套具有项目型组织特点的专门项目队伍。这支队伍可以设立一套自己的管理规章和制度，也可以按本企业的直线职能部门的规章制度行事。一旦项目完成，这种项目团队就可以解散，人员各自回到原有的职能部门或项目部门与队伍。

4. 项目型组织结构和职能型组织结构是两个极端的情况，而矩阵型组织结构在这二者之间具有较广的选择范围。职能部门可以为项目提供人员，也可以只为项目提供服务，从而使得项目的组织具有很大的灵活性。因此，矩阵型组织结构可以被许多不同类型的项目所采用。由于项目组织是覆盖在职能部门上的，它可以临时从职能部门抽调所需的人员。当有多个项目同时进行时，这些人对所有项目都是可用的，从而可以大大减少像项目型组织中出现的人员冗余情况。

5.（1）职能型；（2）项目型；（3）矩阵型。理由略。

第 10 章

1. 沟通的要素包括发送者、编码、渠道、接收者、解码、噪声、反馈。

2. 有效沟通的障碍包括：①语义曲解；②知识经验水平的限制；③缺少沟通计划；④心理因素的影响；⑤组织结构的影响；⑥噪声干扰；⑦信息量过大。

3. 正式沟通和非正式沟通都客观存在于组织机构中，有效的企业管理应以正式沟通为主，但不能忽略非正式沟通的作用。在必要时，可以通过非正式沟通来达到提高管理效果的目的。

4. 项目冲突一般包括：项目进度冲突，项目优先权冲突，人力资源冲突，项目成员冲突，技术冲突，管理程序冲突，成本费用冲突。

5. 项目冲突处理策略：回避或撤出、竞争或逼迫、缓和或调停、妥协、正视。

第 11 章

1. 项目采购的原则有：经济性和效率性；均等竞争性；透明性；质量标准。

2. 项目合同管理方法包括：明确责任划分；坚持工地会议制度；严密的管理手段。

3. 对项目采购进行一系列的计划、组织、指导、控制和协调工作，就是项目采购管理。项目采购管理的过程包括：准备工作；采购计划制订；采购计划实施（询价计划制订、询价、供方选择）；合同管理；合同收尾。

第 12 章

1.（1）不能预见。由于人们获取数据和信息的能力的有限性和客观事物发展变化的无限性这一矛盾，使得人们无法获得项目的完备信息，也就不能确切地预见项目的未来发展变化，从而形成了项目的风险。

（2）不稳定性。由于项目的实际数据尚未发生，在项目决策中使用的信息都是根据过去发生的事件做出的推断，这就导致了项目信息不稳定的情况，从而导致了项目中各种风险的存在。

（3）不确定性。任何一个项目所面临的内外部条件都有可能发生变化，因此，项目本身必须进行变更以适应这些变化。这就形成了项目及其环境的各种发展与变化所带来的项目不确定性，而这种项目的不确定性也是项目出现风险的一个重要原因。

（4）环境的不可控制性。由于超出企业控制范围的政治和经济环境变化的影响而遭受到损失的风险难以控制，并且在很大程度上也无法准确预测这种变化。这也成为项目出现各类风险的重要原因。

2. ①建立项目风险监控体系；②确定要监控的具体项目风险；③分配项目风险监控的职责；④制订项目风险监控的具体行动计划；⑤实施项目风险监控的具体行动计划；⑥跟踪项目风险监控的结果；⑦判断项目风险监控的效果。

3. ①相对性；②客观性；③普遍性；④偶然性；⑤必然性；⑥可变性。举例略。

第 13 章

1. 在做大型项目时，一般存在以下三种融资来源：①基于信用的融资；②基于资产的融资；③基于项目的融资。大部分融资活动都是同时基于信用、资产和项目的，但是侧重点不同。

2. 狭义的项目融资通常是项目融资的主要概念界定，是指在有限追索权或无追索权的前提下，为一个独立的、有预期现金流的项目计划融资，项目的还款源自项目建成后的经营性现金流。

狭义的项目融资与传统融资的不同在于以下几个方面。

（1）融资信用基础不同。传统融资是公司以自身信用或第三方信用为担保，通过一定渠道向银行或其他金融机构申请贷款的行为。

（2）追索的范围不同。传统融资属于完全追索的融资，公司为借款主体，借款人在整个贷款期内承担完全清偿贷款的责任。

（3）融资期限不同。一般性企业融资既有一年内的流动贷款，包括中期贷款，也有五年以上的长期贷款，一般的项目借款回收期为10～30年，资产流动性差。

3. 资金结构是在综合考虑资金成本、税务与金融市场等多种客观因素的条件后，做出的资金结构设计。从本质上说，企业的融资方式都由两种基本的资本类型组合构成，即权益资本（股权）和债务资本（债权）。按照股权与债权的不同组合，可以将项目资金分为三类：股权式、债权式以及兼具股性与债性的夹层融资。

第14章

1. 项目干系人是能影响项目决策、活动或结果的个人、群体或组织，其利益会受到项目决策、活动或者结果的积极的或者消极的影响。

干系人可能来自组织内部的不同层级，具有不同级别的职权；也可能来自项目执行组织的外部。为了明确项目要求和各参与方的期望，项目团队需要识别内部和外部、正面和负面、执行工作和提供建议的干系人。只要具备以下任何一项特征，都可认为是项目干系人：①由于项目的成功或失败，将得到利益或失去利益的人；②为项目提供资金的人；③为项目提供资源的人；④项目工作中的合作伙伴；⑤受项目过程输出影响的人；⑥受项目结果影响的人；⑦在责任链上的人。

2. 对于项目干系人，项目经理应当设法掌握以下关键要素。

（1）他们是谁。项目干系人可以存在于组织内任何一个部门或任何一个层级。项目经理要确保知道项目干系人的名字，不要仅仅满足于识别到某群人（如职能部门监管者群体）为项目干系人，而是要弄明白每个项目干系人的个体情况。

（2）他们干系的性质。如果项目成功了，他们会获得什么？如果项目失败了，他们会失去什么？失去多少？以何种方式失去？项目的结果会影响他们的职业或个人吗？

（3）他们对项目经理有何期待。项目工作中最有价值但常被忽略的活动是花时间澄清与干系人之间的相互期待。当期待没有厘清时，其结果将是相互指责、返工、误解等。

（4）项目经理对他们有何期待。表达期望并非意味着项目经理在告诉他们项目经理在做什么和计划怎样做。如果项目经理正确表达他对管理层的期待，那么它看起来应该更像描述他所需要的支持，而不是给管理层的行为“开处方”。

（5）他们的优先选择。关于项目成功和项目控制的几个方面，如时间、费用、性能和品质等，对于关键干系人来说哪个方面是最重要的。

3. 项目干系人管理主要包括四个方面的内容：识别干系人、规划干系人管理、管理干系人参与、调控干系人参与。其中，识别干系人处在项目启动阶段，规划干系人管理处在项目计划阶段，管理干系人参与处在实施阶段，调控干系人参与处在监控阶段。

（1）识别干系人。它是指识别能影响项目决策、活动或结果的个人、群体或组织，以及被项目决策、活动或结果所影响的个人、群体或组织，并分析和记录他们的相关信息的过程。这些信息包括他们的利益、参与度、相互依赖、影响力及对项目成功的潜在影响等。

（2）规划干系人管理。它是指基于对干系人的需要、利益及对项目成功的潜在影响的分析，制定合适的管理策略，从而有效调动干系人参与整个项目生命周期的过程。

（3）管理干系人参与。它是指在整个项目生命周期中，与干系人进行沟通和协作，从而满足其需要和期望，解决实际出现的问题，并促进干系人合理参与项目活动的过程。

（4）调控干系人参与。它是指全面监督项目干系人之间的关系，调整策略和计划，从而调动干系人参与的过程。

上述过程不仅彼此相互作用，还与其他知识领域中的过程相互作用。项目经理正确识别并合理管理干系人的能力，能够决定项目的成败。

4. 管理干系人参与是指在项目整个生命周期中对干系人的需求和利益进行协调，解决出现的冲突和问题，引导并促进干系人合理参与项目工作以提供积极影响的过程。

本过程的主要作用是让项目经理能够提高干系人的支持，并尽可能降低干系人的抵制。本过程需要在整个项目期间开展。

5.（1）数据分析。适用于本过程的数据分析技术包括备选方案分析、根本原因分析、干系人分析等。

（2）决策。适用于本过程的决策技术包括多标准决策分析、投票等。

（3）数据表现。适用于本过程的数据表现技术包括干系人参与度评估矩阵等。

（4）沟通技能。适用于本过程的沟通技能包括反馈与演示等。

（5）人际关系与团队技能。适用于本过程的人际关系技能包括积极倾听、文化意识、领导力、人际交往、政治意识等。

（6）会议。会议类型包括：为监督和评估干系人的参与水平而召开的状态会议、站会、回顾会，以及干系人管理计划中规定的其他任何会议。

第 15 章

1. 数据无量纲化处理的作用主要有以下几点。

无量纲化可以让不同规模量纲的数据进行比较。传统的统计分析和比较都是基于变量值大小的，而无量纲化后的数据可以被公平地比较。无量纲化可以使数据处理更为准确，可以改善结果的准确性，因为当处理运算时，数据在量纲之间转换和相乘等运算的扰动会被抹除，从而避免数据被不同量纲影响带来的偏差。

2. 层次分析法和 TOPSIS 分析法的相同之处：

（1）都是用于多准则决策的方法，可以用于评价和选择最优方案；

（2）都是通过将相关因素进行比较和排序得出结果的方法；

（3）都是基于人们对问题的认识和经验建立判断矩阵的方法；

（4）都可以使用不同的指标来度量准则的重要性。

层次分析法和 TOPSIS 分析法的不同之处：

（1）层次分析法是通过比较每个准则的权重来确定准则之间的优先级，而 TOPSIS 分析法则是通过比较每个方案在每个层次中的得分来确定排名；

（2）层次分析法主要用于决策者需要对多个方案进行比较和选择的情况，而 TOPSIS 分析法主要用于决策者需要对多个方案的综合得分进行排名，选择最优方案的情况；

（3）层次分析法将每个准则作为一个独立的因素，而 TOPSIS 分析法则将每个方案作为一个独立的因素；

（4）层次分析法通常使用一致性检验来确保各个准则之间的权重是一致的，而 TOPSIS 分析法则不需要进行一致性检验；

（5）层次分析法通常使用层次单排序来确定方案的排名顺序，而 TOPSIS 分析法则使用综合得分排序；

（6）层次分析法可以使用不同的指标来度量准则的重要性，而 TOPSIS 分析法则只能使用综合得分来度量方案的优劣。

总之，虽然层次分析法和 TOPSIS 分析法都是用于决策分析的方法，但它们在数据比较方式、决策目标、使用的指标、通常使用的方法和排名确定方式等方面存在一些差异。

3. 模糊综合评价法和灰色关联度法都是用于多准则决策的方法，它们各有适用的情境。

（1）模糊综合评价法通常适用于评价和选择最优方案，尤其是需要进行多级决策的情况，例如需要对多个方案进行比较和选择的情况。在这种情况下，模糊综合评价法可以根据各个方案的模糊评价结果，得出一个综合评价值，从而帮助决策者更准确地做出决策。

（2）灰色关联度法通常适用于需要对系统进行数据处理和分析的情况，例如需要对时间序列数据进行分析的情况。在这种情况下，灰色关联度法可以通过比较不同时间序列之间的相对关系，得出一个关联度值，从而帮助决策者更准确地分析系统的特性和趋势。

扫一扫查看云端题目答案

参考文献

[1] Project Management Institute. A guide to the project management body of knowledge[M]. 7th. Philadelphia: Project Management Institute, 2021.

[2] 中共中央马克思恩格斯列宁斯大林著作编译局 . 马克思恩格斯选集 [M]. 3 卷 . 北京：人民出版社，1995.

[3] 戚安邦，孙贤伟 . 论建设项目工程造价管理范式科学转换 [J]. 南开管理评论，2005，(4)：73-78.

[4] PELLS D L. Trends in project management：management by project[M]. Project Management Institute, 2002.

[5] 赵涛，潘欣鹏 . 项目范围管理 [M]. 北京：中国纺织出版社，2004.

[6] PELLS D L. The development trend of project management[M]. Philadelphia: Project Management Institute, 2003.

[7] 卢向南．项目计划与控制 [M]. 北京：机械工业出版社，2004.

[8] 孙慧 . 项目成本管理 [M]. 北京：机械工业出版社，2005.

[9] 陈远，寇继虹，代君．项目管理 [M]. 武汉：武汉大学出版社，2002.

[10] TURNER J R. Handbook of project-based management: improving the processes for achieving strategic objectives[M]. 2nd ed. London: McGraw-Hill, 1999.

[11] 戚安邦 . 管理学 [M]. 北京：电子工业出版社，2006.

[12] GAREIS R. Management of the project-oriented company// PINTO J, MORRIS P WG. The handbook of managing projects[M]. New York: Wiley, 2004.

[13] 池仁勇 . 项目管理 [M]. 2 版 . 北京：清华大学出版社，2009.

[14] RUTTER M. Resilience: some conceptual considerations[J]. Journal of adolescent health, 1993(8): 626-631.

[15] SUN X, ZHANG Q. Building digital incentives for digital customer orientation in platform ecosystems[J]. Journal of business research, 2021(137): 555-566.

[16] XU X, ZOU P X W. System dynamics analytical modeling approach for construction

project management research: a critical review and future directions[J]. Frontiers of engineering management, 2021, 8(1): 17-31.

[17] 戚安邦，张连营 . 项目管理概论 [M]. 北京：清华大学出版社，2008.

[18] 杨侃 . 项目设计与范围管理 [M]. 北京：电子工业出版社，2006.

[19] HUEMANN M, et al. Project orientation international[M]. Lausanne: International Project Management Association, 2005.

[20] 纪建悦，许罕多. 现代项目成本管理 [M]. 北京：机械工业出版社，2008.

[21] 赵涛，潘欣鹏 . 项目质量管理 [M]. 北京：中国纺织出版社，2005.

[22] 房西苑，周蓉翌 . 项目管理实战教程 [M]. 北京：企业管理出版社，2005.

[23] 白丽君，傅培华 . 项目采购管理 [M]. 北京：中国物资出版社，2009.

[24] COOKE-DAVIES T J, ARZYMANOW A. The maturity of project management in different industries: an investigation into variations between project management Models[J]. International journal of project management, 2003, 21(6): 471-478.

[25] 焦媛媛 . 项目采购管理 [M]. 天津：南开大学出版社，2006.

[26] 沈建明 . 项目风险管理 [M]. 北京：机械工业出版社，2004.

[27] GADDIE S, CHARTER M. Enterprise project management: a seven-step process for connecting business planning to project delivery// Proceedings of PMI's annual seminar and symposium, 2002.

[28] 鲁耀斌 . 项目管理：过程、方法与实务 [M]. 大连：东北财经出版社，2008.

[29] 鲁耀斌 . 项目管理 [M]. 北京：科学出版社，2007.

[30] 戚安邦 . 项目成本管理 [M]. 天津：南开大学出版社，2006.

[31] DUNNING D, HEATH C, SULS J M. Flawed self-Assessment: implications for health, education, and the workplace[J]. Psychological science in the public interest, 2004, 5(3): 69-106.

[32] OBENG E. The project leader's secret handbook: all change! [M]. London: Pitman Publishing, 1994.

[33] 韩港，李文锐 . 大数据背景下工程项目管理创新研究 [J]. 经济问题，2021(1): 81-86.

[34] 纪建悦，李坤 . 项目干系人影响项目型企业经营绩效的研究：基于中国房地产上市公司的经验数据 [J]. 科研管理，2010, 31(5): 192-200.

[35] 乐云，胡毅，陈建国，等 . 从复杂项目管理到复杂系统管理：北京大兴国际机场工程进度管理实践 [J]. 管理世界，2022, 38(3): 212-225.

[36] 黎亮，肖庆钊，宋瑾 . 项目管理：PRINCE2+PMBOK[M]. 2 版 . 北京：清华大学出版社，2022.

[37] POLLACK J. The changing paradigms of project management[J]. International journal of project management, 2007, 25(3): 266-274.

[38] 李秀辉，张世英 . PPP: 一种新型的项目融资方式 [J]. 中国软科学，2002(2): 52-55.

[39] 刘铁忠，王晓，陈妍 . 重大科技工程体系管理能力评估方法 [J]. 科研管理，2020, 41(2): 267-276.

[40] ACHTERKAMP M C, VOS J. Investigating the use of the stakeholder notion in project

management literature, a meta-analysis[J]. International journal of project management, 2008, 26(7): 749-757.

[41] 孙新波，马慧敏，何建笃，等．平台战略适应性：概念、整合模型及研究展望 [J]. 管理现代化，2021, 41(3): 63-67.

[42] ROYCE W. Managing the development of large software systems[C]. Proceedings of IEEE WESCON August, 1970(8): 1-9.

[43] 孙新波，钱雨，张明超，等．大数据驱动企业供应链敏捷性的实现机理研究 [J]. 管理世界，2019, 35(9): 133-151+200.

[44] 王立国．项目融资中资金结构的选择 [J]. 财经问题研究，1999(12): 51-53.

[45] 王学民．应用多元统计分析 [M]. 5 版．上海：上海财经大学出版社，2017.

[46] BOEHM B W. A spiral model of software development and enhancement[J]. Computer, 1988, 21(5): 61-72.

[47] 许晖，王亚君，郭文艳，等．跨国企业临时性项目团队如何实现跨业务单元协作：基于沃尔沃公司临时性项目团队的案例研究 [J]. 科学学与科学技术管理，2019(2): 150-164.

[48] 严玲，张思睿，郑童．合同治理、信任的动态关系与项目管理绩效：建设项目情境下缔约全过程的整合分析视角 [J]. 管理评论，2022, 34(4): 251-264.

[49] 张美璐，郭云涛，白思俊．制造业项目结构分解过程模型研究 [J]. 管理工程学报，2005(B10): 248-250.